언어영재교육론

Developing Verbal Talent:

Ideas and Strategies for Teachers of Elementary and Middle School Students

Joyce VanTassel-Baska
Dana T. Johnson
Linda Neal Boyce 편저

이신동 · 김정렬 · 박진규 공역

PEARSON
박학사

Developing Verbal Talent:

Ideas and Strategies for Teachers of Elementary and Middle School Students

ISBN 0-205-15945-1

Printed in Seoul, KOREA

ISBN 978-89-91633-79-7

역자 서문

우리나라의 영재교육은 아직 그 역사가 일천하다. 그러다 보니 영재교육의 영역이 주로 과학과 수학에 집중되어 있는 실정이다. 이렇게 된 데에는 이유가 있다. 우리나라의 영재교육은 과학기술부가 과학 영재 양성에 관심을 가지고 대학 부설 과학영재교육원을 설립하는 데서 출발하였다. 그래서 영재교육의 영역이 주로 과학과 수학에 집중될 수밖에 없었다. 물론 국가 수준에서 볼 때 과학과 수학 분야의 영재교육은 대단히 중요한 과업이다. 하지만 과학과 수학 분야의 영재교육 못지않게 언어와 예술 분야는 인간의 상상력과 창의력을 높이는 데 반드시 필요한 영역이다.

최근 우리나라 영재교육 현장에서는 언어 영재 혹은 문예 창작 분야의 영재들에 대한 관심이 높아지고 있다. 우리나라에도 노벨 문학상에 여러 차례 도전한 시인 고은이나 소설『토지』의 작가 박경리, 시인 한용운, 윤동주 및 현재도 활동 중인 이문열 등 탁월한 작가들이 많다. 이들의 작품은 우리 국민의 자랑거리이며 꾸준히 사랑을 받고 있다. 이런 분들이 어릴 시절부터 자신의 영재성을 계발할 수 있는 전문적인 교육을 받을 수 있었다면 아마 지금보다 더 훌륭한 작품을 발표하지 않았을까. 그러므로 탁월한 잠재력을 보이는 아동들을 선발하여 이들에게 어릴 때부터 언어 표현과 작품 구성에 대한 체계적인 교육을 제공한다면 아마 우리나라에서도 Shakespeare나 Tolstoi와 같은 세계적인 문호들이 나올 수 있을 것이다.

우리는 흔히 언어 능력이 문학이나 인문 분야와 관련이 높다고 생각하지만 언어 영재성은 문예 창작 이외의 분야에서도 중요한 역할을 한다. 즉 탁월한 언어 능력은 법조인·정치가·기업인들에게도 매우 필요한 능력이다. 변호사가 되어 특정 사안에 대해 법리적인 변호를 할 경우, 언어적 논리와 언어 구사력은 그 어떤 능력보다 중요하고, 정치가에게도 언어를 통한 설득은 많은 유권자들을 사로잡는 데 반드시 필요한 것이다. 뿐만 아니라 기업인들에게도 자신의 기업을 홍보하고, 기업 구성원들의 힘을 모아 목표를 달성하도록 동기 부여를 할 때 뛰어난 언어 능력은 반드시 갖추어야 할 필수 능력이다.

우리의 경우, 현재 영재교육 전문 인력이나 교사를 양성하는 기관은 대학원이나 교육대학원의 영재교육 전공이다. 현재 출판된 서적들 중 대학원이나 교육대학원 수준에서 사용할 수 있는 영재교육 관련 교재는 주로 개론서 정도가 고작이다. 『언어영재교육론』의 역자들은 영재교육에 대한 다양한 강의를 해 오면서 언어 영재를 가르치는 데 적합한 교재가 없어 늘 고심하던 차에 미국에서 출간된 *Developing Verbal Talent*를 발견하고 이를 번역하여 출판하면 언어 영재에 관심 있는 학생들과 관련 분야 전문가들에게 많은 도움이 될 것이라 생각했다. 또한 *Developing Verbal Talent*은 미국에서도 언어 영재교육을 위한 교재로 널리 인정되고 있으며, 각 장의 집필진 또한 해당 분야의 최고 권위자들로서 원전(元典)을 신뢰하기에 충분하다고 판단된다. 따라서 언어 영재교육 관련 교재로 활용하기에 이보다 더 좋은 책은 찾아보기 어려울 것이다.

『언어영재교육론』은 총 4부로 구성되어 있는데 제1, 2부는 경희대학교의 박진규 교수가, 제3부는 순천향대학교의 이신동 교수가, 제4부는 한국교원대학교의 김정렬 교수가 맡아 번역했다. 책의 내용 중 간혹 우리의 문화와 맞지 않는 부분이 있어 우리를 당혹스럽게 했음을 미리 고백한다. 혹시 번역의 과정에서 실수가 발견되더라도 독자들의 너그러운 아량으로 이해해 주기 바란다.

끝으로 『언어영재교육론』의 출판을 기꺼이 허락해 주신 박학사의 구본하 사장

님과 교정을 위해 애써 주신 김재석 실장님께 심심한 감사를 드리며, 여러 차례 토론을 통해 내용을 검토해 준 순천향대학교 대학원의 곽병욱, 이예경 선생, 한국교원대학교 이경은 선생과 대학원 1년차 학생들에게 감사를 표한다.

2010년 10월
순천향대 신창골 연구실에서
역자 대표 이신동

추천의 글

영재교육 분야는 단일 지능지수나 전체적 능력에 대한 단일 특성과 같은 이전의 영재성 개념에서부터 높은 수준의 창의적 성취를 가능하게 하는 특정한 재능, 적성 혹은 지속성, 호기심과 같은 요소들로 구성된 인간 능력을 개념화하는 새로운 방향으로 패러다임이 이동되고 있다. 인간 능력에 관한 이런 새로운 관점은 Thurstone과 Guilford를 비롯한 많은 학자들에 의해 예고되었다. 적성검사(Differential Aptitude Test)와 SAT(Scholastic aptitude Test)는 이렇게 인간 능력에 대한 관점을 차별화하는 것을 용이하게 하였다. Howard Gardener의 일곱 가지 지능 모델은 인간의 능력 간에는 기본적인 차이가 있음을 우리에게 다시 한 번 상기시켜 주었다. 영재교육 분야에서 Francoys Gagne와 Jane Piirto의 새로운 이론적 작업은 유년기의 특정한 능력이 성인기의 진로(careers)와 융합되어 전문 지식을 만들고 창의적 성취를 가능케 한다는, 재능에 대한 개념을 정교화하였다. 나는 이런 패러다임 변화를 TIDE(Talent Identification and Development in Education)로 명명하였다.

이런 재능으로의 방향은 언어나 과학 같은 특정 학업 영역, 드라마나 음악 같은 예술 영역, 상업 혹은 가정학과 같은 직업과 관련된 영역, 그리고 교수 활동이나 리더십과 같은 대인관계 활동에서 재능에 대한 인식과 양육을 요한다. 재능 있는 청소년을 위한 프로그램은 일반 학급에서는 충족될 수 없는 이들의 특별한 요구에 반드시 부합하는 프로그램이어야 한다.

1994년 미국의 교육부 보고서인 *National Excellence, Developing America's Talent*에서 이 새로운 방향에 대해 다음과 같이 강하게 주장하였다: "영재라는 용어는 발달하는 능력이라기보다는 성숙된 능력(mature power)을 함축하므로 이는 아동에 관한 최근 연구의 결과들과는 상반된다"(p. 26). 이 보고서에서는 다양한 재능을 가진 청소년을 판별하는 데 있어 학교가 전 분야에 걸친 교과목과 영역을 살펴야 한다고 권고하고 있다.

언어 재능에 관한 중요한 내용을 담고 있는 이 책은 영재성에 대한 새로운 개념 설정의 증거가 된다. 여기에 수록된 논문들이 언어 재능이라는 주제에 대하여 어떻게 언어 재능을 인식하고 판별할 것인지, 어떻게 언어 재능을 양육하고 계발할 것인지에 관한 지금까지 쓰인 최고의 논문임은 의심할 여지가 없다. 보통 사람들의 언어 능력이 감소하고, 대인간 의사소통 방식이 빠르게 변화하고, 학생들이 감정 표현을 제대로 하지 못하는 풍토가 만연하는 시대에 언어적 재능을 가진 청소년(정부, 사업, 예술, 공학에서 리더십을 발휘할 수 있는) 핵심 그룹을 구원해 줄 수 있는 해결책을 제안하는 교육자들이 있다는 것은 고무적인 일이다.

조숙한(precocious) 청소년은 평균 능력을 가진 학생들에 비해 훨씬 높은 그들의 수준과 속도에 맞는 교육과정과 교육을 필요로 한다. 각기 다른 언어 수준을 가진 학생들로 구성된 통합학급(inclusion classroom)에서 교사는 언어적으로 뛰어난 학생들에게 적합한 교수 자료와 교수법을 다른 학생들에게도 같은 시간에 같은 방식으로 사용하도록 내몰리고 있다는 것을 저자들은 분명히 표명하고 이를 뒷받침하는 연구도 인용하였다. 이 책에 제시된 몇몇 아이디어와 지침은 평균 혹은 낮은 능력을 가진 학생을 가르치는 데 도움이 될 수도 있겠지만, 핵심적인 내용은 언어적으로 조숙한 학생들의 재능을 인식하고 개발하는 데 중점을 두고 있다.

이 책에서 옹호하는 교육과정의 깊이와 내용은 나이-학년 배치의 틀에 상관없이 사용 가능하다고 가정한다. 또한 학생들의 조숙한 수준 및 복잡한 사고와 함께 학제

간 그리고 주제별 차원의 어려움도 가정하고 있다. 이런 모든 가정은 숙고하고 해박하며 잘 훈련된 교사들을 요한다. 나아가 이 교수와 학습의 전 과정은 교사들의 높은 개인적 목표, 헌신, 내적 동기를 예상하게 한다.

이 책의 저자들은 이미 영재교육계에 널리 알려진 대표 저자의 연구에 근거한 통합 교육과정 모형(Integrated Curriculum Model, ICM)을 수용하고 있으며, 제시된 교수방법과 교육과정 자료는 ICM 모형을 잘 설명해 준다. 모든 저자들은 그들이 제시하는 것에 풍부한 경험을 가지고 있으므로 이 책은 '그림의 떡'과 같은 추측이 아닌 타당한 이론, 교육과정, 실습과 같이 실질적 도움이 되는 내용으로 구성되어 있다.

이 책의 저자들은 언어적 재능을 계발하는 데 특정 영역에서 청소년의 언어적 조숙함에 초점을 맞춘 특별한 교육과정과 지침이 필요하다는 것을 익히 잘 인식하고 있다. 이는 학부모와 학교에 아주 중요하다. 이 책에 제시된 타당한 교육과정과 지침의 혜택을 받는 잠재적 재능을 가진 청소년들은 헤아릴 수 없을 정도로 강화된 높은 수준의 창의적 성과를 만들 기회를 만나게 될 것이다.

이 책의 저자들은 그들의 교육과정을 뒷받침하는 하나의 틀로 '변화'에 관한 주제와 관련된 개념을 수용하였다. 아뿔싸, 학교와 학교를 이끄는 리더가 특별한 재능을 가진 청소년의 교육에서 새로운 접근법을 이용하는 변화라는 지혜를 알지 못하는 한, 많은 청소년들은 그들의 잠재력에 훨씬 못 미치는 성과를 나타낼 것이다. 이 책은 언어적 재능과 동기를 가진 청소년들이 그들의 능력을 완전히 계발시키도록 어떻게 교육해야 하는지를 명쾌하게 설명할 것이다.

John F. Feldhusen
Purdue University

저자 서문

이 책은 편집자들이 정부의 지원하에 참여했던 언어 교육과정 개발 프로젝트의 결과이다. Jacob Javits Act를 통해 정부의 지원을 받은 이 프로젝트는 다음과 같은 두 가지 서로 관련이 있는 목표하에 진행되었다: (1) 현존하는 언어 교재들이 우수한 능력을 가진 학습자들에게 적합한지를 확인하는 것, (2) 새로운 교육과정 기준과 일치하고 우수한 능력을 가진 학습자들에게 적합한 언어 교육과정을 개발하는 것. 이런 교육과정 문제의 특성으로 국가적 교육과정 개혁 노력의 초기에 그랬던 것처럼 특별한 문제와 쟁점이 제기되었다. 이는 전국 학교 학급에서 재능을 가진 학생들을 위한 언어교과가 무엇인지에 관한 우리의 이해와 비전을 넓혀 주었다. 또한 이런 개념화가 정립되는 동안 새로운 *National Excellence: A case for Developing America's Talent* (1993)가 발간되었고, 이 보고서에는 우리의 총명한 아이들이 직면한 최악의 학교 교육에 관한 내용과 효과적인 학업 기회는 모든 교육과정 분야에서 총명한 아이들에게 적합한 높은 기준과 함께 이루어져야 한다는 강력한 권고가 담겨 있다. 이 보고서의 발표는 우수한 능력을 가진 학습자들을 위한 언어 교육과정을 도전적인 일련의 기준

안에서 적절한 수준의 기회를 제공하는 국가적 모형으로 전환시키려는 우리의 노력에 아주 결정적인 영향을 미쳤다.

국가적 프로젝트 작업을 통해 우리는 K-8 수준의 재능 있는 학생들이 학교에서 무엇을 배워야 하는지를 지정하는 교육과정 틀을 개발하는 기회를 가졌고 몇몇 영역에만 중점을 두기로 결정했다. 예를 들어, 다른 읽기 행동보다는 분석적이고 해석적인 읽기 기술 계발에 중점을 두기로 했다. 왜냐하면 언어교과에 우수한 능력을 가진 학습자들은 학교에 입학하기 훨씬 이전에 읽기에 관한 기초적 기능을 이미 숙달한 훌륭한 독자이기 때문이다. 이에 더해, 읽기 행동 평가에 대한 국가교육향상평가(National Assessment of Educational Progress, NAEP)(National Center for Educational Statistics, 1992) 방식은 문학에 대한 이해와 해석을 강조해 왔다. 그 결과 비판적 읽기에 중점을 두는 것이 가장 적절해 보였다.

같은 이유에서 우리는 우수한 독자들에게 도전적인 문학과 그들이 단지 읽는 것뿐 아니라 토론도 하며 시간을 값지게 보내는 문학작품을 신중하게 선별하여 추천했다. 우리는 가르칠 단원에 풍부한 언어, 해석에 대한 개방성, 그리고 아이디어의 깊이에 대한 평가에 부합하는 문학만을 포함시켰다. 또한 우리는 재능 있는 학생들이 읽게 될 문학작품이 그들의 나이와 학년보다 높은 수준이어서 그들의 읽기 수준과 일치하기를 원했다.

교육과정의 틀 역시 재능 있는 학생들을 위한 글쓰기 프로그램에서 무엇이 강조되어야 하는지 분명한 입장을 취했다. 우리는 4~8학년 교사들이 제출한 소수의 설득적 글쓰기의 한정된 샘플을 제시한 1992 National Assessment of Educational Progress Writing Portfolio 연구와 그 결과에서 많은 영향을 받았다. 이에 따라 우리는 단원에 이런 형식의 글쓰기를 강조하였고 그 틀 안에서 그와 관련 있는 결과를 도출하도록 하였다. 이런 설득에 대한 강조는 토론을 강조하면서 구두 의사소통 부분과 자연스럽게 연계되었다. 우리는 쓰기를 사고의 연장이라고 생각하기 때문에 웹(webs), 일지(journal), 비독립적 평가(embedded assessments)를 포함하는 다양한 글쓰기 응답 방식(writing response approaches)도 강조하였다.

다른 많은 언어 프로젝트와 달리 우리는 구두 의사소통을 이 교육과정 틀에서 핵심으로 강조하였다. 교육과정 틀에 맞게 개발된 각 교수 단원에서 평가적 듣기 기술과 구두 의사소통 기술을 둘 다 탐구하였다.

우리는 재능 있는 학습자들을 위한 전체적인 틀 안에서 언어 능력과 어휘 발달 또한 강조해야 할 중요한 부분이라고 생각했다. 학습자들은 어휘와 어휘 관계에 관한 자연스러운 흥미를 가지고 있기에 이 분야를 더 크게 부각시키는 것이 타당하다고 여겼다. 그러나 글쓰기와 문학 해석을 위해 언어에 대한 민감성을 배양하는 것도 중요하기 때문에 그렇게 할 필요가 있었다.

그러므로 교육과정의 틀은 재능 있는 학생들이 읽기, 문학, 글쓰기, 구두 의사소통, 문법, 어휘에서 일련의 결과를 나타내도록 개발되었다. 언어과목의 이런 중요한 가닥에 대한 근본적인 처방은 각 중요 가닥이 통합된 수업을 통해 다른 가닥들과 연결되는 학제적인 방법이다.

교육과정의 틀에 있어 또 다른 핵심적인 특징은 학습의 단위 안에서 발달에 대한 중심 개념, 즉 변화라는 개념을 채택한 것이다. 변화에 대한 일련의 일반화를 발전시키고 그것을 토의, 글쓰기, 말하기 활동을 위한 학습 지도안으로 나타냄으로써 이 프로젝트는 탄탄한 학제적인 면도 지원하고 있다.

마지막으로 이 프로젝트의 틀은 사고를 강조한다. Paul(1992)의 추론 모형을 응용하여 우리는 무엇을 읽고, 무엇을 쓰고, 무엇을 말하는지에 관한 논의를 강조하는 언어교과의 중요한 가닥을 모두 포함시켰다.

그렇지만 이 책의 편집자들은 우리가 강조하는 이런 부분들이 실제로 실현될 방안들을 한 번에 그리고 하나의 단원으로 모두 인식하지는 못했다. 우리는 이 틀에 기반을 두어 수업을 개발하고 가르친 훌륭한 학급 교사들과 함께 작업하였다. 우리는 각 핵심 영역에서 학생의 학습을 측정하는 평가를 만들었다. 우리는 심지어 우리의 아이디어가 교실에서 어떻게 해석되는지에 대한 더 나은 통찰력을 얻기 위해 4~6학년 토요 학급까지도 조직하여 가르쳤다. 이런 방법들을 통해 우리는 또한 계획된 교육과정을 전달하는 것이 얼마나 어려운 일인지 인식하게 되었다.

언어교과 연구와 개발에 일차적인 초점을 둔 우리와 현직 학급 교사들 간의 대화를 통한 아이디어 교환을 소중하게 생각하였기에 아이디어와 현장 적용 사례를 표현하도록 장래의 저자들과 함께하는 심포지엄과 추후 토의를 후원하였다. 이런 논의하에 이 책의 개요가 만들어졌다—이 개요는 다음 페이지에 이론, 연구, 교수 활동을 같은 비중으로 제시한다고 우리는 믿는다. 우리는 이 책에 참여한 저자들의 선택에서도 그들을 동등하게 존중하려고 노력하였다. 초등학교 저학년에서 고등학교까지 모든 학년의 재능 있는 학생들을 현장에서 직접 가르치고 있는 교사들도 이 책의 저자로 참여하였다. 또한 영재교육, 언어교과의 구성주의, 도서관학 분야의 전문 지식을 제공하는 전문가들도 저자로 참여하였으며, 대학의 교육학을 비롯해 영어와 화법에 관한 전문가들도 저자로 참여하였다. 이런 공동 작업을 통해 우리는 학교에서의 언어교과 교수가 보다 통합되는 방향으로 발전하기를 바랐다. 따라서 우리는 이 책에서 다양한 저자들의 스타일을 존중하였다. 우리가 의도적으로 포함시킨 관점과 각 저자의 스타일이 있기 때문에 독자에 따라서 보다 흥미롭거나 적합하다고 생각되는 장(章)이 다를 수 있다.

누가 이 책을 읽어야 할까? 우리가 굳게 믿는 바는, 언어재능 계발을 위한 지침을 원하는 초·중등학생의 부모들과 교육자들이 이 책에 제시된 현재 시행되는 교육방법들을 확장시키고 아마도 초·중등학생들을 위해 무엇을 할 수 있는지에 대한 시각을 바꿀 요소들을 선택할 필요가 있다는 것이다. 그러나 이 책은 월요일 아침 담임교사가 학습지도안에 집어넣을 손쉬운 처방으로 사용할 수 있는 그런 책이 아니라, 총명한 학습자들을 위해 수업을 개선하기를 바라는 사려 깊고 숙고적인 교사들을 위한 책이다. 또한 이 책은 하나의 교육과정 핵심 영역에서 국가적 개혁 작업을 학급에 적용하기를 갈망하는 지방 행정가들에게도 필요할 것이다. 분명한 것은 단지 학교의 겉모습만을 재단장하고자 하는 행정가가 아닌, 학생들의 학습에 미칠 영향에 관심이 있는 행정가를 위한 책이라는 것이다. 이에 더해 재능 있는 학생들은 학교로부터의 지원이 필요하지 않다고 생각하는, 현재 국가적 그리고 세계적 데이터와는 정반대의 생각을 가지고 있는 무관심한 교육자에게는 이 책이 필요 없음도 분명하다. 확실히 이 책은 아직 계발되지 않은 자녀의 언어 능력을 감지하고 이를 계발시키는 데 무언가 도움이 되고자 하는 관심 있는 부모들에게도 필요하다. 학교는 물론이고 가정에서도 학생들을 격려하는 실제적 아이디어가 이 책의 처음부터 끝까지 담겨 있다.

이 책의 목적은 학생들이 언어 재능이 나타나고 길러지는 최적의 기회를 마련해주는 방식으로 언어교과와 영어 수업을 강화하는 데 필요한 특정한 도구와 전략을 다양한 독자들에게 제공하는 것이다. 이 책에서 주장하는 몇몇 기술은 일반 교육과정 개혁 문헌에서 발췌되었고, 일부는 언어교과 개혁 문헌(특히 읽기와 쓰기)에서, 그리고 일부는 영재교육과 관련된 문헌에서 발췌되었다. 이런 모든 것들이 결합되어 학생들의 언어교과에서 재능 계발을 촉진하는 강력한 프로그램을 정립하는 탄탄한 기반이 수립된 것이다.

이 책의 편집자들과 저자들은 언어교과에서의 교수와 학습에 관한 쟁점에 대해 강한 입장을 취하고 있는데 이는 다음과 같다.

- 학교에서 사용되고 있는 기저 교재(basal text)는 재능 있는 학생들에게 적합하지 않다. 독서 가능지수에 대한 심한 강조, 수준이 낮춰진 이야기들, 하위 수준의 활동과 질문에 대한 너무 많은 강조는 언어교과에서 상업적인 텍스트가 교실에 사용되는 참담한 상황을 초래했다. 중등 수준에서는 우수한 문집의 선택이 여전히 보장되겠지만, 각기 다른 장르의 문집과 좋은 글쓰기 모델이 되는 문집을 선정하는 것이 보다 더 바람직하다.
- 언어교과에서의 재능 계발을 위한 읽기 내용의 선정은 학생들의 읽기 수준 검사 결과보다 반드시 약간 높은 수준이어야 하지 그 수준이거나 그보다 낮으면 안 된다. 기본 교재는 물론 너무나 많은 문학 수업 자료들도 영특한 학생들에게 읽기에 관한 도전감을 주기에는 수준이 너무 낮게 맞춰져 있다. 읽기에 재능이 있는 4학년 학생들의 읽기 수준은 6학년이나 그 이상이므로 성인 수준으로 간주되어야 하며, 그 독서 가능 수준은 대부분의 신문이나 잡지를 읽을 수 있는 정도로 보아야 한다.
- 소위 창의적 글쓰기라고 불리는 활동을 심하게 강조하는 것은 재능 있는 학생들의 글쓰기 습관을 향상시키지 못할 것이다. 글쓰기에 재능 있는 학생들이 성장하기 위해서는 매일 글쓰기를 하며, 그들의 작업에 대한 피드백을 받고, 그들이 창작한 것을 다시 쓰면서 더 탄탄하게 만들어야만 한다. 이런 엄격한 과정이 결국 이 학생들의 글쓰기 재능을 향상시키는 것이지, 평가가 없는 글쓰기 포트폴리오에 전시를 위한 짧은 시를 만들어 넣는 30분짜리 과제는 도움이 되지 않는다.
- 도전적이고 흥미로운 어휘를 직접 교수하는 것은 재능 있는 학습자들의 언어교과를 강화시킬 수 있다. 철자보다는 어휘가 그들이 읽고 쓰는 것에서 의미와 뉘

앙스, 단어 선택에 주의를 더 많이 기울이게 만든다. 그러므로 이 영역을 강화시키는 것은 더 전통적인 전략보다 학생들의 언어 성장에 더 많이 기여할 것이다.

- 자학자습의 방식으로 영어 구문론을 직접 교수하는 것은 재능 있는 학습자들에게 발달의 초기 단계에서 그들이 이해한 것을 적용하는 자유를 제공할 수 있다. 기본 교재에서 옹호하는 문법을 교수하는 단편적 모형과는 달리, 이런 방법은 재능 있는 학습자들이 구문론적 구조를 전체적으로 파악할 수 있는 능력을 인정하고 있다.
- 사고는 독립적인 기능들을 교수하는 것보다는 추론의 일반적 모형에 기반을 두고 언어교과 전 영역에 체계적으로 응용하여 교수하는 것이 가장 좋을 수 있다. 문학, 글쓰기, 구두 의사소통, 그리고 언어 학습에서의 추론은 관련된 상보적 과정에 대한 학생들의 이해를 깊게 하고 비판적 읽기와 쓰기 행위 모두를 계발하는 데 도움을 준다.
- 언어교과 내에서 학제적 연결은 일관성 있게 표현되고 설명될 필요가 있다. 총체적 언어(whole language) 이론가들은 통합된 학습의 중요성에 많은 기여를 했지만 그런 아이디어들이 신뢰성을 확보하기 위한 그 함의의 교실 수업 적용까지는 미치지 못했다. 그 결과 교사들은 반성적 읽기의 의미나, 글쓰기의 요구 조건이나, 혹은 비판적 행동을 계발하는 함의에 관한 단서도 하나 없이 문학을 글쓰기의 토대로 이용하고 있다. 재능 있는 학생들은 언어교과들 간의 근본적 연계를 발견하기 위한 틀을 필요로 하므로 그것이 읽기, 쓰기, 말하기, 혹은 듣기든지 간에 각각의 활동은 다른 영역들과의 관계 속에서 바라보아야 한다. 이것은 각 수업이 이런 활동을 총체적인 방법으로 병합하지 않으면 있을 수 없다.
- 학제 간 융합은 학교에서 훌륭한 언어교과를 개량하는 데 가장 시급한 문제가 아니다. 교육과정을 학제적으로 만드는 것은 장기적으로는 고무적이지만, 기초 언어교과를 합당한 기준으로 끌어올리는 것이 보다 중요하다. 이 책은 언어교과에서 학제 간 연결을 만드는 방법을 제시하고 있지만 이 움직임이 재능 있는 학생들을 위한 언어 학습을 개선하는 데 중심이 된다고 생각되지는 않는다.

이 책의 중심 주제는 탐구(inquiry)를 통해 의미를 창조하는 것으로, 이는 학생과 교사에게 똑같이 중요한 모험이다. 언어교과를 가르치고 배우는 것은 탐색, 즉 다른 이들과의 관계에서 자신에 대한 이해를 탐색하는 것이다. 그러므로 언어교과 수업은 연구를 통한 지식의 추구, 문학 토의를 통한 해석에 대한 탐색, 그리고 글쓰기, 말하기, 듣기를 통한 의사소통을 위한 여정을 조직하면서 이 탐구의 개념을 반드시 존중해야만 한다. 우리는 텍스트를 통해 적극적인 방식으로 의미를 구성하려는 이와 같은 방법들의 중요성을 강조하려고 노력하면서 각 장의 마지막에 독자에게 던지는 실문과 학생들이 적극적 방식으로 텍스트에 참여하는 것을 강조하는 모범적인 언어교과 수업 샘플을 수록하였다.

많은 교육자들은 입증된 바와는 반대로 모든 학습자들에게 적용되는 좋은 교수 전략이 재능 있는 학습자를 만들 것이라고 믿는다. 다른 사람들은 영재교육이 이런 우수한 전략만을 적용한다고 생각한다. 그러므로 우리가 영재교육으로부터 이런 성공적인 도구를 전용하여 모든 학습자들에게 사용한다면 교육계는 얼마나 더 좋아질까. 그러나 그와는 정반대이다! 좋은 영재교육은 특별한 기술이 들어 있는 가방도 아니고, 약간의 창의적인 사고와 조금의 비판적 사고, 혹은 실오라기 하나와 같은 작은 철망 하나로 완성되는 일회분의 과제가 아니다. 모든 좋은 교육과 마찬가지로 영재교육도 핵심 영역에서 고차원적 발달을 이미 보여 주면서 학교에 진학하는 특별한 학습자들의 특성과 요구를 사려 깊게 바라보는 것에서부터 진전된다. 그들의 능력은 보다 고차원적이고 복잡한 학습의 시작점을 필연적으로 수반한다. 그리고 그 학습은 반드시 이런 학습자들의 교육과정 경험에 기본적이고 지속적인 것으로 인지해야만 한다. 이 책은 영재교육을 단지 교수 전략으로만 보는 근거 없는 생각을 일소하려고 한다. 이 책은 완전하게 개발된 교육과정 계획에 재능 있는 학습자들을 양육하는 응집된 다양한 양상을 제시한다.

우리는 이 책에 실린 많은 아이디어와 모든 언어교과 학습자들에게 적용될 수 있다고 믿지만 모든 학습자들이 고급 문학과 어휘 혹은 복잡한 글쓰기와 연구 활동을 제공받는 데서 혜택을 받을 수는 없다는 것을 우리의 프로젝트 경험으로부터 알고 있다. 영재 학생들에게 효과가 있는 것이 모든 학습자들에게 얼마나 많이 전환될 수 있느냐는 이 책의 독자들에 의해 보이고 바라건대 어느 정도 실행될 수 있다. 그렇지만 재능 있는 학습자들을 위해 개발된 것은 완전한 상태로 전국 학급에서 그들에게 우선적으로 사용되어야 한다. 더 큰 학습자 집단이 도움을 받을 수 있다면 훨씬 더 좋을 것이다. 제시된 교육과정에 관한 아이디어를 영재 학생들에게 국한시키는 데 대한 근거는 특정한 시기에 학습을 이런 방식으로 집중시키는 것이 아동에게 최선의 이익은 아니기 때문일 것이다.

전제되어야 하는 기능에 관한 쟁점 또한 여기서 고려하는 것이 적절하다. 단편소설을 읽지 못하는 학생들은 그 의미에 관해 충분히 토의할 수 없다. 문단을 작성하지 못하는 학생들은 논증적 에세이를 쓸 수 없다. 도서관 자료를 제대로 사용하지 못하는 학생들은 다양한 자료 또한 감당할 수 없다. 이런 모든 예들은 다양한 학습자들이 주어진 발달 단계에서 학습에 대한 다양한 역치를 가지고 있으며, 언어교과에 재능이 있는 학습자들은 전형적으로 학교에 입학할 때부터 졸업할 때까지 더 높은 역치를 가지고 있다고 인식해야 할 필요성을 강조한다.

재능 계발에 관한 개념 또한 이 책의 중요한 부분이다. 이 책의 편집자들은 언어교과에서의 재능을 강화시킬 근본적인 방법으로 교육자들이 모든 학습자들을 양육해야 한다고 믿는다. 언어교과의 기능은 평생 지속되고 학습자들은 다른 속도로 그 기능들을 계발시키므로, 모든 학생들이 이런 기능을 일찍부터 익히고 충분히 연습하도록 보장하는 것이 중요하다. 특히 언어교과에 재능이 있는 학생들이 그들의 지식과 기능에 어울리는 측면의 언어교과 학습을 높은 수준으로 끌어올릴 기회를 갖도록 보장하는 것은 특히 중요하다. 학생 개인의 읽기 수준에 따라 선정된 책, 이런 책들에서 선택된 어휘, 읽은 것에 대한 이해를 바탕으로 하는 글쓰기, 그런 책을 바탕으로 하는 구두 발표는 언어교과를 가르칠 때 재능 계발의 포괄적인 모형 안에서 개인 차를 수용할 수 있도록 보장하는 방안을 제공한다. 추론을 가르치는 것과 지배적인 주제를 가르치는 것은 모두를 위한 훌륭한 언어교과 지도의 특징이다. 문학 집단을 활용하여 독서에 관해 토론하고 숙고하는 것은 또한 그런 프로그램에 반드시 필요하다. 우리는 Junior Great Books 탐구 모형이 소집단 문학 토론을 포함시킬 때 교사들에게 특히 유용하다는 것을 발견했다.

이 책은 광범위한 4개의 부로 구성되어 있고, 각 부는 언어교과를 가르치고 학습하는 데 중요한 아이디어를 담고 있다. 제1부는 이 교과 영역에서 재능 계발에 관한 근본적인 교육철학에 대하여 중요한 쟁점과 질문을 제기하면서 이 책에 이론적 배경을 제시한다. 제1부의 저자들은 재능과 계발에 관한 전반적인 아이디어, 언어 재능과 구성주의에 관한 특정한 쟁점, 고전의 역할, 그리고 삶을 반영하는 것으로 문학에 대한 학습을 중점적으로 다루고 있다.

제2부에는 각 연구에서 나온 언어교과를 가르치는 다양한 방법이 제시되어 있다. 여기의 장들은 특별히 문식성 발달, 구두 의사소통, 글쓰기, 언어 학습, 외국어, 언어교과 수업에서 다양성 존중의 필요성 등에 관한 쟁점에 중점을 누었다.

제3부는 언어교과에 우수한 능력을 가진 학습자들을 위한 국가적 교육과정 프로젝트(National Curriculum Project for High Ability Learners in Language Arts) 작업에서 기인한 교실에서 실천할 수 있는 특정한 아이디어를 제공한다. 여기에 실린 세 개의 장은 실습 교사들이, 나머지는 프로젝트에 참여한 연구원들이 썼으며, 그들은 기존의 언어교과 교재와 새롭게 개발된 단원을 둘 다 사용하는 데 있어서 중요한 지침을 제공한다.

제4부에서는 모범적인 언어교과 교육과정의 개발과 적용에 관한 쟁점을 다룬다. 이 부분은 교육과정을 해석에 충실하면서도 역동적이고 변화에 민감하게 유지하면서 중요한 쟁점을 강조하는 모범적 수업 지도안과 틀의 예시를 제공하는 것이 특징이다.

전체적으로 볼 때, 이 책은 일관성 있게 학교에서의 수월성에 관한 우려에 답을 주고 있다. 언어교과 교수에서 높은 기준을 설정하는 것부터 그에 상응하는 이런 표준의 수업 적용에 이르기까지, 이 책은 언어 재능을 계발하는 일련의 독특한 관점을 제공한다. 거기에 더해 이 책은 교육자들에게 연구를 기반으로 한 목표와 그것에 기초한 새로운 교수 모형을 제공함으로써 의미 있는 변화를 위한 중요한 기반을 제공한다.

감사의 말

이 책을 위한 귀중한 아이디어들 구상하노록 1993넌 가을을 영국의 케임브리지대학교에서 방문 연구원으로 연구할 수 있게 기회를 마련해 준 윌리엄앤드메리대학 리서치 프로그램에 감사드린다.

—Joyce VanTassel-Baska

모든 저자들은 이 책을 위해 다방면에서 도움을 아끼지 않은 윌리엄앤드메리대학의 영재교육 센터 직원들—Katie Hall, Claire Hughes, Chris Keene, Tori Moss, Amy Muraca, Cathy Wrightson, Chwee Geok Quek and Evan Silver—에게 감사의 인사를 전한다.

참고문헌

National Center for Educational Statistics. (1992). *NAEP writing portfolio study*. Washington, DC: U.S. Department of Education.

National Excellence: A case for developing America's talent (1993). Washington, DC: Office of Educational Research and Improvement, United States Department of Education.

Paul, R. W. (1992). *Critical thinking*. Santa Rosa, CA: The Foundation for Critical Thinking.

참고: 이 책에 사용된 일부 연구는 Javits Act Program의 지원을 받았으며, 새러토가스프링스 BOCES, 새러토가스프링스, 뉴욕으로부터 하청지원금을 받았고, Office of Educational Research and Improvement, 미국 교육부의 관리하에 이루어졌다. 이런 프로젝트의 담당자들은 전문적 판단을 자유롭게 기술하도록 장려되었다. 그러므로 이 책의 내용은 정부의 입장이나 정책을 대변하고 공인되었다고 추측해서는 안 될 것이다.

차 례

제 1 부
언어 재능계발

제 2 부
언어교과에서 탐구를 통한 의미

제 3 부
언어 영역을 교실 수업에 전환하기

제 1 부

언어 재능계발

이 책의 제1부는 전반적인 재능계발 과정과, 그것을 언어학습과 문식성 이해에 구체적으로 적용하는 것과의 관계를 이해하는 전반적인 배경을 제공한다. 이 부분의 저자들은 언어교과의 재능계발을 촉진시킬 프로그램의 실제적인 적용에 내재하는 이론적인 고려 사항을 다루고 있다.

Joyce VanTassel-Baska가 쓴 제1장은 재능계발 과정의 역사적인 관점을 제시하면서, 교육기관, 부모와 같은 개인들, 특정 영역에 보이는 인내심, 헌신 등과 같은 개인 내적인 영향들을 포함하는 재능계발에 영향을 주는 요인들을 모아서 제시하였다. VanTassel-Baska는 재능이 있는 아이들에게 학교가 제공하는 여러 가지 프로그램에 대한 반응의 유형을 개관하고 고려할 필요가 있는 변인들에 대해 논평을 제공하고 있다. 언어교과에 있어서의 재능계발에 관한 제2장을 쓴 A. Harry Passow는 이 교과에서 재능 판별의 여러 가지 개념과 그 재능을 계발하는 가장 효율적일 수 있는 과정을 탐구하고 있다. Passow는 또한 언어, 구술, 작문, 의사소통 재능의 발달을 살펴보고 있다. 제3장은 언어학습 그리고 그와 관련된 기능에 대한 새로운 시각에 초점을 두고 있다. Nancy Nelson Spivey는 이 분야의 연구자에게 도움이 되는 구성주의 사례를 제시하면서, 학생들이 의미를 구성하는 데 도움을 주는 텍스트와 간텍스트의 역할을 언급하고 있다. 제4장의 저자인 Michael Clay Thompson은 언어 교육에 있어서 고전을 고수하라고 주장한다. Thompson은 언어 프로그램의 근간으로 고전문학을 사용하는 것에 대한 근거를 제공하고 있다. Barbara Allen Talyor가 쓴 제5장은 문식성 이해의 과정을 탐구하고, 초보 독자가 글로 된 언어의 풍부한 상호작용에 능숙한 참여자로 발달하는 과정을 보여 준다.

대체적으로 이 장들은 언어교과에서 교수와 학습을 통한 재능계발의 중요한 실타래를 서로 잘 엮어 내고 있다. 이런 융합의 저변에는 모든 학생이 재능계발 모델에 근간을 두어 언어를 배워야 하고, 언어교과에서 재능이 있는 학생들에게는 고급 과제를 수행하고 깊이 있는 탐구를 할 수 있는 기회가 제공되어야 한다는 인식이 깔려 있다.

제 1 장

재능계발의 과정

Joyce VanTassel-Baska

인간의 노력이 있는 어느 분야에서건 재능계발은 그 분야에서 최대한의 수행과 성취를 향한 개인적이며 사회적인 자원들을 동원하기 위한 응집된 노력을 의미한다. 개인의 재능과 사회의 요구는 최상의 발달을 조장하는 자원들을 보장하기 위해 발달이 일어날 분야에 집중되어야 한다. 연기 재능, 체스 재능, 미술 재능과 같은 몇몇 재능계발 영역들은 자주 가정의 영역이나 과외 교육과정으로 여겨지며, 주로 학교의 책임으로 여겨지지 않는다. 글쓰기나 언어적 재능과 같은 다른 영역들은 학교가 그 과정에 영향을 주고, 또 줄 수 있는 영역이다. 그러니 어느 재능 분야를 막론하고 재능계발을 위한 과정은 무엇이고, 우리는 그 재능을 얼마나 조장할 수 있는가?

어떠한 재능의 발달도 많은 요인들이 서로 얽혀 있는 복잡한 과정이다(예: Bloom, 1985; Feldman, 1991; Kulieke & Olszewski-Kubilius, 1989; Tannenbaum, 1983). 재능계발에 영향을 줄 수 있는 모든 가능성 중에서 부모의 역할은 가장 심도 있게 연구되어 왔다. 영재이지만 최적의 가족 상황을 가지지 못한 아이에 관한 연구는 부모보다도 형제, 조부모, 공동체의 성인들, 교사들과 그 외의 다른 사람들이 종종 재능계발에 주된 영향을 주고 있음을 시사하고 있다(Goertzel & Goertzel, 1962; VanTassel-Baska, 1989; VanTassel-Baska & Olszewski-Kubilius, 1989). 제도적·개인적·개인내적 동력은 모두 평생을 거쳐 개인의 재능계발을 실현하는 것으로 보인다(VanTassel-Baska & Olszewski-Kubilius, 1989).

재능계발에 대한 연구는 재능계발 과정을 이해하기 위한 한 방법으로 다양한 영역에서 뛰어난 개인들의 삶에 초점을 두어 왔다(Bloom, 1985). 창의성에 영향을 주며, 창의적 공헌자와 유능한 기술자를 변별하는 요소들도 연구되어 왔다(Amabile, 1983; Getzels & Csikszentmihalyi, 1976). 역경이 성취 동기를 증진하는 역할과 수행, 그 결과로 나타나는 탁월성이 연구되었다(Albert, 1993; Goertzel, Goertzel, & Goertzel, 1978; Ochse, 1990). 특정 분야에서의 재능계발과 연관된 요인들에 대한 몇몇 연구도 실시되었다. 탁월한 과학자들(Roe, 1953; Zuckerman, 1977), 건축가들(McKinnon, 1962), 그리고 탁월한 작가와 미술가들(Piirto, 1992)에 대한 몇 가지 연구가 시행되었다.

개인의 재능계발 과정은 느리고 신중하거나, 빠르고 우연한 운이라고 특징지어지기도 한다. Bloom(1985)은 성인기에 가장 높은 수준으로 자신의 재능을 발달시킨 35명의 뛰어난 사람들의 삶을 회고적으로 연대화해서 상술하였다. 이들의 발달 단계에서는 줄곧 상당히 독특한 패턴이 나타났다. 그는 그러한 패턴이 몇 가지 변인들로 구성되어 있음을 발견하였다. 초기에는 교육적이고 지원하는 가정, 적시에 적임의 교사, 재능 영역에 빠져들 수 있는 기회들이 있었다. 후기에는 재능 분야에서의 적절한 수준이나 표준까지 발달하기 위한 경쟁이 있었다. 그 영역에서의 많은 연습 시간 또한 후기에 나타나는 특성이었다.

Feldman(1991)은 청년기라는 관점으로 재능계발을 연구하였다. 신동에 대한 이해를 통해, 그는 다른 재능계발 과정들이 진행되는 것을 관찰하였다. 사회적으로 수용되고 유용한 분야에서의 조기 노출과 발달의 기회가 천재적 발달의 중요한 원칙이 되었다. 재능 분야에서 신동을 고무시킬 수 있는 부모, 동료, 교사, 멘토와 같은 지원망 또한 필수 요건으로 간주되었다. 마지막으로 출판, 공연, 혹은 전시를 통한 재능의 표출구가 필요하다고 여겨졌다. 게다가 나이에 관계없이 힘든 일에 대한 헌신, 인내심, 창조하려는 욕구라는 내적 특성들은 신동이나 성공한 성인 모두에게 재능계발이라는 가치가 있는 퍼즐의 일부분을 형성한다. 그러므로 사람들의 재능계발은 가정, 학교와 특별한 훈련, 이런 과정을 촉진하는 성격 변인과 관련된 영향들의 조합이라고 생각되었다(VanTassel-Baska & Olszewski-Kubilius, 1989). 이러한 영향은 예를 들면 과학계에서 놀랄 만한 큰 발전을 이루어 낸 Darwin의 삶에서도 잘 나타나는데, 억압된 환경에서도 주의 깊게 의지와 지력을 구조화하여 쏟기 때문이다(Gruber, 1976).

1. 작가들의 역사적 사례: 실제 이루어지는 재능계발 과정

재능계발 과정을 이해하기 위한 하나의 접근법은 작가 개인의 작품을 통해 아주 높은 수준으로 발달된 재능을 명확히 실례로 드러내는 특출한 개인의 삶을 면밀히 연구하는 것이다. 최근의 Charlotte Brontë와 Virginia Woolf에 대한 연구에서, 작가로서 재능계발 과정에 영향을 주는 여덟 가지 보편적인 주제가 발견되었다(VanTassel-Baska, 1995). 그들의 삶과 작품에 관한 연구에서 나오는 이러한 주제들은 역경, 자기계몽, 기술 연마, 정서적 지지에 대한 요구, 존재에 대한 명확한 철학, 환경의 영향, 외로움, 어머니상의 탐색 등으로 특징이 나타났다(Batchelor, 1991; Berg, 1987; Bloom, 1987; Gordon, 1984).

이러한 주제들이 Brontë와 Woolf의 삶을 뚜렷이 보여 주었는데, 재능 있는 작가가 되기 위한, 시간과 장소, 상황을 초월하는 특별한 발달 경로 또한 그들의 삶에 대한 연구를 통해 알 수 있었다. 이러한 경로는 4단계로 특징지어진다(**그림 1-1** 참고). 각 단계는 전 단계 혹은 다음 단계와 겹쳐질 수도 있다. 예를 들면, 초기의 문식성 발달에서의 활동은 유치원 나이의 아이가 다양한 글쓰기 형태의 능동적 실습에 참여하는 것을 의미할 수도 있다(Farr, 1985; Strickland & Morrow, 1989). Brontë와 Woolf의 삶으로부터 나온 증거는 이러한 활동이 특별한 형식을 갖춘 조금 더 규격화된 연습으로 이끈다는 것을 나타낸다.

1단계는 작가가 태어난 가정이 중요한 변인으로 작용하는 단계로, 지적·문학적 추구를 통해 정신적 삶을 증진시키는 가치 체계가 가장 중요하다고 볼 수 있다. 그러한 가정 구조 안에서는 아이디어의 세계에 관해 이야기하고 독학을 장려하는 데 관심

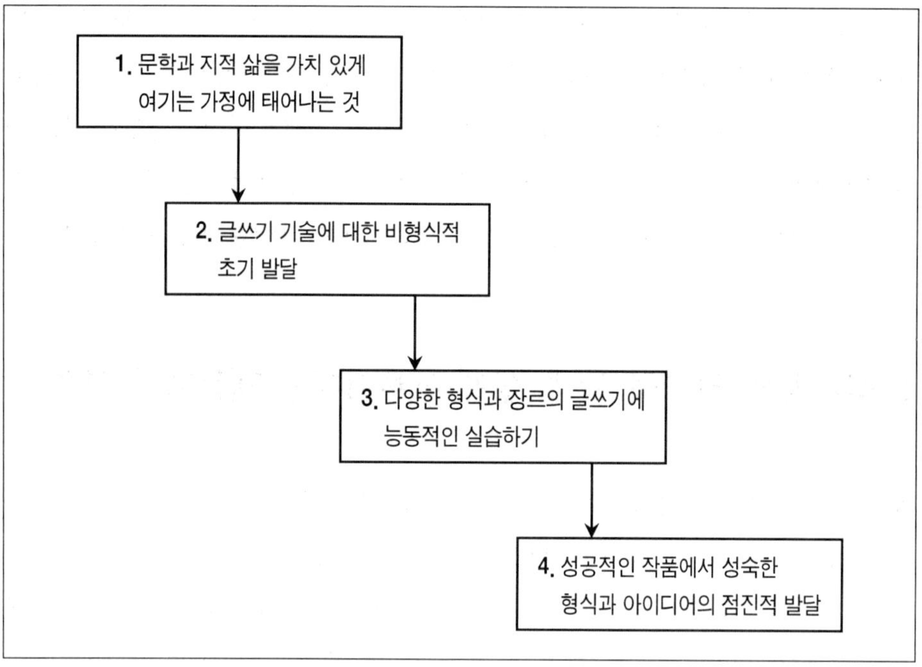

그림 1-1. 작가가 되기 위한 재능계발 경로

이 많은 가족 구성원이 있는 것이 중요하다. 그러한 가정에서는 또한 보통 아이들보다 더 격리되고 비구조화된 아동기를 만들어 줄 수 있는, 독자적인 독서와 글쓰기를 할 자유 시간을 제공할 필요가 있다. Brontë와 Woolf는 그들의 개인적인 작가적 재능을 발달시켜 줄 수 있는 풍부한 기반을 제공한 가정이 있었다.

2단계에서는 작가적 재능의 경로가 비형식화로 특징지어질 수 있다. 어휘나 그림, 자신이 직접 만든 촌극이나 연극을 이용한 상상 연극(놀이)에 참여한다. 이 단계에서의 핵심 요소는 어린 작가에게 피드백을 줄 수 있는 관객의 이용이다. Brontë와 Woolf 둘 다 규칙적으로 글쓰기 연습을 위해서 형제나 다른 가족 구성원을 이용하였다. 창작에 대한 상상적 특성과 창작에 대한 공유된 그들의 지식 모두가 이 발달 단계에서는 중요한 양상이 된다.

3단계는 형식을 갖춘 능동적 실습 시기로 특정화될 수 있다. 작가는 새로운 장르를 시도하고 미적 형식으로 창작 활동을 하는 친구 집단에서 작품에 대한 반응을 얻고자 한다. 이 시기는 Brontë와 Woolf에게서도 작가로 성숙되어 감에 따라 보인다.

Brontë의 경우, 적절한 삽화를 포함하여 형식을 갖춘 그녀의 소책자들은 Branwell, Emily, Anne에게 읽혔는데 이는 작가로서 발달하는 시기를 나타내는 좋은 예가 된다. Woolf의 경우, Bloomsbury의 창작품과 근처의 지식인 동인들이 이 작품 활동 시기에 자극을 주었고 추후 발달에 필요한 발효 과정을 제공했다. 또한 지속적인 독학은 이 시기의 발달 과정에 나타나는 특징이다.

마지막 단계에서는 장르와 작품 자체에서도 작가로서의 점진적 성장이 수반된다. Charlotte Brontë(1924)의 가장 위대한 소설은 의심할 여지도 없이 『빌레트』로, 그녀가 쓴 최후의 작품이다. 주제와 이야기의 표현은 이전의 소설에서는 보이지 않았던 새로운 수준을 보여 주었다. Woolf(1976)의 경우, 『파도』는 초기 작품에서 단지 암시만 있었던 형식과 아이디어의 완성을 보여 준다. 작가가 문학에서 지속적인 영향력을 가지게 된다면, 그러한 천재성이 나타나는 것은 바로 이 단계라고 볼 수 있다.

2. 교육적 함의

Brontë와 Woolf의 삶은 작가가 되기 위한 재능계발 과정을 더 잘 이해하기 위한 기초를 제공한다. 더구나 그들의 삶은 학령기 동안 글쓰기 재능을 촉진시키는 몇 가지 실질적인 고려 사항을 부모와 교사들에게 제시한다. 언어 재능을 가진 학습자가 의미 있는 지적 활동을 통해 자기 자신과 자존감을 조절하고 통제하는 것을 돕는 수단으로, 글쓰기는 이상적인 교육의 기회를 제공한다. 세부적인 고려 사항은 다음과 같다.

1. 초기 글쓰기 행동을 장려하라. 글쓰기는 조기에 계발될 수 있기 때문에, 심지어 유치원 수준에서도 아이들에게 글쓰기를 장려하는 것이 중요하다고 볼 수 있다. Brontë와 Woolf가 4~12살에 제공받았던 글쓰기 즐거움의 정도를 보면 그것은 어린 시절을 풍요롭게 만드는 전략으로 간주될 수도 있다.
2. 생각을 실제로 시험해 볼 수 있도록 어린 작가들에게 지원망을 제공하라. Brontë와 Woolf에게 그들의 조기 문학적 시도에 반응을 주며 조언을 해 줄 수 있는 가족이 있었던 것과 같이, 오늘날의 어린 작가들도 비슷한 흥미와 능력을 가진 다른 사람들

과 접촉할 필요가 있다. 문학 동아리나 문학 저널 프로젝트는 그러한 관계의 발전을 위한 만남의 장소를 마련해 줄 것이다.

3. 학생 자신의 인생 경험을 반영한 글쓰기를 격려하라. Brontë와 Woolf는 창작 활동을 통해 자신의 삶을 다시 만들고, 높은 수준의 예술로 전환시켰다. 어린 작가들이 그들 자신의 삶이라는 소재에 담긴 힘을 이해하고 그것에 대하여 글을 쓸 수 있도록 격려할 필요가 있다.
4. 산출의 자연적 결과인 책 만들기를 장려하라. 어휘와 그림은 작가의 소재이다. 그러나 그러한 소재가 완성된 산출물로서 표현될 출구를 찾을 때까지 그것은 작가를 포함해서 그 어느 누구에게도 형식도 의미도 거의 갖지 못한다. 그러므로 어린 작가들이 책을 출판하는 활동에 참여하는 것이 아주 중요하다. Charlotte Brontë와 그 자매들에게는 이러한 책 출판이 그들의 아동기와 초기 성년기의 대부분에 계속된 중요한 일이었다.
5. 문학적 재능과 동등하게 예술적 흥미도 발달시켜라. Charlotte Brontë와 그 자매들은 언어 재능계발과 함께 예술적 계발에도 관여했다. 예술은 문학뿐만 아니라 그들의 상상력을 기르는 데도 도움을 주었으며, 세심한 관찰과 분석, 정밀함과 인내 같은 중요한 습관 형성을 돕는 환경을 제공하였다. 이러한 모든 자질들은 작가의 삶에 아주 필요한 것이었다. 게다가 상상력이 풍부한 수준의 글쓰기와 그리기는 서로 호혜적인 활동이다. 글쓰기는 작가가 세상을 보는 방식을 그림처럼 묘사한다. 그러한 묘사는 독특한 비전을 표현하기 위해서 말을 정교하게 만드는 데 도움을 준다. 글쓰기를 통해 작가는 묘사로 삶을 불어넣는 세상을 창조한다.
6. 글쓰기 과정에 정서적인 지원을 제공하라. Brontë와 Woolf가 글을 쓸 수 있기까지 여러 가지 어려움을 경험했던 것처럼, 대부분의 사람들은 글쓰기에서 정서적으로 어려움을 느낀다. 우리는 글쓰기 과정에서 신뢰와 상호 공유, 이해하는 분위기를 만들어 창작 과정에 있는 학생들을 지원할 필요가 있다.

이러한 사례 연구는 기질, 인생 경험, 내적 재능과 흥미, 근접한 문학 공동체의 영향 등의 요소들이 어떻게 작가의 재능을 발달시키는지를 설명해 주는 좋은 예가 된다. Brontë와 Woolf는 의미를 창조하여 자신의 삶을 이해하는 하나의 방법으로 글쓰기에 대한 고독한 추구를 택했으며, 그로 인해 자신의 재능을 최상으로 발달시켰다.

3. 재능계발을 위한 교육적 접근법

재능계발은 Mozart의 아버지부터 Frank Lloyd Wright의 어머니에 이르기까지 사려 깊은 부모들에 의해서 수 세기에 걸쳐 신중히 계획되어 왔다. 그러나 학교는 예술, 수학, 과학과 같은 특수화된 영역을 제외하고 그러한 사고에 반응하는 데 훨씬 느렸다. 때때로 영재들을 위해 모든 과목에서 적절한 프로그램을 제공하기 위한 교양과목 중심 학교가 만들어졌다. 그러나 이러한 많은 학교들 중 많은 수가 스스로 개인들의 특수한 재능을 계발하는 역할을 담당한다고 생각하지 않았다(Subotnik, Kassen, Summers, & Wasser, 1993).

한 가지 특별한 교육적 접근은 다양한 수단을 통해 재능을 판별하고 그러한 재능을 육성시키기 위한 "최적의 조화"가 되는 경험을 제공하는 것이었다. 초기 프로그램은 그러한 목표를 달성하기 위해서 2학년부터 핵심 그룹인 영재 학생들에게 심화 경험을 강조하는 특별반을 활용하였다(Barbe, 1955; Hollingworth, 1942). 좀 더 최근의 모델은 학교 교육과정을 통한 속진 운동, 대학 기반 환경에서의 상급 교육과정 배치, 혹은 우선적인 지도 형태로 사사제도 등을 포함한다. 이러한 접근법은 1970년대 중반에 Stanley와 그의 동료들이 개발한 학문적 재능 탐색 모델을 통해서 국가적으로 제도화되었다(Stanley, Keating, & Fox, 1974).

최근에 지지되고 있는, 재능계발을 위한 좀 더 포괄적인 교육적 접근법은 교실 안에서 넓은 범위의 학생의 재능이 발견되고 장려될 수 있도록, 모든 학생들에게 적절한 수준의 도전에서 적절한 교육과정을 제공하는 데 무게를 두고 있다. 이러한 생각은 처음에 Passow(1955)에 의해서 지지되었는데, 최근에는 정규학급에서 다중지능 이론의 적용을 장려하는 Gardner(1983)와 다른 학자들에 의해서 대중화되었다. 학생들은 언어, 논리, 수학, 예술, 운동, 개인내적, 개인외적 단위에서 적절한 기회를 제공받으며, 이러한 다양한 재능 분야에서 최상의 발달을 이루게 된다. 통합 학교들(whole schools)은 이러한 모델을 채택해 왔다(Bolanos, 1994).

다른 접근법은 전통적 학문 영역에 재능이 있는 학생들을 대상으로 하는 교육과정 개발을 통해 탐구되어 왔다(VanTassel-Baska, Gallagher, Bailey, & Sher, 1993; VanTassel-Baska, 1994). 이 접근법은 재능계발을 강조하는 통합 교육과정 모델을 통해 발달 과정을 인도하는 교육과정 개정의 핵심 요소에 의존해 왔다.

4. 재능계발에 대한 학교 기반 대응의 역사적 발전

거의 20년 동안 학교는 특수한 능력 영역에 관계없이 재능계발을 위한 과정 산출 중심 교육을 선호해 왔다. 이러한 접근법은 삼부 심화학습 모형(Renzulli, 1977)에 의해 대중화되었는데, 풀아웃 특수학급 프로그램을 시작하는 모델로 그 분야에서 선구적 프로그램을 제공하였다. 이러한 접근법은 인지과학 운동이 발달하면서 더욱더 지지를 받았는데 고등 사고 기능, 실세계와 관련된 산출물, 독특한 방식을 강조하는 사고를 요구한다(Gardner, 1983; Sternberg, 1985). Maker(1982)는 영재아들을 위한 차별화 교육과정을 어떠한 교실 환경에서도 영재 학생들에게 제공할 다양한 교육적 모형을 체계화해서 교사들을 위하는 기술적인 문제로 보았다. 전략 모델과 그 구성요소를 내용, 과정, 산출 차원에 따라 수정함으로써 영재를 위한 교육과정은 특정한 차별화된 교육적 요소가 고려되는 한 결과를 가져올 것이다. 이 초기 과정 산출 패러다임의 본보기를 따르는 교육과정이라면 모두 학교에서 쉽게 받아들여질 것이다. 자율학습자 모형(Autonomous Learner Model)(Betts, 1991), 격자 시스템(Grid System)(Kaplan, 1986), 퍼듀 3단계 모형(Purdue Three-Stage Model)(Feldhusen & Kolloff, 1978), 개별화 교육과정 계획 모형(Individualized Program Planning Model, IPPM)(Treffinger, 1986) 등은 모두 영재에게 좋은 교육과정이 개별 학습자의 흥미에 기반을 두어 개발된 것이며, 의미 있는 산출물을 창조하는 과정에서 필요한 고차적 사고를 강조하는 교육과정이라는 기본적 가정을 지니고 있었다.

학교에서 재능계발을 장려하는 이러한 과정 산출 관점은 지식 학문 분야에서 나온 교육과정 모델의 발달과 활용을 제한하였다. 그러므로 많은 영재 프로그램은 단지 내용 지식의 세계가 중요한 아이디어와 쟁점으로 연결될 때 가져올 수도 있는 풍부한 자원이 부족하였다. Ward(1981)와 같은 유명한 이론가들은 영재를 위한 차별적 교육의 확장된 개념으로 동시에 전통적인 학문의 학과를 중요시하는 교육과정의 틀을 강조하였다. Ward는 영재를 위한 교육과정에 의미 있는 구조를 제공하고자 하였으며, 그 하나는 개인적인 기능과 주제보다는 조직자로서의 사고와 훌륭한 아이디어의 구조를 강조하였다. 비록 그의 접근법을 이용하는 몇 가지의 교육과정적 노력이 있었지만, 그의 모델은 교사들이 용이하게 해석하고 사용하기에는 개념적으로 너무 추상적이었다(Ward, 1979; VanTassel-Baska & Feldhusen, 1981).

재능계발의 또 다른 접근법이 과정 산출 모형의 잘못된 적용으로 기인한 교육과정의 진부화에 대한 반작용으로 1970년대 후반에 탐색되기 시작하였다. Ward처럼, Stanley의 교육과정에 대한 진단 처방적 내용 기반 접근법(Stanley, Keating, & Fox, 1974; Keating, 1976)은 학생들이 중요한 주제를 학습하는 것과 관계가 있다. 그러나 Stanley는 현존하는 학교 교육과정의 근본적인 재조직을 지지하지 않았으며, 단지 영재 학습자를 위해 교육과정의 속진에 관심을 두었다. 해마다 12만 명 이상의 중학교 학생들을 판별하는 국가적 재능 탐색 프로그램의 SAT 점수에 기초하여, 이러한 교육과정 접근법의 적용은 대학 기반 여름 캠프나 대학 강의에서 광범위하게 착수되었다. 초기에는 수학과목에서 주로 일련의 학과 선택이 가능한 속진 학점으로 시작이 되었다. 이러한 모형의 적용은 최근에는 모든 내용 영역에 적용되었으며, 추후 인정되는 학점의 유무에 따라 학과 수료 속도나 전공 내용의 심화 과정 이수가 정의된다. 그러나 이 접근법은 교육과정 내용에서 새로운 것을 내놓지 못하고, 단지 기존에 있었던 것에서 융통성 있는 속도 조절에 대한 처방만을 해 주었기 때문에, 학교의 선택으로서 이러한 접근법은 많은 학교 실천가들에게는 인정받지 못했다. 최근의 교육과정 압축의 실행은 내용 분야 자체의 진보에 관한 문제를 언급하지 않고 훨씬 더 분리된 수준의 교실 수업에서 진단 처방적 교육의 핵심적 생각에 대한 제한된 변이형을 제공한다(Reis & Purcell, 1993).

5. 통합 교육과정 모형

특수 영역의 학습에서 재능을 보이는 학생들을 위해 잘 계획되고 계발된 교육과정과 재능계발 간의 관계에 대한 관심이 부족했었다. 그러나 그에 대한 대안이 착수되기 시작하였으며, 이 책의 근간이 되는 프로젝트 과제를 대표한다. 통합 교육과정 모형(Integrated Curriculum Model, ICM)은 1986년 처음 이 책의 저자(VanTassel-Baska, 1986)에 의해서 제안되었으며, 그 후 출판물에서 심도 있게 설명되었다(VanTassel-Baska, 1992, 1993a). 이 모형은 상호 연관된 3개의 교육과정 차원으로 구성되는데, 영재 학습자의 아주 다양한 특성을 잘 반영하고 있다. 이러한 교육과정 차원은 아래와 같다.

1. 각 교과 학습의 틀을 구성하는 고급 내용 지식을 강조하라. 재능 탐색 개념을 따르는 ICM 모형의 이러한 차원은 세심하게 고려되며, 진단 처방적 접근법은 새로운 학습을 보장하기 위해 치료적 교육에 반하여 적용되었다. 이러한 차원을 근간으로 한 교육과정은 모든 관련 교육과정 분야에서 적절하게 상향된 학습을 제공할 것이다.
2. 고차적 사고와 처리 과정을 제공하라. 이 모형의 이러한 차원은 학생들이 Paul(1992)의 모형인 포괄적 사고를 활용하고 과학적 과정에서의 Sher의 모형인 좀 더 영역 특수적 사고를 통해 복잡한 수준의 정보를 처리하는 기회를 증진시킨다. 이 모형의 이러한 차원은 또한 그것이 프로젝트이건 효과적인 토론이건 간에 다소 생산적인 방식으로 정보를 활용하는 것을 의미한다.
3. 간학문적·학문내적 영역에서 실세계 적용과 이론적 모형화를 정의하는 주요한 쟁점, 주제, 아이디어와 관련된 학습 경험에 초점을 두어라. 이 모형의 이러한 차원은 재능아를 위한 비계 교육과정과 체계적으로 이러한 영역을 강조하고 있는 Ward와 동료들의 아이디어를 존중한다. 그러므로 주제와 아이디어의 선택은 교육과정 개발에 있어서 가장 가치 있고 중요한 문제와 아이디어를 결정하기 위해서 관련 연구 영역의 세심한 조사를 바탕으로 결정되어야 한다. 주제는 새로운 교육과정을 특성화하며(Perkins, 1992; Rutherford & Ahlgren, 1989), 이러한 생각은 교육과정 개발에서 중요한 틀이 된다. 그러한 접근법의 목적은 아이디어에 대한 피상적인 이해라

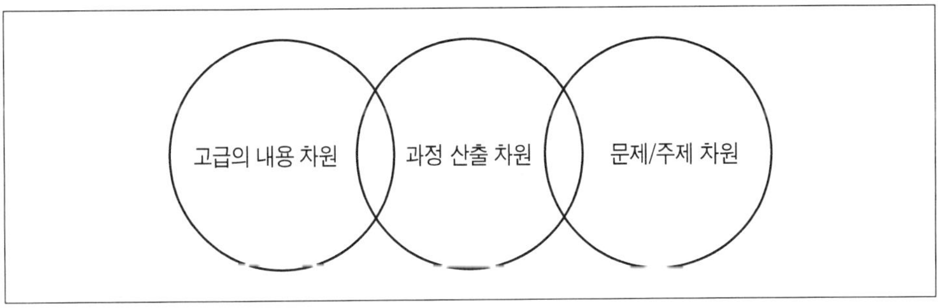

그림 1-2. 영재를 위한 통합 교육과정 모형

기보다는 심도 있는 이해를 보장하는 것이다. **그림 1-2**는 ICM 모형을 묘사하고 있다.

이 모형은 재능아에 관한 문헌에 기록된 교육과정의 개발과 실행에 대한 세 가지 가장 좋은 접근법을 종합한다(Benbow & Stanley, 1983; Maker, 1982; Ward, 1981). 이러한 접근법의 융합은 다양한 재능아의 요구를 수용하고 앞으로 최적의 학습을 위한 풍부한 도전을 제공하는 일관된 교육과정 개발에 중심이 된다.

6. 교육과정으로의 적용

ICM 모형은 2개의 과목 영역에서 성공적으로 적용되었고 다른 영역의 교육과정에서도 연구가 진행 중이다. ICM 모형의 교육과정 틀과 교수 단위를 적용한 한 예는 과학 영역에서 완성이 되었다. 이 책의 제3부에서 언급된 두 번째 예는 언어과목에서 수행되었다. 현재까지는 이러한 두 분야의 교육과정이 문서화되어 모형을 적용하고자 하는 세심한 노력의 예시를 보여 주었다. ICM 모형의 적용은 각각의 차원을 연결짓는 교육과정 틀을 개발하면서 완성이 되었다.

고급 내용에 대한 요구를 충족시키기 위해서 언어과목의 교육과정은 고급 문학 선택, 즉 2학년 정도의 상급 수준의 읽기, 의미의 관점에서 세련된 작품들을 활용하였다. 작문은 글 형식으로 논쟁하는 능력을 발달시키는 논설문 쓰기를 강조하였으며,

초등 수준에서 일반적으로 지도받는 형식이 아니라 조금 더 고급화된 형식의 글쓰기를 장려하였다. 초등 수준에서 고급 어휘의 사용과 영어의 통사적 숙달 또한 강조되었다. 교육과정의 과정 산출 차원은 Paul(1992)이 개발한 추리 모형의 사용과 학생들이 독창적인 작품을 만들 수 있도록 돕는 탐구 모형의 사용으로 설명이 된다. 산출물은 문어적·구어적 형태의 작품을 통해 표현되도록 장려된다. 교육과정의 문제/주제 차원은 단원에 선택된 문학작품과 글쓰기 과정, 언어 연구, 단원을 학습하는 동안 학습자 자신의 학습 반성을 적용하는 것과 같이 주제의 변화에 초점을 둠으로써 명확해진다. 게다가 연구에 의미 있는 문제를 선택하는 것은 각 단원에서 탐구 프로젝트의 한 부분으로 강조되었다. 현재까지 6개의 단원이 이러한 틀을 사용하여 개발, 입증, 시행, 수정되었다.

고능력 학습자를 위한 국가 과학 교육과정 프로젝트에서 ICM 모형의 적용은 중요한 주제의 구조에 의해서 이루어졌으며, 각 7단원의 연구에서 개념적 조직에 영향을 주었다. 학생들은 선택된 구조의 상호작용뿐만 아니라 요소, 범위, 입력, 산출을 배웠다. 문제 중심 학습법을 통해 학생들은 과학 구조가 어떻게 실세계의 사회적·정치적·경제적 구조와 상호작용하는지도 학습하였다. 교육과정 모형의 과정 산출 차원은 학생들이 각 단원의 핵심 문제에서 그들 자신의 실험을 만들어 내고 문제를 계획하는 과학적 연구 과정에 참여하면서 실천되었다. 내용 차원은 각 단원에 포함된 고급 과학 내용을 선택하고, 단원의 핵심 문제를 이해하는 데 관련되어 선택된 내용의 심화 연구를 장려한다. 이러한 단원은 새로운 과학의 중요성을 구체화하기 위해 전국적으로 일반교실에서 활용되고 있으며, 자기주도적인 영재 학급뿐만 아니라 이질 집단에서도 성공적이었다.

7. 교육과정 개정 설계 요소

고능력 학습자를 위한 국가 교육과정 프로젝트는 영재 학생을 위한 적절한 교육과정 차원들의 이해를 토대로 개발되었으나, 국가적 기준 프로젝트(O'Day & Smith, 1993)와 중학교 운동(Erb, 1994)이 강하게 지지하는 교육과정 개정의 핵심 설계 요소들을 적용하였다. 그러므로 이 프로젝트는 다음과 같은 사항을 강조한다.

- 이 교육과정은 의미 중심적이다. 그것은 폭을 넘어 깊이를 강조하며, 사실을 넘어 개념을 강조한다. 그리고 학생들이 관심 있거나 알 필요가 있는 실세계의 주제와 문제들을 바탕으로 한다. 과학에서는 주간 고속도로 시스템에서의 산(acid) 유출과 같은 일상 사건의 관련성을 연구한다. 언어과목에서는 문학을 통해 미국에서 60여 년에 걸쳐 변화된 소수민족의 처우에 대한 영향을 입증한다.
- 이 교육과정은 모든 내용 영역에 필수요소로서 고차적 사고 능력을 통합한다. 이러한 단원은 학생들이 언어과목에서의 개념도 그리기, 논설문 쓰기, 과학에서의 실험 설계와 같은 전략을 통해 고급 내용과 간학문적 아이디어의 이해를 보여 줄 기회를 제공한다.
- 이 교육과정은 주요한 조직자로서 전체에 적용이 되는 개념, 쟁점, 주제의 활용을 통해 학문내적·간학문적 연결을 강조한다. 그러므로 학생들은 과학에서 화학과 생물뿐만 아니라 도시, 정부, 경제, 언어의 구조에 대해 공부한다. 언어과목에서 개념의 변화는 문학, 글쓰기, 언어, 수학, 미술, 음악과 관계가 있다.
- 이 교육과정은 학생들로 하여금 학습과정을 돌이켜 보게 하는 초인지의 기회를 제공한다. 학생들은 의식적으로 시간과 자원의 효율적이고 효과적인 활용을 위해서 계획, 모니터링, 자신들의 학습 상황 평가에 참여한다.
- 이 교육과정은 기능, 성향, 태도와 관련하여 다양한 분야에서 전문적인 사고 양식의 계발을 통해 정신의 습관을 발달시킨다. 과학에서는 대개 호기심, 객관성, 회의가 발달될 수 있다. 언어과목에서는 숙고와 수정의 양식이 지속적으로 장려된다.
- 이 교육과정은 학습자가 자신의 학습을 책임지게 함으로써 능동적인 학습과 문제 해결을 촉진을 한다. 문제 중심의 과학 단원에서 학생들은 조사 활동의 소집단으로 실세계의 문제 해결을 위해 그들이 알고 있는 것, 알아야 할 것, 중요한 지식을 얻는 법을 발견한다. 언어과목에서는 학생들이 언어가 어떻게 기능하고 구성되는지 발견하기 위해 팀을 구성한다.
- 이 교육과정은 시디롬을 통한 도서 탐색 활동에서 워드 프로세서를 이용한 작문,

이메일을 활용한 세계 학생들과의 의사소통까지 학습과정에 필요한 도구로서 다양한 새로운 기술을 활용한다는 점에서 과학기술과 관련이 있다. 과학과 언어 과목에서 학습하는 단원은 이러한 응용을 요구하는 활동을 통합시킨다.

- 이 교육과정은 학생들이 의미 있는 산출을 하도록 만든다. 학습에 대한 기대는 광범위하고, 개념적이고, 실세계에의 활용이 적절하도록 하는 새로운 교육과정을 우선적으로 반영하는 목표 학년 수준에서 드러난다. 학습자의 산출물은 각 단원의 구성에서 내용, 과정, 개념의 강조점을 반영한다.
- 이 교육과정은 의미 있는 교육의 결과로 학생들이 아는 것을 평가하는 참 평가를 이용한다. 포트폴리오와 수행 중심 활동과 같은 접근법의 활용으로 각 단원에서 학생들이 학습과정의 능동적인 활동의 일부로서 평가에 참여하게 된다.

이러한 모든 개정 요소는 초기의 교육과정 개발 작업의 바탕이 되었다. 영재를 위한 맞춤 교육과정은 다음과 같은 점을 강조하면서 개발되었다.

- 속진과 내용의 압축 제공
- 고차적 사고 기능의 활용(예: 분석, 종합, 평가)
- 핵심 아이디어, 문제, 주제에 의한 내용의 통합
- 고급의 독서 수준
- 학생들의 고급 산출물 제작 기회
- 학생의 능력과 흥미에 기초한 독립(자율적) 학습의 기회
- 탐구 중심의 수업기술 사용

그러므로 통합 교육과정의 고려 사항을 체계적으로 융합하는 결과가 나타났다.

8. 실행상 유의점

어떠한 교육과정 모형일지라도 학교 상황에서 적용되기 위해서는 몇 가지 유의 사항이 뒤따른다. 그중 가장 중요한 것은 학생의 특성이다. 핵심 교육과정 기초의 중요성

에 상관없이 재능 있는 학생들을 위해서는 모형의 융통성 있는 적용을 통해 어느 정도의 강력한 특성들을 고려할 필요가 있다.

9. 학습자: 특성, 적성, 성향

학습자와 환경 사이의 최적의 조화를 찾기 위한 논의에 초점이 될 수 있는 영재 학습자들의 많은 특징이 있다. 몇 가지 나열된 특징들은 교육과정 개발을 위한 기초로서 논의되었다(예: Maker, 1982; VanTassel-Baska, 1993a). 그러나 그러한 특징 세 가지는 명백히 교육과정 계획과 개발이라는 목적에 중추적인 요소가 되었다.

학습자의 **조숙성**(precocity)은 교육과정 개발에서 고려해야 할 핵심적 특성이다. 영재 학습자들은 거의 정의상으로는 몇 가지 학교 관련 교육과정 영역에서 조숙한 발달을 분명히 보인다. 그러한 발달을 확인하기 위해 가장 흔히 검사되는 영역은 언어와 수학과목이다. 영재 프로그램에서 판별된 대부분의 학생들은 최소한 1~2개 영역에서 2년 정도를 앞서 간다. 그러한 조숙한 발달에 대한 증거는 조금 더 상급 수준에서의 교육과정 계획과 그러한 학생들이 일반적인 학생들의 1/3~1/2 정도의 시간에 새로운 학습 내용을 숙달할 수 있다는 기대감을 제공한다. 영재성이 뛰어난 학생들은 "빨리 배우고 앞서 나가고자 하는" 강한 동기를 가지고 있다.

조숙성에 더하여, 교육과정 개발을 위해 주목할 만한 또 다른 핵심적 특성은 영재아들의 **집중도**(intensity)이다. 이러한 집중도는 학생들이 애완동물의 죽음에 강하게 반응하거나 교실에서 교사가 보인 불공평에 강하게 반응하는 것처럼 아마도 정신적인 반응의 영역에서 감정적으로 나타날 것이다. 그러나 이러한 특성은 또한 인지적인 영역에서도 특히 부각된다. 학생들은 끌리는 한 가지 주제나 자신이 발견한 흥미진진한 생각에 대하여 장시간 동안 몰입하고 집중하는 능력을 통해 집중도를 보여 준다. 그러한 특성은 흥미 없이 바쁘기만 한 일이나 심지어 관심 과목일지라도 탐구에 대한 깊이가 부족한 일에서는 곧바로 사라져 버린다. 조숙성과 같은 이러한 특성은 교육과정의 주의를 요한다.

교육과정의 관심에 대한 세 번째 학습자의 특성은 **복잡성**(complexity)인데, 이는 어린 나이일지라도 고도 수준과 추상적 사고에 참여할 수 있는 영재 학습자의 능력을 말한다. 이는 종종 현재의 능력을 넘어서는 수준에서 어렵고 도전적인 일에 대한 선호도를 지칭한다. 그들은 또한 공부해야 할 많은 부분과 관점들을 가진 복잡한 실세계 문제를 해결할 때와 같이, 동시에 복합적 수준에서 작업하는 것을 즐긴다. 조숙성과 집중도같이, 영재 학습자들의 복잡성이라는 특성은 학생의 행동에서 나타날 뿐만 아니라 학습자들에 의해 공개적으로 요구되므로 교육과정에의 대응을 요한다.

이러한 세 가지 특성은 영재 학생의 다양한 정신적·성격적 측면을 존중한 교육과정에 대한 접근법을 말해 준다. 그러므로 영재를 위한 교육과정 모형은 이러한 특성을 다양하게 반영해 왔다. 통합 교육과정 모형은 이러한 접근법의 융합이며, 따라서 영재의 가장 강한 특성들은 직접적으로 교육과정의 교수 내용에 반영이 된다. 재능계발 패러다임을 기반으로 한 이러한 모형은 모든 학습자들에게도 중요하지만, 시간적 변수가 그 적용에 있어서 결정적이 된다. 모든 학습자들이 각 분야의 동일한 발달 단계에서 고급의, 집중적이고, 복잡한 연구를 할 준비가 된 것은 아니다.

10. 재능의 판별

재능의 판별은 지난 세기에 걸쳐 복잡한 과제로 여겨져 왔다. Plato은 이러한 문제에 관해 다음과 같이 언급한 것으로 알려져 있다.

> 조기에 그들을 관찰하여라. 정신적 능력과 인내심 있는 특성의 장점으로 나머지 아동들보다 뛰어난 이들에게 주목하여라.

비록 판별에 대한 기존의 모형은 언어, 수학 그리고 다른 학습 영역에서 상위인 학생들을 찾는 기본적 방식으로 일반 능력 검사를 활용하였지만, 재능을 판별하는 최근의 접근법은 영역특수적 방향을 선호하고 있다. 사실 지능검사에 씌워진 한 가지 비난은 언어의 비중에 있었고, 실제로 이 영역에 재능이 있는 학생들을 선호했다.

학교와 교실에서 재능을 판별하기 위한 특별한 방법이 많이 있다(Feldhusen, Asher, & Hoover, 1984; Richert, 1982). 학교 단위에서 다양한 학년 수준에 맞는 집단 성취도 검사는 학교 학습 영역에서 높은 능력을 가진 학생을 변별하는 하나의 방법이다. 교실 수업 프로그램 개발에서 학생들이 높은 수준의 교육과정 학습이 가능하기 위해서는 그러한 검사의 언어 분야에서 백분위 80 이상의 능력을 가져야 한다. 어휘 하위 점수는 특히 언어 재능을 발견하는 데 유용하다. 언어과목에서 고도의 재능을 지닌 학생들을 판별하기 위해서는 백분위 95~99 범위에서 점수를 확인하는 것이 유용할 수도 있다. 이러한 학생들에게는 다른 고능력 학습자를 위해 계획된 것보다 훨씬 더 도전적인 기회의 제공이 요구된다.

언어교과에서 재능을 판별하는 두 번째 방법은 이 교육과정 영역에서 학습하는 데 이용되는 핵심 교재에 있는 자료에 근거하여 학년 초에 주의 깊은 진단 검사를 실시하는 것이다. 그러한 내용의 상당 부분을 검사받은 학생들이 30% 안에 있기만 하다면 교육과정 영역에서 상위의 학습이 제공될 수 있다. 진단적 읽기 검사와 개별 독해 검사는 또한 이 분야의 실제 사전 지식을 검사하는 데 유용할 것이다. 4학년과 그 이상의 학생들에게는 문법과 관용법에 대한 검사의 사용이 문법적 능력을 파악할 수 있도록 도울 것이다.

글쓰기 분야에서 글쓰기 포트폴리오를 살펴보는 것은 글쓰기 재능을 식별하는 유용한 방법이다. 다른 접근법은 학령기의 초기에 부가적인 진단 정보를 제공하는 시간제한 글쓰기 평가를 실시하는 것이다. 자서전적, 산출물 평가 자료는 언어 조숙성에 대한 정보를 제공하는 또 다른 자원이 될 것이다. 부가적 읽기와 쓰기, Junior Great Book이나 학교 밖의 토론 중심 프로그램 참가, 혹은 논쟁, 드라마 작품 활동과 같이 이 영역에서 독립 연구를 한 학생들은 언어 분야의 흥미와 적성을 함께 보여준다.

최근에 교실에서 언어 재능을 판별하는 또 다른 접근법은 행동 평정척도를 활용하는 것이다. 과정 관찰 체크리스트를 통해 교사는 다음에 제시된 언어적으로 우수한 학생의 특성 목록에 부합하는 학생을 유용하게 판별할 수 있을 것이다.

- 유창하고 능숙하게 읽는다.
- 단어와 단어 관계에 관심이 있다.
- 고급 어휘를 사용한다.

- 읽은 내용에서 핵심적인 아이디어를 처리한다.
- 문학에 대한 대화를 즐긴다.
- 서술적으로 글을 쓰고 이야기를 전달한다.
- 수업 안팎에서 자주 읽는다.
- 언어 퍼즐과 게임을 즐긴다.
- 말이나 글의 형식으로 언어 놀이를 한다.
- 말하기와 글쓰기에서 언어 구조에 대한 이해를 표출한다.

이러한 행동의 관찰은 풍부한 언어과목 교육과정의 기초 없이는 불가능하므로, 교사는 모든 학생들에게서 이러한 행동을 유도할 수 있는 일련의 활동들을 반드시 제공해야 한다. 이러한 활동에 반응하는 학습자들에게는 조금 더 도전적인 학습이 적당하다. 그래서 이 상황의 모든 학습자들은 자신의 언어적 능력을 발휘할 수 있는 기회를 제공받고 평가되는 것이다.

다음으로 살펴볼 필요가 있는 또 하나의 접근법은 무수준 검사(off-level testing)이다. 만약 학교가 나이나 학년에 상관없이 가장 재능 있는 언어학습자를 발견하고자 한다면, 그러한 목적을 달성하기 위해서는 무수준 성취 및 적성검사를 활용해야 한다. 5~8학년 학생들에게는 무수준 검사가 존스홉킨스대학교, 듀크대학교, 노스웨스턴대학교, 덴버대학교의 지역적 기반에서 이용 가능하였다. 학교에서 어린 학생들을 위해 다음의 높은 단계의 기존 표준화 성취도 검사를 활용하는 것이 유용할 수 있다. Woodcock-Johnson과 Peabody의 개인 성취도 검사와 같은 개인 평가 도구는 어린 학생들의 우수한 언어학습을 변별하는 데 유용하다. 이러한 검사의 적용은 훈련받은 교사나 다른 사람들에 의해서 실시될 수 있다.

11. 맥락적 변수

재능 발달 과정이 학교에서 잘 적용되기 위해서 고려할 필요가 있는 맥락적 변수는 무엇인가? 학습자와 교육 사이의 조화에 대한 요구는 이미 언급이 되었으며, 학교 상황에서 그러한 과정에 영향을 줄 수 있는 중요한 상황적 고려 사항을 강조하는 것 또한 중요하다. 최소한 4개의 변수가 고려되어야 한다.

1) 학생의 배치와 진급 과정의 융통성

고능력 학습자를 위해 개발되고 모든 교육적 개정 원리를 담고 있는 심화·속진 교육과정일지라도 그러한 학습자들에게 초기의 능력, 학습 속도, 특별한 흥미와 요구에 대한 세심한 고려 없이는 적용될 수 없다. 그러므로 고능력 학습자들이 적절한 학습 집단과 교육과정 부서를 접할 수 있는 무학년의 복수 연령 상황은 교육과정 적용 상황에서 결정적인 요소라고 할 수 있다. 관련 기능에서 학생들을 사전 검사하는 것은 새로운 교육과정 프로젝트의 핵심적 부분이다. 그리고 교육과정 순서에서 발생할 수 있는 비범한 준비도와 발달상의 급성장을 진단하는 것은 아주 중요하다. 학교는 그러한 자료를 특별한 교수 단위의 한 분야에서 조금 더 심층 작업을 위한 기초로 인식하고 이용할 수 있을 것이다.

2) 집단편성

고능력 학습자를 위한 교육과정이 적용될 때, 교수를 위한 집단편성의 유익한 영향에 유의해야 한다. 집단편성 자료에 대한 Kulik(1993)의 최근 재분석에서는 영재를 위한 교육과정이 수정되면 집단 편성의 효과도 더욱 두드러진다고 지적하였다. 게다가 최근의 교실 연구는 영재 학생을 위한 이질 집단 교실에서 차별화가 거의 생기지 않는다는 사실을 확인했다(Archambault, Westberg, Brown, Hallmark, Zhang, & Emmons, 1993). 그리고 미국 학교 대부분의 교사들은 영재 학생을 가르치도록 훈련받지 못했다는 사실도 확인했다(Westberg, Archambault, Dobyns, & Salvin, 1993). 그러므로 차별화 교육과정의 적용을 위한 영재 학생의 교수 집단편성은 분명히 그러한 목적을 달성하기 위한 가장 효과적이고 효율적인 방법이다. 그런 집단편성이 분리되어 계획된 수업에서 생기는지, 정규교실 수업에서 생기는지는 지엽적 고려 사항이다.

3) 훈련된 교사

최근의 자료는 영재를 위한 차별화된 교육을 제공하는 데 있어서 교사 연수의 중요한 역할(Hansen & Feldhusen, 1994; Tomlinson et al., 1994)과 영재교육에서의 교과 학습의 유용성(Parker & Karnes, 1991)을 확인시켜 주고 있다. 그러므로 영재 학생에게 최소한 12시간의 전문 연수를 받은 교사에게 영재 학생들을 배치하는 것은 근거가 있다. 영재들이 얻게 되는 혜택은 차별화된 교육과정이 학생의 특성과 요구에 민감한 교사에 의해 다루어질 때 훨씬 효과를 거두게 된다.

4) 우수성에 대한 분위기

영재들이 최고 수준에서 수행을 하기 위해서는 교육적 상황이 반드시 학생들의 심리적 상황에 깊이 파고들고(Csiksenmihalyi, Rathunde, & Whalen, 1993), 생산적인 환경을 제공하며(Feldhusen, VanTassel-Baska, & Seeley, 1989), 어떤 분야에서건 고도 수준의 생산성에 대한 기대에 부합하는 우수성에 대한 높은 기준을 요구하는(Ochse, 1990) 도전적인 기회를 제공해야만 한다. 더욱이 교육과정 기준이 어떠한 학생을 위해서도 성공적으로 높아지기 위해서는 학교의 분위기가 우수성에 대해 민감하고 존중해야 한다. 특히 영재 학생들에게 그러한 분위기는 최적의 발달과 학습, 참여에 대한 긍정적인 태도를 보장하기 위해서 적소에 있어야 한다. 그러한 분위기는 또한 수행에 대해서 낮아진 기대로 인해 위험에 놓인 불리한 여건의 어린 영재들에게 필수적이다(House & Lapan, 1994).

12. 결론

재능계발은 학교가 모든 학생들을 위한 교수·학습을 수행하는 방법을 증진하기 위한 실행 가능한 방법을 제공하고, 이렇게 해서 전반적인 교육의 수준이 올라간다. 동시에 영재들을 위해 발달을 제한하는 “유리 천정(glass ceiling)”을 제거하는 것이 결정적인데, 이는 수행의 최고 수준을 조장하는 것이다. 통합 교육과정 모형은 재능아의 교육과정 재구성을 위한 하나의 구체적인 접근법을 제공하는 동시에 모든 학습자의 요구를 충족시키는 교육과정 개정 의제에 부합한다. 이는 모범적인 교육과정 설계, 모범적인 교과 내용 고려, 재능아를 위한 차별화 등의 기준에 부합되도록 국가적으로 교실에 적용할 수 있는 구체적인 학습 단원을 시행자들에게 제공한다. 재능 발달 개념이 모든 학습자들에게 효과적으로 적용되기 위해 이 장에서 언급된 학생들의 특성, 적성, 성향, 맥락적 변수들에 주의를 기울여야 한다. 모두를 위해 기준을 높이는 분위기에서 우리 내부의 가장 재능 있는 분야도 최적으로 발달할 수 있는 기회의 여지가 있어야 한다.

13. 핵심 요약

- 재능계발은 성격과 동기 같은 내적 변인과 부모 양육, 학교 교육, 성인으로서 기회와 경험의 외적 양육 요소를 포함하는 복잡한 과정이다.
- 언어과목에서의 재능계발은 탁월한 작가의 삶에 대한 연구를 통해 이해될 수 있다.
- 작가들에 대한 사례 연구는 언어과목에서의 재능계발을 위한 중요한 경로를 시사한다. 교육을 위해 포함된 핵심적인 제안은 다음과 같다.
    - 초기 글쓰기 행동을 장려하라.
    - 생각을 실제로 시험해 볼 수 있도록 어린 작가들에게 지원망을 제공하라.
    - 학생 자신의 인생 경험을 반영한 글쓰기를 장려하라.
    - 산출의 자연적 결과인 책 만들기를 장려하라.
    - 문학적 재능과 동등하게 예술적 흥미도 발달시켜라.
    - 글쓰기 과정에 정서적인 지원을 제공하라.
- 언어 교육과정에서 조숙성, 집중도, 복잡성 등 재능 있는 학생의 특성들을 반영하라.
- 학생의 배치와 수행 과정에 융통성을 부여하라.

- 언어교과에서 활동의 특성을 고려하여 차별화 교육을 위해 적절하게 고능력 학생들을 집단으로 편성하라.
- 교사들에게 고능력 학습자의 요구와 그러한 요구를 충족시킬 수 있는 기능에 관한 연수를 제공하라.

14. 참고 문헌

Albert, R. S. (Ed.). (1993). *Genius and eminence: The social psychology of creativity and exceptional achievement.* New York: Pergamon.

Amabile, T. (1983). *The social psychology of creativity.* New York: Springer-Verlag.

Archambault, F. X., Westberg, K. L., Brown, S., Hallmark, B. W., Zhang, W., & Emmons, C. (1993). Regular classroom practices with gifted students: Findings from the classroom practices survey. *Journal for the Education of the Gifted, 16*, 103-119.

Barbe, W. (1955). Evaluation of special classes for gifted children. *Exceptional Children, 22*, 20-22.

Batchelor, J. (1991). *Virginia Woolf, the major novels.* Cambridge, England: Cambridge University Press.

Benbow, C. P., & Stanley, J. C. (Eds.). (1983). *Academic precocity: Aspects of its development.* Baltimore, MD: Johns Hopkins University Press.

Berg, M. (1987). *Jane Eyre, portrait of a life.* Boston: Triangle Publishers.

Betts, G. (1991). The autonomous learner model for the gifted and talented. In N. Colangelo & G. A. Davis (Eds.), *Handbook of gifted education* (pp. 142-153). Boston, MA: Allyn and Bacon.

Bloom, B. (Ed.). (1985). *Developing talent in young people.* New York: Ballantine Books.

Bloom, H. (1987). *The Brontës.* New York: Chelsea House Publishers.

Bolanos, P. (1994, January). From theory to practice, Indianapolis Key School applies Howard Gardner's multiple intelligences theory to the classroom. *The School Administration*, 30-31.

Brontë, C. (1924). *Villette.* Edinburgh: J. Grant.

Csiksenmihalyi, M., Rathunde, K., & Whalen, S. (1993). *Talented teenagers: The roots of success and failure.* New York: Cambridge University Press.

Erb, T. (1994). The middle school: Mimicking the success routes of the information age. *Journal for the Education of the Gifted, 17*(4), 385-408.

Farr, M. (Ed.). (1985). *Advances in writing, research, volume one: Children's early writing development.* Norwood, NJ: Ablex.

Feldhusen, J., Asher, J., & Hoover, S. (1984). Problems in identification of giftedness, talent, or ability. *Gifted Child Quarterly, 28*(4), 149-151.

Feldhusen, J., & Kolloff, M. (1978). A three stage model for gifted education. *Gifted Child Today, 1*, 53-58.

Feldhusen, J., VanTassel-Baska, J., & Seeley, K. (1989). *Excellence in educating the gifted.* Denver, CO: Love.

Feldman, D. (1991). *Nature's gambit.* New York: Teachers College Press.

Gardner, H. (1983). *Frames of mind.* New York: Basic Books.

Getzels, J. W., & Csikszentmihalyi. M. (1976). *The creative vision: A study of problem finding in art.* New York: Wiley.

Goertzel, V., & Goertzel, M. G. (1962). *Cradles of eminence.* Boston, MA: Little, Brown.

Goertzel, V., Goertzel, M. G., & Goertzel, T. (1978). *Three hundred eminent personalities.* San Francisco, CA: Jossey-Bass.

Gordon, L. (1984), *Virginia Woolf: A writer's life.* Oxford, England: Oxford University Press.

Gruber, H. (1976). *Darwin on man.* London: Wildwood House.

Hansen, J., & Feldhusen, J. (1994). Comparison of trained and untrained teachers of gifted students. *Gifted Child Quarterly, 38*(3), 115-123.

Hollingworth, L. (1942). *Children with IQ's above 180.* New York: World Book.

House, E., & Lapan, S. (1994). Evaluation of programs for disadvantaged gifted students. *Journal for the Education of the Gifted, 17*(4), 441-466.

Kaplan, S. M. (1986). The grid: A model to construct differentiated curriculum for the gifted. In J. Renzulli (Ed.), *Systems and models for developing programs for the gifted and talented* (pp. 180-193). Mansfield Center, CT: Creative Learning Press.

Keating, D. (1976). *Intellectual talent.* Baltimore: Johns Hopkins University Press.

Kulieke, P., & Olszewski-Kubilius, P. (1989). The influence of family values and climate on the development of talent. In J. VanTassel-Baska & P. Olszewski-Kubilius (Eds.), *Patterns of influence: The home, the self, and the school* (pp. 40-59). New York: Teachers College Press.

Kulik, J. A. (1993). *An analysis of the research on ability grouping: Historical and contemporary perspectives.* Storrs, CT: National Research Center on the Gifted and Talented.

Maker, C. J. (1982). *Curriculum development for the gifted.* Rockville, MD: Aspen Systems

McKinnon, D. (1962). The nature and nurture of creative talent. *American Psychologist, 17,* 484-495.

Ochse, R. (1990). *Before the gates of excellence: Determinants of creative genius.* Cambridge, England: Cambridge University Press.

O'Day, J. A., & Smith, M. S. (1993). Systemic reform and educational opportunity. In S. H. Fuhrman (Ed.), *Designing coherent education policy* (pp. 250-311). San Francisco, CA: Jossey-Bass.

Parker, J., & Karnes, F. (1991). Graduate degree programs and resource centers in gifted education: An update and analysis. *Gifted Child Quarterly, 35,* 43-48.

Passow, A. H. (1955). *Planning for talented youth: Considerations for public schools.* New York: Bureau of Publications, Teachers College, Columbia University.

Paul, R. (1992). *Critical thinking: What every person needs to survive in a rapidly changing world.* Rohnert Park, CA: Critical Thinking Foundation.

Perkins, D. (1992). Selecting fertile themes for integrated learning. In H. Hayes Jacobs (Ed.), *Interdisciplinary curriculum: Design and implementation* (pp. 67-75). Alexandria, VA: Association for Curriculum and Development.

Perkins, D., & Saloman, G. (1989). Are cognitive skills context bound? *Educational Research, 18*(1), 16-25.

Piirto, J. (1992). *Understanding those who create.* Columbus, OH: Ohio Psychology Press.

Reis, S. M., & Purcell, J. H. (1993). An analysis of content elimination and strategies used by elementary classroom teachers and the curriculum compacting process. *Journal for the Education of the Gifted, 16,* 147-170.

Renzulli, J. (1977). *The enrichment triad.* Wethersfield, CT: Creative Learning Press.

Richert, S. (1982). *National report on identification, assessment, and recommendations for identification of gifted and talented youth.* Sewell, NJ: Educational Improvement Center-South.

Roe, A. (1953). *Making of a scientist.* New York: Dodd, Mead.

Rutherford, F. J., & Ahlgren, A. (1989). *Science for all Americans: Scientific literacy.* New York: American Association for the Advancement of Science.

Sher, B. T. (1993). *Guide to key science concepts.* Williamsburg, VA: College of William and Mary, Center for Gifted Education.

Stanley, J., Keating, D., & Fox, L. (1974). *Mathematical talent.* Baltimore, MD: Johns Hopkins University Press.

Sternberg, R. J. (1985). *Beyond IQ.* New York: Basic Books.

Strickland, D. S., & Morrow, L. M. (Eds.). (1989). *Emerging literacy: Young children learn to read and write.* Newark, DE: International Reading Association.

Subotnik, R. F., Kassen, L., Summers, E., & Wasser, A. (1993). *Genius revisited: High IQ children grown up.* Norwood, NJ: Ablex.

Tannenbaum, A. (1983). *Gifted children: Psychological and educational perspectives.* New York: Macmillan.

Tomlinson, C., Tomchin, E., Callahan, C., Adams, C., Pizzat-Timi, P., Cunningham, C., Moore, B., Lutz, L., Roberson, C., Eiss, N., Landrum, M., Hunsaker, S., & Inbeu, M. (1994). Practices of preservice teachers related to gifted and other academically diverse learners. *Gifted Child Quarterly, 38*(3), 106-114.

Treffinger, D. (1986). Fostering effective, independent learning through individualized programming. In J. S. Renzulli (Ed.), *Systems and models for developing programs for the gifted and talented* (pp. 429-468). Mansfield Center, CT: Creative Learning Press.

VanTassel-Baska, J. (1986). Effective curriculum and instructional models for the gifted. *Gifted Child Quarterly, 30*(4), 164-169.

VanTassel-Baska, J. (1989). Case studies of disadvantaged gifted learners. *Journal of the Education of the Gifted, 13*(1), 22-36.

VanTassel-Baska, J. (1992). *Effective curriculum planning for gifted learners.* Denver, CO: Love.

VanTassel-Baska, J. (1993a). *Comprehensive curriculum for gifted learners* (2nd ed.). Boston, MA: Allyn and Bacon.

VanTassel-Baska, J. (1993b). Theory and research on curriculum development for the gifted. In K. Heller, F. Monk, & A. H. Passow (Eds.), *International handbook of research and development of giftedness and talent.* London: Pergamon Press.

VanTassel-Baska, J. (1994). Development and assessment of integrated curriculum: A worthy challenge. *Quest, 5*(2), 1-5.

VanTassel-Baska, J. (1995). The talent development process in women writers: A study of Charlotte Brontë and Virginia Woolf. In R. Subotnik, K. Arnold, & K. Noble (Eds.), *Remarkable women.* New York: Hampton.

VanTassel-Baska, J., & Feldhusen, J. (Eds.). (1981). *Concept curriculum for the gifted K-8.* Matteson, IL: Matteson School District #162.

VanTassel-Baska, J., Gallagher, S. A., Bailey, J. M., & Sher, B. T. (1993). Science experimentation: The importance of strong science education for all students is of concern to schools. *Gifted Child Today, 16*(5), 42-46.

VanTassel-Baska, J., & Olszewski-Kubilius, P. (1989). *Patterns of influence: The home, the self, and the school.* New York: Teachers College Press.

Ward, V. (1979). The governor's school of North Carolina. In A. H. Passow (Ed.), *The gifted and the talented, their education and development: NSSE yearbook committee and associated contributors* (pp.

209–217). Chicago, IL: University of Chicago Press.

Ward, V. (1981). *Differential education for the gifted.* Ventura County, CA: Office of Superintendent of Schools.

Westberg, K. L., Archambault, F. X., Dobyns, S. M., & Salvin, T. J. (1993). An observational study of classroom practices used with third-and fourth-grade students. *Journal for the Education of the Gifted, 16*, 120–146.

Woolf, V. (1976). *The waves.* Toronto: University of Toronto.

Zuckerman, H. (1977). *The scientific elite: Nobel laureates in the U.S.* New York: Free Press.

제 2 장

언어 영역에서의 재능 판별과 계발

A. Harry Passow

재능계발에 관한 어떤 일반적 논의에서와 마찬가지로, 언어 영역에서의 재능계발에 대한 논의를 할 때는 다음 세 가지 기본적인 질문 혹은 쟁점을 반드시 검토해야 한다. (1) 언어 영역에서 재능은 어떤 것인가? (2) 그런 재능은 어떻게 판별되는가? (3) 그런 재능은 어떻게 육성되는가?

30년 전, *Talent and Society*의 제1장 "재능 판별에의 쟁점들"에서 McClelland와 동료들(1958)은 "만일 우리가 장래가 촉망되는 아이들이 누구인지 좀 더 확실히 안다면 그들에게 주어질 수 있는 다양한 이점을 지적하는 경향이 있다 하더라도", 제공되는 것이 무엇이어야 하는지는 결코 명확하지 않다고 하였다. McClelland는 묻는다.

> 미래에 시인이 될 잠재성을 가진 뒷줄에서 졸고 있는 한 남자 아이를 발견했다고 가정해 보자. 우리는 그에게 무엇을 해 주어야 하는가? 후한 장학금을 주어서 더 나은 사립학교에 보내 주어야 하는가? 특별한 독서나 그리스 고전을 포함시켜 교육과정을 '심화시켜야' 하는가? 혹은 그가 독학한 사람으로 더 잘할 수 있을 것이라는 전

> 제하에 학교 교육을 면제시켜 주어야 하는가? 혹은 그에게 직업 상담자를 보내 주어 삶에서 진정하게 자신의 잠재성을 펼칠 그만의 특정 분야를 찾게 해 주어야 하는가? 이런 것들은 사소한 질문이 아니다. 이 문제에서 분명한 사실은 우리가 무엇을 해야 하는지 우리도 모르고 있다는 것이다. 즉, 우리는 시인을 만드는 데 있어 무엇을 해야 하는지에 대해 제대로 알지 못한다. 아마 우리는 과학자나 교수를 만드는 것과 관련해서 무슨 일을 해야 하는지에 대해 지능검사와 학문적 훈련을 활용해서 어느 정도는 알 수 있다. 그러나 우리는 여전히 잠재된 재능으로부터 재능이 있는 수행을 계발시키는 법에 대해 너무나도 확신이 적다. (pp. 23-24)

McClelland의 질문은 시적 잠재력이 존재하고 그것은 재능이 있는 수행 표준들을 위해 판별되고 계발될 수 있다고 추론하기 때문에, 비록 그는 그런 재능을 육성하기 위해 무엇을 할 수 있는지 확신이 없지만, 여전히 매우 적절하다. 게다가 McClelland는 뒷줄에 있는 3학년 학생이 정말로 "잠재적 시인"인지 알아내는 법에 대해서도 알려 주지 못한다. 그럼에도 불구하고, 시를 창작해 내는 잠재성이 비록 유일한 것은 아니지만 언어 영역에서의 재능 중 하나라는 동의에 쉽게 도달할 수 있을 것이다.

수년간에 걸친 언어 재능의 변화하는 개념들에 대한 간단한 검토가 아래 제시되어 있다. 이 검토 다음에는 지속적인 쟁점과 질문을 탐구하면서, 언어 재능의 판별에 대한 몇몇 접근법들에 대한 토론과 그런 재능계발을 육성하는 접근법에 대한 고찰이 따를 것이다.

1. 언어 재능에 대한 개념 설정

어떤 재능의 개념이 교육과정 틀의 디자인을 인도하는가라는 질문을 할 수 있다. 언어 재능이 있는 사람은 언어 지능검사에서 높은 점수를 취득한 학습자인가? 창의적 글쓰기 혹은 시를 통해 비범한 능력을 보여 준 학습자인가? 비범한 언어 기술을 보여 주는 학습자인가? 다른 언어를 습득하는 능력에서 비범한 학습자인가? 특별히 능력 있는 극작가나 배우인가? 인쇄된 낱말 맞히기 게임을 하는 사람인가? 이들 모두인가,

그 이상인가?

수년간 걸쳐 온 언어 재능에 대한 다양한 개념들에 대해 생각해 보라. *Identifying Students with Special Needs*라는 제목의 1956년 출판물에서, 일리노이 주 퀸시의 청소년개발위원회가 1951년에 시작한 일을 마무리하면서, DeHaan과 Kough(1956)는 극적인 쓰기 및 창의적 글쓰기를 포함한 10개의 재능 혹은 능력을 서술했다. 이어지는 출판물에서 그들은 이런 각각의 재능을 육성하는 법에 대해 논했다. 포틀랜드(오리건) 영재 아동 프로젝트는 일반 지능에 국한되지 않는 첫 번째 프로그램 중 하나이고 학문적 능력을 넘어서는 영역에서 영재성을 판별하고 계발하려 한 프로젝트로서, 창의적인 생각과 표현에 나타나는 것으로 창의적인 글쓰기 능력을 포함했다(Portland Public Schools, 1958).

*Education for the Gifted*라는 제목의 전국교육연구협회(National Society for the Study of Education)의 57번째 연감에서 Michael(1958)은 관찰했다. "언어는 인간이 지식을 수용하고 전달하는 주요 수단이기 때문에 언어를 이해하는 것은 진보에 필수적이다. 그러므로 영재아들은 언어 사용에 있어 뛰어난 기술을 필요로 하고 언어 표현의 수단에 대해 뛰어난 이해와 친숙함을 필요로 한다고 예상할 수 있다."(p. 280) Michael은 쓰기와 말하기 같은 표현 기술, 의미론적 이해, 영어의 구조, 읽기, 듣기, 영화 보기 등과 같은 언어 영역에 대해 논했다.

우수한 언어 능력을 가진 학생들을 연구한, 심리측정학적으로 평가된 논문이 상당히 있다. 예를 들면 초창기에, 수학적으로 조숙한 아동에 대한 Stanley의 연구(SMPY)는 언어, 인문학, 사회과학 강좌들을 수강할 아동을 뽑기 위해 SAT의 언어 검사 점수를 사용해 뛰어난 언어 추리 능력을 가진 학생들의 탐색을 추가했다. 우연치 않게 SAT 언어 검사는 SAT 수학 검사보다 존스홉킨스대학교의 재능아를 위한 과학 강좌(CTY)에서 더 나은 성공 지표로 판명되었다.

좀 더 최근에 Howard Gardner(1983)는 자기의 주장을 명백히 하기 위하여 *Frames of Mind*의 1개 장을 언어 지능에 할애하면서 시와 창의적 글쓰기의 예들을 이용했다. Gardner는 다음과 같이 썼다.

> 시적 재능으로 사람은 특별한 명료성으로 작용하는 언어의 핵심적인 작용을 본다.

단어의 의미에 대한 민감성인데, 그것을 통해 잉크를 "고의적으로", "일부러", 혹은 "의도적으로" 흘리는 것 사이의 미묘한 어감 차이를 감식한다. 단어들 간의 순서에 대한 민감성, 즉 문법 규칙을 따르는 능력, 그리고 주의 깊게 선별된 상황에서 문법 규칙을 어기는 능력을 의미한다. 다소 감각적 차원에서는 소리, 리듬, 굴절, 단어의 운율에 대한 민감성으로, 외국어로 쓴 시도 아름답게 들리도록 만들 수 있는 능력이다. 언어의 다른 기능들, 이를테면 흥분시키고, 납득시키고, 고무시키고, 정보를 전달하거나, 단순히 즐겁게 하는 등 다양한 잠재력에 대한 민감성이다. (p. 77)

예를 들어 "시를 쓰든가 혹은 언어 시합에서 이기는 것을 앞에 내세우는 언어 자체가 핵심이 되는 전문 영역들"에 초점을 두면서, Garder는 대부분의 집단에서 언어는 또한 도구라는 사실에 주목했다. 과학자, 역사가, 비평가, 소설가, 수필가 그리고 사실 모든 학자들과 매스컴에 종사하고 있는 사람들은 언어를 도구로 사용하며, 어떤 이들은 다른 이들보다 그 도구를 더 잘 사용하고 있다. 그 사람들은 언어 재능을 가지고 있다고 한다.

David Feldman은 비록 다음과 같은 관찰을 했지만, 자신의 연구인 *Nature's Gambit*(1986)에 글쓰기 신동을 포함시켰다. "[Randy의] 재능이 주로 문학이라는 사실은 특히 흥미로운데, 왜냐하면 대부분 글쓰기 분야는 어린 시절에 비범한 성취가 나타나는 영역이 아니기 때문이다."(p. 44) Feldman은 두 가지 이유에서 그렇다고 생각했다. "그 분야 자체는 기술을 가르치기 위한 조직적 지원이나 전략을 거의 가지고 않고, 아이들은 보통 그런 경험, 통찰력, 이해력이 부족하기 때문에 아동 작가가 아주 드물 수 있다."(p. 44) Feldman은 문학 재능을 언어 재능 중 한 종류로 포함시켰다.

Jane Piirto(1992)는 "비범한 글쓰기 재능"을 가졌다고 판별된 7명의 학생들로 구성된 소집단에 대해 보고했다. Piirto의 글쓰기 재능에 대한 개념 설정은 "성인 수준의 글쓰기 능력으로 실제로 작품을 만들어 내는 아동들"에 초점을 두고 있다. 즉, 창의적인 성인 작가들이 하는 식으로 언어를 사용하는 아동들을 뜻한다(p. 387).

수많은 연구자들은 다른 종류의 언어 재능으로서 조숙한 독서가의 특성과 계발에 대해 연구했다. 조숙한 독서가들은 비교적 판별하기 쉽지만, 그에 대한 상당히 많은 연구에도 불구하고 현상 그 자체, 즉 그것의 계발, 다른 능력들과의 상관성, 독서

가로서의 특별한 장점, 인지 및 지각 능력, 독서의 조숙성으로 인한 결과와 같은 현상 자체에 대한 합의가 없다(Jackson, 1992).

*Educating Verbally Gifted Youth*라는 제목의 *Phi Delta Kappa* 출판물에서, Fox와 Durden(1982)은 언어 활동에서 장기적 성공을 예측하는 데 어려움이 있기 때문에 정확한 정의는 어렵다고 암시했다. 그럼에도 불구하고 그들은 언어 재능이 다음의 다섯 가지 중복되는 항목들로 분리될 수 있다고 제안하였다. 바로 구어적 표현, 읽기, 외국어, 창의적 글쓰기, 종합적 언어 추리이다. 아마도 Fox와 Durden의 항목들은 언어 재능을 구성하는 것에 대한 다양한 개념들이 있으며, 그로 인해 그런 재능을 판별하고 육성하는 다양한 접근법들이 있다는 개념으로 요약하면 충분할 것이다. "종합적 언어 추리"로 개념화되는 언어 사용 그리고 이와 대비되는 더 구체적인 양상으로 글쓰기, 말하기, 연기하기 등의 언어 재능 사이의 차이는 교육과정 디자인과 교수 전략을 포함한 판별과 계발에 대한 서로 다른 접근법을 만들어 낸다.

2. 언어 재능 판별하기

언어 재능을 어떻게 판별할까? 물론 판별은 조작적 개념 설정과 연관되어 있다. 모든 판별 과정들에서 나타난 두 접근법이 여기에 적용된다. 하나는 심리측정학적 절차를 수반하고, 다른 하나는 수행과 결과의 평가를 사용한다. 언어 추리 기술을 평가하는 데 존스홉킨스대학교의 CTY 프로그램이 SAT 언어 검사를 사용하는 것은 고능력의 학습자들을 판별하기 위해 사용된 지능과 언어 적성에 대한 많은 검사 중 한 예일 뿐이다. 언어 재능을 가진 학생들에 대한 판별을 지속적으로 추구하는 과정에서 같은 문제를 많이 가지고 있지만, 우수한 언어 지능을 가진 아동을 판별하기 위한 표준화 검사들의 광범위한 사용은 집요하게 검토되어 왔다.

*Mental Measurements Yearbook*에 외국어 습득에 대한 잠재력을 가진 아동을 판별하기 위해 고안된 다수의 표준화된 검사들이 나와 있다. 그것은 Fox와 Durden(1982)의 항목 중 하나이다. 그런 검사들이 성공을 예측한다고 하더라도, 제2(혹은 제3) 외국어를 사용하는 아동들의 실질적인 수행이 "언어 재능을 가진 아동"이라고

불릴 수 있는 이들을 판별하기 위한 더 나은 접근법이라고 주장하는 사람들이 있다. 미국에서 외국어 교육은 계발되어야 할 언어 재능이라기보다는 교수적 심화의 수단으로써 더 자주 사용되어 왔다.

포틀랜드 영재 아동 프로젝트는 체계적으로 과제 표본을 사용한 첫 번째 것 중 하나였다. 예를 들어, 모든 5학년생 및 6학년생은 "표현적인 문장 만들기, 문장으로부터 단락 전개하기, 묘사적 구절로부터 이야기 쓰기, 경험 쓰기, 상상 글쓰기" 등을 포함하는 수많은 창의적 글쓰기 활동에 참여했다(DeHaan & Havighurst, 1957, p. 50). 상당한 훈련 후에 학급 교사들은 다음 기준을 사용하여 5점 척도에 따라 아동의 쓰기 활동을 읽고 평가했다. 그 기준은 "아이디어의 독창성, 감정 혹은 상황에 대한 이해의 깊이, 표현적 단어의 선택, 표현의 간결성, 문장에서 사용된 전개 논리, 좋은 단락 조직(필요한 경우), 잘 계획된 줄거리(필요한 경우), 관점의 유지 등이다."(p. 50)

비록 이 과정에 대해서 정말 비범한 혹은 뛰어난 글쓰기 잠재력을 판별했는지에 대한 이견이 있을 수 있다 해도, 그 과정은 잠재력의 실질적인 표현을 용이하게 할 수 있는 것으로 보인다. 아동들은 매우 창의적인 작가인가? 그들은 글쓰기를 통해 이 능력을 증명하는가?

만약 우리가 극적인 능력을 언어 재능의 하나로 본다면, 그것은 어떻게 판별될 수 있는가? 수행 평가는 대체로 널리 사용되는 과정이었다. Knuth(1961)는 연극적 재능을 다음과 같이 서술했다.

> 연극에 대한 재능을 가진 아동은 사회적 상황의 관계들을 "즉석에서" 직관적으로 이해하고 바라보는 재능을 가지고 있다. 아동은 수월하게 언어로 표현하며, 통찰력과 정의로 의미를 이해한다. 아동은 자신의 또래 집단에서 사회적 민감성을 가지고 인간관계를 느끼며, 자신의 몸을 수월하게 다루고, 신체적으로 감정적으로 특정한 성숙함의 단계에서 평형을 유지한다. 아동은 인쇄된 종이에 나타난 상황, 무대 설정, 등장인물의 역할을 시각화하는 능력을 가지고 있다. 그리고 자신을 등장인물과 동일시한다. 아동은 주의 깊고, 경계하고, 빠른 반응을 보인다. 수월하게 이야기를 하거나 혹은 어떤 경험에 대한 설명을 하면서 말과 행동을 통해 연극적인 역할을 창조한다. (p. 352)

포틀랜드 영재 아동 프로젝트는 아동으로 하여금 다음 네 가지 활동, 즉 무언극, 단어의 즉흥적 사용, 대본 읽기, 손가락 인형으로 즉흥극하기 등에 참여하게 했다. 아동은 새로운 방식으로 상황을 표현하고, 감정적인 태도를 설득력 있게 전달하며, 명령하고 집단의 집중력을 환기시키는 능력에 대해 평가받는다(DeHaan & Havighurst, 1957, p. 51). 이전의 뉴욕 시 공연예술고등학교는 지금은 라루아디아예술고등학교의 한 부분이지만, 포틀랜드 프로그램에서 사용한 것과 다르지 않은 활동에서 실제적 수행에 대해 학생들을 평가하는 유사한 접근법을 사용했다. 구어적 표현은 또한 토론 경쟁과 대중 연설 대회를 통해 평가된다.

*The Gifted Child*라는 제목의 1951년 책에서 창의적 글쓰기 능력을 가진 아동의 판별에 대해 쓰면서, Lally와 LaBrant(1951)는 학교들이 능력 있는 어린 작가들을 너무 혹사시키려고 안달하면서, 심지어 "소위 '창의적' 글쓰기" 수업이라고 그들이 말하는 것을 만들기도 했다고 주장했다. 비범한 글쓰기 능력을 증명하는 교사들도 분명히 동의한다고 믿는 15세 소년의 시를 검토하면서, Lally와 LaBrant는 다음에 나오는 것처럼 아동이 이용하고 있는 과정에 대해 서술했다.

> 재능 있는 아동의 높은 질의 창의적 조직 능력은 미적 판단에 대한 질문을 제기한다. 영재인 어린 아동이 독창적인 방식으로 작문하지만, 우리가 결정할 수 있는 한 그 아동의 작문 패턴은 대체로 무의식적이다. 아무도 그 아동에게 강조, 종속 관계, 균형, 리듬, 어떤 다른 미적 원리들에 대해서도 얘기해 준 적이 없다. 그러나 그 아동의 작품을 보면 이런 요소들을 자연스럽게 표현하면서 자각하고 활용한다는 것을 알 수 있다. 그 아동은 다소 직관적으로 작문을 한다. 아동이 청소년기에 도달할수록 더욱더 자기 스스로에 대해 개인으로 인식하며, 새롭고 비판적인 감수성을 가지고 자신의 창작물을 검토하기 시작한다. 그는 자신의 창작물을 보면서 그것이 마음에 들지 않으면 자주 자신이 하고 있는 일을 외면하기도 한다. (p. 254)

Lally와 LaBrant는 모든 아동이 탐색하고, 자신이 선택한 수단으로 작업하며, 비범한 성취에 대해 인정을 받을 기회를 가져야 한다고 주장했지만, 제한된 분야에만 중점을 두어 즉각적 만족을 주면서 아동의 흥미를 성급하게 다른 곳으로 돌리게 만들 수도 있다고 경고하고 있다. 그들은 "이런 학생들에게 특별 분야에서의 지도뿐만 아니라 많은 분야에서의 다양한 경험을 제공해 주는 것"에 대한 학교의 책임을 강조했다(p. 256). 물론 이것은 판별 과정에도 의미가 있다.

영재성이 있는 어린 과학도를 판별하는 것에 대해 쓸 때, 언어 재능에 대해서도 같은 말을 할 수 있다고 주장할 수도 있는데, Brandwein과 Passow(1988)는 관련된 많은 요인들이 정밀한 지필 검사에 이바지하지 않는다는 것을 관찰했다. 그 결과, 그들은 판별에 대한 조작적 접근법을 제안했다. "그것은 학생들이 자신의 수행과 산출물을 통해 능력, 끈기, 탐구성을 보여 줄 기회를 제공하면서 자기판별을 촉진시켜 주는 환경을 만들어 주는 것이며, 활성화 요인을 만들어 내는 것이다(Brandwein & Passow, 1988, p. 32). Brandwein(1955)의 비유는 다음과 같다.

> 조작적 접근법은 미래의 야구 선수들을 위한 훈련 캠프와 유사하다. 경기를 좋아하고, 그 경기를 할 수 있다고 생각하는 모든 아이들을 받아들인다. 그 후 그들은 조작적 상황에서 이루어지는 (아무리 불충분하다 하더라도) 최상의 "코칭"이나 지도 아래서 경기를 잘하는 방법에 대해 배울 기회를 얻게 된다. 경기하고 싶어 하면 아무도 거부당하지 않는다. 경기를 잘하는 법을 배우는 아이들도 있다. 그들이 (빅 리그에서) 경기를 잘 할 수 있는가는 그들이 빅 리그(대학과 대학원)에 받아들여진 후에 결정된다. (p. 23)

Piirto(1992)는 자신이 연구한 비범한 글쓰기 재능을 가진 7명 학생들의 글에서 찾아낸 16가지 자질을 나열하고 있다. 이 자질은 역설의 사용, 병렬 구조의 사용, 리듬의 활용, 시각 이미지의 사용, 운율의 조합, 특이한 수사적 표현(예: 두운, 의인화, 유운), 반전 구조에 대한 자신감, 특이한 형용사와 부사, 움직임에 대한 감각, 초자연적 지혜, 구두점을 이용한 세련된 통사 구조, 삽입, 세미콜론, 서성적 산문, 언어에 대한 "타고난 감각"의 표현, 유머 감각, 철학적 혹은 도덕적 성향, 단어로 "놀이"를 하려는 성향이다(p. 388).

Piirto의 목록은 비범한 글쓰기 재능을 가진 아동을 판별하기 위한 체크리스트의 근간을 제공하고, 동시에 다음 질문을 제기함으로써 교육과정과 교수에 대한 틀을 제안한다. "이 소질들은 실제로 창의적인 성인 작가의 특징을 나타내는가? 이런 소질들은 교육되거나 육성될 수 있는가?

여러 해 동안, 언어 재능이 어떻게 개념화되고 정의되느냐에 따라 지능검사, 언어 적성검사, 독해력 검사, 외국어 적성검사, 기타 표준화된 평가 도구들은 잠재적 언어 재능을 가진 아동을 판별하기 위해 사용되어 왔다. 또 하나의, 저자의 관점에서 훨씬 더 유익한 접근법은 실질적으로 수행하고 산출물을 내면서 자신의 잠재력을 표현할 기회가 아동에게 주어지는 환경을 만들어 주는 것이었다. 3학년 학생이 우리의 이목을 끈 표준이나 질이 높은 시를 쓰지 않았다면 잠재적인 시인이라는 사실을 어떻게 알겠는가? 확실히 시적 잠재력은 사지선다형 검사에서는 분명히 드러날 수 없다! 그것이 바로, 글쓰기, 연극, 다른 언어 재능 영역들에서 비범한 잠재력을 지닌 아동을 찾아내는 대다수의 프로그램들이 판별 과정에서 수행과 산출 포트폴리오를 사용하는 이유이다.

3. 언어 재능 육성하기

분명히 언어 재능의 조작적 개념은 언어 재능이 어떻게 육성될 것인지를 결정한다. 그것은 언어과목 재능, 언어 영역에서의 재능, 혹은 언어 재능 중 무엇인지에 따라 차이가 있다. 이 장에서 지적되었던 것처럼 본질적으로 의미론적이지 않은 차이들이지만 말이다. 더구나 언어적으로 우수한 수행을 위한 잠재적 언어 재능을 육성하는 것에 대해 여러 쟁점들이 제기된다.

언어 재능의 육성에 대해 고려할 때, 우리는 삼층의 중첩되는 교육과정의 관점에서 생각할 필요가 있다. 하나는 모든 학습자를 위해 기본 언어 프로그램을 제공하는 것이다. 또 하나는 "고능력 학습자"라고 일반적으로 지명하는 우리가 가진 기준이 무엇이든 간에 그 기준을 충족하는 학생을 위해 적절하게 심화와 속진을 포함한 교육과정을 제공하는 것이다. 마지막은 특정한 "언어 재능" 혹은 "언어 능력"을 가진 고능력 학습자에게 제공하는 교육과정이다. 즉 시, 문예 비평, 연극, 창의적 글쓰기 등 언어 영역에서의 뛰어난 잠재력이며, 그 잠재성의 실현을 가능하게 하는 데 필요한 그에 수반하는 특징들이다.

Piirto(1992)가 비범한 글쓰기 능력을 가진 학생들에 대한 연구에서 확인한 16가지 자질은 글쓰기 잠재력을 가진 이들에게 제공되어야 하는 전략과 경험의 관점에서 보면 주목을 끌 만하다. 쟁점은 다음과 같다. 만약 이것들이 정말로 창의적 작가가 지니는 자질이나 행동이라면, 그것들은 육성될 수 있는가? "역설법의 사용", "초자연적인 지혜", "특별한 비유적 표현", 그리고 다른 자질들은 가르칠 수 있는가? 만약 그렇다면, 어떻게 가르칠 수 있는가? 은유를 통해 가르칠 때 얼마나 효과적일 수 있을까?

구어적 표현력을 발달시키는 적절한 전략은 무엇인가? 학생들에게 위대한 연설을 듣게 하고, 그 연설을 위대하게 만드는 특징들을 비평하게 해야 하는가? 젊은이들이 수사적 표현, 문법적 구조, 운율 등의 효과적인 화자의 기술을 분석하게 해야 하는가? 훈련된 수행으로 연극 재능을 발산하게 할 수 있을까?

고능력의 학습자들은 기초 읽기 기술의 습득 이상을 할 필요가 분명히 있다. 그런 학습자들은 다른 종류의 읽기 자료를 다르게 읽는 기술을 습득할 필요가 있다. 그들은 즐거움을 얻고 또 정보를 얻기 위한 도구로서 또한 목적으로서 독서에 대한 애정을 체득할 필요가 있다. 문학은 인생 경험의 위대한 보고이며, 영재 학생들은 그 보고에 들어가 그 속에 있는 모든 사원을 파내야 한다. 독서는 영재 학생들의 정서적 발달, 즉 자아 정체성, 자존감, 사회적 이해, 상상력, 심상 시각화, 공상 등에 있어 특히 중요하다.

앞서 언급했듯이, 평범한 고능력 학습자를 넘어서는 특별한 관심, 동기, 잠재성을 가진 젊은이들이 있다. 즉, 모든 고능력 학습자들이 재능 있는 작가, 연기자, 웅변가, 언어학자가 되기에 필요한 잠재성, 동기, 몰입, 기타 자질들을 가지고 있는 것은 아니다. 심화와 속진을 포함한 교육과정에서 제공하고 있는 것 이상을 필요로 하는 고능력 학습자도 있다. 이 학생들은 더 복잡하고, 더 추상적이고, 더 수준 높고, 강도가 높은 언어 경험에 참여할 기회가 필요하다. 그들은 글쓰기, 연기하기, 문예 비평, 제작 등의 일을 하는 영재성을 가진 성인들과 교류할 기회가 필요하다. 그들은 전문가들이 어떻게 작업을 하고, 재능을 향상시키고, 질 높은 판단을 하고, 이야기하는지를 확인할 기회를 가질 필요가 있다. 그들은 우수한 언어 활용을 넘어서서 자신의 언어 처리 과정과 동료들의 언어 처리 과정을 살펴보고 비평하기 시작할 필요가 있다. 그들은 높은 수준의 제작자, 연기자들과 함께 작업을 할 필요가 있다. 그들은 그들의 분야에서 탁월함을 구성하는 것에 대해 숙고하고 그들의 작업과 다른 사람들의 작업을 분석하면서 감식가와 평가자가 될 기회가 필요하다. 그들은 학교 및 학급 밖에 있는 사람들과 교류하고 학교와 도서관에서 찾을 수 있는 것 이상의 자원들을 활용할 필요가 있다.

잠재적인 미래의 시인인, 졸고 있는 3학년 학생에 대해 McClelland가 가진 의문으로 다시 돌아가 보면, 전문가들 간에 다음과 같은 의견 일치가 있다. 시인, 과학자, 화가, 음악가, 웅변가, 다른 특별한 재능을 가진 이들을 만드는 것이 무엇인지 아직 분명히 알지 못하고, 특정 학습 경험이 특별한 영재성을 육성하는지에 대해서도 아는 바가 없다. 그러나 특정한 종류의 경험이 없다는 것이 재능의 구현을 지연시키거나 방해한다고 알려져 있다. 예를 들어, 언어의 숙달이 아직 계발되거나 심화되지 않고, 언어의 기본적 아름다움에 대한 이해가 배양되지 않고, 다양한 장르의 시와 문학을 접해 보지 않았고, "좋고 나쁜" 시에 대한 감식력이 높아지지 않았고, 아이디어나 단어들을 가지고 놀이를 할 기회를 경험하지 않았고, 비평의 대상이 되는 시를 쓴 적이 없었고, 시를 쓸 기회를 가져 보지 못했던 잠재적 시인은 자신의 잠재력을 재능이 있다고 인정될 수행으로 바꿀 가능성이 없다.

유사한 필수적인 기본적 학습 경험과 기회는 그것이 창의적 글쓰기이든, 연기하기이든, 외국어 습득이든, 다른 언어 재능 영역을 위해 판별될 수 있다. 특별한 재능의 모든 영역은 어떤 학문 분야의 지식과 내용과 실체를 가지고 있고, 그 분야 전문가들이 사용하는 특별한 방법론과 수행 과정을 가지고 있고, 문제 정의와 문제 해결 방식을 가지고 있고, 창의성·혁신성·독창성을 발휘하는 방식을 가지고 있다. 잠재 능력을 육성시키는 데 있어서, 학생들이 편안한 느낌으로 탐색하고 실험할 수 있는 분위기에서 이런 것들을 경험할 기회를 제공해야 한다.

4. 결론

모든 언어 재능을 가진 학습자가 창의적 작가, 언어학자, 번역가, 배우, 극작가, 문예비평가, UN 통역가, 심지어 영어나 영문학 교수가 되지 않는다는 것은 이제 누구나 인정한다. 그러나 언어 재능이 있는 학습자는 읽기, 쓰기, 말하기, 듣기라는 언어 기술을 가능한 한 최대로 발달시킬 필요가 있다. 왜냐하면 그런 기술들은 모든 재능 영역의 발달과 수행에서 기본이기 때문이다. 윌리엄앤드메리 교육과정 틀(VanTassel-Baska, Johnson, & Boyce, 1993)은 이런 현상의 건전한 이론과 이해 위에 만들어진, 분명히 잘 개념화되고 잘 고안된 틀이다.

제작자, 연기자, 창조자로서 뛰어난 공헌을 하기 위해 필요한 잠재력, 동기, 몰입을 가진 학생들을 위해, 우리는 그런 잠재력을 판별하고 잠재적 재능을 탁월한 수행으로 바꾸도록 도와줄 더 좋은 방법이 필요하다. 우리는 David McClelland(1958)에게 미래에 시인이 될 그 3학년 학생에게 무엇을 해 주어야 하는지에 대한 그의 질문에 답을 줄 수는 없다. 그러나 McClelland가 "시인을 만들기 위해서 무엇을 해야 되는지 모른다."고 주장했던 35년 전보다 지금 우리는 더 많은 것을 알고 있다. 요약하면, 우리가 생각하기에 미래의 잠재적 시인인 졸고 있는 소년을 포함해서 언어 재능을 가진 학습자들에게 풍부하고 심화시키는 학습 경험을 제공하는 방법에 대해 아주 좋은 아이디어를 가지고 있다.

5. 핵심 요약

- 주어진 방식으로 언어를 효과적으로 사용하고 있다는 증거는 언어 재능의 핵심적인 지표이다.
- 일반적 언어 재능은 언어 추리와 관련되어 있는 반면, 특수한 언어 재능은 글쓰기, 구어적 의사소통, 읽기, 외국어 같은 분야들에서 보인다.
- 심리측정학적인 검사와 수행, 창작물 평가는 언어 재능을 판별하기 위해 사용될 수 있다.
- 수행 평가는 연극 및 구어적 표현에 광범위하게 사용되었다.
- 교사가 학생의 작문을 주의 깊게 평가하는 것은 정교한 구조, 특이한 단어 선택, 언어에 대한 감각 같은 특정한 수준 높은 자질이 드러나게 할 수 있다.
- 삼층의 언어 프로그램이 권장되는데, 이는 속진과 심화를 하는 핵심 프로그램을 제공해 주며, 특히 언어 재능의 핵심적인 양식에 응할 수 있는 것이다.

■ 독서는 재능 있는 학습자들의 정서 발달을 위한 중요한 수단이다.

6. 참고 문헌

Brandwein, P. F. (1955). *The gifted child as future scientist: The high school student and his commitment to science*. New York: Harcourt, Brace.

Brandwein, P. F., & Passow, A. H. (Eds.). (1988). *Gifted young in science: Potential through performance*. Washington, DC: National Science Teachers Association.

DeHaan, R. F., & Havighurst, R. J. (1957). *Educating gifted children*. Chicago: University of Chicago Press.

DeHaan, R. F., & Kough, J. (1956). *Identifying students with special needs*. Chicago: Science Research Associates.

Feldman, D. H. (1986). *Nature's gambit*. New York: Basic Books.

Fox, L. H., & Durden, W. G. (1982). *Educating verbally gifted youth*. Bloomington, IN: Phi Delta Kappa Educational Foundation.

Gardner, H. (1983). *Frames of mind*. New York: Basic Books.

Jackson, N. E. (1992). Understanding giftedness in young children: Lessons from the study of precocious readers. In N. Colangelo, S. G. Assouline, & D. L. Ambroson (Eds.), *Talent development* (pp. 163–179). Unionville, NY: Trillium Press.

Knuth, W. E. (1961). Creative dramatics. In L. Fleigler (Ed.), *Curriculum planning for the gifted* (pp. 343–370). Englewood Cliffs, NJ: Prentice Hall.

Lally, A., & LaBrant, L. (1951). Experience with children talented in the arts. In P. Witty (Ed.), *The gifted child*. New York: D. C. Heath.

McClelland, D. C., Baldwin, A. L., Bronfenbrenner, U., & Strodtbeck, F. L. (1958). *Talent and Society: New perspectives in the identification of talent*. Princeton, NJ: D. Van Nostrand.

Michael, L. S. (1958). Secondary-school programs. In N. B. Henry (Ed.), *Education for the gifted*. 57th Yearbook, Part II of the National Society for the Study of Education (pp. 263–315). Chicago: University of Chicago Press.

Passow, A. H. (1988). The educating and schooling of the community of artisans in science. In P. F. Brandwein & A. H. Passow (Eds.), *Gifted young in science: Potential through performance* (pp. 27–38). Washington, DC: National Science Teachers Association.

Piirto, J. (1992). Does writing prodigy exist? In N. Colangelo, S. G. Assouline, & D. L. Ambroson (Eds.), *Talent development* (pp. 387–388). Unionville, NY: Trillium Press.

Portland Public Schools. (1958). *Progress report II, The gifted child project*. Portland, OR: Portland Public Schools.

VanTassel-Baska, J., Johnson, D. T., & Boyce, L. N. (1993). *A curriculum framework in language arts for high ability learners K-8*. Williamsburg, VA: College of William and Mary, Center for Gifted Education.

제 3 장

읽기, 쓰기, 의미의 구성

Nancy Nelson Spivey

시 선집의 첫머리에서 한 작가는 독자들에게 이런 초대장을 보낸다.

초대

만일 당신이 공상을 하는 사람이라면, 들어오라,
만일 당신이 공상을 하는 사람, 원하는 사람, 거짓말쟁이,
희망하는 사람, 소원을 비는 사람, 요술콩을 사는 사람이라면……
만일 당신이 위선자라면, 내 불가에 앉으라.
왜냐하면 우리에게는 엮어 낼 아마(亞麻) 금빛 이야기가 있기 때문이다.
들어오라!
들어오라!

물론 이 시는 Shel Silverstein(1974)의 *Where the Sidewalk Ends* 의 서시인데,

이 책은 "Boa Constrictor", "The Crocodile's Toothache", "Hug o' War"와 같은 사랑받는 다른 시들도 포함한다. 여기서 우리는 작가가 분명하게 독자들을 초대해 자기가 의미를 구성하는 데 도움을 달라고 청하는 모습을 본다. 작가들은 대개 독자들을 초대하는 데 있어 덜 분명하지만, 이 작가는 독자들이 "들어오기"를 원한다는 점에 있어서는 이례적이지 않다. 우리는 자신의 글로 그들 자신의 초대를 확대시키는 또 다른 유형의 작가들을 생각할 수 있는데, 신문 기자와 기사, 생물학자와 연구 논문, 기업가와 팩스 문서, 그리고 어린이와 이야기가 이에 해당된다. 작가들은 독자가 자신의 글을 읽기(또는 듣기)를 기대하고, 그것들로부터 의미를 만들어 내기를 원한다. 그러나 이러한 의미 형성 과정의 본질은 무엇인가? 작가들은 독자가 무엇을 하도록 초대하고 있는가? 작가들의 초대는 어떻게 다양하며, 독자들의 기여는 또 어떻게 다양한가?

작가는 자신의 목적을 달성하기 위해 글을 구성할 때, 자신의 지식과 경험에서 끌어내어 정신적으로 의미를 형성한다. 그들은 즐거움을 주기 위해, 정보를 주기 위해, 설득하기 위해, 이 모든 것들을 하기 위해 글을 쓰거나 혹은 다른 목적을 가지고 글을 쓸 수도 있다(Kinneavy, 1971). 그들의 독자가 그들 자신이 아닌 다른 독자일 경우, 그들은 자신이 생각하기에 독자들로 하여금 자신이 가지고 있는 것과 유사한 의미를 만들어 낼 수 있게 유도하는 본문의 단서를 선택한다. 이러한 단서는 그림이나 어휘적·구문적 단서로 다른 유형의 정보를 제공한다. 이러한 단서 중 일부는 내용의 특정 유형에 대한 신호를 보내고, 일부는 관련된 중요성에 대한 신호를 보내며, 또 일부는 그것을 조직하고 상호 관계를 갖게 하는 양식에 대한 신호를 보낸다. 단서는 글자와 단어와 문장 부호의 배열에서만 나타날 수 있는 것이 아니라, 여백의 양이나 인쇄 혹은 원고 유형과 같은 형식적 특성과 다양한 유형의 삽화에서도 나타날 수 있다.

간혹 작가들은 그들 자신의 것과 유사한 의미를 독자들이 형성하도록 하는 데 성공하기도 하고 그렇지 못할 때도 있다. 독자들도 자신만의 목적을 가지고 있는데, 본문의 단서를 이용하여 스스로의 의미를 형성하면서 그들 자신의 지식과 경험을 끌어들인다. 작가의 의미와 독자의 의미 간의 변이성이 존재할 뿐만 아니라 동일한 텍스트에 대해 각기 다른 독자가 만들어 내는 의미들 간의 다양성도 존재한다. 이 모든 다양성의 이유는 의미가 텍스트 안에 있지도 않고 텍스트에 의해서 전달되지도 않기 때문이다. 의미는 이해자나 구성자로서의 역할을 하는 사람들 안에 있고, 사람들은 자신의 문식성 활동에서 다양한 지식과 기술을 이용하며 또 각기 다른 목적을 갖고 있다.

이것은 이 장에서 전개될, 글로 쓰인 담화에 대한 구성주의적 관점이다. 구성주의를 기초로 하는 비유에 대한 간략한 논의 후에, 읽기와 쓰기의 세 가지 상호 연관된 양상에 대해 논의하면서 의미를 구성하는 데 있어서의 변이성에 초점을 맞출 것이다. 첫 번째는 텍스트 읽기와 쓰기이다. 이것은 사람들이 텍스트를 이해하고 구성할 때 의미를 만들어 내면서 수행하는 조직하기, 선별하기, 연결하기라는 세 가지 활동에 대한 고려가 될 것이다. 두 번째는 간텍스트 읽기와 쓰기이다. 이것은 텍스트의 상호 연관성, 즉 어떻게 어떤 텍스트도 정말로 따로 분리되지 않는지에 대한 토론과 텍스트의 읽기나 쓰기가 또한 간텍스트의 읽기와 쓰기를 의미한다는 논의가 될 것이다. 세 번째는 맥락 읽기와 쓰기이다. 이것은 사람들이 텍스트로부터 그리고 텍스트를 위해서 만드는 의미의 본질에 영향을 미치는 맥락적 요소에 초점을 맞춘 것이다. 이 읽기와 쓰기의 세 가지 측면은 모두 언어 재능 발달에 결정적인 역할을 하는 것으로, 이 장에서는 이러한 발달을 위한 몇 가지 교육적 함의로 결론을 지을 것이다. 전체적으로 강조하는 바는 읽기와 쓰기, 즉 문식성에 대한 것이지만, 논의되는 많은 것이 구두 담화와도 관련이 있다.

1. 문식성에 대한 구성주의적 관점

여기서 사용되는 구성주의라는 용어는 의사소통 과정의 본질에 대한 특정한 종류의 이론적 방향을 일컫는다. 구성주의자는 텍스트 이해하기와 텍스트 만들기를 구성하는 행위로 바라보는데, 언어 사용자가 의사소통 과제로 가져오는 관련 지식을 기초로 의미를 만들어 내는 행위를 말한다(Ackerman, 1991; Bransford, Barclay, & Franks, 1972; Frederiksen, 1975; Spiro, 1977, 1980; Spivey, 1987, 1990, 1995; Spivey & King, 1989). 구성주의에는 건축적 비유가 암시되어 있다. 즉, 언어 사용자는 건축가이며, 정신적 의미는 그들의 건축물이고, 사전 지식은 건축 과정에서 이용되는 재료이다. 텍스트 자체는 일련의 의미에 대한 단서가 된다. 구성주의자들은 독서를 통해 형성된 의미는, 사람들이 텍스트에 다른 지식을 가져올 때 그리고 다른 맥락과 다른 목적으로 텍스트에 접근할 때 달라진다는 점을 지적하곤 했다. 그들은 또한, 읽기가 수동적인 메시지의 수용이라기보다는 능동적인 의미의 형성을 수반하기 때문에, 읽기와 쓰기는 (서로 반대되는 것이 아니라) 유사점을 가지고 있다고 지적하곤 했다. 비록 구성주의자의 언어가 제안한 목공의 이미지는 일종의 고정되고 정적인 구조를 암시하는 듯하지만, 구성주의자의 담화에 대한 이론은 의미와 의미 구성에 있어서 역동적인 본질을 강조한다.

인식론적 비유로서의 구성주의는 Vico(1710/1868)와 Kant(1787/1963) 같은 철학자들의 저작에 근간을 두고 있지만, 여기에서 논하는 구성주의의 형식은 Frederic Bartlett(1932) 경의 공헌으로 곧바로 거슬러 올라간다. Bartlett은 금세기 초에 텍스트 읽기를 연구한 영국의 심리학자로, 그의 연구는 *Remembering*이라는 제목의 책으로 발간되었다. 그는 일련의 연구에서 미국 원주민 이야기인 "망령의 전쟁(The War of the Ghosts)"을 자신의 영국인 연구자 대상에게 읽혔다. 다음은 그가 이용했던 이야기로 그의 책에 수록되어 있다.

망령의 전쟁

어느 날 밤 에굴락에서 온 젊은이 둘이 물개 사냥을 하기 위해 강을 따라 내려왔는데, 그들이 그곳에 있는 동안 점점 안개가 자욱해지고 주위가 고요해졌다. 그때 그들은 전쟁 소리를 들었다. 그들은 '아마도 이는 전쟁을 하러 오는 부대인가 보다.'라고 생각했다. 그들은 물가로 달아나 통나무 뒤에 숨었다. 카누가 나타났고, 그들은 노 젓는 소리를 들었다. 그리고 카누 한 척이 그들에게 다가오는 것을 보았다. 그 카누에 타고 있던 다섯 남자가 이렇게 말했다.

"어떻게 생각하시오? 우리는 당신들과 함께 가고 싶소. 우리는 그 사람들과 전쟁을 하기 위해 강을 거슬러 올라갈 거요."

한 젊은이가 "나는 화살이 없어요." 하고 대답했다.

"화살은 배에 있소." 그들이 대답했다.

"나는 가지 않을 겁니다. 그곳에 가면 죽을 거예요. 내 친척들은 내가 사라진 곳도 모를 거고요."

그는 다른 사람을 돌아보며 말했다. "그러나 당신은 그들과 함께 가도 좋아요."

그래서 그 젊은이 중 한 명만 가고 다른 한 명은 집으로 돌아갔다.

그리고 전사들은 강을 거슬러 올라가 칼라마의 반대편에 있는 마을로 갔다. 사람들은 강으로 내려왔고, 그들은 싸우기 시작했다. 많은 사람들이 죽었다. 그러나 그때 젊은이는 전사들 중 한 명의 소리를 들었다. "빨리 우리를 집으로 보내 줘. 저 인디언은 총에 맞았어." 그때 그는 생각했다. '이런, 저들은 망령이야.' 그는 아픔을 느끼지 않았지만, 그들은 그가 총에 맞았다고 했다.

그래서 카누는 에굴락으로 돌아왔고, 젊은이는 뭍으로 나와 자기 집으로 가서 불을 피웠다. 그리고 그는 모두에게 말했다. "보라, 나는 망령들과 함께 있었다. 우리는 싸우러 갔었다. 우리 편 중 다수가 죽었고, 우리를 공격한 사람들도 많이 죽었다. 그들은 내가 총에 맞았다고 했지만, 나는 전혀 아픔을 느끼지 못했다."

그는 이 이야기를 다 한 다음 입을 다물었다. 태양이 떠오르자 그는 쓰러졌다. 검은 무엇이 그의 입 밖으로 튀어나왔다. 그의 얼굴은 일그러졌다. 사람들은 펄쩍펄쩍 뛰며 울부짖었다.

그는 죽었다. (p. 65)

읽은 직후 그리고 며칠이 되었든 몇 년이 되었든 오랜 시간이 흐른 뒤 다시 읽고, Bartlett은 연구 대상자들에게 읽은 내용에 대해 상기문을 써 보라고 했다. 그는 상기문을 이용해 이 독자들이 텍스트에 대해 어떤 것을 기억하고 있는지, 즉 그들이 그것으로 만들어 내는 의미가 무엇인지에 대해 알아내려고 했다. 그는 연구 대상자들이 쓴 상기문을 연구하여 원문과 차이가 무엇인지 알아내려 했는데, 그는 다양한 종류의 변형을 찾아냈다. 몇몇 변형은 그다지 흥미로운 것은 아니었다. 시간이 지난 후, Bartlett의 연구 대상자들은 더 적은 수의 세부 내용과 고유명사로 더 짧은 상기문을 썼다. 그러나 몇몇 변형은 정말 흥미로웠다. 연구 대상자들은 이야기의 요소들을 그들 자신의 문화적 경험에 맞추는 경향을 보였다. 예를 들면, 그들은 인디언이 물개를 사냥하는 게 아니라 낚시를 한다고 기억하였다. 그리고 몇몇 변형은 매우 흥미로웠다. 연구 대상자들은 공백을 채우기 위해 첨가하는 경향을 보였다. 예를 들면, 그들은 남자가 함께 간 존재가 유령이었다는 인디언의 인식에 대한 이유를 "기억"해 냈다.

유사한 방식의 상기문 연구는 이전에 다른 연구자들에 의해 이용되었으나, 그가 보았다고 생각한 변형에 대한 구성주의적 설명을 제시한 사람은 바로 Bartlett이었다. 그는 이전에 존재한 지식 구조에 새로운 정보를 연결시키는 연구 대상자들의 "의미 이후의 노력"으로부터 변화가 일어난다고 시사했다. 이야기를 이해하는 데 있어서, 그들은 이야기가 어떻게 "말이 되는지"를 포함해 자신의 문화적 지식과 더 일치시키기 위해서 그럴싸한 자료로 그것을 재구성했다. Bartlett의 연구는 1970년대 초에 다시 되살아났을 때, 담화의 본질과 의미 형성의 과정을 검토하는 추후 연구에 대한 의제를 수립하였다. 오늘날 연구자들은 그들이 제공하는 것처럼 보이는 단서를 찾기 위해 텍스트를 분석하고, 사람들이 자신의 의미를 형성할 때 만드는 변형을 연구한다(읽기에 있어서 구성주의적 전통에 대한 검토는 Spivey, 1987 참조). 연구를 위해 Bartlett은 의도적으로 자신의 독자들에게 낯설게 느껴지고 변형을 이끌어 내기 쉬운 자료를 선택하였다. 그러나 오늘날의 읽기 연구자들은 그들이 연구하는 독자들에 대해 더 정상적인 읽기 자료인 텍스트로부터의 변형을 연구하는 경향이 있다.

2. 텍스트 읽고 쓰기

구성주의는 Bransford(Bransford, Barclay, & Franks, 1972)와 Frederiksen(1975) 같은 심리학자들에 의해 그것이 분명히 제시되고 있었던 1970년대부터 읽기 이론에 영향을 미쳤다. 이러한 영향은 수년 동안 읽기 연구와 지도에서 있었고(Anderson, Spiro, & Montague, 1977; Spiro, Bruce, & Brewer, 1980; Spivey, 1987; Steffe & Gale, 1995), 이것은 쓰기 연구와 지도에도 확대되기 시작했다(Ackerman, 1991; Spivey, 1984, 1990, 1991, 1995). *Becoming a Nation of Readers*라는 국가 보고서(Anderson, Hiebert, Scott, & Wilkinson, 1985)는 읽기를 가르치는 방법과 읽기 과정에 대한 구성주의적 관점을 제공한다.

1) 텍스트 읽기

읽기는 구성주의적 관점에서 보면 본문의 단서에 반응하여 자료가 마음속에 만들어지는 과정을 말한다. 독자들이 직접 만드는 자료를 기반으로 수행하는 세 가지 중요한 활동이 있는데, Bartlett(1932)은 이것을 활동이라고 명명하지 않았고 이를 명확하게 제시하지도 않았지만, *Remembering* 연구를 보고할 때 이것들을 언급하였다. 여기서 나는 그것을 조직하기, 선별하기, 연결하기라고 한다. 지난 20년에 걸쳐 이러한 활동 중 한두 가지를 고찰하는 수많은 연구들이 존재했다.

읽기는 의미에 구조를 제공하는 조직하기를 수반하는 과정이다. 텍스트를 읽을 때 사람들은 그들이 만들어 내는 자료를 조직하기 위해 텍스트가 관습적으로 조직된 방식에 대한 자신의 지식을 이용한다. 예를 들어, 사람들은 이야기에 대해서는 이야기 양식에 대한 지식(Mandler & Johnson, 1977)을 이용하고, 정보를 위한 글에는 해설적 텍스트 양식에 대한 지식(Meyer, 1975)을 이용한다. 텍스트는 선별하기 만큼 조직하기를 위한 단서를 제공하기 때문에 도움이 될 수 있다. 아마도 텍스트는 주인공이 갈등을 겪으면서 목표를 달성하려는 시도와 같은 친숙한 이야기 요소를 지닌 이야기로 파악될 수 있다. 본문의 단서를 따라가는 독자는 그것을 하나의 이야기로 조직한다. 혹은 문제가 던져지고 해결책이 제공되는 논쟁의 요소를 가진다. 본문의 단서를 따라가는 독자는 기억 안에서, 기억으로부터 온 문제 해결법으로써, 그런 방식으로 자료를 조직한다. 독자들은 조직적인 단서를 따라가며 읽기가 조직하기에서 텍스트 중심의 과정이 되게 할 수 있지만, 그러나 그들은 자신이 읽는 것에 다른 구조를 제공할 수 있다. 예를 들어, 누군가는 스타일을 비판하기 위해서 이야기를 읽고 있을지도 모른다. 형성되는 의미는 주로 어떤 것을 논평할지에 관한 요점을 중심으로 조직될 수도 있다. 혹은 누군가는 특정한 관점에 관한 작가의 입장을 또 다른 사람의 입장과 비교하기 위해서 문제 해결 논의를 읽고 있을 수도 있다. 비교 구조는 자료를 조직하고 선별하기 위한 기초가 될 수도 있다.

읽기는 조직하기뿐만 아니라 선별하기 과정이다. 사람들은 대개 자신이 텍스트를 위해 형성하는 의미에 텍스트가 이끌어 내는 모든 것을 포함시킬 수 없다. 그들은 “중요한” 것만을 포함시킨다. 의미를 구성하는 것은 하위 요소의 선별을 요한다. 자신의 텍스트를 통해, 작가들은 상대적으로 중요할 수 있는 것에 대해 다양한 유형의 단서를 제공한다. 예를 들어, 제목이나 표제는 중요한 주제의 반복과 마찬가지로 독자들에게 도움이 될 수 있다. “여기서 가장 적절한 아이디어는”이나 “말하고자 하는 세 번째 요점은"과 같이 중요한 것에 대한 명확한 언급도 도움이 될 수 있다. 가장 중요한 요점을 글이나 문단의 서두 혹은 말미에 두는 것과 같은 자료의 배치도 도움이 될 수 있다. 또한 신호가 되는 구조적 형식도 독자들에게 중요한 것을 보여 주는 데 도움이 된다. 이와 같은 여러 가지 수단을 통해, 작가는 독자들에게 일부의 자료를 전경(figure)으로 제시하고 다른 자료는 배경(ground)이 되게 한다. 작가는 자신이 가장 중요하다고 여기는 것을 무대에 올린다(Grimes, 1975). 독자들은 읽기가 텍스트에 기초한 과정일 때, 구조적 단서뿐만 아니라 무대에 올려진 단서를 따라간다(전경을 알아차린다). 그러나 독자가 읽기 활동에 있어 다른 목적이나 관점을 가지고 있을 때, 텍스트의 영향은 무시될 수 있고 배경이 전경으로 될 수 있다. 독자들은 특정한 사람이나 경향에 대한 어떤 특정한 정보를 얻고자 할 수도 있다. 또한 그들은 그 읽기에서 가장 중요한 것에 큰 영향을 미칠 수 있는, 페미니스트적 관점과 같이 텍스트상에서 특정한 종류의 관점을 취할 수도 있다.

조직하기와 선별하기에 더해서, 세 번째 활동은 연결하기라고 불리는 것이다. 독자들은 내적으로 조리가 있고 자신이 이미 알고 있는 것과 일관된 의미를 구성하려고 하면서 추론이나 퇴고를 한다. 텍스트는 추론을 위한 단서를 제공하지만, 단서는 그것이 얼마나 명확한지에 따라 다양하다(Clark, 1977). 작가는 몇몇 단서가 첨가되기를 기대하지만, 몇몇 단서는 첨가되지 않기를 기대한다. 사람들은 의미를 형성할 때 읽기에 다양한 유형의 첨가를 하며, 세계에 관한 지식, 주제에 관한 지식, 담화에 관한 지식과 같은 다양한 유형의 기본 지식을 바탕으로 하여 그렇게 한다.

이 글 안에 전체가 인용된 2개의 텍스트, "초대"와 "망령의 전쟁"은 독자에게 요구되는 많은 추론의 예를 제공한다. Silverstein의 "초대"를 읽을 때, 독자들은 Silverstein이 시의 시작에서 "만일 당신이 공상을 하는 사람이라면, 들어오라"라고 말할 때 그 당신이 누구인지를 추론해야 한다. 여기서 어떤 종류의 공상을 하는 사람이라도 독자가 될 수 있다는 것을 의미하는가? 공상은 특별한 종류가 되어야 하는가? 작가는 특별히 아이들을 지칭하고 있는가? 시를 다루면서 독자들은 언급된 다른 독자에 대한 추론도 해야 하는데, 여기서 다른 독자란 원하는 사람, 거짓말쟁이, 희망하는 사람, 소원을 비는 사람, 요술콩을 사는 사람, 위선자이다. 이 목록에 있는 사람들은 독자가 될 자격이 있는 (공상을 하는 사람들 외에) 다른 사람들인가, 아니면 동일한 독자의 양상을 가진 사람들인가? Silverstein은 어떤 사람이라도 초대하고 있는가, 아니면 독자에게 제한하고 있는가? 비유적 언어는 추론을 필요로 한다. 여기서 "들어 오라"는 "*Where the Sidewalk Ends*에 있는 시를 (능동적으로, 열정적으로) 읽으라"는 의미인가? "내 불가에 앉으라"는 "나를 집처럼 편안한 환경에서 이야기해 주는 이야기꾼으로 생각하라"를 암시하는가? "아마 금빛"은 (고전적인 이야기와 관련이 있는) 가치, 사랑스러움, 연약함, 혹은 다른 어떤 것을 시사하는가? 추론은 많은 시간 동안 무의식적으로 이루어지며, 그것은 종종 누군가가 텍스트에 대해 기억하는 것에, 즉 텍스트가 "말하는" 것에 반드시 필요한 부분이 되는 것처럼 보인다.

앞서 언급한 바와 같이, "망령의 전쟁"은 독자에게 무거운 추론의 부담을 준다. 어떤 부분은 추론을 위해서 매우 명확한 반면, 다른 부분은 독자들이 아주 무의식적으로 추론할 수 있기 때문에 알아채기가 그다지 쉽지 않다. 처음 세 문장을 살펴보자.

> 어느 날 밤 에굴락에서 온 젊은이 둘이 물개 사냥을 하기 위해 강을 따라 내려왔는데, 그들이 그곳에 있는 동안 점점 안개가 자욱해지고 주위가 고요해졌다. 그때 그들은 전쟁 소리를 들었다. 그들은 '아마도 이는 전쟁을 하러 오는 부대인가 보다.'라고 생각했다. 그들은 물가로 달아나 통나무 뒤에 숨었다.

내용이 연관성을 갖기 위해서, 독자들은 첫 번째 문장에서 "그곳에"라는 말이 "강에"를 지칭하고, 두 번째 문장의 시작에서 "그때"라는 말은 "두 남자가 한동안 사냥을 하고 난 후에"를 의미한다고 추론해야 한다. 독자들은 "전쟁 소리를 들었다"가 사람들이 근처에서 전쟁을 할 때 내는 종류의 소리를 내고 있음과 "이는"이 사람들이 소리를 만드는 것을 암시한다는 점을 추론해야 한다. 두 젊은이가 "물가로 달아나"와 "통나무 뒤에 숨었다"를 읽을 때, 독자들은 두 젊은이가 물가로 오기 전 강의 카누 안에 있었다는 정보를 더해야 하며(독자는 이러한 사실을 제공받지 않았다), 땅 위에 통나무가 하나 있었고, 전쟁 부대가 다가오고 있는 방향의 반대편에 있는 통나무 쪽으로 갔다는 정보를 더해야 한다. 흔히 지시와 관계가 있는 추론은 하기 쉬운데, 이는 독자들이 어떻게 언어가 작용하는지에 대한 지식을 가지고 있기 때문이다. 그리고 자료의 첨가를 수반하는 것과 같은 다른 추론은 역시 자주 쉽게 생기는데, 이는 독자들이 주제에 관한 지식이나 세계에 관한 지식과 같은 다른 유형의 지식으로부터 끌어오기 때문이다.

조직하기와 선별하기에서처럼 연결하기는 텍스트를 기초로 하는 과정의 어떤 것일 수 있는데, 이는 독자가 텍스트에 의해 강하게 초대되는 것처럼 보이는 그런 추론만을 하는 것이다. 혹은 연결하기는 행간 읽기를 많이 수반할 수 있다. 어떠한 상황에서 훌륭한 독자라고 생각되는 사람들은 텍스트에 의해 초대되는 것처럼 보이는 추론만을 하고, 서투른 독자라고 생각되는 사람들은 관습에 따르지 않고 기이하게 보이는 추론을 한다는 것은 흥미로운 점이다. 이는 많은 초등학교와 중등학교 환경에서 일어나는 사례이며, 특히 학생들이 표준화된 읽기 시험을 치르고 있을 때 분명하게 드러난다. 문학 비평가들이나 통역사들의 모임과 같은 이와 다른 상황에서, 훌륭한 독자라고 생각되는 사람들은 관습에 따르지 않고 기이하게 보이는 추론을 한다. 이는 바로 텍스트에 의해 초대되지 않은 것들이다.

2) 텍스트 쓰기

구성주의자들은 쓰기 과정을 이해하는 데 있어 특히 중요한 두 가지 주장을 하는 것 같다. 하나는 의미와 텍스트가 동일한 것이 아니라는 주장이다. 의미는 사람들의 마음속에 있는 것이고, 텍스트는 의미의 단서일 뿐이다. 단서는 작가에 의해 구성된 의미와 독자에 의해 구성될 의미의 신호이다. 다른 하나의 주장은 의미는 글을 만드는 과정 전체에 걸쳐 마음속에 형성된다는 것이다. 글 만들기는 똑같은 세 가지 구성 활동, 즉 만들어진 내용을 조직하기, 적절한 내용을 선별하기, 일관성을 만들어 내는 개념들 사이를 연결하기(Spivey, 1990, 1995)가 만들어지는 자료에 수행되는 발생적 과정이다. 작가들은 글 만들기 과정 내내 의미를 만든다. 즉, 그들은 조직하고 재조직한다. 그들은 몇몇 개념은 선택하고 몇몇 개념은 거부한다. 그들은 이전에는 관계없는 개념들 간에 모든 종류의 연결을 만들어 그것으로 새로운 지식을 창조한다. 이러한 활동들은 종종 작가가 펜을 종이에 대거나 컴퓨터 키보드에 손을 대기 전에 시작되며, 그것은 가끔 작가가 글로 쓰인 텍스트를 만드는 것을 멈춘 후에도 지속된다.

교육자들은 전적으로 다른 유형의 인지 활동이 텍스트 생산의 다른 단계에서 이루어지는 것처럼, 글쓰기 과정의 단계에 대해 오늘날 상당한 논의를 접하고 있다. Rohman과 Wlecke(1964)의 글 만들기 3단계 묘사에 귀를 기울이면서, 몇몇 사람들은 사전 글쓰기에서 작가가 자신이 말하고자 하는 것을 떠올리고, 그 후 글쓰기에서 그것을 단어로 적으며, 마지막으로 교정에서 텍스트를 다듬는다고 생각한다. 그런 깔끔하고 선적인 과정은 몇몇 특이한 경우에는 맞을 수 있다. 그러나 더 자주 작가들은 계속해서 선별하고 조직하고 연결하면서 글쓰기 과정 전체에 걸쳐 의미를 만들어 낸다. 실제로 단어로 적기 전에 작가들은 자료를 조직하고 배열하는 가능한 방법을 떠올린다. 그들은 자신이 만들어 내는 개념을 선별하거나 거부하는 작업을 하고, 관련된 내용들 사이에 연결을 만든다. 쓰는 동안 그들은 지속적으로 자료를 만들어 내고 그 자료에 이러한 활동을 수행한다. 작가들의 의미는 그들이 텍스트를 만들어 내는 동안에도 발달하고 변화한다. 작가들은 여전히 의미를 구성하고 있다 그리고 하나의 초고나 여러 개의 초고를 쓴 후에, 그리고 아마 글로 쓰인 산출물에서 몇몇 변화를 여전히 만들고 있으면서, 그들은 똑같은 활동을 이용하고 있다. 그 시점에도 그들은 의미를 구성하고 있다. 3단계 관점은 텍스트가 어떤 모습이냐를 반영할 수도 있으나, 그것은 마음속에서 일어나는 것에 대한 정확한 묘사가 아니다.

이 글 만들기 과정에서 작가들은 텍스트를 만들어 낸다. 그 텍스트는 독자들이 자신의 것과 어느 정도 유사한 의미의 표상을 구성하는 단서를 가지고 있다. 그들은 선별하기와 조직하기와 연결하기에서 독자를 돕기 위해 이전에 논의한 그런 종류의 단서들을 이용한다. 선별하기에서 독자들을 안내하기 위해 작가들은 특정한 내용을 무대에 올린다. 조직하기에서 독자들을 안내하기 위해 작가들은 구조적인 단서를 제공한다. 새로운 것과 알려진 것의 연결하기에서 독자들을 안내하기 위해 작가들은 다양한 종류의 암시를 만든다. 단서가 독자들에게 얼마나 명확한지에 따라 작가는 차이가 나고 텍스트 역시 차이가 난다. 그리고 독자들도 단서가 얼마나 명확한지에 따라 차이가 난다. 이는 작가에게 균형을 유지하는 활동으로, 얼마나 명확할 것인지를 결정한다. 명료성은, Nystrand와 Wiemelt(1991)가 지적한 것처럼 상대적인 개념이다. 한 사람에게 분명한 것이 다른 사람에게는 분명하지 않다. 그것은 모두 독자에게 그리고 독자가 알고 있는 것에 달려 있다.

3) 텍스트 읽고 쓰기

우리는 읽고 쓰는 것이 마치 서로 별개의 과정인 것처럼 말하지만, 때로 이 두 과정을 분리하는 것은 어렵고 심지어 불가능하다. 이해하고 구성하는 두 과정을 모두 수반하는 몇몇 문식성 활동이 있고, 그것들은 동시에 일어날 수 있다. 사람들은 자신이 읽고 있는 텍스트로부터 의미를 구성할 수 있고, 동시에 자신이 쓰고 있는 텍스트에 대한 의미를 구성하고 있다. Bracewell, Frederiksen, Frederiksen(1982)이 지적한 것처럼 문식성의 혼성 활동이 있다. 이러한 혼성 활동 중 일부는 소재로부터 글쓰기라고 불릴 수 있다. 소재로부터 글쓰기에서 사람들은 자신이 읽고 있는 텍스트로부터 의미를 형성하지만, 자신이 쓰고자 하는 새로운 텍스트에 대해서도 같은 활동을 한다. (읽기·쓰기 활동에 대한 더 완전한 논의에 대해서는 Spivey, 1990, 1995 참조) 그것은 사람들이 하나의 텍스트에 대한 요약문이나 비평문을 쓰고 있는 것일 수도 있고, 여러 가지 소재를 기초로 하여 수필(혹은 역사 보고서, 문학 평론, 제안서)을 쓰고 있는 것일 수도 있다. 사람들이 자신만의 텍스트를 쓰고 있다는 사실은 그들이 다른 작가들의 글을 읽는 방식에 영향을 미친다.

4) 텍스트를 읽고 쓰는 데 있어서의 언어 재능

앞선 논의에서 언어 재능의 몇 가지 중요한 국면을 지적했는데, 그것은 구성주의적 관점에서 읽고 쓰는 과정을 바라볼 때 보일 수 있는 국면이다. 읽기에 있어서 언어 능력은 담화의 구조적 양식을 알고 이용하는 것, 내용의 상대적 중요성에 대한 신호를 인지하는 것, 연결성에 대한 추론을 제공하는 것을 포함한다. 그것은 독자의 목적이 작가의 의미를 파악하기 위해서 텍스트를 읽는 것일 때 작가의 단서를 이용하는 것일 수 있다. 그러나 그것은 또 다른 목적으로 글을 읽기 위해서 이러한 단서를 무시하는 것일 수도 있다. 쓰기에 있어서 능력은 조직, 전개, 그리고 일관성을 가진 의미를 만들어 내는 것이고, 의미를 형성할 때 자신의 독자들을 위해 효과가 있는 단서를 자신의 글에 제공하는 것이다.

누군가가 특정한 텍스트를 얼마나 잘 읽는가 하는 것은 그 사람이 텍스트에 가져오는 담화 지식뿐만 아니라 내용 지식(주제에 관한 지식, 영역에 관한 지식, 세계에 관한 지식 등)에 상당히 많이 관련되어 있다. 어떤 사람이 그것에 대해 적절한 지식을 가지고 있는 주제라면 텍스트의 실마리로부터 잘 구성되고 정교한 표현을 형성할 수 있다. 똑같은 사람이라도 적절한 지식이 거의 없는 텍스트에 대해서는 그렇게 잘할 수 없을 것이다. 여기서 요점은 그런 능력이 쉽게 측정될 수 있는 완전히 정적인 현상이 아니라는 것이다. 그것은 텍스트의 주제, 영역, 내용이나 학문 분야와 관계가 있다.

3. 간텍스트 읽고 쓰기

앞부분에서 텍스트의 읽기와 쓰기에 대해 논의하였다. 담화의 단위로 텍스트에 대해 논하는 것은 그것이 우리가 읽기와 쓰기에 대해 생각할 때 대개 다루는 단위이기 때문에 상대적으로 쉽다. 그러나 여기서 우리는 더 큰 단위인 간텍스트라고 불리는 것으로 이동할 것이다. 간텍스트성이라는 개념은 Kristeva(1968), Barthes(1971), Riffaterre(1980), Bakhtin(1981), Miller(1985)와 같은 문학 이론가들에 의해 발전되었는데, 이들은 담화의 단위가 독립된 텍스트보다 더 크고, 텍스트는 다른 텍스트로부터 분리되어 실제로 존재하지 않는다고 주장한다. 텍스트는 더 큰 간텍스트의 일부이다. Leitch(1983)는 간텍스트에 관한 논의에서 다음과 같이 언급하였다. "텍스트는 독립적이거나 통합된 대상이 아니라 다른 텍스트와 일련의 관계가 있는 것이다. 그것의 언어 체계, 문법, 어휘는 역사의 수많은 잡동사니, 즉 흔적을 끌고 다닌다. 그래서 텍스트는 설명 불가능한 양립할 수 없는 개념, 신념, 소재의 보음을 가진 문화 구세군 판매점(Cultural Salvation Army Outlet)과 닮았다."(p. 59)

1) 간텍스트 쓰기

작가들은 글을 구성할 때, 다른 텍스트와 가졌던 경험으로부터 그려 낸다. 가끔씩은 아주 의식적으로, 또 가끔씩은 무의식적으로 이렇게 한다. 작가들이 만들어 내는 글쓰기는 그런 경험을 반영하고, 그래서 그들의 텍스트는 다른 텍스트와 연결된다. 다른 텍스트와의 몇몇 연결은 다른 것들보다 더 뚜렷하고 인용이나 암시에 의해 두드러진다. 몇몇 연관성은 관습적 서두나 말미, 그리고 텍스트 양식과 같은 담화 형식에 이어져 있다. 예를 들어, 아이들이 이야기를 쓸 때 그들의 이야기 형식은 이야기 요소(배경, 주인공, 목적, 갈등, 해결)와 이야기의 관례적 표현("옛날 옛적에", "그들은 모두 그 후 오래 행복하게 살았다")에 있어서 직접 읽고, 듣고, 써 보았던 이전의 이야기들과 관계가 있다. 다른 연관성은 특정한 내용에서 나타나는데, 반복된 의미의 소재가 이에 해당된다. 관련된 내용은 특정한 인물이나 배경의 특수한 사항이 될 수 있다. 작가들은 글을 구성할 때 이용하는 다른 텍스트로부터, 그들 자신의 텍스트뿐만 아니라 다른 사람의 텍스트로부터, 추출한 일종의 이전 텍스트와 지식의 목록을 가지고 있다.

2) 간텍스트 읽기

독자들은 텍스트를 읽는 것처럼 간텍스트를 따라가며 읽는다. 독자는 작가가 이용했던 것과는 다소 다른 간텍스트(그리고 다른 독자들이 창조하는 것과는 다른 간텍스트)를 가지는데, 그 이유는 독자가 다른 사전 텍스트를 경험했기 때문이다. 간텍스트는 작가에게 속하는 만큼 독자에게도 속한다. 아동의 이야기를 읽을 때, 독자는 작가가 읽은 몇몇 이야기와 연결할 수도 있을 뿐만 아니라 작가가 경험한 적이 없는 이야기와 몇몇 연결을 만들 수도 있다. 예를 들어, 만약 그 아동이 공주는 금발 머리를 가졌다고 말하지 않았지만 독자는 수많은 이야기 속에서 금발 머리의 공주를 만났다면, 그 자료는 간텍스트성 때문에 독자에 의해 만들어질 수도 있다.

『코요테 협곡(Coyote's Canyon)』(Telford & Williams, 1989)의 다음 발췌문은 독자의 측면에서 간텍스트성을 설명하는 데 도움이 될 것이다. 이 책의 창작자들은 서두에서 다른 작가인 Judith Fryer(1987)의 말을 인용할 때 매우 분명한 간텍스트적 연결을 한다. Fryer는 편집된 모음집에 포함된 수필에서 한 문장으로 단어들을 썼는데, 바로 다소 긴 수필에 있는 단 하나의 문장(p. 44)이었다. 그러나 그것을 차용할 때, John Telford와 Terry Tempest Williams는 그것을 시의 형식으로 제시하였다.

이런 것들은 사실이다.

사막,
바위,
피난처,
전설.

독자는 이 "시"에 대한 의미를 형성하는데, 이 시는 비문처럼 제시되어 있어서 그 의미는 독자들이 『코요테 협곡』이라는 책에 대해 형성하는 의미에 영향을 주고 그 일부가 된다. 이 Fryer "시"는 몇몇 독자들이 이전에 읽었던 텍스트를 상기하도록 유도할 수도 있다. 만일 그들이 Byrd Baylor의 작품을 읽었다면, 그들의 간텍스트 안의 텍스트는 *Everybody Needs a Rock*(1974)이나 *The Desert is Theirs*(1975)와 같은 책을 포함할 수도 있다. 이제 『코요테 협곡』의 텍스트는 Williams가 이렇게 시작하는 수필을 첫 부분으로 가진다.

코요테 가속

처음으로 유타 남부를 여행할 때, 붉은 바위들이 피를 흘리는 것처럼 잘려 있는 것이 아니냐고 묻는 것은 당연하다. 그리고 두 번째나 세 번째로 유타의 사막을 여행할 때, 바위의 피가 그 지방에 생명을 불어넣는다는 가정을 하는 것 역시 당연하다. 그리고 사회의 의무와 부담으로부터 충분히 분리되었다는 것을 보장하는 슬릭락 지역으로 실컷 순례를 하고 난 후, 다시 사암이 피를 흘리는지를 물어보는 자신의 이전 풋내기 모습을 돌아보라.

주머니칼을 꺼내서 날을 열어 매끈한 자신의 팔에 그어 보아라. 만약 피를 뽑아낸다면 당신은 인간이다. 만약 빨리 마르는 젖은 모래를 파낸다면, 자신이 사막의 일부가 되었다는 사실을 알게 될 것이다. 그때까지는 소유권을 주장할 수 없다.

이곳은 코요테의 지역으로, 상상력이 장관을 이룬 곳이다. 아무것도 눈에 보이는 모습으로 존재하지 않는다. 뷰트, 메사, 그리고 붉은 바위 첨탑은 당신을 불러 성당과 탁상, 곰의 귀나 수녀와 같이 마치 다른 것으로 보게 한다. 창문과 아치는 그곳에 더 이상은 없는 것을 상기시킬 것이고 바람이 가져다주는 사암의 맛을 느끼게 할

> 것이다. 이러한 놀라운 형태는 사막에 가는 사람들을 위해 새로운 신화를 초대할 것이고, 이야기와 의례의 힘을 인정하는 사람은 우리 자신의 문화의 고결성 안에 놓인다. 경험을 기초로 한 이야기는 거래를 할 구슬이 된다. 여행을 앞서 가고 뒤따라가는 것은 바로 그 이야기, 언제나 그 이야기이다.
>
> 자신만의 장소 감각을 믿기 시작할 바로 그때, 길을 잃는 것에 대한 계획을 세워라. 길을 잃는 것은 잘못이 아니다. 단지 코요테를 탓하면 된다. 안다고 생각했던 지방에 대한 두려움은 겸손이라는 선물을 준다. 자신을 초라하게 만드는 장관 역시 자신을 강하게 만든다. 이것이 유타 남부 기반암의 아름다움으로, 빛과 날씨, 계절에 따른 카멜레온 같은 특성은 우리 자신의 모순적인 본성과 화해하도록 해 준다. 이러한 협곡의 요술쟁이 특성이 바로 코요테 지역이다. (Williams, 1989, pp. 16–18)

이 텍스트의 독자들은 어느 정도 자신이 다른 텍스트에서 가졌던 이전의 경험에 따라 자신이 구성하는 의미가 다양하다. "이야기의 힘"과 "바로 그 이야기, 언제나 그 이야기이다"라는 구절은 각기 다른 사람들에게 다른 텍스트를 이끌어 낸다. 코요테에 대한 언급은 몇몇 사람들로 하여금 자신이 이전에 읽었던 요술쟁이 이야기를, 혹은 적어도 그것들 중 몇몇 측면을 기억하게 만들 것이다. 그런 기억은 현재 텍스트를 위한 의미 속에 포함될 수 있고, 그 의미의 특성에 영향을 줄 수 있다. 첫 문단을 읽은 몇몇 사람들은 다른 텍스트(아마 광범위하게 기억할 수 있는 텍스트로 실제로는 기억할 수 없는 것)에 연결할 수도 있는데, 이는 단지 첫 단락에서 반복된 구문론적 구조와 같은 언어 양식 때문이거나, 혹은 어딘가로 가는 듯하지만 그다음에 시작점으로 돌아가는 반복되는 연대순 배열 때문일 것이다. 물론 이것은 간텍스트적 연결이 이루어질 수 있는 이 텍스트 안의 몇 부분일 뿐이다.

이 장에 포함된 다른 텍스트 역시 독자의 측면에서 간텍스트성을 설명해 줄 것이다. 이 장을 시작했던 Silverstein의 "초대"를 읽는 독자들은 그들이 "요술콩을 사는 사람"이나 "아마 금빛"이라는 단어를 읽을 때 다른 텍스트의 흔적을 경험할 것 같다. "망령의 전쟁"을 읽는 독자들은 자신의 변형을 만들 때 이야기에 대한 자신의 경험에서 끌어낸다.

간텍스트에 대한 이 모든 논의는 매우 추상적이고 막연하게 보일 수 있다. 텍스트는 간텍스트보다 더 명백한데, 그 이유는 텍스트에는 종이도 있고 인쇄도 있기 때문이다. 간텍스트는 다른 어딘가에 있는 것처럼 보이지만, 우리는 그것을 볼 수도 만질 수도 없다. *The Unbroken Web*이라는 책에서 Richard Adams(1982/1980)는 그것을 빈 공간에 두기로 한다. 이것이 그가 이야기의 간텍스트를 설명했던 방식이다.

> 나는 우주비행사들이 그것을, 즉 우주 속에 균형을 잡고 양극의 축 위에서 돌고 있는 빛나는 지구를 보듯이 환상 속에서 세상을 보고, 그것에 대한 상상을 한다. 그 주변에 그것을 완전히 둘러싸고, 어떤 중국에서 조각된 상아공이 그 안에 또 하나를 에워싸는 것처럼, 또 하나의, 무형의, 거미줄 같은 지구는, 끊어지지 않는 거미줄로, 지구의 자전과는 독립적으로 자유롭게 돌고 있다. 그것은 비눗방울 같은 어떤 것인데, 그 이유는 그것이 돌고 있지만 실체는 그 표면에 투영되어 벌겋고 희미하게 빛나는 색을 주기 때문이다.
>
> 이러한 외부의 거미줄 안에 우리는 살고 있다. 그것은 흡수되고, 모양이 바뀌고, 인간의 경험으로 채워져서, 증기나 음식을 요리하는 향기같이 그 세계의 안으로부터 스며 나온다. 이야기꾼은 위로 뻗쳐 그 순간 바로 머리 위에 있게 된 거미줄의 일부를 붙잡아서 아래로 끌어내려 땅에 닿게 한다. 그 거미줄은 물론 탄력이 있고 끊어지지 않는다. 그가 그의 이야기, 그것의 이야기를 할 때, 그는 그것을 풀어놓고 그것은 다시 튀어 올라 자전을 계속한다. 그 거미줄은 우리 위에서 계속 움직이고, 그래서 제시간에 내부의 면에 있는 모든 점은 바로 세상의 표면에 있는 모든 점 위를 지나간다. 이것이 바로 같은 이야기가 세상 모든 곳에서, 서로 의사소통을 할 리가 거의 없거나 없는 서로 다른 사람들에게서 발견되는 이유가 된다.
>
> 민요나 민담에는 둘 다 모순이 있다. 한편으로는 개별적 작가에게 돌릴 수 있는 것이 아니지만 비인간적이고 보편적이며, 다른 한편으로는 인격이 배제될 때 많은 것을 잃는다……. (pp. 3-4)

이야기꾼이 도달할 수 있는 저 위의 공간에서 간텍스트에 대해 생각하는 것은 매우 기발하고 재미있는 일이다. 그러나 환상을 제쳐 두고, 우리는 간텍스트를 독자와 작가가 오랜 시간에 걸쳐 형성해 오고, 그것이 문식성 활동에 있어서 이용 가능한 지식에서 기인한 것으로 간주해야 한다. 이 지식은 물론 사회적으로 습득되며, 그래서 유사한 문화적 경험을 가지고 있는 사람들 사이에 공통성이 있게 될 것이다. 일생 동안 사람들은 간텍스트적 지식을 형성하고, 텍스트나 상황에서 어떤 것이 그들에게 신호를 보내 의미를 구성할 때 이 간텍스트적 지식을 이용하게 한다.

3) 간텍스트를 읽고 쓰는 데 있어서의 언어 재능

언어 재능의 간텍스트적 국면은 이전에 논의했던 텍스트적 국면과 실제로 분리될 수 없다. 이것은 바로 사람들이 텍스트를 이해하고 구성하는 데 이용하는 많은 담화 지식과 내용 지식이 간텍스트적이기 때문이다. 언어 재능은 관련된 텍스트와의 홍미롭고 적절한 연결을 만드는 능력에서 분명히 나타난다. 이러한 연결 중 일부는 암시나 언급을 통해서 작가에 의해 초대되고 다른 것들은 분명하게 초대되지 않는다. 그러나 초대되든 그렇지 않든, 이러한 간텍스트적 연결은 텍스트(를 위한 의미)의 더 풍부한 해석을 위해 만들어질 수 있다. 재능이 있는 작가는 잘 연결된 텍스트를 만들어 낼 수 있다. 다시 말해서, 그들의 텍스트는 형식과 내용을 통해 우리 문화 안의 다른 텍스트와 연결된다. 예를 들면, 상투적인 것이 적절한 것처럼 보일 때 텍스트는 익숙하고 상투적인 양식을 가질 수도 있고, 작가의 목적을 달성하기 위해 일탈이 도움이 될 때 그런 양식으로부터 벗어날 수도 있다.

4. 맥락 읽고 쓰기

사람들은 텍스트를 읽고 쓰며, 간텍스트를 읽고 쓰며, 또한 맥락을 읽고 쓰기도 한다. (맥락을 해석하고 만들어 낼 때 읽히고 쓰이는 것은 인쇄된 기호에 얽매여 있을 수 없고, 그것은 간텍스트가 그런 것보다 인쇄에서 더 멀기 때문에, 아마 여기서 "읽다"와 "쓰다"에 인용 부호가 사용되어야 할 것이다.) 읽기나 쓰기를 할 때 사람들이 형성하는 의미는 맥락을 해석하는 방식에 의해 크게 영향을 받는다.

1) 맥락 읽기

맥락에 대해 생각할 때, 4개의 wh- 의문형, 즉 왜(why), 언제(when), 어디서(where), 누가(who)를 생각하는 것이 도움이 된다. 읽기의 경우, 왜 독자가 그 과업을 수행하고 있는지, 그 왜라는 과제가 있다. 가끔 그 과업(과 독자의 목적)은 작가가 이야기해야 하는 것을 파악하는 것일 수 있고, 그것은 텍스트에 기인한 과정을 초대할 수도 있다. 그러나 그 목적은 어떤 다른 것일 수도 있는데, 바로 특정한 무엇인가를 찾거나, 결점을 찾거나, 요점을 파악하기에 충분한 것을 모으는 것 등이다. 읽기의 목적은 독자가 자료를 선별하고, 조직하고, 연결하는 방식에 영향을 미칠 수 있다. 과업과 목적을 검토하는 하나의 중요한 연구가 1975년에 Frederiksen에 의해 수행되었다. 그는 "Circle Island"에 대한 정보를 제공하는 하나의 텍스트를 가지고 있었다. 그는 한 집단의 학생들에게 그 자료를 다시 이야기하는 과제를 주었고, 다른 집단에게는 어떤 문제를 해결하라는 과제를 주었다. 텍스트가 제공한 것과 독자들이 추론한 것으로부터 선택한 것을 살펴보면 두 집단이 구성한 의미의 표현은 극적으로 달랐다.

맥락의 또 다른 측면은 언제로, 언제 읽기 활동이 일어나는지, 그것은 얼마나 오랫동안 독자가 읽기에 시간을 보내고 또 보내기를 원하는지를 나타낸다. 그리고 어디서가 있는데 이는 배경을 말한다. 언제와 어디서는 둘 다 의미의 형성에서 중요할 수 있다. 즉, 독자가 선택하고 조직하고 연결하는 방식이다. 만약 이것들이 바뀐다면 읽기가 바뀐다. 의미도 마찬가지이다. 연구자들이 "실험실" 상황을 이용함으로써, 실험실 자체가 연구 대상자들이 하게 되는 독서의 본질에 영향을 미칠 수 있는 상황이 아닌 것처럼, 변수로서의 상황을 무력화하거나 없애고자 했던 읽기에 대한 모든 연구에 대해 이 시점에서 생각해 보는 것은 흥미로운 일이다.

그러나 읽기를 위한 또 하나의 맥락 요소는 누가로, 문식성 활동에 있어서 다른 참여자가 누구인지를 말한다. 하나는 작가이다. (작가는 물리적으로 가장 현장에 있을 것 같지 않지만, 여전히 독자의 구성 작업을 통해 항상 "거기에" 존재하고 있고 종종 매우 큰 영향을 줄 수 있다.) 독자들은 자신이 읽는 텍스트의 작가에 대해 생각하고, 그들이 형성하는 의미는 자주 그들이 작가에 대해, 즉 저자의 인물, 저자의 의도, 저자의 신임도 등에 대해 어떻게 인식하느냐에 따라 영향을 받는다(Haas & Flower,

1988). 최근의 한 연구(Shanahan, 1993)는 어린 아동들이 흔히 그들이 읽는 책의 작가들의 아주 상세한 표현을 창조한다고 시사한다.

다른 참여자는 독자가 읽기 이전, 읽는 동안, 혹은 읽기 이후에 상호작용을 하는 사람들이 될 수 있다. 그들은 사회적 맥락의 일부이다. 독자는 또한 그들을 "읽고", 그들이 말하는 것에 대해, 즉 그들이 만들어 내는 말로 하거나 글로 쓴 텍스트에 대해 형성한 의미는 읽히는 텍스트와 간텍스트에 독자가 형성하는 의미에 분명히 영향을 줄 수 있다. 그들은 의미의 공동 구성자이다(Spivey, 1995). 오늘날 학교 환경은 자주 의미 형성의 맥락에서 수많은 참여자들을 수반한다. 교사들은 숙제를 낼 때 의미에 영향을 미친다. 다른 학생들은 읽고 있는 것에 대해 토론을 할 때 의미에 영향을 미친다.

2) 맥락 쓰기

쓰기도 또한 맥락에 맞추어진다. 작가는 쓰기에 대해 어떤 긴박함, 즉 왜를 가지고 있기 때문에 글을 쓴다. 그리고 쓰기는 그들이 그 맥락에서 보는 무엇인가에 의해 동기화된다. 그들은 자신의 쓰기 과업을 해석하고 목적을 수립한다. 그들은 구성 과정에 걸쳐 목적 전개하기(와 때로는 변경하기)를 계속한다(Flower & Hayes, 1984). 그들은 텍스트를 쓸 때 맥락을 규정하고 한정하며, 또한 그것을 "쓴다."

각기 다른 과제는 물론 각기 다른 의미를 가져온다. 소재로부터 구성하는 작가에 의해 만들어진 변형을 검토할 때 그 차이를 아주 분명하게 볼 수 있다. Frederiksen (1975)의 연구를 회상하게 하는 과제 비교 연구에서(Spivey & Greene, 1989), 심리학 수업을 듣는 학생들의 한 집단은 보고서 쓰기 과업을 받았고, 다른 집단은 제안서 쓰기 과업을 받았다. 그들은 모두 소재로 이용할 수 있는 동일한 5개의 심리학에 관한 논문을 가지고 있었다. 그러나 그들은 그 소재를 매우 다른 종류로 이용하였고 다른 방식으로 변형하였다. 즉, 작업할 동일한 자료를 가지고 있다 하더라도 다른 종류의 의미를 구성했다.

작가는 언제와 어디서, 즉 시간과 장소를 포함하는 다른 맥락적 요소를 분석하고 창조한다. 쓰기의 시간과 장소는 작가가 그 안에서 작업을 하는 제약이다. 작가가 텍스트를 만드는 데 단지 일정한 시간만을 가지고 있고 작업을 할 수 있는 곳에서 제한된 수의 출처를 가지고 있을 때처럼 시간과 장소는 제한을 할 수 있다. 가끔 작가는 스스로 제한을 만들어 낸다. 예를 들어, 자기 자신의 마감일을 강요하거나 글쓰기를 위한 특정한 장소에 자신을 가둔다. 독자들에 의한 가능한 읽기의 시간과 장소 역시 작가가 인식하고 상상하는 맥락의 매우 중요한 부분이다. 텍스트를 위한 의미를 형성할 때, 그들은 읽기를 위한 상황에 대해서 생각한다. 이것은 다음 월요일 아침에 단 한 번 읽히게 될 텍스트, 즉 아마도 빨리 지워질 수 있는 이메일에 있는 무엇이 될 것인가? 이것은 몇 년 동안 사람들에 의해 읽혀질 텍스트가 될 것인가?

그리고 글을 쓰는 경우에 의미는 누가에 의해, 즉 작가가 독자들을 인식하는 방식에 의해 상당한 영향을 받는다. 작가는 독자의 관점으로 의미를 구성하는데, 문맥상의 단서를 이용하는 독자나 독자들에 의해 형성될 수도 있는 의미에 대해 깊이 생각한다(Kroll, 1985). 그들은 독자가 알 수도 있는 것과 담화 목적에 적절할 수도 있는 것에 대해 많은 가정을 한다. 그들은 구성하기 과정 동안 독자를 추가하거나 제거하고 동일한 독자들을 다르게 파악한다. Roth(1987)는 독자가 "진화한다"고 주장하는데, 작가들이 독자를 위해 수필을 쓸 때 미래의 독자의 성격을 바꾼다는 것을 발견하였다. 독자를 "더 쉽게" 만드는 것은 작가가 장애물을 빠져나가게 도와주는 것 같고, 독자를 "더 어렵게" 만드는 것은 작가가 더 복잡한 자료를 개발하는 데 도움을 주는 것 같다.

맥락에는 다른 누가가 존재한다. 작가를 위한 공동 구성자들은 응답자를 포함하는데, 이들은 생각을 경청하고 초고에 반응한다. 오늘날 많은 교실에서 이러한 의미의 사회적 측면은 매우 가시적이며, 교사들은 공동 작업한 계획과 동료의 응답을 구성하여 회의를 통해 그들의 반응(Freedman & Sperling, 1985)뿐만 아니라 그들의 쓰기 교육과정에도 포함시킨다(Flower et al., 1989; Nystrand, 1986). 이 다른 사람들은 (있건 없건 간에) 독자뿐만 아니라 응답자도 되는데, 작가는 쓰고 있는 텍스트를 위한 의미의 표현을 형성하는 데 있어 선별하고, 조직하고, 연결하는 방식에 영향을 준다.

3) 맥락을 읽고 쓰는 데 있어서의 언어 재능

언어 재능은 의사소통 맥락을 해석하고 그 해석에 맞는 방식으로 문식성 활동을 수행할 수 있는 능력을 포함한다. 언어적 상호작용에 성공할 것 같은 사람은 그 사람의 목적과 독자, 상황에 적절한 명석한 선택을 할 수 있는 사람이다. 읽기에 있어서 그것은 텍스트에 기인한 전략을 언제 사용할지 아는 것, 작가의 인도에 따르고 텍스트가 초대하는 것처럼 보이는 조직하기, 선별하기, 연결하기를 하는 것, 또 다른 접근법을 언제 사용하고 언제 재구성할지 아는 것을 의미할 수 있다. 쓰기에 있어서 그것은 담화의 유형에 관한 선택 사항에 대하여 아는 것과 미래의 독자에게 바람직한 효과를 얻기 위해 명료함을 조작할 수 있는 능력을 의미할 수 있다. 의사소통의 재능은 상당 부분 융통성의 문제이다. 숙련된 독자이자 작가는 문식성 활동을 수행할 때 끌어올 전략과 접근법의 목록을 가지고 있다.

5. 결론

이 장에서 제시된 개념에 대한 중요한 교육적 함의가 있다. 일부는 텍스트의 읽기나 쓰기와 관계가 있고, 다른 일부는 간텍스트의 읽기나 쓰기와 관계가 있으며, 또 다른 일부는 읽기와 쓰기를 위한 맥락과 관계가 있다.

1) 텍스트

학생들은 텍스트가 작용하는 방식에 대해서, 작가가 하는 일에 대해서, 그리고 독자가 기여할 수 있는 일에 대해서 더 배울 필요가 있다. 교육은 종종 실제 과정과는 너무나 멀다. 학생들에게는 읽기 과제가 배당되어 있고, 해석(혹은 확인 문제에 대한 응답)에 대해 판단이 내려져야 한다. 학생들에게는 쓰기 과업이 주어지고, 그들의 수행에 등급이 매겨진다. 교사들이 읽기와 쓰기 과정에 들어갈 필요가 있다고 말하는 것은 쉽지만, 그것을 실제로 하는 데는 교사의 측면에서 노력을 요한다. 이는 시작하고 분해하는 것을 필요로 한다. 그 과정, 즉 읽기 혹은 쓰기 과정에 들어가는 한 가지 방식은 〔다른 사람들이 그가 사용하고 있는 과정을 "듣게" 해 주는(Duffy, Roehler, & Herrmann, 1988)〕 생각 말하기 과정과, 한 사람이 실제로 사용하는 전략에 대한 논의를 통해 이루어진다. 또 다른 방식은 온라인 논평이나 질문이다. McKeown, Beck, Worthy(1993)는 Questioning the Author라고 불리는 학생 논평 방식을 발전시켰는데, 그것에서 학생들은 작가가 왜 그들에게 문제를 유발하는 방식으로 어떤 것을 썼는지 알아내려고 한다.

특정한 쓰기 기술을 연습하고 분명하게 주목함으로써 학생들은 쓰기뿐만 아니라 읽기에서도 이익을 얻을 수 있다. 읽기에 있어서는 다른 작가가 신호를 보내는 것을 더 잘 인식하기 시작하고, 쓰기에 있어서는 쓰기 책략이 적절하게 보일 때 스스로 그것을 이용하기 시작할 수 있다. 학생들이 자신의 텍스트에 남겨 둘 해석의 여지를 더 잘 알게 되는 것은, 다른 사람들이 (아마 다른 학생들이) 그들이 쓰는 것에 대해 만드는 의미를 보기 위해서 특히 중요하다. 요점은 그들이 자신의 텍스트를 지나치게 명확하게 만드는 것이 아니라 그들이 바라는 효과를 얻기 위한 분명함의 수준에 도달할 수 있는 것이다. 교육이 이 모든 것을 하기 시작하는 한 가지 방법은 읽기와 쓰기 지도를 통합하는 것이다. 즉, 일관된 용어를 만들어 내어 학생들이 독자뿐만 아니라 작가의 역할을 이행하게 함으로써 그 두 가지 사이를 연결하는 것이다.

2) 간텍스트

간텍스트적 지식은 교육의 주요한 목표 중 하나가 되어야 한다. 비록 학생들은 자기 자신의 간텍스트적 연결을 만들어 내지만, 그들의 정식 교육은 그들이 읽기나 쓰기에서 사용할 수 있도록 이런 종류의 지식을 형성하기 위해서 할 수 있는 만큼 학생들에게 도움을 주지 못한다. 교육과정의 일부로 읽히는 텍스트는 종종 별도의 단원으로 간주되며, 그것은 Spiro(1980)의 용어를 빌리자면 구획화되어 있다. 그런 텍스트는 읽히고 논의되고 평가되지만, 다른 텍스트와는 관계가 없다. 읽기를 통해 간텍스트적 지식을 형성하는, 즉 연결을 하는 과정은 그것이 그럴 수 있는 정도까지 길러지지는 않는다. 과정들 사이만큼 자주는 아니지만 단 하나의 과정 안에서 만들어지는 간텍스트 연결이 가끔 있다. 이것은 교육과정상의 이유로 대학에서 흔히 그렇게 한다. 그래서 한 수업에서의 수행은 다른 수업에서의 수행에 의존하지 않고, 교수자들은 특정한 텍스트에 얽매이지 않는다. 그러나 그것은 초등이나 중등에서도 마찬가지인 경향이 있다. 쓰기 지도에 있어서 (학생들이 썼던 다른 텍스트나, 다른 학생들이 썼던 텍스트나, 다른 작가들에 의해 쓰인 텍스트와는 관계가 없이) 학생들의 보고서는 작성되고 수정되며 등급이 매겨진다. 학생들은 또한 여기서도 다른 텍스트로 이동한다.

이 영역에 몇 가지 변화의 조짐이 있다. 하나의 변화는 컴퓨터와 하이퍼텍스트에 연결될 수 있다. 학습에의 하이퍼텍스트 접근법은 컴퓨터가 이용되지 않는 경우에도 교육과정에 영향을 주고 있다. 하이퍼텍스트 때문에 사람들은 읽기 사이에서 간텍스트적 연결이라는 관점으로 생각하기 시작한다(예: Bolter, 1991; Kearsley, 1988). 또 다른 변화는 특히 쓰기에 있어서 포트폴리오의 이용과 연관되어 있다. 학생과 교사는 학생의 "쓰기"가 어떻게 서로 관계가 있는지 볼 수 있고, 그래서 학생 작가는 자신의 이전 작품을 토대로 할 수 있다(Murphy & Smith, 1990).

3) 맥락

학생들은 다른 목적을 위한 읽기에서의 경험이 필요한데, 그 경험은 어떻게 자신의 읽기를 수정할 수 있는지와 어떻게 각기 다른 읽기가 각기 다른 상황에 적합할 수 있는지를 보게 해 준다. 똑같은 것이 쓰기에도 적용된다. 학생들은 다양한 목적과 다양한 독자를 위한 쓰기에서의 경험도 필요하다. 자신의 인생 전 과정에 걸쳐 사람들은 언어 재능을 발달시키는 데 도움을 주는 경험을 하는데, 그것은 의미를 더 잘 만들어 내는 것이 된다. 그것들은 텍스트의 이해와 해석에 더욱더 많은 지식을 가져오는데, 그 지식은 독자로서 형성하는 의미를 더 풍부하게 만든다. 그것들은 또한 자신의 텍스트를 구성하는 데 더욱더 많은 지식을 가져오는데, 그 지식은 그들이 작가로서 형성하고 그들이 쓰는 텍스트를 통해 다른 독자들에게 전달하려고 하는 의미를 풍부하게 만든다. 그것들은 유연성을 더 많이 발달시킨다.

이러한 발달 과정에서 학교 환경을 더욱 중요하게 만드는 것은 거기서 학습이 속진될 수 있다는 점이다. 이 속진은 문식성에 대한 학교 경험이 특정한 목표를 위해 계획될 수 있기 때문에, 그리고 환경이 매우 협조적일 수 있기 때문에 가능하다(Applebee & Langer, 1983). 교사는 텍스트를 선별하고, 간텍스트를 구성하며, 학생들이 문식성 학습에 능동적이고 협조적으로 참여할 수 있는 상황을 만들 수 있다. 학생들은 동일한 텍스트를 읽고, 형성된 의미를 비교할 수 있고, 혼자서 혹은 다른 학생들과 함께 텍스트를 쓸 수 있고, 어떻게 그 텍스트에 다른 사람이 반응하는지를 볼 수 있다. 학생들은 그들 문화에 특권이 있고 교사들에 의해 선택된 것뿐만 아니라 그들에게 개별적으로 이야기하는 텍스트를 추가하면서 그들이 작업하는 텍스트 간 연결을 하도록 인도될 수 있다. 학생들은 읽기와 쓰기 과업에 대한 일련의 접근법을 개발할 수 있어서 다양한 선택 사항을 갖게 되며, 작가의 초대를 받아들이거나 "들어오라"고 하는 초대장을 보낼 때 선택을 할 수 있다.

6. 핵심 요약

- 구성주의의 중요한 주장 중 하나는 텍스트의 의미가 텍스트 자체가 아닌 독자에게 있다는 것이다.
- 구성주의 이론은 텍스트의 해석이 문화적 규범에 의해 영향을 받을 수 있다는 점에서 개별적인 의미뿐만 아니라 문화적 집단 의미를 포함한다.
- 조직하기, 선별하기, 연결하기는 문식성 활동에서 독자와 작가가 수행하는 주요한 전략이다.
- 작가들은 "글쓰기를 하면서" 의미를 형성하고, 텍스트는 작가의 생각 안에 있는 의미에 대한 단서만을 제공한다.
- 소재로부터 쓰기는 의미를 창조하기 위해서 텍스트를 읽는 동시에 그 의미를 그 자신의 쓰기에 바꾸어 넣는 기술이다.
- 간텍스트는 명시적으로 그리고 함축적으로 어떤 텍스트를 이해하고 의미를 창조하는 데 영향을 주기 위해 도입될 수 있는 암시와 인용의 세계를 포함한다.
- 언어적으로 재능이 있는 사람은 읽기와 쓰기 과정 둘 다를 조작하는 데 매우 능숙하며 더 많은 일련의 전략을 가지는 경향이 있다.

■ 교사들은 건설적인 활동으로써 자신의 읽기와 쓰기에 대한 경험을 통해 문식성 활동의 일부가 되어야 한다.

7. 참고 문헌

Ackerman, J. (1991). Reading, writing, and knowing: The role of disciplinary knowledge in comprehension and composing. *Research in the Teaching of English*, *25*, 133-178.

Adams, R. (1982). *The unbroken web: Stories and fables*. New York: Ballantine Books. (Originally published in 1980 by Allen Lane as *The Iron Wolf and Other Stories*.)

Anderson, R. C., Hiebert, E. H., Scott, J. A., & Wilkinson, I. A. G. (1985). *Becoming a nation of readers*. Washington, DC: National Institute of Education.

Anderson, R. C., Spiro, R. J., & Montague, W. E. (Eds.). (1977). *Schooling and the acquisition of knowledge*. Hillsdale, NJ: Lawrence Erlbaum.

Applebee, A., N., & Langer, J. A. (1983). Instructional scaffolding: Reading and writing as natural language activities. *Language Arts*, *60*, 168-175.

Bakhtin, M. M. (1981). *The dialogic imagination* (ed. by M. Holquist & trans. & ed. by C. Emerson & M. Holquist). Austin: University of Texas Press.

Barthes, R. (1971). De l'oeuvre au texte. *Revue d'Esthetique*, *24*, 225-232.

Bartlett, F. (1932). *Remembering: A study in experimental and social psychology*. Cambridge: Cambridge University Press.

Baylor, B. (1974). *Everybody needs a rock*. New York: Macmillan.

Baylor, B. (1975). *The desert is theirs*. New York: Macmillan.

Bolter, J, D. (1991). *Writing space: The computer, hypertext, and the history of writing*. Hillsdale, NJ: Lawrence Erlbaum.

Bracewell, R. J., Frederiksen, C. H., & Frederiksen. J. D. (1982). Cognitive processes in composing and comprehending discourse. *Educational Psychologist*, *17*, 146-164.

Bransford, J. D., Barclay, J. R., & Franks, J. J. (1972). Sentence memory: A constructive versus interpretive approach. *Cognitive Psychology*, *3*, 193-209.

Clark, H. H. (1977). Inferences in comprehension. In D. LaBerge & S. J. Samuels (Eds.), *Basic processes in reading: Perception and comprehension* (pp. 243-263). Hillsdale, NJ: Lawrence Erlbaum.

Duffy, G. G., Roehler, L. R., & Herrmann. B, A. (1988). Modeling mental processes helps poor readers become strategic readers. *The Reading Teacher*, *41*, 762-767.

Flower, L., Burnett, R., Hajduk, T., Wallace, D., Norris, L., Peck, W., & Spivey, N. N. (1989). *Classroom inquiry in collaborative planning*. Pittsburgh: Center for the Study of Writing at Berkeley and at Carnegie Mellon.

Flower, L., & Hayes, J. R. (1984). Images, plans, and prose: The representation of meaning in writing. *Written Communication*, *1*, 120-160.

Frederiksen, C. H. (1975). Effects of context-induced processing operations on semantic information acquired from discourse. *Cognitive Psychology*, *7*, 371-458.

Freedman, S. W., & Sperling, M. (1985). Written language acquisition: The role of response and the writing conference. In S. W. Freedman (Ed.), *The acquisition of written language* (pp. 106-130). Norwood, NJ: Ablex.

Fryer, J. (1987). Desert, rock, shelter, legend: Willa Cather's novels of the Southwest. In J. Monk & V. Norwood (Eds.), *The desert is no lady* (pp. 27-46). New Haven: Yale University Press.

Grimes, J. E. (1975). *The thread of discourse.* The Hague: Mouton.

Haas, C., & Flower, L. (1988). Rhetorical reading strategies and the construction of meaning. *College Composition and Communication, 39*, 167-183.

Kant, I. (1963) *Critique of pure reason* (Trans. N. K. Smith). London: Macmillan. (Originally published 1787.)

Kearsley, G. (1988). Authoring considerations for hypertext. *Educational Technology*, November, 21-24.

Kinneavy, J. L. (1971). *A theory of discourse.* Englewood Cliffs, NJ: Prentice Hall.

Kintsch, W., & van Dijk, T. A. (1978). Toward a model of discourse comprehension and production. *Psychological Review, 85*, 363-394.

Kristeva, J. (1968). Problems de la structuration du texte. In *Theorie d'ensemble* (pp. 297-316). Paris: Editions du Seuil.

Kroll, B. M. (1985). Rewriting a story for a young reader: The development of audience-adapted writing skills. *Research in the Teaching of English, 19*, 120-139.

Leitch, V. (1983). *Deconstructive criticism: An advanced introduction.* New York: Columbia University Press.

Mandler, J. M., & Johnson, N. S. (1977). Remembrance of things parsed: Story structure and recall. *Cognitive Psychology, 9*, 111-151.

McKeown, M. B., Beck, I. L., & Worthy, M. J. (1993). Grappling with text ideas: Questioning the author. *The Reading Teacher, 46*, 560-566.

Meyer, B. J. F. (1975). *The organization of prose and its effect on memory.* Amsterdam: North Holland.

Miller, O. (1985). Intertextual identity. In M. J. Valdes & O. Miller (Eds.), *Identity of the literary text* (pp. 19-40). Toronto: University of Toronto Press.

Murphy, S., & Smith, M. A. (1990). *Writing portfolios: A bridge from teaching to assessment.* Markham, Ontario: Pippin Publishing.

Nystrand, M. (1986). *The structure of written communication: Studies of reciprocity between writers and readers.* Orlando: Academic Press.

Nystrand, M., & Wiemelt, J. (1991). When is a text explicit? Formalistic and dialogical conceptions. *Text, 11*, 25-41.

Riffaterre, M. (1980). La trace de l'intertexte. *La Pensee, 215*, 4-18.

Rohman, D. E., & Wlecke, A. O. (1964). *Pre-writing: The construct and application of models for concept formation in writing.* U.S. Office of Education, Cooperative Research Project No. 2174. East Lansing, MI: Michigan State University.

Roth, R. G. (1987). The evolving audience: Alternatives to audience accommodation. *College Composition and Communication, 38*, 47-55.

Shanahan, T. (1993, April). *Starting a conversation: The development of author awareness during reading.* Paper presented at annual meeting of American Educational Research Association.

Silverstein, S. (1974). *Where the sidewalk ends.* New York: Harper and Row.

Spiro, R. J. (1977). Remembering information from text: The "state of schema" approach. In R. C. Anderson, R. J. Spiro, & W. E. Montague (Eds.), *Schooling and the acquisition of knowledge* (pp. 137-165). Hillsdale, NJ: Lawrence Erlbaum.

Spiro, R. J. (1980). Constructive processes in prose comprehension and recall. In R. J. Spiro, B. C.

Bruce, & W. F. Brewer (Eds.), *Theoretical issues in reading comprehension* (pp. 245–278). Hillsdale, NJ: Lawrence Erlbaum.

Spiro, R. J., Bruce, B. C., & Brewer, W. F. (Eds.). (1980). *Theoretical issues in reading comprehension.* Hillsdale, NJ: Lawrence Erlbaum.

Spivey, N. N. (1984). *Discourse synthesis: Constructing texts in reading and writing* (Outstanding Dissertation Monograph Series). Newark, DE: International Reading Association.

Spivey, N. N. (1987). Construing constructivism: Reading research in the United States. *Poetics, 16,* 169–192.

Spivey, N. N. (1990). Transforming texts: Constructive processes in reading and writing. *Written Communication, 7,* 256–287.

Spivey, N. N. (1991). The shaping of meaning: Options in writing the comparison. *Research in the Teaching of English, 25,* 390–418.

Spivey, N. N. (1995). Written discourse: A constructivist perspective. In L. P. Steffe & J. Gale (Eds.), *Constructivism in education* (pp. 313–329). Hillsdale, NJ: Lawrence Erlbaum.

Spivey, N. N., & Greene, S. (1989). *Aufgabe in writing and learning from sources.* Paper presented at annual meeting of American Educational Research Association, San Francisco.

Spivey, N. N., & King, J. R. (1989). Readers as writers composing from sources. *Reading Research Quarterly, 24,* 7–26.

Steffe, L. P., & Gale, J. (Eds.). (1995). *Constructivism in education.* Hillsdale, NJ: Lawrence Erlbaum.

Telford, J., & Williams, T. T. (1989). *Coyote's canyon.* Salt Lake City: Gibbs Smith.

Vico, G. (1868). *De antiquissima Italorum sapientia.* Naples: Stampera de' Classici. (Originally published 1710.)

Williams, T. T. (1989). The coyote clan. In J. Telford & T. T. Williams, *Coyote's canyon* (pp. 16–27). Salt Lake City: Gibbs Smith.

제 4 장

지면 위의 멘토: 고전을 통한 언어 능력 계발

Michael Clay Thompson

어떤 교육과정 자료가 적절한지에 대한 모든 질문은 교육의 철학을 집합적으로 구성하고 있는 이전에 결정된 질문의 토대에 근거를 두어야 한다. 본질적으로, 책을 고르기 전에 왜 가르치고 있는지 알아야 한다.

기본 문식성과 직업 기술을 가르친다면 아마도 평범한 교과서, 기초 독본, 관심이 많은 정기 간행물로 만족할 수 있다. 하지만 더 많을 것을 위해 가르치려고 한다면, 학교가 학생들을 가르쳐서 계몽시키고, 그들을 생각하고 질문하도록 가르치고, 세계의 지리, 생태, 역사에서 그들의 위치를 조명하게 만드는 것이라면, 그들은 양서와 좋은 사이가 되어야 하고, 좋은 책의 독자로서 그리고 애호가로서 자신과 친해져야 한다. 이 사실에 대해 반박하는 사람은 거의 없겠지만, 어떤 책이 좋은 책인지 그리고 언어적으로 재능이 있는 학습자들의 교육에 고전이 유독 강조되어야 하는지에 관해서는 많은 논쟁이 있다. 이런 논쟁에도 불구하고, 이러한 학생들의 교육에 고전을 중요한 요소로 포함시키는 데는 확실한 이유가 있다.

1. 기초 독본에 대한 반대

영재교육 분야의 저자들과 연구자들은 한 가지 점에서 특별히 일치된 의견을 보였다. 즉, 언어적 재능이 있는 학생들을 연령별로 집단화된 기초 독서반에 배치시키지 말아야 하고, 대신 좋은 문학에, 비록 좋은 문학이 무엇인지에 관해서는 당연히 의견 일치를 보이지 않지만, 접하게 해야 한다는 것이다. Gallagher(1975)는 "문법과 구문론의 무미건조한 제시를 벗어나 옛 문화를 제대로 이해시키는 수단으로서 문학을 사용하자는 청원"(p. 198)을 했다. Parker(1989)는 특히 영재 아동의 경우, "언어의 연구는 문학을 포함하는데, 문학을 읽는 것뿐만 아니라 비판적이고 창의적으로 읽고, 작가의 의미를 해석하고, 작가의 스타일을 알아내는 법을 배우는 것도 포함된다."(p. 181)고 강조했다. Clark(1988)는 Brown과 Rogan의 연구를 다음과 같이 요약했다.

> 정규 기초 독본 시리즈에 [영재] 학생들을 참여시켜 그들이 정규 독서 프로그램, 사후 점검, 기능 습득 활동을 고수해야 한다고 주장하면서, 우리는 자주 그들에게 좌절감을 준다. 이것은 학교가 재미있고 흥미로운 장소라는 믿음과 그들이 그렇다고 생각했던 놀라운 경험으로서 책에 대한 믿음을 파괴할 수 있다. 이러한 연구자들은 나이에 따른 학년 집단화와 정규교실 외부에서의 속진 혹은 경험을 제공하기를 꺼리는 것이 영재들을 위한 적절한 프로그램을 제공하는 데 장애물이라고 지적한다. 어린 아동들이 광범위하고, 창의적이고, 비판적이고, 훌륭하고, 의욕적인 교사들과 함께 독서를 하도록 하는 것이 더 적절한 언어교과 교육을 제공하는 해결책의 일부로 제안되었다. (p. 338)

Ganopole(1988)은 진짜(authentic) 자료를 강조할 것을 요구했다. "언어학습을 세분화하는 순서화된 기능 프로그램과 자료들은 단어가 통제된 기초 독본과 함께 보류되어야 한다. 무엇이 이러한 자료들을 대체해야 하는가? 적절한 대체물은 온전하고, 의미 있고, 목적을 가진 상황과 관계가 있는 광범위한 실세계 자료들을 포함한다. 그런 자료에는 문학, 즉 다양한 장르를 대표하는 책들이 포함된다."(p. 88) Thompson(1990)은 생각하는 기술을 가르치는 데 있어서 진짜 문학을 지지하는 주장을 했다. "우리가 학생들을 생각하도록 가르치려 한다면 …… 그들이 그것에 대해 생각하게 할 자료를, 즉 교과서의 무미건조한 균질의 죽이 아니라 가장 자유로운 정신에 노출되는 자료를 제공하는 위험을 감수해야 한다."(p. 14) Reis와 Renzulli(1989)는 "고능력을 가진 학생들이 기초적인 독본을 사용하는 것에 대해 아주 많은 학교 관계자들이 표현한 널리 퍼져 있는 불만족"(p. 95)을 언급했고, 영재 학생들에게 기초 독본은 "지루하고 무미건조한" 것으로 기술했다. VanTassel-Baska, Feldhusen, Seeley, Wheatley, Silverman, Foster(1988)는 영향력 있는 문학을 강조했다.

> 언어적 재능이 있는 아동을 위한 문학 프로그램은 학교에서의 언어교과 경험의 초기부터 매우 풍부해야 할 필요가 있다. 유치원에서 독서를 하는 아이들은 발달의 초기 단계에서 영향력 있는 문학 프로그램이 필요하다. 기초 독본 시리즈의 활용은 영재 학생들에게 좋은 문학을 전체적으로 읽을 기회를 주는 것이라기보다는 전형적으로 읽기 과정, 특히 파닉스를 숙달하는 데 너무 많은 시간과 관심을 집중하게 만든다. 이런 프로그램과 맞서 싸우는 한 가지 방법은 K-12 영재들을 위한 영향력 있는 문학 프로그램을 만들어 발달의 각 단계에서 가장 좋고 도전적인 선집을 주입하는 것이다. (p. 156)

Carolyn Fehrenbach(1991)는 기초 독본이 영재 학습자들에게 동기를 부여하는 데 실패한 원인을 밝혀냈다. 그녀는 60명의 8, 10, 12학년 학생들을 연구하여 그들의 읽기 처리 전략을 비교했다. 그녀가 발견한 사실은 다음과 같다. "보통 독자보다 영재 독자들이 더 두드러지게 사용한 전략은 다시 읽기, 추론하기, 구조 분석하기, 보거나 예측하기, 평가하기, 내용 영역과 연결하기 등이었다. 영재 독자들과 비교해 보통의 독자들이 더 두드러지게 사용한 전략은 단어 발음에 대한 관심과 부정확한 요약이었다."(p. 125) 기초 독본은 다시 읽기, 추론하기, 구조 분석하기, 혹은 예상하기를 위해 적합한 자료인가? 기초 독본은 문학을 비판적으로 평가하는 힘을 발달시키는가? 연령대에 맞추고 단어가 통제된 이런 기초 독본을 읽지 않는다면, 영재 학생들은 무엇을 읽어야 하는가?

2. 고전은 여전히 고전적이다

교육이 직업을 구하기 위한 기술 훈련 이상의 의미가 있어야 하고 인간다운 것과 인도적인 것에 대해 세련되고 고상하게 만드는 경험을 포함해야 한다는 데 동의한다면, 그 해답 중 일부는 언어 능력이 공식적인 교육을 통해 계발될 수 있는 다양한 방법들 중에 있을 것이다. 즉, 고전과의 긴밀하고 지속적인 친밀함이 가장 중요한 것들 중의 하나이다. 고전에 대한 백인 남성의 선입견에 대해 일부 사람들이 제기한 걱정, 즉 언급되어야 하고 언급될 수 있는 가치 있는 걱정에도 불구하고, 고전은 여전히 고전적이다. 고전은 많은 수준에서 고능력을 지닌 학생들의 교육에서 하나의 강한 구성요소가 되어야만 하는 탁월함의 표준과 불후의 작품이다. 다양한 수준의 탁월함 덕택으로, 이러한 유형의 탁월함이 학생들의 정신에 미치는 영향을 통해, 고전은 학생들이 뻗어 나가고 도전하며 인격을 형성하고 그들의 취향을 변화시켜 그들에게 언어를 이용한 인간의 표현에 있어 가능성이 무엇인지에 대한 진정한 의미를 제공한다. 예를 들어, 고전에 꽤 익숙해지고 그 차이를 보여 주었던 학생들은 점차 식료 잡화점용 공포 소설 작가들의 질을 더 이상 옹호하지 않고, 대신 그들 자신만의 진지한 시와 소설을 쓰기 시작한다.

고전은 그리스와 로마의 문학만을 의미하는 것이 아니라 과거와 현대의 시, 소설, 논픽션 등 진짜 세계 문학의 풍부한 덩어리를 의미한다. 그것은 여러 가지 이유로 영원하고, 우리 모두에게 때로는 독서의 암묵적인, 때로는 분명한 독서의 감각을 형성시켜 준다. 그렇다. 고전은 Homer와 Shakespeare를 포함하지만, 또한 Harper Lee, Victor Hugo, Chinua Achebe, Cervantes, Pablo Neruda, Emily Dickinson도 포함한다. 어떠한 단일 기준 목록도 정확하게 모든 고전을 설명하지 못하지만, 전체적으로 이 작품들은 불후의 가치, 고급 어휘와 문장 구조, 고도로 묘사된 등장인물, 중요한 아이디어, 제한 없는 논의의 가능성, 예술적 장점, 지적 역사에서의 중요한 측면들을 지니고 있다.

매우 총명한 아이에 대한 교육적 요구를 숙고할 때, 전에 누군가에게서 들었던 가장 지적인 말을 생각하는 것은 도움이 된다. 이것은 David라는 학생이 한 말인데,

David는 영재 학생들을 위한 여름 기숙 프로그램의 수줍음 타는 2학년 학생이었다. 4주 동안 DNA를 공부한 후, David는 다음과 같이 언급하면서 자신의 발견에 대한 발표를 부드럽게 결론지었다. "DNA 때문에 우리 각자는 후손에게 있어 무한대의 잠재적인 조상이 된다. 그래서 우리가 번식을 하기 전에 우리에게 무슨 일이 발생한다면 우주에 나타나는 결과는 재앙이 될 수 있다." 놀라움에 침묵이 따랐고, 50명의 학생들과 나는 일종의 존경으로 잠시 서로를 쳐다보았다. 우리 모두는 무한한 사랑과 육안으로 식별할 수 없는 깊이의 사고를 들었다는 사실을 알았다. 이제 David에 관해 말하자면, 이 아이를 위한 적절한 교육과정은 무엇인가? 아주 넓게 관심을 가지고 매우 인간적으로 이해하는 아이에게 맞는 자료와 활동은 무엇인가? 추상적인 것이 구체적이라는 것을 알고 있는 아이를 위한 책은 무엇인가? 글쎄, 교육은 많은 것들로 구성되어 있지만, 나는 분명히 David가 Shakespeare, Harriet Beecher Stowe, Richard Wright, Charles Dickens, Emily Dickinson, Dostoevsky, Emily Brontë, Victor Hugo, Walt Whitman, Tolstoy, George Eliot, Homer, Sophocles, Chinua Achebe 등을 읽기를 바란다. 바로 그것이다. David가 이 중 어떤 것도 빼놓지 않고 읽기를 바란다. 그가 세계의 사랑스럽고 놀라운 문학을 알길 원한다. 그 이유는 이 문학을 통해, 그의 문학을 말하고 싶지만, 그가 자신의 종족의 노래를 듣고, 그가 처한 상황을 마주하고, 그의 친척을 찾아내고, 자신의 다양한 면을 배울 수 있는 가물거리는 거울과 같은 단어들을 받을 것이기 때문이다.

게다가 David에게 우수성과 존경심으로 전율하게 만들고 그 안에 있는 작가성을 발달시킬 수 있는 책이 주어지기를 바란다. 그가 재생산하기를 바랄 뿐만 아니라 생산하기도 원하고, 새로운 이야기, 기사, 수필, 시를 얻기를 바란다. David와 같은 아이들에게 영감을 주어 언어의 절정에 도달하게 하는 문학을 그들이 얻기를 바란다. David의 생각을 연장해서, 후손도 없고 Anne Frank의 금지된 문학도 없는 우주에 나타나는 결과는 무엇인가?

고전의 혜택에 대해 장황하게 논의하는 것은 가능하며, 또 실제로 필요하다. 이것은 분명한 이해를 요하는 주제이다. 그러나 총명한 아이의 언어 능력을 계발하는데 있어서 고전의 역할에 대해 한 장(章) 분량의 논의에서 몇 가지 아이디어는 특별히 중요하다.

- 고전은 본래부터 다양한 능력의 학생들을 스스로 차별화한다.
- 고전은 지적 경험을 발달시킨다.
- 고전은 학생들을 교양 있는 어휘에 노출시킨다.
- 고전은 비판적이고 창조적인 사고 기술을 발달시킨다.
- 고전은 지적이고 문화적인 유산에 대한 지식을 제공한다.
- 고전은 가치와 인간성을 발달시킨다.
- 고전은 천재의 보편성을 보여 준다.

3. 고전은 본질적으로 스스로 차별화한다

나는 이 아이디어의 공을 뺏고 싶을 정도이다. 사실인즉슨, 나는 이러한 생각을 깨닫는 과정에서 Harry Passow 박사라는 신사 학자에게 매복 공격을 당했다. 그는 이 책의 기초를 제공한 심포지엄에서 내가 고전의 가치를 발표하는 것을 들었다. 내 발표가 끝나자 Passow 박사는 나를 불러 빛나는 눈빛으로 "당신은 모든 학생의 교육에 고전의 필요성을 옹호하고 있습니다. 그렇죠?"라고 묻고 답변을 기다렸다. 그 모습은 혼란스럽게도 사자가 황갈색 풀에서 낮게 웅크리고 있는 광경을 연상시켰다. 그는 갑자기 "글쎄요, 어떻게 당신은 고전을 영재아들에게 맞게 차별화할 수 있다는 겁니까?"라고 말했다. 지금이야 분명히 교수 과정을 차별화하는 것에 관해 누군가 말할 수 있는 것들이 있지만, 나는 그 시점에서 기술과 사소한 세부 사항으로 우물거릴 만큼 어리석지는 않았다. 나는 무언가 오고 있음을 알았다. "그것이 문학의 장점이 아닌가요."라고 Passow 박사는 안목이 높은 친절을 머금고 말했다. "고전은 스스로 차별화합니다. 고전은 너무나도 심오해서 각자가 자신의 깊이에서 고전을 읽고 거기에서 어떤 것을 얻을 수 있습니다."

그렇다. 고전은 스스로 차별화하고, 또한 영재교육에서 훈련받은 교사들의 차별화 기법에 훌륭할 정도로 적절한 내용이다. 그러나 바로 이러한 특성으로 인해 고전은 본질적으로 총명한 아이들의 언어 능력을 발전시키는 최고의 교육과정이다.

4. 고전은 적절하다

고전은 영재들의 산출물이고, 더 구체적으로 말해 언어 능력에 영재성이 있는 개인의 산출물이라고 생각해 보라. 본질적으로 고전은 지면 위의 멘토이다. 여러분은 Melville, Sylvia Plath, Dickens, William Shakespeare, Emily Dickinson, Dante, Mary Shelley의 언어 능력을 어떻게 설명하겠는가? 예를 들어, Herman Melville(1982)이 『모비딕』에서 썼던 첫마디가 있다. 독자들은 책을 펼쳐 첫 장에서 다음과 같은 첫 번째 문장과 마주친다.

> 내 이름은 이스마엘이다. 몇 해 전, 정확하게 얼마나 오래되었는지는 신경 쓰지 말고, 내 주머니는 털어도 먼지만 풀썩이고 뭍에서는 신나는 일이라고는 아무것도 없었다. 그래서 나는 세계의 물 위를 두루 돌아다녀야겠다고 생각했다. 이것은 내게서 울화병을 몰아내고 몸의 순환을 조절하는 방법이기도 했다. 강어귀 근처에서 나 자신이 섬섬 우울해지거나, 나의 영혼이 축축하고 가랑비가 내리는 11월 같을 때마다, 관 보관소 앞에 나도 모르게 멈춰 설 때마다, 내가 만난 모든 장례식의 뒤를 따를 때마다, 특히 우울증이 나를 사로잡아 거리로 나가 교묘하게 다른 사람의 모자를 날려 버리고 싶은 마음이 생길 때마다, 이를 막아 줄 강력한 도덕적 원칙이 필요한데, 그러면 나는 곧 바다로 나갈 시간이 되었다고 생각한다. (p. 1)

쾅. 조바심하는 사람에게 Melville의 말들은 정신적으로 로켓 발사와 같은 것이다. 다른 면을 제쳐 두고도 이 단락의 빛나는 재능은 현기증이 날 정도이다. 점점 우울해지는(growing grim), 축축하고 가랑비가 내리는(damp drizzly), 내 영혼의 11월(November in my soul), 관 보관소(coffin warehouses). 반면 전율의 가장 중요한 부분은 감상을 통해서뿐만 아니라 인식을 통해서도 일어난다. Melville의 말에서 우리는 자신의 가장 뛰어난 잠재성이 표현되는 것을 알고, 그의 저술에서 우리는 최상의 자신을 인식한다. 그의 작품을 읽을 때, 그 작품을 사랑하는 우리의 일부분에서 그 작품을 구성했던 그의 일부분과 유사성을 발견한다. 그리고 유사성의 인식은 우리 안에 있는 장래성의 느낌뿐 아니라 우리가 세계를 창조하고 저술할 수도 있다는 믿음을 자극한다. (영국 시인 Swinburne은 소설을 쓰는 Victor Hugo를 봄을 창조하는 신에 비유했다.) 이런 인식을 하는 순간에 우리의 언어 능력은 발전한다. 우리는 "나는-이-책을-사랑한다"로부터 "이것이-나와-같다"로, "나도-이렇게-할-수-있을-것이다"까지 간다. David 같은 아동에게 모든 고전은 자기발견, 인식, 존재를 위한 권고이다.

게다가 고전은 단지 언어 영재가 썼다는 사실뿐만 아니라 영재 등장인물에 관한 것도 종종 있다. 영재아들은 자기와 비슷하고, 자기처럼 생각하고, 자기와 같은 걱정을 하고, 자기와 같은 근심을 하는 고전 등장인물을 발견할 것이다. Scout Finch는 학교에서 책읽기를 깨치지 못해 어려움을 겪었고, Odysseus는 아내에게 결국 돌아가게 되고, 완고한 Jane Eyre는 Rochester와 필적했고, Holden Caulfield의 세계는 호밀밭의 파수꾼을 필요로 하지 않았고, 똑똑한 Tom Sawyer는 자기 집 울타리를 하얀색으로 칠했고, Time Traveler의 친구들은 그의 성취를 이해할 융통성이 부족했고, 현학자 Becky Sharp의 총명함은 허영의 시장을 조명했고, 악의 있는 천재 Iago는 아름다운 사랑을 파괴시키고, 내성적인 Hamlet은 너무 총명해서 심지어 자기 아버지의 살인에 복수하는 것조차도 절대 경솔하게 일을 진행하지 않았던 것을 기억하는가? 이러한 영재 등장인물, 즉 Oedipus, Esther Greenwood, Toad(그렇다, Toad) 등을 계속해서 나열하는 것은 간단한 작업이다. 하지만 그보다는 Harper Lee의 『앵무새 죽이기』에서 영재 등장인물인 작은 소녀 Scout Finch의 윤리적인 생각을 살펴보자.

> 부 아저씨와 나는 계단을 걸어 올라가 현관으로 갔다. 아저씨는 손가락으로 앞문 손잡이를 찾았다. 가만히 내 손을 놓더니, 문을 열고 안으로 들어간 뒤 문을 닫았다. 그리고 다시는 아저씨의 모습을 볼 수 없었다.
>
> 이웃 사람들은 누가 죽으면 음식을 가져오고, 누가 아프면 꽃을 가져오고, 어중간한 일에는 자질구레한 것들을 가져온다. 부 아저씨는 우리 이웃이었다. 아저씨는 우리에게 비누로 깎은 인형, 고장 난 시계와 시곗줄, 행운을 준다는 동전 2개, 그리고 우리의 생명을 가져다주었다. 이렇게 선물을 받으면 사람들은 답례를 하게 마련이다. 그런데 우리는 그 나무에서 가져온 것을 절대 다시 가져다 놓지 않는다. 우리는 그에게 아무것도 주지 않았고 이것이 나를 슬프게 했다.
>
> 나는 뒤돌아 집으로 갔다. 가로등은 마을로 가는 내내 거리를 윙크하며 비춰 주

> 었다. 나는 이 각도에서 이웃들을 본 적이 없었다. …… 아티쿠스가 옳았다. 언젠가 그는 그 사람의 입장이 되어 그들 주위를 거닐어 보지 않고는 절대 사람을 알 수가 없다고 말했다. 래들리 현관에 서 있는 것만으로도 충분했다.
>
> 가로등은 가는 비가 내리고 있어 흐릿했다. 나는 집으로 오면서 나이가 들어 버린 느낌이었지만, 코끝을 보았을 때 섬세하고 흐릿한 구슬을 보았는데 사팔눈으로 보아서 그런지 나는 현기증이 나 그만두었다. (Lee, 1960, pp. 278-279)

이웃 사람들은 답례를 한다. 다른 사람들의 입장이 되어 보아라. 이러한 생각들은 상부상조의 원리와 결말의 보편화를 포함하는데, 인류의 거대한 윤리 문제에 가장 필수적이고 주요한 것이다. 우리는 예수의 말씀에서 이러한 생각을 접한 적이 있다. "이웃을 자신처럼 사랑하라. 다른 사람이 자신에게 해 주길 바라는 것처럼 남에게 행하라." 그리고 우리는 Kant의 지상 명령의 철학에서 그 생각을 본 적이 있다. "보편화될 수 있는 행위는 도덕적이다." 하지만 사팔눈으로 자기 코에 있는 가랑비를 보면서 동시에 그러한 고심을 하는 조숙한 어린 소녀에게서 그러한 생각을 얻는다는 것에 특별한 매력이 있다. 그런데 앵무새를 죽이는 것은 죄악이다. 아주 멀리 보이는 푸른 하늘을 통해 봄의 구름이 이동할 때 등을 대고 반듯이 누워 반시간 동안 앵무새 소리를 듣기 위해 세상을 멈추지 않았다면, 그 노래라는 말을 충분히 이해하지 못한다. 나를 믿지 못한다면 Atticus Finch를 믿어라.

5. 고전은 단어를 가르친다

고전의 명백한 발달상의 이점 중 하나는 그것이 가지고 있는 어휘이다. 전부는 아니지만, 대부분의 고전에는 언어 능력에 힘을 실어 주는 고급 어휘가 풍부하다. Ernest Hemingway의 소설(대부분의 고급 단어가 술 이름), 혹은 Alan Paton의 『울어라, 사랑하는 조국이여』(남아프리카의 언어와 혼합된 멋진 성서의 단순성), 혹은 Tolkien의 『호빗』(난해한 문법, 기초적인 단어) 등과 같은 예외들 또한 다른 속성에서는 풍부해서 언어 능력을 발달시킨다. 하지만 수많은 고전들은 정말로 고급 어휘를 포함하고 있으며 여러 점이 분명하다고 생각하는 사람들조차도 깜짝 놀랄 정도이다.

예를 들어, 다음과 같은 단어들은 어떤 고전에서 왔다고 생각하는가?

수줍음(diffidence), 평온한(placid), 고수하다(adhere), 결정타(quietus), 이단자(miscreant), 비현실적인(quixotic), 책망(reproof), 굽히다(condescend), 거무스름한(somber), 수수께끼(enigma), 냉담한(phlegmatic), 굽이치다(undulate), 숭고한(sublime), 의연한(resolute), 귀에 거슬리는(strident), 소음(din), 우호적인(amicable), 요염한(amorous), 이야기꾼(raconteur), 심오한(profound), 낙담(dejection), 온화하게(amiably), 지루한(tedious), 내 잘못(mea culpa), 당황해하다(perplex), 방해하다(impede), 중재하다(interpose), 예민한(incisive), 무감각한(impassive), 훈계하다(admonish), 균열(aperture), 탐욕스럽게(avidly), 배반의(perfidious), 독기(miasma), 비참한(abject), 현관(portal), 기꺼이(fain), 피비린내 나는(sanguinary), 반박하다(retort), 급하게(imperiously), 오만불손(hauteur), 수호하다(patronize), 냉담한(aloof), 명랑한(blithe), 은혜(boon), 암호(cypher), 움찔하다(wince), 지불하다(defray), 정다운(genial), 송장 같은(cadaverous), 간언하다(remonstrate), 지옥의(nether), 힐난하다(upbraid), 전념하는(solicitous), 수송(conveyance), 연한 자줏빛(mauve), 지금까지(hitherto), 즙이 많은(succulent), 교묘한 착상(artifice), 제의하다(proffer), 열렬한(ardent), 전전긍긍하는(tremulous), 반소하다(recriminate), 맹공하다(assail), 악의 있는(virulent), 넌지시 비치다(insinuate), 내재된(intrinsic)

인상적이라고 생각하지 않는가? 포기했는가? 이것들은 만만치 않은, 심지어 학식의 깊이가 있는 고급 단어이다. 누군가는 이 단어들을 SAT 시험에서뿐만 아니라 전문 서적, 대학 교재, 대학원 교재에서도 만날 거라고 예상한다. 이 단어들은 어떤 책에서 왔을까? 이 대답은 뒤에서 밝히겠다. 하지만 먼저 두 번째 목록을 고심해 보라. 다음 목록이 있는 두 번째 고전은 무엇이라고 생각하는가?

충만한(replete), 상냥한(affable), 전조의(portentous), 성마른(fractious), 낙담하다(despond), 협잡(subterfuge), 낙담한(dejected), 비통한(dolorous), 용모

(countenance), 무기력(languor), 뭉툭한(obtuse), 허가하다(vouchsafe), 붙임성 있는(amiable), 감금하다(immure), 으스스한(lurid), 명랑한(sanguine), 탐욕(avidity), 발작(paroxysm), 암시하다(allude), 탐내는 듯한(wistful), 무뚝뚝함(asperity), 잡목 숲(copse), 에두르는(sinuous), 축도(benison), 돌이킬 수 없는(irrevocable), 그럴싸한(plausible), 몸짓으로 말하다(gesticulate), 성유(unction), 차려 입다(accouter), 평온한(placid), 비방하다(revile), 엄중한(stringent), 엄연한(peremptory), 술책(artifice), 현답(repartee), 투덜거리는(querulous), 반박하다(retort), 완화하다(assuage), 낭랑한(sonorous), 구슬픈(plaintive), 악취가 나는(noisome), 어긋나게(athwart), 뻔뻔스러운(brazen), 높은 파도(billow), 식사량(repast), 전제적인(imperious), 생기 없는(listless), 결핍(privation), 입심 좋은(voluble), 곤봉(cudgel), 말끔한(comely), 양식(victual), 참회(contrition), 음울한(doleful), 원한(rancour), 일상복(habiliment), 화려한 위용(panoply), 지루한(tedious), 엎드린(prostrate), 탁한(turbid), 불명예(ignominy), 묵히고 있는(fallow), 상세히 설명하다(expatiate), 잔디(sward), 편력하는(errant), 꾸불꾸불한(sinuous), 규정(stipulation), 탄원하다(supplicate)

평균적인 고등학교 3학년생들이 편안하게 이러한 단어들을 정의할 수 있다고 생각하는가? 아니면 문장에 이 단어들을 사용할 수 있다고 생각하는가? 대부분의 미국 학생들이 받는 연령에 맞춘 교과서에서 표준이 되는 것을 고려할 때, 이 두 단어 목록은 어떤 수준의 학년에 가능한가? 초등학교의 전형적인 학생이 이 단어 수준에 도달할 수 있을까? 중학교에서? 고등학교에서? 대학교에서? 이 두 번째 목록은 어떤 책에서 왔다고 생각하는가? 세 번째 고전에 있는 또 하나의 목록을 보자.

음흉한(insidious), 간언하다(remonstrate), 집요함(pertinacity), 발작(paroxysm), 무해한(innocuous), 절박한(impending), 여분의(superfluous), 명백한(manifest), 과다(plethora), 시들다(weazen), 점유지(demesne), 뒤집어엎다(discomfit), 현저한(salient), 풋내기의(callow), 기분 좋음(amenities), 풍부한(copious), 우울(melancholy), 웅변의(eloquent), 수상쩍은(dubious), 거꾸로 떨어뜨리다(precipitate), 달래다(placate), 극악무도한(diabolical), 까다로운(fastidious), 괴벽

> 부리다(malinger), 운율(cadence), 불명예(ignominy), 성미 까다로운(morose), 거무스레한(swarthy), 만져서 알 수 있는(tangible), 절묘한(exquisite), 명령(mandate), 휴식(repose), 자기중심주의(egotism), 후계자(progeny), 유순한(docile), 이례적인(unwonted), 고루 미치다(pervade), 질책(reproof), 비틀다(writhe), 소용돌이(eddy), 악마를 불러내다(conjure), 재촉하다(impel), 혼합하다(commingle), 숨어 있는(latent), 심장이 뛰는(palpitant), 난처하게 하다(perplex), 질색(repugnance), 무정한(inexorable), 기분 좋음(amenities), 만성의(chronic), 괴롭히다(importune), 탐내는 듯한(wistful), 날카로운(acute), 용감(prowess), 잡아 찢다(lacerate), 섬의(insular), 비참한(abject), 염려하다(apprehend), 짜증나게 하다(vex), 소란한 장소(bedlam), 애처로운(lugubrious), 어두침침한(somber), 산산이 흩어져(asunder), 효과적인(effectual), 외치는 소리(clamor), 되돌아가다(recur), 명시하다(evince), 편리한(expedient), 망령(wraith), 확언하다(aver)

다시 이 심사숙고한 어휘를 주의 깊게 보라. 학생이 이 어휘가 대표하는 3권의 책을 읽는 것은 언어 능력 발달에 어떤 공헌을 할까? 문장의 의미를 분명하게 하는 데 사용된 각 단어를 상상해 보라. 글쎄, 충분히 서스펜스가 있다. 이 3개의 어휘 목록이 추출된 3권의 책은 순서대로, Barrie의 『피터 팬』, Grahame의 『버드나무에 부는 바람』, Jack London의 『황야의 부르짖음』이다.

아동 도서! 아니다. 아동들의 고전이다. 내가 여러분을 속였다고 결론짓기 전에 진짜 속임수를 잘 생각해 보라. 교육 관행은 우리 모두를 속여 그런 어휘는 어린이에게 맞지 않다거나, 발달상 부적절하다거나, 훗날 가상의 적절한 시간까지 그 단어 학습이 연기되어야 한다고 생각하게 했다. 글쎄, 내가 생각하기에 금광을 찾으러 샌프란시스코에 모인 사람(sanfranciscofortyniner), 10대 돌연변이 닌자 거북이(teenagemutantninjaturtle)같이 긴 용어를 다룰 수 있는 어린아이라면 까다로운(fastidious)이라는 단어를 다룰 수 있다고 본다. 그리고 우리는 연령 등급에 따른 권총으로 국가의 지적 자살을 범하고 있다. 가장 낮은 초등 학년 이상에 어린이를 위한 단어가 있다는 생각에 이의를 제기한다. 우리는 무엇을 해야 하는가? 대학원까지 『피터 팬』을 읽지 말아야 하는가? 오히려 아이들은 어른들보다 새로운 단어를 더 잘 흡수할 수 있다.

몇몇 사람들은 내가 사용한 이 3권의 책은 평범하지 않고 그런 언어는 고전에서조차 일반적이지 않다고 생각할 수도 있다. 하지만 실제로 그런 언어는 일반적이다. 이러한 보편성은 고전의 어휘를 다른 방식으로 봄으로써 입증될 수 있다. 바로 하나의 단어를 사용하는 것이다.

고전에서 특정 단어의 사용을 검토한다면 우리는 고전을 읽는 아동들이 풍부한 어휘를 축적할 수 있는 이유를 훨씬 더 심도 있게 이해하기 시작한다. 내가 *Classics in the Classroom*(Thompson, 1990)에서 지적했듯이 좋은 단어는 고전 어디에나 있고, 어린 독자들은 무수한 문맥에서 그 단어들을 접하게 된다. 심오한(profound)이라는 단어를 예로 들면, Melville, Plath, Kipling, Hardy, Stevenson, Barrie, Wells, Conrad, Fitzgerald, Twain, Lee, Hawthorne, Scott, Dickens, Charlotte Brontë에 의해 사용되었다. Atticus Finch는 형사법에 대해 심한(profound) 혐오감을 가지고 있다. Henry Fleming은 마음에서 우러나는(profound) 희생을 느낄 수 있다. Lord Jim은 바다를 발견하고 우울하고 깊은(profound) 생각에 잠긴다. Kipling의 Kim은 충심으로(profoundly) 경의를 표한다. Silvia Plath의 Esther Greenwood는 딩 빈 위장에 엄청난(profound) 공복감을 느낀다. Thomas Hardy의 Eustacia Vye는 깊은(profound) 백일몽에 빠져 난로에 몸을 구부린다. Peter Pan의 눈은 깊이를 알 수 없는(profound) 우울증을 보지만, Hook 선장은 이루 말할 수 없을 정도로(profoundly) 낙담한다. Ahab는 간부들과 간절한 마음으로(profoundly) 저녁을 먹는다. Jekyll 박사는 뿌리 깊은(profound) 삶의 표리부동을 경험한다. Daisy Buchanan은 자신의 남편 Tom이 긴 단어들이 있는 심도 깊은 책을 읽어서 매우 심오해진다고(profound) 말한다. 고전을 읽는 아동은 거듭해서 이 단어와 마주치게 된다. "헤아릴 수 없는(profound) 무지, 머리 숙인(profound) 경의, 깊은(profound) 침묵, 끝도 없는(profound) 고민, 심오한(profound) 발견, 끝없는(profound) 인간의 변화, 말로 표현할 수 없는(profound) 친밀감, 이루 말할 수 없는(profound) 고통, 헤어날 수 없는(profound) 슬픔, 기진맥진할(profound) 피로, 학생들의 극악무도한(profound) 흉악함."

두 번째 예로 평온한(serene)이라는 단어는 사랑스러운 말이다. 『앵무새 죽이기』에서 Taylor 판사의 법정은 고요하다(serene). Jane Eyre는 Rochester 씨에게 밤이 평온하다고(serene) 말한다. Lord Jim은 청명한(serene) 하늘 아래를 거닐고 있다.

Huck와 Tom은 담뱃대를 꺼내 평화롭게(serenely) 연기를 뿜어낸다. (당신은 그것을 사랑하지 않는가?) Ahab는 자신의 담뱃대가 평온(sereneness)을 의미한다는 것을 발견하고, 그것을 깊이를 알 수 없는 바다에 던진다. 한가하게 항해 중인 Pequod는 유유히(serenely) 미끄러져 간다. Kipling의 Kim은 평온하게(serenely) 무언가를 위한 채비를 갖추었고, 같은 소설에 나오는 경찰은 한가롭게(serenely) 이를 쑤셔 댄다. Hester Prynne은 침착한(serene) 품행을 지니고 있다. 『벨자』의 한 여인은 평온하여(serene) 거의 경건할 정도의 웃음을 짓는다. 그리고 『우주 전쟁』에서 화성인들의 침략은 평온한(serenity) 하늘과 저쪽 편의 신속한 죽음의 비행 간에 공허한 모순을 창조한다. Tom Sawyer는 무정한 거짓말쟁이가 술술 풀어 내는 태연한(serene) 말을 듣고 있다. Herny David Thoreau의 고요함(serenity)에는 주름이 아니라 잔물결이 인다.

탁월하게 호기심을 자극하는 수준에서 단어들을 적절하고 창의적으로 사용하는 고전의 이러한 특성은 그리 놀라운 일이 아니다. 인류의 가장 고도로 발달된 언어 영재들이 많은 단어들을 이용하고 그 단어들을 잘 활용하는 것이 예상 밖의 일일까? 최고의 작가는 단어를 가장 잘 활용하는 사람이다. 자신의 단어 실력을 향상시키길 원하는 학생들은 이 작가들의 작품을 읽어야 한다. 이들은 바로 한계를 정의하고 재정의하는 작가이다. 이들은 바로 길을 보여 주는 작가이다.

고등학교 학생이 한 권에 400쪽짜리 고전, 즉 쪽당 20문장의 언어 노출에 대해 생각해 보라. 그것은 8,000 문장으로 이루어져 있고, 각 문장은 잘 구성된 사고의 모형으로, 학생의 정신으로 흡수되어 학생의 미래 사고와 표현을 위한 잠재의식의 형판이 된다. 이 한 권의 책에서 세 문장마다 높은 수준의 단어가 있다면, 학생은 또한 문장과 이야기 문맥에서 사용된 2,500개 이상의 고급 단어 사용에 노출된다. 학생이 매년 이러한 고전 10권을 주의 깊게 읽는다면, 그것은 80,000개의 잘 만들어진 문장과 25,000개의 좋은 예제에 노출된다는 것을 의미한다. 이러한 이유와 다른 이유들로 인해, 매년 10권의 좋은 책을 읽는 것과 거의 혹은 1권도 읽지 않는 것 사이에는 엄청난 교육적 차이가 있게 된다. 독서를 통해 학생은 독서에 대한 기초로서, 부연하자면 쓰기를 위한 기초로서 이용되는 언어 기억의 저장소를 얻게 된다. (쓰기는 대량의 독서 경험의 결과로서 쉽게 따라오는 기술이지만, 그런 경험이 부재한 상태에서 가르치는 것은 거의 불가능하다. 독서는 쓰기의 시작이다. 독서를 하지 않은 학생들에게 쓰기를 가르쳐 본 사람이라면 한 번도 해 보지 않았던 것을 하려고 할 때 느끼는 좌절을 알 것이다.) 고전의 어휘는 그 자체만으로도 찬란한 목표가 되지만, 어휘 이상을 발달시킨다. 고전의 어휘는 문맥을 통해 이름 없고 미묘한 것들에 이름을 붙이고, 종종 표현되는 것들 간의 무언의 차이를 해명하고, 언어적으로 깨어 있는 학생들에게 창의적으로 사용할 기회를 제공한다.

6. 고전은 생각을 분명하게 표현하는 능력을 계발시킨다

물론, 고전이 높은 능력을 지닌 학생들에게 제공하는 것이 어휘만은 아니다. 고전은 생각을, 그리고 생각을 분명하게 표현할 수 있는 방식을 제공한다. 고전이 생각의 원천으로서 충분히 인정되지 못하는 것은 Thoreau에게 가슴 아픈 점이었다. 내가 그것을 생각해 보니 Thoreau에게 많은 것들이 가슴 아픈 것이었어도, 비록 우리는 모두 이 장(章)이 끝나면 부랑자에 관한 그의 장(章)을 다시 한 번 읽어야 하겠지만, 우리는 여기서 그 점에 대해 토론하는 것을 멈추지 말아야 한다. 어쨌든 Thoreau는 『숲 속의 생활』에서 다음과 같은 불평을 했다.

> 한 사람은 그 사람이 누구든지 1달러짜리 은화를 줍기 위해서 가던 길을 꽤 멀리 돌아갈 것이다. 그러나 여기 고대의 가장 현명했던 사람들이 말씀했고, 또 그 후 모든 시대의 현명한 사람들이 그 가치를 우리에게 보증한 황금 같은 말들이 있다. 하지만 우리는 쉬운 독본과 초급 독본과 학급 문고 정도를 읽는 법을 배우고, 우리가 학교를 떠날 때는 아이들이나 초보자들을 위한 책인 "리틀 리딩"과 그 밖의 이야기 책들을 읽어서, 우리의 독서나 대화나 사고의 수준은 극히 낮은 수주에 머물러 있다. (p. 16)

사실 고전의 황금 같은 말들은 역사상 가장 적은 제약을 받은 사상가가 표현한 것으로, 논쟁거리가 되는 생각이 풍부한 불협화음에 노출시킨다. 고전은 졸음을 일으키는 무미건조한 교과서에서 학생들을 해방시키고, 인류의 반체제 영웅들에 대한 의미로 학생들에게 충격을 준다—Mohandas Gandhi, Henry David Thoreau, Patrick Henry, Harriet Beecher Stowe, Martin Luther, Martin Luther King, Thomas Jefferson, Mary Wollstonecraft, Voltaire, Emily Dickinson, Frederick Douglass, Jean-Jacques Rousseau, William Blake, Walt Whitman. 생각해 보라고 이 목소리들이 말한다. 생각해 보라. 자유로워져라. 두려워하지 마라. 독재에 저항하라. 인권을 보호하라. 창조하라. 어리석은 생각을 거부하라. 너의 도덕을 적용하라. 행복을 추구하라. 고전은 이러한 생각들로 가득 차 있다. 그래서 고전을 읽는 것은 지적 시련을 당하는 것이고, 수 세기에 걸친 가장 강력한 사상에 의해 거센 공격을 당하는 것이다.

모든 인간이 평등하게 태어났다는 것은 자명한 사실이다.—Jefferson

정부가 인간의 목표를 파괴하면 언제든 정부를 바꾸고 파괴하는 것이 인간의 권리이다.—Jefferson

비폭력과 소극적 저항, 심지어 비무장 국민들도 세계를 바꿀 수 있다.—Gandhi

자동차에 있는 성급한 두꺼비들은 어려움에 처할 수 있다.—Grahame

군주는 자기 영토의 이익을 위해 필요한 것이 있다면 설사 그것이 전통적인 도덕적 한계의 무시를 의미하는 것이라도 실행에 옮겨야 한다.—Machiavelli

적게 간 길을 선택하는 것이 모든 차이를 가져올 수도 있다.—Frost

우리가 너무 높이 날아올라 태양이 우리 날개의 밀랍을 녹인다면 우리는 바다로 떨어질 것이다.—Ovid

신의 사랑은 신앙심의 도약이어야 한다.—Kierkegaard

보편화될 수 있는 행위는 도덕적이다.—Kant

말이 풀을 뜯을 때 그의 머리는 영원을 향한다.—Dickinson

우리는 2개의 영원이 만나는 곳에 서서 찰나를 개선해야 한다.—Thoreau

우리가 가진 위대한 유산은 우리가 전혀 모르고 있었던 우리를 사랑하는 사람에게서 받는 선물일지도 모른다.—Dickens

우리는 일종의 내면적인 철학왕으로서 자기 자신의 정신 공화국을 통치해야 한다.—Plato

어느 날 오후의 징표가 일생 동안의 신념이 잘못되었다는 것을 분명히 보여 주면 그

신념을 바꾸기 위해 정신적 고결함을 지녀야 한다.—Malcolm X

인생이란 얼간이가 들려주는, 아무런 의미가 없는 소리와 분노로 가득 찬 이야기이다.—Shakespeare

모든 가능한 세계 중 이 최고의 세계에서 모든 것이 최선을 위해 잘 돌아간다.—Leibnitz

현대 관료 정치 사회에서 개인은 곤충만큼 하찮다고 느낄 수 있다.—Kafka

현존재(Dasein)의 본질은 관심이다.—Heidegger

한 마리의 생쥐는 몇 억조 불신의 무리들을 망연자실하게 할 만한 기적이다.—Whitman

몇몇 사람들은 아메리칸 드림에 병적으로 집착하게 되고, 그것을 성취하기 위해 무엇이든 한다.—Fitzgerald

우리가 남성과 여성에 연관시키는 남성적 기질과 여성적 기질은 문화적으로 상대적이라서 다른 문화에서는 다른 의미를 갖는다.—Mead

좋은 사람은 우리가 생각하는 것보다 더 찾기 어려울 수도 있다.—O'Connor

목적지에 도달하고 싶다면 모든 위험에 직면하여 생각해야 하고 영리해야 한다.—Homer

지옥의 한가운데는 얼어 있다.—Dante (Thompson, 1995, pp. 27-29

수천 쪽으로도 고전에 포함된 생각들을 간략하게 언급하기에 충분치 않을 것이다. 하늘의 별들처럼 고전은 생각의 성좌에 대한 풍부하고 잘 알려진 체계를 형성한다. 고전은 교육받은 사람들이 자신의 지적 항로를 항해한 기준이 되는 출처이다. 고전은 풍부한 상충되는 생각의 불협화음을 내는 숙주이다.

그렇다. 고전은 일종의 지적 우박 폭풍을 만들어 낸다. 하지만 정확히 어떻게 이러한 생각들이 언어 능력의 발달에 영향을 주는가? 일단 학생들은 생각이 포함되어 있는 이야기를 읽는 데 익숙해지면 그 사실을 의식하지 않으며, 생각을 예상하게 된다. 동일시는 사실 단언하건대, 단어와 생각 사이에서 형성된다. 단어는 생각이다. 생각은 단어이다. 단어는 생각의 모습을 나타내는 액상 배양지이다. 잘못된 단어로 생각을 나타내는 것은 그 생각을 잃어버린 것이고, 그 생각을 달아나게 만든 것이다. 이러한 결과로 생기는 것은 생각이 아니다. 단어는 생각이다. 언어는 실재한다. Whitman은 *Leaves of Grass*(1993, p. 70)에서 "나는 1달러를 위해 혹은 보트를 기다리는 동안 시간을 채우기 위해 이러한 것들을 말하지 않는다. / 그것은 나만큼 많이 말하는 바로 당신이다. …… / 나는 당신의 혀 역할을 한다. / 그것은 당신의 입에 붙어 있다. …… 내 것에서 그것은 풀려나기 시작한다."라고 말했다. 고전의 단어 속에서 살아왔던 학생이라면 1달러를 위해 그것들을 말하지 않을 것이다. 그들은 언어의 최상의 진실 중 하나를 배웠다. 즉, 단어와 생각은 하나라는 사실이다. 이것을 배우는 과정에서 학생들은 발전한다. 이것을 적용하려고 시도하는 과정에서 그들은 크게 발전한다.

7. 고전은 사고 기술을 발전시킨다

고전의 생각과의 조우는 평온할 수 없다. 그 생각들은 너무나 돌발적이고 너무나 긴장시킨다. 그것은 폭풍우 속의 항해이며, 그 속에서 학생들은 생각해야만 한다. 고전은 단지 무시될 수 있는 것이나, 반대로 단지 적절한 대다수의 자기만족을 확인하는 것으로의 선택을 통해 연령별 등급을 낮게 매기지도 검열을 받지도 않았다. 고전의 품행이 단정하지 않은 탁월함은 그것을 읽는 모든 사람 안에서 사고에 영감을 주고, 실제로 사고를 자극한다.

여러 가지 이유로 고전은 생각하는 경험을 위한 올바른 수단이다. 고전은 복잡하고 심오하다. 고전은 다시 읽을 때 더 의미 있고 가치 있는 경험을 하게 만드는, 바닥을 알 수 없는 특성이 있다. 이것을 표현하는 한 가지 방식은 해답이 전혀 발견될 수 없는 소크라테스적 목적이라고 내가 이름 붙인 것이다. 그것은 제한 없는 소크라테스적 토론에 완벽하게 들어맞는 콘텐츠이다.

고전은 사고를 가르치기 위해 개발된 훌륭한 과정을 위한 훌륭한 콘텐츠이다. 그것은 소크라테스식 질의에 적절할 뿐만 아니라 Bloom의 분류학과 기타 분류학에 기초한 활동의 적용에도 적절하다. 수업에서 나는 학생들에게 각 학술적 용어를 위해 두 고전을 숙제로 읽어 오도록 내주고, 분류학에 기초해 각 학생들과 개별 토론을 통해 그 독서를 평가하기를 좋아한다. 나는 질문이 무엇일지 결코 미리 알지 못한다. 질문은 토론이 발전되면서 그 토론에 의해 저절로 제시된다. 질문을 만들어 내기 위해 내가 사용하는 용어는 기억, 인지, 통합, 확산, 수렴, 분석, 적용, 정서, 미학, 윤리학이다. 다시 말해서, 내가 강조하고 싶은 윤리학과 같은 특별한 초점이 되는 용어와 더불어, 교육에서 마주하게 되는 Bloom의 분류학과 다른 분류학들의 혼합물이다.

사고 과정의 적용을 위해 훌륭한 콘텐츠를 제공할 때, 고전은 우리에게서 사고의 교수에 가끔씩 수반되는 아주 무서운 우둔함을 없애 준다는 사실에 주목하라. 『두 도시 이야기』가 어떻게 다른 종말이 될지 브레인스토밍할 수 있다면, 어떻게 우리가 종이 클립과 프리스비를 가지고 달에서 살아남을지 브레인스토밍할 필요가 없다.

문학은 강한 비판적 사고의 계발을 위한 훌륭한 콘텐츠로 종종 인용된다. *Junior Great Books*와 *Paideia* 프로그램 모두에서, AP 프로그램은 말할 것도 없고, 엄격한 분석 및 비교 방법이 문학의 해석에 적용된다. 학생들은 소크라테스식 토론을 하는 과정에서 자신의 생각을 의식 없이 텍스트에 투영하는 것을 피하고, 다시 읽고, 정확한 추론을 하고, 의미의 증거로서 텍스트 자체를 인용하고, 성격 변화와 철학적 가치를 평가하고, 또래들의 견해를 존중하고 경청하는 법을 배우게 된다. 이렇게 의견 표현에 제한이 없는 것은 성공적인 편견이 없는 사고에 필수적이기 때문에, 이미 정해진 결론이 없는 진정한 소크라테스식 질문의 이용을 Junior Great Books에서 강조하는 것이 중요하다.

문학에 대한 비판적인 사고는 폭넓은 지지를 얻는 과정이다. 언급한 프로그램들과 기타 프로그램들은 문학에 대한 비판적 사고에 대한 훈련을 받기 위해서 심지어 교사들이 참여할 수 있는 워크숍을 제공한다. 문학에 대한 창조적인 사고는 폭넓게 연구되지 않았다. 고전을 이용해 사고를 가르칠 때 깊이와 반향을 가진 창의적인 사고의 두 가지 모형은 Wallas(1926), Torrance와 Myers(1970)에 의해 제시되었다. 그것들은 여기서 언급할 만한 가치가 있다. 왜냐하면 그것들은 대개 창의적인 생각의 모형으로 생각되지만, 고전의 논의에 적용할 경우 놀라울 정도의 이익을 산출해 내기 때문이다. Torrance의 모형은 네 가지 용어, 즉 유창성, 융통성, 독창성, 정교함을 포함한다. 문학의 해석을 논의하는 데 있어 우리는 이런 방식으로 생각해야 한다. 유창성: 우리는 다수의 가능한 해석을 가지고 있는가? 융통성: 우리는 다양한 종류의 해석을 가지고 있는가? 독창성: 우리는 어떤 새로운 해석을 생각해 보았는가? 정교함: 우리는 상세하게 자신의 해석을 발전시킬 수 있는가? 그리고 그렇게 할 때 그 텍스트의 다양한 세부 사항이 여전히 효과적인가? 이 모형은 더 수렴적인 비판적 사고 과정에 맞지 않는다는 사실에 주목하라.

Wallas의 1926년 모형은 또한 네 가지 용어, 즉 준비, 배양, 계발, 검증을 포함하고 있다. 나는 Wallas 모형을 이용해 학생들이 문학을 분석하도록 돕고 싶다. 그 이유는 학생들이 좋은 분석을 하도록 도와줌은 물론, 다른 창의적인 경험에서 이 단계들의 중요성을 이해할 수 있기 때문이다. 예를 들어, 최근에 2학년 학급과 나는 William Shakespeare의 『폭풍우』를 읽고 있었는데, 나는 위대한 작가들이 자신의 주제를 강조하기 위해 사용하는 주요한 기술 중 하나는 반복이라고 학생들에게 설명했다. 『폭풍우』에는 반복되는 10여 개의 단어와 등장인물의 반복되는 몇몇 행동이 있다. 학생들에게 이것들이 무엇인지 말해 주지 않고, 나는 "여러분 스스로를 찾아봐요. 그 텍스트를 공부해요. 그리고 반복되는 것이 무엇인지 찾아내 봐요. 그런 다음 그것을 흡수할 시간을 가져요. 그리고 여러분이 발견한 반복되는 것에 기초해 그 연극의 해석을 발전시켜 봐요."라고 말했다. 다시 말하자면, 준비: 텍스트를 공부하고 다시 읽어 당신이 필요로 하는 정보를 주의 깊게 수집하라. 배양: 텍스트에 대한 당신의 공부가 침잠되어 당신의 정신 뒤로 해석이 끓어 넘치도록 하라. (이 배양 기간은 새로운 아이디어를 창조하는 데 종종 매우 중요한 것이다.) 계발: 배양을 충분히 오래 한 후에 아하 하는 경험이 오게 되고, 갑자기 텍스트를 해석하는 데 좋은 아이디어를 가지게 된다. 검증: 일단 아이디어를 가지게 되면 어떻게 그것이 이야기에 있는 많은 개별적인 세부 사항들을 설명하는 데 도움을 주는지 보여 주도록 끈기 있게 그것을 성취하라. Wallas 모형을 배운 학생들은 항상 아이디어를 배양하는 데 시간이 걸린다는 것을 기억하고 또한 진가를 인정할 것이며, 스스로 곧바로 쓰도록 밀어붙이기가 가능하다는 것을 기억할 것이다.

창조적인 행동에 대한 Torrance와 Wallas 모형을 문학의 해석에 적용하는 것은 해석이 창의적인 행위이지 단순히 발견의 행위가 아니라는 사실을 강조하는 데 도움을 준다. 진지한 독자의 텍스트에 대한 높은 존경심에도 불구하고, 해석은 땅에 묻힌 스핑크스에서 모래를 퍼내는 것과는 다르다. 그것은 당신이 절대로 곧바로 식별할 수 없는 숨은 의미와 유사하다고 가정하는 모형에 대한 주의 깊은 건설에 더 가깝다. (당신이 이 책의 다른 곳에서 보듯이, 사실 의미의 구축이라는 것은 문학의 해석을 공부하는 많은 사람들에게 가장 적절한 용어인 듯하다.) 반면, 창조로서의 해석은 해석을 하지 않는 것이 난센스가 아니라는 것이나 해석이 어두운 상대주의적 혼란의 영역에 던져졌다는 것을 의미하지는 않는다. 우리는 모든 것을 이야기할 수 없지만, 많은 것을 이야기할 수 있다. 설익은 예측의 흐릿한 유리잔을 통해 어느 정도 해석하여, 『동물농장』의 의미가 "모든 사람들은 원하는 것을 할 자유가 있어야 한다."는 것이라고 말하는 학생들은 반박을 받을 수 있다. 그 책은 그런 의미가 아니기 때문이다.

상상력이 풍부한 문학은 또한 상상 자체를 위한 풍부한 기회를 분명히 제공한다. 사실 풍부한 상상력은 문학의 주요 이론 중 하나의 필수 조건이다. 즉, Coleridge의 불신의 중지이다. 비록 Coleridge는 이런 식으로 적용하지 않았지만, 그 핵심은 비판적인 사고를 창의적이고 상상적인 사고와 구별하고 문학을 학생으로서가 아니라 인간으로서 읽는다는 것이다. 여러분은 항상 나중에 다시 돌아가 비판적으로 그리고 분석적으로 생각할 수 있지만, 『프랑켄슈타인』을 읽고 있는 동안에는 시체의 조각으로 만들어진 사내가 있고, 『드라큘라』를 읽고 있는 동안에는 흡혈귀가 있다. 『오이디푸스』를 읽는 동안에는 눈먼 예언자가 미래를 내다보며 우리의 비밀도 알고 있다. 불신을 중지하라. 문학의 믿음에 굴복하라. Wallace Stevens가 명명한 "상상의 세계"에 빠져 보라. (그리고 상상이 없는 삶에 대한 Stevens의 고전 시/상상력이 없는 삶에 대한 한탄, "Disillusionment of Ten O'clock"을 읽어 보라.)

창의적인 상상력을 통해 우리는 생생하게 문학의 경험을 향상시킬 수 있다. 내 학급에서 『폭풍우』의 제1막을 읽을 때, 나는 학생들의 한 분단은 바람, 또 다른 분단은 천둥, 또 다른 분단은 번개가 되기를 바란다. 한 학생이 번개 빛을 껐다 켰다하면 우리 모두는 일제히 왼쪽으로 기울었다 오른쪽으로 기울었다 하고, 선택된 학생들은 텍스트에 있는 그들의 대사를 교실 폭풍우의 울부짖는 소리 위로 소리친다. 우리는 주위에 물은 뿌리진 않는다. 실제 폭풍우가 얼마나 진짜 같은지 알 수 없다. 그러나 첫 번째 장면의 끝부분에서 우리 모두는 생존했다는 것이 행운이라고 느낀다. (drown이라는 말은 『폭풍우』의 거의 모든 쪽에 등장한다.) 그 시점 이후 학생들은 그 연극을 계속하고 싶어 안달이 난다. 좋은 문학은 그런 상상의 기회가 풍부하다. Hamlet의 아버지 유령이 전장에 나타나는 장면에서 바람과 달빛과 저 아래의 바다, 낭독의 효과를 어떻게 높일지 스스로 상상해 보라.

8. 고전은 인간의 가치를 향상시킨다

우리는 모두 Odysseus를 사랑한다. Odysseus는 아름다운 Calypso와 함께 아름다운 섬에서 영생하기를 거부하고 고향 이타카로 돌아가, 같이 있고 싶은 사람인 아내 Penelope와 함께 죽음을 맞이한다. 그것은 세계가 절대 잊은 적 없는 결정이었다. 그리고 그것은 무엇이 고전을 영속시키는지에 대한 일면을 보여 준다. 몇 년 전, 1518년에 완성된 Castiglione의 『궁정론』을 읽으면서, 나는 Castiglione가 참고한 작가들에 충격을 받았다. 그들의 작품은 그에게 고전이었다—Homer, Xenophon, Virgil, Caesar, Cicero, Boccaccio, Petrarch, Dante. 그의 사후 350년, 지금으로부터 140년 전의 Thoreau처럼, Castiglione도 Homer와 Achilles를 논했다. 올해 2학년 학생들과 나는 『일리아드』를 읽었고 전쟁의 생생한 묘사, 서사시의 직유, Achilles와 그의 분노로 그 자리에 고정되고 말았다. 이 『일리아드』는 Alexander가 Aristotle에게 배운 동일한 책이었고 페르시아인들과의 전투에서 이용되었다. 그런 다음 우리는 Dante의 『신곡: 지옥편』을 읽었고, Castiglione가 5세기 전에 몹시 놀랐던 것처럼 빗발치는 불길, 점액으로 덮인 감옥, 타 들어가는 관, 얼어붙은 호수에 놀라움을 금치 못했다.

왜 고전은 지속되는 것일까? 부분적으로 고전은 우리의 정신에 영향을 주는 교화의 효과로 인해 지속되기도 한다. 우리는 자동적으로 혹은 필연적으로 교화된 사람이 되는 것이 아니다. 우리가 교화되었다면, 그것은 개인적인 교화 경험과, 각각 우리에게 기억의 파편을 주는 Odysseus의 순간들, 그리고 교화된 것들에 관심을 가지기 위해 우리가 필요로 하는 통찰력의 축복을 통해 이루어진 것이다. 문학에서 가장 교화시키는 구절 중 하나는 Stephen Crane의 『붉은 무공훈장』의 마지막 말에 있다. 어머니의 간청에도 불구하고 전쟁에 나갔던 소년, Henry Fleming은 전장에서 집으로 돌아온다.

> 그는 위대한 죽음을 만져 보았고 결국 그것이 단지 위대한 죽음이라는 것을 알았다.
> 그는 어른이 되었다.
>
> 그래서 그의 영혼을 변화시킨 피와 분노의 장소에서 터벅터벅 걸어 왔을 때 이런 일이 있어났다. 그는 뜨거운 보습으로부터 클로버의 평온에 대한 기대까지 왔다.

> 뜨거운 보습은 더 이상 뜨겁지 않은 듯했다. 상처는 꽃처럼 바랬다.
>
> 비가 내렸다. 피곤에 지친 군인들의 행렬은 질질 끌리는 열차 같았고, 의기소침하고 툴툴거렸으며, 낮고 비참한 하늘 아래 축축한 갈색 진흙으로 가득한 구유 속을 휘휘 젓는 애를 쓰며 행군했다. 하지만 그 젊은이는 웃음을 지었다. 왜냐하면 그는 세계가 자신을 위한 세계라는 것을 알았기 때문이다. 하지만 많은 사람들은 그 세계가 맹세와 단장으로 이루어졌다고 단언했다. 그는 전쟁의 붉은 아픔을 없앴다. 무더운 악몽은 이제 과거에 있었다. 그는 전쟁의 고통과 열기로 물집이 생기고 땀을 흘리는 한 마리의 동물이었다. 그는 이제 아늑하고 영원한 평화의 존재인 평온한 하늘, 신선한 초원, 시원한 개천의 이미지에 대한 연인의 갈망을 가진 사람으로 변했다.
>
> 강 너머 황금빛 태양 광선이 납빛 비구름 떼를 비집고 들어오고 있었다. (p. 134)

그는 그 세계가 자신을 위한 세계라는 것을 알았다. 그는 지금 아늑하고 영원한 평화의 존재로 변했다. 전쟁에서 태어난 평화에 대한 이 젊은이의 사랑에서 우리는 남성뿐만 아니라 여성의 성숙된 앎을 발견한다. Henry는 인간의 조화에서 현명한 남성과 현명한 여성이 공유하는 앎에 도달했다. 이러한 교화하는 의미에 대한 경험은 이 책을 읽는 학생들에게 언어 능력을 향상시켜 주는가? 그렇다. 지적 성장에 필요한 에너지를 공급하는 것이 바로 의미이다.

하지만 고전의 가장 교화시키는 진실은 아마 어떤 한 권의 책에 있는 한 구절이 아니라 모든 책의 구절일 것이다. 왜냐하면 고전의 명백한 증거는 문학의 비범한 재능이 보편적이라는 사실이기 때문이다. 그것은 모든 인간 집단에서 발견된다. 세계의 고전은 남성과 여성, 미국인과 유럽인, 아프리카와 아시아, 스페인 사람들과 그리스인과 이탈리아인, 아르헨티나와 러시아, 젊은 소녀와 노인으로부터 우리에게 온다. 무지와 의도를 통해 단지 한 집단이 대표하는 그런 방식으로 고전으로부터 선별하는 것이 가능할 수도 있지만(그리고 분명히 어떤 문화는 다른 문화들보다 더 오랜 기록 문학의 유산을 지니고 있지만), 이렇게 하는 것은 고전의 의미를 놓치는 것이다. 비범한 재능은 보편적인 것이고, 새로운 고전이 글로 쓰일 때, 이 의미의 진실은 훨씬 더 명백해진다. 잠시 동안 이 장의 함축적인 주제를 담은 작품을 쓴 작가들에 대한 아주 짧은 목록을 생각해 보라.

> William Shakespeare, Dante, Herman Melville, Plato, Charles Dickens, Virginia Woolf, Charlotte Brontë, Malcolm X, Sylvia Plath, Booker T. Washington, Emily Dickinson, Margaret Mitchell, Homer, Maya Angelou, Lorraine Hansberry, Pearl Buck, Geronimo, Garcia Marquez, Anne Frank, James Baldwin, Louisa May Alcott, Mohandas Gandhi, Isak Denisen, Annie Dillard, Confucius, Jomo Kenyatta, Garcia Lorca, Kate Chopin, Victor Hugo, Carlos Fuentes, Phillis Wheatley, Rachel Carson, Goethe, Jorge Luis Borges, Ayn Rand, Chinua Achebe, Ruth Benedict, Claude Brown, Margaret Mead, Emily Brontë, Edith Wharton, W. E. B. DuBois, Mary Wollstonecraft, Mary Shelley, Walt Whitman, Pablo Neruda, Barbara Tuchman, Tu Fu, Harriet Beecher Stowe, Wole Soyinka, Miguel Angel Asturias, Marjorie Kinnan Rawlings, Cervantes, Beatrix Potter, Baroness Emmuska Orczy, Marianne Moore, Dostoevsky, Lady Murasaki, Marco Polo, Chairman Mao, Lao Tzu, Guy de Maupassant, Harper Lee, Mikhail Lermontov, George Eliot, Euclid, Alexander Dumas, Alexander Pushkin, Frederick Douglas, Richard Wright, Ralph Ellison, Castiglione, Chekhov, Frances Hodgson Burnett, Machiavelli, Henrik Ibsen, Gustave Flaubert, Euripides, Sappho, Wilma Dykeman, Robert Burns, Calderon de la Barca, Benvenuto Cellini, Constantine Cavafy, Elizabeth Browning, Elizabeth Bishop, Rabindranath Tagore, Jane Austin

세계의 고전들은 전 세계의 모든 시대에 걸쳐 〔중국 시로부터 완전수(perfect number)를 사용하면〕 10,000명의 총명한 남성 및 여성이 이룬 인류의 성취물이다. 세계의 진정한 고전에 정통하면 학생들은 민족주의, 자민족 중심주의, 엘리트주의를 넘어 교육될 수 있고 인류의 지혜와 성취를 목격할 수 있다. 고전은 교화되고 관대한 범세계적이고 간학문적인 관점에 기여한다. 이것은 결코 고전에서 얻을 수 있는 최소한의 혜택이 아니다.

9. 결론

교실에서의 고전 활용에 관한 모든 쟁점을 언급하는 것은 한 장(章)이라는 공간에서는 불가능하다. Thoreau는 진실을 표현하는 데 아무리 과장해도 지나치지 않다고 느꼈다고 언젠가 말한 적이 있다. 고전은 그런 것이다. 고전의 중요성과 고전이 마음에 미치는 영향을 정확하게 표현하려는 것은 과장되고 불합리하게 보이는 것으로 재앙을 자초하는 일이다. 하지만 여기 주어진 논쟁을 생각해 보라. 그리고 여러분이 읽었던 고전이 여러분이 그것을 전혀 읽지 않았던 것처럼 완전히 잊히는 데 동의한다고 생각해 보아라. 여러분은 『위대한 개츠비』, 『보물섬』, 『죄와 벌』, 『앵무새 죽이기』, 『오디세우스』를 잊겠는가? 여러분은 이 책들 중 어느 것에 대한 기억과 결별할 수 있는가?

왜 안 될까?

10. 핵심 요약

- 기초 독본은 다양하고 고급이며 제한 없는 탐구가 가능한 진정한 문학으로 내체되어야 한다.
- 고전은 한 가지 이유로 고전이다. 그것은 언어, 예술적 장점, 인류애, 지적 본질, 독창성 등과 같은 특성의 복잡체이기 때문에 영속한다. 이러한 특성들은 언어적으로 뛰어난 학습자들에게 호소하고 영감을 불어넣어 준다.
- 고전은 본질적으로 스스로 차별화한다. 고전의 바로 그 깊이와 복잡성으로 인해 다양한 학생들에 의해 다양한 방식으로 읽힌다. 뛰어난 교사는 각 학생들이 가장 적절한 방식으로 읽고 배울 수 있도록 개별화하고 창의적으로 가르쳐서 이 깊이를 이용할 수 있다.
- 고전은 창의적이고 흥미롭고 뛰어난 방식으로 사용된 고급 단어들의 탁월한 저장소이다. 『버드나무에 부는 바람』과 『피터 팬』 같은 소위 아동 고전들에도 전

형적인 고등학교 학생들이 교과서에서 결코 만날 수 없을 수도 있고 통달할 수도 없는 단어들이 포함되어 있다.

- 고전은 생각을 분명하게 표현하는 능력을 계발시킨다. 각각의 고전은 독립된 하나의 고전인데, 부분적으로 그 이유는 잊힌 책들보다 더 생각을 분명히 표현하고 있기 때문이다. 고전에서 학생들은 잘된 수천의 예제들을 접하게 된다.
- 고전은 사고 기술을 발전시킨다. 왜냐하면 고전은 학생들에게 생각해 볼 수 있는 사고거리를 제공하고, 고전은 서로 모순되며, 고전은 행동거지가 얌전치 못하고 소란스럽고 난폭하기 때문이다. 고전은 생명이 무엇을 의미하는지에 대한 국제적으로 공표된 일종의 논쟁거리이다.
- 고전은 인간의 가치를 향상시킨다. 만약 어떤 것이 실제로 왜 고전이 될 수 있는지 설명한다면, 그것은 단지 고전이 중요한 책이기 때문이다. 이야기 속에는 항상 충성, 용기, 호기심 같은 중요한 어떤 것이 있다. 세계 문학의 교유한 범세계적 관점을 포함하는 고전의 인류애는 거리의 사람들과 오락 매체를 병들게 하는 폭력과 잔인함의 문화에 대해 아름답고도 비판적으로 필요한 대위법과도 같다.

11. 참고 문헌

Clark, B. (1988). *Growing up gifted.* Columbus, OH: Merrill.

Crane, S. (1961). *The red badge of courage* (pp. 143–144). New York: Macmillan.

Fehrenbach, C. R. (1991). Gifted/average readers: Do they use the same reading strategies? *Gifted Child Quarterly, 35*(3), 125–127.

Gallagher, J. (1975). *Teaching the gifted child* (2nd ed.). Boston, MA: Allyn and Bacon.

Ganopole, S. J. (1988). Reading and writing for the gifted: a whole language approach. *Roeper Review, 11*(2), 88–94.

Lee, H. (1960). *To kill a mockingbird.* New York: Warner.

Melville, H. (1982). *Moby Dick.* New York. Modern Library.

Parker, J. (1989). *Instructional strategies for teaching the gifted.* Boston, MA: Allyn and Bacon.

Reis, S., & Renzulli, J. (1989). Providing challenging programs for gifted readers. *Roeper Review, 12*(2), 92–97.

Thompson, M. (1995). *Classics in the classroom* (2nd ed). Unionville, NY: Royal Fireworks.

Thoreau, H. D. (1960). *Walden and civil disobedience.* New York: Signet.

Torrance, P., & Myers, R. M. (1970). *Creative teaching and learning.* New York: Harper.

VanTassel-Baska, J., Feldhusen, J., Seeley, K., Wheatley, G., Silverman, L., & Foster, W. (1988). *Comprehensive curriculum for gifted learners*. Boston, MA: Allyn and Bacon.

Wallas, G. (1926). *The art of thought*. New York: Harcourt, Brace.

Whitman. W. (1993). *Leaves of grass*. New York: Modern Library.

제 5 장

문학의 연구: 인간 이해에 대한 통찰

Barbara Allen Taylor

우리는 집합적 지혜의 원천으로서 문학이 혼란스러운 인간의 조건에 대한 통찰을 제공하며, 영웅적 행위의 기록으로 안심시키고 인간의 어리석음에 대한 교정 역할을 하는 드라마로 절제하기를 기대한다. 우리는 문학이 이해를, 경험을 통해서만 접근 가능한 이해를 제공하기를 기대한다. 실제로 이해는 모든 가르침의 원하는 목적이자 배움의 목적이라고 본다. 이 장에서는 무엇이 문학적 이해를 구성하는지 논의하고, 우리가 육성하기를 바라는 이해의 장애물이 무엇인지 확인하며, 그 장애물을 꿰뚫기 위한 전략을 제안할 것이다.

1. 교육과 이해

많은 진지한 수사학과는 달리, 학생들이 진정한 이해에 도달하도록 도와주는 것은 교육의 우선적인 목표가 아니다. 교육이라는 어휘는 그 대신 측정에의 몰두를 암시한다. 즉, 기본적인 기능 숙달, 결과의 수행, 문화적 문식성의 성취 등을 보여 주어야 하는 절박함을 나타낸다. 이 몰두는 학습에 대한 측정 도구를 제공하려는 노력이 학습 자체에 대한 노력을 보잘것없게 만들기 쉽다는 연구에 의해 충분히 입증된 비판에도 불구하고 분명하게 약해지지 않고 있다. 단순화되고 지엽적인 것들을 측정하기는 쉽다. 반면 복잡하고 장기간에 걸친 성장은 연구로 증명하기 훨씬 어렵다.

그러나 평가는 이해가 아니라 교육의 의제에 있어 매우 우선적인 것으로 보인다. Gardner(1991)는 자신의 최근 연구인 *The Unschooled Mind*에서 이러한 유감스런 사실들을 상당히 상세하게 기록했다. 그의 이해에 관한 논의는 어떻게 First National Assessment of History and Literature가 진정한 문학적 이해에 전적으로 적절하지 못한 평가가 되었는지를 들여다볼 수 있는 통찰을 제공한다.

Gardner(1991)는 교육이란 우리의 관찰과 사고를 조직하고 통합하는 메커니즘을 제공하는 정신적 모델을 구성하는 과정이라고 말했다. Glaser(1984)는 다른 인지 심리학자들의 연구를 요약하면서, 원형적 지식 구조가 사고와 궁극적 이해에 있어 중심적 역할을 한다는 것을 발견했다. 각 사고자는 지식과 경험의 다양한 영역의 대안적 관점들을 허용하는 하나 이상 혹은 다단계화된 시스템을 필요로 한다. 그러나 필수적이고 역동적인 정신적 모델을 만드는 것은 "어린 아동의 세계에 대한 자신의 개념 설정에 대한 고집" 때문에 복잡하다(Gardner, 1991, p. 5).

Gardner는 "원형적 지식 구조"의 첫 단계를 "교육받지 않은" 정신으로 간주했다 —"거의 모든 학생에게는 빠져나와서 스스로를 표출하고자 애쓰는 다섯 살짜리의 교육받지 않은 정신이 있다는 사실을 우리는 인정하지 못해 왔다. 또한 우리는 새로운 자료를 전해서 근본적으로 다르고 깊이 자리 잡은 방식으로 이런 종류의 자료를 오랫동안 개념화한 아이들이 그 함축적 의미를 제대로 알도록 하는 것이 얼마나 어려운지 인식하지 못해 왔다."(1991, p. 5) 그리고 우리는 대신 Gardner가 "정답 타협"이라고 말한 것에 만족하면서 이런 깊이 자리 잡은 구조에 대항하는 어려운 일로부터 스스로 피해 왔다.

문학이 정답을 찾는 것이 아니라는 사실은 확실히 불편하다. "옳다고 승인된" 답은 적절하지 못하다. Kafka(1966)가 쓴 "A Country Doctor"의 내레이터는 "나는 큰 혼란에 빠져 있다."(p. 21)고 말하면서 자신을 우리에게 소개하고, 이야기의 끝까지 그 혼란이 지속된다. Toni Morrison이 쓴 『가장 푸른 눈』(1970)의 내레이터인

Claudia는 다음에 올 이야기를 요약하고 자신이 시작할 때 결론을 짓는다—"왜라는 것 외에는 더 이상 할 말이 없다. 그러나 왜라는 것은 다루기 어렵기 때문에 어떻게라는 것으로 도피해야 한다."(p. 9) 그리고 소설이 끝날 때, 우리는 오직 확인뿐 해답을 갖지는 못한다—"물론 우리는 틀렸지만 그것은 문제가 되지 않는다. 너무 늦었다. 적어도 마을 언저리에서, 마을의 쓰레기나 해바라기들 사이에서, 아주 아주 아주 너무 늦었다."(p. 160) 학생들은 Job의 이야기에 당황한다. 그런 이야기는 무엇을 의미하는가? 그들에게 무엇을 말할 수 있는가? 내가 확신하는 한 가지는, 만약 이야기가 질문에 좌우되어 의미를 가진다면 그 의미는 결코 답이 아니라는 것이다. 학생들이 생각하고 이해하는 것과 느끼고 의지하는 것에 의문을 제기하는 이야기들에 대해 "옳다고 승인된" 답을 요구하는 것은 바보 같은 일이다. 더 나쁜 것은, 그것이 문학의 규칙 위반이라는 사실이다. 그리고 실질적인 용어로 말하자면, 학생의 이해나 지식이나 학습의 척도로서 그런 질문과 대답은 우리에게 아무것도 말해 주지 않는다.

우리가 문학의 창조자 중 한 사람의 말을 믿는다면, "그 안에 존재하는 세계의 무질서를 포함할 만큼 견고하고 복잡한 정신적 질서의 구성을 열망하는 누군가를 돕기 위해, 또는 아무런 방법도 아닌 것으로 민감하고 융통성이 있는 방법을 확립하려고 하는 사람을 위해"(Calvino, 1986, p. 99) 문학은 존재한다. 문학은 우리에게 "숨겨진 동기"를 소개하고 다음과 같이 가르친다—"중요한 것은 우리의 동기를 받아들여 뒤따르는 위기를 이겨 내는 방식이다. 이것은 우리가 현재 우리의 모습과 다르게 되기 위해 우리가 가지는 유일한 기회, 즉 새로운 존재의 방식을 창조하기 시작하는 유일한 방법이다."(p. 100) 혹은 "인간적이 되는 다른 방법을" 탐구하여 "아직 찾지 못한 우리 자신을 [찾는]"(Arrowsmith, 1971, p. 7) 유일한 방법이다.

2. 문학적 이해

문학작품에 대한 이해는 그 작품이 만들어 내는 세상에의 참여를 요구한다. 문학은 기억으로든 상상으로든 경험을 만들어 내고, 인위적인 행위를 하면서 이해의 순간을 위해 적소에 경험이 넘쳐흐르게 한다. 마법과 같이 이 순간은 얼어붙어 있지만, 그럼에도 불구하고 생기 있고 끝없이 소생하는 듯하다. 그래서 Keats는 "나무 그늘 아래에 있는 아름다운 젊은이"에게, 즉 살아 있고 썩을 것 같지 않은 젊은이에게 말을 할 수 있고, 세월을 피하는 속임수에 대해 언급할 수 있다—"대담한 사랑이여, 결코, 결코, 그대는 키스를 못하리라, / 그대는 목표물에 거의 가까이 갔지만—그러나 슬퍼하지 말지어다, / 그녀는 사그라들지 않을 것이다, 그대의 행복을 가지지 못할지라도, / 영원히 그대를 사랑할 것이다, 그리고 그녀도 아름다우리라!"(Keats, 1974, p. 663).

Keats가 그려 내는 대화는 매우 복잡한 언어의 과정이다. 매우 강하게 함축된 정의에서 Italo Calvino(1986)는 문학에 의해 불려 나오고 문학 속에서 구체화되는 복잡한 언어 과정을 부각시킨다—"문학작품은 글로 쓰인 언어로 수행되고 동시에 몇 단계의 현실성을 수반하는 과정으로 정의될 수도 있다."(Calvino, 1986, p. 101) 이 과정은 글로 쓰인 언어가 신비하면서도 좌절감을 주기 때문에 긴박하면서도 고되다.

『아담 비드』의 서두는 글로 쓰인 언어가 기지고 있는 힘의 잠재력을 적절하게 묘사한다—"거울이 되는 단 한 방울의 잉크로, 이집트 마법사는 우연히 들르는 손님에게 아주 먼 과거의 광경을 드러내는 일을 했다. 이것이 내가 독자인 당신을 위해 하려는 일이다. 내 펜의 끝에 있는 이 잉크 방울로, 나는 당신에게 Jonathan Burge의 널찍한 작업실을 보여 줄 것이다."(Eliot, 1987, p. 49)

이 글에 대한 평을 하면서, 소설가이자 비평가인 Lodge(1990)는 "잉크 방울의 형성"에 의해 제공되는 놀라운 약속을 지적했다. 정보는 드라마가 되고 독자들은 자신의 세계에서 나와 또 다른 세계로 초대되는데, 이것은 Lodge가 "모든 이야기의 근본적인 매력"(p. 98)이라고 밝힌 약속된 탈출이다.

놀라울 정도로 비슷한 관심을 가진 글에서, 15세의 Genevieve는 『햄릿』에 관한 에세이를 쓰면서 언어 동전의 다른 측면을 묘사한다.

> 나는 이 스크린을 몇 시간 계속해서 바라보고 있었다. 나는 네 번째로 열쇠를 삑삑 긁어 스크린에 시커먼 낙서를 만들었다가 아무것도 남지 않을 때까지 지우고, 지우고, 지웠다. …… 나는 뭔가 할 말이 있다. …… 그러나 어떻게 하나? …… 나는 나 자신의 경계와 이 이차원적인 단어에 갇혀 있어서 정말로 흰 종이 위에 낙서만 만들고, 그것은 분명히 떠받쳐야 할 영혼과 삶과 실체를 담을 만큼 강하지 않다.

그녀는 어려움이 논의하고자 하는 연극에 투영되는 것을 보았다.

> 역설적인 것은 가장 세련되고 가장 표현적인 영어를 쓴 예로서 이 연극이 결국에는 그의 말과 그의 환상과 그의 고립에 의해 드러나는 한 등장인물에 초점을 둔다는 사실이다. 그가 짜는 거미줄에 갇혀서 햄릿은 결코 남들과 이야기도 할 수 없고, 설명도 할 수 없고, 그의 말을 듣는 사람들이 광기에 대한 암시나 그 이상의 어떤 것을 이해할 수도 없다.

그럼에도 불구하고 이 학생은 그녀 자신의 경험에서 언어의 비판적 역할을 피할 수 없어서, 단어의 불충분함에도 불구하고 그녀는 "그것으로 창조하고 그것으로 설명하고 그것으로 살고 숨 쉬고 생각하지" 않을 수 없다. 그녀는 언어의 한계에 의해 고통받고 그녀의 진수를 말하기 위한 욕구로 인해 마음이 혼란스럽다—"나는 그것을 내 모든 말로도, 내가 결코 당신을 내가 되게 만들 수 없다는 것을 알고 있다. 나는 이 순간이, 한 번 더, 영원히 가 버릴 것이라는 사실을 안다. 나는 언젠가 죽어서 이 모든 언어가 단지 다른 사람들의 상상을 위한 텅 빈 껍데기가 될 것이라는 사실도 안다."

Genevieve의 망연자실한 분출은 Mikhail Bakhtin의 언어 이론과 일맥상통하는 것으로, Lodge(1990)는 다음과 같이 요약한다.

> Bakhtin에 따르면 언어란 본질적으로 대화체이다. 우리가 말하고 쓰는 모든 것은 과거에 어떤 것을 말했거나 썼던 것들과 그것에 응답하여 미래에 말하거나 쓸 것들과 연결되어 있다. 우리가 사용하는 말은 이미 다른 사람들의 의미, 의도, 어조로 각인되어 우리에게 오고, 우리의 말은 인용과 반향과 암시의 조직이다. 그리고 우리가 하는 모든 언급은 그것을 받아들일 실제의 혹은 가상의 일정한 타인을 향한다. (p. 110)

Nadine Gordimer의 소설 『버거의 딸』(1970)은 이 점을 완벽하게 설명한다. 이 소설은 Rosa Burger의 엄마의 체포와 투옥이라는 똑같은 사건에 대해 서술하고 반응하는 아주 뚜렷한 목소리를 가진 4명의 이야기로 시작한다. Lionel Burger와 그의 아내는 인종차별에 반대하는 정치 운동가이다. 우리는 그들이 무엇을 하는지 그리고 무엇을 했는지 알고 있다. 그러나 소설의 주제는 그들의 행위가 아니라 Rosa의 성격, 즉 그녀의 정체성이다. 마지막을 여는 목소리는 그녀 자신으로, 단 하나의 질문을 한다 —"나를 감옥 바깥에서 보았을 때, 그들은 무엇을 보았을까?"(p. 13)

그리고 Rosa는 그녀의 이야기를 풀어놓는다. 비록 Rosa가 이 소설에서 단 하나의 화자는 아니지만, 소설의 전개에 있어 결정적인 것은 Rosa가 선택한 청중의 정체성이며, 스스로 정의를 내리는 대화를 함께 시작하는 사람이다. 그녀는 4개의 글을 여는 목소리에 대한 평을 한나—"내 설명과 그들의 설명." Genevieve와 같이, Rosa는 글로 쓰인 말이 불충분하고 잘못 해석될 가능성이 높다는 것에 좌절감을 느낀다—"그리고 만약 이것이 글로 쓰인다면, 다시 읽을 때 두 가지 다 똑같이 꾸며 낸 것으로 보일 것이다."(p. 16) Rosa는 대신에 "대화" 과정을 묘사한다—"내 맘속에서 내가 그렇게 한다고 느끼는 방식으로 너에게 말하기."(p. 16) 대화 과정은 자동적이다—"사람은 결코 자신에게 말하지 않고, 항상 누군가에게 말을 건다. 갑작스럽게 이유도 모른 채, 어떤 사람의 인생의 각기 다른 무대에서 항상 이 사람 저 사람에게 말을 걸고 있으며, 심지어 청중들 앞에서 꿈을 연기한다. 나는 그것을 본다."(p. 16) "이 사람 저 사람"에게 말을 거는 것은 그러나 마음에 차지 않는다. Rosa는 "그들의 삶에서 중요하지 않은 사람이나 아주 그 삶 바깥에 있던 사람에게, 그 인생에 한두 번 잠깐 들렀다 가는 그다지 중요하지 않은 호기심에 이끌린 들러리 중 하나에게"(p. 17), 그리고 가치 없는 친한 친구에게 자신의 의미를 말하면서 이야기를 시작했다. 그 소설은 이 산만함으로부터 벗어나 그녀의 존재와 그녀가 슬픔, 배신, 상실과 직면한 일에 대한 대화로 옮겨 간다. 소설의 후반부에서 그녀는 죽은 아버지에게 말을 건다—"나는 종교적 믿음을 가지고 있지 않은 사람들조차도 가끔씩 죽은 사람을 강하게 의식하는 경험을 가진다고 들었다. 상실은 다시 채워진다. 이 말은 바로 그들이 그것을 서술한 방식을 요약한다. 이런 일은 결코 너와 함께 있는 나에게 일어나지 않았나"(p. 328). 그러나 Rosa의 삶, 즉 그녀의 고국에서의 삶에 대한 비판적 대화가 시작되었다. 그곳에는 이상하게도 "여전히 영웅들이 있고", 그곳에서 Rosa는 자신이 할 수 있는 것을 하며 "한 발을 다른 발 앞에 두기" 위해 자신이 치료하는 환자들과 함께 배울 것이다(p. 332).

글로 된 언어의 결정적인 작용은 바로 Emerson(1957a)이 "표현"이라고 이름을 붙인 것이다. 우리의 존재는 단지 우리 존재의 절반에 불과하며, 다른 절반은 …… 표현이다. 예술가나 시인은 그래서 우리의 경험을 완성하는 수단을 창조한다.

> 모든 사람들은 자신에게 일어났던 일을 대화에서 말할 수 있는 만큼 예술가가 된다. 그러나 우리의 경험에서는, 그 빛이나 갈채가 감각에 도달할 만큼의 힘을 가지고 있지만 핵심에 도달해서 말 속에서 그들 스스로를 재생산하게 만들 만큼은 아니다. 시인은 이러한 힘이 균형을 유지하고 있는 사람이자, 언어장애가 없는 사람이며, 다른 사람들이 꿈을 꾸는 것을 보고 다루고, 모든 크기의 경험을 오가며, 받고 주는 가장 큰 능력을 가진 덕택으로, 인간을 대표하는 사람이다. (pp. 223-224)

Wordsworth(1974)도 유사한 주장을 했다. 시인은 우리가 단지 피상적으로 보는 것을 깊게 보는 능력에 있어서 우리와는 다르다. 시인은 "인간과 인간을 둘러싸고 있는 사물들이 서로 작용과 반작용을 해서 고통과 기쁨의 무한한 복잡함을 만들어 낸다고"(p. 135) 여긴다. 그래서 시인은 "인간의 보편적인 열정과 사고와 감정"(p. 137)을 명료하게 표현할 것이다.

문학은 우리에게 새로운 것을 말하지는 않는다. 그것은 단지 반복하고, 새로운 대본 안에서 친숙한 상황을 차려 놓는다. 독자는 그 대본으로 들어가서 인간에게 중요한 것이 무엇인지 정의하도록 하는 대화를 연습한다. Flannery O'Connor(1957)는 "할 수 있는 새로운 이야기는 없을지도 모른다."(p. 76)고 확언했고, James Baldwin의 이야기 "Sonny's Blues"(1978)도 동의한다—"왜냐하면 어떻게 우리가 고통을 겪고, 어떻게 즐거움을 느끼고, 어떻게 승리를 하는지에 대한 이야기는 결코 새롭지 않아서 틀림없이 들었을 것이기 때문이다. 할 수 있는 다른 이야기도 없으며, 그것은 이 어둠 속에서 우리가 가진 유일한 빛일 뿐이다."(p. 41)

그 반복은 Wordsworth가 "미개한 무감각"(p. 130)으로 묘사한 것을 피한다. 그것은 우리가 그 모두를 보았다고 생각해서 보기를 중단할 때나, 별로 중요하지 않은 청중에게 생각 없이 우리의 이야기를 할 때 생기는 무감각이다. 우리의 시인은 겉모습이 완벽하지 않고, 우리가 안다고 생각하는 것을 알지 못하고, 다른 종류의 시각이 요구되며, Flannery O'Connor가 "신비적으로 해석하는 시각"이라고 묘사한 것, 즉 "한 가지 이미지나 한 가지 상황에서 다른 수준의 실체를 볼 수 있는 그런 종류의 시각"(p. 72)이 요구된다고 거듭해서 말한다. 그녀는 이 용어를 성서 주해에서 끌어왔지만, 그것의 부분적인 방법은 또한 "모든 창조에 대한 태도와 모든 가능성을 포함한 자연을 읽는 방식"(pp. 72-73)을 표현한다고 설명했다. 그녀는 이런 종류의 시각을 구체화하는 예술가로 Conrad를 인용하면서, "그는 보이는 우주가 보이지 않는 우주를 암시하기 때문에 보이는 우주에 정의를 부여하는 데 관심이 있었다."(p. 80)고 설명했다. Conrad는 Emerson과 더불어, "세계 최고의 지성은 모든 감각적인 사실에 대한 이중적인 의미를, 혹은 내가 말하건대 4중적인 혹은 100배의 혹은 그보다 다양한 의미를 끊임없이 탐구해 왔다."(p. 223)고 이해했다.

문학은 우리에게 본을 보여 주고 우리를 대화 과정으로, 즉 의미와 이야기에 의해 이치가 닿는 삶으로 초대한다. 대화에서 목소리는 말한다. 목소리를 주는 문학의 행위는 중대하다. 그 이유는 이 작업이 우리가 현재 받아들이는 한계를 넘어서는 세계에 대한 끝없는 창의적인 상상을 가능하게 하기 때문이다.

"Right and Wrong Political Uses of Literature"라는 제목의 에세이에서 Calvino (1986)는 문학이 표현하는 시각과 목소리를 기술했고, 이 특징들이 어떻게 정치에 필수적인지를 설명했다.

> 목소리가 없는 모든 것에 목소리를 줄 때, 아직 이름이 없는 것에게, 특히 정치의 언어가 제외시키거나 제외시키려고 하는 것에게 이름을 줄 때, 문학은 정치에 무엇보다도 필요하다. 내가 의미하는 것은 내부 세계와 외부 세계 모두에서 국면, 상황, 언어 그리고 개인과 사회 모두에서 억압된 경향을 의미한다. 문학은 정치적 언어의 이해를 넘어서 사물을 들을 수 있는 귀와도 같다. 그리고 문학은 정치에 의해서 인식된 색의 스펙트럼을 넘어서 볼 수 있는 눈과도 같다. (p. 98)

문학은 새로운 가능성을 상상하고 분명하게 표현한다. 새롭게 상상된 질문들은 확립된 질서에 도전한다. 오래된 질문들이 돌아오고, 목소리들은 시간을 넘어 말을 한다. 대화는 우리를 편안하게 하고 도전하게 하는데, 그것은 우리가 능동적으로 대화에 참가할 때만 그렇다. Keats(1974)는 보여 주었다—그의 이야기꾼이 항아리에게 말을 하고, 항아리는 대답을 하며, 그 대화는 영원히 계속될 것이다. 그것의 태고에 상상된 근원의 낭비된 세대를 훨씬 넘어서 이야기꾼에게 말하는데 "노년이 그의 세대를 낭비하게 할 때"(p. 664)에도 계속될 것이다.

문학은 활동적인 대화로써 극화되고, 우리의 가르침은 학생들을 그 대화 속으로 참여하도록 초대해야만 한다. 이야기와 시는 독자들에게 그 작품이 상연하는 제한된 극적 세계로 들어가기 위해서, 또 그 경험의 일부가 되기 위해서 Coleridge(1971)가 말한 "불신에 대한 자발적 중지"(p. 269)에 빠져들도록 요구한다. 교사들은 이러한 초대를 방해해서는 안 되고, 대신 우리는 학생이 기다리는 과정으로 들어갈 때 도와주어야 한다. 독자들은 텍스트를 경험하고 텍스트와 만나는 것을 통해 배운다. 나는 Rosa Burger처럼 내 인생에 자주 나타나는 망령에게 이야기해야 한다는 것과 나의 슬픔을 피하는 것은 비참하고 정신적으로 자기파괴 행위라는 것을 배운다. 누구도 나에게 말해 줄 수 없으며, 이 경험에 관해 이야기 듣는 것은 경험 그 자체에 대한 대체가 되지 않는다. 문학은 내가 상상력을 통해 나 자신의 발견을 하도록 허용한다. 문학에 대한 우리의 가르침은 이런 상호작용을 하는 참여적인 과정을 길러야 하고, "야만적인 무기력"이 생기는 것을 피하게 해야 한다. 이 무기력은 우리가 피상적이고 있는 그대로의 답을, 즉 이해가 없는 "익숙함"만을 나타내는 답을 요구할 때 생기는 감각이 없는 공허한 응답이다.

3. 이해를 막는 장벽

문학의 진정한 경험으로 학생들을 참여시키는 것은 고결한 목표이다. 그러나 그러한 상승은 남루하고 초라한 작은 산등성이에 대한 현실적인 평가로 시작해야 한다. 학생들에게 Shakespeare를 소개한 교사라면 누구라도 이 노력의 최초의 현실은 좌절이라는 것을 알아야 한다. 경험이 없는 독자들은 처음에 당혹케 하는 이질적인 텍스트를 만나게 된다. 문자 그대로의 이해는 낯선 문법, 구두점, 어휘에 좁고 지루한 주의를 요한다. 독자는 틀림없이 텍스트로부터 주의를 돌려 그 연극의 주제와 비유 패턴에 짜 맞추어진 주제에 관한 참조 사항을 설명하는 주석을 보게 된다. 한탄이나 이를 가는 소리는 Shakespeare 언어의 음악을 안 들리게 한다. 우리가 이 첫 번째 읽기가 단지 사전 준비라고 설명할 때, 참을성 없는 젊은이들은 얼마나 적은 위안을 느끼는가?

덧붙여서, 우리의 지도와 가르침은 종종 학생들의 "전형적인 지식 구조", 그것들이 깊숙이 자리 잡은 각본, 고정관념, Gardner(1991)가 묘사한 "교육받지 않은 정신"으로 특징지어진 잘못된 개념화와 상충된다. 학생들은 종종 그들 자신의 경험을 텍스트와 연결할 수 없다. 그러나 다른 때에는 인간의 본성과 그들 주변의 세계에 대한 그들 자신의 생각으로부터 그것에 대해 그들이 이해한 것을 분리하지 못한다.

예를 들어 일단 문자 그대로의 수준에서 텍스트가 해독된다면, 학생들은 텍스트의 애매함과 직면하고, 다양한 해석의 가능성에 직면하며, 직접적인 답과 예측 가능한 결과에 대한 그들의 믿음은 좌절을 만난다. 그래서 우리는 권위의 역할을 훼손하고, 우리의 학생들이 권위를 존경하고 믿도록 맞추어 왔던 사회화에 정면으로 거스르게 된다. 문학을 가르칠 때, 우리는 일관되게 학생들의 상식과 습관적 응답, 장기간의 사회화에 반대한다.

최근 Kate Chopin의 『각성』에 대한 마지막 토론 동안 한 집단의 고등학교 3학년생들을 관찰했을 때, 나는 그들의 습관적인 응답이 얼마나 무서운지 다시 한 번 생각했다. 그들은 이 텍스트로 2주일간 작업을 하고 있었고, 내가 관찰한 토론은 그들 공부의 결말이 될 것이었다. 이 마지막 토론 이전에 학생들은 소집단에 참가했고, 각 소집단은 이 단편소설의 특정한 양상을 학급 전체에 발표할 책임이 있었다. 텍스트 자체는 비록 (19세기 후반이라) 다소 멀지만, Shakespeare나 심지어 Dickens에 비해 부담스럽지는 않다. 그럼에도 불구하고 학생들은 Chopin이 구성한 세계로 들어가지 못했다. 그 소설의 중심인물인 Edna는 Ibsen의 Nora와 같이 아내와 엄마로서의 역할 속에 마지못해 사로잡혀 있다. 그녀를 가두는 사회적 구조가 그녀의 본성을 질식시키고 위협했으며, 그녀는 뒤늦게 관능미와 개인주의에 대해 깨닫기 시작한다. 그러나 그녀는 이 깨달음을 성취하지 못한다. 소설의 말미에서 Edna는 파멸을 끌어안고 바다로 걸어 들어간다.

내가 관찰한 학생들은 Edna에게 화가 났다. 이야기에 대한 그들의 응답을 지배했던 저변에 깔린 질문은 "어떻게 그녀가 남편과 아이들에게 이런 일을 할 수 있는가?"였다. 그 질문에 갇혀서 그들은 그녀의 행동의 의미에 대해, 그녀 자각의 본질에 대해, 관능의 힘에 대해 질문을 하지 못했다. 어머니는 자신의 아이들을 사랑하고, 아이들을 부양하고 보호하기로 되어 있다. 가족은 개인적 성취를 위한 어머니의 욕구보다 우선한다. 이 인습적인 각본은 Chopin이 창조한 각본을 압도하고 얼룩지게 한다.

언젠가 젊은 여인 하나가 통찰을 제공했다. "나는 막 생각하고 있었죠."라고 그녀는 말했다. "아시다시피 우리는 정말로 이야기 속의 인물들을 긍정적인 역할 모델로 받아들이지 않으려 하죠." 그녀는 잠시 멈추었다. "정말로 그들은 부정적인 역할 모델이에요." 그런 깊이 자리 잡은, 교육받지 않은 생각은 다음과 같이 가르침을 엉망으로 만든다—진정한 예술가는 Norman Rockwell처럼 그려야 한다. 시는 운이 맞고 정신을 고무하는 것이어야 한다. 소설은 도덕을 가르치고 그 등장인물은 역할 모델이 된다. 그리고 예술과 문학에 표현된 현실은 받아들여진 지혜, 문화적 관례, 수용된 규범, 시회 조직을 지지한다.

Calvino(1986)는 이해를 도출하려는 우리의 노력을 복잡하게 만드는 또 다른 조건을 묘사했다—우리는 아직 완결되지 않은 지적인 혁명 가운데서 자신을 발견한다. Calvino가 묘사한 그 조건은 갑작스럽게 다가오지 않았고, 그것은 오늘날까지도 여전히 해결된 것이 아니다. 그러나 Calvino가 알았던 것처럼 그 혼란은 1960년대에 주목할 만큼 뚜렷하게 나타났고, 그때 우리는 "정신의 혁명, 즉 지적인 전환점"(p. 90)이라는 사실을 맞이했다고 그가 말했다.

객관성을 위한 우리의 역량은 더 이상 당연하게 생각되지 않는다. Evelyn Fox Keller는 Simone de Beauvoir를 인용하면서 자신의 연구인 *Reflections on Gender and Science*(1985)를 소개한다—"세계의 표현은 세계 그 자체처럼 인간의 작품이다. 그들은 그것을 그들 자신의 관점에서 기술하고, 절대적 진리와 혼동한다."(p. 3) 이러한 "관점"과 "절대적 진리"에 대한 이런 혼란을 인식하는 것은 Calvino가 묘사한 혁명의 핵심에 해당된다. 우리가 절대적 진리로 바라보도록 배웠던 관점은 단지 하나의 "관점"에 불과하다. 어떤 사람의 의견을 절대적 진리라고 부르는 것은 몹시 자기 이익만을 생각하는 것이라서, "세계를 정의하고 계획하고 분류하는 데 사용된 …… 변수, 범주, 반대"(Calvino, 1986, p. 91)를 분명히 표현하는 데 필요한 특권과 권력을 제공하고, 그렇게 하면서 다른 사람을 똑같은 특권과 권력에서 제외시킨다.

그러나 이러한 혼동은 제때에 인식되었다. 1977년 더글러스대학의 젊은 여학생들에게 한 연설에서 Adrienne Rich(1979)는 그러한 기만 행위를 폭로했다.

> 여러분이 여기에서 배우는 것은 …… 남자들이 그들의 경험, 그들의 역사, 그들의

> 사회관계에 대한 생각, 선과 악, 질병과 건강 등을 이해하고 조직하는 방식이다. "위대한 쟁점", "주요한 텍스트", "서양 사상의 주류"에 대해 읽고 들을 때, 여러분은 남자들이, 무엇보다도 백인 남자들이 그들의 주관성에서 중요하다고 결정한 것에 대해 듣고 있다.
>
> 흑인이나 다른 소수민족은 어느 시점부터 넓은 의미의 인간이라고 기술된 연구에서 그들의 인종적·민족적 경험이 설명될 수 없다는 사실을 인식했고, 과학조차 인종차별적이라는 사실을 인식했다. 많은 이유로, 여자가 우리의 소외를 이해하고 심지어 과학도 성차별적이라는 사실을 이해하는 것은 더 어려워졌다. (p. 232)

이 마지막 주장은 Keller에 의해 확인되었다. 과학에 대한 여성 해방론적인 비평의 서두에서, 그녀는 성과 과학은 사회적으로 구성된 범주라고 주장했다. 우리의 성적 정체성과 자연 세계의 정체성은 둘 다 사회적으로 표출되었다. 우리의 이해에 대한 순수함은 우리를 속인다. 우리가 아는 것은 불가피하게 우리의 문화, 역사, 개인의 심리에 의해 오염되었다.

그럼에도 불구하고 교육의 객관주의적 구조는 인식, 지식, 자연의 질서에 관한 객관주의적 주장이 그런 것처럼 지속된다. 대중적인 문화는 과학의 권위를 계속해서 이상화하고, 교육제도는 교사를 객관주의적 방식으로 계속해서 권위자로 고착화한다. 자기이해로 성장하려는 학생들의 욕구와 자아가 지식을 구성하는 힘과 권리를 둘 다 가지고 있다는 사실에 대한 이해는 체계적으로 제거되었다. 저변에 깔린 인식론은 학생들 바깥에 있는 객관적이고 타당한 지식에 최고의 자리를 확고히 한다. 이런 지식이 없으면 학생들은 불완전하고 불충분하다. 그리고 지식을 제대로 받아들일 능력이 없다는 어떠한 증거도 지적 불충분과 행동의 괴팍함으로 해석된다.

기본적인 기능의 "엄격한 지배"라는 한계를 논하면서, Gardner(1991)는 결정적인 요점을 제시했다. "빠져 있는 것은 …… 이런 기본적인 기능의 배치가 말이 되는 맥락이다."(p. 187) 학생들은 주로 해독하는 기능이 부족하기 때문에 읽지 못한다. 더 정확히 말하자면 그들은 "이해를 위한 읽기 능력과 읽고자 하는 욕구"(p. 186)가 부족하다. 결정적인 요인은 기능이 아니라 "오히려 언제 이런 기능을 불러내는지에 대한 지식과 일상생활에서 생산적으로 그것을 하는 성향"(p. 187)의 부족이다. 그런 지식은 자기 지식이며 대중문화와 교육제도는 자동적으로 자아를 교육적으로 주목할 만한 초점으로 가치가 없다고 일축한다.

진정한 이해가 성장하기 위해서 우리의 학생들은 Gardner가 기술한 "지식"과 "성향"의 조화를 소유해야만 한다. 그 성향은 하려고 하는 것이 중요하다는 개인의 지각으로부터 생긴다. 진정한 성향은 요구되어서는 안 되고, 그것은 자연적으로 생겨야 한다. 그리고 이렇게 스스로 동기 부여된 성향을 관찰할 때, 우리는 개별적인 참여, 자발적인 선택, 자율적인 결정에 대한 증거를 보게 된다.

Women's Ways of Knowing(Belenky, Clinchy, Goldberger, & Tarule, 1986)의 저자는 이런 상태로 성장하는 여성에 대해 서술했는데, 그것은 지식과 성향의 통합을 보여 주는 상황이다. "목소리"를 가질 수 있는 능력은 이 발달 단계에 필수적이다. Emerson이 언급한 것처럼 경험은 존재의 절반에 불과한데 나머지 절반은 표현이다. *Women's Ways of Knowing*에서 표현을 위한 노력은 논문에 나타나 있다. 사고와 앎의 방식은 "목소리"를 얻는 것으로부터 온다. "자기 자신의 조각을 분류하고, 독특하고 진정한 목소리를 찾는 과정에서 바로 여성은 기본적인 구성주의적 통찰에 도달한다－모든 지식은 구성되고, 그것을 아는 사람은 아는 대상의 친밀한 일부이다."(p. 137)

그러나 정식 교육은 자기이해와 지적인 이해의 연결을 이용해 오지 않았다. Belenky와 동료들은 구성된 지식의 위치로 전환되는 여성에게 내면의 목소리와 자아가 나타나지만, 이 출현하는 능력은 "특히 그 여성이 우리의 학문기관이 자주 가르치는, '자신에게서 잡초를 솎아 내는' 수업을 배웠다면"(p. 136) 격려와 양육을 거의 받지 못한다고 설명했다.

"자신에게서 잡초를 솎아 내는" 작업을 통해 지식을 객관화할 때, 우리는 학생들이 학문을 의미 없는 수행으로 간주하도록 초대한다. 우리는 그들이 그들 자신의 정신을 이용하여 그들 자신의 결론에 도달하기보다는 우리가 원하는 것을 찾아내도록 초대한다.

학년 마지막에 나는 내 2학년 영어 수업에 등록한 학생들에게 그해 수업에서 그들의 이해력을 넓힌 과정을 서술하는 에세이를 쓰라고 했다. 그 과정은 정신의 습관(Habits of Mind)이라고 명명되었다. 학생들은 표준 문학작품을 읽었지만 동시에 인식론을 검토했다. 주어진 작품을 읽을 때, 우리는 어떻게 개별적인 작품 자체가 이해를 나타내는지, 어떻게 언어가 이해를 형성하는지, 어떻게 특정한 작품에서 특정한 등장인물이 그들의 이해에 도달하는지 혹은 그렇게 하지 못하는지, 어떻게 그 작품이 주어진 시대를 극화하는지, 어떻게 그 작품을 통해 우리가 그것을 경험하면서 우리 자신의 정신을 형성하는지, 어떻게 우리가 불가피하게 그 작품을 우리의 목적으로 형성하는지를 토론했다. 나는 학생들에게 그해 동안 읽은 선택한 작품에 초점을 두라고 제안하거나, 특정한 통찰력의 성장을 문서화하라고 제안하거나, 특정한 숙제의 가치를 설명하는 것과 같은 아주 단순한 어떤 것을 하라고 제안했다. 나는 또한 그들이 왜 이 과정에서 아무것도 배울 수 없었는지, 그리고 왜 그러한 일이 미래에 재발하지 않도록 길잡이를 제공하지 못했는지를 설명할 기회를 제공했다.

한 학생의 글은 기계적인 수행을 진정한 이해로 대체하는 학생의 능력에서 자아나 목소리의 결정적인 역할을 보여 주는 특히 두드러진 사례였다. Ed는 자신의 글을 진정한 교육이 수반하는 것에 대한 한 단락의 정의로 시작했다. 그는 개개인이 “불확실한 것”에 참여해야 한다고 설명했다. 그들은 이성을 사용하여 “삶의 질문”에 대답하려고 시도해야 한다. 그리고 그 답을 찾으면서 그들이 발견한 의미는 “개인적인 것이 되어야 한다.” Ed의 어법은 더듬거렸고 완전한 능변이 아니었다. 그럼에도 불구하고 그는 결정적인 차이를 알아냈다. 그는 자신이 배운 것이 그 자신의 존재와 분리되거나 연결되지 않은 채로 있지 않고, 이것은 우리 모두에게 같다고 인식했다. 그리고 그는 이 통찰을 Hamlet에 관한 에세이를 쓰는 과정에서 자신이 한 노력의 덕택이라고 여겼다.

주요 결론을 발표하고, Ed는 자신의 통찰로의 진보 과정을 그리기 시작했다.

> 대부분의 내 인생 동안 그리고 가장 확실히 금년에, 나는 교육을 유치원에서 대학까지 시간을 보내야 하는 의무라고 여겼다. 나는 배움에 대한 탐구를 오히려 개인적인 것이 아니라고 여겨서 자연적으로 그 결과에 고통스러워했다. 그중 몇 가지만 말하자면 좋은 않은 성적, 속상하고 실망한 부모, 낮은 자존감 등이었다. 독서를 하고 에세이를 쓰는 과제를 만났을 때, 나는 내 작업에 소비된 이 기간을 단지 노예가 그의 의무를 수행하는 것으로 여겼다. 나는 어떠한 생각이나 조금의 관심도 없이 거의 기계적으로 작업을 했다. 내 의무를 다 한 후에 나는 즐겁게 나의 일상 의무를 계속했

> 다. 나는 내 일/의무가 끝났다는 것에 매우 안도했다. 나는 공부를 그런 방해물로 보았다. 나는 단지 그것을 끝내기 위해 에세이를 쓰곤 했다.

Ed는 계속해서 이 에세이들이 어떠한 개인적인 서명도 없었다고 설명했다. 그의 유일한 관심은 그것들이 "잘못된 생각"을 포함하지 않는 것이었다. 그는 그해의 초기에 마친 에세이 과제를 구체적으로 묘사했다. "전날 Bede에 관한 내 글을 읽고 던져버리고 싶었다. 그 글은 나를 구역질나게 했다. 내 생각은 모호했고 내 주장은 지지받지 못했다. 내 글은 너무나 많은 모호함으로 가득해서 단락들이 어떤 의미도 통하지 않았다." 이 글은 Ed를 수치스럽게 했다. 그는 그해 초에 이 글을 썼고, 그의 글에 응답을 할 때 나는 너그러웠으나, 글이 말이 통하지 않고 말하고자 하는 것이 별로 없다는 것을 전달했다. 나는 그에게 아직 학기 초이기 때문에 의미가 통하는 글을 쓸 기회가 많이 남아 있다고 안심시켰다. 그가 기록하는 급격한 변화는 그해 말에 나타났는데 그것은 그 글을 쓴 한 달 후였다. 그때 그는 그 첫 에세이와 『햄릿』에 관한 에세이를 비교한다.

Ed는 Shakespeare를 읽고 이 나중 에세이를 쓰면서 다른 용어로 자신의 작업을 묘사한다.

> 나는 그 연극을 완전히 이해하는 데 시간을 투자하고 헌신하겠다고 약속했다. 이 과정을 시작하면서 무엇인가 놀라운 일이 나에게 생겼다. 독서가 의무라는 생각은 더 이상 나에게 영향을 주지 않았다. 나는 나 자신의 공부를 위해 읽기를 원했다! 나는 실제로 연극에 대해 스스로 생각하는 데 내 자유 시간을 보냈다. 그 등장인물들은 내 삶의 일부가 되었다. 내가 우울하거나 고통스러울 때, 내 생각은 햄릿의 고통을 찾아갔다.

그 학생은 자신의 고통스러운 상황을 Hamlet의 구체적인 상황에 비교했고, 경탄으로 결론지었다—"보라! 등장인물들은 보통의 일상적인 문제에서 내 생각 속으로 갑자기 들어오곤 했다." Ed는 그 연극을 스스로 정말 이해했기 때문에 그 연극에 대한 에세이 쓰는 것을 두려워하지 않는다고 설명했다. 그는 틀리는 것에 대해 걱정하지 않았고, 그 연극을 해석할 수 있다는 자신감을 느꼈다. 그리고 정말 그의 『햄릿』에 관한 에세이는 믿을 만한 작품이었다.

『햄릿』에 대한 그의 이해와 학문적 과업을 완수하는 능력은, 즉 그 연극에 대한 조리 있는 에세이를 쓰는 것은 자기이해, "목소리"와 불가분하게 연결되어 있다. 이 과업은 세계에서 어떤 장소를, 생각으로 만드는 장소를 찾는 데 결정적이다. Ed는, 내가 여기에 인용한 작품을 쓴 모든 학생들이 그렇듯이 주에서 지원하는, 영재나 재능아로 판별된 학생들을 위한 기숙학교를 다닌다. 그러나 그의 처음 상태로 기술한 생각의 세계로부터의 소외는 *Women's Ways of Knowing*에 기술된 경험을 가진, 많은 혜택을 받지 못하는 여성들의 사고방식과 매우 유사하다. 이 학교에 있는 것은 Ed가 표준화 검사에서 점수를 잘 받을 수 있고, 일반적으로 높은 성적을 받았고, 태도가 좋았고, 반드시 필요한 "정답 타협"을 제공했다는 것을 의미한다. 그러나 내내 그는 이 응답의 부당함을 느꼈다. 그에게 일어나지 않았던 것은 Emerson이 정의하는 "표현"의 경험이었다. 그는 자기 자신이 교사들이 숙달하라고 요구하는 생각과 과정에 연결되어 있다는 것을 알지 못했다.

4. 이해를 위한 통로

어떤 수단으로 "정답 타협"을 피하고 우리 학생들을 언어 속으로 풀어놓는가? 지연과 반복은 흥미로운 교육적 타개책같이 들리지는 않는다. 그러나 이것들은, 즉 지연과 반복은 내가 추천하는 것이다. 왜냐하면 이 전략은 우리를 언어로, 참여와 표현으로 풀어놓는다.

O'Connor(1957)는 교사와 저자에 의해 공유된 관심, 즉 "언어에 대한 사랑과 극적 진리에 대한 관심 속에서 그것으로 행해질 수 있는 것"을 확인했다. 그녀는 "우리의 목적이 먼저 주제나 그것의 필요성에 부합되지 않으면"(p. 124) 교사는 학생들에게 도움을 줄 수 없고, 저자도 독자들에게 도움을 줄 수 없다고 설명했다. 그녀에게 이것은 작가가 문학에 대해 생각하는 것처럼 그것에 대해 생각하면서 문학을 가르치는 것을 의미한다—"글을 쓰는 행위에서 우리는 사물이 만들어진 방식이 그것의 전체 의미를 통제하고 그것으로부터 분리될 수 없다는 것을 안다. 이야기의 형식은 그것에

다른 형식이 바꿀 수도 있는 의미를 준다."(p. 129) 사물이 만들어진 방식을 보는 것은 독자와 작가 모두에게 똑같은 방식을 요구한다.

> 소설의 작가에게는 어떤 어리석은 기질이 있고 이것 없이는 소설을 쓰기 힘든데, 이것은 응시해야 하는 자질이고, 즉시 요점을 파악하지 않는 자질이다. 하나의 사물을 오래 바라보면 볼수록 그 안에서 세상에 대해 더 많은 것을 보게 된다. 그리고 진지한 소설 작가는 자신의 특정한 장면이 아무리 제한되어 있더라도 항상 온전한 세계에 대해 쓴다는 것을 기억하는 것이 좋다. 그에게 있어 히로시마에 떨어진 폭탄은 오코니 강의 생활에 영향을 미치고, 그가 그것에 대해 할 수 있는 일은 아무것도 없다. (p. 77)

여기서 중요한 점은 작가나 독자 모두가 반드시 응시해야 하며, 반복과 지연 과정을 가지고 즉시 요점을 파악하지 않아야 한다는 것이다.

Coles(1989)는 *The Call of Stories: Teaching and the Moral Imagination* 에서 같은 주제를 소개했다. 그는 책 제목이 자서전적이라고 설명했다—"작가의 부름에 대한 모든 독자의 반응은 그 자체의 놀라운 암시적 힘을 가지고 있기 때문에 소설과 시를 가르치면서 지속적으로 배우게 된다."(p. xix) 이것은 부모들이 소중하게 간직한 작품을 아이에게 그리고 서로에게 소리 내어 읽어 주는 습관적인 행위를 통해 전달하는 사실이다.

이 책에서 Coles는 시인이자 의사였던 William Carlos Williams와의 운 좋은 친분을 기념했다. Coles는 Williams와 시간을 보내면서 이야기와 시를 읽고 환자들과 그들의 어려움에 대해 이야기했으며, 그 과정에서 그에게 "표현"의 중요성을 이해시켰다. Williams는 자신의 피보호자에게 "의사 이야기", 즉 "의사가 경험한 다양한 사건, 감정, 난국을 환기시키려는 짧은 이야기"(p. 29)의 중요성에 대해 이야기했다. 젊은 Coles는 처음에 이것을 전문가적이지 못한 행위로 보았다—"수련의로서 나는 주어진 의학적·정신적 실재에 관해 자세하게 보고해야만 했는데, 내 동료들이 받아들이고 이해할 수 있는 방식으로 했다."(p. 29) 그는 의학 전공의 이론적인 언어를 "사물의 핵심에 이르는 수단"으로 보고, "바로 여기 내 앞에 앉아 있는 이 환자와 이 범주에 속하는 전 세계의 다른 사람들과 연결시키는 것에 명확히 초점을 두었다."(p. 29)

그러나 Williams는 Coles가 이 불충분하고 잘려 나간 "표현"에 만족하는 것을 허용하지 않으려 했다. 그는 이야기 속에 구현된 더 완전한 "표현"으로 향하는 길을 계속해서 그에게 알려 주었다. Williams는 Coles에게 충고했다.

> 우리는 우리가 말하는 것에 대해 가장 철저하게 주의해야 한다. 환자들이 말하는 것은 그들을 아프게 하는 것에 대해 무슨 생각을 하는지를 우리에게 말해 준다. 그리고 우리가 말하는 것은 우리에게 무엇이 일어나고 있는지, 즉 우리가 무슨 생각을 하고 있는지와 우리에게 무엇이 잘못되었는지 등을 말해 준다. 그들의 이야기와 당신의 이야기와 나의 이야기는 우리가 하는 이 여행에서 모두가 가져가는 것이며, 우리의 이야기를 존경하고 그것으로부터 배워야 할 의무가 서로에게 있다. (p. 30)

Coles는 그가 이미 들은 것을 곰곰이 생각해서 이 통찰을 정신과 의사로서의 자신의 일에 구체화시켰다. 그는 또한 중등학교 교사인 자기 아내의 일을 관찰하는 기회를 가졌다. "표현"과 그 "대화" 과정은 문학과 언어 교사들에게 중심이 되는 작업이다. 그녀의 첫 과업은, 진정 어린 사람들에게 문학을 가르치는 우리 모두의 첫 과업은 학생의 성장하고 있는 지성과 감성을 이야기로 끌어들여 학생들이 거기에 몰두할 수 있도록 만드는 것이었다. 이 실제 세계에의 적용은 또한 지연, 반복, 참여의 증거가 된다.

정신의 습관에 대한 학기 말 에세이의 또 하나의 예에서 한 학생은 지연, 반복, 참여의 효과를 묘사했다. 그녀의 에세이는 편지 형식으로 쓰였다. Tia는 그 수업에 조심스럽게 입장한 이야기를 하면서 자신의 의견을 제시했다. 우리는 Bede(1968)의 *The Ecclesiastical History of the English People*에서 가져온 Edwin 왕의 대화를 묘사한 에피소드를 읽으면서 그해를 시작했다. 그 이야기에서 인간의 삶은 어둠 속에서 온기와 빛이 있는 미드홀(mead hall)로 날아 들어왔다가 다시 나가 어둠 속으로 들어가는 새에 대한 비유에 나타난다. 이 비유는 몇몇 후기 시에 암시되어 있다. 우리는 MacNeice(1979)의 시 2개를 읽었다—"Persuasion by Wordsworth"(1976)와 "Dark Age Glasses on the Venerable Bede"(1976). 이 두 시는 영혼, 신앙, 종교적 회의의 본질을 다룬다.

Tia는 비록 그 책을 이해하지 못하더라도 단지 책을 읽고, 토론 중에 가만히 있고, 에세이를 쓰기를 바랐다. 그러나 그녀는 토론에 보탬이 되고자 하는 욕구가 있는 것에 스스로 놀랐다. 그녀는 학급 토론에 자신이 참여하는 것이 자신의 비판적인 사고 능력을 훈련시키는 데, 주장으로 의견을 지지하는 데, 혹은 증거가 부족할 때 주장을 버리는 데 어떻게 도움을 주는지를 묘사했다. Tia의 경험은 지적인 힘의 성장에 있어서 목소리의 필요성을 예증한다. 그리고 이러한 전략은 그녀의 관점을 확대시켰다. 더욱 자신감을 가짐에 따라 그녀는 학급의 다른 구성원들에게 귀를 기울이기 시작했고, 그들의 논평이 통찰력이 있고 표현이 풍부하다는 것을 알았다.

비록 그녀는 해석의 공동체에 참여하기 위해서 또래들과 작업하는 법을 배웠지만, 모든 작업은 그녀가 즉시 이해하기에 쉬운 것이 아니었다. 『햄릿』에 관한 에세이를 써야 할 시간이 왔을 때, Tia는 어디서부터 시작할지 알지 못했다. 그녀는 등장인물들에 대해 몰랐고 그들이 단조롭다는 것을 발견했다. 그녀는 첫 글을 다시 써야만 했다.

반복은 순서에 따르는 듯하다. Tia는 이 작업을 다시 할 필요가 있었다. 그녀는 지적이고 감수성이 있는 독자였고 능력 있는 작가였지만, 그녀의 에세이는 공허하고 기계적이었다. 그녀가 여전히 언어를 이해하는 데 애를 먹고 있는 학생이었다면 나는 아마 다른 결정을 내렸을 것이다. 그러나 나는 그 몇 년 동안 많은 학생들에게 자극을 주어 만약 내가 주의 깊게 결정을 내렸다면 그 반복 행위는 이익이 될 것이라는 사실을 알도록 했다.

Tia의 학문적 부담은 벅찼다. 그래서 그녀는 해야 할 일의 목록을 확인하는 일을 반복한다는 생각에 절망으로 응대했다. 나는 최초의 에세이에 점수를 매기지 않았다. 나는 쪽지로 그녀가 더 의미 있는 에세이를 쓸 수 있다고 말하고 새로운 마감일에 대해 이야기하자고 했다. 나는 그녀에게 그 과제를 건네주었고, 그녀는 쪽지를 읽고 눈물을 터뜨렸다. 나는 융통성이 있는 사람이고 다른 책무가 너무 많다면 편의를 봐줄 수 있으며, 내 수업에서 그녀의 현재 공부량을 조절해 줄 것이라고 그녀를 안심시켰다. 그녀는 눈물을 닦았다. 2주 후에 그녀는 탁월한 에세이를 제출했으며, 학년 말 에세이에서 전체 작품을 다시 읽고, 자신의 메모를 다시 검토하고, 그 연극을 더 깊이 있게 들여다보는 과정을 묘사했다. Tia가 그 글의 수정본을 마쳤을 때는 그 연극에 대한 전체적인 이해가 더 나아졌을 뿐만 아니라 그것을 좋아하게 되었다. 이 경험은 문학이 독자에게 돌려줄 수 있는 것뿐만 아니라, 문학이 어떻게 작용하는지에 대한, 문학이 독자에게 요구하는 것에 대한 그녀의 이해와 합쳐졌다.

학년 말 에세이에서 Tia는 사색가로서 자신의 성장에 관해 썼다. 그녀는 어떻게 반성을 위해 충동성을 극복하는 것을 배웠는지, 그리고 어떻게 어떤 문학작품의 이해가 텍스트의 밀접한 관찰과 사고와 질문을 통해서만 달성되는지 말했다. 그녀는 성공적인 지연과 반복과 참여의 결과를 경험했다.

Siebers(1992)는 윤리학이 첫째, 경험에, 둘째, 언어에 기반을 둔다고 주장했다. 문학 또한 단지 언어적인 것 이상이다. Siebers는 문학의 문법은 밀봉된 차원에 존재하는 것이 아니라, 그것을 둘러싸고 있는 경험에 의해 스스로 스며든다고 주장했다. 그래서 읽기를 할 때 우리는 그 의미를 확인하기 위해 텍스트의 문법에만 의존하지 않는다.

독자들은 정신적 구조를 도입해 텍스트로부터, 즉 원고, 계획, 목적, 삶의 주제들로부터 의미를 도출해 내는 작업을 한다. 이 해석을 위한 도구는 텍스트의 언어적 수준 밖에 존재해서 이야기의 인식 가능성을 확보한다. 그것들은 Glaser와 Gardner가 논하는 원형적인 지식 구조의 양상이다. 그리고 그 자체로 그것들은 특히 문제의 텍스트가 그 원형이 발생한 맥락의 관행에 도전할 때 텍스트의 이해를 또한 방해할 수도 있다.

그런데 교육에 있어서 우리는 이 구조에 의존하면서도 논쟁을 벌여야만 한다. 문학적 해석은 언어적 분석 이상을 포함해야만 한다. 그것은 "언어가 사용되는 장소"를 인식해야만 한다. 문학 교실에서 우리는 단지 문학의 이론이 아니라 문학의 실제적인 영역에 관심이 있어야 한다.

반복, 지연, 참여는 학생들이 경험하기를 바라는 문학작품 속으로 빠져들게 하기 위해 우리가 사용하는 방법이다. 인생처럼, 이 경험은 학생들의 상상하는 능력을 제한하면서 유지하는 각본과 선입견을 확장하고 새로운 방향을 제시하는 잠재력을 가지고 있다.

5. 문학적 이해를 위한 전략

나는 문학적 이해를 환기시키는 것은 우리가 문학의 메커니즘과 우리 정신의 메커니즘을 둘 다 분명한 주제로 만들기를 요구하는 것이라고 주장하면서 이 장을 시작했다. 나는 이미 지적인 노력의 정의적인 영역을 언급했다. 만약 자아가 사고에 관여하지 않는다면 기계적인 수행은 끌어낼 수 있는 최선이다. 탐구의 주제로부터 사색가의 개인적인 소외는 지적인 통합의 가능성을 배제한다. 또 다른 정신 차원은 똑같이 적절하다. 문학은 글로 쓰인 언어이고, 글로 된 말에 대한 우리의 인지적 응답은 문학적 효과에 직접적으로 관련이 있다.

Collins(1991)는 성공적인 시적 해석을 촉진하기 위해서 인지 과정으로 읽기를 직접 검토해야 한다고 지적했다. 학생들은 흔히 위협당한 외계인의 방어적 태도로 문학 텍스트에 반응을 한다. 텍스트는 그들에게 이해할 수 없다는 인상을 준다. 나는 너무나 자주 그런 반응의 실체 아랫부분을 곧바로 잘라 내고 대신 경험이 없는 독자의 반응을 무시하는 선택을 하며, 무경험의 결과로서 불만족스러운 만남을 (탐구하기보다는) 버리는 죄를 범해 왔다. Collins는 대신 이 경험을 믿고, 시적 과정의 중심이 되는 것으로 간주한다.

신비함에 대한 그 경험은 혼란의 인정에서 시작되지만 시적 해석에서 완성된다. 독자의 초기 소외는 부분적으로 경험으로부터 온 결과이지만, 그 부조화는 더 심오하게 텍스트에 의해 도출된다. 그리고 텍스트에 구체화된 신비함을 경험하는 것은 독서 과정에의 접근을 필요로 한다—"독서는 규칙에 지배되는 행위이다. 그것은 문화적으로 한정된 독자의 응답 목록을 이용하지만, 또한 모든 자연 언어의 사회적 담화에 내장되고 흔히 있다고 여겨도 무방한 절차적인 제약을 따른다."(Collins, 1991, p. 151)

그 "내장된" 독서 절차는 시적 해석을 가능하게 만든다. 규칙에 지배되는 독서 행위는 개별 독자를 받아들이지만, 또한 "내장시키는 행위"에 대한 우리의 인식에 기초해서 일반화할 수 있는 시학을 우리로 하여금 단정하게 한다. Collins는 이 시학을 묘사했다.

> 시학은 인간의 주관성이 전적으로 무질서한 것은 아니고 더구나 텍스트를 구성하는

> 데, 시적 해석에 관여한 독자는 이번에는 텍스트에 의해 수립된 실마리에 의해 상기되는 내적·인지적 메커니즘에 의해 감지할 수 있을 정도로 제약된다고 기꺼이 가정해야 한다. 간단히 말해서, 그것은 독자 안에서 텍스트에 관여함으로써 상호 활성화되는 복잡한 역학 관계를 가정해야 한다.

Collins가 관심 있었던 역학 관계는 "텍스트의 여동성, 단지 독자들만이 에네르지아(energia) 혹은 행동으로 전환되는 인과적인 힘을 가진다는 유효성"(p. xxi)이다. 이 시학에 대한 기술은 Rich(1979)에 의해 인용된 언어로의 방출의 강력한 예가 된다. 그는 이어서 시적 해석을 "텍스트의 직접적인 수용적 종합과 내적 수행 …… 번역이 아니라 수행된 실현으로서의 Mozart의 콘체르토에 대한 피아니스트의 해석과 배우의 Lear에 대한 해석을 말하는 것과 같은 의미에서의 해석"(p. xii)으로 기술했다.

문학이라는 글로 쓰인 언어의 작용은 Calvino에 의해 아주 간결하게 정의되고, Collins에 의해 상세히 부연된다. Collins는 문학 텍스트를 "재사용되기 위해 존재하는", "저장된 문화적 산물"(1991, p. xii)로 정의했다. 이 텍스트가 다시 읽힐 것이라는 점은 우리가 어떻게 나아가는지를 결정하고 순환적 독서의 신비한 특성이라는 결과를 낳는다. 하나의 작품에 대한 각각의 독서는 수행 고리를 나타낸다. 이 다시 읽기의 순환은 개별적인 고리에 깊이를 더한다. 각각의 독서는 그 자체의 "공간", 그 자체의 "등장인물"을 가지고 있지만, 정확히 친숙한 작품의 개별 독서가 다르기 때문에 심지어 매우 친숙한 작품이 낯설다는 감정을 가질 수 있는 문학의 대화적 실체에 강한 인상을 받는다.

텍스트를 다시 읽는 것은 동시에 펼쳐지는 "선적인 산물"과 "선적인 시간의 평범한 규칙에 의해 제약을 받지 않는 정보"(Collins, 1991, p. xiv)로 우리를 끌어들인다. 그 작업은 주의 깊게 구조화된 시작, 중간, 결말을 가지고 있으나, 다시 읽는 사람으로서 나는 결말을 이미 알고 있고, 결말을 기다리라고 강요받지 않는 시작을 읽는다.

반복, 지연, 참여는 꼭 필요한 의식(ritual)의 요소이다. 우리는 그 의식을 거듭해서 완수한다. 우리는 서두르지 않고 그 단계를 거쳐, 생기고 있는 일에 대한 우리의 인식을 드높이는 중대한 순간에 멈추면서 신중하게 움직인다. 우리는 참여하고, 수행한다. 그 수행은 매우 중대하고 그 자체로 성스럽다. 그것은 또한 참여자가 과거의 사건을 극적인 실체로 가져와서 본래의 순간에 똑같이 중요한 행위로 완수하는 재현이다. 의식은 지속되는 생명을 가진다. 반복되는 극적인 순간은 새롭고도 오래된 것이고, 과거는 불러들여져 현재에 정보를 준다. 의식에 참여하는 사람과 시적 해석을 하는 사람은 둘 다 새로이 경험하고 이미 경험된 것을 회상한다. 이 회상은 사실, 마치 현재가 과거와 분리되지 않은 것처럼 즉시 경험된 순간의 모습을 바꾼다.

언어는 이런 종류의 힘을, 학생들을 해방시켜 들어가게 해야만 하는 힘을 가진다. 언어 자체에 대해 생각하고 언어 자체를 가지고 작업하도록 허용할 때, 작가와 같이 언어를 통해 이해에 이르는 작업을 할 때, 그들은 가장 효과적으로 언어로써 해방된다. 학생들에게 자신의 목소리를 찾게 하여 그들 자신의 시각을 독자의 "정신의 눈"에 신호를 줄 수 있는 언어로 표현하도록 요구하는 것은 학생들을 언어로 풀어놓는 수단이다.

6. 결론

문학이 제공해야 하는 이해는 표현이나 언어로의 방출에서 태어난 것이다. 우리는 그들에게 언어의 과정을 보여 주면서, 목소리와 표현을 위한 노력을 통해 그런 과정을 사용하게 해 주면서 그것을 학생들에게 접근할 수 있게 만든다. 그들에게 많은 책에 친숙해지라고 요구하는 대신에, 우리는 하나의 책과의 만남을 그 만남이 진정한 이해라는 결과를 낳을 때까지 연기해야 하고, 다시 읽기를 우리의 진정한 일로 만들어야 하며, 해석이 "내면의 수행"의 결과가 되도록 확실히 해야 한다. 이런 수단으로 우리는 문학의 경험이 정신의 구조를 형성하고 알려 주게 한다. 진실로 우리는 대신 인간 성장의 미묘함과 복잡함을 터득하고, 마땅히 받을 만한 외경심이 있는 신비함에 직면한다.

7. 핵심 요약

- 문학적 이해는 낮은 수준의 문학적 관례에 대한 평가보다 더 중요하게 자주 취급된다.
- 문학은 우리를 초대하여 세계와 우리 자신에 대한 의미를 만들도록 한다.
- 문학적 이해는 세계의 복잡함에 대한 더 깊은 감상을 촉진한다.
- 문학적 이해를 막는 장벽은 복잡한 텍스트에 대한 경험이 없는 순진한 독자, 삶을 단순화시키고 그것을 긍정적인 용어로 바라보려는 욕구, 역할 모델로서의 주인공, 이해라는 일로부터 자신을 객관화하고 제거하는 것과 관계된 문제 등을 포함한다.
- 가장 재능 있는 학생들을 포함한 모든 학생들은 문학 텍스트에 대한 글로 쓰인 작품에서 목소리를 찾는 데 어려움을 겪는다.
- 글이나 말의 형식으로 된 문학의 의미로 씨름하는 것은 비판적이고 우수한 사고를 하는 능력을 상당히 향상시킨다.
- 문학적인 이해는 그것을 쓴 작가의 관점에서 텍스트를 다루면서 향상될 수 있다.
- 텍스트는 이해를 위하여 읽고, 다시 읽고, 토론하고, 그런 다음에 다시 생각해야 한다. 반복, 지연, 참여는 문학을 경험하는 데 있어서 결정적인 요소가 된다.
- 학생들을 언어로 풀어놓는 것은 문학 중심 경험의 목적이 되어야 한다.

8. 참고 문헌

Arrowsmith, W. (1971). Teaching and the liberal arts: Notes toward an old frontier. In D. N. Bigelow (Ed.), *Liberal arts and teacher education*. Lincoln: University of Nebraska Press.

Baldwin, J. (1978). Sonny's blues. *The Norton anthology of short fiction* (3rd ed., pp. 16-42). New York: W. W. Norton.

Bede, the Venerable, (1968). *The ecclesiastical history of the English people, and other selections from the writings of the Venerable Bede*. New York: Washington Square Press.

Belenky, M. F., Clinchy, B. M., Goldberger, N. R., & Tarule, J. M. (1986). *Women's ways of knowing*. New York: Basic Books.

Calvino, I. (1986). *The uses of literature*. San Diego, CA: Harcourt.

Chopin, K. (1964). *The awakening*. New York: Capricorn Books.

Coleridge, S. T. (1971). Biographia literaria. In E. Schneider (Ed.), *Samuel Taylor Coleridge poetry and prose* (pp. 190-400). San Francisco, CA: Rinehart & Company.

Coles, R. (1989). *The call of stories: Teaching and the moral imagination*. Boston: Houghton Mifflin.

Collins, C. (1991). *The Poetics of the mind's eye: Literature and the psychology of imagination*. Philadelphia: University of Pennsylvania.

Eliot, G. (1987). *Adam Bede*. England: Penguin Books, Ltd.

Emerson, R. W. (1957a). The poet. In S. E. Whicher (Ed.), *Selections from Ralph Waldo Emerson* (pp. 222-241). Boston: Houghton Mifflin.

Emerson, R. W. (1957b). Self reliance. In S. E. Whicher (Ed.), *Selections from Ralph Waldo Emerson* (pp. 147-168). Boston: Houghton Mifflin.

Gardner, H. (1991). *The unschooled mind: How children think and how schools should teach*. New York: Basic Books.

Glaser, R. (1984). Education and thinking: The role of knowledge. *American Psychologist, 39*(2), 93-104.

Gordimer, N. (1970). *Burger's daughter*. London: Penguin Books.

Kafka, F. (1966). A country doctor. In W. V. Sparos (Ed.), *A casebook on existentialism* (pp. 21-26). New York: Thomas Y. Crowell.

Keats, J. (1974). Ode on a Grecian urn. In M. H. Abrams (Ed.), *The Norton anthology of English literature* (3rd ed., pp. 662-664). New York: W. W. Norton.

Keller, E. F. (1985). *Reflections on gender and science*. New Haven, CT: Yale University Press.

Lodge, D. (1990). The novel as communication. In D. H. Mellor (Ed.), *Ways of communicating* (pp. 96-112). The Darwin College Lectures. Cambridge: Cambridge University Press.

MacNeice, L. (1976). Dark age glasses on the Venerable Bede. In J. E. Miller, Jr., M. J. Jones, & H. McDaniel (Eds.), *England and literature*. Glenview, IL: Scott, Foresman.

Morrison, T. (1970). *The bluest eye*. New York: Simon and Schuster.

O'Connor, F. (1957). *Mystery and manners*. New York: Farrar, Straus & Giroux.

Ravitch, D., & Finn, C. E. Jr. (1987). *What do our 17-year-olds know?* New York: Harper & Row.

Rich, A. (1979). *On lies, secrets, and silence: Selected prose 1966-1978*. New York: W. W. Norton.

Siebers, T. (1992). *Morals and stories*. New York: Columbia University Press.

Wordsworth, W. (1974). Preface to the lyrical ballads. In M. H. Abrams (Ed.), *The Norton anthology of English Literature* (3rd ed., pp. 125-140). New York: W. W. Norton.

Wordsworth, W. (1976). Persuasion. In J. E. Miller, Jr., M. J. Jones, & H. McDaniel (Eds.), *England and literature*. Glenview, IL: Scott, Foresman.

제 2 부

언어교과에서 탐구를 통한 의미

제 2부는 학생들이 언어교과에서 그들의 경험으로부터 의미를 창조할 수 있는 여러 가지 방법에 대해 기술하고 있다. 한 예로 제1부에서 Spivey와 Talyor가 제시한 구성주의 관점에 대해 조작적인 정의를 내린다. 이 부분의 장들은 또한 언어교과에서 내용 측면의 관점을 제공하고, 다음과 같은 이 교과의 주요 가닥을 하나씩 살펴본다. 즉, 초기 문식성 발달, 쓰기, 구술 능력, 문법과 언어 발달, 외국어가 그것이다. 이 장들에서 저자들은 교수와 학습을 목적으로 언어교과에 비계 역할을 제공할 방안을 탐구하고 있다.

제6장은 어린 학생들의 문식성 발달을 증진시키는 주요 쟁점들을 다루면서 그 과정을 설명할 다양한 발달 단계에 있는 영재아들의 구체적인 사례를 이용한다. Jane M. Bailey는 모든 학습자들에 있어서 문식성 발달이 중첩되는 이유를 탐구하고 있다. 구술 능력의 역할은 제7장에서 Ann L. Chaney가 다루는데, 평가적인 듣기와 구술 논법 사이의 상보적인 관계를 밝히고 있다. 학생들이 구술 언어로 탐구를 통한 고등 사고에 참여하는 방법을 강조하고 있다. 제8장에는 쓰기 과정에 학생들이 제대로 참여

하는 Colleen Kennedy의 아이디어가 제시되어 있다. Kennedy는 또한 그런 참여가 일어날 수 있는 가능성을 높이는 쓰기 과제의 종류에 대해 중요한 통찰력을 제공하고 있다. 제9장은 문법 교수에 관한 것으로, 언어의 구조와 의미 사이의 상호 관계를 강조하고 있다. 위대한 문학작품으로부터 무수한 예를 인용하면서, Michael Clay Thompson은 단어와 구문의 그림을 주의 깊게 엮어 독자들이 이해를 위해 인식하고 탐구하는 능력에 영향을 주려고 한다. 제10장에서는 Michael Clay Thompson과 Myriam Borges Thompson이 의사소통, 문화, 언어 감수성 분야에서 언어 재능을 향상시키기 위한 기제로서 외국어를 가르치는 사례를 제시하고 있다.

이와 같이 이 부분에서는 언어 재능계발을 도와주는 능력의 관점에서 언어교과의 다양한 측면을 살펴본다. 학생들이 언어교과 교수, 읽기와 쓰기, 듣기와 말하기, 의미를 창조하는 방식으로 처리하는 과정에 대한 이해를 얻는 것은 바로 이런 다양한 경험을 통해서 일어난다.

제 6 장

언어 재능이 있는 아동의 문식성 발달

Jane M. Bailey

우리가 아동의 문식성 발달에 대한 정보가 싹트는 시기에 사는 것은 매우 다행스러운 일이다. 아동들이 어떻게 언어를 배우고, 어떻게 그들의 언어가 나타나 복잡성 면에서 진화하는지에 대한 연구는 아동들에게 출현하는 문식성을 부양하기 위한 적절한 학습 환경을 만들어 줄 방법에 대한 중요한 통찰을 제공한다. 그러나 아동이 문식성 활동에 참가할 때 언어 재능, 즉 언어를 다루는 특별한 재능이 어떻게 작용하는지를 탐구하는 것에 대한 문헌이 부족하다. 몇몇 학생들이 다른 학생들보다 읽기를 더 잘하고 다른 학생들보다 쓰기를 더 잘하게 만드는 것은 무엇인가? 우리가 높은 언어 잠재성을 정확하게 나타낼 수 있을수록 그것을 더 적절하게 길러 줄 수 있을 것이다. 언어 재능을 정의하는 것에 따르는 자연스런 결과는 재능계발자로서의 역할을 하는 사회적 네트워크(부모, 교사, 협력자, 안내자)를 조성하는 것이다.

언어적으로 재능이 있는 아동들은 누구인가? 그들은 어떻게 조기에 발견되고 가장 적절한 양육을 받을 수 있는가? 표면적으로 이러한 질문들은 단순해 보인다. 물론 언어적으로 재능이 있는 아동은 조기에 복잡한 듣기, 말하기, 읽기, 쓰기 행위를 보이는 아동이다. 구성주의 이론을 이용하면 모든 언어 사용자들을 의미 구성자로 간주하고 있다. 즉, 언어 사용자로서 예외적으로 타고난 재능을 가진 사람들은 훌륭한 의미 구성자가 되는 것이 당연하다. 고도 언어 지능에 대한 개념은 이끌어 낼 수 있는 많은 양의 지식이 있음을 암시한다. 언어적으로 재능이 있는 학생들이 의미 구성 과정에 풍부한 재료를 가져온다고 가정하는 것은 논리적이다. 올바른 환경이 주어지면, 언어적으로 재능이 있는 학생들에 의해서 만들어진 언어 구성이 정교하고 다재다능하며, 역동적인 의사소통적 교류를 가능하게 만드는 것이 분명해 보인다. 타고난 능력의 그러한 관점이 가진 문제점은 그것이 필연성의 입장을 취한다는 것이다. 즉, 언어 재능을 가지고 있는 아동들은 만약 그들에게 적절한 환경만 주어진다면 필연적으로 문식성과 관계된 생산적인 의미를 풍성하게 하고 또 만들어 낼 것이라는 입장이다.

사회 학습 이론은 아동들이, 높은 언어 능력을 가진 아동조차도 문식성을 갖게 되는 것은 필연적이지 않다는 것을 우리에게 상기시켜 준다. 부모, 교사, 협력자로서 우리는 특히 적절한 수준에서 문식성 행위에 모델을 제공하고 비계 역할을 하는 데 있어서 결정적인 역할을 한다. Lev Vygotsky와 Jerome Bruner 같은 이론가들은 문식성 발달에 있어 사회적 (얼굴을 마주하는 인간 사이의) 맥락의 결정적 중요성을 지적한다. 구성주의적 접근의 장점은 문식성과 관련된 창조와 해석에 있어서, 그러나 단지 인간의 역동적인 사회적 교류를 통해서만 계속 증가하는 복잡함의 거미줄을 허용한다는 점이다. 이것은 불가피하게 그 능력만으로는 의미를 생기게 할 수 없음을 암시한다. 사회적 교류는, 심지어 간텍스스적 공간에서 사회적 역사는 읽고 쓰는 문식성 행위에서 중요한 요소가 된다. 그것은 또한 고능력을 가진 학생들조차도 텍스트(또는 작문이나 회화)의 청사진을 조합하도록 돕는 사회적 인도자가 필요하다는 것을 암시한다. 부모, 안내자, 촉진자, 교사, 교육과정 구성자 중 어떤 역할을 하든지 우리에게는 문식성 발달을 조장하기 위한 요구나 상황이 있다. 그렇게 하기 위해서 우리는 문식성 발달의 전체 특성, 즉 발달상의 중대 시점으로 볼 때 가장 흔히 어떤 모습을 가지는지와, 그런 표시가 아동들의 성장 과정에 있는 다른 시점으로 어떻게 옮겨 갈 수 있는지를 이해할 필요가 있다.

1. 문식성 발달이란 무엇인가?

문식성이란 의미의 틀 안에서 네 가지 언어 기술, 즉 듣기, 말하기, 읽기, 쓰기를 통합하는 능력이다. 다시 말하면, 언어의 사용을 통해 생각하고 사고를 표현하고 이해할 수 있는 행위가 문식성의 핵심이다. 문식성 발달은 이러한 통합이 어떻게 결실을 맺는지를 나타내는 예측 가능한 중대 시점을 통해 계획될 수 있다. 발달에는 우리를 안심시키는 논리적 순서가 있다. 각각의 언어 기술에서 발달의 연속은 인식부터 의도까지이다. 즉, 언어 존재(소리와 인쇄 둘 다)에 대한 수동적 인식부터 언어의 사용을 통한 의미의 창조와 해석이라는 능동적인 의도성까지이다. 우리는 각각의 언어 기술의 연속체가 서로 교차하고 겹쳐서 서로 간의 급격한 발달에 기여한다는 사실을 알고 있다. 그러나 모든 다른 언어의 사용에 패턴을 제공하는 것은 바로 듣기와 말하기이다.

일반적으로 구어(oral language)는 미분화된 울음 패턴이 유아기에 나타나기 시작해서 옹알이로 발전한다. 6개월이 되면 이 소리는 의미를 띠게 되는데(Glazer, 1989) 그것이 지속되다가 9개월에서 12개월 사이에 홑단어가 나타난다. 한 살과 두 살 사이에 아동들은 전신언어(telegraphic language)를 사용하기 시작하는데, 들어 올려(pick up) 달라는 아이의 욕구를 표현하는 "me up"과 같이 두 단어를 의미 있는 방식으로 소합한나. 2세와 3세 사이에는 아동의 언어가 너 인습적인 문장 구조로 진화하고 더 묘사적으로 된다. 그다음 해가 중요한데, 대부분의 아동들은 언어에 대한 그들의 지식을 일반화하기 시작한다. 이 시기에 아동들은 그들 자신의 문법 규칙(예: I goed to the store)을 형성한다. 4세와 5세 사이에는 좀 더 문법적으로 정확한 문장을 사용한다. 아동들은 또한 자신의 행동을 묘사하는 데 많은 시간을 소비한다. 이러한 일반적 발달 순서는 대부분의 아동들이 유치원에 다니게 될 때까지 구어 사용에 있어 매우 능숙하게 된다는 것을 의미한다.

구어 발달 과정의 도식화는 쉽지만 발달에 대한 이유는 여전히 뜨거운 논쟁거리이다. 인간의 말은 사실상 모든 문화에서 직접적인 교육 없이도 나타난다. Noam Chomsky의 언어 습득 장치(LAD)에 관한 독창적 연구는 인간의 구어 능력이 우리의 뇌 속으로 직접 연결되어 있고, 유전적으로 우리 인류에 코드화되어 있다는 증거를 제공했다. MIT의 인공지능에 관한 연구(Horning, 1991)는 언어 구조를 컴퓨터에 코드화하기 위한 테스트를 하는 데 Chomsky의 언어에 대한 구조적 개념을 도입하고 있다. 만약 문화를 갖지 못하는 컴퓨터가 정말로 언어를 다루도록 프로그램화될 수 있다면, 언어에 대한 논쟁의 환경적 양육 측면에서 언급해야 할 더 어려운 질문들이 될 수도 있다. 이러한 관점에서 볼 때 환경론자들은 여전히 안전하다. 세계의 많은 언어 구조를 번역할 수 있는 컴퓨터에 놀라운 진보가 있어 왔지만, 언어의 뉘앙스를 알아차리는 능력(p. 54)은 여전히 미지수이다. 대조적으로, 아동의 구어 능력은 그들이 몰입되는 환경과 직접적으로 관계가 있다는 분명한 증거가 있다. 언어적, 문식성의 환경이 일반적으로 사람들의 언어와 문식성을 가진 사람을 기른다는 것을 우리는 잘 알고 있다.

아무도 언어 발달에 있어서 순서와 패턴이, 비록 언어적이고 문식성을 위한 환경이라 하더라도, 완벽한 순서에 따르고 정확한 시간표대로 일어난다고 주장하지는 않는다. 중대 시점의 선적 특성은 상호 관련된 발판 역할을 해서 말과 글로 된 의미를 표현하고 이해하는 방향으로 나아갔다.

이런 논리적인 순서에서 우리를 불편하게 하는 것은 아동들의 언어학습에서의 다채로운 패턴이다. 언어 사용의 질과 양은 언어 기능의 습득에 있어서 말의 속도와 더불어 문식성 발달에서 뚜렷한 차이로 나타난다. 몇몇 아동들은 다른 아동들에 비해 더 큰 발판을 가지고 있다. 그리고 일부는 발판 표시 경계를 넘어서 의미로 뛰어 올라갈 수 있다. 이런 발달상의 차이를 어떻게 설명할 수 있는지와 그것들을 어떻게 가장 잘 다룰 수 있는지는 부모와 교사 모두에게 중요한 쟁점이다. 왜냐하면 문식성 발달에 책임이 있는 사람은 바로 우리, 즉 부모와 교사이기 때문이다.

쓰기와 읽기 행위의 출현은 구어 발달보다 도식화하기가 훨씬 더 애매하다. 쓰기 발달은 그리기에 그 뿌리를 두고 있다. 유아기 낙서는 취학 전 시기 동안 사물을 묘사하는 그림으로 바뀐다. 그러나 그림과 생각이 쓰기 표현으로 이끄는 부호화되고 사물을 묘사하는 기호(쓰기)에 의해 표현될 수 있는 것은 바로 아동의 이해이다. 취학 전 시기 동안 아동들은 점차 쓰기와 그리기가 다르다는 이해를 보여 준다(Temple, Nathan, & Burris, 1982). 즉, 그들은 쓰기 부호에 대한 특징을 배운다. 유아 초기의 낙서는 아동이 특정한 패턴을 반복하면서 되풀이된다(Clay, 1975). 그들은 일직선으로 한 쪽에 둔, 쓰기를 위해 우리가 사용하는 어떤 기호들이 있고, 쓰기를 위해 사용된 특정한 기호 알파벳의 글자라는 것을 배운다. 실제 쓰기로의 큰 도약은 아동이 일반적으로 특정한 기호가 특정한 개념을 나타내는 연결을 할 때인 5세와 6세 사이에 발생한다. 그들은 그 기호를 만들고, 그것들을 그들이 연결하는 개념이나 생각에 맞출 수 있게 할 필요가 있다. 이 유치원 나이에서 그 기호들은 대개 인습적이지 않다. 즉, 대부분의 아동들은 쓰기에서 개념을 표현하는 스스로 창조한 방식을 가지고 있는데, 그것은 특정한 기호가 특정한 소리에 연결될 때 점점 더 인습적으로 부호화될 것이다.

읽기는 이러한 소리-기호를 일치시키고 특정한 철자법상의 기호에 의미를 붙이는 행위에서 성장한다. Chall(1983)은 특정한 단계의 관점에서 읽기 발달을 제시하였다. 그녀는 기능을 도식화하는 여러 가지 방법이 있다는 것에 주목했고, 인지, 정서, 언어 발달은 또한 읽기 능력의 변화와 관계가 있다고 알려 주었다. 일반적인 범위나 순서는 학령기 전에 (기본적인 인쇄의 인식을 포함하는) 사전 읽기 기능으로부터 저학년에 최소의 읽기나 해독하기의 단계로 움직인다. 이것은 대개 유치원에서 모인 기본적인 알파벳 지식을 포함한다. 1학년 때까지 아동들은 기본적인 시각적 어휘(sight vocabulary)를 얻는데, 이것은 아동들로 하여금 그것들을 개별적인 기호로 만드는 전체 형상을 통해 기본적인 단어 집단을 알게 한다. 그것은 또한 음성 규칙을 조합해서 그들의 읽기 어휘를 위해 다른 단어들도 소리 낼 수 있게 한다. 아동의 해독 기능은 시각 어휘에 있는 것보다 더 많은 단어를 마주하는 2학년에 무거운 부담을 가진다. 이것은 Chall이 2단계라고 인용한 것이 되는데, 그 단계에서는 아동들이 그들의 해독하는 지식을 사용하는 것을 배운다. 단어 의미와 맥락 실마리는 아동들이 더 많은 양의 읽기 자료를 읽을 수 있게 해 준다. 읽으면서 배우기와 배우면서 읽기 사이에서 전환이 일어나는 것은 3학년과 4학년 사이이다. 10대가 되어서야 비로소 4단계와 5단계에 도달한다. 이때가 바로 대부분의 독자가 다수의 관점을 접해서 통찰력 있는 비판적인 독자가 되는 시점이다.

유치원에 다닐 때까지 아동들은 언어적으로 그들 자신을 매우 분명하게 표현할 수 있지만, 쓰기나 읽기 기능에서 유창한 아동은 거의 없다. 보통 유치원생들은 자신의 성을 쓸 수 있지만, 완전한 인습적인 글로 쓰인 문장을 기호화하고 해독하게 되는 데 꼬박 1년이 걸릴 것이다. 읽기와 쓰기 행위의 복잡성은 우리가 추상의 두 번째 단계에 도달하기 때문일 것이다. 구어로 우리가 생각하는 것을 말할 수 있다. 구어에 비교하여 쓰기와 읽기는 추가 상징 체계, 즉 글로 쓰인 암호에 근거한 두 번째 수준의 추상이다. 어떻게 보면 아동은 기호가 본래 의미하는 것에 대한 암호를 풀 필요가 있을 뿐만 아니라, 또한 그것을 개념적 표현으로 번역해야 한다. 그래서 a-p-p-l-e은 그 철자 기호로부터 빨간 과일로서의 개념적 상징으로 해독될 (혹은 아동이 쓴다면 기호화될) 필요가 있다.

인쇄로부터 의미로의 진행은 철자에서 단어로, 또 단락으로의 단순한 진행보다 훨씬 더 복잡하다. 오히려 그것은 '사고를-위한-상징으로서의-그림'으로부터 시작하여 그림이 개념적 이해를 나타내는 '사고로서의-그림'까지 이른다. 그림은 단어로 진보한다. '사고를 위한-상징으로서-글로-쓰인-단어'로부터 '사고로서-글로-쓰인-단어'로 진보한다. 학습자를 문식성으로 움직이는 것은 바로 상징 체계를 조작하는 진보하는 재능이다. 언어적으로 유능한 학습자는 언어적 기호 체계에 대한 일정한 능력을 가지고 있다. 그러나 언어적으로 재능이 있는 학습자는 사고를 표현으로 (혹은 읽기나 사고로의 표현일 경우에) 전환시키는 언어적 상징과 언어 부호를 다루는 진정한 민첩성으로 가지고 있다.

언어 조작에 대한 한 가지 이론적 관점은 아동이 가설을 만든다고 생각한다. 의미(또는 "일관성")를 찾는 과정에서 그들은 실질적인 해석 체계를 구성한다(Ferreiro, 1990). 아동들은 언어를 통제하기 위해 그들이 구성하는 규칙에 의해서 나타난 질서와 예측 가능성이 있는 세계를 창조한다. 개념 발달의 단계는 학습자가 가진 규칙 체계의 정교함과 관계가 있다. Langer(1984)는 아동들을 능동적인 문제 해결자로 이해하는 것을 Bruner와 Piaget의 덕으로 돌렸다. 문제 해결자로서 아동들의 "개념적 발달은 점차 더 정교해지고, 규칙에 통제되는 가설의 체계와 세계의 표현이라는 특징을 나타낸다."(p. 109)

2. 고도 언어 발달

정확하게 무엇이 고도 언어 발달을 구성하는가? 일찍 말을 하는 아이, 일찍 읽는 아이, 일찍 쓰는 아이가 모두 언어적 천재가 되는 것은 아니다. 그러나 조기 읽기(유치원에 가기 전에 읽을 수 있는 아동)와 후기 언어 능력 사이에는 예언적 관련성이 있다(Henderson, Jackson, & Mukamal, 1993; Jackson, 1988; Durkin, 1966). 그 이유는 아마도 인간이 수행하면서 배우기 때문일 것이다. 즉, 읽기는 더 나은 읽기를 낳고, 쓰기는 더 나은 쓰기를 낳는다. Vygotsky(1978)는 어떤 행위를 한다는 바로 그 행위가 실제로 사고 과정 그 자체에 영향을 준다고 통찰력 있게 언급했다. 만약 실제 문식성 행위가 사고 자체를 형성한다면, 아동이 문식성 활동을 더 길게 하면 할수록 더 나아진다는 말은 이치에 닿는다. 또한, 만약 아동이 읽기를 배우는 데 시간을 투자할 필요가 없다면 그 아동은 배우기 위해서 읽기를 이용할 수 있을 것이다. 배움은 배움을 낳는다.

언어 발달에 대한 Loban(1976)의 종단 연구는 "한 번 앞서 가면 항상 앞서 간다."는 격언을 분명히 입증하였다. 유치원 때 고도 언어 능력 집단은 12학년에도 고도 언어 능력을 가지고 있었다. 그 집단은 그 앞선 능력을 계속 유지했을 뿐만 아니라 낮은 언어 능력 집단과의 차이도 더 크게 벌렸다. 조기 언어 발달은 미래 성공에 대한 좋은 징조가 된다.

미취학 영재 아동 판별에 대한 아동발달연구학회의 최근 연구(Louis, Feiring, & Lewis, 1992)는 조기 언어 발달에 대한 비교 통찰을 제시하였다. 3세에서 5세의 언어 능력이 보통인 아동과 뛰어난 아동을 비교해서, 연구자들은 고도 언어 발달에 대한 몇 가지 구체적인 특성을 구상할 수 있다. 어떤 그림을 자극으로 사용해서 아동들에게 그 이야기를 하도록 요구한다. 연구자들은 전형적인 3세 아동이 이 과제를 수행하는 데 어려움이 있다는 것을 발견했다. 그 아동들은 특별히 논리적이지도 않고 간단한 어휘를 사용한다. 그 "이야기"는 아동들이 실제로 그림에서 본 것을 묘사한 것에 지나지 않는다.

대조적으로, 언어 영재성이 있는 3세 아동은 실제로 논리적인 이야기를 할 수 있다. 더 흥미로운 것은 그 이야기가 흔히 창의적인 상상력을 보여 준다. 사용된 어휘는 형용사와 묘사적 어구를 포함한다. 시작, 중간, 결말의 순서가 이야기에 구조를 제공하고, 그것은 자주 일관된 주제를 가지고 있다.

5세가 되면 전형적인 아동은 논리적이고 창의적인 이야기를 할 수 있다. 이제 형용사를 사용하는데, 단순한 복합문을 만들기 위해 형용사를 이용하여 두 가지 생각을 합치기 시작한다. 그러나 여전히 시작, 중간, 결말을 순서대로 나열하는 데 문제가 있다. 대조적으로, 언어적으로 재능이 있는 아동은 이제 표현적으로 생생한 부사, 동사, 복합문을 사용한다. 대화는 창의적으로 이용되어 이야기 자체가 매우 풍부한 상상력을 갖는다.

이런 발달에 성인들이 얼마나 많이 기여할 수 있는지는 이론적인 논쟁의 여지가 있다. Piaget 쪽 학자들은 필수적인 문식성 환경이 주어지면 아동이 스스로 의미를 구성할 것이라고 주장한다. Vygotsky 쪽 학자들은 학습자의 개념에 대한 실제 이해와 잠재적인 개념 이해 사이에 격차를 줄이는 가교 역할을 할 수 있는 성인의 중요성에 주목했다. 성인은 단지 올바른 자극을 제공하거나, 학습자가 알고 있는 것과 학습자가 알 수 있는 것 사이에 있는 격차를 극복하는 올바른 질문을 한다. 전환자가 되는 것은 바로 성인(혹은 인지적으로 더 깨어 있는 동료)으로, 잠재적인 지식을 활동적인 지식으로 전환하도록 아동을 도와주는 촉매로서 역할을 한다.

개별 아동에 대한 연구는 언어 재능 발달의 본질에 대한 구체적인 통찰을 제공할 수 있다. 전형적으로 조기에 언어 재능을 보이는 두 아동을 다음 사례에서 만날 수 있다. 두 아동 모두 전형적인 고도 언어 능력을 보여 준다. 그들은 또한 그 능력이 표현되는 방식에 있어서 차이가 있음을 보여 주는 예가 된다. David의 읽기 능력과 Cara의 쓰기 재능은 언어 영재 학습자의 세계에 대한 흥미로운 통찰을 제공한다.

3. 언어 재능의 사례

1) 조기 읽기 재능

5세인 David는 많은 유치원생들처럼 개구쟁이 같은 웃음과 넘치는 에너지를 가지고 있다. David의 에너지는 운동 감각적인 것 이상이다. 즉, 그의 정신 능력은 그의 생활 연령보다 훨씬 높다. David는 빠르고 민첩하게 어떤 어른을 떠보고 그가 자기 편인지 아닌지를 알아낸다. David는 많은 어른들이 자신의 욕구를 이해하지 못한다는 것을 직관적으로 안다. 그는 특별한 아이로, 대부분의 유치원 교실에서 제공되는 것 이상의 지적 도전을 필요로 한다.

최근에 실시한 Woodcock-Johnson-R 학업 성취도 검사에서 David는 7개의 모든 하위 검사에서 그의 나이 또래(5년 6월)의 99.9 백분위수에 해당되었다. 문자-단어 판별에서 유치원생 David는 6년 7월의 점수 수준에 이른다. 지문 이해에서는 6년 2월에 해당하는 수준의 점수를 얻었다. 점수 수준이라는 것은 성취도 비교의 관점에서 어떤 것을 의미할 수 있지만 최저 수행 관점에서 보면 더 많은 것을 의미한다. 이것은 분명 David가 일상적인 유치원 시각 구별 과제를 하는 데 시간을 보내지 말아야 한다는 것을 의미한다.

그런 목적으로, David가 조기 욕구를 성공적으로 길러 준 지역 몬테소리 유치원 수준을 능가했기 때문에, David의 부모는 집에서 한 시간이나 떨어진 또 다른 몬테소리 학교까지 차로 데려다 줄 것이다. 이용 가능한 버스 편이 없어서 David를 데려다 주는 것은 세 살과 한 살인 다른 두 아이를 함께 돌보아야 하는 가족에게는 매우 힘든 일이다. 그러나 신경 써서 학교를 찾아본 결과 아이를 데려다 주는 것이 의미 있는 일이라고 가족은 확신했다. 그 학교는 많은 자료와 David가 읽고 싶어 하는 것을 읽을 자유가 있는 학교로, David가 잘 성장하는 데 맞는 환경을 제공할 것이다. David는 그가 이미 훨씬 넘어서는 읽기를 위한 준비로서 하는 단순한 암기를 하지는 않을 것이다.

한 세대 전에 그의 아버지가 했던 것처럼, David는 2세가 되기 전에 음성학적인 기호를 해독했다. David의 부모는 David가 6개월이 되었을 때 책을 읽어 주기 시작했다. 한 살이 되었을 때 45분에서 한 시간짜리 이야기를 들을 수 있었다. 그의 가족은 David가 한 살도 되기 전에 문자와 숫자 모두에 특히 관심이 있다는 것을 알았다. 외출을 할 때, David는 소화전과 우선멈춤 표지판에 멈춰서 글자를 따라 쓰곤 했다. 18개월에 David는 알파벳을 말했고, 그러면서 항상 자신이 말하는 글자를 보고자 했다. 엄마와 아빠는 David에게 커다란 자석이 달린 글자 여섯 세트를 사 주었다. David는 자석 글자들을 가지고 몇 시간을 놀곤 했다. 20개월이 되었을 때, David는 문자가 소리로 나타난다는 것을 알았다.

가족은 TV를 보지 않았지만, David에게는 "Sesame Street" 비디오 "Getting Ready to Read"를 보게 했다. 그 비디오는 David에게 음성학적 기호를 해독하는 기회를 어느 정도 제공했다. David는 비디오 앞에 꼼짝 않고 앉아서 응시하다가 자신의 자석 글자를 조합해서 자신이 말할 수 있는 글자로 만들곤 했다. 어떤 것은 의미가 없는 단어였지만, David는 글자를 패턴으로 조합하여 자신이 만든 패턴을 소리 내서 말했다.

2세 6개월이 되었을 때, David는 『머리 위에 사과 10개』와 같은 책을 읽고 있었다. 그의 어머니는 그에게 어떤 공식적인 읽기 교육도 하지 않았다고 말한다. 그러나 그들은 David가 쉽게 독자가 될 수 있도록 커다란 서재와 그가 이용할 수 있는 많은 책을 가지고 있었다. David는 책을 골라 편안하게 읽곤 했다. 그리고 그는 읽는 책의 난이도 면에서 진보가 있었다. 다섯 살 때 David는 『초원 위의 작은 집』과 『나니아 연대기』를 읽고 있었다. 다섯 살 아이가 보통 저지르는 잘못에 대한 벌로서 그를 방에 가두었을 때, David는 책의 세계에 너무 빠져 있어서 종종 필요 이상으로 방에서 늦게 나왔다. 그는 말하는 것보다 읽는 것이 빠르고(또한 David는 말을 빨리 한다!), 정보에 대한 왕성한 욕구를 가지고 있다. David는 이용 가능한 모든 감각으로 지식을 빨아들이는 스펀지와 같다. 그가 올해 학교에 입학할 때, 우리는 단지 선생님들이 치타와 같이 앞서 가는 David의 속도를 유지할 수 있도록 해 주기를 바랄 뿐이다.

David의 읽기 조숙성은 분명하지만 그의 쓰기 능력은 그의 전체 언어 재능을 가리고 있다. David의 읽기 활동에 대한 사랑은 유아기에 분명히 나타났지만, 그는 쓰기 활동을 싫어했다. 그는 세 살 때 글자에 채색하고 글자를 쓸 수 있었지만 이러한 활동에 재미를 느끼지 못했다. 그의 어머니는 이것이 그의 운동 기능의—언어 기능의 수준 아래에 있는—수준과 관계가 있을지도 모른다고 느낀다. 이 시점에서 David는 쓰기 활동에 시간을 보낼 수 있지만, 좋아하지도 않고 하려고 하지도 않는다. 쓰기의 기계적인 과정이 너무 느려 David의 빠른 생각을 따라가지 못한다. 그는 이미 워드 프로세서로 자신의 생각을 지면에 표현하기를 기대하고 있는데, 바로 그것이 그의 생각의 속도를 훨씬 더 빨리 따라갈 수 있기 때문이다. David의 Woodcock-Johnson 하위 점수에서 가장 낮은 영역은 받아쓰기였다. 실제로 그가 획득한 점수는 또래의 99.9 백분위에 속하는 것이었고, 그 점수는 유치원 수준을 훨씬 상회하는 3세 7개월에 해당되었다. 그러나 이것은 모든 다른 Woodcock-Johnson 하위 점수를 2년 정도 밑돌았다. David는 자신의 생각을 종이에 쓰는 것보다는 오히려 읽기에 시간을 보냈다. 쓰기를 David의 언어 재능에 대한 근거로 보기는 (아직?) 어렵다.

David의 가족은 그에게 쓰기를 강요하지 않았고 그가 준비되어 있지 않은 어떤 다른 학문적 활동도 강요하지 않았다. 그들은 David에게 자료를 제공하면 자신의 세계를 만들어 낼 것이라는 믿음을 가지고 있었다. 그것이 바로 학습에 개별화된 접근을 제공하는 몬테소리 학교로 기꺼이 한 시간이나 그를 태우고 가는 이유이다. 지금 당장은 부모는 David의 끊임없는 질문에 대답을 해 주고 많은 질문에 대한 답을 찾을 수 있도록 책을 제공하는 데 만족한다. 그들은 자신들이 매우 조숙한, 언어적으로 재능이 있는 아동을 기르고 있다는 사실을 알고 있다.

2) 조기 쓰기 재능

Cara는 아담한 9세의 4학년생이다. Cara의 꿰뚫는 듯 빛나는 두 눈은 유머러스한 통찰과 목적의 진지함을 결합하여 어린 나이에 맞지 않는 성숙함을 발산한다. 나는 Cara가 1학년인 여섯 살 때 윌리엄앤드메리대학의 영재 학생을 위한 심화학습 프로그램의 어린 독자와 작가를 위한 토요 학급에서 처음 Cara를 만났다. 그 과정 초기에 각 학생은 잠재적 쓰기 주제에 대한 목록을 작성해야만 했다.

Emy는 그 학급의 전형적인 아동으로 다음과 같은 목록을 내놓았다.

자전거
엄마
토끼
공룡
게르빌루스 쥐(gerbil)
고양이
개
나무
물
생쥐
바나나
시계
지구
형제
나뭇잎
당근

덜 전형적인 Cara의 목록은 다음과 같다.

나의 두 마리 개
나의 2명의 자매
나의 가족
공룡
나 자신
동물
내가 만든 장신구
내가 쓴 책
나의 친구
나의 엄마
나의 음식
나의 옷
나의 집
나의 생일
나의 이웃
나의 몸
나의 치아(내가 가지고 있는 것들)
나의 머리카락
나의 새(Snowey)
나의 비디오카메라

Cara가 쓰고 싶은 것이 많다는 것은 분명했다. Emy의 더 전형적인 목록과 비교했을 때, Cara는 그 수와 복잡성 모두에 있어서 더 많은 아이디어를 가지고 있었다. 그녀의 목록은 문법적인 발달도 보여 준다. Cara는 표준 철자와 형용사 기술어를 사용했다. 독창적으로 말하자면, Cara는 상세히 표현하는 능력뿐만 아니라 생각의 유창성도 보여 준다(예: "나의 치아[내가 가지고 있는 것들]"). 독창적인 생각은 비디오카메라 주제에서 가장 분명하게 나타난다. 단지 하나의 단순한 목록 비교가 교사들로 하여금 Emy와 Cara의 다른 능력 수준을 볼 수 있게 해 준다. Emy의 목록은 전적으로 명사이고, 거의 모두가 동물이나 사람이다. 반면 Cara의 목록은 Emy의 목록보다 훨씬 더 표현이 풍부하다.

많은 학생들이 글쓰기 시간 동안 "바퀴를 돌리는 데(헛수고를 하는 데)" 많은 시간을 보낸 반면, Cara는 지정된 목적으로 글을 쓰는 데 10개의 각 과정 수업 시간을 보내곤 했다. Cara에게서 단어가 흘러나오는 듯했고, 쓰기 과정을 처음 시작하는 여섯 살짜리가 흔히 가지는 망설임도 없이 Cara는 생각을 종이에 옮길 수 있었다. 그러나 Cara는 쓰기 과정을 처음 시작했다. Cara는 최근에야 생각을 종이에 옮기게 되었다. 그것은 마치 이 새로운 행위가 Cara에게 언어 재능에 대한 물꼬를 제공한 것과 같았다. 내가 Cara의 작문에 대한 질문을 했을 때, Cara는 초인지적으로 자신의 사고 과정을 분석했다. 나는 다음과 같이 물었다. "오늘은 무엇에 대해 쓰고 있니, Cara? 너는 왜 너의 모험 이야기에 집을 배경으로 선택했니? 어떻게 주인공이 그 문제를 해결하려고 하니?" Cara는 열정적인 응답을 거품처럼 토해 냈다. Cara는 자신의 결정 뒤에 있는 근거를 말로 설명하면서 자신의 글로 쓰인 이야기를 수정하는 일을 했다. 단순한 묘사는 생생한 이미지와 은유적인 표현으로 바뀌었다.

2학년 때, Cara의 쓰기는 풍부해졌다. 생각을 종이에 수월하게 옮기는 것으로 Cara는 자유롭게 글로 쓰인 관례를 조작하는 법을 배우게 되었다. 4학년이 된 지금, Cara는 글쓰기 산출물이 모두 있는 포트폴리오를 가지고 있다. 그녀는 다른 독자들을 위한 다른 장르, 즉 시와 에세이와 기사를, 이야기하는 목소리로, 생각을 표현하는 목소리로, 내용을 전하는 목소리로 글을 쓴다. 9세 나이에 Cara는 글로 표현되는 생각의 과정을 통제한다. 상을 받은 그녀의 4학년짜리 이야기 "Leena and the Magic Shoes"는 직유법과 성유법 같은 문학적 기술을 사용하는 능력을 보여 준다—"Leena는 그녀의 모든 피가 폭풍우 속의 냇물같이 그녀의 몸을 통해 솟구쳐 흐르는 것을 느꼈다. 그녀는 심장이 점점 더 크게 뛰는 것을 느낄 수 있었다. 쿵, 쿵, 쿵. 더 크게, 더 빠르게, 쿵, 쿵, 쿵, 쿵." 철자법과 문법은 결점이 없고, Cara가 쓰는 단어의 의미는 그녀가 쓰는 많은 다발의 종이를 가로질러 힘들이지 않고 굴러갈 수 있게 한다.

Cara의 글쓰기 재능은 다른 유형의 언어 문식성에서 훨씬 일찍 나타났다. Cara는 네 아이 중 막내로 태어날 때부터 특별한 재능을 가지고 있었던 것이 분명하다고 Cara의 엄마는 말했다. 대부분의 아기들은 미분화된 울음 패턴을 가지고 태어나지만,

Cara는 소리를 만들면서 태어난 것이 분명하다고 엄마는 말한다. 3개월이 되었을 때, Cara는 모음 소리를 흉내 냈다. White 부인은 Cara가 이때쯤 음조와 억양을 흉내 냈다고 하는데, 대부분의 아기들은 8개월이 될 때까지 그렇게 하지 못한다. Cara는 18개월 때 "Twinkle, Twinkle Little Star"와 알파벳 노래를 불렀다.

White 부인은 Cara가 두 살 때 유아 독서 모임에 참여시키기 위해 처음으로 도서관에 데리고 갔다. 그들은 항상 그곳을 도서관 학교라고 불렀으며, Cara의 첫 도서관 이야기 시간을 Cara가 학교에 간 첫날로 생각했다. Cara는 도서관에 가는 것을 좋아했고, 심지어 도서관 학교에서 가지고 온 명찰을 소중히 간직했다.

세 살 때, 소아과 의사는 그와 말을 주고받는 Cara의 능력에 깜짝 놀랐다. 그 의사는 언어적으로 재치 있는 사람이었다. 그리고 Cara는 겨우 세 살이었지만 하나하나 비교하여 그보다 한 수 위였다.

Cara는 유치원에 다닐 때 책을 읽고 있었고, 그래서 1학년 읽기 수업에 보내졌다. 그녀는 믿을 수 없을 만큼 표현력이 풍부했고 "Bunny Sue"라는 전체 학교 작품의 주연을 맡았다. Cara는 대단한 표현력으로 주연 역할을 연기했고 그 작품 때문에 그녀는 아직도 기억된다. 5세 때, 그녀는 그 전체 작품을 쉽게 외울 수 있었다.

책을 읽고 있고 유능한 구술 극작가였지만, Cara는 유치원에서 실제로 쓰기를 한 적이 없다. White 부인과 Cara 둘 다 1학년 때까지 그리기, 낙서, 쓰기에 대한 기억이 전혀 없다. White 부인은 그것이 Cara의 정밀 운동 기능이 아직 쓰기를 위해 준비가 되지 않았기 때문일지도 모른다고 생각한다. 그러나 6세인 1학년 때, Cara는 다음과 같은 시를 썼다.

하늘

오 아주 저 높이, 새들만이 나는 곳
도로나 오솔길
정말 커다란 수반을 가진
아주 먼 어디에선가
날마다 볼 수 없는 그런 곳.

지금 그것을 보아야 한다면
어떻게 해야 하는지 나는 모른다
단지 당신의 꿈에서나 가능하지
이 신비한 곳을 볼 수 있는가
핑크와 레이스로 덮여 있는
긴 잠에 당신이 빠진다면
당신의 꿈을 간직할 것이다.

내가 말하려는 단 하나는
당신은 하늘이 끝나는 곳을
매일 볼 수 없다는 것.

쓰기 재능의 징후는 많이 있다. 유창하게 시를 짓는 Cara의 시적 능력은 6세라는 생활 연령을 훨씬 넘어선다. 그러나 이 시를 돋보이게 하는 것은 바로 상징주의의 포함이나. Cara는 현실을 초월하여 단어의 구체적인 사실을 초월하는 세계를 들여다볼 수 있었다. "재능의 표출"이라고 말할 수 있는 높이까지 그것을 들어 올리는, Cara의 시에 들어 있는 추상의 수준이 있었다. 이 시를 쓴 직후에 Cara는 글쓰기에 집중하게 하는 글쓰기 특별 수업을 들었다. 그녀는 그때부터 독립적인 글쓰기를 하면서 많이 성장했다. Cara는 지금 자기 어머니를 위해 "엄마를 위한 잡지"라는 잡지 시리즈를 만든다. Cara는 여가 시간에 한 부씩 속속 만들어 낸다. 그 잡지의 작가는 C. Brianna, 편집인은 C. B. White, 직원은 Cara B. White, 발행인은 C. B. W.이다. Cara는 자신의 예술적 재능에 있는 즐거움을 전하는 말에 충만한 장난기를 보여 준다. Cara는 자기 나이를 넘어서는 방식으로 글을 쓴다. 또한 댄서의 흐르는 듯 부드러운 우아함을 가지고 추상적 이미지를 묘사적으로 불러낼 수 있다.

그렇다. Cara는 또한 자기 나이를 넘어서는 독서를 하고 성인의 어휘로 말을 한다. 그녀의 언어 재능은 많다. 부모나 교사가 그런 재능을 알아채지 못하는 것이 오히려 어려울 것이다. 그러나 그것이 그런 재능을 다루는 일을 더 쉽게 만들지는 않는다. 교사와 부모로서 우리가 그런 재능이 잠재성을 최대로 이용할 수 있도록 보장하는 방법은 무엇일까? 분명히 David와 Cara의 이러한 사례들은 우리에게 몇 가지 실마리를 제공한다.

3) 언어 재능의 패턴

비록 서로 다르게 나타났지만, David와 Cara의 언어 재능에 관한 두 가지 사례 모두 눈에 띄는 유사성을 보여 주고 있다. David와 Cara는 다음과 같은 패턴을 나타낸다.

- 유려하고 묘사적인 구어: 두 아이는 일찍 말을 배웠고 18개월 때 온전한 개념적 사고 과정을 표현하였다. 초등학교 저학년 때, 그들은 고급 어휘, 문법, 구문을 사용하여 어른들과 쉽게 대화를 나눌 수 있다. 그들의 구어는 묘사적이고 풍부한 표현력으로 가득 차 있다.
- 음성 부호의 조기 숙달: David와 Cara는 유치원 초기에, 보통 유치원 교육과정에서 문자를 소리에 맞추는 활동을 하기 오래전에 소리-문자 대응을 확실히 이해했다. 흥미롭게도, 그 아이들이 기호와 소리의 음성 부호를 해독하도록 도와줄 때 "Sesame Street"가 영향을 주었다고 두 아이의 부모 모두가 언급했다.
- 언어 기호 체계를 사용하는 고능력: Cara와 David는 각각 그들의 연령에 비해 몇 년이나 높은 수준의 글로 쓰인 단어를 해석했다. 또래들이 시각 어휘(sight vocabulary)를 읽고 있을 때, Cara와 David는 의미 있는 문학 세계를 탐험할 수 있었다. 그들은 『나니아 연대기』 같은 책을 통해 상상력의 격렬한 세계를 맞이하고 있었고, 그것은 문학적 속편을 연결하는 의미 네트워크를 제공하였다.
- 장시간 읽기 또는 쓰기 과제에 대한 적극적인 참여: David가 새 책을 읽든 Cara가 최신 잡지를 편집하든지 간에, 시간은 이 아이들에게서 자취를 감춘다. 그 해석은 그들의 문학적 관심이 그들에게 있어서 현실을 초월하여 시간과 그것의 제약을 모르는 세계로 분명히 들어갈 수 있게 만들 때 시간을 지연할 수도 있다는 것이다.
- 목적의 진지함과 결부된 장난기 있는 작업: David와 Cara의 놀이는 유목적적이다. 놀이는 그들의 언어 능력과 융합되는 상상력을 위한 시간이다. Cara의 쓰기 포트폴리오는 창의적 산출의 증거로 가득 차 있다. 나선철로 제본한 이야기, 삽화가 있는 모험담, 시 모음집 등은 그녀의 언어 재능에 대한 결실을 보여 준다.

- 복잡한 사고를 표현하는 능력: 두 아이의 복잡한 문장 구조와 높은 수준의 어휘 능력은 그들의 복잡한 인지 사고 패턴에 대한 언어적 표현을 가능하게 해 준다. 각각의 아이가 그들의 (중요한) 지식 기반을 아직 수집하지 못했던 미래의 온전한 지식 기반으로 연결할 수 있는 능력을 가지고 있는 것처럼 보인다.
- 도전에 대한 열망: 두 아이는 항상 새로운 어떤 것을 시도하기를 원한다. Cara에게 새로운 쓰기 장르든지 David에게 새로운 읽기 장르든지, 그들은 둘 다 이전에 시도해 보지 않았던 것을 시도하려 한다. 대부분의 어린아이들을 위한 "반복"이라는 안전망은 Cara와 David에게는 "지루함"이라는 경보 신호이다!

언어 재능을 정확하게 정의할 수 있는 마법과 같은 하나의 목록은 없다. 이것과 같은 목록은 단지 특별한 재능을 일반적으로 표시하는 것이다. 만약 우리가 사회 학습 이론을 지지한다면, 그 목록은 우리에게 아동들이 가질 수 있는 근접발달영역의 깊이와 넓이에 대한 중요한 실마리를 제공한다. 그들의 잠재력은 분명하게 눈에 보인다. David와 Cara를 인도하여 근접발달영역을 통과하도록 하기 위해 그들의 재능을 육성하는 데 우리는 무엇을 해야 하는가? 부모와 교사로서 우리는 어떻게 이 아동들이 그들의 재능을 최대한으로 이용할 수 있도록 도와줄 수 있는가? Cara와 David의 부모들은 재능계발 모델의 본보기가 된다. 두 부모들은 다음과 같이 했다.

- 조기에 재능을 알아챘다: 그들은 아이가 보통 발달 단계보다 앞서 있다는 사실을 잘 알고 있었다. 부모들은 유아기 때부터 아이의 발달을 주목하고 계획을 세웠으며 발달을 계속해서 추적했다.
- 학습자의 장점을 목표로 한 자료를 구입하고 제작하였다: 부모들은 아이의 기능과 관심이 눈에 띄자마자 특정한 자료를 이용할 준비가 된 것에 대응하였다. David가 징후를 나타내면서 그에게 조작할 수 있는 자석 글자 세트를 주었다. 그 자료들은 그의 흥미에 적합했다.
- 재능 지원을 위해 먼 거리도 마다하지 않았다: 특수학교에 아이를 차로 데려다 주는 것이든 특별 학급의 등록금을 마련하기 위한 희생이든, 이 부모들은 아이의 재능을 지원하기 위해 특별한 자원을 찾으러 먼 거리까지도 간다.
- 아이로부터 단서를 얻었다: 부모들은 아이가 기능과 흥미를 나타낸 후에 아이에게 대

응했다. 그들은 아이가 관심을 나타내지 않는 과제를 강요하지는 않았다.

- 읽고, 읽고, 읽었다: 아이에게 읽어 주고 아이와 함께 읽는 것은 처음부터 이 가족들에게 중요했던 것으로 보인다. 읽기 시간은 언어적으로 재능이 있는 이 아이들에게 공통분모였다.
- 책과 유용한 자료를 이용 가능하게 만들었다: 가정에 있는 책과 자료를 이용할 수 있는 것은 독서하는 시간과 관련이 있다. 이 부모들은 아동 도서를 수집해 가지고 있는 것이 가치 있다고 생각했다. 그들은 아이를 위한 책을 사기 위해 다른 물품을 사지 못했다고 말했다.
- 도서관을 이용했다: 이런 가족들에게 도서관은 단지 책을 찾는 장소 이상으로 생각된다. 도서관은 그 아이들의 언어적 관심을 지원하기 위한 특별 학급을 개설하고 주요한 수단을 제공하는 곳이다. 도서관 방문이 주기적으로 이루어지고 그들은 도서관에서 개설한 강좌를 이용한다.
- 비디오 녹화를 이용하여 발전 과정을 관리했다: 양쪽 부모들은 비디오카메라를 이용해 아이의 특별한 전환점을 기록했다. 그 아이들은 스스로 독특한 방식으로 성공하는 것을 볼 기회를 가지고 있다. 비디오 일기는 예상되는 자기존중감의 향상과 더불어 아이들에게 초인지적으로 그들 자신의 능력을 생각해 볼 기회를 제공할 수도 있다.
- 성취에 대한 자부심을 가졌다: 아마도 가장 중요한 것은 부모들이 자기 아이에게 큰 자부심을 가진 것이다. 과하게 자랑하지 않고, 그 부모들은 자랑스럽게 자기 아이의 성취를 인정할 수 있었다. 분명한 것은 그 부모들이 아이를 개인으로서 바라보고 그 개인성의 장점을 강조한다는 점이다.

4. 언어 재능 발달을 육성하기 위한 전략

만약 우리가 연구 문헌으로 얻은 이러한 사례 연구들의 함의를 종합한다면, 언어 재능을 조장할 수 있는 몇몇 특별한 전략들이 겉으로 드러날 것이다. 학생들은 복잡한 읽기와 쓰기 활동에 장기간에 걸쳐 참여할 필요가 있다. Marzano(1991, pp. 5-7)에

의하면, 이런 복잡한 활동은 다양한 형식의 응답을 포함해야 하고 학생들이 그들의 능력 한가운데가 아닌 가장자리에서 활동하도록 몰아가야 한다. 우리는 아동들에게 도전감을 제공할 활동에 대해 어떤 다양성을 제시할지에 대해 결정을 할 필요가 있다.

두 번째 전략은 학생 자신이 스스로의 모순을 고찰하게 만드는 목표가 분명한 질문들을 이용하는 것이다. 이 전략은 학습자들의 갈등을 유발하여 독자 또는 작가가 의미 산출을 조작하지 않을 수 없도록 한다는 생각을 따른다. 청소년도서재단(Junior Great Books Foundation)에 의해 사용된 질문하는 기술은 종종 독자들에게 갈등을 제시하여 그들의 관점을 주장하는 쪽으로 움직이게 한다. 아동들은 『잭과 콩나무』에서 Jack이 거인을 꾀로 이길 수 있었던 것이 운이었는가, 아니면 기술이었는가?"와 같은 질문에 대답을 해야 할 뿐만 아니라, 또한 텍스트로부터 나온 증거로 자신의 대답을 옹호해야 한다. 이러한 증거의 옹호와 사용은 아동들이 텍스트로부터 얻은 의미를 다루지 않을 수 없도록 한다.

이 전략들은 학생들이 점차 증가하는 수준 높고 복잡한 내용, 자료, 전달 체계를 조작할 수 있게 하는 유의미한 텍스트와 자료의 사용에 기초를 두고 있다. 이것은 학생들을 언어 조작, 즉 정신 활동의 궁극적인 근원에 끌어들이는 것이다. 의미 있는 텍스트와 자료는 기초 독본 수준을 넘어서야 한다. 책표지 사이에 묻혀 있는 위대한 내재적 질문들을 제공하는 것은 바로 문학이다. 이 질문들은 분별 있는 독자에 의해 발견되기를 기다리고 있다.

언어 재능을 기르기 위해서 언급된 몇몇 전략들은 각각 그 자체만으로도 적절하다고 하더라도, 그것은 조리가 있고 코드에 맞는 방식으로 사용될 때조차 그만큼 효과적인 경우가 거의 없다. 즉, 언어 재능이 있는 어린 학습자를 위한 목적, 활동, 자원의 의도적이고 의식적인 선택은 조기 언어 재능의 특별한 요구를 더 강력하게 실러줄 수 있는 일관성 있는 교수 단위를 형성할 수 있다. 형식화된 교육과정은 문식성에의 완전한 몰입과 단지 언어 기능에 대한 우연한 표본 선택 사이의 차이가 될 수 있다. 이론은 현재 존재하는 학생들의 스키마 위에 그 구조를 더 확대시키기 위해서 구성하는, 직접적이 아니고 서로 맞물리는 한 단계 앞선 방식으로 학생들의 능력 수준에 맞는 교육과정의 필요성을 지적한다.

그래서 읽기 자료나 쓰기 시간을 제공하는 것만으로 충분한 것은 아니다. 이론은 적절하게 도전감을 주는 내용의 필요성, 즉 능숙한 독자를 다단계의 사고에 불러들이는 구체적인 읽기 자료, 독자를 차별화하고 글로 쓰인 언어가 복잡하고 의미 있는 방식으로 조작될 수 있는 쓰기 활동, 논의나 일련의 추리의 발달을 허용하는 구어적 담화 기회의 필요성을 지적한다.

아동이 핵심적인 지식의 내용 기반을 다루도록 도와주는 핵심은 교사의 지원과 안내이다. 제시된 질문의 바로 그 특성이 학생이 그의 내적인 비계를 확장하는 데 도움을 제공할 수 있다. 학생이 더 높은 지적 토대에 도달할 수 있는 것은 바로 이런 확장에 의해서이다.

이것을 유발하는 한 가지 방법은 Jerome Bruner(1986)의 연구에 제시되어 있는데, 그는 "지식의 가설적 본질, 그것의 불확실성, 더 깊은 사고로의 초대"(p. 126)를 제시하라고 주장한다. 학생들이 사고, 숙고, 고심, 공상을 이용하도록 초대받는 것은 바로 이런 표현의 특성에 의해서이다. 달리 말하면, 우리는 고급의, 마음을 사로잡는 자료를 가지고 학생들이 그것의 애매함을 탐구하도록 자극하는 방식으로 제시한다. 우리는 질문을 함으로써 아동들이 스스로 질문을 하여 패턴이나 패턴 속의 단절을 발견하게 한다.

이 책의 제4부에 있는 엄선된 수업 계획에 의해 제시된 것처럼, 문학은 언어적으로 재능이 있는 학습자들의 요구에 초점을 맞춘 일관된 교육과정에 확고한 기반을 제공할 수 있다. 위대한 지성에 자양분을 공급하는 것은 바로 위대한 문학이다. 문학에 대한 학생 응답의 세련됨을 확대하는 것은 교육과정과 교수의 범위가 된다. Bruner (1986)는 우리가 학습자에게 가져오는 능력의 "커지는 가장자리"를 언급했다. Vygotsky는 "근접발달영역(ZPD)"을 설명하고 있는데, 이것은 아동이 혼자서 숙달하기에는 너무 어렵지만 교사와 함께 할 수 있는 활동의 범위를 말한다(Bruner, 1986). 이 근접발달영역은 학습의 사회적 측면을 강조하는 학습 잠재력을 재는 하나의 척도가 된다. 이론적 관점에서 보면, 그것은 왜 교수과정이 문식성 발달에 그렇게 중요한지 그 근거를 제공한다.

5. 결론

언어적으로 재능이 있는 학생들을 위한 효과적인 수업을 조직하는 방법은 한 가지가 아니다. 중요한 것은 그 재능을 인지하고 양육해야 한다는 것이다. 어떤 경우에도, 사고는 문식성의 핵심이기 때문에 도전적인 사고를 위한 기회가 있어야 한다. 이러한 도전을 위해서 학생들에게 지적 자극을 주는 자료와 사고를 자극하는 질문을 제시할 수 있다. 지적 자극을 주는 자료를 제공하면서 호기심을 자극하는 질문을 불러일으키는 언어 발달에 대한 최선의 지원 구조는 수준 높은 문학이다. 위대한 설화의 구술 전통에서 현대 작가의 이야기까지 문학은 인간성에 대한 위대한 질문을 통해 내용의 향연을 제공한다.

부모에 의해서든, 교사에 의해서든, 친구에 의해서든(그러나 이 모두에 의해서가 낫겠지만), 재능이 있는 학습자는 문식성에 그 의미를 주는 맥락을 제공하는 사회적 지원망을 필요로 한다. 이 사회적 지원망은 학생에 의해 읽히는 (그리고 쓰이는) 문학에 내재된 의미를 확장하고 세련되게 하는 토론자일 뿐만 아니라 언어 재능을 진열하는 청중이 된다. 학습자의 근접발달영역을 가로지르는 다리를 제공할 수 있는 것은 바로 이 사회적 지원망이다. 학생들이 그 다리를 건너게 인도하고, 그들을 끌어들여 독립적이고 자발적인 사고를 위한 그들의 잠재력을 교양 있고 교화된 사회로 전환하는 것은 바로 부모나 교사로서 우리가 할 일이다.

『자연의 선수』라는 제목의 어린 신동들에 관한 책에서 David Feldman(1986)은 "성향은 그것의 발달을 판별하고, 이용하고, 지속하고, 촉진하는 일련의 조건을 통해서만 재능으로 실현될 수 있다."(p. xi)고 언급했다. 우리에게 도전은 그런 조건을 배열하여 진정으로 재능을 판별하고, 이용하고, 지속하고, 촉진할 수 있게 하는 것이다. 그것은 지적인 참여의 정수이다. 우리가 성공한다면 우리는 우리 사회의 집단 지성을 진보시킬 것이다. 이것은 우리 모두에게 가치 있는 변화가 된다.

6. 핵심 요약

- 재능이 있는 학습자들은 다양한 문식성 발달 기능을 배우는 데 발달적 성장이나 도약을 경험할 것이다. 따라서 교사와 부모는 이러한 비선형적 성장 패턴에 맞추고 적절하게 도전적 자극을 제공하며 대응할 필요가 있다.
- 문식성 활동의 실행만으로도 문식성 발달이 촉진된다. 그러므로 읽기와 쓰기의 더 많은 연습은 학습 기능을 향상시킨다. 매일 읽고 쓰는 습관은 언어 재능을 증진시키는 강력한 방법이다.
- 성인인 교사와 부모는 잠재적 이해를 이용 가능한 지식으로 전환하도록 학생들을 도와주는 기능을 제공한다. 그래서 성인의 촉진 기능에 대한 함의는 바로 (1) 기능이나 개념의 깊이 있는 이해를 위한 맥락을 제공하고, (2) 이용 가능한 지식의 습득을 유발하는 데 필요한 적절한 자극을 진단하며, (3) 학습자가 잠재적인 이해를 시도할 때 지원을 제공하는 것이다.
- 조숙한 독자들은 한 가지 언어 영역에서 시간을 보내려고 했기 때문에 종종 쓰기에서 똑같이 조숙성을 보이지 않는다. 교사들은 읽기에 의해 자극된 사고와 개념을 구체화하는 언어 표현 양식을 촉진시키기를 원할 수도 있다. 읽은 책에 관한 토론과 읽은 책에 관한 쓰기는 이렇게 언어 범위를 확대시키는 데 훌륭한 현장이 된다.
- 조숙한 쓰기 재능은 또한 학생들에게서 발견될 수도 있으며, 그들을 자주 그리고 다른 양식으로 글쓰기를 하도록 자극하면서 그 재능이 장려되어야 한다.
- 조기 언어 재능의 지표에는 유창한 묘사적 구어, 음성학의 숙달, 언어 기호 체계를 사용하는 고도의 능력, 언어 활동에의 적극적이고 폭넓은 참여, 구체적 목적을 위한 언어 기술의 장난기 있는 사용, 사고의 복잡성, 도전에 대한 열망 등이 있다.
- 부모들은 조숙한 행위를 인식하고, 도서관을 이용하고, 적절한 자료를 구해 주고, 발달에 대해 기록하고, 개별적인 진보를 조장하면서 조기 문식성 발달을 장려할 수 있는 아주 유리한 위치에 있다.
- 복잡한 활동의 이용, 목표가 정해진 질문, 문학 중심 읽기는 집이나 가정에서 언

어 재능을 길러 주기 위한 좋은 전략이다.

7. 참고 문헌

Bruner, J. S. (1986). *Actual minds, possible worlds.* Cambridge, MA: Harvard University Press.

Chall, J. S. (1983). *Stages of reading development.* New York: McGraw-Hill.

Clay, M. (1975). *What did I write?* Auckland, New Zealand: Heinemann.

Durkin, D. (1966). *Children who read early.* New York: Teachers College Press.

Feldman, D. H. (1986). *Nature's gambit: Child prodigies and the development of human potential.* New York: Basic Books.

Ferreiro, E. (1990). Literacy development: Psychogenesis. *How children construct literacy: Piagetian perspectives* (pp. 12-25). Newark, DE: International Reading Association.

Glazer, S. M. (1989). Oral language and literacy development. In *Emerging literacy: Young children learn to read and write.* Newark, DE: International Reading Association.

Henderson, S. J., Jackson, N. E., & Mukamal, R. A. (1993). Early development of language and literacy skills of an extremely precocious reader. *Gifted Child Quarterly, 37*(2), 78-83.

Horning, B. (1991, October). Language busters. *Technology Review*, 51-57.

Jackson, N. E. (1988). Precocious reading ability: What does it mean? *Gifted Child Quarterly, 32*(1), 200-204.

Langer, J. A. (1984, November). Literacy instruction in American schools: Problems and perspectives. *American Journal of Education*, 107-132.

Loban, W. (1976). *Language development: Kindergarten through grade twelve.* Urbana, IL: National Council of Teachers of English.

Louis, B., Feiring, C., & Lewis, M. (1992). *Identifying gifted preschoolers.* Rutgers, NJ: Institute for the Study of Child Development.

Marzano, R. (1991). *Cultivating thinking in English and the language arts.* Urbana, IL: National Council of Teachers of English.

Piaget, J., & Inhelder, B. (1969). *The psychology of the child.* New York: Basic Books.

Temple, C. A., Nathan, R. G., & Burris, N. A. (1982). *The beginnings of writing.* Boston: Allyn and Bacon.

Vygotsky, L. S. (1978). *Mind in society.* Cambridge, MA: Harvard University Press.

제 7 장

구술 능력: 행동하는 사고

Ann L. Chaney

"왜 제가 구술 능력 과목을 수강해야 합니까?" 내 사무실에서 신입생이 툴툴거렸다. "만약 제가 영어 수업에 에세이를 쓸 수 있다면 확실히 연설도 쓸 수 있을 겁니다."

"왜 제가 구술 능력 과목에 돈을 대야 합니까?" 예산안 회의에서는 관리자가 툴툴거렸다. "우리 학생들은 언어 적성검사에서 충분히 높은 점수를 받지 않습니까?"

"왜 제가 구술 능력 과목을 가르쳐야 합니까? 그것에 아무것도 할 것이 없을 때도?" 교육과정 회의에서 강사가 툴툴거렸다. "'청중에게 듣고자 하고 말하고자 하는 것을 말하고, 그런 다음 그들이 방금 들은 것을 그들에게 말하라.' 그것은 나에게 말이 된다."

일부 사람들에게 무엇이 효과가 있는지에 대해 판단을 내리지 않고도, 최소한 위의 세 가지 경우에 내재하는 가정이 있다. 바로 구술 능력이 심장박동 정지나 체온 저하 증상을 가시적으로 드러내지 않고 글로 쓰인 텍스트를 청중에게 보여 주는 능력에 지나지 않는다는 믿음이다. 이런 관점은 학생들과 교사들이 능숙한 구술 능력을 성취하는 것과 관련된 기술의 진정한 범위나 깊이를 종종 깨닫지 못하게 하는 널리 퍼져 있는 오해이다.

재능 있는 학습자들에게 이 영역의 필요성은 아무리 강조해도 지나치지 않다. 높은 수준의 말하기와 듣기 활동은 자주 학교 교육과정에 빠져 있거나(Cramond, 1993; Wolvin & Coakley, 1985) 교수 시간이 거의 주어지지 않는다. 이에 대한 교수 제안은, 비중이 높은 언어과목 프로그램이 될 필요가 있는 것에 대한 확장된 관점에서 국어부터 웅변, 토론, 수사학에 이른다(Hansen, 1994; VanTassel-Baska, 1993). 이 활동들은 초기 발달 단계의 더 재능 있는, 전형적으로 4학년인 학습자들에게 이용될 것이다. 더구나 많은 언어과목 옹호자들은 구술 능력을 가르치는 것이 독서(Hoyt, 1992)나 작문(Sorenson, 1993)과 같은 언어과목의 다른 영역에서 학생들의 수행을 직접적으로 증진시킨다고 생각한다. 그러므로 구술 능력의 확장된 개념 설정과 그것의 사고력 지도의 연관성을 강조할 필요성은 탐구되어야 한다.

"나는 말을 한다. 그러므로 의사소통을 한다."라는 신화의 핵심을 직접 공략하면서, 이 장은 구술 능력이 어떻게 "행동하는 사고(thinking in action)"로 더 적질하게 특징지어지는지를 설명할 것이다. 특히 이 장은 구술 능력의 작업적 정의를 제공하며, "행동하는 사고"로서 구술 능력을 가르칠 몇 가지 구체적인 방법을 제안하고, 마지막으로 적절한 채점과 평가 방법에 대한 몇 가지 제안을 할 것이다.

1. 구술 능력의 작업적 정의

구술 능력은 "행동하는 사고"의 웅장하고 유쾌한 수행 활동이다. 메시시를 주는 사람과 받는 사람이 둘 다 관계된 쌍방향 과정으로, 구술 능력은 작문에서 가르치는 것과 같은 많은 기본적인 기술을 필요로 한다. 특히 구술 능력은 의미 공유하기와 관계가 있는 조직적이고 인지적인 비판적 사고 기술을 요한다(Barnes, 1992, pp. 108-115).

비록 구술(oral)이라는 기술적인 용어가 듣기와 비언어적 의사소통 같은, 흔히 신체 언어로 알려진 기술을 배제하는 것처럼 보일지라도, 구술 능력은 실제로 이 기술과 많은 다른 것들을 포함하고 있다. 음성 의사소통 학과목 안의 당대 이론은, 가장 주목할 만한 것이 상징적 상호작용주의(symbolic interactionism)인데, 언어나 그림과 같은 상징의 사용이나 몸짓, 얼굴 표정, 옷차림과 같은 비언어적 표현의 사용을 통한 의미의 공유로 이해될 수 있다고 주장한다.

구두 의사소통자에게 언어적·비언어적 상징으로 구성된 메시지는 비판적 사고 기술의 사용으로 구성되고 평가된다. 이 작업은 공유된 의미를 드러내는데 가끔씩 구두 의사소통이 일어나는 무수한 상황에 의해 더욱 복잡하게 된다. 많은 청중들 앞에서 행해지는 공식적인 연설과 아이들이 토요일 아침 텔레비전에서 나오는 30초짜리 광고를 보는 비공식적인 상황을 비교해 보자. 그 차이는 분명하고도 크다. 구두 의사소통 상황은 직접적일 수도 있고 간접적일 수도 있으며, 공식적일 수도 있고 비공식적일 수도 있으며, 즉각적일 수도 있고 지연될 수도 있으며, 두 사람 사이나 수백만 사이가 될 수도 있다. 혹은 몇몇이 주장하듯이 기계와 사람 사이의 의사소통이 될 수도 있다.

각각의 의사소통 상황이 부과하는 독특한 기술 요구에 대한 인식은 능력 기반 의사소통 지도로 향하는 경향을 조장해 왔다. 비록 언어 사용법에 있어서 성별이나 간문화적 민감성과 같은 기술을 포함하느냐 마느냐에 대한 의견의 불일치가 있지만, 구술 능력이라는 작업적 정의에 중심이 되는 것으로 널리 동의를 얻는 일련의 기술, 즉 핵심 능력은 실제로 존재한다. 이 핵심적인 능력을 요약하여 가장 효율적인 교육의 형태를 만들려는 하나의 시도로 미국 구두의사소통협회는 1,200명의 지역 대학 및 전문대학 학장과 교수들에게 대학 2학년들이 보여 주어야 하는 핵심 의사소통 능력을 찾아 달라고 요청했다(Speech Communication Association[SCA], 1985). 이 능력의 구체적인 목록은 **표 7-1**을 보라.

대학 수준에서 전체 과정은 **표 7-1**에 제시된 기능 분류에 따라 종종 구조화된다. 화자와 청자라는 두 가지 의사소통 역할은 이런 역할이 수행되는 다양한 상황과 결합되어, 최상의 능숙도를 가지고 읽고 쓰는 능력은 추가적인 기술 계발 없이 구두 의사소통에서 비슷한 수준의 능숙도를 보장하지 않는다는 사실을 분명하게 보여 준다. 언어 성취도 검사 점수는 비언어적 기술과 대인관계 기술 같은 요인을 제대로 측정하지 못한다(Goulden, 1992, p. 259).

구술 능력을 "행동하는 사고"로 해석하는 것을 이해하는 핵심은, 말하기나 듣기

표 7-1. 구두 의사소통 능력

말하기 능력	듣기 능력
구두 담화의 목적 결정하기 주제 고르기 및 청중의 목적에 따라 그것을 제한하기 다음 수단으로 목적 달성하기 ■ 주제문 제시하기 ■ 적절한 지지 자료 제공하기 ■ 적절한 구조적 패턴 고르기 ■ 주의 깊은 단어의 선택 보여 주기 ■ 효과적인 전이 제공하기 ■ 적절한 대인 간 기술 보여 주기 속도, 음조, 강도에서 다양한 목소리 이용하기 분명하게 발음하기 정해진 청중들에게 적절한 수준의 미국 영어 이용하기 언어적 메시지를 지지하는 비언어적 행동 보여 주기	문자 그대로의 이해력으로 듣기 ■ 요지 인식하기 ■ 지지하는 자료 확인하기 ■ 요점들 사이의 명시적 관계 인식하기 ■ 기본적인 요점 상기하기 비판적인 이해력으로 듣기 ■ 열린 마음으로 참여하기 ■ 화자의 의도와 요점, 정보의 구성 인식하기 ■ 사실의 진술과 의견의 진술 구별하기 ■ 감정적인 주장과 논리적인 주장 구별하기 ■ 편견과 선입견 찾아내기 ■ 화자의 태도 인식하기 ■ 논리적인 추론과 결론을 끌어내며 종합하고 평가하기 ■ 주장에 내포된 의미 상기하기 ■ 화자의 언어적·비언어적 메시지 사이의 불일치 인식하기 ■ 적절할 때 능동적인 청취 기술 이용하기

출처: Speech Communication Association, 1985. 허락하에 재구성함.

역할에서 구두 의사소통자는 정보 수집, 주장의 이해, 종합, 분석, 대안의 비교, 가치의 확인, 피드백을 주고 응답하기 등 수많은 과업에 참여해야 한다는 사실을 인식하는 것이다. 동시에 구두 의사소통의 성공은 목소리와 비언어적 특징들이 화자의 신뢰성에 주는 영향, 청중에게 피드백을 주고 그것에 적응하는 욕구, 시간 제약, 수정 기회의 부족, 무대 공포 등과 같은 요인들에 달려 있다.

그래서 이제 질문은 다음과 같이 된다. 어떻게 언어과목 교사가 이미 꽉 찬 교육과정의 중요한 부분을 종속시키지 않고 그런 확장된 개념의 구술 능력을 수용하는가?

2. "행동하는 사고" 가르치기

처음부터 모든 의사소통 공부가 가치 있는 기술 발달을 제공하기 위하여 공식적이고, 장황하고, 심지어 채점이 될 필요는 없다. 더 중요한 것은 각 활동이 주의 깊게 계획되고, 분명한 지도가 뒤따르는 것이며, 학생들이 공식적·비공식적으로 청중들 앞에서 새로운 기술을 연습할 기회를 갖는 것이다(O'Keefe, 1986, p. 17-18).

모든 교사는 교실에서 시간과 공간의 압박을 느낀다. 다음에 제시된 활동들은 주제와 기능 집단별로 제시되어 교수자의 재량에 따라 학생들의 나이 집단, 기술, 성숙 단계에 쉽게 적용될 수 있다. 그 활동들은 여러 가지 구술 능력 계발 상황에서 관심 유지 능력, 실용성, 효율성을 기초로 선택되었다. 또한 대부분은 비판적인 사고 기술에 역점을 두었고, 일부는 또한 말하기와 쓰기를 통합하는 데 도움이 된다.

3. 평가적 듣기를 통해 설득에 대한 응답 가르치기

우리가 매일 하는 의사소통의 약 75%는 구두로 이루어진다고 언급되어 왔다. 그것의 많은 부분은 다른 사람의 태도, 믿음, 가치, 행동에 영향을 주기 위해 의도된, 본질적으로 설득을 위한 것이다. 우리는 하루 내내 계속해서 결정을 하도록, 환경에 안전한 제품을 사고, 의사의 처방에 따르고, 아이들이 평소보다 한 시간 늦게까지 자지 않고 텔레비전 휴일 특별 방송을 보게 하도록 요청을 받는다. 이와 같이 우리는 다른 사람에게 자기가 좋아하는 후보에게 투표하라고, 스테레오의 볼륨을 낮추라고, 특정한 상호기금에 투자하라고 요청할 때 설득자로서 행동을 한다.

설득은 물론 무에서 생기지 않는다. 화자는 설득을 시작하지만 청자는 그 메시지를 평가하고 반응을 보이면서 참가한다. 이 장 앞부분에 제시된 일련의 핵심 능력을 상기해 보면, 분석과 종합의 기술이 논제를 전개하고 적절한 지지 자료를 선택하는 데 청자에게 중요하듯이 설득을 위한 메시지를 받고 평가하는 데도 그만큼 중요하다는 것을 쉽게 알 수 있다. 화자와 청자 둘 다 강한 증거와 약한 증거를 구별하는 능력으로부터 도움을 받는다. 즉, 적절하고 감정적인 호소로 인식하여 이용하고 호소를 평가하는 법을 배우는 것, 추리에서 강하거나 불합리한 패턴을 인식하는 법을 배우는 것이다.

듣기는 청자가 신체적·정신적으로 구두 메시지를 이해하는 노력을 하기 위하여 수동적이라기보다는 능동적인 과정으로 가르쳐야 한다. 능동적인 평가적 청자는 설득에 응하면서 언어적·비언어적 기술과 함께, 질문을 하고 고개를 끄덕이고 웃거나 불신으로 눈썹을 올리는 것과 같은 적절한 비언어적 피드백을 화자에게 주면서, 아래에 주어진 인지 기술을 사용할 것이다(SCA, 1985).

주장에 대한 Toulmin 분석 모형은 어린 학생들이 주장의 기본적인 구성요소를 이해하는 데 도움을 주는 데 적용될 수 있다. 한 문장을 도해하는 것처럼, 그 모형은 학생이 주장의 구성요소를 알아내고 이름을 붙이도록 해 준다. 모든 모형처럼 Toulmin 모형은 한계가 있는데, 그중 하나는 주장을 만드는 데보다 주장을 분석하는 데 더 많은 도움을 준다는 것이다. 그러나 귀납적, 연역적, 인과적, 유추적 추리를 통한 증거의 단위를 구성하는 데 대한 서론적 수업과 함께, 학생들은 설득적인 메시지를 구성하는 데 도움이 되는 수많은 논리적 유추의 도구를 숙달할 것이다.

Toulmin 분석 모형의 구성요소는 데이터(주장에 사용되는 근거나 증거), 근거(추리 패턴이나 추론), 지지(대개 근거가 도전을 받으면 보이는, 근거를 지지하는 기본적인 가정), 한정어(주장을 확신하는 정도를 표시하는, 주장을 하는 사람이 사용하는 용어), 주장(주장하는 사람이 방어하는 결론이나 주장), 반박(주장하는 사람이 열거한 주장에 대한 예외들)이다(Toulmin, Janik, & Rieke, 1984).

이 모든 요소를 가지고 있는 주장은 Toulmin 모형에 따른 도식을 만들 때 이와 같은 어떤 것으로 보일 것이다.

데이터

불빛이 번쩍이는 경찰차가 있다.
등이 도로가의 앞쪽 위를 비추고
차 두 대 뒤에 멈추었다.

비가 많이 오고 도로는 미끄럽다.

교통이 평소보다 천천히 움직인다.

한정어 : ——가장 가능성 있는/

주장 : 사고가 있었다

공사가 있지 않으면
운전자들이
과속을 했다

도로 상황이 위험할 때
사고는 자주 발생한다. 그래서

운전자들에게 도움을 주기 위해
경찰들은 고속도로를 순찰하고
항상 사고 현장에 나타난다.

학생들이 청자로서 듣고 응답할 것을 기대한다는 모든 주장이 이 모든 요소를 포함하는 것은 아닐 것이다. 분석적인 기술을 만들 목적으로 그 모형을 주요한 세 가지 요소인 데이터, 주장, 근거로 제한하는 것은 가끔 그만큼 생산적이다. 학생들에게 화자가 제시한(혹은 주장하는 텍스트에 포함된) 주장을 찾아내라고 요구하는 것은, 그리고 화자에 의해 만들어진 추리나 논리적 가정을 찾아내도록 요구하는 것은 평가적 듣기를 가르치는 데 매우 효과적인 연습이다. 학생들은 또한 이것으로부터 추론에서 오류를 인식하고, 화자에 의해 고려되지 않은 대안이 되는 아이디어를 찾아내는 법을 배울 수 있다.

예

(D): 최근 비가 많이 왔다.
나는 오늘 아침 정원에서 크로커스 줄기가 땅을 뚫고 나오는 것을 보았다.
새들이 매우 크게 울기 시작했다.

(W): 날씨가 차가워질 때 이런 것들은 오랫동안 일어나지 않기 때문에

(C): 계절은 겨울에서 봄으로 변했음에 틀림없다.

(D): Amy는 선물 상자를 열고 있다.

그녀는 초가 꽂힌 커다란 케이크가 있는 식탁에 앉아 있다.
그녀의 많은 친구들이 그녀 주위에 서 있다.
그들은 모두 소리 내어 웃고 미소를 짓고 있다.

(W): 선물은 대개 특별한 이유로 사람들에게 주어지기 때문에, 그리고 초가 있는 케이크는 이 나라에서 관례상 생일에 주어지는 것이기 때문에

(C): Amy의 생일을 축하하고 있음이 분명하다.

평가적 청자는 설득적인 메시지의 데이터, 주장, 근거를 인식하여 해명을 원하는 질문을 하고, 데이터의 힘을 탐구하고, 대안이 되는 추론을 제시하면서 근거에 이의를 제기하고, 더 자세한 관찰 후에 근거가 없는 것으로 보이면 결론이 수정될 수도 있는 방법을 제안하면서 메시지에 능동적인 응답을 하는 법을 배울 수 있다. 다음은 평가적 듣기를 더 깊이 탐구하는 두 가지 샘플 활동이다.

청취 에세이

1. 학생들은 교사와 함께 구두 발표에 참가하거나 비디오테이프로 교사가 선택한 것을 본다.
2. 학생들은 화자에 대한 반응에 대해, 교사에 의해 선택된 쟁점에 초점을 맞추어 에세이를 쓴다. 예를 들면,

화자에 의해 언급된 몇몇 요점은 무엇이었는가? 화자는 연설 동안 어떤 정보의 출처를 이용했는가? 화자에 의해 만들어진 몇몇 주장은 무엇이었는가? 그 주장은 설득력이 강한가, 약한가? 왜 그런가? 청중들 중 다른 사람들이 화자에게 반응한 것에 대해 어떻게 생각하는가? 어떤 종류의 청중 피드백이 이런 결론을 끌어내게 인도했는가?

미디어 메시지를 분석하라

1. 3~4개의 잡지 광고 시리즈를 선택하거나, 시각 이미지와 "그럴듯한" 마케팅 기술에 강하게 의존하는 텔레비전 광고를 비디오로 보여 주어라.
2. 학생들에게 매우 주의 깊게 광고를 읽고, 보고, 듣도록 지도하라.
3. 이 광고에 제시된 설득적 메시지의 기본적인 요소에 대해 학급 단위로 토론하라. 주장은 무엇인가? 증거는 무엇인가? 소비자가 가질지도 모르는 광고주의 메시지를 믿지 않는 몇 가지 이유는 무엇인가? 왜 광고가 사람을 오도하는지에 대해 그들이 할 수 있는 한 많은 이유를 지적하도록 학급에 요구하라. 광고주의 메시지에 의해 설득될 수 있는 이유가 있는가? 그것은 무엇인가?

4. 설득적인 말하기 가르치기

아이디어의 구두 발표에 관한 지도 수준이 아무리 높다 하더라도, 주제와 목적을 선택하고 개요를 설정하고 발표를 조직하는 기술은 강조되어야 한다. 작가와는 달리, 구두 의사소통자는 발표가 계속되는 동안 그 앞에서 호사스럽게 인쇄된 텍스트를 가지고 따라가지 않는 청중을 마주 대하고 있다. 또한 화자는 어색하고 혼동되는 메시지를 수정하거나 다시 작업할 기회가 없다. 어설프게 횡설수설하거나, 놓친 요점으로 되돌아간다거나, 완전히 새로운 방향으로 계속 간다거나 하는 것은 화자의 강연에, 그리고 아마도 심지어 신뢰성에 가시적인 영향을 줄 수 있다.

결과적으로 설득적인 말하기는 어떤 면에서 정보를 제공하는 말하기와 같은 다른 유형보다 더 어려울 수 있다. 그 이유는 종합, 논리, 설득적인 말하기에 대한 청중의 반응에 대한 인식뿐만 아니라 이런 근본적인 구조와 내용 구성 기술도 숙달해야 하기 때문이다. Swicord(1984)는 영재 아동들이 예를 들면 찬반론을 조직하는 과정에 매우 어려움을 겪는다는 사실을 확인했다.

1) 주제와 목적 결정하기

주제/목적 모형은 설득적인 말하기를 가르치는 아주 훌륭한 조직적 도구이다. 그것은 네 단계로 구성되어 있다—적절한 주제의 선택, 연설의 전체적인 목적 결정, 연설의 구체적인 목적 결정, 논제의 전개.

적절한 주제의 선택. 학생은 적절한 주제를 선택하고 시간 제약이나 청중의 기대에 따라 필요하면 그것을 좁히거나 넓힌다. 학생들은 개인적으로 관심이 있는 주제 영역을 선택할 때 더 잘하는 경향이 있지만 할당된 주제도 그만큼 잘하고, 그것은 교사에게 연습에 대해 더 많은 통제력을 주는 추가된 이점이 있다. (부연하자면, 주제 결정에 일정한 통제력을 행사하는 것에 대해 말할 것이 있다. 공식적인 말하기를 가르치는 강사는 뱀을 지독히 무서워하는데, 어떤 학기에 주제를 승인하는 것을 잊어버려서 어느 날 아침 교실에서 7피트나 되는 비단뱀을 맞이했다!)

전반적인 목적의 결정. 전반적인 목적은 정보를 전달하고 설득하고 즐거움을 주고 영감을 주는 행위를 지칭하고, 그것은 항상 부정사로 표현된다. 학생들은 예를 들어 각 목적 유형의 함의에 대한 지도를 받은 후에 그들의 전반적인 목적이 “설득하기”인지 “알리기”인지 결정하도록 요구받는다. 학생들은, 예를 들면 설득적인 연설의 목적이 그 주제에 대한 청중의 태도, 믿음, 행동을 바꾸고 강화시키는 것이고, 반면에 정보를 주는 연설의 목적은 다른 점에서 반드시 청중을 변화시키려는 의도 없이도 어떤 주제에 대한 청중의 이해를 높이는 것임을 배운다.

구체적인 목적의 결정. 구체적인 목적은 발표를 통하여 학생이 성취하려는 개인적인 목적을 지칭한다. 구체적인 목적은, “나의 구체적인 목적은 기본적인 응급처치 기술을 청중에게 알리는 것이다.” 혹은 “나의 구체적인 목적은 청중을 설득해서 그들이 일상 식사에서 지방과 콜레스테롤을 적게 섭취하게 하는 것이다.”와 같이 항상 완전한 문장으로 분명히 표현될 수 있다.

논제의 전개. 일단 구체적인 목적이 결정되면 학생은 간단한 논제를 구성한다. 그것은 간결해야 하지만 메시지의 요점을 포함해야 한다. 예를 들면, "배워야 할 세 가지 기본적인 응급처치 기술은 벌어진 상처에서 피가 흐르는 것을 막기 위해 직접 압박하기, 출혈을 늦추기 위해 피가 나는 사지 들어 올리기, 지혈대를 이용하여 피를 멎게 하는 방법 등이다." 혹은 "우리는 체중을 줄이거나 건강한 체중을 유지하기 위해, 고혈압의 위험을 줄이기 위해, 전체적인 영양을 개선하기 위해 일상적인 식사에서 지방과 콜레스테롤의 양을 현저하게 줄여야 한다."이다.

주제/목적 모형은 연설을 구조화하고 조직하는 법을 처음으로 배울 때 학생들에게 특히 도움이 된다. 학생들이 그 모형을 이용하는 법을 배우도록 도와주고, 또한 그들이 일찍 비공식적인 상황에서 홀로 서게 하는 좋은 시작 활동은 즉석 연설이다. 이 활동에서는 학생들에게 모자에서 뽑은 주제에 대한 연설을 준비하는 데 5분이 주어지는데, 메모 카드에 전개와 개요를 위한 주제/목적 모형을 이용한다.

2) 연설 개요 만들기

연설문의 준비는 매우 자세하고 완전한 문장의 개요로 시작되는데, 그것은 압축되어 화자의 개요라고 알려진 것이 된다. 화자의 개요는 덜 자세하고, "느긋하게 하라", "시선 교차를 주의하라", "강조하라"와 같은 효과적인 연설을 위한 실마리를 포함하고 있으며, 대개는 더 회화적이고 역동적인 연설을 위해 허용된 메모 카드에 기록된다.

학생들은 다음의 비판적인 기술에 대해 확실히 이해했음을 보여 줄 필요가 있다.

1. 함축성 있고, 서로 중복되지 않고, 논리적으로 관련이 있는 요점을 만들기
2. 청중의 이해와 기억을 조장하기 위해 효과적이고 적절한 순서로 요점을 배열하기(보기들은 시간적 순서, 공간적 순서, 주제별 순서, 문제 해결, 원인과 결과 등을 포함한다)
3. 주요 요점과 부수적인 요점, 다음으로 부수적인 요점의 차이를 올바르게 식별하기
4. 적절한 지지 자료를 인식하고 활용하기
5. 설득적인 연설 본문에서 주장을 분명하고 간략하게 조직화하기

다음에 오는 활동(글상자 참조)은 이 아이디어의 교실 적용에 유익할 것이다.

즉석에서 말하기

1. 학생들이 신문이나 잡지를 읽고 관심을 끄는 최근의 쟁점 하나를 선택하도록 지도하라. 학생들은 찬성과 반대의 관점을 가지고 있는 쟁점에 대해 집중할 필요가 있다.
2. 학생들에게 이 쟁점에 대한 그들의 관점을 표현하는 3~7분 정도의 연설을 준비시켜라. 학생들은 그들의 글이나 개인적인 경험, 다른 사람들과의 면담을 통해 모은 정보를 사용한다.

3) 분명한 전이 만들기

구두 의사소통자는 요점에서 요점으로 옮겨 가는 과정에서 분명한 전이를 위해 노력해야 한다. 이 연습은 청중이 연설의 흐름을 정신적으로 쫓아가도록 도와주는 데 필요하다. 구두 발표에 매우 유용한 전이의 몇 가지 보기가 아래에 있다.

내부 예고. 내부 예고는 화자의 초점이 하나의 분명한 주제에서 또 하나로 전환되려 할 때 연설의 본문에 사용된다 예를 들면, "미국의 쓰레기 문제가 얼마나 심각한지 보았으니까 몇 가지 해결책을 보도록 하겠습니다. 제가 특히 집중할 것은 세 가지 해결책인데, 자원을 낭비할 정도로 사용하는 것을 줄이고, 의무적인 재활용 프로그램을 실시하며, 쓰레기를 처리하는 대안이 될 방법을 개발하는 것입니다. 차례로 각각의 사례를 살펴보겠습니다."

내부 요약. 내부 예고와 유사하게, 내부 요약은 요점의 패턴을 강화하고 청중이 이전의 정보를 가지고 있도록 도와준다. 예를 들면, "잠시 지금까지 우리가 알아낸 것을 요약해 보겠습니다. 첫째, 미국의 형사재판 체계가 효과적으로 범죄를 막지 못한다는 사실을 알았습니다. 둘째, 범죄자들을 재활시키는 감옥제도가 형편없이 실패했다는 사실을 알았습니다. 우리는 이제 이 문제들에 대한 해결책을 탐구할 준비가 되었습니다."

길잡이. 길잡이는 구두 의사소통자가 연설의 전체 구조적인 틀 안에서 특정한 요점을 찾아내는 데 사용하는 핵심 단어와 구절이다. 길잡이는 요점의 순서와 다음 요점이 관계가 있는 아이디어를 강조한다. 다음과 같은 보기들을 포함한다.

반드시 기억해야 할 것은 ……
기억해야 할 가장 중요한 요점은 ……
마지막 진술을 반복하겠습니다.
이 문제를 어떻게 풀 수 있을까요?
사회보장 위기의 첫 번째 이유는 ……
두 번째 이유는 ……
세 번째 이유는 ……
마지막으로 ……

4) 청중에게 맞춰 가기

청중 적응은 특정한 특성이 화자의 메시지를 이해할 때 줄 수도 있는 영향을 인식하면서 청중과의 소통성(rapport)을 존중하고 발달시키는 법을 배우는 것과 관계가 있다. 그것은 또한 연설의 메시지와 방식이 청중의 언어적·비언어적 피드백에 맞추는 것과 관계가 있다.

학생들은 청중의 대표를 면담하고 질문지를 배포해서 간단한 인구통계학적 청중 분석을 하는 법을 배울 수 있다. 인구통계학적 분석은 주어진 주제에 관해 청중이 현재 도달한 가치, 믿음, 태도, 전반적인 이해의 수준에 대한 통찰력을 제공한다. 좋은 인구통계학적 분석은 전형적인 주장으로 청중의 감정을 상하게 하지 않도록 하는 데 중요할 뿐만 아니라, 또한 청중과의 소통성을 만들거나 설득력을 높이기 위한 노력을 최대화하는 데 도움이 된다.

상황에 따른 청중 분석은 연설 공간의 온도, 하루 중 시간, 연설의 상황, 청중으로 참석한 사람의 수와 같은 화자의 발표에 영향을 줄지도 모르는 물리적·시간적 요소에 대한 고려이다. 이런 유형의 고려는 일반적으로 연설의 내용 자체 이상으로 발표의 길이와 연설의 스타일(공식적 대 비공식적, 원고 대 즉석)에 더 많은 영향을 준다(Lucas, 1992).

5) 신뢰성과 비언어적 유효성 발달시키기

구두 발표는 여러 가지 다른 형태로 준비될 수 있다–원고로(매우 공식적인 경우에 가장 적당), 즉석에서(개요로 약간의 준비와 연습을 하고서, 화자가 청중과 편안함을 느끼고 시선 접촉을 최대화하려는 상황에서 가장 적당), 준비 없이(사실상 준비가 없음). 전달하는 스타일의 선택에도 불구하고, 좋은 물리적 전달은 직접적이고 지속적이며 다양한 시선 접촉(청중의 머리 위를 보는 것이나 방 주위를 둘러보거나 메모한 것을 읽는 것과 대립되는 것으로), 의미 있고 다양한 손과 발의 동작, 적절한 얼굴 표정, 올바른 몸가짐, 머리나 옷을 만지거나 왼쪽에서 오른쪽으로 다리의 중심을 바꾸는 것이나 연단에 기대거나 움켜잡는 것과 같은 주위를 산만하게 하는 초조한 버릇이 없는 것 등을 포함한다.

좋은 발성 전달은 뒤에 있는 청중에게까지 전하는 능력, 다양한 목소리의 음조와 음량과 음색, “어”, “음”, “이처럼”, “좋아요”, “아시다시피”와 같은 발성의 주저가 없는 것, 극적인 중지의 능숙한 사용, 적절한 말하기 속도, 분명한 발성 등을 포함한다.

연설 기술을 배양하는 단 하나의 최상의 도구는 실제 말하기 연습이다. 준비 없는 연설이나 즉석 연설이나 준비된 연설은 모두 이런 기술을 배양하지만, 청중 앞에서 자주 말하기를 하는 시도는 교수자로부터 주어진 빈틈없고 섬세한 피드백과 결합하여 초보 화자에게 가장 중요하다.

6) 윤리적인 주장 구성하기

윤리학이라는 이슈는 자주 무시되지만 비윤리적인 설득자들에게 희생이 되는 많은 사람들을 고려해 볼 때 분명히 수업에서 언급할 가치가 있다. 쓰기에서 표절 규칙이 엄격하게 시행되는 것처럼, 말하기에서도 유사한 규칙을 가르치고 시행해야 한다. 학생들은 연설에서 출처를 밝히는 법을 배워야 하고, 적절한 상황에 정보를 이용하는 법을 배워야 하고, (아무리 "좋은" 의도라 할지라도) 설득하기 위한 의도로 사실과 통계를 만들어 내서는 안 된다는 것을 배워야 하고, 중요할 가능성이 있는 상반되는 정보를 빼거나 증거에 대한 지나친 일반화 혹은 지나친 주장을 하거나 출처의 신빙성을 과장하는 것과 같은 다른 종류의 윤리적 위반 행위를 하지 않도록 배워야 한다. 화자가 신뢰할 수 있으면서 설득이라는 개인적인 목적을 달성해야 한다는 압박은, 특히 믿음에 대한 강한 주장이 관계되는 한 과소평가되어서는 안 된다.

학생들은 "증거"의 전개를 숙달하고 최상의 증거와 추론을 찾아내는 방법을 배움으로써 효과적인 설득자와 토론자가 되고자 하는 욕구를 충족시킬 수 있다. 구술 능력에 대한 지도는 연역적, 귀납적, 인과적, 유추적 추론과 같은 기본적인 추론 패턴의 탐구를 포함해야 한다.

간단한 활동

매우 논란의 여지가 있는 정치 소책자나 유세 자료, (광고 메일 같은) 판촉물이나 다른 강한 설득조의 자료의 예를 제공하고, 학생들에게 Toulmin 모형을 이용하여 주장을 찾아내고 분석하라고 요구하라. 증언, 통계, 보기의 사용 등에서 편견의 출처를 밝히라고 하라.

5. 말하기 대회

전국 웅변 리그에는 많은 고등학교에 학기 내내 주말 학내 연설과 토론 대회를 지원하는 분회가 있다. 또한 몇몇 중학교에는 일부 4-H 분회가 하는 것처럼 연설과 토론팀이 있다. 이런 활동은 젊은 사람들이 그들의 구술 능력을 많은 다른 상황에서 갈고 닦을 수 있는 아주 중요한 기회가 된다. 다양한 상황에서 말하기와 주장하기 연습을 자주 하는 것은 경쟁이라는 도전과 결합하여 견줄 수 없는 성장과 기량 발전을 만들어 낸다.

고등학교 말하기 대회를 구성하는 개별적인 사례는 정말로 흥미롭고, 모두 학생

연사: ______________________

학년: ______________________ 주제: ______________________

의견

서론

___ 청중의 관심을 얻음

___ 신뢰감을 형성함

___ 요점을 미리 예고함

___ 주제를 명료하게 소개함

본론

___ 주제가 분명하고 서로 겹치지 않으며 논리적으로 연결됨

___ 주제가 잘 조직되어 있음

___ 효과적인 전환

___ 분석

___ 요점이 제대로 지지됨

___ 언어 선택이 적절함

___ 청중을 존중함

___ 청중과의 소통성을 인식하고 그에 맞추어 소통성을 가지려고 노력함

결론

___ 청중에게 강한 영향을 남김

___ 연설을 결말로 분명하게 이끎

___ 요점을 효과적으로 요약함

전달

___ 목소리를 효과적으로 사용함: 음량, 음조, 음색, 속도

___ 단어를 분명하게 발성함

___ 산만한 발성의 주서를 많이 사용하지 않음 ("음", "어", "아")

___ 시선 접촉이 직접적이고 지속적이며 일정함

___ 올바른 몸가짐

___ 몸동작이 청중이 이해하는 데 적절하고 도움을 줌

___ 얼굴 표정이 적절함

그림 7-1. 구두 발표를 위한 평가척도 체크리스트

들이 구술 능력의 핵심적인 부분을 개발시키도록 촉구한다. 그 사례들로는 문학의 구술 발표, 수사학적 비판, 라디오와 텔레비전 프로그램 제작, (만찬 후 연설과 같은) 유머가 있고 주로 오락적인 말하기 유형 개발, 의회 토론과 같은 다양한 토론 사례, (일대일) Lincoln-Douglas 토론, (2명이 팀을 이룬) 반대 심문 정책 토론이나 가치 토론 등이 있다.

말하기 대회는 전통적인 대중 연설의 유형을 관찰하는 데 특히 유용하다. 그 예로는 (대개 8~10분 정도 외운 연설을 연단 없이 전달하는) 정보를 전달하거나 설득하는 독창적인 웅변, (연단 없이 3~5분 정도 최근의 사건에 대해서 많은 준비 없이 하는) 즉석 연설, (인기 있는 인용이나 사고를 촉진하는 질문에 1분 정도의 준비로 3~5분 정도 하는) 즉흥 연설 등이 있다. **그림 7-1**은 학생들이 구두 의사소통에서 모든 중요한 요소를 전했는지를 확인하는 데 이용하는 체크리스트이다.

6. 평가

구술 능력 과목을 가르친 경험이 많지 않은 언어과목 교사들이 자주 묻는 한 가지 질문은 "어떻게 말하기를 공정하게 평가할 수 있느냐?"이다. 이 부분에서는 구술 능력 과목 과제를 평가하는 널리 사용되는 방식을 탐구하고, 학생들에게 의미 있는 피드백을 제공할 수 있는 대안이 되는 수단에 대해 논할 것이다.

1) 공정하게 평가하기

수행 중심이나 창의력 기술 프로젝트의 평가 과정에서 주관성을 피할 확실한 방법은 없으며, 구술 능력 과목 과제는 이런 점에서 차이가 없다. 그러나 교사들은 구술 능력 과목의 과제를 평가하는 데 몇 가지 일반적인 지침을 충실히 지켜야 한다. 즉, 분명한 기준 설정하기, 이 기준을 각 학생에게 일관되게 적용하기, 메모를 하거나 비디오로 녹화해서 발표를 들으며 인상을 기록하기 등이다.

2) 분명한 기준 설정하기

교사들이 평가에서 가장 많이 다른 경향을 보이는 경우는 각자가 효과적인 구두 의사소통에서 가장 중요하다고 보는 이슈나 기술의 선택이다. 일단 교수자가 연습 동안 평가될 기술을 선택하면, 교수자가 보기를 기대하는 수행의 범위와 각각의 기술 범주에 주어지는 비중을 수의 깊게 생각해야 한다. 교사들은 또한 각각의 기술 범주에 점수를 부여할지, 말하기의 전반적인 인상을 평가할지에 대하여 고려해야 한다. 몇 가지 기준의 묶음을 이용하는 하나의 표본이 **그림 7-1**에 나타나 있다.

가능할 때마다, 학생들이 발전하기 위해 실질적인 피드백이 필요하기 때문에 교사들은 범주에 대한 체크 표시를 보충하기 위하여 긍정적이고 건설적인 피드백을 주어야 한다. 학생들이 잘하는 것에 대해 칭찬하는 것은 또한 대중 앞에서 말하기를 (또한 다른 종류의 구두 의사소통 기술을) 가르치는 데 정말로 중요하다. 그 이유는 학생들은 많이 당황한 상태로 청중 앞에서 말하기 시작하는 경향이 있기 때문이고, 또 더 어린 학생들은 그들의 또래 앞에서 수행에 대한 비판에 더 민감할 수도 있기 때문이다.

말하기를 평가하는 대안이 되는 방법은 평가척도를 사용하는 것이다. 이 방법의 이점은 시간의 소비가 다소 적고, 어느 정도 평가의 일관성을 보장하며, 학생들이 기술 발전에서 어느 정도에 있는지 감을 갖게 해 준다는 것이다. 다음 보기는 이 방법을 보여 준다.

평가척도 방법을 사용하면서 교사는 기술 수준의 범위를 결정해서 그 기준을 모든 학생들에게 일관되게 적용해야 한다. 다음은 "아이디어의 명료화" 기술에 대해 교사가 개발할 수 있는 기술 범위의 보기이다.

평가척도를 이용한 평가(한 가지 형식의 발췌)

화자: ____________________

성적: ____________________ 주제: ____________________

	탁월	우수	보통	적당	부족
목소리 표현	5	4	3	2	1
신체적인 표현	5	4	3	2	1
아이디어의 명료함	5	4	3	2	1
분석	5	4	3	2	1
지지	5	4	3	2	1
청중 적응	5	4	3	2	1

아이디어의 명료화

주석: 구조, 개념의 전개, 필요한 곳에서 중요한 단어의 정의, 연설을 이해하는 청자의 능력을 흐트러뜨리는 구절이나 연설 패턴의 부재 등을 포함한다.

5 아이디어가 매우 잘 조직되어 있고, 전이가 하나의 아이디어에서 다른 것으로 옮겨 가는 것이 분명하며, 지지하는 자료가 연설의 다른 요소와 뚜렷이 구별된다. 연설은 요점에서 요점으로 매끄럽게 흐른다.

4 요점의 배열이 일부 맞지 않고, 전이가 일부만 있으며(혹은 전이가 부족하고), 용어, 논리의 사용과 지지 자료의 사용이 다소 혼란스럽다. 연설은 대부분 요점에서 요점으로 매끄럽게 흐른다.

3 요점의 구조가 기본적으로 견실하지만, 다른 아이디어나 개념은 조직적이지 못하고 불명료한 방식으로 설명될 수도 있다. 연설이 요점에 두서가 없고 가끔씩 선회할 수도 있다.

2 연설이 제대로 조직되지 않고, 청자가 요점을 식별하기 위해 연설 안에서 문맥상 실마리에 의존해야 할 수도 있다. 아주 심하게 두서가 없거나 너무 간략해서 깊이 있게 아이디어를 전달할 수 없을 수도 있다.

1 요점이 문맥상의 실마리 없이 거의 구별이 안 되며, 아이디어의 전개가 극도로 따라가기 어렵고, 요점이 전혀 전개되지 않을 수도 있다.

일부 교사들은 제3의 평가를 선호한다. 그것은 연설의 전체적인 인상에 대한 평을 쓰고, 나아가 문자 등급이나 점수를 주는 글로 된 포괄적인 논평이다. 이 방법은 또한 체크리스트 척도 방법과 결합하여 학생들에게 수행에 대해 두 가지 유형의 피드백을 제공할 수도 있다.

이 세 가지 방법 모두 평가에 대한 알맞은 지지를 제공하는 한 제대로 쓰인다. 학생들은 실질적인 피드백을 볼 필요가 있고 발전의 경로를 따라갈 필요가 있다. 건설적이고 공평하게 주어진 비평이 없으면 학생들은 좌절감을 느끼고 확인된 청중 앞에서 하는 연설에 대해 두려움을 가지기 쉽다.

7. 결론

구술 능력은 메시지의 화자와 청자 모두 관계가 있는 양 방향 수행 과정으로 가장 잘 개념화될 수 있다. 이런 점에서 구술 능력은 의미의 공유에 관련된 조직적이고 인지적인 “비판적 사고” 기술과 같은, 쓰기에서 가르치는 똑같은 많은 기본적인 의사소통 기술을 요한다.

구술 능력 지도는 학생과 교수자 모두에게 어렵지만 보람이 있는 일이다. 학생들이 다양한 구두 의사소통 기술을 충분히 개발할 필요가 있는 잦은 연습을 제공하려는 시도에서, 일련의 짧은 교실 활동은 재미있고 흥미롭고 비판적 사고를 활성화하도록 계획되고 수정될 수 있다.

교사들은 많은 활동이 추가된 학점 부담이 필요 없이도 기술 발달을 조장하지만, 구두 의사소통 기술을 평가하는 많은 선택 사항을 가지고 있다. 더 힘든 과제를 채점하고자 하는 교사들은 명확한 설명과 긍정적이고 건설적인 피드백으로 모든 평가를 보충해야 한다.

8. 핵심 요약

- 구술 능력은 행동하는 사고이며 듣기와 말하기 양식을 수반한다.
- 구술 능력에서 핵심 능력이 재능 있는 학습자들에게 적용될 필요가 있다.
- 듣기는 오류를 찾아내고 논리적인 추론과 결론을 끌어내는 것을 포함한 일단의 능동적인 기술을 수반한다.
- 일상적인 의사소통은 75%가 말로 이루어지고 많은 부분이 설득이다.
- 학생들에게 "증거"의 기본적인 모형을 가르치는 것은 설득의 역할에 대한 이해를 높여 준다.
- 주제와 목적 정하기, 연설 개요 만들기, 분명한 전이 만들기, 청중에게 맞추기, 신뢰감 높이기, 윤리적 주장 구성하기 등은 설득적인 말하기를 가르치는 데 기초가 된다.
- 구술 능력의 평가는 명료하게 제시된 기준과 질적 논평의 적용을 요한다.

9. 참고 문헌

Barnes, D. (1992). *From communication to curriculum* (2nd ed.). Portsmouth, NH: Heinemann.

Clark, R. A., Willihnganz, S. C., & O'Dell, L. L. (1985). Training fourth graders in compromising and persuasive strategies. *Communication Education, 34*, 331-342.

Cramond, B. (1993). Speaking and listening: Key components of a complete language arts program for the gifted. *Roeper Review, 16*(1), 44-48.

Goulden, N. P. (1992). Theory and vocabulary for communication assessments. *Communication Education, 41*, 258-269.

Hansen, J. (1994). Language arts for verbally precocious elementary students. In J. Hansen & S. Howis (Eds.), *Talent development theory into practice* (pp. 105-129). Dubuque, IA: Kendall-Hunt.

Hoyt, L. (1992). Many ways of knowing: Using drama, oral interactions, and the visual arts to enhance reading comprehension. *The Reading Teacher, 45*(5), 580-584.

Janik, A. (1979). *Introduction to reasoning*. New York: Macmillan.

Lucas, S. (1992). *The art of public speaking* (4th ed.). New York: McGraw-Hill.

O'Keefe, V. P. (1986). *Affecting critical thinking through speech*. Annandale, VA: Speech Communication Association.

Sorenson, M. (1993). Teach each other: Connecting talking and writing. *English Journal*, 42-46.

Speech Communication Association (1985). *Can your students communicate successfully? Speaking and listening competencies for sophomores in college*. Annandale, VA: Author.

Sprague, J., & Stuart, D. (1982). *The speakers handbook* (3rd ed.). New York: Harcourt, Brace, Jovanovich.

Swicord, B. (1984). Debating with gifted fifth and sixth graders—telling it like it was, is, and could be. *Gifted Child Quarterly, 28*(3), 127-129.

Toulmin, S., Janik, A., & Rieke, R. (1984). *An introduction to reasoning* (2nd ed.). New York: Macmillan.

VanTassel-Baska, J. (1993). *Comprehensive curriculum for gifted learners* (2nd ed.). Boston, MA: Allyn and Bacon.

Wolvin, A., & Coakley, C. (1985). *Listening*. Dubuque, IA: William C. Brown.

제 8 장

글쓰기를 통한 담화 교수

Colleen Kennedy

올바른 정치에 대한 토론이 대학 수준의 인문학 과정을 가르치는 데 대한 주류 매스컴의 보도를 장악한 것처럼, 대학 신입생들의 글쓰기 수업에서 문화 비평의 적절함에 대한 논란이 대학 작문 연구에 대한 주요한 학술지를 장악했다. 이 장에서 나의 관심은 이 논란 자체에 관한 것이 아니지만, 두 가지 이유에서 대학에 진학하는 학생들을 위한 수업에서 글쓰기 교수법의 연구에 매우 중요하다. 첫째, 문화 비평은 인문학에 제한된 것이라기보다는 간학문적 현상에 해당되는 것으로, 일부가 그렇게 하듯이 발사대 같은 것이 아니다. 오늘날의 초등학교, 고등학교 학생들은 많은 교과의 중심에 문화적 다양성과 차이가 있는 지식 구성의 문제를 포함하는 대학 교육과정에 직면할 것이다. 그리고 그들은 대학 수준의 첫 작문과목에서 이런 관심사를 분명 만나게 될 것이다. St. Martin's Press는 단독으로 1학년 작문 학생을 대상으로 한 비교문화 혹은 문화 비평에 7개나 되는 독본을 출간한다.

더 근본적으로, 글쓰기 교실에서 문화 비평에 대한 토론은 정치 문제에만 의존해서는 안 된다. 많은 글쓰기 전문가들은 엄격하게 정치적인 근거로 비평가들의 동기를 의심스러워한다. 예를 들면, Behrens는 "작문을 가르치는 유일한 책임 있는 방법은 사회 질서의 부당함에 초점을 두는 것이다."(Trimbur et al., 1993, p. 257)라는 문화 비평가들의 입장을 대표하면서 그들이 작문 수업을 개종시킬 목적으로 이용한다고 암시한다. 그러나 이 논란에 되풀이되는 한 가지 주제는 학생들의 목소리가, 여기서 내 흥미와 밀접한 관계가 있는 또 하나로서 작문 시간에 중심이 되어야 한다는 가정이다. (정말로 아주 많은 학술지 논문과 학술대회 논문이 인종차별주의자, 성차별주의자, 동성연애 혐오증을 다룬 논문에 어떻게 대응해야 하는가에 초점을 두는 한 가지 이유는 강사가 여전히 그런 문제에 대해 학생들의 의견을 요구하는 것을 과제로 내기 때문이다.) Hairston과 같은 문화 비평의 반대자들은 그것이 학생 자신의 "가치, 선호, 흥미"와는 다른 어떤 것에 대한 글쓰기 과목에 집중을 하기 때문에 그것을 "지적 위협"(Hairston, 1992, pp. 181, 188)이라고 본다. 문화 비평에 집중이 된 교수법에 대한 많은 논의는 그래서 "올바른 정치"의 문제가 아니라 글쓰기 수업이 학생들의 자기표현을 위한 방향으로 가는가, 아니면 다른 사람들(특히 학생들과 의견이 맞지 않을 수도 있는 다른 사람들)의 담화를 읽고, 이해하고, 분석하기 위한 전략의 계발을 위한 방향으로 가는가에 따라 결정된다.

Lindeman(1993)과 Tate(1993)는 *College English*(1993)의 최근 판에 나란히 실린 논문에서 약간 다른 방식의 논쟁을 시작했다. Lindeman은 하나의 학문만을 지향하는 작문 과정에 강하게 반대했다(구체적으로 문학을 언급했지만, 그녀가 끌어낸 주장은 어떤 학문에도 유효할 것이다). 반면, Tate는 그런 과정을 옹호했다. 그들의 논쟁은 오래 지속되어 문화 비평을 작문 수업에 통합하는 것에 대한 많은 작문 전문가들이 가지고 있는 우려를 설명하는 데까지 이른다. 그렇게 하는 것은 작문 수업이 학생들의 작문이 자신의 가치, 선호, 흥미가 아니라 학문과 문화의 핵심 텍스트에 중심을 두어야 한다는 내용 중심 교수법으로 되돌아올 것을 요구한다.

이 장의 초점은 교실에서의 정치라는 쟁점이 아니라 그것을 뒷받침하는 쟁점에 있다. 즉, 모든 수준의 언어교과 교육에서 내용과 분석을 글쓰기 수업으로 재통합할 필요성에 초점이 있다. 이것은 "과정으로서의 글쓰기" 모형의 가치 있는 성취를 저버리는 것이 아니다. 오히려 그것은 학생들이 그들의 "자기표현"을, 분석되지 않으면 너무나 강하게 단정할 수 있는 더 복잡한 담화를 이해하는 데 도움을 주기 위하여 글쓰기 과정 교육에 대해 배운 것을 이용하는 것이다. 그다음에 오는 페이지는 글쓰기 교수법의 최상의 접근법에 대한 최근의 논란까지 이끌었던 역사를 기술하고, (문화 비평에 근거를 둔 것을 포함하지만 그것에 국한되지는 않는) 텍스트 중심 글쓰기 교수법을 지지하는 주장을 설명하며, 문학 텍스트를 가르칠 때 글쓰기 과정을 시행하기 위한 대표적인 제안을 한다. 이 장에서는 특정한 역사로부터 드러나는 최근의 쟁점을 언급하고 몇 가지 실질적인 해결책을 제시하기 위하여 단지 글쓰기만이 강조된다. 그러나 진정한 교수법의 변화는 모든 수준과 모든 교과목에서 학습을 증진시키고, 더 깊이 있게는 학문적 담화의 정밀한 이해를 계발시켜 지식을 창조하기 위한 종합적인 언어 활동의 잠재력을 실현시킨다.

1. 글쓰기에 있어 변화의 역사

자기표현에 초점을 두는 글쓰기 과정에 대해 널리 퍼진 선호는 과정 대 결과에 대한 더 오래된 논란으로부터 생긴다. 1960년대 후반까지 글쓰기는 주로 학생들이 숙달할 일련의 규칙을 가르치는 것이었고, 그것으로 교사들은 학생들의 능숙도를 측정할 수 있었다. 그러나 Richard Larson이 우리에게 상기시킨 것처럼, 글쓰기는 유목적적이다. 그것은 "한 사람 혹은 더 많은 사람들을 위해서, 즉 청중을 위해서 인간에 의해 수행되는 의사소통 행위이다."(1986, p. 111) 지난 20년간 글쓰기 교수법에서 두 가지 변화는 과정으로서의 글쓰기 교육과 교육과정을 교차하는 글쓰기 교육으로, 규칙으로부터 의사소통으로 그 강조점을 전환시켰다. 그럼에도 불구하고 의도와 청중에 대한 학생들과 교사들의 이해를 증진시키는 방향으로 해야 할 일이 여전히 많다.

한편으로는 모든 학생들의 글쓰기에 대한 실질적인 청중은 교사이다. 그 실질적인 목적은 학생들이 (주제, 방법 등에 대해) 배운 것을 전달하는 것이다. 그러나 가장 성공적인 학술적인 글쓰기에 암시된 청중은 훨씬 더 규모가 크다. 즉, 특수한 지식을 소유한 가상의 독자 집단이다. 거기에 암시된 목적은 훨씬 더 넓기도 하다. 즉, 청중에게 정보를 주고, 계몽하고, 설득하는 것이다. 그것에 암시된 청중과 목적은 박식한 작자가 쓰는 맥락을 형성한다. 그 교과의 담화는 그들이 쓰는 규칙과 변수를 제공한다.

가장 효과적인 글쓰기 교수법은 학생들이 일찍 그리고 자주 쓰게 장려함으로써 맥락과 담화를 이해하고 조작하도록 도와줄 것이다. 역설적으로 모든 글쓰기는 어느 시점에서 한 사람이라는 청중, 즉 필자를 위한 것이다. 우리의 생각을 보고 그래서 그것을 발달하게 해 주기 때문에(Fulwiler, 1987) 글쓰기는 독특한 학습의 유형이다(Berthoff, 1978; Emig, 1977). 그러나 미국 교육은 유치원에서 대학까지의 모든 과목에서 읽기를 핵심적인 학습 활동으로 배정하면서/하거나, 글쓰기를 자주 언어 연구로 격하시키고 그것을 주로 평가하는 수단으로 이용한다(Fulwiler, 1987). 최첨단 기술을 사용한 교수법은 읽기, 쓰기, 말하기, 듣기, 생각하기를 복잡하고 상호 관계가 있는 포괄적인 언어 활동들로 재정의할 것이다(Fulwiler, 1987, p. 11). 그것은 이 모든 활동을 수평으로(모든 영역을 가로질러) 그리고 수직으로(유치원에서 대학까지) 통합할 것이다.

교수법에 대한 새로운 발전은 종종 여러 해에 걸친 문제에 대응하여 생긴다. Larson의 정의는 두 가지를 강조한다. (1) 학생들은 자신이 청중에게 전할 것이 거의 없다고 종종 느낀다. 혹은 전할 어떤 것이 있을 때, 그들은 주어진 청중이 알기를 기대하거나 알 필요가 있는 것에 대한 생각을 거의 하지 못한다. (2) 교사들은 자주 학생들의 글쓰기를 아이디어의 전달로 여기지 않는다. 그러므로 학생이 그 의사 전달을 위한 적절한 맥락을 결정하는 데 거의 도움을 주지 못한다. 그러나 Patrick Hartwell의 초등, 중등, 대학 수준에서 작가에 대한 흥미를 불러일으키는 연구(Hartwell, 1984, 1985)는 “좋은” 글쓰기와 “나쁜” 글쓰기의 차이가 규칙의 숙달이 아니라 그들이 누군가에게 말할 어떤 것을 가지고 있다는 인식의 정도를 반영한다고 지적한다.

한 연구에서 Hartwell(1984)은 교사들에게 그들의 수업에서 잘 쓰는 학생과 못 쓰는 학생을 구별하라고 요구했다. 그런 다음에 그는 모든 학생들에게 “좋은” 글쓰기를 정의하라고 요구했다. 모든 학년에서 글을 “잘 쓰는” 사람으로 판별된 학생들은 좋은 글쓰기를 흥미 있는 방식으로 흥미 있는 아이디어를 전달하는 것이라고 정의했다(“그들은 자신의 생각을 누군가와 공유한다”, “그들은 자신을 다른 사람들과 다른 방식으로 표현하고 있다”). 다시 모든 학년에서 글을 “잘 쓰지 못하는” 사람이라고 판별된 학생들은 좋은 글쓰기를 구조적인(mechanical) 정확성으로 정의했다(“그들의 손을 움직인다. 깔끔하게 쓴다", "그들은 연필의 끝을 종이에 대고 단어를 만들기 시작한다", "올바른 용법과 문법을 사용한다")(pp. 56-57). Hartwell의 조사 결과는 "정확성"과 "능숙도"에 대한 전통적인 강조가 실제로 덜 성공적인 작가의 글쓰기 목적에 대한 오해를 강화하고 사고를 발달시키는 글쓰기의 가능성을 해친다고 시사한다.

과정으로서 글쓰기를 가르치는 변화는 이런 규칙을 중시하는 산출 중심 교수법에 반하여 발달했다. 산출 중심 수업에서는 교사들이 글쓰기 과제를 주고 최종 산출을(특히 구조적인 능숙도에 대해) 평가하지만, 그들은 결코 실제로 "좋은" 글쓰기에 대한 주제 영역 그리고/혹은 규칙에 대한 일반화된 토론을 넘어서서 글을 쓰는 방식에 대해서는 토론하지 않는다. 그런 "글쓰기" 과정은 스타일, 용법, 구두점 등에 대한 관심 때문에 다른 교과목과 구별된다. 대조적으로, 과정 중심 수업에서는 교사들이 실제 글쓰기 과정을 보여 주고, 학생들을 발상/발견, 조직, 구성, 수정, 편집 등의 연속되는 과정으로 이끈다. 비록 이 과정들은 연속적이라는 생각이 들지만 그것은 또한 순환적이다. 글쓴이는 대개 단계를 따라 순환적으로 되돌아오며, 에세이를 재조직하고 페이퍼를 심지어 다시 생각하기도 하는 예와 같이 수정하면서 배운다. 과정 중심 수업은 구조(mechanics)의 중요성을 배제하지는 않는다. 그러나 그것을 균형 잡힌 시각으로 제시하고 (수정이나 편집을 하면서) 과정 후반에 다룬다. 과정으로서 글쓰기로의 변화가 준 가장 큰 공헌은 발상/발견 단계와 글쓴이의 생각에 대한 집중적인 관심이다. 가장 좋은 것은, 과정 중심 교수법이 구조에 대한 관심을 글쓴이의 의도보다 덜 중요시하여, 그것에 의해 글쓴이가 판단되는 목적이 아니라 청중에게 도달할 수 있도록 돕는 수단이 된다는 점이다.

아이디어에 대한 가치 있는 관심 때문에 과정 중심 글쓰기는 작문에 관한 두 이론에 의해 정보가 제공되는데 개별적인 글쓴이에 많은 초점을 둔다(Berlin, 1988; Faigley, 1986). 이 이론 중 첫 번째는 표현주의로 좋은 글쓰기를 작가의 자기인식으로 본다. Peter Elbow는 가장 잘 알려진 주창자로 글쓰기를 자기정의와 자기표현의 과정으로 정의했다. Elbow의 가장 유명한 책 제목 *Writing Without Teachers*(1973)는 글쓰기 교실에서 교과 영역을 가르치는 것에 대한 그의 태도를 암시한다. 그는 어떤 교과 영역이 어떤 관련성을 가지기 전에 자기 자신을 이해해야 한다고 믿는다.

다른 작문 이론은 인지주의로 조금 더 오래된 것이고, 개인적인 표현으로서 작문

보다는 글쓰기의 심리적 과정을 확인하는 것과 더 많은 관계가 있다. Emig(1971, 1977), Flower와 Hayes(1981)는 모든 글쓴이가 반드시 완수해야 하는 인지 "단계"로서 글쓰기의 연속적인 단계를 정의하고 다듬었다. 그러나 12학년생들을 관찰한 Emig(1971)는 Elbow와 양립할 수 있는 결론에 도달했다. 그녀는 학생들이 광범위한(extensive) 글쓰기(부과된 내용에 바탕을 둔 글쓰기)보다는 자기반영적인 글쓰기(자신의 개인적 경험으로부터 글쓰기)에 더 많은 시간과 관심을 쏟는다는 사실을 발견했다. 결과적으로 그녀는 개인적인 글쓰기를 더 많이 강조할 것을 촉구했다. Emig와 Elbow의 이론적인 결론은 더 실질적인 문제에 의해 강화되었다. 학생들을 글쓰기 과정을 통해서 지도하는 것은 수업 시간을 필요로 한다. 과정 중심 교수법이 발달함에 따라 교사들은 교과 영역(대개 문학)에서 벗어나 글쓰기에 대한 토론 시간을 자유롭게 가진다.

결과적으로, 글쓰기 교수법에서 또 다른 영향력이 있는, 교육과정을 교차하는 쓰기(WAC) 쪽으로, 변화는 과정 모형과 불필요하고 비생산적인 반대에 부딪혔다. 최상의 WAC 모형은 글쓰기를 교과 영역의 수단으로 사용하고 글쓰기를 과정으로 접근한다. 그러나 정의로는 WAC는 내용 중심이다. 그래서 개인적인 글쓰기로 전이되기가 쉽지 않다. 작문 이론가들은 이러한 모순을 개인적인 글쓰기는, 이야기와 서술을 포함해서, 분석적인 글쓰기를 향해 필요한 첫 단계라는 대체로 근거가 없는 가정을 제시하며 피해 왔다. 그래서 대학 수준에서 과정 모형은 흔히 신입생 작문 과정의 주류를 이루고, WAC 모형은 고급 과정에 국한된다. 초등과 중등 수준에서는, 만약 글쓰기를 적어도 과정으로 가르친다면 개인적이거나 창의적인 글쓰기를 가르친다.

2. 텍스트 중심 글쓰기 교수법

글쓰기 교육을 교과 영역 교육과 분리하면서, 글쓰기는 점차 통합되기보다는 고립되었다. (물론 교육과정 전반에 걸친 과정을 글쓰기를 이용하여, 예를 들면 연구 페이퍼에서 혹은 에세이 시험에서 성취도를 측정한다. 그러나 이런 과정은 글쓰기를 가르치지 않고 산출로서만 글쓰기를 이용한다.) 표현주의의 그리고 더 적은 정도로, 인지주의의 이론들은 작가의 아이디어를 강조하는 바로 그 과정에서 더 크고 복잡한 맥락이라는, 즉 학생/교사를 넘어서는 가상의 청중이라는 쟁점을 무시했다. 그 결과, 지난 5년 동안 학생들의 교육 전반에 걸친 교과 영역에서 글쓰기의 재통합에 대해 증가하는, 그러나 논란의 소지가 있는 요구가 있었다. 문화 비평을 신입생 작문에 도입하는 것은 가장 두드러진 예가 되었다. 그러나 Lindeman(1993)조차 단 하나의 교과에 근거한 글쓰기 과정에 반대하면서, "그들이 듣는 모든 수업에서 중요한 언어 행위에 참가하면서 독자로서 그들의 행위에 대한 더 많은 자기인식을"(p. 314) 학생들이 발달시킬 필요성을 인정했다.

약 25년 전에 Friere(1970)는 비판적 사고 기술의 필요성을 자유롭고 교양 있는 선택과 유기적으로 연관지었다. 그러나 대학교수들은 학생들이 비판적으로 사고하는 능력이 없음을 한탄한다. 그래서 어디에서 현재 유행하는 과정 모형이 실패했는지 지적한다. 윌리엄앤드메리대학 교수진에 의해 가장 자주 인용되는 다섯 가지 문제 영역은 대표적인 것이다. (1) 학생들은 텍스트를 분석할 수 없다. (2) 학생들은 2차적인 연구로부터 자기 자신의 결론을 끌어낼 수 없고, 유용한 출처와 유용하지 않은 출처를 구별할 수 없다. (3) 학생들은 가정을 인식할 수 없거나 적절한 증거를 만들어 낼 수 없다. (4) 학생들은 유창하게 쓸 수 없고, 글 길이 막히는 것이나 개념적인 문제점을 극복할 수 없다. (5) 학생들은 정확하게 쓰지 못한다. 비록 이 마지막 영역은 대개 학생들이 구조적인 실수를 한다는 것을 의미하지만, 인용된 구체적인 문제, 즉 전개되지 않은 단락, 과장된 글쓰기 스타일, 심지어 구두법 오류 등은 넓게 생각하면 내용과 분석의 문제이다. 학생들은 학술적인 사고의 논리적인 패턴과 친숙하지 않다. 그것은 논제 수준에서 작용하는 것만큼 문장 수준에서 강하게 작용한다.

분석하고, 해석하고, 가정을 식별하는 능력의 부재는 연습의 부족에서 오는 결과이다. 개인적인 글쓰기는 학생들로 하여금 어떤 다른 사람의 생각을 붙들고 씨름하고, (그들 자신의 혹은 글쓴이의) 가정을 테스트하고, 주장을 분해하고 다시 합치는 것을 요구하지 않는다. 유창성의 부족 역시 그들이 다른 사람의 생각과 씨름할 때 세련된 작가들이 사용하는 정교한 노트 정리와 수정에 익숙하지 않은 것을 암시한다. 적절한 증거를 만들어 내지 못하는 것이나, 유용한 출처를 인용하지 못하는 것이나, "바르게" 글을 쓰지 못하는 것은 미지의 독자들에게 도달하는 데 발생하는 문제(즉,

맥락의 문제)가 된다. 즉, 독자가 설명을 필요로 하는 것, 그들이 증거로 받아들일 것, 글쓰기 유형에 바탕을 둔 글쓴이에 대해 가정하는 것을 아는 데 발생하는 문제이다. 이런 문제들은 학생들이 글로 쓰인 담화로서 교과 영역에 지속적으로 노출됨으로써 가장 잘 해결될 수 있다.

사실, 텍스트 중심 글쓰기 과정에 반하는 주장에서 주요한 결점은 학생들이 다른 사람이 쓴 담화로 씨름을 할 기회를 무기한으로(혹은 실질적으로 말하자면, 어려운 텍스트의 글로 쓴 분석이 요구되지만 가르치지는 않는 주제 영역 과정에 학생들이 들어갈 때까지) 연기한다는 것이다. "이데올로기" 교육에 반대하는 주장을 하면서, Hairston(1992)은 학생들이 주장의 어려움과 자료에 대한 교사의 관점에 의해 겁을 먹는 것 같다고 주장했다. Trimbur는 Hairston의 의견에 응하여, 어려운 만남을 미루는 것은 "바야흐로 말을 할 수 있는 특권을 가진 전문가에 의해 끊임없이 압도당하면서 학생들을 관객으로 재생산하는 효과를 가질 수 있다."(Trimbur et al., 1993, p. 249)고 언급했다. 유사하게, Thelin(Trimbur et al., 1993)은 "학생들 편을 드는 Hairston의 성향은 영원히 그들을 밍청한 학생의 역할에 머물러 있게 만들 것이고, 위험성이 높은 상황에서 학생들이 얼어붙게 만드는 자기충족적인 예언이 완성될 것이다." (p. 252)라고 말했다. 분석적인 생각하기와 글쓰기로 도약하기의 어려움은 여러 해 동안 대학 신입생 작문에서 개인적인 글쓰기를 위한 근거로 제시되었다. 즉, 학생들은 위협적이지 않은 분위기에서 글쓰기를 좋아하게 될 수 있다. 그러나 그것은 정확히 학생들이 가능한 한 일찍 준비를 할 필요가 있는 이 도약의 어려움 때문이다. 그리고 사실 학술적인 담화는 다양하기 때문에, 한 학기 과정 동안 한 가지 주제 영역에 대한(혹은 관련된 간학문적인 분야에 대한) 지속적인 시험은 10~15주 동안 몇 가지 다른 영역에서의 쓰기를 조각조각 소개하는 것보다 학생들에게 새로운 것과 만날 도구뿐만 아니라 그 담화에서 자신감도 더 주는 것 같다.

3. 교육과정 안으로 글쓰기 통합하기

교육과정에서 글쓰기를 수평으로 그리고 수직으로 통합하는 것은 과정 모형이 해결하고자 했던 잠재적인 문제를 제기한다. 즉, 이미 부담이 과중한 교사들에게 일의 부담을 늘리지 않으면서 글쓰기와 내용 둘 다를 위한 충분한 시간을 제공하는 것이다. 그러나 이 거짓 딜레마는 학생들이 배우는 것이 교사들이 가르치는 것과 동등하다고 가정한다. 더 많은 글쓰기가 더 많은 일을 의미한다는 개념은 어느 정도 산출 모형의 잔재이다. 거기서 교사들의 일은 교사가 에세이에 더 많이 써 주면 학생들이 그 경험을 통해 더 많이 배울 것이라는 잘못된 가정하에 학생들의 형식과 내용에 대한 숙달을 평가하는 것이다(Hairston, 1986). 진정한 교수법의 변화는 그러므로 글쓰기 대 주제 영역이라는 내재된 이분법에 대한 재고, 그에 따른 전통적인 교실 활동의 수정, 학생의 글쓰기에 대한 교사들의 논평과 평가를 요한다.

이상적으로, 교과 영역 지도에 글쓰기를 수평적으로 그리고 수직적으로 통합하는 것은 학생들이 주제 영역을 점진적으로 전개되는 담화로, 즉 주제에 대해 생각하고 말하고 글을 쓰는 주어진 방식으로 인식하게 한다. 그 담화는 역동적이다. 그것은 규칙을 가지고 있지만 변화할 수 있다. 그것은 주어진 주제를 가지고 있지만 계속해서 팽창하고 수축한다. 그리고 모든 담화에 있어서의 변화는 종합적인 언어 활동을 통해, 즉 분석, 토론, 정의, 발견 등을 통해(Berthoff, 1990; Cooper, 1986; LeFevre, 1987) 효과가 나타난다. 교과 영역의 중요한 글쓰기에 본질적으로 친숙해지는 것을 통해서만 학생들은 어떻게 어떤 학문이 형태를 가지는지 그리고 어떻게 그것이 변화될 수 있는지를 이해하게 된다. "지식"이라고 간주되는 것이 문화에 따라 다르기 때문에 그러한 이해는 진정한 다문화 교육에 결정적이다.

교육과정을 교차하는 글쓰기와 과정 모형을 결합하는 것은, 그리고 나아가 모든 "포괄적인 언어 활동"을 내용 교육 안으로 통합하는 것은 실제로 교사들이 어떤 활동에 소비하는 시간을 줄여 줄 수 있다. 많은 소규모 강좌들이 준비될 필요가 있을 것이다. 그리고 학생들의 글쓰기는 전체적으로 개선되는 경향이 있기(그들은 마지막 순간에 과제를 시작하지는 않는다) 때문에 구조적인 문제가 더 적을 것이다. 더 중요한 점은, 글쓰기를 가르치는 것이 주제에 대한 학생들의 능력, 장기 기억, 교과의 지식 기반을 다루는 능력을 증가시킨다는 것이다(Fulwiler, 1987).

연속적인 과정의 단계인 발상/발견, 조직, 구성, 수정, 편집은 주제 영역에서 쉽게 글쓰기 지도에 적용된다. 여기서 기술되는 것은 교사가 각 단계에서 이용할 수도 있는 전반적인 기술이다. 그리고 이 장 마지막에 있는 부록에 포함된 것은 Ernest Hemingway의 단편소설 “흰 코끼리 같은 야산”을 위해 구체적으로 계획된 몇 가지 보기이다.

1) 발상/발견

교사는 이 단계에서 두 가지 연관된 방법으로 글쓰기를 이용할 수 있다. 첫 번째, 이러한 과제에 점수를 매기거나, 평을 하거나, 심지어 수집조차 결코 되지 않더라도 매일 하는 글쓰기 과제는 학습을 증진시킨다(Fulwiler, 1987). 예를 들어, 매일 교사가 각기 다른 학생에게 그날 토론의 결정적인 요점을 기록하라고 과제를 내줄 수도 있다. 또한 학생들은 한쪽 난에는 토론 메모를 적고 다른 난에는 요약을 하거나 그 메모에 대한 질문을 제기하는 복식 학습 로그를 기록할 수도 있다(이때는 괘선이 있는 종이가 유용하다). 그리고 그들은 문제 해결을 위한 소집단에서 또는 소집단 응답을 만들어 낼 수 있는 돌려 읽기에서 작업을 할 수도 있다(Schenk, 1986; Nystrand, 1987). 그런 과제는 비록 학생들이 반복되는 어려움에 대해 건설적인 논평으로 이익을 얻을 수는 있지만 교사가 그 과제를 비공식적인 글쓰기로 취급할 때, 즉 교사가 형식이라는 관심사를 바탕으로 평가를 하지 않을 때 가장 성공적이다. 만약 교사가 공식적인 수업에 글쓰기를 도입하기를 원한다면, 학생들에게 소주제(학생들이 중요한 개념, 즉 정의를 간략하고 정확한 형식으로 명료하게 표현하도록 도움을 주는 5×8 색인 카드에 쓴 짧은 에세이)나 응답 페이퍼(특정한 질문에 관한 1~2쪽의 탐구나 수업 시간에 제기된 요점을 한층 더 확장시키는 것)를 쓰라고 할 수도 있다.

교사는 이런 발상/발견 연습을 이용하여 페이퍼에 대한 아이디어를 만들어 내게 한다. 게다가 그들은 논제를 발전시키는 방법들로 자유로운 글쓰기(Elbow, 1973)와 브레인스토밍을 가르칠 수 있다. 똑같이 중요한 것은, 교사가 학생들이 쓰게 될 텍스트에 대해 메모를 하는 전략과 그 학문에 적절한 연구 방법을 배우도록 도와주기 위하여 비공식적인 연습으로부터 조직하고 변형할 수 있다는 것이다. 예를 들면, 복식 학습 로그는 노트 정리를 가르치는 데 사용될 수 있다. 교사들은 학생들에게 한쪽 난에 (과제에 따라 1차적인 출처 혹은 2차적인 출처로부터) 인용한 것을 쓰고, 그런 다음에 여백에 자기 자신의 질문이나 분석을 쓰라고 할 수도 있다. 혹은 교사들이 1차적 혹은 2차적 텍스트의 요약을 요구할 수도 있다. 그들은 그런 다음에 학생들에게 분석으로 이끄는 요약에 대한 질문을 전개하라고 요구할 수도 있다. (이 연습은 내용에 대한 학생의 이해를 증진시킬 뿐만 아니라, 또한 요약과 분석 간의 결정적인 차이를 가르치기도 한다.)

2) 조직

조직을 가르치는 최고의 방법은 학생들에게 글을 쓸 대상이 되는 텍스트의 개요를 작성하고 그다음에 조직에 대한 질문에 답을 하라고 요구하는 것이다(즉, 우리가 세 번째 단락을 이해하기 전에 글쓴이는 두 번째 단락에서 무엇을 설명해야만 했는가?). 학생들은 소집단으로 작업을 하여 1차 텍스트의 개요를 작성하고, 그다음에 어떻게 다른 조직이 텍스트를 바꾸는지 토론할 수도 있다. 그들은 또한 글쓰기 소집단으로 작업을 하여 또래들로부터 얻은 반응에 기초한 개요를 발전시키고 수정할 수도 있다.

3) 구성

이 단계는 학생들이 실제로 계획된 페이퍼에 살을 붙이는 가장 개별화된 단계이다. 그러나 이 단계에서도 소집단 작업이 유용할 수 있다. 학생들은 하나의 에세이를 구성하고, 언제 그리고 왜 글쓰기 과정의 초기 단계로 되돌아가야 하는지를 계속 파악할 수 있다. 학생들의 구성과 수정 단계 동안 해석에 힘을 실어 주고 더 많은 증거를 공급하도록 반복해서 1차 그리고/혹은 2차 출처로 되돌아갈 필요가 있음을 그들이 특히 잘 인식하고 있도록 해야 한다.

4) 수정

학생들은 대학 수준에서조차 대체로 수정하기와 편집하기 간의 차이를 분명하게 말하지 못한다(Sommers, 1980). 교사들은 가능한 곳에서, 큰 규모의 관심사에서 작은 규모의 관심사로 옮겨 가는 것의 중요성뿐만 아니라 그것의 차이를 설명하고 보여 줄 필요가 있다(Sommers, 1982). 글쓰기 소집단은 그들이 개별 글쓴이에 대해 질문을 가지고 있고, 해명을 필요로 하고, 논쟁을 제기하는 청중을 제공하기 때문에 이 단계에서 특히 유용하다(Lunsford, 1986 참고). 글쓴이가 논쟁을 발전시키고 한정하는 데 도움을 주고 문장 수준에서 강조를 위해 구체적으로 수정하기에 작업을 하는 것과 같이, 소집단 과제는 분명하게 정의되어야 한다. 단락 나누기와 스타일에 대한 토론을 위한 이 단계는 가장 논리적이다. 교사들은 어떻게 단락의 주제문 혹은 문장의 주요 개념이 에세이에서 논제와 유사한지를 보여 줄 수 있다(Lanham, 1987; Crews, 1987). 학생들의 특별한 요구에 응하기 위해서, 교사들은 또한 수업 시간 중에 다른 학생들이 소집단에서 작문하고 작업하는 동안에 개별적인 면담을 계획해야 한다(Beach, 1986; Harris, 1986).

5) 편집

학생들은 비록 편집이 글쓰기 과정의 마지막 단계일지라도 그것은 자주 글쓴이가 알아챌 첫 번째 것임을 배워야 한다. 편집은 요리의 드레싱과 같은 것이다. 교사들은 학생들이 수식어구, 쉼표 등의 자의적인 규칙으로 가득한 안내서가 주어지면 편집하는 작업이 그들을 압도한다고 생각할 수 있다는 것을 인식해야 한다. (교사들은 많은 규칙들이 관습적일 뿐이고, 전문 작가는 이런 규칙들을 외우기보다는 지침서와 서식 시트를 이용한다는 것을 정말로 인정해야 한다.) 편집 소집단은 구체적인 문제를 찾기 위해 읽을 수도 있고, 가능한 곳에서 특정한 규칙 뒤에 있는 논리를 분명히 말해 줄 수도 있다. 교사들은 어법과 구두법에 주의해서 가능한 한 논리적으로 접근해야 한다. 예를 들면, 쉼표는 일단 학생이 주요 요점과 하위 요소 간의 관계를 이해하면 뜻이 통한다. 학생이 그 관계를 이해할 때까지, 쉼표 위치를 가르치는 것은 좌절감을 주고 대부분 무익한 일이 될 것이다. 또한 교사들은 규칙이나 단순한 수정보다는 오류의 패턴과 오류 구절에 초점을 맞추어야 한다(Shaughnessy, 1977; Hartwell, 1985; Harris & Rowan, 1989). 모든 경우에 교사들의 구조적인 부분에 대한 관심은 내용에 대한 관심에 종속되어야 한다.

4. 학생의 글쓰기에 대한 평가

수업 시간에 학생들이 하는 것을 다시 생각해 볼 때, 교사들은 학생들에게 글쓰기 과제를 내주고, 그것에 대해 평을 하고 평가라는 방식에 대해 다시 생각해 보아야 한다. 그들은 학생들이 완수해야만 하는 과제, 과제의 목적, 과제와 내용의 관계 그리고/혹은 논의되고 있는 방법, 평가를 위한 기준을 분명히 말해 주어야 한다(Larson, 1986). 각 학생은 교사가 평을 하고 수정을 위해 돌려줄 적어도 하나의 초고를 제출해야 한다. 교사의 평은 학생들의 아이디어에 초점을 두어야 한다. 어디에서 학생이 부연하고, 제한하고, 출처로 되돌아갈 필요가 있는가? 구조에 대한 평은 형식에 관한 문제, 에세이의 논리성과 가능한 한 많이 관련되어야 한다. 예를 들어, "It is clear that if you read carefully words are used by Hemingway in an interesting way(헤밍웨이에 의해서 흥미로운 방식으로 사용되고 단어를 주의 깊게 읽으면 분명하다)."라는 문장은 문체상의 문제를 나타낸다. 실제로 이 학생은 아직 할 말이 없다. 학생이 아이디어를 찾을 때 문체상의 문제는 없어져야 한다. 효과적인 평과 평가에 대한 연구(Sommers, 1982; Hairston, 1986; Anson, 1989)는 더 적고 주의 깊게 선택된 평이 쓰기 과정에서 학생의 구체적인 위치에 대한 늘어난 주의와 함께(North, 1982), 산출 모형으로 성적이 매겨진 에세이의 특징인 대량의 시간이 많이 소비되는 수정보다 훨씬 더 효과적이라고 암시한다.

마지막으로, 포트폴리오 분석(Belanoff & Elbow, 1986; Faigley, Sherry, Jolliffe, & Skinner, 1985)은 수정의 중요성을 보강해 주고 교사의 평에 더 적절함을 제공할 수 있다. 포트폴리오는 학기 중 어떤 지정된 시점에 그리고 항상 학기 말에 제출될 수 있다. 만약 교사가 한 학기 동안, 예를 들어 20개의 비공식 쓰기 연습과 5개의 정식 페이퍼를 과제로 내준다면, 그는 마지막 포트폴리오에 한 번 더 수정된 공식 페이퍼 3개와 또한 한 번 더 수정된 최상의 비공식 글 중 5개를 포함하도록 요구할 수도 있다. 학생들의 글 중 어떤 것도 이 시점까지 점수가 매겨지지 않았을 것이다. 그러나 교사는 모든 공식 과제에는 그것이 포트폴리오를 위해 수정이 될 거라고 가정하면서 평을 해 주었을 것이다. 그래서 학생들은 단지 포트폴리오에 제출된 작품이나 객관식 시험과 포트폴리오에 대해 점수를 받을 것이다. 포트폴리오는 그래서 학생들에게 글쓰기는 계속되는 과정이라고 가르친다. 그것은 학생들이 마지막 순간에 작성된 페이퍼를 제출하지 못하게 하고 수정 과정에서 교사의 참여를 줄이면서 학생의 참여를 점차 늘린다.

쓰기 교수법은 글쓰기를 유치원부터 대학까지 교육과정 전반에 걸친 내용 교육과의 통합을 통하여 학생들이 글을 쓰는, 즉 더 확장된 청중과 더 큰 목적이라는 맥락을 이해하고 조작하도록 도움을 주어야 한다. 그런 통합은 학생들이 비판적 사고 기술을 계발하도록 도와주면서 교실에서의 학습을 증진시킬 것이다. 실질적으로, 글쓰기와 함께 가르치는 교육과정을 시행하는 것은 교실과 교사의 시간을 둘 다 가장 잘 사용하는 것에 대해 다시 생각하게 한다. 진정한 변화는 글쓰기가 모든 교과 영역에서 교육에 결정적인 완전하게 관련된 통합적 언어 활동 중 단지 하나로서 여겨질 때만 생긴다.

5. 핵심 요약

- 교실 글쓰기에 대한 강조는 내용 분석과 더 많이 통합되고 학생들의 자기표현과는 더 적게 통합될 필요가 있다.
- 글쓰기 과정 강조와 교육과정을 교차하는 글쓰기는 아이디어를 전하는 데 있어서 맥락적 분석의 중요성을 충분히 강조하지 못했다.
- 글쓰기는 글쓰기를 가르치는 것으로부터 분리되어 평가 결과물로서 종종 이용된다.
- 대학교수들에 의해 자주 인용되는 학생들의 글쓰기 문제점은 비판적 사고와 분석기술을 부적절하게 사용하는 것, 유창성의 부족, 조직과 스타일에서 구조적인 문제들을 포함한다.
- 학생들은 일정한 교과목에서 고급 과제를 위한 준비로서 텍스트의 비판적인 분석이 있는 광범위한 연습이 필요하다. 그것을 일찍 가르치지 않는 것은 단지 내용이 있는 학습을 위해 필요한 과정의 시작을 늦출 뿐이다.

- 글쓰기는 교과 영역을 한정한다. 어떠한 내용 영역을 숙달하기 위해서 학생들은 능동적으로 어떤 영역을 계속해서 정의하는 글쓰기와 씨름을 해야 한다.
- 글쓰기와 함께 가르치는 것은 내용 이해와 장기 기억을 심화시킨다. 그런 모형에서 글쓰기는 학생들의 학습을 증진시키기 위해 사용된 통합된 종합 활동 세트의 일부이다.
- 매일 하는 글쓰기 활동은 학습을 강화한다. 소주제의 사용, 돌려 읽기, 복식 로그 등은 알려진 평가에 대한 비난 없이 필요로 하는 연습을 제공한다.
- 어떻게 텍스트가 조직되는지에 대한 개요를 전개하는 것은 잘 구성된 조직을 가르치기 위한 중요한 도구가 된다.
- 구성 작업은 작은 문제 해결 소집단에서 가장 잘 성취될 수 있다.
- 수정은 구체적인 문장에 대한 관심뿐만 아니라 넓은 조직에 대한 고려 사항에 주의하면서 큰 규모로 또한 작은 규모로 여겨질 필요가 있다.
- 편집은 학생들의 작업에서 구조적인 문제점에 집중해야 한다.
- 학생의 글쓰기에 대한 평가는 준거를 정하고, 글쓴이가 추후 작업에 대해 집중하게 하며(글쓰기 과정의 단계가 주어지면), 포트폴리오 분석 기술을 이용하게 해야 한다.

6. 부록

다음의 샘플 연습은 Ernest Hemingway의 단편 "흰 코끼리 같은 야산"을 기초로 한다.

발상/발견

돌려 읽기

1. 학생들을 다섯 집단으로 나눈다. 각 학생에게 이야기에 대해서 가지고 있는 질문을 공책 맨 위에 쓰라고 한다(합당한 질문이어야 하며, 학생들이 답을 알고 있으

면 안 되고, 이야기에 근거해서 답을 할 수 없는 것도 안 된다).

2. 질문을 쓴 후에 각 학생은 자신의 답을 왼쪽으로 전달해야 한다. 각 학생은 자신이 받은 질문에 대해 곧바로 질문 바로 아래에 두세 문장으로 답을 써 본다.
3. 학생들이 답 쓰기를 마쳤을 때, 각자 그 질문을 한 번 더 왼쪽으로 전달한다. 다음 학생이 그 질문과 답을 읽은 다음에 두세 문장으로 다른 답을 쓰고, 왜 첫 번째 학생의 납에 농의하는지 설명한다.
4. 질문을 처음에 쓴 학생에게 돌려준다. 각 학생은 그 질문과 두 가지 답을 소리 내어 읽는다. 모든 질문을 읽었을 때, 그 소집단은 그중 가장 중요한 질문이라고 느끼는 것을 2개 골라서 각각의 질문에 소집단의 응답을 적고, 이미 쓴 두 가지 답을 발전시키고 한정한다.

소주제

1. 학생들에게 5×8 색인 카드에 답을 적으라고 한다. 그 남자가 Jig에게 하기를 원하는 "지극히 간단한 수술"은 무엇인가? 수술의 이름이 결코 언급되지 않기 때문에, 이야기에서 무엇이 그런 결론으로 이끌었는지 설명하라.
2. 학생들은 한 번은 수정할 수 있다. 답은 아이디어, 간결성, 정확성으로 평가될 것이다.

연구 훈련

1. 학생들에게 Hemingway의 여자 혐오적인 묘사에 대해 학교나 공공 도서관에서 구할 수 있는 3편의 논문에 인용만을 제공하라.
2. 학생들에게 (a) 그 논문 중 하나를 읽고 요약하라고 한다. (b) 처음에 제공한 3편을 제외하고, 첫 번째가 인용하는 디른 하나를 칮아보게 한다.
3. 확장하여 첫 번째 인용된 다른 논문 하나를 조사하게 한다. (c) Hemingway가 Jig를 묘사하는 방법으로 지지하기 위한 응답 보고서를 작성하거나 혹은 반박하는 논문 2개를 쓴다.
4. 이러한 글이 하나의 형식으로 발전하도록 하거나(예를 들면 성격 분석을 하거나 Hemingway의 글을 연구한다), 이러한 글이 학생들의 포트폴리오를 위한 선택적 수정의 하나가 되도록 한다.

집중적인 자유 글쓰기

1. 5분 동안 멈추지 않고 Hemingway의 제목의 중요성에 대해 쓴다.

조직

1. 학생들을 다섯 집단으로 나눈다. 철도역에서의 대화 이전에 일어났던 이야기에서 그들이 들은 사건을 열거하라고 한다. "이 사건들의 실제 연대순 배열은 무엇인가? Hemingway는 어떤 순서로 그것들을 독자에게 제시하는가? 왜 그는 그것들을 이런 식으로 제시하는가? 어떻게 그 제시의 순서는 독자가 초점을 두는 대상을 결정하는가?" 학생들에게 일정한 방식으로 그 사건들을 재배열하도록 요구하라(즉, 엄격한 연대순으로). "어떻게 그 배열은 독자의 초점을 바꾸는가? 어떤 효과가 있는가?" 각 소집단은 두 쪽의 응답을 학급의 나머지 학생들을 위해 준비해야 한다.
2. 수업에서 학생들에게 10분을 주고 제목의 중요성을 설명하는 짧은 에세이를 쓰는 집중적인 자유 글쓰기로부터 대략적인 개요를 작성하게 한다. 그러고 나서 3명으로 이루어진 소집단에서 각 단계가 독자들에게 충분한 정보를 제공하여 그들이 다음 단계로 가도록 하는지에 초점을 두면서, 개요를 서로서로에게 보여주도록 한다. 학생들은 소집단에서 문제를 토론하면서 개요에 살을 붙이기 시작한다.

구성

1. 학생들에게 숙제로 초고를 준비하라고 한다. 학생들은 번갈아서 3명으로 이루어진 그들의 소집단으로 돌아가 가장 나은 개요를 선택하고, 한 소집단으로 페이퍼를 발전시킬 수도 있다. 그 소집단에서 한 학생은 얼마나 자주 그리고 왜 소집단이 페이퍼를 발전시키기 위해서 그 이야기로 되돌아가야만 하는지 기록해야 한다.

수정

1. 학생들에게 5명으로 이루어진 소집단으로 첫 번째 단락의 스타일을 분석하라고 요구한다. 그들에게 더 복잡한 패턴으로 문장들을 배열하고, 절을 종속시키고 반

복을 제거해서 여섯 문장을 서너 문장으로 줄이라고 요구한다. 그런 다음에 어떻게 스타일에 있어서의 변화가 서술의 어조와 효과를 변화시키는지 그들에게 물어보라.

2. 3명으로 이루어진 소집단에서 학생들이 그들의 페이퍼에 대해 토론하도록 시킨다(혹은 만약 그들이 소집단 페이퍼를 썼다면 소집단에게 페이퍼를 바꾸라고 요구하라). 처음에는 어느 부분에서 그들이 해석에 동의하지 않는지, 그리고 왜, 어디에서 해석을 믿게 할 더 많은 증거를 필요로 하는지, 어디에서 요점을 이해하지 못하는지를 언급하면서 내용에만 평을 해야 한다. 글 쓴 학생이나 소집단이 한 번 수정한 후에 그들의 페이퍼를 그다음 날 제시해야 한다. 소집단은 이제 작은 규모의 수정 작업을 한다−미흡한 단락, 강조가 부족한 문장 등. 만약 정식 숙제라면 학생들은 그다음에 그들의 원고를 평과 추후 수정을 위해 교사에게 제출해야 한다.

편집

1. 이야기의 첫 번째 단락을 이용하여 쉼표 구두법을 가르친다. 학생들에게 Hemingway가 어디에서 쉼표를 생략했는지 알아내도록 요구하고, 그 문장에 "바르게" 다시 구두점을 찍고, 그것이 서술에 미치는 효과에 대해 토론하라고(혹은 "Would you please please please please please please please stop talking?"에 쉼표를 추가하라고) 요구한다.
2. 학생들의 원고를 돌려주고 그들이 다시 수정한 후에, 특정한 문제점(예: 쉼표 구두법)에 대해 3명으로 이루어진 소집단에서 작업을 하도록 시킨다. 예를 들어, 만약 글쓴이가 스타일상의 효과 때문에 쉼표를 생략한다면, 그 소집단의 다른 학생들에게 그 효과성을 평가하라고 요구한다. 주: 이전 과제에서 명확하게 다루었던 이 문제점과 다른 문제점들은 이 소집단이 다루는 유일한 구조적인 관심사가 되어야 한다.

7. 참고 문헌

Anson, C. M. (1989). *Writing and response: Theory, practice, and research.* Urbana, IL: NCTE.

Beach, R. (1986). Demonstrating techniques of assessing writing in the writing conference. *College Composition and Communication, 37,* 56–65.

Belanoff, P., & Elbow, P. (1986). Using portfolios to increase collaborative learning and community in a writing program. *WPA, 9,* 27–40.

Berlin, J, (1988). Rhetoric and ideology in the writing class. *College English, 50,* 477–494.

Berthoff, A. E. (1978). *Thinking/forming/writing: The composing imagination.* Rochelle Park, NJ: Hayden.

Berthoff, A. E. (1990). *A sense of learning.* Portsmouth, NH: Heinemann.

Bridges, C. (Ed.). (1986). *Training the new teacher of college composition.* Urbana, IL: NCTE.

Cooper, M. M. (1986). The ecology of writing. *College English, 48,* 367–375.

Crews, F. (1987). Sentences. *The Random House handbook* (5th ed., p. 163–177). New York: Random House.

Elbow, P. (1973). *Writing without teachers.* New York: Oxford University Press.

Emig, J. (1971). *The composing process of twelfth graders.* Urbana, IL: NCTE.

Emig, J. (1977). Writing as a mode of learning. *College Composition and Communication, 28,* 122–128.

Faigley, L. (1986). Competing theories of process: A critique and a proposal. *College English, 48,* 527–542.

Faigley, L., Sherry, R. D., Jolliffe, D. A., & Skinner, A. M. (1985). *Assessing writer's knowledge and processes of composing.* Norwood, NJ: Ablex.

Flower, L., & Hayes, J. (1981). A cognitive process theory of writing. *College Composition and Communication, 32,* 365–387.

Friere, P. (1970). *Pedagogy of the oppressed.* New York: Herder and Herder.

Fulwiler, T. (1987). *Teaching with writing.* Portsmouth, NH: Heinemann.

Hairston, M. (1986). On not being a composition slave. In C. Bridges (Ed.). *Training the new teacher of college composition* (pp. 117–124). Urbana, IL: NCTE.

Hairston, M. (1992). Diversity, ideology, and teaching writing. *College Composition and Communication, 43,* 179–193.

Harris, M. (1986). *Teaching one to one: The writing conference.* Urbana, IL: NCTE.

Harris, M., & Rowan, K. E, (1989). Explaining grammatical concepts. *Journal of Basic Writing, 6,* 21–41.

Hartwell, P. (1984). The Writing center and paradoxes of written-down speech. In Gary Olson (Ed.), *Writing centers, theory and administration.* Urbana. IL: NCTE.

Hartwell, P. (1985). Grammar, grammars, and the teaching of grammar. *College English, 47,* 105–127.

Hemingway, E. (1927). *Men without women.* New York: Charles Scribner's Sons.

Lanham, R. (1987). *Revising prose* (2nd ed.). New York: Macmillan.

Larson, R. (1986). Making assignments, judging writing, and annotating papers: Some suggestions. In C. Bridges (Ed.), *Training the new teacher of college composition* (pp. 109–116). Urbana, IL: NCTE.

LeFevre, K. B. (1987). *Invention as a social act.* Carbondale: Southern Illinois University Press.

Lindeman, E. (1993). Freshman composition: No place for literature. *College English, 55,* 311–316.

Lunsford, R. (1986). Planning for spontaneity in the writing classroom and a passel of other paradoxes. In C. Bridges (Ed.), *Training the new teacher of college composition* (pp. 95–107). Urbana, IL:

NCTE.

North, S. (1982). Training tutors to talk about writing. *College Composition and Communication, 33,* 434-439.

Nystrand, M. (1987). *Using informal writing to teach critical thinking.* Unpublished paper.

Schenk, M. J. (1986). Writing right off: Strategies for invention. In C. Bridges (Ed.), *Training the new teacher of college composition* (pp. 84-94). Urbana, IL: NCTE.

Shaughnessy, M. P. (1977). *Errors and expectations.* New York: Oxford University Press.

Sommers, N. (1980). Revision strategies of student writers and experienced adult writers. *College Composition and Communication, 31,* 378-388.

Sommers, N. (1982). Responding to student writing. *College Composition and Communication, 33,* 148-156.

Tate, G. (1993). A place for literature in freshman composition. *College English, 55,* 317-321.

Trimbur, J., Wood, R. G., Strickland, R., Thelin, W. H., Rouster, W. J., Mester, T., Hairston, M., Voss, R. E., & Behrens, L. (1993). Counterstatement: Responses to Maxine Hairston, diversity, ideology, and teaching writing. *College Composition and Communication, 44,* 248-257.

제 9 장

영재를 위한 형식 언어학습

Michael Clay Thompson

*Growing Up Gifted*에서 Barbara Clark(1988)는 할머니와 손녀 사이에서 일어나는 전형적인 대화에 대해 보고했다.

"할머니, 나 지금 칠판 가지고 놀고 있어요."
"아이고, 그랬어?"
"네. 어제도 그거 가지고 놀았어요."
"정말이니?"
"기억 안 나세요? 이거 저번 주 수요일 즐거운 내 생일날 주셨잖아요."

이 대화를 비전형적이고 중요하게 만든 것은 대화가 일어난 시기에 그 손녀는 두 살이 채 되지 않은 22개월이었다는 사실이다. 이 수다스러운 유아의 언어 조숙성은 무수한 다른 비슷한 이야기들이 그러하듯, 차별화 교육과정이라 불리는 것에 대한 필요성을 설명한다. 불행하게도 차별화 교육과정에 무엇을 포함해야 하는지에 대한 동의는 이제까지 거의 이루어지지 않고 있다. 엄격한 규칙 적용과 실제적 내용에 대한 요구가 증가하면서 차별화 교육과정은 수준 높은 고급 읽기와 쓰기 기회를 포함해야 한다는 것에 대한 동의가 널리 퍼져 있으나, 무엇을 읽고 무엇을 써야 하는지에 대해서는 아직 의견 일치가 되지 않고 있다.

여기서 논의되는 문법, 단어, 기타 여러 요소들을 포함하는 형식 언어학습 주제에 대한 글은 이제까지 거의 없었다. 사실, 심지어 영재들을 위한 언어교과에 대한 토론에서도 형식 언어학습에 대해서 가끔은 전혀 언급하지 않기도 한다. 예를 들어, Gallagher(1975)는 언어교과에서 읽기와 그것을 둘러싼 가치 교육의 포함에 대해 강조했다. Clark(1988)는 개별화를 조장하고 읽기 기술을 향상시키기 위해 독서요법과 Buzan에 의해 개발된 마인드맵에 중점을 두었다. 1987년부터 현재까지의 *Gifted Child Quarterly*와 *Roeper Review*를 검토해 보면, 철자법에 대한 하나의 논문(Olson, Logan, & Lindsey, 1988)을 제외하고 이 두 출판물에서 영재교육에서의 형식 언어학습의 역할을 구체적으로 다루는 논문은 없다. 그렇다고 위의 학자들을 포함한 영재교육 분야를 이끄는 학자들이 영재교육에서 형식 언어학습을 지지하지 않는다고 추론하시는 말아야 한다. 그보다 그 영역은 연구를 통해 다루어질 필요가 있는 부분으로 볼 수 있을 것이다. 영재교육에서의 언어교과에 대해 언급하면 지금까지의 연구는 언어교과에 타고난 재능이 있는 아동의 판별, 재능의 무수한 가능한 형태들 중 하나로서의 언어교과, 또는 언어교과에서 뛰어난 능력을 보여 주지 못할지도 모르는 불리한 여건에 있는 몇몇 소수의 영재들을 식별하는 것과 관련한 어려움에 대한 것과 같은 다른 중요한 문제들에 초점을 맞춰 왔다. *Journal for the Education of the Gifted*의 1991년 봄 특별판은 전통적인, 주로 언어 판별 도구에 근거한 영재 프로그램에서 제외되는 소수민족 등의 "과소평가된 영재들"에 대해 지면을 할애했다(Coleman, 1991).

그러나 여러 해 동안 영재교육에서의 언어학습은 VanTassel-Baska와 동료들(1988), Parker(1989)와 Thompson(1991b)에 의해 큰 지지를 받아 오고 있다. Parker는 형태론, 문자론, 통사론, 그리고 어휘 확장의 중요성에 대해 강조해 왔다. 외국어의 중요성을 강조하는 것과 더불어, VanTassel-Baska는 "영재들을 위한 견실한 언어교과 프로그램은 학생들이 다양한 관점으로 영어를 이해할 수 있도록 도와주는 탄탄한 언어학습 요소들을 포함할 필요가 있다."(p. 167)고 언급했다. 권장되는 관점들은 통사론, 관용법, 어휘 확장, 언어 유추, 품사론, 의미론, 언어학, 언어사 등을 포함한다.

그래서 다음과 같은 가장 근본적인 질문이 생기게 된다. 언어학습은 언어적 재능이 있는 학생들의 교육에서 필수요소인가? 만약 그렇다면 이유는 무엇인가?

그 질문에 대한 명확하고 완전한 정답은 언어학습이 모든 사람들을 납득시킬 만큼 분명한 이유들 때문에 반드시 필요하다는 것이다. 이러한 이유들을 검토하면서 나는 전통적으로 언어학습에 대한 토의에 포함된 두 영역, 즉 문법(통사론)과 어휘(어법, 어원, 언어 유추), 그리고 보통은 논의에 포함되지는 않지만 꼭 포함해야 하는 세 번째 영역인 시학을 고려할 것이다. 이 시학은 바로 시에 대한 연구의 측면이 아닌 통사론과 상호작용을 하고 영향을 미치는 심미적인 언어 구조에 대한 연구를 의미한다. 의미는 문법, 어법, 시학의 체계적인 구성을 통해 완성된다.

우리는 반드시 언어를 학습해야 하는가? 그렇다. 우리 모두는 언어학습에 대해 자주 인용된, 수많은 중요한 실질적인 이유들에 대해 잘 알고 있다. 즉, 언어학습은 학생들이 모든 형태의 고등 지적 활동을 할 수 있도록 준비시켜 준다. 또한 좋은 글쓰기 기술에 필요하다. 그리고 많은 흥미로운 직업에서 요구되는 고급 수준의 대화를 위해서도 반드시 필요하다. 앞에서 이러한 이유들은 그것을 옹호하는 사람들이 믿는 것처럼 타당하고 의미 있다.

그러나 왜 언어를 학습해야 되는지에 대한, 그것들보다 더 깊은 다른 이유들이 존재하며, 또한 바로 이런 이유들 때문에 생활의 매순간이 이해에 대한 탐구일 수 있는 영재들에게 가장 큰 의미가 있을 것이다. 언어는 지성을 위한 수단이다. 물고기에게는 물이, 새에게는 공기가 필요한 것처럼, 단어와 문장은 우리의 생각이 그것을 통해서 흘러가는 물질이 된다. 언어는 지성의 생태 영역이다. 우리의 생각은 문장에서 문장으로 전해지고, 연속된 문장 속에서 앞으로 흘러가고, 우리는 문장의 흐름에서 다른 사람들의 생각을 받아들이고, 문장의 개인의 사회적 과학기술적 환경에서 지속적으로 존재한다. 언어에 대해서 알지 못하는 것은 우리가 존재하는 수단을 모르는 것이다. 게다가 언어는 지성의 발현이다. 말이나 글로 표현된 언어를 통해 우리는 우리 자신을 알 수도 있고, 살아 있거나 죽은 다른 사람들의 자아를 알 수도 있다. 우리가 사용하는 구문의 복잡성·고상함·명료성, 우리가 사용하는 어법의 미묘함·독창성·다양성, 우리가 사용하는 표현의 민감성·수준·미학, 이런 것들은 심지어 우리 자신에게도 우리가 누구이고, 우리가 무엇에 대해 생각하고, 우리가 무엇에 관심을 가지고 있고, 우리 가장 깊은 내면의 실체가 무엇인지를 보여 준다. Delphi의 신탁, 네 자신을 알라는 언어가 없었다면 전달될 수 없었을 것이다. 그리고 바로 그 격언은 수천 년 동안 경제와 실용주의에 대한 무수한 세속적인 관심을 넘어서서 인간의 상상력에 대한 여전히 근본적인 관심을 촉발시켰다. 그것은 과학, 철학, 수학, 시, 역사, 예술, 음악, 문학이라는 이름들을 보면 안다.

다시 말해서, 언어학습은 천문학이나 미생물학 못지않게 근본적인 존재에 대한 탐구이다. 따라서 만약에 우리가 언어학습에서 가장 최근의 추세에 대해 묻는다면, 그것은 부분적으로 불가사의함에 감춰진 겸손함이 될 것이다. 심원했던 것은 심원한 채로 남아 있다. 우리는 여전히 아직 이름이 붙여지지 않았거나, 분명히 윤곽이 그려지지 않았거나, 아직 생각지도 않은 언어의 현상들에 대해 탐험하고 있고 그런 현상들을 향해 항해하고 있다. 바로 이렇게 언어가 계속해서 호기심을 불러일으키는 신선한 주제가 된다는 것은 놀랍다. 우리는 스스로 아주 놀라운 무언가를 탐험하는 가운데 경이로움이라는 상태가 매우 적절한 것이라고 생각한다. 모든 언어학습에서 놀이, 행복한 탐구에 가까운 정신 상태는 중요하다. Torrance와 Myers(1970)는 친숙한 것을 낯설게 만드는 것, 단어를 통한 놀이와 은유를 통한 놀이, 재미있게 공부하는 것에 죄책감이 들게 하는 “공부-놀이 이분법”을 극복하는 것의 중요함에 대해 강조했다. 시학, 문법 혹은 어원을 통해 언어를 공부하는 학생들은 원생동물의 세포질을 탐구하는 것처럼 문장의 내적 조직에 대해 탐구하면서 그 깊이의 가장자리로 인도되어야 한다.

언어적으로 재능이 있는 학생들을 위한 형식 언어학습의 역할에 대해 생각하면서 다음에 제시되는 내용에 주목하라.

- 그런 학생들은 흔히 언어학습을 통해 향상되는 언어 능력을 가지고 있다.
- 언어학습은 언어에 대한 재능을 지닌 학생들에게 적절한, 복잡하고 추상적이고 미묘하고 미학적으로 반향을 일으키는 내용이다.
- 언어학습은 학생들에게 실질적으로 다른 모든 교육과정에 대한 통찰력을 제공하게 되는 간교과적 교육과정이다.
- 언어학습은 다른 모든 교육과정에서 학생들의 능력을 강화시키고 모든 목적을

위해 명확한 표현 능력을 신장시켜 주는 힘을 실어 주는 교육과정이다.

- 언어학습은 고차적 사고의 수단인 동시에 예가 된다.
- 언어학습은 일종의 자기탐구이다.

1. 문법

문법은 무엇인가? 문법의 베테랑이라고 자처하는 학생들이 이런 질문을 받았을 때 선뜻 대답하지 못한다는 것은 묘한 사실이다. 다른 학생들은 명사나 동사 같은 품사에 대한 학습이라고 말하면서 예를 들어 대답할 것이다. 그러나 우리는 왜 품사, 구, 절을 공부하는가? 그 이유는 문법이 언어에 대해서 생각하는 한 가지 방법이기 때문이다. 문법은 크게 권유되지는 않지만 훌륭한 고등 사고의 한 가지 형태이다. 문법을 사용하면서 우리는 우리의 생각에 대해 생각할 수 있다. 그 이유는 문법이 각 성분에 이름을 붙이고, 재배열을 고려하고, 만들어지는 방식을 검토하고, 독창성과 창의성에 대한 비밀을 발견하게 해 주는, 문장이라는 호박(琥珀)에 우리의 생각이 사로잡혀 있기 때문이다.

문법 성분들에 대한 설명은 물론 이 장의 범위에서 벗어나지만, 교육에서 문법의 위치에 대해 언급해야 할 상당수의 요점들이 있다.

1) 비판적 사고와 창의적 사고

논리학, 수학 그리고 창의적 문제 해결과 같이 문법은 엄연한 고차원적 사고의 방식이다. 그것은 자신의 생각을 쓰고 말할 때 논리적이고 구조적이며 미학적인 결정을 내리는 이례적인 수단 중 하나이다. 문법은 또한 작가들의 서로 다른 집필 스타일에 대해 탐구하거나 시 행의 아름다움을 자세히 들여다보기 위한 특별한 수단이기도 하다.

문법은 어떻게 이런 것들을 성취해 내는가? 사고라는 현상을 무의식적이고 직관적인 발언의 어두운 영역에서 꺼내어 의식의 빛으로 가져오면서 그것이 가능하다. 문법을 가지고 우리는 사고의 부분들을 확인하고, 이름을 부여하며, 그 부분들의 다양한 기능을 분석하고, 그것들의 특성과 이점에 대해 숙고하는 것을 배운다. 주어, 직접 목적어, 부사, 부정사구, 종속절 등과 같은 것들이 눈에 보이는 친숙한 현상이 되면, 우리는 갑자기 그것들에 대해 비판적이고 미학적인 결정을 하는 입장에 놓이게 된다. 우리가 무엇을 하고 있는지 의식한다. 물론, Shakespeare의 침을 질질 흘리는 괴물 Caliban이 "너는 나에게 언어를 가르쳤고, 내가 지금 잘하는 것은 다른 사람을 저주하는 것이다."라고 Prospero를 비난했던 것과 같은 위험이 있을 수도 있다.

2) 해석

문법은 너무나 자주 사물 자체로서, 즉 문학, 시, 그리고 다른 형식의 언어에서 살아 있는 개념들의 맥락으로부터 절단된 지적 절단체로 학습되기 때문에 문학이나 시에 대한 해석에서 명확한 분석적 사고 기술 문법이 가능할 수 있는 것을 우리는 쉽게 망각한다. 문장은 곧 개념이기 때문에, 문장의 문법을 드러내는 것은 개념의 구조를 드러내는 것이다. 이렇게 기초를 형성하는 문장의 구조를 드러내는 것은 시의 의미에 대한 결정적인 통찰력을 제공한다. 예를 들어, Carl Sandburg(1956)의 작은 걸작 시, "부서진 조각(Splinter)"에 대해 생각해 보자.

부서진 조각
마지막 귀뚜라미 소리는 (The voice of the last cricket)
첫 서리를 가로지르는 (Across the first frost)
하나의 작별 인사 (Is one kind of goodbye.)
너무나도 가녀린 노래의 파편 (It is so thin a splinter of singing.)

처음 Sandburg의 작은 시를 읽을 때, 우리는 아무래도 그 시를 과소평가하게 된다. 우리는 심지어 왜 이 작품이 시로 여겨지는지 의구심을 갖는다. 그 시를 큰 소리로 읽으면 마치 산문처럼 들리거나, 이름 모를 중학생이 쓴 두 줄의 평서문처럼 들린다. 그러나 점차 그 시에 대한 무언가를 알아차리기 시작한다. 먼저 3행에 쓰인 *kind*와 *goodbye*가 가진 모음 일치에 따르는 *across*와 *frost*의 내재된 운율이 드러난다. 우리는 또한 4행에 쓰인 *it*, *is*, *thin*, *splin*, *sing*에 들어 있는 짧은 *ih* 음을 알아차린다.

이제 우리는 이것이 적어도 시가 맞다고 생각한다. 그러나 조금 더 살펴보면 곧 더 놀라운 사실이 드러나기 시작한다. 우리는 2행에서 *first*와 *frost*의 '*st*' 소리를 통해 서리의 뽀도독 소리를 듣게 된다. 그다음으로 이 시의 아름다운 비밀, 즉 s, s, s, s, 노래하는 귀뚜라미의 소리를 알아차린다. 그 귀뚜라미의 작은 울음소리는 우리의 관심을 끌게 된다—The voiCe of the laSt cricket/AcroSS the firSt froSt/IS ……. 그러고는 슬프게도 귀뚜라미의 노래는 사라진다—*one kind of goodbye*. 1, 2행에 걸쳐 작고 사랑스러운 귀뚜라미 소리를 알아차린 후, 3행에서는 그 소리를 아쉬워하게 된다. 이제 Sandburg의 시는 음악으로 가득해 의심할 수 없고 아름답게 숨겨진 천재의 솜씨로 가득 채워진 것처럼 보인다. 우리의 마음은 그 장면과 노래로 가득 차 있다. 우리는 발밑에 서리 낀 땅의 우두둑 소리를 느낄 수 있고, 전에는 있었지만 지금은 가 버린 작은 귀뚜라미의 소리를 사무치게 그리워하게 된다.

하지만 이런 모든 사고는 충분히 깊은 것이 아니다. 그 사실을 인식하지 못한 채, 우리는 여전히 시를 탐구하기 위해 시적 용어 사전을 이용해서 예측 가능한 여러 방법으로 생각하고 있다. 문법을 공부할 때 문법이 자족적이라고 상상하는 것처럼, 우리는 시를 자족적인 것이라고 상상하고 있다. 우리는 문법을 공부할 때 문학이나 시를 "생각하지 않고", 시를 공부할 때 문법을 생각하지 않는다.

우리가 Sandburg의 시 해석에 문법의 분석적인 힘을 사용할 경우에만 작은 삽화를 커다란 지혜로 바꾸는 결정적인 통찰력을 얻게 된다. 우리는 그 시를 4행이 아닌 두 문장으로 보면서 시작한다. 첫 문장에서는 품사 수준에서 두드러진 특징을 찾을 수 없다. 의미가 나타나는 것은 바로 문장 수준의 부분이다. 문장의 주어는 *voice*이고, 동사/술어는 연결동사 *is*이며, 연결동사를 찾으면 우리는 주격 보어 *kind*를 찾게 된다. 즉, voice는 kind이다.

주어 (voice) / 서술어 (is) / 주격 보어 (kind)

The **voice** of the last cricket across the first frost **is** one **kind** of goodbye.

(첫 서리를 가로지르는 마지막 귀뚜라미 소리는 하나의 작별 인사.)

이제 분명하고 마술 같은 문법의 렌즈 아래서, 우리는 그 시의 진정한 생각이 나타나는 것을 보고, 시적 기교의 아름다움이나 우리 정신의 상상의 투영에 의해 혼란스러워지지 않는다. 이 시는 문장의 부분들이 보여 주듯이, 귀뚜라미나 서리나 기이한 미국의 자연풍경에 관한 것이 아니다. *cricket*이라는 단어는 전치사구의 목적어에 지나지 않는다. 귀뚜라미의 노래는 더 큰 현상의 한 작은 삽화로서, 당신의 관심을 끄는 단지 한 종류의 작별 인사인 것이다. 이것은 삶에 대한 작별 인사, 노래, 친구, 가 버리면 다시 돌아오지 않을 순간들에 대한 작별 인사에 대한 시이다. 한 인간으로서 우리 각자에게 시간은 한 방향으로 움직이고, 우리가 소중히 여기는 모든 것은 믿기지 않을 만큼 덧없고 단지 노래의 작은 파편에 불과하다. 사랑받는 것들, 우리 삶의 기간들, 우리 스스로에 대한 관점, 우리에게 중요한 수천 가지, 이 모든 것들이 귀뚜라미의 가녀린 *s, s, s, s* 소리처럼 사라지고 그칠 것이다. 그런 문법의 마술 같은 렌즈 아래서 작은 시가 가진 큰 의미는 벌거벗은 모습으로 드러난다. 가을의 통렬한 매력에 대한 한 지방의, 시골의, 별로 중요하지 않은 시와는 거리가 먼, 그것은 믿기지 않을 만큼 깊은 시로서, 우리의 정신을 우주의 극한과 삶의 상실로 몰아간다. Sandburg의 시에 대한 비유는 미국 풍경에 대해 쓴 시 선집에서가 아니라 바로 Shakespeare의 『폭풍우』에서 찾을 수 있다. 그 작품에서 엘리자베스 시대의 천재인 Shakespeare는 극장의 소실에서 인생의 덧없음에 대한 비유를 보았다. 바로 Prospero라는 등장인물의 말에 보인다.

> 지금 우리의 향연은 끝났다. 우리의 연기사들은,
> 내가 당신에게 예언했듯이, 모두 유령이었고,
> 공기 속으로, 가녀린 공기 속으로 녹아든다.
> 그리고 바닥없는 직물 같은 이 환상처럼
> 구름이 덮은 탑과 멋들어진 궁전들,
> 엄숙한 절간들, 거대한 지구 그 자체가—
> 그래, 그것이 물려받은 모든 것이—스러질 것이다
> 그리고 이런 실체 없는 장대한 행렬이 사그라지듯,
> 하나의 흔적도 남겨 두지 마라. 우리는 바로 그런 것
> 꿈이 그 위에 만들어지고, 우리의 작은 삶은
> 잠으로 둘러싸여 있다.

3) 분명해진 분명함

무미건조한 정의상의 주제로서 그 명성과는 대조적으로, 문법은 실제로 의미의 명쾌함에 깊은 통찰력을 제공하는 근원이다. 요즘의 천문학자들에게 대폭발(George Gamow의 두운을 맞춘 용어)에 대한 유령 같은 잔상을 주는 고대의 우주 광선들처럼, 보통 문장은 우리의 모든 생각을 두는 간단한 기구로서 지적인 존재의 숨겨진 이원적 본성의 유령 같은 이미지를 포함하고 있다. 문장들이 가지는 형태의 겉으로 보이는 무한한 다양성의 중심에는 주어/술어의 이중 구조라는 놀랄 만한 일관성이 있다. 가장 흔하고 그래서 가장 적게 인정되는 이 주어/술어 구조는, 그것의 단순성이 너무도 순수하고 너무나 잘 알려져 그 의미가 의심받지 않지만, 명백함을 위해 정신이 항상 필요로 하는 두 가지 간단한 것을, 즉 우리가 말하고 있는 것과 그것에 대해 우리가 말하고 있는 것을 암시한다. 문장 수준에서 당신의 주어는 무엇이고 당신은 무엇을 서술하고 있는가? 단락 수준에서 당신의 주어는 무엇이고 당신은 무엇을 서술하고 있는가? 화제 수준에서 당신의 주어는 무엇이고 당신은 무엇을 서술하고 있는가? 문장은 지성의 모형이고, 그것의 두 부분은 정신이 필요로 하는 두 가지이다.

모든 생각의 핵심에 있는 이 아름다운 간단함은 언어적으로 재능이 있는 영재 학생들의 마음을 끄는 자기장 같은 호소력을 가진 바로 그런 종류의 사고이다. Crick와 Watson이 DNA 분자의 구조에서 생명의 신비에 대해 탐구하고 있었을 때, 그들은 그들의 탐구가 생명을 이끄는 분자는 못생기고 형체가 없는 분자가 아니라 아름다운 어떤 것이라는, 그리고 사실이 그랬지만, 강한 신념에 이끌리도록 했다. 쌍둥이 나선 모양의 두 나선 바퀴는 생물학적으로, 미학적으로 기적이며, 지구의 거대한 생물학적 복잡성에 대한 굉장한 신비가 된다. 이와 정확히 유사한 방식으로 인간의 사고 구조의 거대한 복잡성은 아름다운 주어/술어라는 핵심을 공유하고 있다. 그것을 이해하고 진가를 알면 명료함이라는 바로 그 본질을 이해하게 된다.

4) 문법은 자족적인 것이 아니다

문법은 의미에 도움을 주지만, 거꾸로는 아니다. 문법 안에서 문법 구조에 있는 모든 근거를 찾을 수는 없다. 그러한 근거들은 보통 외부에 존재한다. 문장은 문법 규칙 때문에 단문이 되거나, 복문이 되거나, 중문이 되지는 않는다. 문장은 소통되어야 하는 생각들의 요구에 적합한 절의 구조를 가지게 마련이다. 구조가 있는 이유는 구조 안에 있지 않다. 그보다 문법 규칙들이 바로 그렇게 의미나 시학의 요구에 따라 스스로 바꾸고 그러한 과정은 소통의 여부를 결정짓는다. 전달되어야 할 순간의 본질적인 특성이 일련의 끔찍한 고요가 문장들 사이에 비극적으로 놓이도록 요구하기 때문에, 예를 들어 Shakespeare의 『리어 왕』에서 Cornwall이 죽어 가며 내는 가쁜 숨처럼, 짧고 단순한 문장이 연속되는 부분도 있을 것이다. "I have received a hurt. Follow me, lady. Turn out that eyeless villain; throw this slave upon the dunghill. Regan, I bleed apace. Untimely comes this hurt; give me your arm. (나는 상처를 입었소. 나를 따라오시오, 부인. 저 눈이 없는 악인을 몰아내시오. 이 노예를 똥 더미에 던지시오. Regan, 나는 피가 철철 나고 있소. 하필 이런 때에 상처를 입었구려. 당신의 팔을 내게 주시오.)" 이런 스타카토나 짧게 잘린 문장의 사용을 지시하는 것은 문법 내에는 없다. 오히려 바로 Cornwall의 고통과 한숨에 몇 단어 이상 말하지 못하는 상황이 구문을 설명하는 것이다. Cornwall은 칼에 찔렸고, 그의 상처 입은 단 31 단어에는 7개의 절, 5개의 마침표, 2개의 쉼표, 2개의 세미콜론이 있다. 그 부분은 한 구에 평균 단 4개의 단어가 들어 있다. 그의 고통을 전해 주는 것은 Cornwall의 말이 아니라, 오히려 그의 죽음의 경련 사이로 비집고 들어가는 그의 압축된 문법을 나타내는 간어들(interwords)이다. "나는 상처를 입었소 ///////////// 나를 따라오시오 ////////////////// 부인 //////////////// 저 눈이 없는 악인을 몰아내시오 //////////// 이 노예를 똥 더미에 던지시오 /////////////// Regan //////////// 나는 피가 철철 나고 있소 //////////////////// 하필 이런 때에 상처를 입었구려 //////////////////// 당신의 팔을 내게 주시오." 분명히 Cornwall의 문법의 비밀은 문법 자체의 체계 안에서 내적으로 분석될 수는 없다. 오히려 문법이 그 자체로서의 기능을 하는 것이 아니라 등장인물이 가진 경험의 기능을 한다. 그의 작은 문장의 헐떡임은 그의 더 큰 죽음의 헐떡임 사이에서 그가 할 수 있는 전부인 것이다.

Cornwall의 보기는 구두점의 특별한 의미와 힘이라는 언어학습에서 제대로 집중하지 않는 양상을 생생하게 보여 준다. 여하튼 우리는 예를 들어 쉼표가 조그마한 집단의 규칙들의 대상이 되는 대수롭지 않은 기술적 요소이고, 직업 기술의 배선도처럼 쉼표가 하는 모든 작업이 빨리 마무리된다는 인상을 준다. 그러나 Cornwall의 죽음에 사용된 모든 마침표와 쉼표에는 심연이 존재한다. 우리는 단어가 있는 만큼 다양한 종류의 쉼표가 있고, 대단하고 미묘한 걸작은 쉼표의 분류학과 그것들이 표현되지 않으면 안 될 심리적이고 정신적인 상태에 근거해서 써질 수 있다고 제안하고 싶을 수도 있다. "Regan", Cornwall은 이렇게 속삭이며 걱정스럽게 아내를 바라보지만 그녀의 표정에는 그것이 없음을 보고서, "피가 철철 나고 있소."라고 한다. 거기에 사용된 쉼표를 보라.

5) 불가능한 단순성의 자가당착

기초적인 전통 문법을 가르치는 것에 대한 자가당착은 바로 작고 간단한 주어는 학생들이 숙달하기가 불가능한 것이라는 사실이다. 사실 기초 문법을 가르치는 것이 너무나 어려워 많은 교사들은 그 노력을 포기해 왔고, 전문적인 출판물에서도 문법 교육을 버리라고 역설하는 것을 드물지 않게 읽게 된다. 이 자가당착은 문법이 안전하게 표본이 제시되지 않는 주제라는 것이다. 전등불과 같이 그것은 모든 선이 연결될 때까지 켜지지 않는다. 일단 학생들이 품사, 문장 요소, 구, 절이라는 전통적인 문법의 4단계를 이해하고 다양한 문장을 시험하기 위해서 4단계를 모두 사용했다면, 문법의 겉으로 보이는 어려움은 해소되어 분명함이 되고 더 많은 문장을 다시 보려는 의욕이 생긴다. 4단계 문법 분석은 학생들 자신이 쓴 문장뿐만 아니라 시와 소설에서 발췌한 문장에도 규칙적으로 적용되어야 한다.

이 점에 대하여 문장 도식화는, 그것이 비록 (종종 아름다운) 장점을 가지고 있지만 또한 한계도 가지고 있다는 사실에 주목하라. 그것은 우리가 전통 문법에서 문장을 분석하기 위해 사용하는 4단계(품사, 문장 요소, 구, 절)를 도식적으로 분석하지는 않는다. 예를 들어, Shakespeare(1967)의 『로미오와 줄리엣』에 나오는 유명한 문장("A pair of star-crossed lovers take their life.")은 다음과 같이 보일 것이다.

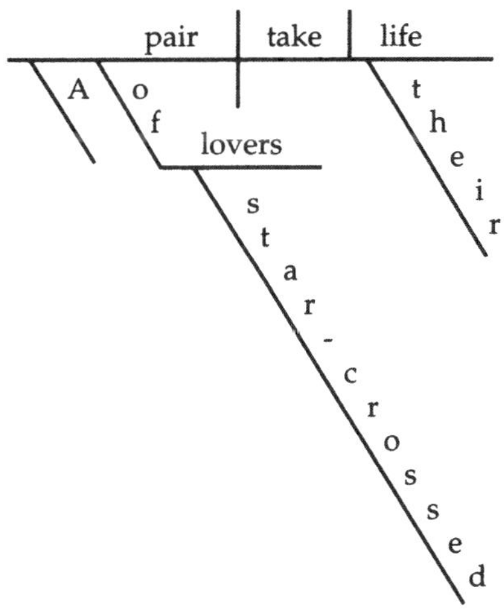

확실히 이 도식은 Shakespeare의 사고 구조의 특징을 설명하고 있다. 우리는 분명히 문장의 주요 용어들을 보게 되고, 수식받는 것들에 생생하게 달려 있는 수식하는 요소들을 보게 된다. 분명 이점이 있다. 반면에 문법의 4단계는 하나의 형태로 시각적으로 집단으로 묶어서, 더 진지하게 그 도식은 그 생각의 본질적인 주어/술어 기반을 흐리게 하는 듯하다. 긴 수평선은 1단계의 시각적 중요성을 나타내며, 술어로부터 주어를 분리하는 가장 중요한 수직선은 물러나 시각적으로 별로 중요하지 않게 된다. 개념의 이원적인 특성을 드러내기 위해서 우리는 도식화가 이와 같은 더 많은 것을 요구하기를 기대할 수 있다.

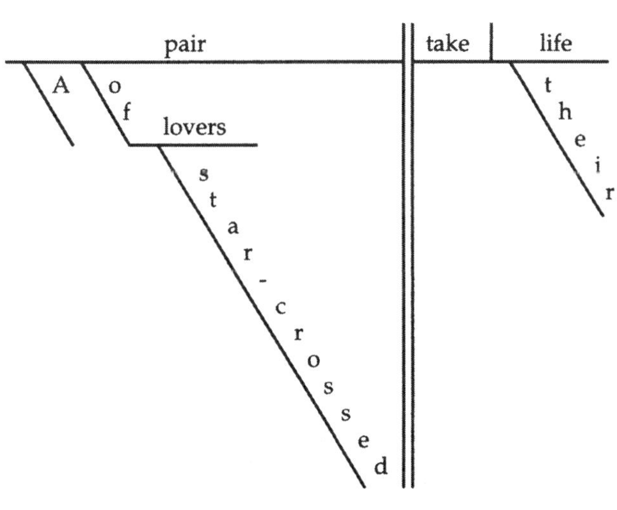

여하튼 학생들은 여전히 그들이 생각하고 있는 단어나 단어군에 대해 많이 이해하지 못하면서도 문장을 도식화할 수 있다. 한 가지 다른 방법은 4단계 분석을 하는 것이다.

	A	pair	of	star-crossed	lovers	take	their	life.
Parts of Speech:	adj	n	prep	adj	n	v	pron	n
(품사:	형	명	전	형	명	동	대명	명)
Parts of Sentence:	subj					pred	dir obj	
(문장 요소:	주어					술어	직접목적어)	
Phrases:			-prepositional phrase-					
(구:			---------전치사 구---------)					
Clauses:	simple, declarative sentence							
(절:	단문, 평서문)							

도식과 4단계 분석 둘 다 이점을 가지고 있다. 그러나 이 문장에 대해 다뤄야 할 많은 것들이 여전히 있다는 사실에 주목하라. 우리는 아직 *pair*가 보통명사라는 사실과, 가끔씩 소유 형용사라고 불리는 *their*가 소유격 대명사라는 사실을 언급하지 않았다. 우리는 그 문장 속에 있는 명사들이 단수인지 복수인지, 또 보통명사인지 추상명사인지 지적하지 않았다. 우리는 또한 전치사의 특성(시간? 공간? 방향?)을 확인하지 않았고, 동사의 시제 또한 밝히지 않았다. 그러나 학생들이 이 문장에 대해 정교한 소크라테스식 토론으로부터 무엇을 얻어 낼 것인지 상상해 보라. 그 토론에서 교사는 질문만 이용해서 학생들이 모든 정보를 알아내고, 4단계 분석으로 시작해서 문장 도식으로 끝난다. 교사가 학생들과 『로미오와 줄리엣』을 읽고 그것을 적절한 수준까지 토론을 했다고 상상해 보자. 그 수업은 아마도 이렇게 시작될 수도 있다.

교사: 이제 칠판에 적어 놓은 『로미오와 줄리엣』에 나오는 이 문장을 살펴봅시다. 이 문장의 문법에 대해 알아봅시다. 문법은 무엇인가요?

학생들: 언어에 대해서 생각하는 방식입니다.

교사: 전통 문법에는 몇 단계가 있나요?

학생들: 네 단계요.

교사: 그럼 첫 번째 단계는 무엇인가요?

학생들: 품사입니다.

교사: 품사는 무엇을 의미하나요?

학생들: 우리 언어에서 사용되는 여덟 가지 종류의 단어요.

교사: 그럼, 그 여덟 가지를 한 번 나열해 볼까요?

학생들: 명사, 대명사, 형용사 – 동사, 부사 – 전치사, 접속사, 감탄사입니다.

교사: 좋아요. (학생들이 대답할 때, 교사는 문장 아래 줄에 품사의 약자들을 적는다.) *A*는 어떤 품사에 속하나요?

학생들: 형용사요.

교사: 그럼 *pair*는?

학생들: 명사요.

교사: 단수인가요? 복수인가요?

학생들: 단수요.

이런 방식으로 수업은 계속되고, 교사는 4단계 분석을 채우면서 그 요소들에 대한 세부적인 질문을 한 후 마침내 도식을 그린다. 일단 반 전체가 그 절차를 알게 되면 문납식 문법 공부를 한 학생이 진행하게 하는 것 혹은 한 학생이 앞으로 나와 도식을 그리는 것과 같이 분명한 모든 수업의 변형은 매우 효과가 있다. 이 과정은 학생들에게 그 문장뿐만 아니라 문법 자체에 대해서도 완전한 포괄적인 그림을 보여 준다. 이런 식으로 문장을 고찰하면서 학생들은 마침내 나무로부터 나와 숲을 보게 되고, 전통 문법이 사고의 비밀에 놀라운 통찰력을 제공하는, 작지만 배울 만한 체계라는 것을 깨닫게 된다. 문법은 불가능한 단순함이 될 필요가 없다. 그것은 단순하면서 가능할 수 있다.

6) 문법을 보류하는 것

문법에 대한 불가능한 단순함은 또한 1년 내내, 즉 첫 사분기에 품사를, 두 번째 문장

요소를, 세 번째 구를, 네 번째 절을 배우는, 문법 공부를 연장하는 겉보기에는 말이 되는 관행의 기능이다. 이렇게 선의를 가진 진지한 방법은 학문적 대재앙이다. 그것은 언어학습의 목적을 가로막는 언어학습의 방법이다. 학생들은 다음 해 5월까지 배우지 못하는 것을 10월에 이용하지 못한다. 문법은 학년의 시작부터 온전히 그대로 학습되어야 하고, 그다음에 1년 내내 시, 연극, 소설, 학생 작문에 나타나는 대로 언어에 대해 생각하는 방식으로 사용되어야 한다. 일단 4단계 검토가 9월에 완성되면, 그 이후에 살펴보는 모든 문장은 문법의 신나는 분석적인 힘에 대한 학생들의 이해를 깊어지게 하는 상기물로 쓰인다. 1년 내내 철저하고 체계적인 문법 공부에 대해 자랑하는 교사들은 재능 있는 학생들이 놀라울 정도로 신속하게 개념을 파악하여 적용할 필요가 있다는 것을 이해해야 한다. 이런 학생들에게는 오래 끄는 힘든 여행이 필요하지 않다. 9월의 우수한 3주 문법 프로그램은 학생들이 1년 내내 언어를 학습하는 능력을 갖게 한다.

7) 과정과 내용

기계적 암기는 다른 모든 것에서도 그렇지만 문법 학습에 치명적이다. 문법 학습은 가능한 한 완전히 자연스러워야 한다. 문법의 개념들은 훌륭한 과정이 적용되어야만 하는 훌륭한 내용인데, 인지, 종합, 확산, 분석, 감정, 직관, 상상, 평가, 미학, 적용 등과 같은 일반적으로 장려되는 사고 과정을 포함한다.

문법이 훌륭하게 소크라테스식 문답 교수에 매우 적합하며, 문장이 내가 말하는 소크라테스식 교수 대상이고, 문장의 문법에 대한 가능한 대안이 되는 서술과 그것들의 각각의 장점을 발달시키는 정해진 답이 없는 토론이 학생들이 가질 수 있는 가장 강력하고 신나는 경험 중 하나라는 사실을 이해하는 것은 중요하다. 예를 들어, 학생들과 함께 Robert Frost(1943)의 놀라운 문장 "Whose woods these are I think I know"를 탐구하는 재미를 생각해 보라. 이 친숙한 약강조의 4음보 문장은 문법으로 검토할 때 갑자기 질문과 가능성의 깊은 수렁으로 통한다. 학생들이 하는 첫 번째 발견은 이 8개의 음절이 3개의 절을 포함한다는 사실이다. 점차로, 학생들은 주절이 *I think*이고, *I know whose woods these are*는 동작 동사 *think*의 직접목적어 역할을 한다는 것을 안다. 그러나 이 직접목적어 안에, 주어/술어의 세트인 *I/know*가 그 자체의 직접목적어를 포함한다. 즉, *whose woods these are*, 이것 역시 하나의 절을 만드는 것 외에는 그것의 주어/술어 세트는 *these/are*이고, 그 안에 연결동사가 주격보어 *woods*를 취한다!

이 놀라운 고찰로 우리는 Frost의 문장이 엄청나게 치밀하고 우아하며, 그 작은 크기가 시사하는 것보다 엄청나게 더 큰 에너지를 가진다는 것을 알게 된다. 중국 상자들처럼 그것은 목적어 안에 목적어를 포함하지만, 그것에 깃든 목적어는 문법적이고, 그것은 지적인 것을 의미한다. 하나의 절은 주격 보어를 포함하며 이 절은 그 자체로 두 번째 절의 직접목적어이지만, 이 두 절은 그 자체로 주절의 직접목적어가 되는데, 이것의 주어와 술어는 생각인 *I think*에 초점이 맞춰진다.

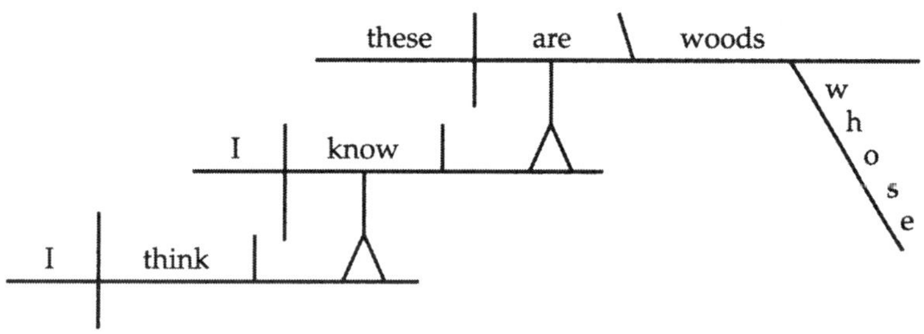

언어적으로 영재인 아이들로 구성된 반이 변증법적 문답법을 통해 이 문장의 아주 아름다운 구조를 발견해 가면서 여기까지 탐험했다고 생각해 보아라. 그러면 그들은 갑자기 진정한 변증법적 질문과 대면하게 된다. "왜? 왜 Robert Frost는 이 형식에 모든 개념들을 축약해 놓았을까? 예를 들어 그는 그냥 단순하게 'I think I know whose woods these are'라고 말할 수도 있었을 것이다. 왜 그렇게 하지 않았을까?" 문법을 통해 우리는 창의적 결정의 가장자리로 이끌려 가는데, 그곳에서 강조와 소리에 있어서의 차이를 만들어 내기 위해 개념들이 앞으로나 뒤로 움직이고, 또 그곳에서 지적이고 예술적인 지각이 중첩되는 구역을 형성한다. 문법은 우리에게 놀라운 문제를 던져 주었고, 그 문제는 가설을 만들어 내고 추후의 탐구로 이끌어 가는 개방형 질문으로서 가장 순수한 소크라테스적 변증법을 통해 탐구될 수 있다. 문법의 마법 같은 렌즈 안에서 모든 문장은 변증법적인 접근 대상이 된다.

The Magic Lens (Thompson, 1991b)에 설명되어 있듯이, 문법이라는 언어를 생각하는 학생들의 능력을 계발하는 또 하나의 흥미 있는 방법은, 교사가 유명한 문장에 나오는 문법의 정확한 설명을 읽어 주고 그 문장이 무엇인지 학생들이 파악하도록 도전감을 주는 수수께끼 같은 문장을 사용하는 것이다. 이 방법의 장점은 학생들에게 먼저 속이 텅 빈 조개껍데기, 즉 텅 비고 투명한 구조가 주어져서 텅 빈 껍데기로부터 그 문장으로의, 그 문장의 단어만을 그들이 안다고 생각하는데, 종합적인 연결을 만들 수 있기 전에 그 추상적인 구조 안에서 그것을 파악해야만 하는 것이다. *The Magic Lens* 에 나오는 수수께끼 같은 문장의 예는 다음과 같다.

수수께끼 같은 문장

1. 어린이 동화는 독립된 세 절로 구별되는 유명한 서술 복합문들을 포함하고 있다. 등위 접속사는 세 절을 함께 연결시키기 위해 두 번 사용된다. 각 절은 1인칭 단수 대명사 주어와 조동사 *will*의 축약형을 포함한다. 세 번째 절은 직접목적어와 부사를 포함한다. 첫 번째 두 절은 단지 주어와 동사만을 포함한다. 이 문장은 무엇일까?
2. Shakespeare의 작품에 나오는 유명한 문장 중 하나인 이것은 중복 부정사로 시작하여 지시대명사를 주어로 취하고 현재시제 연결동사와 정관사, 주격 보어로 단수 보통명사를 포함한다. 이 문장은 무엇인가?

정답

1. I'll huff, and I'll puff, and I'll blow your house down.
2. To be or not to be, that is the question. (Hamlet)

2. 어휘

문법은 개념의 추상적인 구조를 가시화하지만 개념의 실체가 되는 것은 바로 이 구조가 지니는 단어들이다. 어휘가 없는 문법은 어떤 단어도 채워지지 않은 문장 도식과 같다. 학생들은 단어 자체에, 소위 동의어들 사이에 미세한 구별에, 단어들이 표현뿐만 아니라 시각 자체도 강화한다는 사실에, 지식과 통찰력의 숨은 근원으로서의 단어의 내면에 주의를 기울여야 한다. 고능력 학습자들의 교육을 위해서 단어 공부의 여러 가지 양상이 매우 중요한데 이는 다음에서 논의하게 된다.

1) 어원

영어권의 학생들에게 수천 개의 영어 단어의 기초가 되는 그리스어와 라틴어 어간의 훌륭한 체계는 비교할 수 없을 만큼 중요한, 사실은 없어서는 안 될 학습의 대상이다. 그리스어와 라틴어의 어원을 학생들의 어휘를 쌓아 가는 기초로 사용함으로써,

> 어휘는 열거된 단어들의 그룹으로서가 아니라 사고의 체계, 즉 구성하고, 분석하고, 철자로 쓰고, 발음하고, 사용하고, 선택하는 방식으로 제시된다. 아득한 은하수가 망원경에는 빛을 내는 하나의 천문학적 대상물로 보이는 것과 같이, [어원]에서도 마찬가지로, 수천 개의 빛나는 단어와 단어 조각으로 구성된 흥미 있는 언어 대상물로 나타나는 것이 바로 어휘 체계이다. 이 방식에서 그 체계는 단어를 배우는 단순한 방법으로 제공되지 않고, 오히려 예시어들이 학생의 정신에서 그 체계를 설명하고 확장하는 역할을 한다. 그 체계는 연구의 대상이다. 이 접근법의 장점은 학생이 마침내 그 학습과정에서 마주치는 짧은 단어들의 목록보다 훨씬 더 많이 알게 된다는 것이다. 학생은 또한 목록에 있지 않지만 체계의 표현인 수만 개의 단어들을 알게 된다. 이것은 심지어 1년 만에도 많은 것을 성취할 수 있는 접근법이고, 또한 학생들의 어휘와 사고 과정에 의미 있고 가시적인 영향을 미칠 수 있는 접근법이다. (Thompson, 1990, p. 1)

2) 시적 어구

그리스어와 라틴어에 기초한 어휘 학습은 학생들에게 단어에 대해 지적으로 이해시키는 것 이상을 달성한다. 그것은 학생들에게 단어의 미학적 힘에 대한 이해를 제공하고, 단어의 구조 안에서 획득된 통찰력과 지각을 제공하는 고고학적 시적 어구들

(Thompson, 1992)을 드러낸다. 단어들은 대상으로 만들어지고, 그렇게 만드는 이유가 있다. 그것들을 만드는 사람들은 사려 깊게 일을 진행한다. 이런 이유로 단어들은 흔히 놀라운 아름다움과 통찰을 담는 그릇이 된다. 단어들은 철학을 담는 캡슐이자 시적 어구이다. 평범한 단어들조차 이런 방식으로 보면 새로운 깊이와 인간성을 지닌다. 우리는 갑자기 누군가를 *respect*하는 것이 그 사람을 새롭게(re) 보는(spect) 것임을 깨달으며, 이전에는 우리에게 중요하지 않았던 누군가를 우리 스스로가 다시 보게 되는 시간들을 기억하게 된다. 또한 *cadaver*에 대해 생각할 때, 우리는 사람이 넘어지면(cad) 모든 것이 중심으로 당겨지는 중력 *g*를 가진 이 푸른 행성에서는 다시는 움직일 수 없다는 난해한 사실을 깨닫는다. 또한 우리는 마음 아파하며 *posthumous* 상(award)은 땅(hum)에 매장된 후(post)에 수여된다는 사실을 신랄하게 깨닫는다. 또한 우리는 위협적인 세상에 등을 돌리고 자기 안으로(intro) 들어가는(vert) *introvert*한 사람의 이미지를 보게 된다. 그러나 많은 단어들이 그리스어와 라틴어의 요소들로 쪼개지는 경우 그저 논리적일 뿐이지만, 많은 다른 단어들은 시적 어구들, 즉 통찰과 감정과 숨겨진 순간들과 우리 이전에 살았던 사람들의 인간성에 대한 증거이다. 단어의 사전에 나오는 표면적 의미만 알고 단어에 내포된 의미는 모르는 학생들은 단순화시키는 단어의 논리적이고 시적인 힘을 거의 알아채지 못한다. 왜냐하면 이러한 특성들은 어원을 통해 발견되는 접두사, 어근, 접미사의 기능이기 때문이다.

3) 지각

풍부한 어휘를 소유하는 것으로 얻는 큰 이득 중 하나는 약한 어휘력을 가지고 하는 것보다 세계에서 일어나는 현상에 대해 더 많은 것을 인식할 수 있는 능력이다. 우리는 어떤 것의 이름을 배우면서 자주 그것의 존재를 인정하게 되고, 그것에 이름을 붙이면서 그것의 존재를 인식하게 된다. 이러한 어휘에 대한 깨달음은 일부 사람들에게는 결코 생기지 않는데, 그들은 잘 알려지지 않은 모든 단어들이 단지 우리가 이미 알고 있는 단어들의 불필요한 동의어에 불과하다고 생각하는 사람들이다. 그러나 예를 들어 비위에 거슬리는(invidious) 찬사가 무엇인지 배운다면, 우리는 질투를 유발하는 찬사를 재빨리 감지하기 시작한다. 그 찬사는 듣는 사람은 즐겁게 하지만 동료는 안을(in) 들여다보면서(looking) 대화의 밖에 두는 것이다.

4) 영어의 역사

학생들은 감격스런 영어의 역사, 언어의 파편 더미에 대해 배우는 것을 좋아할 것이다. 이 파편 더미는 로마에 정복당한 리어 왕 혈통의 켈트족, Alaric와 그의 비열한 Visigoths로부터 운이 다한 제국을 구하기 위해 당시 지배하던 작은 섬에서 군대를 철수시킨 로마인들, 짧은 단어들(*cow*, *pigge*, *deer*)을 가지고 영불 해협을 건넌 독일계 앵글로색슨족, 의기양양한 프랑스어들(*beef*, *pork*, *venison*)을 가져온 바이킹의 혈통을 지닌 William의 노르만 프랑스인, 중세 시대의 하문을 통해 추가된 그리스어와 라틴어들, 정복, 전쟁, 대립하는 군인들－대립하는 문법과 어법 등이 포함한다. 영어를 말하는 학생들은 자신들이 2000년의 떠들썩한 역사에 의해 남겨진 언어와 구문의 종합된 혼란을 가진 언어를 말한다는 사실을 알아야 한다. 이것 또한 자기인식의 한 부분이다.

3. 시학

문법과 어휘는 그것 자체로 흥미 있고 가치 있는 과목이지만, 그것이 얼마나 놀라운 도구인지를 발견하는 것은 바로 우리가 그것을 소설, 시, 에세이에서 예상치 못하고 마주치면서 문장들에 적용할 때에만 해당된다. 바로 그때, 행실이 옳지 못하고 고집스러운 문장에 직면하여 우리가 단순화된 범주의 문법을 가지고 씨름을 하면서 문장의 사각 못을 4단계 문법 용어라는 둥근 구멍에 억지로 쑤셔 넣으려고 할 때, 문법과 어법에 대한 우리의 생각들은 활기를 띠게 된다. 그리고 바로 그때, 우리는 문법이 충분하지 않고, 무엇인가 여전히 설명되지 못하는 것이 존재하며, 왜 그 문장이 3개의 전치사구나, 일련의 특정한 형용사나, 복잡한 중국 상자 같은 구조를 사용했는지 설명하기 위하여 시적인 요소에 의존해야 한다는 사실을 종종 깨닫게 된다. 왜냐하면 문법은 시학에 기초를 두고 있기 때문이다.

내가 말하는 것은 문법을 공부할 때, 문법이 시학의 한 기능이기 때문에 필요하다면 발로 차고 소리를 질러 가며 시학을 공부하라고 전적으로 강요한다. 그렇지만 그 반대의 경우는 아니다.

문법의 요소에 대한 설명이 이 장의 내용에서 벗어나는 것처럼, 시학의 요소에 대한 설명 또한 그러하다. 그러나 시학으로 나는 각운, 운율, 비유적 표현과 같은 전형적인 요소들을 의미한다. 또한 나는 모음 일치, 자음 일치, 두운을 의미한다(Yeats [1966]의 "I hear *l*ake water *l*apping with *l*ow sounds by the shore"). 또한 나는 행말을 맺는, 구 걸치기가 된 끝없는 행을 의미한다. 또한 나는 모음과 자음 그리고 묵음의 상호작용을 의미하고 리듬(Forst의 "Whose woods these are I think I know")과 무리듬을 의미한다. 또한 나는 가늘고 비음 섞인 칼칼한 소리(Shakespeare의 "Fillet of a fenny sna*k*e, in the cauldron boil and ba*k*e")와 낭랑하고 부드러운 목소리(Shakespeare의 "Romeo, Romeo, wherefore art thou Romeo?"), 저음("Whole lotta …… goin' on")과 고음(shakin'), 그리고 말의 음악을 의미한다. 그것들은 정교하게 문장 속에 만들어져 들어가 있든 그렇지 않든 간에 항상 존재했고, 그것들은 문장에 담긴 우리의 기쁨과 문장에 대한 기억과 문장에 대한 감탄과 문장에 대한 이해와 많은 관계가 있다. 시학은 전형적으로 (그리고 인위적으로) 시를 공부하는 동안에만 학습되지만, 이러한 요소들은 소설, 연극, 수필, 정치적 연설, 심지어는 일상 대화에서도 강하게 나타나 있다.

Shakespeare의 "소네트 29"에 나오는 문장들의 문법을 살펴보자.

When, in disgrace with fortune and men's eyes,
I all alone beweep my outcast state,
And trouble deaf heaven with my bootless cries,
And look upon myself, and curse my fate,
Wishing me like to one more rich in hope,
Featured like him, like him with friends possessed,
Desiring this man's art and that man's scope,
With what I most enjoy contented least;

Yet in these thoughts myself almost despising,
Haply I think on thee — **and then my state,**
Like to the lark at break of day arising
From sullen earth, sings hymns at heaven's gate;
For thy sweet love remembered such wealth brings
That then I scorn to change my state with kings.

(운명에게 버림받고 사람들의 눈 밖에 나
의지할 곳 없이 혼자인 것을 슬퍼하네.
부질없는 외침으로 귀 막은 하늘을 괴롭히며
스스로를 돌아보고 운명을 저주하니,
보다 희망 가득한 사람이 되길 바라고
누군가의 생김새와 많은 친우를,
이 사람의 재능을 그리고 저 사람의 능력을 원하며
내가 가진 것에 조금도 만족하지 못할 때,
이런 생각으로 자신을 경멸하다
우연히 난 그대를 생각하네. 그리하면 나는
동이 틀 때 고요한 대지에서 날아올라
천국의 입구에서 노래하는 종달새와 같이 되네.
당신의 사랑을 생각하면 행복하여져
난 왕이라 하여도 내 지위와 바꾸지 않으리.)

이 시의 천재성은 모든 곳에 나타나지만 세 번째 4행시(quatrain)에서 가장 두드러지는데, 그때 화자가 그의 눈을 절망에서 사랑으로 돌린다—"Haply I think on thee." 여기서 소중한 단어 *thee*에 약간의 정중한 시간을 허용하는 가벼운 엾줄이 따라오고, 그런 다음에 갑자기 시의 문법이 15음절의 구 걸치기 분출로 시작된다는 것을 깨닫게 되고—그 문법은 각 행의 끝에서 쉼표(,), 세미콜론(;)과 함께 틀에 박힌 10음절 단위에 나타났다—그래서 새는 날아오르고 있고(The bird is taking off), 약강 5음보 격의 소네트는 그것을 막을 수 없다.

and my / Like the at of a /
then state, to lark break day rising

from len
sul earth.

아홉 번의 날갯짓. 여기서 민감한 독자들은 언어 속 모든 부분에서 문장을 조종하는 것이 문법이 아니라는 사실과, 문법을 조종하는 것이 바로 감각이라는 사실을 점차 배우게 된다.

문법에 초점을 맞춘 언어학습의 논의에 왜 반드시 시학을 포함시켜야 하는지 또 하나의 다른 비시적인 예로, 잘 알려진 Abraham Lincoln의 "게티즈버그 연설"에 나온 정치적 색깔이 있는 문장을 살펴보자. "Fourscore and seven years ago, our forefathers brought forth upon this continent a new nation, conceived in liberty and dedicated to the proposition that all men are created equal(지금으로부터 80년 하고도 7년 전 우리의 선조들은 이 대륙에서 자유를 생각에 품고 만인은 모두 평등하게 창조되었다는 명제에 헌신하는 새로운 나라를 탄생시켰습니다)."

연설이 보통 한두 시간 지속되었던 그 시대에 그의 전체 연설이 아주 짧아서 관중들의 웅성거림이 잦아들기도 전에 연설을 마쳤다는 것을 우리는 안다. 한 신문기자는 숨을 헐떡이며 큰 소리로, "그게 전부인가요? 대통령님?"이라고 질문했다. 연설문은 그게 전부였다. 그런데 Lincoln은 이 짤막한 연설을 몇 주 동안 준비했다. 사실 그는 쓰고 다니는 모자 안에 연설문을 넣고 다니면서 매일의 일정 중에 계속해서 꺼내 단어를 지우고 어구를 더하고 했다. 그렇듯 그것은 세심하게 준비된 연설이었다. 그 연설문의 단어들을 볼 때, 우리는 우리에게 보이는 진기함과 예외적인 것들에 대해 궁금해지기 시작한다.

왜 Lincoln 대통령은 더 직접적인 "eighty-seven"을 사용하지 않고 "fourscore and seven"이라는 어구를 사용했을까? 왜 그는 "brought forth"라는 말을 선택했을까? 왜 그는 예상되는 순서에서 벗어나 문법을 혼란스럽게 했을까? 우리는 다음과 같은 연설문을 기대했을 것이다—Eight-seven years ago, our forefathers created a new nation upon this continent.

Lincoln의 탁월한 연설문의 어법과 구문은 시학을 참고하지 않고는 설명하기가 불가능하다. 그 이유는 Lincoln이 자신이 말하고자 하는 뜻을 강화하고 지지하기 위해 목소리의 음악을 사용했고, 그 음악을 듣는 것을 통해서만 우리는 그 문법을 이해할 수 있기 때문이다. 처음 14개 단어를 보면, Lincoln 대통령은 rs로 더 보강된 os, us라는 저음을 사용하고 있다. 그 음을 사용한 단어는 다음과 같다 – *four score*, *year*, *ago*, *our*, *forefather*, *brought*, *forth*, *upon*, *continent*. Lincoln은 오보에나 바순을 연주하고 있는 것과 같다. 그러고 나서 갑자기 낮은 음이 올라가면서 ns로 두운을 맞춘 소리를 가지는데, 그것은 마치 플루트의 소리와 같이 더욱더 높아진다 – *new*, *nation*. 그리고 그 모든 것은 마지막으로 이끌어진다. 바로 문장 마지막에 고요 속에서 울리는 메아리가 되기 위해 마지막에 말해진 가장 중요한 단어인 *equal*이다. 바로 *equal*이다.

> F**our**sc**or**e and seven y**ear**s ag**o**, **our** f**or**efath**er**s b**rough**t f**or**th, **upon** this **con**-tinent, a *new na*tion, conceived in liberty, and dedicated to the proposition that all men are created EQUAL.

우리는 이러한 장치들을 모음 일치, 자음 일치, 두운 등으로 부르는데, 언어학습을 통해 우리는 문법이든 어휘든 시학이든 용어를 넘어서 언어학습에 의해 나타나는 생생한 상호작용과 감수성에 대해 자각하게 된다.

4. 모두 종합해 보면

우리는 이제까지 문법, 어휘, 시학이라는 여러 가지 측면에서 형식 언어학습의 중요성에 대해 논했다. 실제 언어 현상에서는 이러한 특징들이 항상 결합되어 있기 때문에 이제 이 모든 연구를 합쳐서 한 문장을 탐구해 보자. 문법, 어법, 시학이 부자연스러운 고립 상태에서 존재하는 곳은 바로 교과서의 무미건조한 영역뿐이다. 지금까지 논한 이 모든 탐구를 합쳐서 한 문장에 대한 하나의 관점으로 만들어서, 우리는 한 문장에 특별한 초점을 맞출 수 있어야 한다. 그리고 우리는 그렇게 할 것이다. 영국의 시인 Ted Hughes와 결혼하여 영국에서 살았던 미국 시인 Sylvia Plath는 자살하기 직전에 "The Moon and the Yew Tree"라는 제목의 거북할 만큼 끔찍하지만 아름다운 시를 썼다. Plath(1963)는 이렇게 시를 시작했다. "This is the light of the mind, cold and planetary. / The trees of the mind are black. …… Fumey, spiritous mists inhabit this place …… I simply cannot see where there is to get to." Plath의 "Fumey, spiritous mists inhabit this place"는 천재성을 가진 문장으로, Shakespeare의 유사하게 음험한 "Fillet of a fenny snake, in the cauldron boil and bake"에 견줄 만한 것이다. 만약 문법, 어법, 시학을 사용해서 Plath의 문장을 검토해 본다면, 우리는 왜 그런지를 이해하게 될 것이다.

문장의 도식은 우리에게 생각의 구조의 핵심을 보여 줄 것이다. 그것은 안개에 관한 생각이다. 그리고 그 안개가 정신이라는 장소에 존재하고 있다는 사실에 우리는 주목한다. 그 도식은 우리에게 그 문장의 필수적인 단순성을 보여 주고 우리가 주어에 관심을 갖도록 한다.

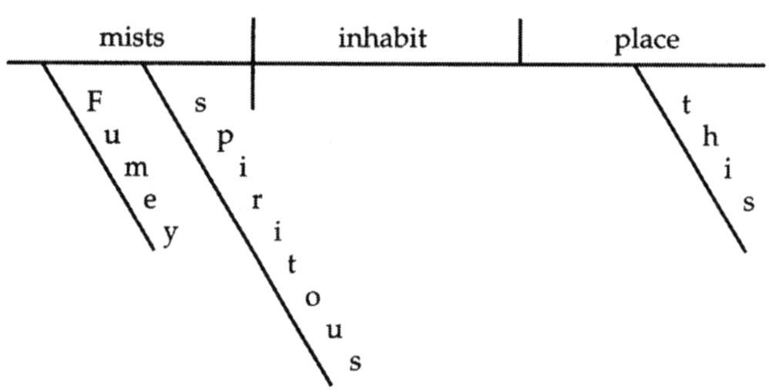

그러나 4단계 분석은 그 도식보다 더 자세한 정보를 우리에게 제공한다. 그 문장 안에 있는 모든 단어와 단어 집단을 한 번에 한 단계씩 분석함으로써, 우리는 생명의 신호를 찾기 위해 문장의 모든 구석을 뒤질 수 있다.

Fumey, spirituous mists inhabit this place.

Parts of Speech: (품사)	adj 형	adj 형	n 명	v 동	adj 형	n 명
Parts of Sentence: (문장)			subj 주어	pred 술어		dir obj 직목

Phrases: (구)	no prepositional, appositive, or verbal phrases 전치사구 없음, 동격어구, 동사구
Clauses: (절)	one independent clause, simple, declarative sentence 하나의 독립절, 단문, 서술문

품사: *Fumey*는 보통명사 복수형인 *mists*를 수식하는 형용사이고, *spiritous*도 또한 *mists*를 수식한다, *inhabit*은 현재시제인 동작 타동사이고, *this*는 단수 보통명사인 *place*를 수식하는 형용사이다. 이 문장은 품사에 관한 두드러진 점이 없다. 형용사는 가장 흔한 품사이기 때문에 수식은 주요한 기능이다. 하나의 동사를 제외하고, 전체 문장은 구상 명사와 수식어로 구성되어 있다.

문장의 요소: 문장의 주어는 *mists*이고, 복수 단순 서술어를 위한 복수 명사는 *inhabit*이다. 명사인 *place*가 직접 목적어 역할을 하는 동작 타동사이다. Plath의 문장의 부분들은 MISTS INHABIT이라는 생각의 가장 깊은 핵심을 드러낸다.

4단계 분석은 생각의 내적 요소들을 확실하게 보게 하지만, 그것은 구조의 독창적인 관점에서 보면 예외적인 것도 존재하지 않고, 우리에게 시적 상상력을 자극하는 어떤 것도 주지 못한다. 이 문장은 문법적으로 평범하기 때문에 시적 효과를 표현하는 것은 다른 어떤 것에 의존하고 있다.

만약 우리가 그 문장에 있는 단어의 어원에 대해 살펴본다면, 시적 효과의 일부가 그 단어 자체에 있는 역사적 반향에서 비롯된다는 것을 알게 된다. 각 단어를 분석해 보면 전부는 아니지만 대부분의 단어들이 라틴어 어원을 가진다는 사실을 알게 된다.

Fumey, spiritous mists inhabit this place.

(실체가 없는, 숨 쉬는 안개가 이곳에 산다.)

fumey: 연기라는 의미를 가진 라틴어 *fumus* 에서 옴, 정신 혹은 영혼이라는 의미를 가진 그리스어 *thymos* 와 유사함

spiritous: 숨이라는 의미를 가진 라틴어 *spiritus* 에서 옴, 불다나 숨 쉬다라는 의미를 가진 라틴어 *spirare* 와 유사함

mists: 어둠, 안개, 어두운 날씨를 나타내는 고대 영어에서 옴.

inhabit: 라틴어 *in* 에 거주하다는 의미를 가진 *habitare* 가 결합하여 생김

this: this라는 의미의 고대 영어 thes에서 옴

place: 중세 영어, 터진 공간의 의미를 가진 고대 불어에서 옴, 넓은 거리라는 의미의 라틴어 *platea* 에서 옴

이 목록에서 살펴보듯이, 우리는 문장의 주어인 핵심어가 라틴어나 그리스어가 아닌 고대 영어에서 온 것을 알게 된다. 그 주어를 더 자세히 들여다보면 그것은 정해진 순서대로 있을 수도 있다. 그래서 우리는 그 문제에 대해 최고의 권위를 가진 *Oxford English Dictionary* 에 자문을 구하기로 했다. mist라는 단어에 대한 논의에서 *OED* 는 거의 천 년의 기간에 걸친 용례를 제공하였다. 10세기 전의 예시 문장들에서 사실 우리는 *mist* 만 알아볼 수 있는 것 같다.

1000: ha sunne eode to setle ha sloh haer micel **mist**;

1200: Ne michte ich seon bi-fore me for smike ne for **miste**

1290: A wel deork **mijst** hare com al-so hat swipe longue i-laste

3세기가 더 지난 후에 이 문장들은 더 영어처럼 들리기 시작하지만, 마치 그것이 어두운 숲과 칼날의 시대를 환기시키는 듯, 마치 안개와 구름이 공기 중에 모이듯, 그 결과는 냉랭했다.

1340: Now gadirs **mystes** and cloudes in he ayre

1398: **Myste** is frende to theues and to euyl doers for he hydyth theyr speyrs and waytynges

안개는 도둑이나 악인에게 친구 같은 존재인데, 왜냐하면 그것은 창과 기다림을 감추고 있기 때문이다. Shakespeare 시대가 되어서야 안개가 있는 문장을 영어 문장으로 알아볼 수 있다. 그러나 *mist*라는 단어는 사실상 변하지 않은 채로 있다. Milton은 Shakespeare보다 200년 후에 그것을 사용했고, Scott은 Milton보다 200년 후에 그것을 사용했다.

1450: Han fell sodaynly slike a **myst**

1603: The flagging'st bulrush that ere droopt With each slight **mist** of raine

1667: As Ev'ning **Mist** Ris'n from a River o're the marish glides—Milton

1798: In **mist** or cloud on mast or shroud It perch'd for vespers nine—Coleridge

1831: The **mist** had settled upon the hills, and unrolled itself upon brook, glade, and tarn—Scott

우리는 *mist*라는 주제어가 Plath의 문장에서 특별한 역할을 하고 있다는 것을 이 역사로부터 보게 된다. *mist*의 현재와 과거의 형태(*myste*, *miste*, *mijst*)에서 그것이 노르만 정복 이전의 희미한 시대부터 거의 변하지 않고 살아남았음을 알 수 있다. 그것을 둘러싸고 있는 라틴어 파생어들과 달리, 그것은 어두운 숲들과 로마인과 로마인 이후 영국인들의 전설을 연상시키는 단음절의 원시적인 특성을 가지고 있다. 이것은 우리에게 노르만 프랑스인의 단어인 *boef*, *porque*, *venison*이 어떻게 앵글로색슨족의 저속한 독일어인 *cowe*, *pigge*, *deer*에 비해 예의 바르고 품위 있는 단어들이 되었는지에 대한 『아이반호』에 나오는 Walter Scott의 논의를 상기시켜 준다. 그것은 또한 『베오울프』와 미드홀로 약탈을 하려고 몰래 기어 들어가는 괴물 Grendel을 상기시켜준다. 우리가 검토하고 있는 Plath의 시행에서 숨 쉬는 안개는 그녀의 정신의 푸른 장소에 살고 있다. 그것은 안개들이 익숙해지지 않는 행위임을 우리는 알게 된다.

그래서 우리는 Plath의 문장이 암시적으로 내포된 의미가 풍부한 명사 주어에 기초한, 문법적으로 두드러지지 않은 구조를 가지고 있다는 것을 배웠고, 그것은 아마도 고대의 기억이라는 맥락을 가진 집단 무의식에 작용을 한다. 그 기억은 어두운 소나무 숲의 내음, 은빛으로 빛나는 달빛, (*OED*가 상기시켜 주듯이) 안개가 하는 것들의, 즉 모으고, 숨기고, 떨어지고, 미끄러지고, 내려앉고, 자리 잡고, 펼치는 이미지를 말한다. 그리고 Plath가 추가하듯이, 살고 있다.

만약 문법과 어원으로부터 시행의 시학으로 눈을 돌린다면, 우리는 시에 대한 피상적 읽기에서 거의 찾을 수 없는 시적 풍부함을 발견하게 된다.

Fumey, spiritous mists inhabit this place.

(실체가 없는, 숨 쉬는 안개가 이곳에 산다.)

운율. 그 행의 운율은 불규칙적이고, 처음 볼 때는 어떤 정해진 운각도 없는 것처럼 보이지만, 그러나 그것이 5개의 운율, 즉 5개의 운각, 즉 하나의 강약격, 하나의 강약약격, 2개의 강약격, 강강격을 포함하고 있는 것으로 간주될 수도 있다는 것을 알게 된다—/ - / -- / - / - / /. 그러나 강약약격이 강세가 없는 음절이 추가된 단지 강약격이 되고, 반면에 마지막 강강격이 강세가 없는 음절 대신 두 번째 음절이 강세를 가지면서 강약격이 된다는 사실에 주목하라. 다시 말해서, 주의 깊게 볼 때, 효과적으로 소울비트를 감춘 그 행은 두 음절을 제외하고 완전히 강약격의 운율이라는 것을 우리는 알게 된다. Plath는 우리의 정신에 대해 표현할 때 강약격의 운율을 사용하고 싶었지만 들키고 싶지 않았다는 것을 우리는 알게 된다. 왜 그랬을까? 강약격의 운율은 이상함이나 악함을 암시할 때 시에서 매우 자주 이용되는 운각인데, 그것은 영어의 자연스러운 리듬인 정상적인 약강격 운율(예: 로미오의 "If I profane with my unworthiest hand ……")의 기이한 도치이기 때문이다. 마지막 운각에 강강격 운율의 이중 강세는 *this place*라는 단어들에 무게를 준다. Plath의 강약격 5음보 시행인은 Shakespeare의 『맥베스』에 등장하는 마녀들이 말하는 유령의 출몰 같은 사악한 강약격 4음보의 영적인 후손이다—Fillet of a fenny snake, in the cauldron boil and bake; …… / Double, double toil and trouble; / Fire burn, and cauldron bubble ……. / By the pricking of my thumbs, / Something wicked this way comes."

이 행의 숨겨진 강약격 4음보 운율은 이제 간단한 문법에 빛을 던지고 있다. 그 문법은 운율의 미묘함이 제공하는 작은 공간 속으로 비집고 들어가야만 했다. 리듬이 있는 어조는 쉼표가 따라오는 글을 여는 강약격에 의해 고정된다. 이 쉼표는 강약격을 확실히 고정시키고, 2음절 형용사 *fumey*는 그 역할을 완벽히 다한다.

수사적 표현. *this place*는 정신이 자주 출몰하는 장소임을 기억하라. 이 장소의 차가운 세상의 빛 속에서, 정신은, 검은 나무가 푸른빛에 윤곽이 드러나면서, 실체가 없는, 숨 쉬는 안개로 피어오르고 있다. 이 안개들은 이곳에 살고 있다. 여기서 *inhabit*은 악령들에 의해 홀린 것을 암시하는 단어이다. 우리는 정신의 은유로 고립, 공포, 죽음의 악취라는 장면을 가진다. 우리가 알고 있는 하나는 자살이라는 비극의 끝자락에 있는 탁월한 여성의 자전적인 마지막 순간 중 하나였다는 것이다.

소리. 비록 미묘한 소리의 반향이 일부 시행의 끝 부분에 있기는 하지만, Plath의 시에는 각운의 형식이 없다. 시의 진정한 음악은 각운에 있는 것이 아니라 두운, 모음일치, 자음 일치와 같은 다른 소리의 장치들 안에 있다. "Fumey, spiritous mists inhabit this place"는 자음의 지속적인 치찰음을 통해 음험한 공포를 성취한다. 모음의 가는 호흡을 통해서뿐만 아니라 기식음(*h* 소리), 마찰음(*f*와 *th* 소리), 치찰음(*s* 소리)으로도 그렇게 한다. 이것은 내가 시행의 음악을 학생들에게 보여 주기 위해 개발한 간단한 기술로, 모음-자음 분리로써 시각적으로 설명될 수 있다.

```
fumey  spiritous  mists  inhabit  this  place
F m    sp r t  s  m sts   nh b t  th s  pl c
----------------------------------------------
 u ey    i i ou    i      i  a i    i     a e
```

교수법을 위한 메모: 반 전체 학생들과 Plath의 음악 효과를 정말로 듣고 싶다면, 그 시행을 낭송하는 합창 공연의 기회를 만들어 보라. 학생들 한 줄은 s 소리를 내고, 다른 줄은 h 소리를 내고, 또 한 줄은 f와 th 소리를 내고, 또 한 줄은 가는 ih 소리를 내도록 할당해 주어라. 학생들이 단어를 말해서는 안 되고 순수한 소리만 내도록 해야 한다. 교사는 지휘를 한다! 모든 주요한 소리가 어우러져 들릴 수 있을 때까지 한 번에 한 줄씩 불러들인다. 그 결과는 이와 같이 들릴 것이다.

첫째 줄: ssssssssssssssssssssssssssssssssssssssssssssssssssssssssssss

둘째 줄: hhhhhhhhhhhhhhhhhhhhhhhhhhhhhhhhhhhhhhh

셋째 줄: ffffffththththffffffffffffththththfffffff

넷째 줄: iiiiiiiiiiiiiiiiiiiiiiiiiiiiiiiiiiiii

이 기술은 단어로부터 음악을 추출하여 모든 음험한 사악함에서 그것을 드러낼 것이다—Fffumey ssspiritouss misstss inhhhabit thhhhisss placccce. 우리는 모음 일치의 효과를 느낄 수 있고(*spiritous*, *mists*, *inhabit*, *this*에서 단모음 소리 *i*의 반복), *spiritous*, *mists*, *this*, *place*의 치찰음 *s*에서 자음 일치를 느낄 수 있고, *fff*umy, in*hhh*abit, *thhhi*s에서 입 밖으로 나오는 유령 같은 숨소리에 으스스함을 느끼게 된다.

이 문장에 대한 시학적 분석은 우리에게 무엇을 보여 주었는가? 천재성이 주로 시학에 깃들어 있다는 것. 잃어버린 정신을 검은 나무들이 있는 푸르고 안개 낀 풍경으로 은유한 것이 정상적인 약강조 리듬의 영어식 사고를 심난한 강약격으로 바꾸어 강조하고 있다는 것. 이것이 짧은 모음들과 숨이 새는 기식 자음들의 사운드 트랙으로 지지된다는 것. 그리고 이 모든 것이 그 자체가 시적·역사적 함의로 강력한 단일 음절의 주어에 초점을 맞추면서 단지 매우 단순한 문법이 존재할 수 있는 비좁고 갑갑한 한계를 제공한다는 것 등이다.

우리는 지금까지 절망의 마지막 단계에서 정신이 사는 안개를 묘사하고 있는 단한 문장의 문법, 어원, 시학을 검토해 보았다. 그 세 가지 관점, 즉 문법, 어원, 시학 중 어떤 것이 알 필요가 없다고 보는가? 어느 누가 그 문장의 문법적 단순성, 주제어의 생각을 환기시키는 연상작용, 역설적이지만 미묘한 시행의 멋진 음악, 혹은 이 세 가지 사이의 상호작용을 이해하고 싶지 않겠는가? 그러므로 문법, 어원, 시학은 문학 감상의 필수적인 도구이다.

5. 결론

언어적으로 재능이 있는 학생들의 교육을 위해, 형식 언어학습은 그런 학생들이 필요로 하는 차별화된 교육과정에 완벽하게 맞는 필수요소이다. 문법, 어휘, 시학을 결합할 때, 우리는 엄밀하고 추상적이며 고전적인 내용을 가지게 된다. 우리는 실용적이면서 지적인 내용을 가지게 되며, 그것들은 똑같은 중요성을 가지고 Kennedy, Camus, Shelley, Shakespeare의 언어에 적용되는 내용을 가지게 된다.

이 장의 논의를 시작할 때 언급했던 22개월짜리 손녀는 할머니에게 이렇게 말했다. "기억 안 나세요? 이거 저번 주 수요일 즐거운 내 생일날 주셨잖아요." 태어난 지 단 650일 후에, 아이는 이 두 문장을 말했다. 첫 번째 문장은 본동사를 강조하기 위해서 사용된 조동사 기능을 하는 *do*의 축약형과 고대 영어 *nought*에서 온 수식 부사 *not*으로 구성된 의문문이다. 그리고 라틴어 *rememorare*에서 온 동사 *remember*의 주어로 사용된 2인칭 단수 주어 *you*는 중세 영어와 고대 영어 *ye*를 통해 산스크리트어까지 그 유래를 거슬러 올라간다. 아이의 두 번째 문장은 단문인 평서문으로, 주어로 사용된 2인칭 단수 대명사 *you*와 직접목적어로 중성 3인칭 단수 대명사인 *it*에 영향을 주는 과거시제 단수 동작 동사인 *gave*(동사 *give*는 중세 영어와 고대 스칸디나비아어로 거슬러 올라간다)로 구성되어 있다. 그 직접목적어 다음에 전치사구 *to me*가 따라오고, 그 안에서 전치사 *to*가 전치사의 목적어인 *me*와 동사 *gave* 사이의 방향 관계를 가리키며, 이 전치사구 다음에는 두 번째 전치사구 *for my happy birthday last Wednesday*가 따라오는데, 그것은 다른 것들 사이에서 고대 스칸디나비아의 신 Odin과 관련이 있는 게르만족의 주신 Woden을 지칭하는 것을 알 수 있다.

이제, 이 어린 여자 아이는 분명 Odin이나 Woden에 대해 들어 본 적이 전혀 없지만, 반면에 아이의 뇌는 이 문장들이 무의식적으로, 전화 통화를 하는 속도로, 함께 얽어매어 제대로 구사했다. 주어/동사의 불일치도 없고, 대명사 지칭 오류도 없고, 수식어를 잘못 배치하는 실수도 없다.

똑똑한 여자 아이.

그 아이가 두 살이 될 때까지 무엇을 알게 될지 상상해 보라.

6. 핵심 요약

- 문법은 일찍, 가능한 한 완벽하게 가르쳐야 하고, 모든 유형의 언어에 비판적 사고의 한 방법으로 적용되어야 하는 언어에 대한 사고방식이다.
- 어휘 학습은 사전적 정의에서는 분명하지 않지만, 겉으로 드러나는 심미적·지적 놀라움에 특별한 관심을 기울이면서 그리스어와 라틴어의 어원학습을 포함해야 한다.

7. 참고 문헌

Clark, B. (1988). *Growing up gifted.* Columbus, OH: Merrill.

Coleman, M. R. (Ed.). (1991). Update: Underserved gifted. *Journal for the Education of the Gifted, 14*(3), 213-350.

Frost, R. (1943). *Come in and other poems by Robert Frost.* New York: Henry Holt.

Gallagher, J. (1975). *Teaching the gifted child* (2nd ed.). Boston, MA: Allyn and Bacon.

Olson, M. W., Logan, J. W., & Lindsey, T. P. (1988). Orthographic awareness and gifted spellers: Early experiences and practices. *Roeper Review, 10*(3) 152-155.

Parker, J. (1989). *Instructional strategies for teaching the gifted.* Boston, MA: Allyn and Bacon.

Plath, S. (1963). *The collected poems of Sylvia Plath* (T. Hughes, Ed.). New York: HarperCollins.

Sandburg, C. (1956). *Good morning, America.* Orlando, FL: Harcourt Brace.

Shakespeare, W. (1967). *Romeo and Juliet.* London: Heinemann.

Thompson, M. (1990). *The word within the word* (Vol. 1). Unionville, NY: Trillium.

Thompson, M. (1991a). *Classics in the classroom.* Unionville, NY: Trillium.

Thompson, M. (1991b). *The magic lens.* Unionville, NY: Trillium.

Thompson, M. (1992). *The word within the word* (Vol. 1). Unionville, NY: Trillium.

Torrance, P., & Myers, R. M. (1970). *Creative teaching and learning.* New York: Harper.

VanTassel-Baska, J., Feldhusen, J., Seeley, K., Wheatley, G., & Foster, W. (1988). *Comprehensive curriculum for gifted learners.* Boston, MA: Allyn and Bacon.

Yeats, W. B. (1966). *Selected poems and two plays of William Butler Yeats.* New York: Collier.

제 10 장

우수한 능력을 가진 학습자들을 위한 외국어 학습에 관한 고찰

Michael Clay Thompson · Myriam Borges Thompson

교육을 통한 언어 능력의 계발에 관한 어떤 논의에서든, 외국어 교수의 중요성에 관한 특별한 언급이 반드시 이루어져야 한다. 외국어 학습이 우수한 학습자들에게 근본적으로 적합하고 중요한 이유들이 여기에서 논의될 것이다. 그렇지만 오늘날 모든 미국 학생들에게 영향을 미치는 새로운 사실도 존재한다. 가정에서 제1언어로 스페인어를 사용하는 미국인이 2,000만 명 정도 있고, 스페인어를 제2언어로 사용하는 미국인 또한 몇 백만 명에 이른다. 그런 연유로 LA는 멕시코의 두 번째로 큰 도시라고 불려 왔다. 스페인어를 사용하는 나라들과 미국의 외교 관계는 경제와 문화가 보다 유기적으로 연결되는 중요한 부분에서 증가되고 있다. 국제 정치의 발전은 외국어 교육에 역사적으로 새로운 중요성을 부여하였고, 교육과정 균등화에 변화를 가져왔으며, 지금까지 미국 학생들이 공부해 왔던 언어들보다 러시아어, 중국어, 독일어, 일본어와 같은 비전형적인 언어들을 중요하게 여기게 만들었다.

이런 모든 현상은 전자 지구촌을 현실로 만드는 과학기술적 환경에서 일어나고 있다. 국제적인 실시간 개인 화상 연결은 오늘날 우리가 이웃과 전화 통화를 하는 것처럼 보통 일이 될 것이다. 이러한 변화들은 외국어에 관한 전통적인 연구들을 시대에 뒤떨어진 쓰레기 더미로 격하시켰고, 이중언어의 절대적인 필요성을 제시했다. 우리의 외국어 능력은 벙어리인 지적 기능에 머물러서는 안 된다. 우리는 반드시 이중언어를 구사해야만 한다. 우리는 우리의 생각을 외국어로 말하고, 이해하고, 표현할 수 있어야만 한다. 이런 이중언어의 필수 불가결함은 학급에서 이루어지는 전형적인 읽기와 쓰기뿐만 아니라 듣기와 말하기까지도 함께 경험할 수 있어야 한다는 것을 일깨운다. 사실 중요성에 대한 순서로 따지자면 듣기가 가장 먼저이고 그다음으로 말하기, 쓰기, 읽기의 순이 될 것이다.

영재 학생들의 교육에 있어 외국어의 중요성에 대한 논평은 어딘가 모순된 부분이 있었다. 일부 영재교육 학자들은 그 중요성을 이해했다. VanTassel-Baska(1988)는 외국어 학습을 (문학, 글쓰기와 작문, 언어, 구술 담화에 더하여) 영재를 위한 언어 프로그램의 다섯 가지 핵심 요소 중 하나로 제시하였다. 반면에, 비록 Gallagher(1975)가 학교에 등록된 학생 수가 아무리 적어도 학교들은 3학년 혹은 4학년 외국어 과정을 제공해야 하며, 능력을 보이는 학생들은 한 언어에서 4년의 연속 과정을 마치도록 해야 한다는 Conant 보고서의 권고를 인용했음에도 불구하고, 외국어, 스페인어, 라틴어, 프랑스어 등의 단어는 영재교육의 많은 핵심적 교재들의 목차에서 찾아볼 수조차 없다. *Roeper Review* 와 *Gifted Child Quarterly* 에 실린 논문들은 외국어 학습에 대한 교육과정의 중요성보다는 소수민족 영재 아동들을 위한 이중언어 교육에 관한 문제들에 더 많은 초점을 두었다.

외국어 학습에 관한 의구심을 표명한 학자들은 외국어 교육을 조기에 시작해야 할 필요성에 이견이 없는 듯하다. Cox, Daniel, Boston(1985)은 외국어 학습은 조기에 시작되어야 하며 수년 동안 계속되어야 한다고 주장했다. 그들은 제2언어를 유치원 때 시작하기를 권했고, 언어학적으로 능력이 있는 학생들은 초등학교 때 제3 혹은 제4언어도 가능할 수 있다고 했다. VanTassel-Baska(1988)는 외국어 교육이 조기에 시작되어야 한다는 데 동의했다. "언어 영재들을 위해 제2언어로 어떤 언어를 선택하든지 간에 그들이 제2언어를 배우는 기회를 가지는 것이 중요하고, 전형적인 학교 교육과정이 시작되는 시기보다 이른 것이 더 나을 것이다. 현대 외국어를 시작하는 좋은 시기는 초등학교 저학년 시기로 보인다. 라틴어나 그리스어의 형식적 학습은 4학년 때 시작할 수 있다. 이런 학생들을 위한 목표는 고등학교를 졸업할 때까지 2개의 외국어를 능통하게 하는 것이다."(p. 155) Van Doren과 Van Doren(Adler, 1984)은 파이데이아 학교에서 이루어지는 조기 외국어 교육의 중요성을 강조한다. "외국어를 말하고 이해하는 것을 학습하기에 가장 좋은 시기는 바로 아동이 아주 어릴 때이다. …… 이런 시기에 아동들이 아직 모국어조차 읽고 쓸 수 없다고 하더라도, 외국어를 말하고 이해하는 기능을 습득하는 것은 어렵지 않다."(p. 136)

1. 심화로서의 외국어

수많은 이유에서 외국어 학습은 단순한 모국어 학습에서는 하지 못하는 언어 능력 계발에 대한 특별한 심화를 제공한다. 이런 새로운 심화들은 그래서 언어 자체의 경이로움에 대한 이해뿐만 아니라 자신의 모국어에 대한 감각을 다시 심화시킨다. 외국어 학습을 통해 얻는 몇 가지 이점은 언어 자체에 대한 너 깊은 이해, 같은 어원의 단어를 통한 가속화된 어휘 발달, 비교 문법을 통한 이해, 시적 감각의 훈련, 원어로 문학작품을 읽는 능력, 모국어에는 전혀 존재하지 않는 언어 요소들의 인식을 통한 지적 유연성, 그리고 심화된 다문화적이고 국제적인 시각을 포함한다.

외국어 학습과 관련된 이런 문제들에 관한 토의를 시작하기에 앞서, 우선 다음의 질문은 생각해 볼 가치가 있다. 우리는 외국(foreign)이라는 단어를 사용해야 하는가? 이 단어는 현대어(modern languages)와 같은 대체 용어를 고려해야 하는 약간의 부정적 의미를 내포하고 있지 않은가? 외국(foreign)이란 단어는 라틴어 *foris*에서 유래되었으며 "바깥"이란 뜻을 가지고 있다. 우리는 외국(foreign)이란 단어를 우리가 아닌 다른 나라 혹은 다른 문화에 속하는 것들을 지칭할 때 사용한다. 또한 우리는 이상하게 혹은 이질적으로 보이는 것들을 의미할 때 외국(foreign)이란 단어를 사용한다. 몇몇 외국어들은 분명히 시대적 혹은 문화적으로 우리의 모국어와 매우 다르고, 이상함이라는 특징을 가질 것이다. 그리고 스페인어와 같은 일부 외국어들은 수백만 명의 미국인(스페인어의 경우 1,900만)이 모국어로 사용하고 있으며, 그들에게는 영어가 외국어이다. 더구나 우리는 모든 언어가 생소한(foreign) 언어라는 사실을 기억해야 한다. 우리는 모두 하나의 외국어를 쓰고, 그것은 우리의 모국어이다. 이런 용어들은 단지 관점의 문제이다. 반면에, 현대어(modern languages)라는 용어는 라틴어나 그리스어와 같은 고대 언어들에 관한 연구를 포함하지 않고, 그것은 외국(foreign)이라는 단어에 있는 이국적인 흥분 또한 덜하다. 이 이국적 호소력은 외국 문화, 역사, 언어를 학습하는 것에 대한 긍정적 매력 중 하나이다. 외국 학생으로서 우리는 열린 눈으로 우리에게 친숙한 영역을 넘어 세계에 대해 더 많은 것을 배우고자 하는 정신적 모험가이다. 외국어 학습에 우리의 인내력을 조명하고 우리의 한계를 확장하게 하는 힘을 부여하는 것은 바로 우리가 공부하고 있는 것이 단지 현대적(modern)일 뿐만 아니라, 우리의 경험과 이해에 이국적(foreign)이라는 이런 사실이다. 그러므로 외국(foreign)이라는 용어는 우리 연구의 가치에 대한 매력적이고 정확한 지칭어로서 긍정적인 관점에서 볼 수 있다.

반면에, 외국어의 이국적 매력은 관계(relationship)의 끝이 아닌 시작이다. 외국어를 가르치는 데 있어 최고의 방법은, 외국(foreign)이라는 단어의 라틴어 어원처럼 우리가 모국어의 경계 밖으로 학생들을 인도하고, 외국어가 그들에게 제2언어가 되도록 돕는 것이다. 그래서 외국적이라고 한 것은 이제 더 이상 외국적이지 않다. 이것은 이제 체득되었다. 이렇게 되기 위해, 영어를 모국어로 사용하는 학생들과 교사들은 어떠한 영국 중심주의(Anglocentrism)도 극복해야만 하고, 탐구자의 개방성과 겸허함을 가지고 모국어의 요구와 독점으로부터 외국어로 정신적으로 이동하도록 해야 한다. 일단 다른 언어가 제공해야 하는 것을 위해 그 언어로 갔다면, 그들은 그것을 자기 자신의 용어로 내면에 받아들일 수 있고, 그러면 그들이 내면화한 것은 가치 있을 것이다.

2. 어둠 속에서 말하기

남아프리카공화국에 대한 아름다움, 공포 그리고 희망을 담은 Alan Paton의 고전 소설 *Cry, the Beloved Country*(1987)에서, 한 작은 백인 소년은 지방의 흑인 목사인 Steven Kumalo를 보러 왔다. 작은 소년은 줄루어를 배우고 싶어 한다. 그들은 존경심을 갖고 서로에게 말을 건네며, Kumalo는 작은 소년을 *inkosana*라 부르고, 소년은 목사 Kumalo를 *umfundisi*라 부른다.

—줄루어를 가르쳐 줄 준비가 되었어요, umfundisi?

—그럼, 준비됐지.

—나무는 umuti라고 하죠, umfundisi.

—그래, inkosana.

—그렇지만 약도 umuti라고 하잖아요, umfundisi.

그리고 작은 소년은 당황스러운 체하며, 의기양양하게 이 단어를 말하는 바람에 둘은 함께 웃었다.

—알겠니, inkosana. Kumalo가 진지하게 말했다. 우리가 사용하는 약들은 대부분 나무에서 나온단다. 그래서 그 두 단어가 같은 거야.

—알겠어요. 이 설명에 만족하며 작은 소년이 말했다. 그리고 상자는 ibokisi.

—맞아, inkosana. 너도 보다시피 우리는 상자가 없었어. 그래서 상자라는 단어는 너희가 사용하는 단어에서 온 거야.

—그렇군요. 그리고 오토바이는 isitututu예요.

—맞아. 그 단어는 오토바이가 만드는 소리에서 온 거야. 그래서 isi-tu-tu-tu지. inkosana야, 우리 문장을 만들어 보자. 네가 아는 모든 단어를 나에게 말해 주면 너는 새로운 어떤 단어도 배우지 않게 될 거야. 자, 나는 말을 봐요를 어떻게 말하지?

그렇게 수업은 진행되었고, Kumalo가 제자에게 이제 거의 12시가 다 되었는데 네가 가야 할 시간 같아라고 말할 때까지 계속되었다

—네, 이제 가 봐야겠어요. 그렇지만 저는 줄루어를 더 배우기 위해 다시 올 거예요.

—꼭 다시 와야 한다, inkosana. 머지않아 네가 많은 줄루 사람들보다 더 잘 줄루어로 말할 수 있을 거야. 너는 어둠 속에서 말할 수 있게 될 것이고, 사람들은 네가 줄루족이 아니란 걸 모를 거야.

목사 Kumalo의 말은 우리 중 Kumalo Test, 즉 말하는 사람이 누구인지 모른 채

어둠 속에서 말하는 테스트를 통과할 수 있는 누군가를 위해 언어 능력을 개발하는, 혹은 더 나은 말로, 우리가 집합적으로 언어(verbal)로 묘사하는 모든 능력들을 개발하는, 외국어의 힘에 대한 통찰을 제공한다. 프랑스어, 스페인어, 독일어, 심지어 조지아 남부, 오스트레일리아, 혹은 미시간 영어와 같은 우리 모국어의 사투리까지 공부한, 우리 중 누가 어둠 속에서 말할 수 있으며 프랑스, 스페인, 독일, 조지아, 캔버라, 새기노 출신자로 착각을 일으킬 수 있을까?

원어민들은 어떻게 우리가 원어민이 아니라는 것을 감지할까? 그들은 우리의 말씨와 충분히 유창하게 구사하지 못하는 능력에서 그것을 알 것이다. 그러나 유창함은 무엇을 뜻하는가? 그것은 리듬을 의미하고, 어조를 의미한다. 그것은 말장난, 아이러니, 두 가지 뜻으로 해석되는 말로 우리가 기술하는 의미의 반향에 대한 감수성을 의미한다. 그것은 모든 언어의 원어민에게는 공통된, don'cha think와 같은 무의식적인 축약을 사용하는 것을 의미한다. 그것은 단지 외국어 교재의 공허한 추상적인 문법이 아니라, 그 나라의 문화가 배어 있는 문장들을 의미한다. 그것은 그 언어가 되는 사람만이 어떻게 하는지 아는 것처럼 그 언어의 음악을 노래하는 것을 의미한다. 그것은 위의 모든 것과 그보다 더 많은 것을 의미한다.

그리고 외국어를 유창하게 "어둠 속에서도" 구사하게 되는 데는 무엇이 요구되는가? 여기에서 요구되는 것은 다름 아닌 언어의 수준과 뉘앙스에 대한 심오한 이해인데, 자신의 모국어에서는 이런 많은 요소들은 보이지 않고 너무나 자연스러워 이해하기 어렵기 때문에, 모국어를 공부하는 데 필요한 것을 훨씬 초과한다. 그리하여 외국어로 학습하는 것은 학습자가 언어를 의식하도록 만든다.

그러나 이런 언어 의식(language consciousness)은 유창성에 요구되는 필수요소들을 숙달하는 방식으로 간단하게 생기지 않는다. 그 이유는 바로 실제 외국어 학습은 모국어 학습과 동시에 이루어지기 때문이다. 예를 들어, 고등학교 2학년생은 영어 II 과목을 수강하면서 스페인어 II도 같이 수강한다고 가정해 보자. 두 수업에서 명사, 동사, 전치사, 단축형, 의문형, 복합문, 과거시제, 주어/동사 불일치, 대명사의 격 등과 같이 똑같이 끈질기게 계속되는 현상들은 이들을 계속 괴롭힐 것이다. 영어는 스페인어가 아니고 스페인어는 영어가 아니지만, 각각의 경우 언어는 언어이다. 언어 그 자체의 개념은, 즉 이것이 무엇이고, 어떻게 작용하고, 그 가능성이 어떤 것인가인

데, 두 언어가 따르는 추상적 개념에서 추출되었다. 실제로 VanTassel-Baska(1988)는 "언어 체계를 인식하고 이해하기"를 영재 학생들을 위한 외국어 프로그램의 네 가지 목표 중 하나로 목록에 올렸고, Cox, Daniel, Boston(1985)은 하나 이상의 언어를 아는 것이 학생들을 단어의 상징적 특성에 눈뜨게 하여, 한 언어의 단어와 생각 사이의 상응은 다른 언어로 전환되지 않는다는 것을 배우게 한다.

영민한 학생들에게 외국어 학습은 사람들이 서로를 이해하기 위한 요구를 충족시키는 의사소통을 위한 도구로서, 단순한 모국어 학습이 할 수 없는 언어와 문법의 개념을 부각시킬 것이다.

3. 외국어의 단어

전통적인 외국어(스페인어, 프랑스어, 독일어, 그리스어, 라틴어)를 학습하는 데 있어 가장 명백한 이점 중 하나는 학생들의 모국어 어휘력을 강화하는 동족 언어의 존재이다. 어족들은, 로망스 언어들과 게르만 언어들과 아랍어를 통해 연결된 무슬림 세계의 언어들과 같은 어족들은, 인류 역사의 기능이 계속해서 서로의 언어 안에서 고동치고 서로 영향을 주면서 발달했다. 흔히 외국어로 배우는 단어는, 눈물(tear)이 스페인어로 *lágrima*인 것처럼, *lachrymose*(눈물을 자아내는)라는 학식 있고 학생들에게 친숙하지 않은 영어에 있는 동족어를 가질 것이다. 스페인어 *lágrima*를 배울 때, 학생은 *lachrymose*라는 단어를 접하게 된다. 라틴어, 스페인어, 프랑스어, 영어와 연결되는 동족어 몇 개를 살펴보자.

라틴어	스페인어	프랑스어	영어	
cantare	cantar	chanson	canticle	(찬송가)
speraree	esperar	esperer	esperance	(희망)
cognoscere	conocer	connoisseur	cognizance	(인지)
jocare	jugar	joueur	jocular	(익살맞은)
arbor	arbol	arbre	arboretum	(수목원)

물론, 영어와 독일어 사이에도, 영어와 그리스어 사이에도, 영어와 아랍어, 아메리칸 인디언 언어, 그 외의 언어들을 포함하는 다른 언어들 사이에도 많은 동족어들이 존재한다. *admiral*(제독)/*al-amir-al*, *alchemy*(연금술)/*al-kimiya*, *checkmate*(외통장군)/*shah mat*, *cipher*(암호)/*sifr* 등은 아랍어를 어원으로 가진다. 때때로 다른 언어의 낯선 친숙함에 의해 허를 찔릴 때 느끼는 오싹함을 가지고, 예기치 않은 동족어를 바라보고, 우리 자신의 안을 이해하기 위한 껍질을 벗긴다. 이것은 우리가 그리스어로 된 요한복음의 처음에 나오는 말을 볼 때와 같은 것이다—***Εν αρϰη ην ο λογοσ, καί ο λογοσ ην προσ ιον θεον***(태초에[*αρϰη*, *arche*] 말씀이[*λογοσ*, *logos*] 있었고, 그리고 그 말씀은 하나님[*θεον*, *theon*]이었다). 마치 고고학자인 Howard Carter가 투탕카멘 왕의 무덤을 발견한 것처럼 말이다. (*archaeologist*라는 단어는 그리스어 *αρϰη*과 *λογοσ*가 합쳐진 것임을 주목하라.) 이 그리스 단어들은 동족어 외에도, 어떤 언어가, 특히 라틴어와 그리스어가 영어로 결합된 단어 구성요소들, 즉 접두사, 어간, 접미사를 포함하고 있고, 외국어 학습의 양상이 영어를 사용하는 학생들에게 특히 중요하다는 것을 우리에게 상기시켜 준다.

몇몇 영재교육가들은 저서에서 이런 쟁점들을 강조하였다. Parker (1989)는 어휘 학습에 있어서 접두사와 어간의 중요성을 강조하였다. VanTassel- Baska(1988)는 "영어 단어의 60% 정도가 라틴어에서 파생되었고, 그러므로 이 언어를 공부하는 것은 영어의 어휘력을 증대시킨다."(p. 155)고 하였다. Thompson(1990)은 영재들을 위한 언어 프로그램에서 그리스어와 라틴어 어간을 학습하는 것을 지지했는데, 그 이유는 바로 다음과 같다. 그렇게 하면서, "어휘는 한 세트의 단어 목록으로서가 아니라 사고의 체계로, 단어를 만들고, 분석하고, 철자로 쓰고, 발음하고, 사용하고, 선택하는 방식으로 제시된다. …… 이 방법에서 체계는 단어를 학습하는 단순한 방식으로 제공되지 않고, 오히려 예가 되는 단어가 학생들의 마음에 있는 체계를 설명하고 확장하도록 돕는다. 그 체계는 연구의 대상이다."(p. 1)

4. 언어의 비교 분석

단어로 시작하여 문법을 포함한 언어의 다른 구성요소들을 살펴보았는데, 그 이유는 학생이 언어에 대한 가장 깊은 통찰의 일부를 배우는 것은 바로 모국어 및 외국어 문법의 빈삼한 비교 연구를 통해서이기 때문이다. 그 첫 번째 통찰은 유사점을 통해서이다. 외국어는 모국어와 같은 품사, 문장, 구, 절을 많이 가지고 있게 마련이다. 이런 유사한 개념들을 두 언어로 사용하는 것은 그것들의 의미를 강화하고, 학생들에게 더 나은 구사력과 명확함을 줄 것이다. 그러나 두 번째 통찰은 중요할 수도 있는 것으로, 차이점을 통해 얻어진다. 학생은 외국어를 모국어로 완벽하게 번역할 수 없음을(추후에 보다 자세히 다룸) 인식하게 되고, 각 언어는 다른 언어가 하지 못하는 것들을 할 수 있다는 사실을 인식하게 될 것이다. 각 언어는 다른 언어가 쉽게 곧바로 재현하지 못하는 효율성, 조화, 리듬, 시제, 그리고 단어와 은유를 가지고 있게 마련이다.

시의 경우에서처럼, 언어 특이성은 때때로 번역자에게 아주 재미있는 문제점을 가져다준다. Dante의 『신곡: 지옥편』을 번역한 역자의 주석에서, 시인 John Ciardi (Alighiere, 1982)는 영어가 재현하지 못하는 이탈리아어의 사랑스러움에 주의를 환기시킨다.

> 『신곡: 지옥편』을 표현하는 데 있어 대략 1,500개의 삼중압운이 필요하였고, 게다가 이런 무수한 조합들은 사용되고 또 재사용되는 것을 허용하는데, 영어는 이런 운율을 가지고 있지 않다. 부득이하게, 억지로 그 행의 세 번째 온전한 각운을 돋보이게 하기 위해서 그 언어는 반드시 뒤바뀌어야 하고, 왜곡되어야 하고, 덧붙여지고, 발음하기 어렵게 되어야만 한다. 이탈리아어에서는 조금 과장을 해서 모든 것이 다른 모든 것들이나 그것의 변형과 각운을 맞추는데 그 운이 문제가 되지 않는다. 그러나 영어에서 그것은 완전 실패작이다. (p. x)

이탈리아어에서 조금 과장을 해서 모든 것이 다른 모든 것들과 각운을 맞춘다면, 영어에서는 조금 과장을 해서 어떤 것도 다른 것과 각운이 맞지 않다! 영어는 언어적 파편의 기묘한 뒤범벅인데, 다른 언어들에 의해 점령당한 라틴어/그리스어/게르만어/프랑스어/켈트어 등이 뒤얽힌 복잡한 언어이다. 문법은 게르만족에게서, 어휘는 주로 로망스어로부터 유래된 것인데, 놀라운 것은 영어가 언어로서 역할을 한다는 것이다. 그래서 우리는 이것에 대해 선구자인 Chaucer와 Shakespeare에게 감사해야 한다.

문법에서의 차이점은 흥미롭다. 우리는 최근에 한 학생이 어리둥절해하며 왜 스페인어에서는 종종 문장 안에 주어가 쓰이지 않는지를 친구들에게 묻는 것을 들었다. 영어에서는 "Read further"와 같은 명령문에 주어가 생략되곤 한다. 이 경우에는 *you*가 주어라는 것을 안다. 그렇지만 "Went to Gibraltar"라고 한다면, 이것은 불완전한 문장이라고 절망하면서 생각할 것이다. 그러나 스페인어에서는, "*Fuimos a Gibraltar*" 혹은 "*Fui a Gibraltar*"라고 해도 말이 완벽하게 통한다. 왜 그럴까? 그 이유는 영어 동사들은 스페인어의 동사들처럼 어형 변화를 통해 굴절이 일어나지 않기 때문이다. 영어에서는 *I went, you went, he went, we went, they went*가 된다. 그래서 went라는 것만으로는 주어에 대한 아무런 정보도 주지 못한다. 그렇지만 스페인어로는 *yo fui, tu fuiste, el fue, nosotros fuimos, vosotros fuisteis, ellos fueron*이 된다. *fueron*이라는 말은 *ellos*를 한정한다. "Fuimos a Gibraltar"는 "We went to Gibraltar"를 뜻하고, 주어는 어형 변화와 함께 깔끔하게 명시되는데, 이는 영어가 재현할 수 없는 것이다. 스페인어로 "*Fuimos!*"는 문장이 될 수 있지만, 이를 영어로 옮기면 "We went!"가 된다. 스페인어 동사(라틴어도 같은 원리이지만)가 가지고 있는 교묘함은 영어가 부러워하기만 하는 스페인어에 효율성과 명확함을 주는데, 물론 다행히 영어도 다른 언어에는 부족한 영어만의 강점(다양성)을 가지고 있다. 이런 매혹적인 언어의 차이들은 우수한 학생들의 언어적 민감성을 높이고 창의적인 정신을 불러일으킨다.

그러나 교육학적 관점에서 보면, 비교 문법의 매력은 과거 회귀적인 방식으로 가장 잘 이해된다. 어린 영국 소년이 어디에서나 작은 런던을 찾고 언제나 고향을 생각하는 것처럼, 학생들은 영어라는 정신의 틀을 가지고 외국어에 접근해서는 안 된다. 교사는 영어를 끊임없이 언급하면서 외국어를 가르치기보다는, 어휘와 문법에 대한 참조의 틀을 제공하는 있는 그대로의 외국어를 제시해야 한다. 예를 들어, 스페인어를 가르치는 수단은 스페인어가 되어야 한다. 영어는 스페인어를 가르치는 데 적절한 수단이 아니다. 왜냐하면 이렇게 하는 것은 스페인어의 개념과 현상들을 영어화하도록 만들 것이고, 사물이 무엇인지 스페인어로 생각하고 말하게 하는 것을 혼동케 하여 학생들에게 "스페인식(Spanglish)" 패러다임을 제공할 것이기 때문이다.

바로 이런 점에서 외국어를 말로 가르치는 것의 중요성이 나타난다. 원어민들은 그들의 모국어를 책에서 나오는 텍스트와 연습문제를 통해 공부하지 않는다. 오히려 그들은 모국어인 프랑스어, 독일어, 스페인어를 말해야만 하는 문화적인 맥락 속에서 있으면서 남들이 그들에게 말을 할 때 이해해야만 한다. 여기서 나타나는 말을 반드시 써야 하는 상황은 언어에 또 하나의 듣는 능력을 발생시키는데, 그것은 책을 통한 학습과는 완전히 다른 사고 과정이다. 재능 있는 교사는 문자 언어와 형식적 언어학습으로 이것을 보완하면서, 교실에서 구어적 언어 환경을 재현하기 위해 많은 것을 한다. Van Doren과 Van Doren(Adler, 1984)은 "외국어를 공부하는 초기에는 듣기와 말하기에 큰 비중을 두어야 한다. 이것은 모국어의 관점에서 볼 때 아동이 가지고 있는 유리한 상황을 보충해 주는 것이다. 외국어를 가르치는 두 가지 교수법 중 하나는 많은 시간 모국어인 영어를 사용해서 가르치는 것이고, 다른 하나는 영어를 조금 혹은 전혀 사용하지 않고 가르치는 것이다. 많은 교사들은 놀랍게도 두 번째 방법이 더 좋은 결과를 낸다는 것을 발견했다."(p. 137)라고 강조했다.

5. 외국어의 소리

언어들 간에 나타나는 두드러지는 차이 중 하나는 물론 소리에 있다. 언어는 단지 다르게 들린다. 소리에서 오는 차이는 사용 빈도의 문제일 수 있거나, 한 언어에 선석으로 없는 소리 때문일 수도 있다. 영어에는 *gracias*에서 짧은 *r*이나 *perro*에서처럼 혀를 굴리는 *rr*와 같은 스페인어의 *r* 소리가 없다. 영어에는 또한 독일어의 *r*이 없는데, 그 소리는 전혀 혀로 만들어지지 않고 대신 연구개로 만들어진다. 아프리카에는 유럽의 언어들은 사용하지 않는 흡기음을 가진 자음이 있는 부시맨과 호텐토트의 흡착 언어가 있다. 스페인어를 사용하고 영어를 배우는 학생에게는 모음이 문제가 될 수 있다. 스페인어에서 모음은 순수하고 일정하게 발음된다. *o*는 oh로 발음되고, *a*는 ah

로 발음되고, *i*는 ee로 발음되고, *e*는 ay로 발음되고, *u*는 oo로 발음된다. 그러므로 스페인어에서 단어를 발음하는 것은 실제로 그것을 철자로 쓴 것이다. 그러나 영어에서는 스펠링만 가지고 단어의 발음법을 결정하거나, 혹은 그 반대로 하는 것은 어렵다. 개별 영어 모음의 기본적인 소리 외에도 *it*, *hat*, *felt*, *botch*, *ugh* 등에서처럼 다채로운 모음 소리가 있다. 그리고 그것은 단지 시작일 뿐이다. 모음을 조합하기 시작하면 모든 영어가 속박에서 풀려난다.

그렇지만 이런 소리의 차이는 언어의 가장 큰 즐거움 중 하나일 수 있고, 언어 재능을 개발하는 데 효과적인 요소가 되기도 한다. 한 언어 영재 학생은 친구가 독일 시인 Rilke(1955~1966)의 사랑스럽고 신랄한 시 "표범(Der Panther)"을 낭독하는 것을 언젠가 듣게 되었다. 그는 친구의 낭독에 매료되었지만, 그보다 그 소리에 더욱 마음을 빼앗겼다. 영어로 쓰인 것은 어떤 것도, 어떤 시도, Rilke의 "Der Panther"처럼 들리지 않았다.

Sein Blick ist vom Vorübergehn der Stäbe
so müd geworden, daβ er nichts mehr hält.
Ihm ist, als ob es tausend Stäbe gäbe
und hinter tausend Stäben keine Welt.

Der weiche Gang geschmeidig starker Schritte,
der sich im allerkleinsten Kreise dreht,
ist wie ein Tanz von Kraft um eine Mitte,
in der betäubt ein groβer Wille steht.

Nur manchmall schiebt der Vorhang der pupille
sich lautlos auf—. Dann geht ein Bild hinein,
geht durch der Glieder angespannte Stille—
und hört im Herzen auf zu sein

(그의 시선은 지나가는 쇠창살들로
너무나 지쳐 아무것도 담지 않고 있다.

그 시선에는 수천의 창살들만이 있고
그 창살들 뒤에서 세계가 없는 듯.

유연하고 힘찬 발걸음의 포근한 행로는
아주 작은 원을 이루어 맴을 도는데,
거대한 의지가 그 속에 마비되어 있는
중심을 맴도는 춤과도 같다.

다만 가끔 동공의 포장이 소리 없이 걷히며—
어떤 영상이 그 속으로 들어간다.
그러면 사지를 긴장된 고요가 훑어 간다—
그리고 심장 속에서 존재하기를 끝낸다.)

그 학생은 다시 읽어 달라고 부탁했다. 그리고 다시 부탁했다. 그는 친구에게 그 시를 적어 달라고 했고, 발음도 가르쳐 달라고 했고, 그다음 주에는 이 시를 항상 기억할 수 있을 정도로 쉬지 않고 반복했다. *Vorübergehn, lautlos auf, angespannte, manchmall, durch der Glieder, großer*와 같은 소리들은 영어로 일부는 발음할 수 있지만 똑같은 소리는 아니다. 이 시에서 발췌한 소리들은 마치 달빛과 철날, 늑대와 검은 숲같이 들렸다. 독일어가 그리하듯이 말이다. 마침내 그는 단어의 소리들을 분리하였고, *mulish*와 *fuel*처럼 독일어 소리를 가지고 있는 영어 단어들을 몇 페이지에 걸쳐 적었다. 그는 이 단어들을 사용하여 독일어처럼 들리는 영시를 쓰고 싶었다. 그러나 마음먹은 대로 되지 않았다. 그가 쓴 것과 상관없이, 그것은 영어로 들릴 뿐이었다. 그러나 이 학생은 이 실험을 통해 교훈을 얻었다. 낯선 언어들에 열정적으로 빠져들 때 학생들이 지속적으로 배우게 되는 교훈이다.

6. 풀어 쓰기로서의 번역

외국어를 더 공부하고 사랑할수록 모든 번역은 말을 풀어 쓰기라는 것을 더 이해하게 된다. 우리는 번역할 수 없다. 번역된 문장은 아무래도 결코 완전히 번역되지 않는다. 그것은 똑같지 않다. 순간이동 장치를 통해 전달되는 파리처럼 문장은 변이형으로 나타나는데, 잘 해야 실망스러울 정도이고 못하면 끔찍할 정도이다. 이런 맥락에서 우리는 시의 음색을 지닌 소설을 쓰기 위해 단어의 의미와 소리까지도 완벽하게 선택하려는 Flaubert의 고뇌, Camus가 『페스트』에서 풍자했던 노력을 생각하게 된다. Flaubert의 문장에서 음색을 잃는 것은 그 문장을 잃는 것이다. 그런 경우에 번역은 특히 절망적이다. 번역된 Flaubert의 작품을 읽는 것은 다른 말로 풀어 쓴 작품을 읽는 것이다.

물론 빛나는 번역본과 걸출한 번역가들이 존재하고, 일부 언어들은 보다 밀접한 관계가 있어 다른 언어보다 번역이라는 순간이동에도 살아남는 듯하다. Walter Kaufman이 Goethe와 독일의 철학자들을 번역한 것이 하나의 예가 된다. 그리고 가끔은, Kaufmann이 번역했던 Goethe의 『파우스트』(1964)에서 Gretchen의 노래처럼, 영어는 독일어 리듬의 여운을 거의 살리는 듯하다. "*Meine Ruh ist hin, / Mein Herz ist schwer, / Ich finde sie nimmer / Und nimmermehr.*" 이를 Kaufman이 번역한 것은 아름답다. "My peace is gone, / My heart is sore; / I find it never / And nevermore."

그러나 결국 번역은 환영일 뿐, *nimmer*는 *never*보다 더 부드럽고 아스라한 의미를 더 많이 가지고 있으며, Goethe의 섬세한 행은 영어의 *gone*과 *more*의 조악함을 조금도 지니고 있지 않다.

조금 더 탐구해 보자. Jorge Luis Borges(1960)의 아름다운 4행시 "시학(Arte Poética)"을 살펴보자.

Mirar el río hecho de tiempo y agua
Y recordar que el tiempo es otro río,
Saber que nos perdemos como el río
Y que los rostros pasan como el agua.

우리는 이 4행시를 다음과 같이 번역할 수 있다.

To look at the river made of time and water
And to remember that time is another river,
Is to know that we lose ourselves like the river
And that the faces pass like the water.

(물과 시간으로 이루어진 강을 보고
시간이란 또 다른 강임을 기억하라.
우리는 강처럼 사라지고
우리 얼굴은 물처럼 흘러감을 알라.)

우선 이것은 충분히 성공적으로 보인다. 그렇지만 점차 우리는 번역/풀어 쓰기/순간이동에서 잃은 것을 듣기 시작한다—낮은, 강물의 노래. 들리는가? 여기에 하나의 강 선율이 있다—*riO, tiempO, OtrO, Río, nOs, perdemOs, cOmO, riO, lOs, rOstrOs, cOmO.* 강의 깊은 굽이침이, 물이 그 강기슭을 따라 움직이는 노래가 영어에서는 사라진 것이다. 그리고 어쨌든 이것은 *riv-ver*에 관한 시가 아닌, *ree-oh*에 관한 시이다. *Rio. El río*(남성), 알겠는가. 매우 다르다. 어떤 자존심이 있는 *río*도 영어 번역의 소리를 만들지 않는다. 이것은 *riv-ver*로만 만들어질 수 있다. (스페인어의 여성 소리는 Calderón de la Barca가 인생 *la vida*를 이야기하면서 포착되었다—"toda la *vida es sueño, / y los sueños, sueños son.*" All of life is a dream, and the dreams, they are dreams[인생의 모든 것은 꿈이고, 꿈이며, 꿈이도다].)

외국어의 소리, 가치, 공명과 위대한 외국 문학의 사상들을 진정으로 경험하기 위해서 우리는 반드시 그 원서를 읽어야 한다. 불행하게도 재능이 있거나 운이 좋아서 몇 개 이상의 언어에 유창해지는 경우는 거의 없다. 그래서 여전히 대부분의 외국 문학은 번역(즉, 풀어 쓰기)을 읽지 않을 수 없다. 그러나 외국 문학을 원서로 읽는 쾌감은 한두 언어에 불과해도 마음의 시간을 경험하는 것이다. 그리고 이것은 언어적인 재능을 가진 학습자들이 그들의 교육이 시작되는 순간부터 그들의 생이 끝날 때까지 지속적으로 외국어 학습을 해야 하는지에 대한 또 다른 이유이다. 이렇게 지속적인 외국어 학습을 통해 가능한 많은 학습자들이 『돈키호테』, 『레미제라블』, 『플라톤의 대화』, 『전쟁과 평화』, 『일리아드』, 『파우스트』, 『신곡』, 『풀잎』, 『도덕경』, 『겐지 이야기』 등을 원서로 읽을 수 있다. 이와 같은 훌륭한 외국 시와 문학은 재능 있는 학생들의 언어 교육과정을 위해 엄밀하고 의미 있는 지적 콘텐츠를 제공하고, 이는 대부분의 교과서가 담고 있는 안일하고, 단조롭고, 선정된 내용과는 대조가 된다.

더 나아가, 언어적인 재능을 가진 학생들은 번역에 대한 심오한 도전감에 급속도로 매료되고, 이는 사고 기술을 계발하는 데 자주 쓰이는, 우리가 어떤 방법으로 문제에 대해 사고해야 하는지에 관한 개방적 사고를 정확하게 제공한다. 예를 들어, 학생들에게 의미 있는 짧은 시를 제시하고, 학생들은 이 시를 통해 시에 대한 바른 어조와 느낌을 파악하여 유의어들 중에 적합한 단어를 선택하고, 그 시를 바르게 해석하는 데 필요하다고 결정한 알맞은 단어들을 찾아가는 데에 보다 깊숙이 참여하게 된다. 교사가 줄 수 있는 가장 좋은 과제 중 하나는 학생들이 소집단으로 모여 함께 작업하면서 그들이 관심 있는 시에 대한 가장 좋은 해석과 번역할 단어들을 결정하도록 하는 것이다. 이 과정에서 그들은 직접 왜 완벽한 번역이 불가능한지를 발견하고, 언어, 문학, 번역자의 예술성에 대한 감상력을 발달시킨다.

7. 다문화적 관점 제공하기

외국어를 배우는 노력이 본질적으로 관점상 다문화적이라는 것은 외국어 학습의 적지 않은 이점이다. 이것은 인문학의 가르침이고, 포용력의 가르침이다. 외국어를 학습하는 것은 정신적인 몰입이다—이것은 외국 문화의 사상이라는 차를 타는 것이다. 이것은 우리의 경험 밖으로부터 온 사람들의 글을 읽고 숙고하는 것이다. 이것은 세계 인식, 개방적 사고, 지리적 경계감, 역사적 감각, 낯선 규범과 관행에 대한 이해, 새로운 감수성, 새로운 유머 감각, 시사 문제에 대한 관심을 갖는 데 기여한다. 사실 외국어로 유머 감각을 배우는 것은 가장 수준 높은 간문화적 이해이다. 파이데이아 프로그램(Adler, 1984)은 이런 외국어 학습에 대한 양상을 탁월하게 제공한다. 파이데이아 외국어 학습 프로그램에는 두 가지 주요 목적이 있다. 첫째는 전반적인 언어 기능을 강화시키는 것이고, 둘째는 학생들의 문화적 경험과 그들이 접하는 언어 집단을 넘어선 다른 언어에 대한 경험을 확장하는 것이다. 외국어와 관련된 문화를 함께 학습하는 것은 문화적 지역주의를 피하는 하나의 방법이다. Cox, Daniel, Boston(1985)은 외국어 교육이 실제적인 관점에서 그리고 그것이 제공하는 문화적 수용성이 그 자체로 목적이고 세계적 관점을 계몽시키는 데 엄청난 가치가 있는 것으로 볼 수 있기 때문에 가치 있는 "국제적 관점"을 제공한다고 주장했다.

8. 본질적인 간학문적 교육과정

마지막으로, 우리는 외국어 학습이 본질적으로 간학문적이기 때문에 학생들에게 도움을 준다는 사실을 지적하고자 한다. 학생들은 외국어 어휘와 문법을 공부할 뿐만 아니라, 문학, 역사, 과학, 지리, 연극, 관습, 미술, 음악, 그리고 다른 문화적 요소들도 공부한다. 예를 들어, 스페인어를 공부하는 학생들은 으레 스페인과 라틴 아메리카 사람들의 사회적 관습이 반영된 대화를 읽을 것이고, 신대륙 정복자들에 관한 글, 칠레의 역사와 Simón Bolivar의 인생에 관한 글을 읽을 것이고, 쿠바의 노래들을 배우고, 푸에르토리코의 관광 포스터들을 보고, 중앙아메리카와 남아메리카의 수도들을 외우고, 스페인의 춤을 춰 볼 것이고, 라틴 아메리카 국가들의 사회적 관습과 미국의 사회적 관습을 비교할 것이고, 아메리카 에스파냐 전쟁에 관한 자료들을 읽을 것이고, Seneca의 철학에 대해 배울 것이고, 봄방학 동안 스페인으로 수학여행을 가서 박물관과 갤러리들을 돌아볼 수도 있고, 안데스 산맥과 마추픽추에 대해 토의할 것이고, 그 주의 혹은 지역의 스페인 박람회에 참가할 것이고, 잉카, 마야, 아즈텍에 관해 배울 것이고, Manuel de Falla와 같이 유명한 작곡가들, Federico García Lorca와 같이 유명한 시인들, Velásquez, Picasso, Goya처럼 유명한 화가들의 이름을 배울 것이다. 그리고 이 모든 것들은 자연스럽게, 솔기 없이, 적절하게 스페인어 학습에 통합될 것이고, 이것은 간학문적 탐험에 관한 입출력 회로망 역할을 할 것이다. 학문 분야 중 외국어 학습만큼 자연스럽게 간학문적 사고에 기여하는 경우는 거의 없다(유감스럽게도 역사도 마찬가지인데, 역사는 흔히 인위적으로 군사와 정치적 사건들에 관한 학습으로 제한되기 때문이다).

그러므로 교육자로서 우리의 목표가 간학문성에 기여하는 개념과 아이디어를 발견하는 것이라면, 외국어 학습 그리고 이와 관련된 문화를 공부하는 것은 적절한 출발점이 된다. 이러한 연관성은 사고와 행위의 역사에 깊이 배어 있는데, 타당하고, 학습자들에게 손쉽게 이용할 수 있는 의미와 경험의 콜라주를 제공한다.

9. 결론

외국어 학습은 학생들이 자신의 모국어와 모국어로 된 문학 공부에서 감지하지 못할 수도 있는 언어와 인간 현상에 대한 통찰을 제공하므로 영재 아동들에게 중요하고도 적합한 학습 대상이다. 외국어를 통해 학생들은 언어 행위와 다른 인간 행위 모두에서 다양성에 대한 이해를 얻을 수 있고, 또한 통일성에 대한 감식력도 얻을 수 있다. Joseph Campbell은, 신화가 많은 지역에서 다른 형태들로 표현되지만 세상에는 단 하나의 신화만 존재했다고 언젠가 언급했다. 언어가 바로 그런데, 우리의 공통된 인간성이 영어, 스페인어, 프랑스어, 독일어, 러시아어, 중국어, 일본어, 그리고 세상의 다른 다양한 언어들로 표현되기 때문이다. 그리고 바로 이런 의미 있는 특성이 언어적 재능을 지닌 학생들의 관심을 끌어서, 그들이 일생 동안 외국어의 진가를 더 깊이 인정하도록 만든다.

10. 핵심 요약

- 외국어는 영재 학생들을 위한 언어교과 교육의 중요한 구성요소이다. 외국어 교육은, 2~4년짜리 고등학교 프로그램을 시작할 때까지 미루기보다는 조기에, 심지어 유치원이나 초등학교 시절에 시작하는 것이 바람직하다.
- 1950년대의 독해·번역 프로그램과는 대조적으로, 근래의 외국어 프로그램은 듣기, 말하기, 쓰기, 읽기에서 유창성이라는 목표를 강조해야 한다. 외국어로 의사소통하는 것의 목표는, 우리가 기술했던 어둠에서 말하는 Kumalo Test와 같이, 유머, 만화, 단어 놀이 등과 같은 광범위한 의사소통을 포함한 말하기 활동을 강조

하는 경험을 통해 가장 잘 성취될 수 있다.

- 유창성은 원어민 교사들과 학급 방문객들의 활용을 통해서, 교실 수업의 보충으로 외국어 환경에 학생들을 몰입시키는 여행 경험을 통해서, 또한 넓은 범위의 생생한 듣기와 말하기 활동에 학생들을 노출시킬 수 있는 비디오 프로그램이나 컴퓨터의 활용을 통해서 향상될 수 있다.
- 외국어는 문법에 대한 비교 통찰을 통해서, 또한 동일 어원 단어와 어근 같은 어휘 요소를 통해서 학생들의 모국어 능력을 향상시키는 소중한 수단이 된다. 영어를 모국어로 하는 학생들은 모국어에 대한 외국어 배경을 이해하기 위한 열쇠로서 그리스어와 라틴어라는 탄탄한 기초에 노출되는 것이 바람직하다.
- 외국어는 언어적 재능을 지닌 학생들에게 다른 문화의 위대한 시와 소설들에 대한 엄밀하고 지적인 콘텐츠를 배울 수 있는 비길 데 없는 교수법을 제공한다. 유명한 외국 작품들을 원어로 읽는 학생들은 번역의 문제점과 즐거움을 둘 다 더 깊이 이해하는 능력을 발달시킬 것이다.
- 외국어 학습은 다문화적이다. 학생들이 외국어를 감상하도록 가르칠 때, 우리는 인류학적인 개방성과 외국 문화, 도덕적 규범, 관행에 대한 존중을 가르치는 것이다.
- 외국어 학습은 외국 문화의 역사, 지리, 문학, 예술, 사회적 관습을 외국어 과정과 콘텐츠에 통합하기 때문에 본질적으로 간학문적이다. 이런 간학문적인 외국어 학습의 특성은 학생들이 각 영역 간의 통일성과 연계성을 보다 깊이 이해하는 데 도움을 준다.

11. 참고 문헌

Adler, M. (1984). *The paideia program.* New York: Collier.

Alighiere, D. (1982). *The inferno* (J. Ciardi, Trans.) New York: Mentor.

Borges, J. L. (1960). "Arte poética" from *El Hacedor*, in *Obras Completas.* Buenos Aires: Emecé Editores.

Cox, J., Daniel, N., & Boston, B. (1985). *Educating able learners: programs and promising practices.* Austin, TX: University of Texas Press.

Gallagher, J. (1975). *Teaching the gifted child* (2nd ed.). Boston, MA: Allyn and Bacon.

Goethe, J. W. (1961). *Faust, part one and sections from part two* (W. Kaufman, Trans.) Garden City, NY: Doubleday.

Parker, J. (1989). *Instructional strategies for teaching the gifted.* Boston, MA: Allyn and Bacon.

Paton, A. (1987). *Cry, the beloved country.* New York: Scribner's.

Rilke, R. M. (1955–1966). *Samtliche Werke* (Vols. 1–6) (Complete Works). Frankfurt: Insel Verlag.

Thompson, M. (1990). *The word within the word* (Vol. 1). Unionville, NY: Trillium.

VanTassel-Baska, J., Feldhusen, J., Seeley, K., Weatley, G., & Foster, W. (1988). *Comprehensive curriculum for gifted learners.* Boston, MA: Allyn and Bacon.

제 3 부

언어 영역을 교실 수업에 전환하기

제3부는 제1, 2부에서 제시한 내용에 기초한 교실 수업으로의 중요한 통로를 제공한다. 더 구체적으로, 재능계발과 통합 접근법에서 언어교과를 가르치는 아이디어에 대한 생각의 일관성 있는 해석을 제공한다. VanTassel-Baska가 제1장에서 인용한 것처럼, 통합 교육과정 모형(ICM)과 같은 모형을 사용하는 것은 영재 아동을 위한 재능계발과 학교 언어교과를 듣는 모두를 위한 재능계발 사이의 "적합성"을 가능하게 한다.

모두를 위한 재능계발과 영재를 위한 재능계발이라는 쟁점은 분명하게 싫고 넘어갈 필요가 있다. 다음에 이어지는 장에서는 교육과정을 다루는데, 이를 개발하고 시범 실시하고 수정하는 우리의 작업은 똑같은 핵심 교육과정 기반과 똑같은 전략이 모든 학생들에게 성공적일 수 있는 영역을 다룬다. 같은 이유로, 제3부의 각 장은 뛰어난 재능을 지닌 학습자들을 위해 여전히 수정이 필요한 교육과정 시행의 영역을 탐구한다. *Prisoners of Time* 보고서가 제안했듯이(National Commision on Time, 1994), 재능 있는 학습자들이 교육과정 표준에 도달하는 데 필요한 시간은 전형적으로 더 짧고 더 집중적이다. 따라서 학습 속도에 대한 기대 목표를 반드시 수정할 필요가 있다.

고려해야 할 두 번째 개인차는 학습자의 초기 능력과 관심이다. 4학년 초에 이미 상급 읽기 능력을 지닌 학생들은 더 수준 높은 독서 자료와 그에 상응하는 어휘를 공부할 준비가 되어 있다. 독서 기능이 높지 않은 학생들은 덜 어려운 자료를 선택해야 한다. 그러므로 제공되는 독서 자료의 수준 차이가 차별화의 두 번째 영역이다.

마지막으로, 언어교과에 재능이 있는 학생들은 문학의 깊이 있는 분석, 다른 학생들보다 더 복잡한 글쓰기 과제, 더 정교한 프로젝트 작업을 할 준비가 되어 있다. 그래서 깊이와 복잡성은 언어교과 수업에서 교육과정 수정을 위한 쟁점이 된다. 다음 정보는 이런 수정을 이해하는 데, 심지어 풍부한 교육과정 틀 안에서도 도움이 될 것이다.

재능계발을 강조하는 모두를 위한 언어교과 교육과정

- 다문화적 선택을 반영하는 어려운 문학의 선택
- 문학, 언어, 글쓰기에 적용되는 추리 기술의 교수
- 이해를 고양하는 개념 지도 이용
- 교과내적, 통합 교과적 탐구를 조장하는 핵심 개념 지도
- 고등 사고를 유발하는 질문 이용
- 집합적 소집단 이용
- 참 평가 접근법 이용
- 중요한 쟁점에 대한 연구 프로젝트 이용
- 학습을 심화하는 숙제와 단원 확장 이용

고능력 학습자들을 위해 여전히 필수적인 수정 사항

- 독서 수준에 기초하고 어휘 발달과 관계 있는 고급 독서 자료 선택
- 영어 문법과 구문의 독자적인 숙달
- 개인의 준비성에 맞춘 학습 속도와 진도
- 과제의 복잡성에 대한 조기의 점진적인 증가

이 책의 제3부와 4부를 읽으면서 이런 차이를 염두에 두면 유용할 것이다.

제11장에서 Joyce VanTassel-Baska는 고능력 학습자를 위한 국가 언어교과 교

육과정 프로젝트를 소개하고, 개념 설정에서 교육과정 틀 개발 및 교수 단위 실행까지 다룬다. 이 장은 언어교과 학습 및 교수에 관한 아이디어에 대해 해석을 제공하고 그것을 일관성 있는 교육과정 체계로 전환한다. Phyllis W. Aldrich가 쓴 제12장에서는 기존의 언어교과 교육과정 자료를 평가한 결과와 이 영역에서 재능계발을 촉진하기 위한 적절한 텍스트 자료의 부족에 대해 논한다. Dana T. Johnson은 제13장에서 언어교과에서 참 평가의 전반적인 모습을 묘사하면서, 그 프로젝트 작업으로부터 실행 가능한 접근법을 끌어와 보여 준다. 제14장은 단어의 세계와 고능력 학습자에게 나타나는 그러한 세계의 독특한 효과를 탐구한다. Linda Neal Boyce는 심지어 단어 놀이를 이용하여 각 단원을 만들고 그것을 언어교과 프로젝트 작업에 어떻게 적용하는지 설명한다. Penny Kolloff는 제15장에서 문화적·성적 다양성의 쟁점을 주의 깊게 엮어서 텍스트의 선택과 효과적인 이용에 대해 논한다. 학생들의 정체성을 고양하고 타인에 대한 감정이입을 만들어 내기 위해 문학을 사용하는 것에 대한 그녀의 논평은 삶에 영향을 주는 문학의 힘에 대한 감동적인 수업이다.

참고 문헌

National Education Commission on Time and Learning. (1994). *Prisoners of time*. Washington, DC: Department of Education, OERI.

제 11 장

영재를 위한 언어과 교육과정 개발

Joyce VanTassel-Baska

"아이들은 어떻게 언어를 습득하는가?" 이 문제는 우리가 연구할 수 있는 가장 매력적인 영역들 중의 하나이다. 문식성 발달의 근원을 찾으려는 많은 언어 습득 이론들은 다양한 관점, 즉 아동(Chomsky, 1969, 1986), 환경(Skinner, 1957), 또는 둘 사이의 사회적인 상호 교환적 효과(Cazden, 1983)에 초점을 두고 있다. 일반적으로 영재 학생들의 언어 발달은 조기에 자연스럽게 이루어진다. 또한 빠르게 기초적인 읽기 과정을 마스터하고, 확장적 어휘를 개발하는 발달적 분출(developmental spurts)의 특징이 있다(Durkin, 1966; Jackson, 1988; Roedell, Jackson, & Robinson, 1980). K-8 수준에 맞는 언어 교육과정의 개발에 있어 이와 같은 특징적 행동이 주는 시사점은 무엇인가? 그 교육과정은 새로운 언어 교육의 방향과 어떤 관련이 있을 수 있는가? 이런 질문들은 고능력 학습자를 위한 국가 언어교과 교육과정 프로젝트의 교육과정을 개발하는 데 있어 지침이 되는 핵심적인 질문이다.

비록 언어교과에 관한 연구와 관련하여 우수한 인문학 과정 프로그램에 대한 논쟁이 10년 넘게 지속되어 왔지만(Adler, 1982), 언어 교육과정에 대한 현재의 논점은 철학적 문제와 강조 영역에 의해 분리되었다고 특징지을 수 있다. 총체적 언어 움직임(whole language movement)은 학문 간 교류 기회를 제공하고, 학습자에게 "의미 형성"을 조장하기 위하여 언어교과 영역들을 통합하려고 했다. 문화 문식성 움직임(cultural literacy movement)은 문학의 안정된 작업과 해설적 작문 기술 개발에 있어서 학생들이 풍부한 지식 기반을 쌓아야 하는 중요성을 강조하려 했다. 세 번째 움직임은 다문화적인 사회에서 언어 발달을 강화하기 위해 다문화적 문학과 국제적인 시각을 포함할 것을 강조했다. 국제 표준화 움직임(national standards movement)은 언어교과의 모든 교수 수준에 있어서 학습자의 높은 기대에 부응하는 국제적인 표준의 필요성을 강조했다. 이 각각의 움직임들은 언어교과 집단 안에서 현재 찬반양론이 대립하고 있다.

언어교과에 대한 최근의 국가 보고서는 뛰어난 고전문학과 현대문학 텍스트를 언어, 쓰기, 문학 교재로 사용하는 탐구 중심 언어 교육과정에 대해 재고해 볼 것을 촉구하였다(Suhor, 1984). 또한 이 보고서는 모든 초·중등학교에 그러한 접근 방법의 사용에 대한 중요성을 강조하였다. 심지어 폭넓은 범위 내신 여러 갈래의 징밀하고 활동적인 읽기를 장려하였다(National Assessment Governing Board[NAGB], 1992). 구성주의 이론은 특히 글쓰기 과정에서 학생들이 문학적인 소스를 사용하여 의미를 창조하는 중요성에 초점을 맞추었다(Spivey, 1990). 다른 이론가들은 쓰기의 고전적인 기준을 사용하고 전통적인 형태를 가르치는 언어 교육 영역을 고찰한다(Hirsch, 1987; Thompson, 1991). 측정에 수반되는 양식들은 읽기의 과정, 그에 임하는 학생들의 사고 양식(thought patterns)과 어떤 작업을 다른 것에 연관지어 생각하는 사고력에 더 집중하여 문학작품들과의 집중적인 연관성을 반영해서 개발되고 있다(NAGB, 1992). 그러나 이론과 실제 사이에는 중요한 차이가 존재한다. 문식성 발달 연구자들은 일반적으로 학교에서 어떤 작업들을 평가하는지 조사하는 교육과정 연구의 부족을 개탄한다(Langer & Allington, 1992). 한 가지 어려운 문제는 문식성 발달에 대한 아이디어를 통합할 수 있는 방법을 찾아서 그것을 학교 교육 테두리 안에서 "평가 가능하도록" 실천하는 것이다.

학습 방법에 관한 연구(research on how students learn)도 새로운 교육과정 개발을 고려하는 것에 대해 비판적이다. 학습은 학습자, 활동 또는 작업과 그들을 둘러싼 상황이 모인 상호작용적 과정(Novak & Gowin, 1984)이기 때문에 언어 교육과정에서 "총체적 시각(holistic view)"을 확립하는 것에 대한 불안감이 있다. 글을 읽고 쓸 수 있는 환경은 학생들이 실제 상황에서 그들 스스로 의미를 구성하는 경험을 하도록 한다. 학생은 교사의 시범을 보면서 작업에 참여한다. 학습자들은 정규 학교 경험의 일부로 기꺼이 받아들여 그들의 작업을 교정한다. 통합 교육과정은 서로를 지원하고 모든 주제 영역에 걸친 기술을 가능하게 하는 상관적 방법으로 의사소통 기술을 사용한다. 결과 중심 교육과정 목표는 충분히 도전적인 개념 수준의 총체적 사고 과정에 초점을 맞춘다. "사고" 교육과정은 아이디어에 대한 비판적이고 창조적 사고 과정뿐만 아니라 태도, 습관과 성향을 포함하는 자기 자신의 사고에 대한 인식을 필요로 한다. 이러한 언어 교육과정은 학생의 선택, 협력과 활동적인 참여를 촉진하며, 학습에 대한 학생의 책임을 촉진하고 지원한다. 또한 이러한 교육과정은 쓰기를 가르치고 테스트하기 위해서 정선될 필요가 있고, 상호 보완적 영역의 교육과 평가에 있어서도 필요하다.

Tschudi(1991)는 K-12의 언어 교육과정 제재를 검토하고, 다음과 같은 성공적인 언어교과 프로그램의 요소를 발견했다.

- 일련의 기술로서가 아닌 통합되는 방법 안에서 언어 가르치기
- 학습의 도구로서 언어를 가르치고 폭넓게 사용하도록 권장하기
- 학생의 사회적·문화적인 경험을 기초로 공통성과 유대감을 촉진하기 위한 언어 가르치기
- 위험 감수와 실험을 조장하기 위해 사회적 행사의 하나로 언어 연구 사용하기
- "확실한" 평가의 기준 가르치기
- 개방적인 활동을 통하여 언어 가르치기
- 과정에서 기본이 되는 것으로 보이는 실수와 더불어 배우는 교육
- 상호 관계의 행위로서 읽기와 쓰기 가르치기
- 미술, 음악, 그리고 다른 상징적 체계와 연결되는 하나의 체계로서 언어 가르치기
- 공용된 쓰기와 읽기 탐구, 독립적 쓰기, 독립적 읽기, 소리 내어 읽기와 응답하

기, 토론을 통하여 공유하기와 같은 전형적인 활동을 통하여 언어교과 가르치기

전통의 것과 비교되는 총체적 언어 접근법의 효과에 관한 연구, 언어학습에 대한 기술 중심 접근법은 일부 예외가 존재하나 학습자들이 얻는 학습 효과는 대등하다고 한다. 총체적 언어 접근법은 1학년보다 유치원에서 효과적이며 독해 능력보다는 단어 인지에 너무 효과적인 반면, 상내적으로 사회 경제적으로 불리한 입장에 놓인 집단에게는 그렇지 못한 것으로 나타났다. 그러나 최근의 연구는 총체적 언어 프로그램과 관계가 있는 기본적인 읽기 프로그램이 큰 효과가 있다는 연구 경향을 보여 준다(Stahl & Miller, 1989). National Assessment of Educational Progress(NAGB, 1992)는 초기 이해 단계에서 발달적 해석, 개인적 반응과 응답, 비판적 태도의 단계로 이동하는 다목적, 다수준의 경험으로서 읽기 문식성을 묘사했다. 그런 모형을 통하여 학생들은 문학적인 경험, 정보 또는 실행의 목적으로 텍스트의 의미를 조사하고 처리하며 확장한다.

총체적 접근 이론에 의해 제안된 모든 새로운 방향과 언어교과 커뮤니티의 연구는 학교에서 이루어지는 언어 교육과정의 수정을 위해서 필요한 몇몇 공통적인 주제에 집중하는 경향이 있는데 그 주제는 다음과 같다.

- 주요한 교육 도구로서 개방적인 질문을 사용하면서 의미를 구성하기 위해 학습자에게 중요 항목을 만들어 주는 것
- 언어교과 영역의 통합
- 언어교과 이외의 학습과 연결하는 것
- 학습자의 결과를 높은 수준으로 설정하는 것
- 참 평가를 사용하는 것
- 좋은 독자, 작가, 커뮤니케이터의 기술, 태도, 성향을 학생들에게서 개발하는 것
- 고전적이면서 다문화적인 문학을 사용하는 것

새로운 언어 교육과정은 신뢰를 얻기 위해 이러한 쟁점들에 틀림없이 반응할 것이다. 게다가 그런 교육과정은 언어교과에서 고능력 학습자에게 적합한 독특한 요소를 인정해야 한다. 그러므로 다음 가이드라인은 고능력 학습자를 위한 국가 수준의

언어 교육과정 수립에 있어 고려해야 하는 중요한 것이다.

- 풍부하고 엄격한 읽기 제재를 선택하라. 고능력 학습자뿐만 아니라 모든 학생들은 사회에서 좋은 참여자가 되기 위해 사회에서 필수 사항으로 여겨지는 내용과 기술을 배우고 마스터할 필요가 있다. 그러나 교육과정 평가에서 밝혀진 것처럼, 기본적인 읽기 제재들은 고능력 학습자들의 잠재성 발달을 고려해 볼 때 그들을 지도하기에는 대체로 부적합하다. 고능력 학생을 위한 언어교과 프로그램은 학습의 모든 주요 영역에서 그들의 학문적, 그리고 지적인 잠재성의 계발을 위해 적확한 기회를 제공해야 한다. 그러므로 실질적인 텍스트의 선택을 통하여 읽기와 문학 프로그램을 강화하는 것은 적절한 교육과정 개발의 중대한 구성요소이다 (Baskin & Harris, 1980; Polette & Hamlin, 1980; Polette, 1982; Halsted, 1988).
- 추론 능력의 발달을 촉진하라. 영재 학생들은 과제를 수행하고, 전통적인 K-12의 언어 교육과정 숙달의 중요성을 이해할 기회가 있어야 한다. 또한 구조의 숙달이 그들을 형식의 구속과 경계에서 벗어날 수 있도록 좀 더 창조적인 생각의 패턴으로 나아갈 수 있도록 해 준다는 사실도 알아야 한다. 표준화된 기술의 숙달을 궁극적인 목표로 삼지 말고 고차적 사고를 위한 수단으로 삼아야 한다. 심지어 매우 어린 학생들조차도 한 가지 문학작품의 목적과 그 문학작품이 현실 세계에 대한 함의, 자기 삶과의 관련성에 대한 질문과 탐구의 확장을 시도하기 위하여 반복적인 기회를 가져야 한다.
- 문화적인 다양성에 대한 학생들의 인식과 평가를 높여라. 특히 고능력 학습자가 문화와 문화 간의 차이에 민감한 사람이 되도록 하는 것은 중요하다. 문화적인 다양성은 가치 있는 자원이다. 그리고 그런 다양성에의 노출은 개인 성장에 실질적인 기회를 제공할 수 있다. 비록 언어교과 프로그램의 모든 제재가 중심 주제로서 문화적인 다양성을 반드시 또는 명백하게 탐구하지는 않지만, 특별한 노력을 기울여 이러한 제재들이 통합되도록 만들어야 한다. 인지적 발달에 있어서의 개인적 요인의 중요성을 고려할 때, 우월한 문화 내의 소수민족 학생들은 그들의 문화적 전통에 대한 긍정적인 묘사를 제공하는 소재들이 포함됨으로써 이익을 얻을 수 있다. 사람들의 풍습 차이를 이해하기 위해 대다수의 문화에 익숙한 학생들은 또

다른 문화적인 양식에의 노출도 필요로 한다. 그러나 교육과정 개발자는 문화적인 묘사가 정확한지 주의해야만 한다. 예를 들면, 문화적 집단이 공평하고 정확하게 문학작품 속에 나타나 있는가? 문화적 집단의 구성원은 독특한 개인으로 그려지고 있는가?

- 협력적이고 질문 지향적인 학습 기술을 사용하라. 학생들은 서로에게 가치 있는 자원이며 서로 간의 협력 활동을 통하여 강화될 수 있는 학습의 원리이다. 동료와 프로젝트를 공동으로 수행할 때 가장 큰 보상이 있고 예측 불가능한 흥미로운 학습이 발생한다. 학생들은 한 학생의 생각이 동급생의 작업을 보충하거나, 도전하거나, 조정하는 집단 프로젝트를 수행할 기회를 제공받아야 한다. 학생들은 지식이 불확실하고 다른 학생과 교사에게 정확하게 질문해야 지식이 구성된다는 것을 이해할 필요가 있다. 특히 학생들에게는 질문할 기회와 그들의 지적인 동료로부터 응답을 받을 기회가 주어져야 한다. 그들은 학습 커뮤니티에서 그들 자신을 공동 학습자로 간주해야 한다. 토론 집단의 사용과 작문 과정의 워크숍 기술, 패널, 토론은 협력학습과 질문 접근을 강화할 수 있는 모든 전략이다.
- 미술, 음악, 사회과학과 연결하라. 고능력 학생들은 많은 연구 분야에서 자신의 아이디어를 탐색하도록 하는 제재에 노출될 필요가 있다. 그들은 예술 매체 사이의 차이뿐만 아니라 유사성에도 노출되어야 한다. 또한 문학, 미술, 행위예술에 대한 문식성을 탐구해야 하고, 한 가지 예술 매체의 한계를 정의하거나, 다른 것에 연계하는 방법을 발견하는 즐거움에 빠져들어야 한다. 일러스트레이터는 어떻게 옛날이야기로부터 공상적인 등장인물을 그려 내는가? 사람들은 어떻게 시를 음악으로 나타내는가? 몸짓이 어떻게 단편소설에서 행동으로 묘사되는가? 우리는 재능이 있는 학생들이 예술적인 경계를 넘나들고, 시각적인 것, 뮤지컬, 드라마적인 것을 읽고 쓰는 데에 적용해 보도록 권해야 한다. 이러한 적용을 넘어 고능력 학습자들은 문학 발달의 문화적 맥락의 이해 차원에서, 그리고 변화와 같은 공통적인 주제를 사용하는 연구 영역에서 학제적인 관련성을 만들 수 있다.
- 확실한 평가 전략을 개발하라. 만일 학생들이 사고와 반응이 언어교과 프로그램에서 평가된다고 믿는다면 교사들은 그 접근을 뒷받침할 만한 평가 기술을 개발해야 한다. 학습자에게 새로운 아이디어와 아이디어 간의 연결을 탐구할 것을 요구하

는 에세이, 읽기에 관한 사고를 촉진하는 저널, 다른 활동 중심 평가의 사용은 새로운 언어 교육과정에 있어 중요하다. 새로운 평가 접근법들은 학생의 발전을 문서화하는 것뿐만 아니라 중요한 진단 데이터를 교사에게 제공함으로써 역동적인 교수·학습 과정의 한 부분이 되어야 한다. 또한 학생들의 이해와 기술이 어느 정도인지, 그것들을 향상시킬 수 있는 방법은 무엇인지에 대해 분명히 제시해 주어야 한다. 포트폴리오, 수행에 기초한 활동과 컴퓨터 시뮬레이션은 학습에 분명히 효과가 있다.

이러한 언어교과의 쟁점들과 고능력 학습자들에게 중요한 언어 교육과정의 주요 영역 고찰에 기초하여 교육과정 개발자들이 개발한 교육과정은 다음 절에 기술되어 있다.

1. 언어교과 주제의 발달

언어교과에는 통합된 연구가 없다. 오히려 전통적인 학습과 부분적인 학습이 발달했다. 그러므로 각각의 요소를 아우르는 공통성을 인식하고 각 요소들을 결합시키려는 노력과 함께 각 요소의 통합을 이행하는 언어 교육과정의 발달을 이해하는 것이 중요하다.

고능력 학습자를 위한 국가 수준의 언어 교육과정은 특히 다음의 주제에 초점을 맞춘다－(1) 언어, (2) 쓰기, (3) 말하기, (4) 문학, (5) 언어 교육과정 개발의 일반적인 사항, (6) 개개의 단위 개발을 위한 개념 조직자로서 사용된 변화의 개념(concept of change)에 대한 내용

이러한 주제 목록의 총체적인 목적은, 언어교과의 핵심 구성요소들이 변화의 개념과 논증의 과정을 통하여 효과적으로 연결될 수 있다는 것을 교사들이 이해하도록 돕는 것이다. 더욱이 변화의 개념과 여러 언어교과 영역에 대한 풍부한 도서 목록의 제공은 교사가 교육과정과 교수 과정의 첫 단계에 몰두하도록 도와준다.

주제 목록은 또한 각 언어교과 영역의 내용과 교육 이론에 관한 현재의 경향을

반영했다. 최근 20년 동안의 독서에 관한 연구는 다음 세 분야 중 하나에 집중하는 경향이 있다—(1) 학생 주도와 학생-교사의 상호작용을 특별히 강조하는 독서(Cazden, 1983, 1988), (2) 기초적인 읽기 사고 과정과 본문의 특징적 요소(Palinscar & Brown, 1984), (3) 다른 추천 항목 중에서 과제에 더 많은 시간이 필요하다고 주장하는 현장 연구(Cazden, 1988). 비록 그 연구가 모순되지 않고 다른 이슈의 중심에 있다고 하더라도, 이 세 가지 영역은 실제 단계에서 통합적 방법으로 수행되지는 않는다. 그러나 실제에 있어서는 이러한 연구의 특징들이 기꺼이 받아들여진다. 국가 영어교사협회 독서위원회(1988)는 표준화된 테스트의 역할 강조와 위임된 교과 과정에 대한 재검토를 권고했다. California Framework(California Department of Education, 1987)과 National Assessment of Educational Progress(NAEP) 보고(NAGB, 1992)는 충분히 근거가 있고 가치가 있는 텍스트에 대한 개인적 의견을 공유하는 기술에 중심을 두는 학생 중심 읽기 교육과정의 필요성을 강조했다. 그 보고서는 영재 학습자들에게 가르칠 읽기 주제를 제시하고 있다.

최근 쓰기에 대한 NAEP 자료(National Center for Education Statistics, 1992)는 설명적 쓰기를 제한하고 창조적 형태의 쓰기를 더 강조한다. 4학년과 8학년을 위한 우수 작문 견본은 논쟁의 전개에 있어 매우 제한된 능력을 보이며 평범한 쓰기 과정을 보인다. 그런 결과는 이미 이전의 연구로부터 예측되었을지도 모른다. Applebee (1984)는 세 곳의 명문 고등학교에서 쓰기 텍스트를 분석하여 쓰기 과제가 학생의 반응보다는 오히려 정답을 찾는 것을 주로 평가하고 제한된 응답을 요구한다는 사실을 발견했다. 고등학교의 쓰기에 대한 광범위한 조사에서 Applebee(1981)는 10% 정도만이 문단 이상의 내용을 구성하는 데에 시간을 보낸다는 것을 밝혀냈다. 최근 Cooper와 Brennenan(1988)은 다양한 형태를 섭렵할 수 있고 본문의 분석과 독해 능력을 향상시키며 읽고 쓰기 프로그램에 필수적인 사고 요소와 쓰기 교수법에 대한 보다 직접적인 교수 방법을 제안했다. 이와 같이 언어교과에서 고려하는 중요한 쟁점은 해설적 글쓰기에 확장적 경험을 제공하는 포괄적 글쓰기를 어떻게 통합하는가 하는 문제이다.

더욱이 영재 학생을 위한 언어 프로그램은 언어를 직접 공부할 기회를 제공해야 한다. VanTassel-Baska(1993)는 어휘의 발달을 도모하기 위해서, 단어 사이의 관계와 기원에 대한 이해를 촉진하기 위해서, 그리고 의미론, 언어학, 언어의 역사에 대한 이해를 발달시키기 위해서 영어(문법)의 구문론적 구조와 수반되는 용도를 이해하는 것을 영어 프로그램의 목표로 포함해야 한다고 제안한다. Thompson(1992)은 모든 언어 작용 내에서 문법과 어휘가 구조를 구성하기 때문에 이들을 언어 교육과정에 통합할 것을 강력히 주장했다.

말하기 중심 언어 사용은 언어 교육 프로그램의 중요한 부분이다. 사고 과정은 문학을 경험하는 것과 관련 있고, 쓰기는 문학과 직접적으로 연결되어 있을 뿐만 아니라 말하기 경험에 의해 강화될 수 있다. 토론, 토의, 소리 내어 읽기와 해석, 구두 보고, 드라마 등의 계획된 경험을 함으로써 영재 학생은 언어를 통한 효과적인 사고와 보다 효과적인 쓰기를 배울 수 있다. Chaney(1992)는 학생에게 프레젠테이션의 전통 형태를 가르치는 데 기본이 되는 비판적인 듣기 기술 습득의 중요성을 강조했다.

2. 교육과정 구조의 발달

언어 교육과정 구조는 학습자의 성과 개발에 토대를 두고 있는 "변화"에 대한 일반화와 함께 발달해 왔다. 또한 변화에 기반을 둔 언어 교육과정 구조는 과정의 결과물이었고, 고등 사고를 강조하는 프로젝트의 모든 요소들을 뒷받침하는 이상적인 모형 사용에서 시작되었다(Paul, 1992). 주제 목록에서 나타나는 특정 내용 결과들은 언어교과의 네 가지 요소를 위해 개발되었다. 따라서 교육과정 구조는 K-8 수준의 고능력 학습자를 위한 개념, 과정, 결과 내용을 똑같이 강조한다.

"변화"의 개념은 학문과 실생활에서 잘 문서화된 의미뿐만 아니라 언어교과의 여러 가지 분야와 다른 분야 연구의 적용에 기초한 단원 개발에 사용하도록 하고 있다. 이러한 개념 이해의 통합은 철학, 사회과학, 과학 영역의 개념에 대한 광범위한 독서에서 비롯된 일반화였다. 이러한 기준을 사용하면서 선택할 수 있는 일반화의 내용은 다음과 같다.

- 변화는 널리 퍼진다.
- 변화는 시간과 연결된다.
- 변화는 체계적 혹은 무작위로 인지될 수 있다.
- 변화는 성장과 발달 또는 퇴보와 쇠퇴를 나타내기도 한다.
- 변화는 자연율에 따라 발생할 수도 있고, 개인 또는 그룹에 의해 강요될 수도 있다.

이러한 일반화는 학년·수준 집단에 구애받지 않고 사용할 수 있는 일반적인 개념 결과에 대한 문구로 바뀌어졌다. 어떠한 시도도 학년 수준에 의한 이런 결과들을 요구하지 않았다. 오히려 개념 결과의 해석은 3~8학년을 대상으로 다룬 결과로서, 단원 발달 과정을 통하여 정교하게 되었다. 학생들은 각 교육과정 단원의 문맥 내에서 다음의 것들을 할 수 있을 것이다.

- 변화는 보급된다는 사실을 이해할 수 있다.
- 시간에 기초를 둔 변화의 가변성을 설명할 수 있다.
- 주어진 몇 개의 사례에 따른 변화의 유형을 분류할 수 있다.
- 선택된 작업에 있어서의 변화가 진보적인 것인지 퇴보적인 것인지 알 수 있다.
- 문학작품 속의 변화 과정을 보여 줄 수 있다.
- 주어진 문학작품 안에서 사회적·개인적 변화를 분석할 수 있다.

프로젝트가 언어교과를 가르칠 때 특정 주제 또는 개념적인 방침을 촉진시키는 것과 마찬가지로, 그것은 또한 사고와 추리로 나아가는 강력한 입문 과정을 강조한다. 최근의 비판적인 사고(Paul, 1992) 교육 프로젝트는 듣기, 말하기, 읽기, 쓰기의 일반적 교수 기법으로 선택된 추론 요소에 집중한다. 사실상 모든 유형의 의사소통은 이 요소에 종속된다. 요소들은 뒤이어 계속되는 요소 평가척도와 함께 이번 프로젝트에서 광범위하게 사용되었다. 추론이 프로젝트에서 직접 평가되지는 않지만, 그들은 비판적인 사고의 정착을 모든 언어교과 교육의 일반적인 결과로 해석하였다. 각 교육과정 단원 내에서 학생들은 다음과 같은 활동을 할 수 있을 것이다.

- 모든 의사소통 유형의 목적을 진술할 수 있다.

- 구조가 엉성하거나 복합적인, 또는 기술 정보를 담고 있는 문제를 정의할 수 있다.
- 주어진 이슈에 대한 다양한 전망(적어도 두 가지)을 공식화할 수 있다.
- 말 또는 글에서 추리에 바탕이 된 가정을 진술할 수 있다.
- 언어와 문학적인 개념을 적절하게 적용할 수 있다.
- 주장, 논쟁 또는 논제 서술문을 뒷받침하는 증거와 데이터를 제공할 수 있다.
- 증거에 근거한 추론을 할 수 있다.
- 정책 발달을 위한 함의 또는 이용 가능한 자료에 의거하는 법령을 이끌어 낼 수 있다.

부가적으로 각 학년·수준 집단을 위해 언어 발달의 중요한 요소(strands)를 근거로 하는 내용 결과들이 개발되었다. 결과 진술들은 읽기/문학, 쓰기, 언어 연구와 말하기를 위한 광범위한 목표에서 비롯되었다. 이러한 결과 진술들은 교수 단원 개발과 학생 학습 평가의 토대가 되었다. 이 프로젝트를 위해 개발된 내용 기반의 목표와 학습자 결과들은 이 책 끝의 부록 B에서 찾을 수 있다.

각 학년·수준 집단을 위해, 언어교과를 넘어선 다른 분야에의 적용은 안내 모형으로서의 변화를 위한 일반화를 사용하면서 개척되었다. 학생들은 문학뿐만 아니라 예술과 음악에서도 변화에 대한 생각을 적용해 보도록 독려되었다. 그들은 문학 수업 시간의 사회적·정치적·경제적인 효과를 통하여 밝혀지는 변화의 생각을 또한 조직적으로 탐구했다. 이러한 탐구는 학급에서 행하는 단원의 특별한 프로젝트 구성요소나 숙제, 또는 단원에 대한 확장을 통해 촉진된다.

그림 11-1은 학습자 결과와 교육과정 구조, 후속되는 단원에 나타나 있는 교수 전략과의 관련성을 나타낸다. 왼쪽의 학습자 결과의 개념적 구조는 오른쪽의, 학생에게 맞는 특정 교수 전략을 위한 토대가 된다. 단원은 학습 전략을 위한 촉진제와 조사된 개념적 결과에 대한 출처를 주는 문학 선택에 집중한다.

그다음 고능력 학습자를 위한 언어교과 단원 개발을 위한 교육과정 체계는 세 가지 주요한 학습자 결과 유형에 기반을 두었다. 개념 결과가 "변화"의 주제에서 구성되면서 과정 결과는 논증의 요소에 조직화되었다. 그리고 내용 결과는 언어교과—문학,

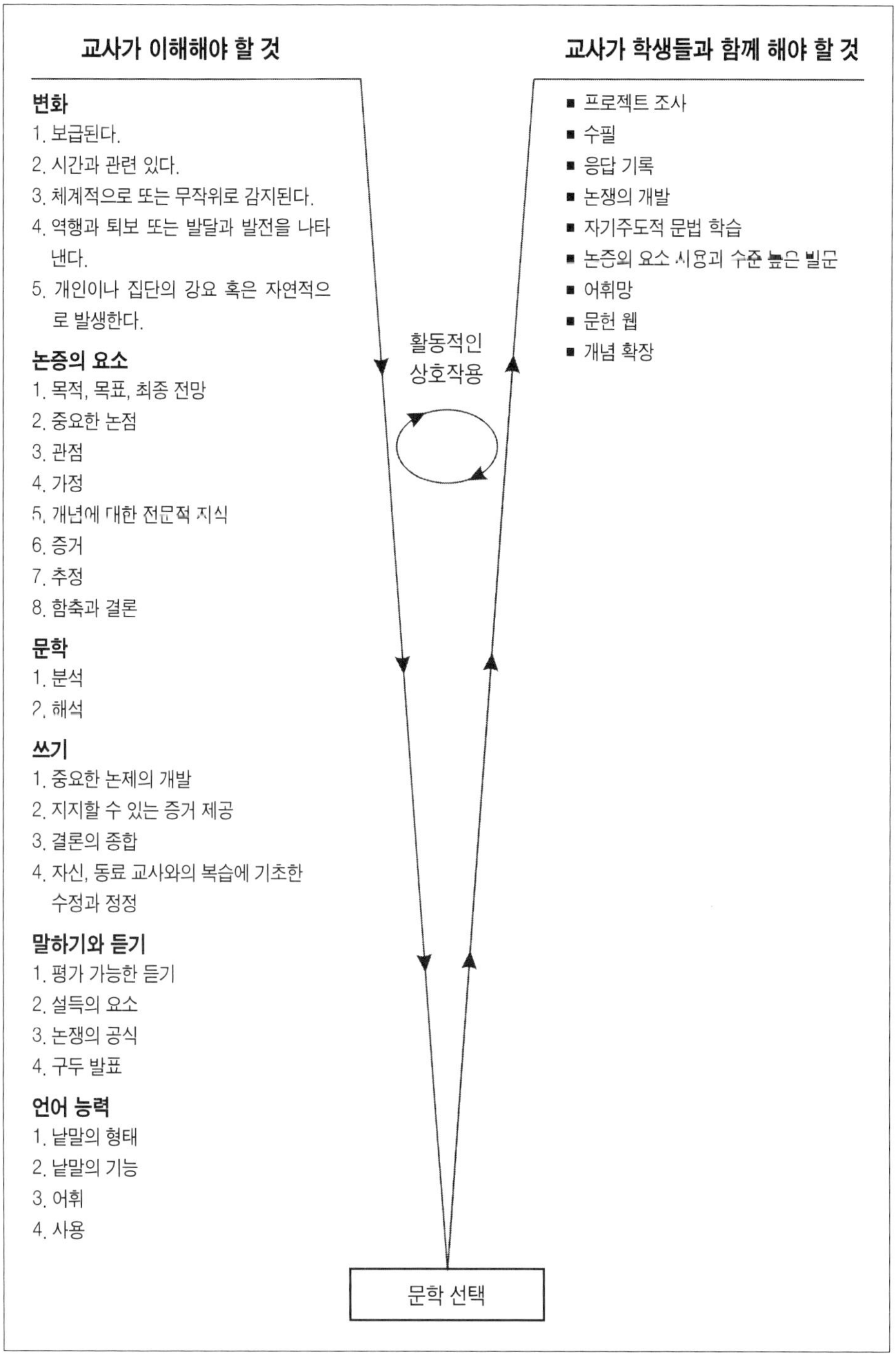

그림 11-1. 탐구를 통한 의미 구성

출처: *Learning How to Learn* (p. 3) by J. D. Novak and D. B. Gowin, 1984, Cambridge, England: Cambridge University Press. Copyright 1984 by Cambridge University Press. 허락하에 인용함.

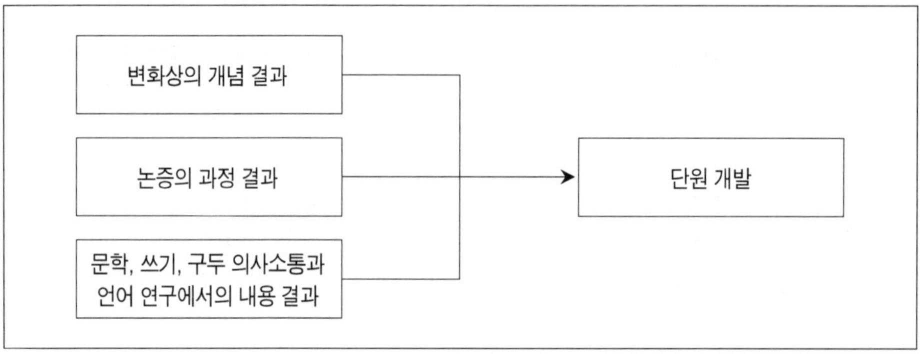

그림 11-2. 단원 개발에서 학습자 결과의 중요성

쓰기, 말하기와 언어 연구—의 네 가지 영역 주위에서 조직화되었다. 각 결과들은 대부분의 수업 계획이 각각의 결과들이 강조하는 것을 반영하도록 교과 단원 개발을 진행하였다. **그림 11-2**는 이 생각을 시각적으로 표현한 것이다.

3. 학습자 성과의 측정

비록 결과의 각 세트가 단원 개발을 이끌기 위해 사용되었지만, 선택된 내용 결과들은 평가 목적을 위해 사용되었다. 개발된 평가 원안은 각 내용 요소(strands)를 대표하고 논증의 요소에 대한 강조를 통합했으며 변화의 개념에 대한 이해를 탐구했다. 따라서 교육과정의 통합된 형태는 평가 과정 속에 들어 있다. 게다가 측정된 결과는 고능력 학습자들에게 가장 중요한 것으로 간주된다. 예를 들어, 설득하는 글쓰기의 강조는 모든 발달 단계의 학습자들 사이에서 취약한 것으로 밝혀졌다. 그래서 이 프로젝트에서는 특별히 이를 강조하고 있다.

4. 고능력 학습자에게 적절한 내용

각각의 결과 세트와 단원 활동들은 고능력 학습자의 특성과 요구에 주목하며 개발되었다. 다음의 목록은 이러한 관계를 설명한다.

고능력 학습자의 특성	**교육과정상에서 일치하는 강조점**
■ 고등의 읽기 능력	■ 상응하는 풍부하고 복잡한 문학
■ 고급 어휘력	■ 상응하는 어휘 발달의 강조
■ 추상적 추론 기술, 연구 수행과 구두 발표	■ 문학에 대한 논의 및 글쓰기에 있어 고차적 추론의 강조
■ 연결시키는 능력	■ 교육과정의 주제 구성
■ 집중력	■ 문학의 해석과 분석 강조 ■ 노력이 필요한 과제와 긴 시간을 요하는 프로젝트의 강조
■ 도덕적·윤리적 이슈에 대한 관심	■ 중요한 이슈에 대한 조사
■ 정서적 민감성	■ 문학과 언어에 개인적으로 반응해 볼 기회
■ 독창적인 아이디어를 제시하는 능력	■ 생산적인 프로젝트의 강조

이러한 단원에서 사용된 활동들은 고능력 학습자에게 적합한 교육과정에 필수적인 고차원의 복잡성을 필요로 한다. 나음의 개선은 전체적으로 일관되게 만들어졌다.

1. 단원에서 사용된 발췌 문헌은 고능력 학습자를 위한 명확한 기준에 의해 선택되었다. 게다가 다문화 문학작품의 삽입은 또 다른 차원의 복잡성을 추가하였다.
2. 토론 탐구 모형은 독해와 연설에 대한 단순한 반응에서 분석과 해석의 차원으로 학생들을 이끌었다. 이는 학생들이 다양한 시각을 고려하도록 하였다.
3. 단원에서의 어휘 학습은 단순한 정의의 차원 위에 존재한다. 이는 어원, 동의어, 반의어, 관련 단어를 포함하며, 고급 어휘를 학습하도록 한다.
4. 중요한 이슈에 대한 고려는 정교한 여러 수준으로 다루어진다. 개인적 관점은 설득의 기술과 주장/자료/증거가 될 만한 모형을 통해 주장되고 지지된다.

5. 문법은 어떤 규칙으로서가 아니라 체계적인 사고로 취급된다.
6. 학제 간의 연결은 언어교과 자체 안에서의 통합뿐만 아니라 음악, 예술, 사회, 문화, 경제, 정치 등 언어교과와 연관된 학문의 많은 사회적 양상과 관련지어 만들어졌다.

5. 교육과정 단원 개발

6개의 전형적 교육과정 단원은 초·중등 수준으로 개발되었다. 이 단원들은 선택된 "변화"의 개념을 토대로 먼저 논의되었던 이슈들과 교육과정 유형의 흐름을 반영하였으며, 사용된 이 모형을 토대로 독립된 평론가 8명이 각 단원을 평가하였다. 단원 개발과 재검토 기준은 이 장 끝의 부록에 포함되어 있다. 6개의 단원 각각은 언어교과의 네 가지 요소(문학, 설득하는 글쓰기, 언어 연구, 듣고 말하기)를 통합한다. 단원에 실린 문헌은 학습자가 문학을 통해 의미를 추구하도록 네 가지 요소를 통합하는 출발점이 되고자 한다. 변화의 개념은 단원을 포괄하거나 단원 내에 있는 개념적 중심 주제로 제공된다. 각 단원이 언어 연구에 대한 어떤 요소들을 제기한다 할지라도, 부가적인 성분들이 학생에 의해 독립적으로 수행되는 문법의 사용을 통해 강조된다. 이러한 묶음들은 발달의 필수적 단계에서 고능력 학습자들이 사용하도록 특별히 맞춰졌다(Thompson, 1993). 각 단원에 대한 개발은 이 책 끝의 부록 C에 포함되어 있다.

새롭게 개발된 교육과정 단원의 실험은 1992년 가을, 교사와 개발자들의 학급에서 수행되었다. 모든 단원은 고능력 학습자를 포함하고 있는 보통 학급에서 1주일에 한 번씩 이루어지는 전일제 프로그램과 매일 이루어지는 특별 수업에서 고능력 학습자를 위한 자기주도적 학습을 포함한 다양한 상황 설정을 통해 최소 30시간 이상 실행되었다. 실험은 교실 현장에 교육과정을 적용하는 것에 대한 가능성을 결정하는 가치 있는 데이터를 제공하였다. 다음의 실험에서는 프로젝트 수행자들이 실험 기간 동안 얻은 관찰 결과와 교사의 일지 기록에 기초하여 단원 소산물을 수정하였다. 선후의 기록은 프로젝트의 내용 결과를 위해 특별히 개발되고 입증된 믿을 만한 평가 기준을 사용하여 이루어졌다. 실험 평가 결과, 새로운 언어 교육과정에 채택된 단원과 영역에서 학생들이 상당한 발전이 있었음을 알 수 있었다.

6. 교육과정 개발 프로젝트의 의의

교육과정 개발의 처음 1년은 고능력 학습자를 위한 전반적인 교육과정 개발과 관련된 여러 가지 논제에 대한 중요한 데이터를 제공했다. 그 결과는 다음과 같다.

1. 일반 교육과정 개발 효과와 영재 학생을 위한 교육과정 개발 원칙 사이의 유사성은 매우 보완적이다. 고능력 학습자의 범위를 함께 취급할 때 각 요소들을 실행하는 것이 더 많은 융통성과 허용도를 요구할지라도, 영재교육의 요소와 교육과정의 일반적 접근의 공통성을 언급하는 것은 매우 중요하다. 훈련 중심의 개선 노력과 영재교육 원리의 상보성 때문에 영재교육 담당자들은 언어교과의 모든 분야에서 최근 진행되고 있는 작업과 함께 그들의 노력을 교육과정에 두는 태도를 취해야 한다. 하나의 분야로서 영재교육은 읽기, 쓰기, 그리고 관련된 영역에서 국내적·국제적 논쟁을 불러일으켰고, 이러한 논쟁 속에 참여함으로써 많은 것을 얻었다.
2. 영재 학생을 위한 교육과정의 특별한 이슈와 모든 학생을 위한 전형적인 내용 기반 교육과정에는 상당한 일치가 있음에도 불구하고 영재 학생과의 작업을 통해 설명되어야 하는 이슈가 존재한다. 이러한 모형 안에서 영재 학습자들을 위한 구분은 고급 단계에서, 그리고 빠르게 학습하도록 촉진되는 단계에 있는 학습자들의 재능에 대한 명백한 이해에서 나와야 한다. 교육과정은 학제 내 그리고 학제 간의 개념과 고등 사고 기술에 바탕을 둔다. 상위 20%에 맞춰진 교육과정은 최고 수준 및 전반적인 교육과정의 향상을 가져왔다. 그러나 대부분의 영재 학생에게 도전이 될 만한 적확한 교육에 대한 요구가 여전히 부족하며, 교육과정이 부분적으로 시행되거나 전 학급 수업으로 이루어지는 경우에는 특히 더 그렇다.
3. 프로젝트의 첫 번째 발달 양상은 영재 학생들의 요구에 적합한 교육과정 안에서

중요하고 바람직한 그들의 처리 과정에 부합하는 교육과정 재료 세트를 만들어 내는 것이 가능하다는 것을 보여 주었다. 주제 목록, 교육과정 형태, 모든 표현 단계의 단원 연구들은 교실 활동과 질문의 중요한 적용에 관한 개념으로부터 프로젝트 단계의 중요한 진보를 이끌 수 있는 기능을 갖춘 교사를 가져야 한다는 것을 조직화하였다. 교육과정 산출물들은 학생의 학습지, 교수 계획, 수업 다원화, 학습자 결과에 대한 일반화로부터 다양한 단계를 나타낸다. 안내되는 경험에 바탕을 두고, 실제 교실에서의 수행과 교육과정의 모든 양상을 연결하기는 어렵다. 그래서 아이디어를 실행으로 옮기는 과정에 학습 수준에서 발생하는 일에 대한 실질적 모니터가 필요하다.

4. 언어교과의 효과에 대한 실험적, 그리고 이와 유사한 실험적 상황에서의 선후 결과는 설득적 글쓰기, 어휘 발달, 문헌 분석의 분야에서 고능력 학습자를 위한 새로운 교육과정 사용의 중요한 차이점을 보여 준다. **표 11-1**은 일반적인 연구 결과를 보여 준다. 연구들은 언어교과 모형에 기반을 두고 단지 30분간 교수·학습을 실시했는데, 이러한 결과들은 교육과정의 효과에 대한 심도 있는 미래 연구의 가능성을 나타낸다. 또한 우리가 학교와 학급에서 사용될 수 있는 다소 유용한 맥락들에 대해 이해할 수 있도록 하는 좋은 수행 연구가 필요하다.
5. 고능력 학습자를 위한 언어 교육과정의 개선에 있어 교사 훈련 분야에는 명백하

표 11-1 초기 단원 설계에 대한 선택 결과

단원	설계	결과
2~3학년 여행과 목적: 변화의 도전	실험적 (무작위 실험/통제 집단 선택)	변화의 개념 이해, 주제의 이해와 관련된 비판적 추론, 타당한 근거 제시하기에서 학생의 개선이 나타났다.
4~6학년 문학의 개인과 사회 변화에 관한 반영	반실험적 (의도적 실험/통제 집단의 선택)	이 요소에 관련된 결과로서 원문의 분석과 분석적 읽기 기술에 학생의 개선이 나타났다.
5~6학년 설득을 통한 생각과 관점의 변화	반실험적 (의도적 실험/통제 집단의 선택)	이 단원에 참가한 학생들의 설득하는 글쓰기 기술이 유의하게 발전하였다.

게 중요한 한 가지 믿음이 존재해야만 한다. 만약 영재를 위한 교육과정의 효과가 K-8 수준의 모든 교실 상황에서 적용되고 이해되며, 이 프로젝트가 학문 중심 개선의 수렴적 분야로 간주된다면 중요한 주제 문제 훈련을 위한 요구는 점점 커질 것이다. 언어교과 제재에 대한 검토와 다른 연구들에서 발견된 것처럼, 이들 주제를 효과적으로 가르치는 데 사용하도록 한 제재들을 가지고 문학, 작문, 언어를 가르칠 때 교사들은 충분한 기초 교육을 제공받지 못한다. 언어교과에서 모든 교사들은 특수학급을 제외하고는 고능력 학습자를 가르치는 교사이다. 그러므로 모든 학습자를 위한 교육과정 개발자들의 노력은 또한 영재 학생을 위한 교육적 노력의 중요한 한 부분이다.

6. 변화를 확실하게 하기 위해서는 교사 훈련 이상의 것이 요구된다. 교육과정 관리에 대한 광범위한 체계는 교사들이 새로운 재료와 기술을 사용하도록 하고, 최고의 교수를 전수하는 방법에 대한 적합한 계획을 포함하도록 개발되어야 한다. 게다가 새로운 교사 평가 체계들은 새로운 교육과정의 강조점을 구체화하고 교사들이 전문적 지식을 서로 공유하고 성공적인 실행을 모델링하는 것에 대한 보상을 하도록 구성되어야 한다.

7. 결론

고능력 학습자를 위한 국가 수준의 언어 교육과정은 국가 교육과정 개선과의 연결 안에서 고능력 학습자의 교육 담당자들을 위한 핵심 역할에 대해 나타내고 있다. 각 발달 단계에 있는 가장 똑똑한 학습자에 대한 우리 공동의 지식에 기초하여 어떤 높은 기준이 언어교과에 존재해야 하는가를 결정함으로써, 우리는 모든 학습자를 위한 교육과정 경험을 더욱 풍부하게 하는 위치에 있게 된다. 그리고 특이한 과정을 통해 일찍 그러한 수준에 도달할 수 있는 상위 학생들의 요구에 더욱 확실하게 초점을 맞출 수 있다. 그러나 다른 분야에서 일반 교육과정의 질을 높이는 것은 막대한 과제이다. 즉, 이는 변화를 만들고 한층 더 많은 조사와 최선의 실행을 위한 창의적인 전략을 획득해야 한다. 이 프로젝트는 고능력 학습자들이 학습의 결과로 얻을 잠재적 이득과 일반적 방향을 위한 청사진을 제공하는 중요한 기능을 제공할 것이다.

8. 핵심 요약

- 영재 학습자를 위한 적절한 언어 교육과정의 창작은 다음에 주의를 기울일 것을 요구한다—(1) 고능력 학습자들의 요구, (2) 교육과정 개선 원리에 대한 지식, (3) 언어 교육과정으로부터 구체화된 핵심 이슈에 대한 이해
- 고능력 학습자를 위한 국가 언어교과 교육과정 프로젝트는 초등학교와 중학교 학생들을 위해 무엇이 교육과정의 산출물이 되어야 하는가에 대한 모형을 제공한다.
- 단원들은 발췌된 문헌들, 다른 언어교과의 분야, 그리고 사회과학, 음악, 예술과 같은 다른 학문들을 연결하는 변화의 개념을 사용한다.
- 단원은 학생들이 함축된 의미를 그리고 데이터를 가지고 논증하도록 요구하는 핵심적 질문과 활동들을 사용함으로써 보충되는 능력을 육성한다.
- 단원들은 언어교과 내용의 네 가지 주요 가닥에 대해 강조하고 통합한다.
- 풍부하고 복잡한 문헌은 학생 활동을 위한 촉매와 단원 활동을 위한 기초를 제공한다.
- 탐구 중심 학습 경험은 단원의 핵심이 되는 주안점이다.
- 협동적이고 다학제적인 경험은 단원의 도처에서 제공된다.
- 다문화에 대한 비평과 지각의 신장은 프로젝트에서 강조하는 중요한 요소이다.

9. 부록: 언어교과 단원의 개발 및 검토 준거

	관찰되지 않음	관찰됨	모범적임
I. 일반 준거			
학생 결과물			
• 학생 결과물이 특별하거나 편리성이 있는가?	1	2	3
• 학생 결과물에 내용과 과정이 모두 포함되어 있는가?	1	2	3
조언:			
주제 / 내용			
• 학습 주제가 언어교과를 이해하는 데 중요한가?	1	2	3
• 학습 주제는 간학문적인가?	1	2	3
• 선정된 내용은 그 영역을 대표할 수 있는가?	1	2	3
조언:			
평가			
• 이 평가는 "참 평가"인가?	1	2	3
• 이 평가는 학생 결과물을 측정하는가?	1	2	3
• 이 평가는 형식과 구조에서 다양한가?	1	2	3
조언:			
자료(자원)			
• 다양한 자료가 사용되는가?	1	2	3
• 자료를 사용하는 방법을 포함하고 있는가?	1	2	3
• 인쇄물 이외의 자료가 활용되는가?	1	2	3
조언:			
기술			
• 작가와 연구자들이 사용하는 기술을 학생들이 사용하도록 하는가?	1	2	3
• 그 기술은 최신의 기술인가?	1	2	3
• 그 기술은 학생들의 연령 수준과 과제의 본질에 적합한가?	1	2	3
• 그 기술은 지적인 학습을 요구하는가?	1	2	3
조언:			
심화학습 기회			
• 학생들은 연령과 시간에 구애받지 않고 학습에 참여하도록 도전받는가?	1	2	3
• 학생들은 높은 수준의 과제를 제공받는가?	1	2	3
• 학부모들은 심화학습에서 자신의 중요한 역할을 인식하는가?	1	2	3
조언:			

	관찰되지 않음	관찰됨	모범적임
II. 특정 언어교과 강조점			
총체적 언어교육			
• 단원은 다양한 언어교과 영역을 통합하는가?	1	2	3
• 읽기, 말하기, 쓰기와 밀접한 관련이 있는가?	1	2	3
• 학생들에게 풍부한 문학 경험을 제공하는가?	1	2	3
조언:			
다문화주의 / 세계 통합주의			
• 다문화적 사고와 국제적 의사소통이 가능한가?	1	2	3
• 세계 통합주의(미래주의)를 강조하고 있는가?	1	2	3
• 적어도 3개의 다문화에 대한 균형적 관점이 존재하는가?	1	2	3
• 다문화 집단이 포함되어 있는가?	1	2	3
조언:			
비판적·창의적 사고			
• 단원은 사고 기술을 강화하기 위한 기술들을 포함하고 있는가?	1	2	3
• 단원은 고차원적 사고를 강조하여 토론을 위한 질문을 포함하고 있는가?	1	2	3
• 단원 활동은 학습자들에게 반성적 사고를 강조하는가?	1	2	3
조언:			
연구 기반 교수적 기술			
• 학생들에게 새로운 아이디어에 관한 토론을 허용하는가?	1	2	3
• 학생들에게 위험 감수(그리고 실수를 범하는 것)가 학습의 중요한 부분이라는 것을 이해하게 하는 환경이 제공되는가?	1	2	3
• 학생들이 아이디어와 개념을 발견하게 하는가?	1	2	3
• 교사는 학생들을 위해 좋은 사고 연습의 시범을 보이는가?	1	2	3
• 교사는 학생들의 지식뿐 아니라 사고에 관해서도 깊이 생각하는가?	1	2	3
조언:			
초인지			
• 학생들이 자신의 사고 전략에 대해 생각하도록 단원이 설계되었는가?	1	2	3
• 교사가 자신의 생각을 학생들에게 보여 주는 기회가 있는가(시범적 초인지)?	1	2	3
조언:			

	관찰되지 않음	관찰됨	모범적임
연구 과정			
• 학생들은 관련 주제 탐색기능을 배울 기회를 제공받았는가?	1	2	3
• 학생들은 연구에 참여하도록 격려되었는가?	1	2	3
• 학생들이 자신의 문제를 의식할 수 있는 자유가 허용되었는가?	1	2	3
• 학생들이 사회과학자처럼 행동하는 것을 허용하는가?	1	2	3

조언:

간학문적 적용			
• 단원의 주제는 언어교과와 다른 교과들을 자연스럽게 화합시키는가?	1	2	3
• 학습된 개념은 다른 교과에서도 제시될 수 있는가?	1	2	3

조언:

III. 특정 언어교과 영역별 강조점

문학			
• 단원은 문학을 선택하는 데 있어 지적·정서적·다문화적인 측면을 고려하였는가?	1	2	3
• 단원은 고차원적 읽기 행동양식에 대한 기대를 강조하는가?	1	2	3
• 단원은 개념적으로 다양한 자료의 문맥적 분석을 하는가?	1	2	3
• 단원은 탐구를 강조하였는가?	1	2	3
• 단원은 독해 활동을 다른 언어교과 활동과 연계시키는가?	1	2	3

조언:

쓰기			
• 단원은 개요를 가르치기 위해 개념도를 사용하는가?	1	2	3
• 단원은 설득문 쓰기를 강조하는가?	1	2	3
• 단원은 주제 진술문의 개발, 논거의 제공 및 결론의 도출을 위한 전략을 강조하는가?	1	2	3
• 단원은 쓰기 과정에서 수정의 기회를 제공하는가?	1	2	3
• 단원은 워크숍 기술(동료 검토 및 서로의 쓰기에 관한 토의)의 기회를 제공하는가?	1	2	3

조언:

	관찰되지 않음	관찰됨	모범적임
언어 학습			
• 단원은 동의어, 반의어, 유추와 같은 단어 관계의 개발을 강조하고 있는가?	1	2	3
• 단원은 적절한 수준의 어휘를 학습하는 기회를 제공하고 있는가?	1	2	3
• 단원은 문법적 구조와 동등하게 국어에 대한 언어적 능력의 계발을 강조하고 있는가?	1	2	3
• 단원은 언어의 역사, 어원, 의미론에 관한 학습의 기회를 포함하고 있는가?	1	2	3
조언:			
말하기 / 듣기 의사소통			
• 단원은 학생들이 능동적으로 말하기와 듣기 활동에 참여는 기회를 제공하는가?	1	2	3
• 단원은 설득적 말하기의 사용을 권장하는가?	1	2	3
• 단원은 학생들이 질문, 토론 및 비평을 통해 서로의 발표에 대한 토론에 참여하는 것을 권장하는가?	1	2	3
• 단원은 듣기와 말하기를 통해 비판적 사고 기술을 제시하고 있는가?	1	2	3
조언:			

10. 참고 문헌

Adler, M. (1982). *The Paedeia proposal: An educational manifesto.* New York: Collier Books.

Applebee, A. N. (1981). *Writing in the secondary schools* (Research Monograph No. 21). Urbana, IL: National Council of Teachers of English.

Applebee, A. N. (1984). *Contexts for learning to write: Studies of secondary school instruction.* Norwood, NJ: Ablex.

Baskin, B., & Harris, K. (1980). *Books for the gifted child.* New York: Bowker.

California Department of Education. (1987). *State of California language arts framework.* Sacramento, CA: Author.

Cazden, C. (1983). Adult assistance to language development: Scaffolds, models, and direct instruction. In R. P. Parker & F. A. Davis (Eds.), *Developing literacy.* Newark, DE: International Reading Association.

Cazden, C. (1988). *Classroom discourse: The language of teaching and learning.* Portsmouth, NH: Heinemann.

Chaney, A. L. (1992). *Issues in contemporary oral communication instruction.* Topics paper developed for National Language Arts project. Washington, DC: U. S. Department of Education.

Chomsky, C. (1969). *The acquisition of syntax in children from 5 to 10.* Cambridge, MA: MIT Press.

Chomsky, C. (1986). *Knowledge of language.* New York: Praeger.

Cooper, C., & Breninenan, B. (1988). *Writing achievement of California eighth graders: A first look.*

Sacramento, CA: California State Department of Education.

Durkin, D. (1966). *Children who read early*. New York: Teachers College Press.

Halsted, J. (1988). *Guiding gifted readers from preschool through high school*. Columbus, OH: Ohio Psychology Press.

Hirsch, Jr., E. D. (1987). *Cultural literacy: What every American needs to know*. Boston, MA: Houghton Mifflin.

Jackson, N. E. (1988). Precocious reading ability: What does it mean? *Gifted Child Quarterly*, *32*(2), 234-243.

Langer, J., & Allington, R. (1992). Curriculum research in writing and reading. In P. Jackson (Ed.) *Handbook of research on curriculum* (pp. 687-725). New York: Macmillan.

National Assessment Governing Board. (1992). *Reading framework for the 1992 National Assessment of Education Progress*. Washington, DC: United States Department of Education.

National Center for Education Statistics. (1992). *National assessment of educational progress's 1990 portfolio study*. Washington, DC: United States Department of Education.

National Council of Teachers of English. (1988). *Reading commission report*. Urbana, IL: Author.

Novak, J. D., & Gowin, D. B. (1984). *Learning how to learn* New York: Cambridge University Press.

Palinscar, A. S., & Brown, A. L. (1984). Reciprocal teaching of comprehension-fostering and comprehension-monitoring activities. *Cognition and Instruction*, *1*(2), 117-175.

Paul, R. (1992). *Critical thinking: What every person needs to survive in a rapidly changing world*. Santa Rosa, CA: The Foundation for Critical Thinking.

Pollette, N. (1982). *3 R's for the gifted: Reading, writing, and research*. Littleton, CO: Libraries Unlimited.

Polette, N., & Hamlin, M. (1980). *Exploring books with gifted children*. Little-ton, CO: Libraries Unlimited.

Roedell, W. C., Jackson, N. E., & Robinson, H. B. (1980). *Gifted young children*. New York: Teacher's College Press.

Skinner, B. F. (1957). *Verbal behavior*. New York: Appleton, Century, and Crofts.

Spivey, N. (1990). Transforming texts. *Written Communication*, *7*(2), 256-287.

Stahl, S., & Miller, P. (1989). Whole language and language experience approaches for beginning reading: A quantitative research synthesis. *Review of Educational Research*, *59*(1), 87-116.

Suhor, C. (1984). *1984 Report on trends and issues in English: A summary of reports from the NCTE commissions*. (ERIC Document Reproduction Service N. ED 239290.)

Thompson, M. (1991). *The magic lens*. Unionville, NY: Trillium.

Thompson, M. (1992). *The word within the word*. (Vol 2). Unionville, NY: Trillium.

Thompson, M. (1993). *Inspecting our own ideas*. Saratoga Springs, NY: Board of Cooperative Extension Services.

Tschudi, S. (1991). *Planning and assessing the curriculum in English language arts*. Alexandria, VA: ASCD.

VanTassel-Baska, J. (1993). *Comprehensive curriculum for gifted learners* (2nd ed.). Boston, MA: Allyn and Bacon.

제 12 장

언어과 수업 자료 평가

Phyllis W. Aldrich

이 장에서는 일반적으로 미국 학교에서 사용되는 읽기·쓰기 교재에 대한 교육과정을 논의하고자 한다. 1989년부터 1991년까지 Saratoga-Warren Counties Boards of Cooperative Education(BOCES)에 의해 선발된 연구원들과 현장 경험자들로 구성된 연구 팀은 문식성과 영재교육에 관한 최근 연구에 기초한 Curriculum Assessment Guide(CAG)를 개발하였다. CAG는 2개의 서로 다른 교육과정 평가 팀에 의해서 현장 검증을 받았고 부족한 부분들을 수정하였다. 또한 BOCES는 상업적으로 출판된 초기 교재뿐만 아니라 언어 영재들을 위해 사용 가능하다는 검증을 받은 언어 교수 자료를 재검토하였다. 우리는 고도의 언어 영재를 가르치는 교사들을 위한 도전적 교육과정이 거의 없다는 것을 알게 되었다. 가치 있는 프로그램의 수집은 세계적인 표준에 맞는 교육과정 발달에 필요하다.

우리의 발견은 지난 50년 동안 많은 교재에서 드러난 문제점을 감소시키기 위한 Chall(1991)의 연구 결과를 지지하였다. 이에 대한 역사적인 관점을 살펴보기 위해서, 우리는 1830년부터 1920년까지 미국에서 교사들과 학생들을 지탱했던 McGuffey

독자들을 검토하기로 결정하였다. 우리는 정확한 내용, 어휘력, 문법, 구문론법, 사고 복잡성의 평가를 통하여, McGuffey 시리즈는 매우 정교한 현대의 초기 책자들보다 훨씬 더 도전적이었다는 중요한 단서를 발견하였다.

여기에는 교수 자료 부족에 대한 비판적인 함의가 내포되어 있다. 영재를 위한 프로그램들이 점차로 "능력별 편성에 반대하는 시스템(detracking)"이라는 명분하에 사라지면서, 우수 학생 프로그램(honors program)도 형평성이라는 이름으로 점차 줄어들고 있다. 매우 뛰어난 학생들이 일반학급에 편성됨으로써 교사들은 어려운 과제에 직면하게 된다. 교사들을 가이드 할 수 있는 질 높은 교육과정 교수 자료 없이는 교사가 영재의 도전과 흥미를 일으키기 어렵다. 이러한 영재들의 재능은 Singal(1991)에 의해 명명된 "미국 학교에서의 또 다른 위기", 즉 재능의 의욕 상실이라는 이름으로 재능에 대한 불안정한 동향을 가속화시킬 것이다.

1. 정당성과 역사

최근의 개혁 노력은 국가 교육 목표에 의해 활기를 돋우고 교육의 질에 관심을 갖게 되었다. 분명히 대부분의 미국 학생들은 언어 기술에서 부족함을 보인다. SAT 언어 점수를 분석해 보면 시험을 보는 이들이 1% 증가하였음에도 불구하고 1972년 이후 600점 이상의 점수를 받은 학생들의 수가 35% 감소하였다(National Excellence, 1993).

한편 영재들은 어떤 특별한 개입 없이도 발전한다는 일반적 생각은 일반 교실에서의 "야만적 불평등"이라는 Kozol(1991)의 연구에 의해서 가속화되었다. 또한 이런 생각의 대중화는 영재 프로그램 비평가들에게 힘을 실어 주었고 많은 영재 프로그램의 소멸을 초래하였다.

"elitism"에 대항한 이 운동은 학교를 신임하고 미국 연방국가 교사 연합단체의 Al Shanker와 같은 국가적 리더들의 등장을 촉진하였다. 게다가 1989년 전국교육회담에서 관리자들은 미국 학생들을 국제적으로 경쟁시키기 위하여, 모든 능력의 학생들이 향상된 성취를 보여 줘야 한다는 데 동의하였다. 국가 목표의 공식화는 능력별

집단편성을 제한하였다.

그러나 지난 몇 년 동안, 영재들의 실제 업적에 관한 놀라운 사실들을 문서화한 많은 국가 보고서는 육성 없이는 이러한 바람직한 성취가 일어나지 않는다는 것을 강조하였다. 10년 동안 일본, 한국, 대만 학생들과 미국 학생들의 수학 수행을 비교 연구한 Stevenson and Stigler(1992)는 미국 학생들이 대부분 하위에 있었을 뿐만 아니라, 대부분의 미국 학생들은 상위 10%에 들지 못했다는 것을 밝혀냈다. 비록 International Education Assessment(IEA)가 9세 아이들을 대상으로 10개 산업 국가와 미국 간의 랭킹을 검사한 결과 미국 아이들이 상위 근처에 분포되었다고 보고하였지만, 그것은 이 연구가 가장 기본적인 이해력 기능만을 검사했기 때문이었다. 1990년 National Assessment of Educational Progress(NAEP)는 중급 수준의 추론 기능 영역에서 읽기가 1971년 이래로 상위 수행 수준을 보였고 성취는 거의 증가하지 않았으며 상위 랭킹은 내려갔다고 보고하였다. 그 보고서는 "advanced" 레벨에 거의 다다랐고 특별한 읽기 프로그램을 배우고 있는 17세 학생들의 실질적인 하락이 있었다고 결론지었다. 학생들이 분석, 해석을 포함한 답을 작성하도록 요구받았을 때, 혹은 읽은 것을 평가하도록 요구받았을 때, 극소수만이 논쟁을 통해 그 의미를 알고 자신의 해석을 설명할 단서를 찾아낼 수 있었다.

1992년 NAEP는 학생들의 쓰기 포트폴리오를 연구하였다. 이 연구에 사용된 대부분의 데이터는 매우 부유한 계층의 자녀들이 다니는 학교에서 수집되었고, 쓰기 포트폴리오가 검사 상황에서 만들어지지 않았음에도 불구하고 사용된 샘플들의 질은 좋지 않았다. 설득적 글쓰기의 범주에서 오직 몇 개의 샘플만이 제출되었고 그들 대부분은 최소 수준의 점수를 받았다(Gentile, 1992). 따라서 모든 학생들에게 설득적 글쓰기 학습을 가르쳐 줄 가이드라인이 교사들에게 필요한 것 같다. 이러한 많은 증거들은 재능이 계획적인 육성 없이는 나타나지 않는다는 것을 말하고 있다.

호바트앤드윌리엄스미스대학의 역사 교수인 Singal(1991)은 선택 과목 강의를 듣는 1학년 학생들의 읽기·쓰기 능력에 관심이 있었고, 그래서 20년 동안 1학년 학생들의 SAT 점수, 등급 매기는 규칙, 교육과정을 분석하였다. 그는 초등학교, 중·고등학교에서 읽기의 질과 양에 놀라운 감소가 있었음을 보고하였다. 또한 테스트 통계학에서 1966년과 1976년 사이에 SAT 언어에서 70% 하락하였다는 것을 보고하였다. 그는 이 같은 하락이 SAT 시험을 보는 새로운 그룹에 의해서 설명될 수는 없지만, 영재들의 기능의 실제적인 하락을 설명할 수는 있다고 주장하였다. 감소의 정도는 좀 더 최근에 1972년 이래로 SAT 언어에서 600점 이상 점수를 획득한 학생들의 수가 35% 하락하였다고 보고한 *Chronicle of Higher Education* (Shea, 1993)에서 강조되었다.

언어 능력의 계발은 복잡한 과제이다. 존스홉킨스대학교 영재센터의 연구자들은 지적 능력은 보이지만 기능의 부족 때문에 영재 프로그램에 참가하지 못한 5학년 학생들에 관한 몇 가지 연구를 하였다. 이 연구로부터 높은 잠재력을 가진 학생들을 위한 5년간의 프로그램이 언어 기술의 약점을 보완하기에는 어려움이 있다는 것이 밝혀졌다(Lynch & Mills, 1993). Skills Reinforcement Program(SRP)은 학생들이 수학에서 높은 향상을 보였지만 언어에서는 그렇지 못하였음을 보여 주었다. 또한 Skills Reinforcement Project를 통한 집중적인 프로그램을 받은 1년 후, 수학에서는 치료 집단에 있던 학생들이 통제 집단 학생들보다 더 높은 점수를 보였지만 언어에서는 그렇지 않았다. 연구자들은 학생들의 수학적 기능과 추론적 능력이 그들의 언어 능력보다 훨씬 더 극적인 변화를 가져온다는 것을 밝혀냈다(Lynch & Mills, 1990, pp. 375- 376). 또한 그들은 언어 발달이 단순히 많은 교수 시간과 숙제 시간을 더 요하는지에 대해 연구를 계속하고 있다(Lynch & Mills, 1990).

또 다른 연구(Lynch & Mills, 1993)에서도 언어 성취의 증가는 수학 성취의 증가만큼은 아니었다는 것이 밝혀졌다. 그리고 언어 영재 교수 자료는 프로그램을 받는 기간의 증가 또는 교육과정 수정 기간의 증가를 통해 개선될 수도 있다고 제안하였다. 세 번째 연구에서 연구자들은 같은 패턴의 결과를 발견하였다. 표준화된 언어 수업에서 학생들이 얻은 점수는 수학보다 덜 인상적이었다. 그들은 언어 기능은 학업적 중재에 의해서는 발전이 어렵다고 가정하였다(Mills, Stork, & Krug, 1992). 이러한 그들의 불확실한 결론은 새로운 언어 영재교육과정의 필요성을 강조하는 것이다. 높은 잠재력을 가진 학생들의 언어 능력을 길러 주는 것은 매우 힘든 일이라는 것을 알게 되었다.

뉴욕 용커스에 있는 영재들을 위한 특수학교인 "P.E.A.R.L.S"에서도 언어 점수 향상에 어려움이 있다는 유사한 문제점을 발견하였다. 언어와 수학에서 다수의 일반 학생들과 소수의 영재 사이의 성취 차이를 명백하게 줄이기 위한 중재 프로그램의 결과는 수학에서는 눈에 띄는 향상을 보였지만 언어에서는 거의 변화가 없었다(G. Pack, 개인적 교신, 1992년 2월 1일).

뉴욕 주에서 멀리 떨어진 시골 초등학교의 영재를 위한 언어 영역 프로그램 중 하나가 Saratoga Warren BOCES Young Scholars Program이다. 이는 또래 학생들보다 4학년 정도 수준이 높은 학생들에게 지적 도전을 주고자 1987년에 시작되었다. 1992년부터 1993년까지 35개의 학교에서 233명의 학생들이 『오디세이아』, 『메데이아』, 『길가메쉬 서사시』, 『베오울프』, 『과거 그리고 미래의 왕』과 같은 고전들을 배우기 위해 1주일에 하루(하루 종일) 15 사이트(sites) 중 하나에 참가하였다. 추론, 읽기 이해력, 어휘력, 그리고 쓰기 기술의 향상은 존스홉킨스대학교의 평가 지침에 따라 문서화되었다(Aldrich & Mills, 1989). 이 프로그램의 성공은 문학에 흥미를 갖게 하는 연구에 기초한 교육과정이 언어영역의 의미 있는 향상을 가져온다고 제안하였다.

국가 수준에서뿐만 아니라 영재교육 환경 내에서도 연구자들은 특별한 교육과정을 문서화한다. Durden과 Tangherlini(1993)는 최근 저서에서 "영재들은 국가가 정한 유치원부터 12학년이라는 과정을 힘겨워한다."(p. 3)라며 새로운 도전을 이야기한다. 다른 저자들 역시 이 부분에 초점을 맞추고 있다(Kaplan, 1986; Maker, 1982; Passow, 1982; VanTassel-Baska, 1992).

Archambault와 동료들(1993)에 의해 진행된 7,300명의 3, 4학년 교사들에 관한 최근 연구는 교사들이 영재들을 위한 교육과정에 단지 최소한의 수정만을 가한다고 결론지었다. 예를 들어, 92일 동안 교사들을 관찰한 결과, 영재들로 하여금 자신들의 실제적인 수준을 넘어서 생각하도록 한 질문은 22% 미만이었다고 하였다. 또한 연구자들은 많은 학군들이 경제적인 이유나 집단편성의 공정성에 대한 문제 때문에 프로그램을 없앴다는 것을 알게 되었다. 이 상황을 중재하기 위해 그들은 영재들에게 질 높은 교육과정을 제공할 교사들을 돕기 위한 많은 노력이 이루어질 것을 요구하였다.

최근 연구에서는 교육과정의 효율성을 분석하였다. 비록 이 연구가 교사들이 영재들을 어떻게 교육시켜야 하는지 배울 수 있는 설득력 있는 단서를 제공하였다 할지라도 실제적으로는 적용하기 힘든 것이 사실이다.

언어 기술의 구조와 교육과정 가이드라인에서조차도 영재들의 수준에 맞는 것은 거의 보이지 않는다. Dunkleberger(1992)는 44개의 문헌을 분석하였다. 그리고 단 7개의 문헌만이 영재들의 존재를 인식하였다고 밝혔다. 이러한 문헌의 부족은 "새로운" 언어 기술 요소들을 알아보고, 영재들을 위해 적합한 기준과 교육과정 제공을 위한 프로젝트의 목표를 만든다.

Langer(1992)는 교사들이 문학을 사용하는 데 효과적인 교수 전략 지식을 필요로 한다는 것을 인식하였다. 그녀는 "교수의 일반적 원리"를 증명할 수 있었다. 그리고 교사들이 원하는 스캐폴딩의 종류를 묘사하였다. 그녀는 그 이론이 타당할지라도 교사들은 매일매일 가르치는 데 가이드해 줄 수 있는 명확한 가이드라인을 요구한다고 하였다.

2. 현장에서의 적용

읽기·쓰기를 가르치는 좋은 방법에 대한 의견은 다양하다. 현재 널리 퍼져 있는 논문, 책, 연구물에도 불구하고, 많은 교사들은 영재들을 위한 일반적인 읽기 프로그램에 의존한다(Mullis, Owen, & Phillips, 1990). 실제로 1990년 NAEP 읽기 평가에서 샘플링된 4~8학년 교사들의 90% 이상이 그들 교수의 주요한 부분을 위해 기초 읽기 프로그램을 사용했다고 설명하였다. 따라서 국가 언어교과 교육과정 프로젝트에서 해야 할 주요한 연구 중의 하나는 몇몇 프로그램 시리즈들이 영재들을 위해 적합한지 아닌지를 분석하는 것이다. '*Report Card on the Basals*'에서 Goodman(1989)은 기초 읽기 프로그램이 지닌 주요한 문제들을 언급하였다—대부분의 학생 교재들은 제한된 학습 시리즈로 한정된다. 대부분의 교재들은 단순화된 어휘를 생략한다. 윤리적 균형을 초래한다. 교사들은 준비된 스크립트만을 따라야 한다. 수업 시간의 10~15%만이 실제적인 읽기 경험을 한다. 평가는 보통 기술에 기초한 연습으로 한다. 읽기는 단어를 확인하는 것으로 본다. Goodman은 기초 교재에 반대한 Frank Smith의 의견을 뒷받침하였다. 그들은 학생들은 읽기 경험의 부분으로서 자신의 의견에 대해 다른 이들을 설득하기 위해 훌륭한 아이디어를 가지고 있을지도 모른다고 생각한다. 영재들의 교수 방법에 대해 연구해야 할 교사들은 특히 독립된 사고를 촉진하는 것, 그리고 학생들이 자발적으로 아이디어에 대처하도록 하는 것에 주의를 기울여야 한다.

3. 독서의 새로운 이해

기초 교재의 제한에 대하여 많은 읽기 연구가들은 아동들의 욕구에 맞게 몇 개의 교정 수단을 제안하였다. 상업적인 읽기 프로그램의 편집자들은 또한 이 문제에 대해 민감하게 대응하였다(Walmsley & Walp, 1991). 텍스트북 회사인 D. C. Heath의 1992년 가이드라인은 이러한 경향을 잘 설명한다. 편집자들의 목표는 로봇, 해독기 대신에 사고하는 인간을 만들어 내는 것, 읽기는 마음과의 대화, 읽기는 의미를 찾는 과정, 언어 기술은 통합되어야 한다, 학생들은 가장 훌륭한 언어 모형을 가져야 한다, 학생들 자신의 언어는 주요한 근원으로서 재검토되어야 한다고 언급하였다.

효과적인 읽기가 독자와 저자 사이의 대화로서 여겨진다면 언어 영재 교사들이 해야 할 일은 독자를 매우 폭넓은 범위와 깊이 있는 사고자가 되도록 하는 것이다. 사실상 교사는 학생들을 위한 "아이디어 파트너"이다. 교사는 대화를 통해 학생들의 다양한 사고가 가능하다는 가정이 필요하다. 그리고 교사들은 학생들의 배경 지식이나 그들 자신만의 아이디어를 만들어 내는 능력으로 그들을 평가해서는 안 된다(Wolf, 1988).

4. 교육과정 평가 지침: 좋은 언어교과 자료를 위한 지침

*The Consumer's Guide to English-Language Arts Curriculum*은 교사가 초기 읽기·쓰기 시리즈를 접할 때 겪는 어려움을 강조한다(Aldrich & McKim, 1992). 1989년부터 1991년까지, Saratoga-Warren Counties Boards of Cooperative Education (BOCES)에 의해 선발된 연구원들과 현장 경험자들로 구성된 연구 팀은 문식성과 영재교육 영역의 최근 연구에 기초한 교육과정 평가 지침(Curriculum Assessment Guide, CAG)을 발전시켰다. CAG는 교육과정 평가자로 구성된 2개의 다른 연구 팀

에 의해 현장 검증을 받았고 부족한 부분들을 수정하였다.

교육과정 평가 팀은 뉴욕 주 Saratoga Spring에서 언어 영재 교사들, 혼합 집단을 가르치는 교사들, 교육과정 전문가들, 문학 교수·학습 국립연구센터의 교수들, National Assessment Governing Board Reading and Writing Committee의 멤버들로 구성되었다.

교육과정 리뷰 프로젝트는 교육과정 평가 지침(CAG)에 기초하여 시작되었다. 3개의 가이드 아이디어, 즉 정확한 교육과정 내용, 영재들의 요구, 학습 환경이 바로 그것이다. CAG에 의한 설계는 우리가 예상했던 것보다 더 많은 시간이 걸렸다. 그리고 문서를 만들기 위해 많은 다른 수정이 필요했다. 우리의 첫 단계는 우리의 문서를 확실하게 현장에서 정착시킬 수 있도록 하기 위해 읽기, 쓰기, 언어 획득 연구의 철저한 문학 논평에 있어서 우리를 이끌어 줄 학자와 언어학자를 찾는 것이었다.

종합적인 발견은 어려운 것으로 입증되었다. 연구에서 모든 것을 포함하였다면 우리는 문서를 만드는 데 어려움에 처했을 것이다. 우리의 스태프와 현장에서 근무하는 교사들 사이의 세 번의 수정과 현장 검증 후에 우리는 미침내 범주와 문서 성질의 일치를 보았다.

CAG의 목적은 교육과정이 영재들의 욕구에 맞는지, 문식성 연구에서의 최근 연구가 영재에게 적합한지 아닌지 교사들과 교육과정 기획자들의 평가를 도와주는 것이다. 우리는 교사들이 자신들을 가이드해 줄 무엇인가를 필요로 한다는 것을 느꼈다. CAG가 개발된 후 우리는 언어 전문가들과 교육 관리자들에게 피드백을 받았다.

5. 교육과정 평가 지침서란 무엇인가?

CAG는 행정가, 교육과정 전문가, 교사들이 사용하도록 고안되었다. CAG는 언제 교육과정을 만들지를 선택할 때 중요한 3개의 특징들로 구성된다.

첫 번째 CAG의 관심은 문식성 내용이다—무엇을 정확하게 배울 것인가? 도전적인 내용은 언어 영재들에게 다양한 텍스트를 통한 주제, 문제, 이슈를 주고 읽기, 쓰기, 구술 의사소통에 효과를 준다. 의미를 만들기 위해 다각적인 방법을 돕는 문학 내용은 명확한 연구를 수행하게 하고, 평생 학습을 위한 태도와 습관을 촉진한다.

두 번째로 CAG가 강조하는 것은 학습자의 요구이다—영재들은 언어 기술에서 무엇을 필요로 하는가? 언어 영재를 위해 비판적 사고와 초인지 능력을 증진시키는 구조화된 기회를 제공한다. 도전적인 언어 기술 경험은 학생들의 호기심을 촉진시키며 해석하고 판단하는 능력을 촉진시킨다. 영재들조차도 다양성을 원한다. 그러므로 이러한 욕구를 충족시키는 폭넓은 경험이 필요하다.

CAG가 중요하다고 보는 세 번째는 문식성 커뮤니티이다—교사들은 어떻게 교실에서 문식성 커뮤니티를 만들까? 교사의 역할은 촉진자, 협력자, 문제 해결자이다. 문식성 커뮤니티의 발달은 언어를 일반적이고 의사소통의 필수적인 부분으로 보는 것을 강조하는 것이다. 그것은 독립적이고 협력적인 학습을 포함한 다각적인 문식성 이벤트를 통한 문식성 양식의 상호작용 모델을 제공한다.

6. 교육과정 평가 지침서를 어떻게 적용하는가?

프로젝트 참여자는 언어 영재 교수 자료의 세 가지 범주를 재검토하였다—포괄적인 읽기, 초기 교재로 잘 알려진 언어 텍스트북 시리즈, 언어 기술 교육과정, 보충 교재와 비영리 출판사들에 의해 영재들이 도전하고 흥미를 유발하도록 설계된 문학에 기초한 접근들.

2개의 평가자 그룹은 같은 교수 자료를 분석하기 위해 CAG를 사용하였다. 한 그룹은 경험 있는 현장 경험자들과 지방 학교의 언어교사들로 구성되었고, 나머지 한 그룹은 올버니에 있는 뉴욕주립대학교의 연구원들로 구성하였다. 문학 교수·학습 국립연구센터의 연구자들은 정규학급에서 교사들이 사용하는 프로그램보다 상업적으로 만들어진 프로그램을 더욱더 비판하였다. 그러나 교사들은 언어 영재들을 위해 만들어진 프로그램이 문학 교수·학습 국립연구센터의 조사 결과들과 일치한다는 것을 알았다. 간단히 말해서, 우리는 영재들의 흥미를 자극할 만한 프로그램이 없다는 것을 알게 되었다.

평가자들은 전체적이고 다수의 범주를 표현한 교수 자료를 평가하였다. 평가자들의 의도는 도전적인 언어 영재 교수 자료를 선택할 실제적인 방법을 교사들에게 알려 주려는 것이었다. *Consumer's Guide*를 위한 주 목표는 교사였다. 교사들은 다음과 같은 질문 사항들을 가지고 있을 것이다—영재들을 위하여 내가 선택해야 할 프로그램은 무엇인가? 혹은 학생들의 사고를 자극하기 위해 어떻게 수업을 계획하고, 풍부한 집단 상호작용을 위해 어떻게 기회를 제공해야 하는가? 학교가 기초 교재를 요구한다면 나는 무엇을 선택할 것인가? 어떻게 행정가나 부모들에게 이 결정을 정당화시킬 수 있을 것인가? 프로그램의 선택이 제한적이라면 가치 있는 기술과 깊은 사고력의 획득을 위한 최선의 방법은 무엇인가?

우리는 언어 영재들이 다음과 같은 사고 습관을 계발하도록 도와주기 위한 교육과정 교수 자료를 찾고 있었다.

- 교재에서 중요한 아이디어 찾기
- 교재에서 애매함, 아이러니, 뉘앙스를 민감하게 인식하기
- 저자가 이 글을 쓴 의미를 인식하기
- 교재 참고 문헌을 보고 텍스트에 관한 그들 자신의 아이디어를 제안하기
- 문법의 힘을 평가하기
- 어떻게 영역을 꾸미고 어떻게 의미를 더하는지를 이해하기
- 음악, 그림, 드라마, 조각을 통해 텍스트에 접근하기
- 문화적 배경에 대해 작가의 가정을 인식하기
- 다른 문화의 작가에 의해 표현된 유사한 주제들을 인식하기
- 교재와 다른 질서 사이의 관계를 제안하기
- 모든 장르의 고전을 널리 읽기
- 다양한 장르의 소비자 되기
- 형식과 형태 사이의 관계를 평가하기
- 유창성, 유능성, 작가로서 자신의 목소리를 발전시키기
- 일생 동안 읽기를 좋아하기
- 비판적이고 질문이 많은 사고자 되기
- 의미 추구를 위한 다각적인 방법 평가하기

300권 이상의 책들과 우리가 이전에 재검토했던 보충 교수 자료는 우리가 CAG에서 기술하였던 표준들과 거의 일치되지 않았다. 이는 우리의 기준이 너무 높았거나 너무 많은 다른 방법으로 교육과정을 강요하였을지도 모른다는 것을 의미한다. 우리는 언어 영재들에게 의욕을 불러일으키는 접근 방법은 없었을 거라고 가정하였다.

게다가 공식적으로 그 연구 팀들이 몇 나라의 언어로 재검토하여 출판한 기초 교재는 언어 영재들을 위한 일반적인 교수 자료로 사용된다. 이 교수 자료는 모든 범주에서 높은 점수를 받지는 못했다. 그러나 보충적 접근으로는 높은 효과를 보이는 것으로 간주되었다. Junior Great Books, the McGuffey Readers, Center for Talented Youth(CTY) 읽기·쓰기 과정 가이드라인과 같은 프로그램들은 실제 현장에서 가르치기 좋은 예시를 수록하였다. 예를 들어, 우리는 McGuffey Readers가 다양한 평가 방식과 다문화적 양상을 제외하고는 우리 기준의 대부분에서 높은 점수를 받았다는 것을 알았다. The Junior Great Books는 비록 평가 부분에서 제한되어 있지만 영재를 포함한 모든 학습자들에게 적합한 것으로 간주된다. CTY 프로그램은 개념과 범주 부분에서 좋았지만 특정 수업을 위한 제한된 가이드라인을 제공하였다.

7. 독서 시리즈에 관한 일반적 견해

평가자들의 결론은 상업적으로 만들어진 언어 영재 교수 자료에 대한 Goodman (1989)의 비판과 Chall(1991)의 연구를 뒷받침하였다. 평가자들은 서론 작문법의 실제 수업과 기초 교재 사이의 차이가 대부분의 언어 영재에게 흥미를 주지 않았다는 것을 알았다. 평가자들의 검토를 통해 몇 가지 주목할 만한 부분을 발견하였다.

1. 교사들의 매뉴얼 시작 부분에 출판업자들이 항상 포함시키는 철학적 설명은 읽기 교육에서 최근 연구를 종종 반영한다. 이는 다음과 같은 개념들을 포함한다—다문화적 관점, 비판적 사고, 말하기·듣기에서의 유창성, 텍스트에서의 교수 방법, 주목을 끄는 문학(어린 아동들이 점차적인 단계 과정을 통해 읽기, 쓰기 기술을 발달시키는 이론), 듣는 이의 반응(아동들이 이야기를 해석하도록 격려하는 태도), 문식성 커

뮤니티의 일원으로서 학생과 교사를 대하는 방법.

2. 몇몇의 출판업자들은 교사가 문식성/언어 영역 교실을 만들기 위해 사용할 수 있는 전략을 제안한다. 이 접근들은 때때로 부록에서 설명된다. 또한 매뉴얼의 서론 부분에 포함되기도 한다. 적어도 우리가 재검토하였던 6명의 출판업자 중 4명은 집필 과정 접근, 문학에 대한 독자의 응답 혹은 이 둘 다를 강조하였다.
3. 출판업자 Scott Foresman, Houghton Mifflin, Heath는 문학 선택 시 고려해야 할 것들을 알려 주었다. 앞부분의 짧은 발췌문들은 독자들이 다각적인 해석, 비판적인 태도, 독서 후의 풍부한 반응이 나오도록 하는 데 제한을 가지게 만든다. 예를 들어 한 출판업자가 그대로 인용된 문학을 쓰기의 모델로서 제안한다. 이런 활동 속에서 학생들은 다각적 관점을 연구할 수 없다. 이러한 경향은 특히 중요하다. 왜냐하면 그러한 문식성 경험은 전체 문식성 발달에 필수적이기 때문이다.
4. 단원 활동은 정해진 철학들을 반영하지 않는다. 종종 수업은 교사들을 학생들의 사고를 떨어뜨리는 방향으로 인도하기도 한다. 예를 들어, 질문은 보통 교사에 의해 제공되고 예상 응답은 매뉴얼에 제공된다. 이런 활동들은 학생들이 깊은 사고를 할 수 있도록 도와주는 것처럼 보인다. 그러나 이것은 프로그램 내에서 점점 증가하는 정교함에 주의를 기울이는 것처럼 보이지는 않는다. 심지어 단원 형식은 매년 변화하지 않기도 한다.
5. 기계론적이고 추상적인 기능은 여전히 많은 프로그램의 구동력인 것처럼 보인다. 문맥에서 교수 기능의 개념은 대부분의 교수 자료에서 잘 발전되지 않았다. 이 기능들은 학생들의 요구에 맞추어 학생들과 관련시켜 발전시켜야 한다는 것을 이해하지 못하는 것처럼 보인다. 학생들은 자신들의 기능을 교사의 정해진 질문에 의례적으로 답변하는 것보다 실세적 문식성에 활용해야 한다.

8. 기초적인 작문 시리즈 검토의 조사 결과 요약

무엇보다도 초기 쓰기 시리즈의 검토는 이 교재에서 사용하는 프로그램에서 발견된 요점과 강조점에 대한 관심을 입증한다.

1. 모든 시리즈는 최근 연구를 반영한다. 시리즈 중 일부는 다른 것에 비해 더 성공적이다. 그 시리즈의 철학적 설명은 언어 기술의 통합을 이야기한다. 모든 시리즈는 학생들이 문학에서 정선된 작품을 읽고, 언어의 사용과 구조를 분석하며, 그들 자신의 쓰기를 위한 모형으로서 정선된 문학작품의 사용을 통합적으로 이루기 위해 노력한다. 시리즈는 학생들이 평생 동안 성공적인 의사소통을 하도록 돕기 위함이다.
2. 모든 출판업자들은 언어 교실 내 문식성 커뮤니티를 촉진하기 위한 교수 전략을 제안한다. 이 접근 방법들은 교사들의 매뉴얼에 주석을 다는 것부터 시작된다. 모든 출판업자들은 집필 과정을 강조한다.
3. 출판업자들에 의해 제공된 문식성 모형 접근에도 불구하고, 어떤 시리즈도 정확한 문학적 정선을 포함하지는 않는다. 단원 내에서 학생들은 오직 한 가지 혹은 두 가지의 간결한 논리만을 고려한다. 다문화적 관점을 제공하는 대신에 간결한 일견만을 제공한다.
4. 대부분 단원 활동은 모든 영역에 초점을 두지는 못한다. 이러한 시리즈에는 문제해결, 혁신, 확산적 사고를 촉진하는 심도 깊은 주제가 결여되어 있다. 읽기와 쓰기는 강조되지만, 말하기와 듣기는 두 번째로 중요하게 다뤄지고 거의 발전을 보이지 않는다. 많은 활동들은 지속성, 예상한 형식 그리고 전통적인, 교사가 주도하는 교수법을 사용한다. 이것들은 각 시리즈의 정교함을 증가시키는 데에 관심이 거의 없다.
5. 문법, 기술, 어법, 그리고 집필 과정의 다양한 단계들은 프로그램의 구동력이다. 비록 이것이 시도된다 하더라도 맥락적 기술 발전은 불충분하다. 이 시리즈에서 대부분의 교수 자료는 상상력 없는 형식과 시행된 규칙들로 이루어져 있다.

9. 교사에 대한 함의

효과적인 읽기를 독자와 작가 사이의 교류로 생각한다면, 영재 교사들은 독자로 하여금 폭넓고 깊이 있는 사고를 갖게 할 것이다. 사실상 교사의 역할은 학생들에게 아이디어 파트너를 찾도록 하는 것이다. 교사는 학생들이 다양한 사고와 "대화"에 대한 질문을 가진다고 가정할 필요가 있다. 그리고 교사는 학생들의 배경 지식 혹은 그들 자신의 아이디어를 만들어 내는 능력으로 학생들을 평가해서는 안 된다(Wolf, 1988).

문식성 활동의 상호작용 모형은 언어 내용에 초점을 맞추는 것이 더 이상 적합하거나 교육학적으로 유용하지 않을 수도 있다고 제안한다. 대개의 경우, 내용은 기능 연습을 위해 주어진 교수 자료의 기능과 분류된다(Babbitt, 1989). 예를 들어, 학생들의 쓰기와 시리즈의 예로 사용되는 문학작품은 문단에서의 연습으로 간주될 수도 있다. 내용이 상업적 읽기 프로그램에 중심 단계를 채웠을 때, 교실 활동은 전형적으로 예상했던 것들, 교사 결정 형식을 인식하는 것을 보여 주는 데에 초점을 둔다.

아이디어 파트너 모형은 교사가 학생들의 아이디어와 사고를 유도하기 위한 여지를 두어야 한다는 것을 보여 준다. 사실상 학생들 각자가 다른 해석을 하도록 격려해야 한다.

언어 영재 교실에서 교사들은 의미를 만들 줄 아는, 아이디어를 산출할 수 있는, 쓰기에서 그들 자신의 민감성을 보여 줄 수 있는, 내용에 대해 그들 자신의 판단을 할 줄 아는, 그리고 전체 교실과 문식성 커뮤니티를 비교할 수 있는 그 자신만의 감각을 가진 이들로 학생들을 가정해야 한다. 무엇보다도 교사들은 정확한 내용을 파악하는 영재의 능력을 과소평가해서는 안 된다.

초기 프로그램의 재검토에서 발견된 언어 기술에서 영재들을 위해 적합한 교수 자료 제공을 위한 두 가지 표준은 정확성과 풍부함이었다.

정확한 내용은 무슨 의미일까? 교사들은 영재를 위해 정확성을 어떻게, 어디서 찾을 수 있는가? 학교 개혁에 대한 논의에서 세계적 수업 기준에 관한 토론이 이루어진다. 이것들은 다양한 의미를 가진다. 한 가지 수준에서 기준은 비교를 나타낼지도 모른다. 예를 들어 AP 영어 시험에서 12학년에 의해 쓰여진 에세이를 어떻게 비교할까? 5등급과 1등급 사이의 평가 기준은 무엇일까? 영국, 일본, 미국에서 4학년을 어떤 수행 예상을 가지고 봐야 할까?

정확성은 어려운 개념이다. 읽기 작업은 특정 연령의 대부분의 학생들에게는 너무 어려운 것처럼 보일지도 모른다. 정확성은 어려운 것, 요구되는 것, 즉각적으로 인식되지 않은 것, 표면 아래 미묘한 것을 의미한다. 정확성은 그 단어가 갖고 있는 아이디어를 생각하게 하는 것을 의미한다. 정확한 내용은 학생들의 아이디어를 과소평가하지 않는다. 정확한 내용은 학생들이 생각하고 관련성을 갖도록 하는 데 도움을 준다. 풍부한 내용은 특별한 영역의 맥락에서 봐야 한다. 풍부한 내용은 개념의 깊이를 포함한다. 대부분의 학생들처럼 영재들은 어려운 수준에 있을 때 가장 잘 배운다. 학생들은 암시된 의미, 풍부한 어휘, 미묘한 유머로 가득 찬 교재에 의해 흥미를 가질 때 발전한다. 그들은 다양한 관점들을 평가한다.

신화, 성경, Shakespeare의 작품과 같은 서양 문학의 고전적 토대를 포함한 교육과정의 실패는 학생들을 문학의 주제와 이미지를 확장하여 문학의 진가를 알아내는 능력이 부족한 상태로 남겨 두었다. 다른 문화 속에서 문학의 풍부한 근원을 찾기 위하여 교사들은 더욱 서구 문학에 영감을 불러일으키는 주요한 근원을 놓치면 안 된다.

제한된 단어집과 짧고 단순한 문장들로 쓰인 교재의 강조는 아동들에게 있어 독서 경험의 풍부함과 폭넓은 독서 경험을 고갈시켰다. Diane Ravitch가 쓴 "Where Have All the Classics Gone?"(1987)은 19세기 후반에 출판된 책을 읽은 독자들과 1940년 이후 출판된 책을 읽은 독자들 사이의 차이점을 기록하였다. Alcott, Defoe, Tennyson, Longfellow, Keats, Audubon, Thoreau가 쓴 아동 이야기책은 문장 길이와 복잡한 어휘 때문에 사라졌다. 또한 시 선택은 30% 감소하였다. 1986년까지 소년들과 그들에 대한 실제적인 이야기와 정보를 제공한 교수 자료는 대부분 신화, 이솝우화, 전설이 대신하였다. 그 후 이러한 동향은 부분적으로 바뀐 것처럼 보이지만 사회적 개혁은 여전히 많은 교재 선택에 영향을 미치는 것으로 여겨진다.

10. 결론

출판된 교육과정의 검토는 예상했던 것보다 더 많은 시간이 걸리고 더 힘든 과정임을 알게 되었다. 우리는 출판업자들과 그들의 목표에 대하여 이야기하였고, 기초 교재 독자들을 위한 예비적 설명뿐만 아니라 실제 수업이 설계된 방법들을 주의 깊게 분석하였다. 우리는 종종 그들이 하겠다고 말했던 것과 그들이 실제로 했던 것들 사이의 큰 차이를 발견하였다. 이것으로부터 우리는 읽기·쓰기의 새로운 연구는 실제적인 초기 수업 저자들의 사고를 흡수하는 것에서부터 시작되었다고 결론지었다.

우리는 또한 도전적인 교육과정 디자인을 위해 요구되는 결정 사항들에 대해 새로운 주의를 하게 되었다. 검토 과정은 우리로 하여금 교육과정 개발을 위한 노력에 관해 더욱더 비판적이고 주의 깊게 하였다. 사실상 우리는 더 주의 깊은 소비자가 되어야 할 뿐만 아니라 교수 자료를 훨씬 잘 구별하는 생산자가 되었다.

12개월 동안 주요한 시리즈와 상업적인 프로그램의 재검토 후 우리는 그것들 중 어느 것도 영재들에게 충분한 도전을 불러일으키지 못했다고 결론지었다. 그 프로그램 중에는 학생들이 학제적인 관점을 얻을 수 있는 활동이나 프로젝트, 다각적 통합의 증거가 거의 없었다. 소수의 읽기·쓰기 작업만이 심도 깊은 연구를 요구할 뿐이었다.

우리는 언어 영재를 위한 교육과정 교수 자료는 풍부하고 복잡하고 의미 있는 아이디어, 주제, 이슈를 제공하는 문식성 우수성을 가지고 있어야 한다고 믿는다.

11. 핵심 요약

- 오늘날 국내외의 자료를 보면 다른 나라와 비교해 볼 때 우리 상위 학생들의 언어 능력이 더 낮고, 시험 문제들의 정확도가 부족함을 알 수 있다.
- 영재의 언어 기술 향상을 위해 우리는 비판적 읽기, 사고 증진에 초점을 두어야 한다.
- 교육과정 평가 지침은 언어 영재 교수 자료의 적합성을 판단할 수 있는 기준을 제공한다.
- Consumer's Guide는 언어 영재 교수 자료의 포괄적인 재검토에 기초해서 권고해야 할 것들을 이야기한다. 기초 교재는 언어 영재에게는 적합하지 않다는 것을 알게 되었다.
- Junior Great Books와 McGuffey's Readers 같은, 문학에 근거한 교수 자료는 언어 능력을 향상시키는 데 적합하다는 것이 밝혀졌다.

- 내용의 정확성과 풍부함의 기준은 언어 영재에게 적합한 교수 자료를 선택하는 데 결정적이다.

12. 부록 A: 총제적 교육과정 특성 평가지

주: 이 평가지는 교육과정 평가 안내서에 기초하여 개발된 교육과정 특성 평가지이다. 아래의 데이터는 학년 수준에 따른 교재에 대한 검토자의 점수를 반영한다.

이 교육과정의 평균 점수는 ________이다.

채점 기준: 매우 적합함(extensively)−6, 적합함(adequately)−5, 보통임(moderately)−4, 다소 미흡함(infrequently)−3, 미흡함(rarely)−2, 아주 미흡함(not at all)−1

일반 교육과정 설계 특성			
	유치원~초등 2학년 (Grades K-2)	초등 3~5학년 (Grades 3-5)	초등 6~중 2학년 (Grades 6-8)
교육과정 범위	6 5 4 3 2 1	6 5 4 3 2 1	6 5 4 3 2 1
자료	6 5 4 3 2 1	6 5 4 3 2 1	6 5 4 3 2 1
학습자 고려	6 5 4 3 2 1	6 5 4 3 2 1	6 5 4 3 2 1
교수적 접근	6 5 4 3 2 1	6 5 4 3 2 1	6 5 4 3 2 1
사정/평가	6 5 4 3 2 1	6 5 4 3 2 1	6 5 4 3 2 1

언어교과 교육과정 특성			
	유치원~초등 2학년 (Grades K-2)	초등 3~5학년 (Grades 3-5)	초등 6~중 2학년 (Grades 6-8)
교육과정 내용	6 5 4 3 2 1	6 5 4 3 2 1	6 5 4 3 2 1
활동	6 5 4 3 2 1	6 5 4 3 2 1	6 5 4 3 2 1
교수·학습 실제	6 5 4 3 2 1	6 5 4 3 2 1	6 5 4 3 2 1

문해교육의 내용			
	유치원~초등 2학년 (Grades K-2)	초등 3~5학년 (Grades 3-5)	초등 6~중 2학년 (Grades 6-8)
도전적인 이슈, 문제 및 주제의 적절한 제공	6 5 4 3 2 1	6 5 4 3 2 1	6 5 4 3 2 1
다양한 텍스트, 장르, 형식과 읽기 및 쓰기에 대한 목적 제공	6 5 4 3 2 1	6 5 4 3 2 1	6 5 4 3 2 1
의미 생성을 위한 과정 및 다양한 방법 지원	6 5 4 3 2 1	6 5 4 3 2 1	6 5 4 3 2 1
학생이 가지고 있는 정보 증가	6 5 4 3 2 1	6 5 4 3 2 1	6 5 4 3 2 1
학생이 중요한 질문과 주제에 관해 정의를 내리도록 허용	6 5 4 3 2 1	6 5 4 3 2 1	6 5 4 3 2 1
내용과 기능을 통합	6 5 4 3 2 1	6 5 4 3 2 1	6 5 4 3 2 1
문화적 다양성에 대한 인식과 공감 강조	6 5 4 3 2 1	6 5 4 3 2 1	6 5 4 3 2 1
평생 학습을 위한 습관 권장	6 5 4 3 2 1	6 5 4 3 2 1	6 5 4 3 2 1

학습자 참여			
	유치원~초등 2학년 (Grades K-2)	초등 3~5학년 (Grades 3-5)	초등 6~중 2학년 (Grades 6-8)
높은 수준의 언어 능력 권장	6 5 4 3 2 1	6 5 4 3 2 1	6 5 4 3 2 1
개방형 경험 제공	6 5 4 3 2 1	6 5 4 3 2 1	6 5 4 3 2 1
논리, 구문론 및 문법을 가르치는 구조적 경험 제공	6 5 4 3 2 1	6 5 4 3 2 1	6 5 4 3 2 1
높은 수준의 비판적 사고 촉진	6 5 4 3 2 1	6 5 4 3 2 1	6 5 4 3 2 1
실험 기회 제공	6 5 4 3 2 1	6 5 4 3 2 1	6 5 4 3 2 1
학생의 담화 기능 계발	6 5 4 3 2 1	6 5 4 3 2 1	6 5 4 3 2 1
깊은 미학적 공감을 이끌어 내는 호기심 자극	6 5 4 3 2 1	6 5 4 3 2 1	6 5 4 3 2 1
평가적 판단 촉진	6 5 4 3 2 1	6 5 4 3 2 1	6 5 4 3 2 1

문해 공동체 개발			
	유치원~초등 2학년 (Grades K-2)	초등 3~5학년 (Grades 3-5)	초등 6~중 2학년 (Grades 6-8)
문학에 관한 평생 학습 장려	6 5 4 3 2 1	6 5 4 3 2 1	6 5 4 3 2 1
문해 공동체 개발	6 5 4 3 2 1	6 5 4 3 2 1	6 5 4 3 2 1
다양한 문해 행사 제공	6 5 4 3 2 1	6 5 4 3 2 1	6 5 4 3 2 1
협동학습 장려	6 5 4 3 2 1	6 5 4 3 2 1	6 5 4 3 2 1
자기성찰 장려	6 5 4 3 2 1	6 5 4 3 2 1	6 5 4 3 2 1
의미 있는 작업을 위한 융통적인 속도 제공	6 5 4 3 2 1	6 5 4 3 2 1	6 5 4 3 2 1
교사를 촉진자, 공동학습자 및 문제해결자가 되도록 격려	6 5 4 3 2 1	6 5 4 3 2 1	6 5 4 3 2 1
외부 자원을 접하도록 권장	6 5 4 3 2 1	6 5 4 3 2 1	6 5 4 3 2 1
언어가 인간에게 공통적인 유대감을 제공한다는 인식을 일깨움	6 5 4 3 2 1	6 5 4 3 2 1	6 5 4 3 2 1

13. 부록 B: 총체적 언어영재 교육과정 특성 평가지

주: 이 평가지는 교육과정 평가 안내서(III)에 기초하여 개발된 언어영재 교육과정 특성 평가지이다. 아래의 데이터는 학년 수준에 따른 교재에 대한 검토자의 점수를 반영한다.

이 언어영재 교육과정의 평균 점수는 ________이다.

채점 기준: 매우 적합함(extensively)－6, 적합함(adequately)－5, 보통임(moderately)－4, 약간 미흡함(infrequently)－3, 미흡함(rarely)－2, 아주 미흡함(not at all)－1

교육과정과 언어영재 관련 내용 연구의 관계			
	유치원~초등 2학년 (Grades K-2)	초등 3~5학년 (Grades 3-5)	초등 6~중 2학년 (Grades 6-8)
광범위한 이슈, 문제, 주제 사용	6 5 4 3 2 1	6 5 4 3 2 1	6 5 4 3 2 1
풍부하고 어려운 문헌 사용	6 5 4 3 2 1	6 5 4 3 2 1	6 5 4 3 2 1
다양한 장르/쓰기 형식 포함	6 5 4 3 2 1	6 5 4 3 2 1	6 5 4 3 2 1
다양한 학문의 활용	6 5 4 3 2 1	6 5 4 3 2 1	6 5 4 3 2 1
관련 예술의 통합	6 5 4 3 2 1	6 5 4 3 2 1	6 5 4 3 2 1

교육과정과 언어영재 관련 과정 연구의 관계			
	유치원~초등 2학년 (Grades K-2)	초등 3~5학년 (Grades 3-5)	초등 6~중 2학년 (Grades 6-8)
엄격한 기술, 교재, 형식 사용	6 5 4 3 2 1	6 5 4 3 2 1	6 5 4 3 2 1
현존하는 아이디어나 새로운 아이디어 생성의 확장	6 5 4 3 2 1	6 5 4 3 2 1	6 5 4 3 2 1
연구/기초 자원 기능/방법 사용	6 5 4 3 2 1	6 5 4 3 2 1	6 5 4 3 2 1
개방형 과제/경험 장려	6 5 4 3 2 1	6 5 4 3 2 1	6 5 4 3 2 1
중요한 주제에 관한 심도 있는 작업 요구	6 5 4 3 2 1	6 5 4 3 2 1	6 5 4 3 2 1
협동 작업 사용	6 5 4 3 2 1	6 5 4 3 2 1	6 5 4 3 2 1
다양한 청중들과의 관계 요구	6 5 4 3 2 1	6 5 4 3 2 1	6 5 4 3 2 1
학생들에게 평가 도구 제작 허용	6 5 4 3 2 1	6 5 4 3 2 1	6 5 4 3 2 1
숙고를 위한 풍부한 기회 요구	6 5 4 3 2 1	6 5 4 3 2 1	6 5 4 3 2 1

14. 참고 문헌

Aldrich, P., & Mills, C. (1989). A special program for highly able rural youth in grades five and six. *Gifted Child Quarterly, 33*(1), 11-14.

Aldrich, P., & McKim, G. (1992). *The consumer's guide to English-language arts curriculum.* New York: Saratoga-Warren Board of Cooperative Educational Services.

Archambault, F. X., Westberg, K. L., Brown, S. W., Hallmark, B. W., Zhang, W., & Emmons, C. (1993). Regular classroom practices with gifted students: Findings from the classroom practices survey.

Journal for the Education of the Gifted, 16(2), 103–119.

Babbitt, N. (1989). The rhinoceros and the pony. *Horn Book, 65*(6), 728–731.

Chall, J. (1991). *Are the textbooks too easy?* New York: Teachers College Press.

Dunkleberger, D. (1992). *State language arts guides.* Paper prepared for Saratoga Warren BOCES Javits Project.

Durden, W., & Tangherlini, A. (1993). *Smart kids: How academic talents are developed and nurtured.* Gottingen, Germany: Hogrefe & Huber.

Gentile C. (1992). *Exploring new methods for collecting students' school based writing: NAEP's 1990 portfolio study.* Washington, DC: National Center for Education Statistics.

Goodman, K. (1989). *Report card on the basals.* Portsmouth, NH: Heinemann.

Institute for Educational Research. (1988). *The IEA study of written comprehension.* Jyvaskyla, Finland: Author.

Institute for Educational Research. (1992). *The IEA study of reading.* Jyvaskyla, Finland: Author.

Kaplan, S. (1986). The grid: A model to construct differentiated curriculum for the gifted. In J. S. Renzulli (Ed.), *Systems and models for developing programs for the gifted and talented* (pp. 180–193). Mansfield Center, CT: Creative Learning Press.

Kozol, J. (1991). *Savage inequalities.* New York: Crown.

Langer, J. (1992). Teaching the process of literary understanding. *National research center on literature teaching & learning update, 2*(11), SUNY–Albany.

Lynch, S., & Mills, C. (1990). The skills reinforcement project (SRP): An academic program for high potential minority youth. *Journal for the Education of the Gifted, 13*(4), 364–379.

Lynch, S., & Mills, C. (1993). Identifying and preparing disadvantaged and minority youth for high level academic achievement. *Contemporary Educational Psychology, 12*(1), 66–76.

Maker, J. (1981). *Teaching models in education of the gifted.* Rockville, MD: Aspen.

Maker, J. (1982). *Curriculum development for the gifted.* Rockville, MD: Aspen.

Mills, C., & Stork, B., & Krug, D. (1992). Recognition and development of academic talent in educationally disadvantaged students. *Exceptionality, 3,* 165–180.

Mullis, I. V. S., Owen, E. H., & Phillips, G. W. (1990). *Accelerating academic achievement: A summary of findings from twenty years of NAEP.* Washington, DC: Government Printing Office.

National excellence: A case for developing America's talent. (1993). Office of Educational Research and Improvement. Washington, DC: United States Department of Education.

Oates, J. (1985). *Keeping track: How schools structure inequality.* New Haven, CT: Yale University Press.

Ochse, R. (1990). *Before the gates of excellence: The determinants of creative genius.* Cambridge, England: Cambridge University Press.

Passow, H. (1982). *Differentiated curricula for the gifted/talented.* Ventura, CA: Leadership Training Institute on Gifted and Talented.

Ravitch, D. (1987, May 17). Where have all the classics gone? *New York Times.*

Reis, S., & Purcell, J. (1992). *An analysis of content elimination and strategies used by elementary classroom teachers in the curriculum compacting process.* Storrs, CT: National Research Center on Gifted Education.

Shea, C. (1993, January 13). Fewer test takers get top scores on the verbal SAT. *Chronicle of Higher Education,* pp. A29, A33.

Singal, D. (1991). The other crisis in American schools. *Atlantic Monthly, 268,* 59–62.

Smith, F. (1988). *Audits of meaning.* Portsmouth, NH: Heinemann.

Stevenson, H. W., & Stigler, J. W. (1992). *The learning gap: Why our schools are failing and what we can learn from Japanese and Chinese education.* New York: Summit Books.

VanTassel-Baska, J. (1992). *Effective curriculum planning for the gifted.* Denver, CO: Love.

Vygotsky, L. (1978). In M. Cole, V. John-Steiner, S. Scribner, & E. Souberman (Eds.), *Mind in society: The development of higher psychological processes.* Cambridge, MA: Harvard University Press.

Walmsley, S., & Walp, T. (1991). *A study of second graders' home and school literary experiences.* SUNY-Albany, NY: National Research Center on Literature Teaching & Learning.

Wolf, D. (1988). *Reading reconsidered: Literature and literacy in high school.* New York: College Entrance Examination Board.

제 13 장

언어과 수업 평가

Dana T. Johnson

전통적 시험은 학생의 향상도를 측정하기 위해 사용되었으며, 측정은 주로 기능과 사실에 치중하였다. 그러나 의미 있는 작업을 평가 과정에 통합하고자 하는 현재의 경향은 객관적인 지필 시험에서 다소 멀어지고 있다(Herman, Aschbacher, & Winters, 1992; Stiggins, 1991; Resnick & Resnick, 1989; Mitchell, 1992).

이 장에서 참 평가와 수행 평가는 학생들이 표준화된 지필 평가보다는 학습 환경의 맥락에서 응답 또는 작품을 제작하는 것을 요구받는 평가를 의미하기 위해 유사하게 사용된다. 학생들은 자신의 능력을 보여 주어야 하는 행동을 수행할 것을 요구받는다. 이것은 강제적이지 않은, 교육과 평가를 하나의 행동에 결합하는 통합 작업이다. 따라서 평가 경험은 학생을 위한 학습 경험이다. 평가(assessment)라는 단어는 "앉아서 진득하니 있는"을 의미하는 라틴어의 파생어로부터 유래되었다. 참 평가에서 교사는 학생의 이해의 폭과 깊이, 그리고 우리가 가르친 내용의 적용을 판단하는 동안 학생들에게 최대한 가까이 다가가려고 노력한다.

또한 참 평가는 전통적인 시험 형식을 뛰어넘는 많은 장점을 지닌다. 판단과 협력을 생각하는 고차원 사고 기술의 강조, 학습과정에의 적극적인 참여 장려, 테스트에서 타당성을 침해하지 않고 교사가 테스트할 수 있게 하는 것 등이다(Hacker & Hathaway, 1991). 이 평가에서는 전통적인 평가에서 초래되는 낮은 수준의 학습 대신에 높은 수준의 결과에 대한 개방적 평가가 가능하다(Resnick & Resnick, 1989). 평가는 학교에서의 연구 과정의 일부분이며, 가치 있는 피드백을 선생님과 학생에게 제공하고 이것을 학생들에게 가르쳐야 한다(Wiggins, 1991). 참 과제와 결과는 교육과 학습을 개선할 것이다(Wiggins, 1990).

참 평가 접근법에 관한 연구를 통해 참 평가는 학생들 스스로 그들 자신이 학습에 대한 책임을 지도록 한다는 것을 알게 되었다(Scott, 1992). 그러나 약점 또한 언급되었는데, 이것은 비용, 결과를 일관되고 사용 가능하게 하는 데의 어려움과 유효성, 신뢰성과 비교를 드러내는 것을 포함한다(Hacker & Hathaway, 1991). 참 평가는 중요한 내용들을 포함해야 한다(Peters, 1991). 공통적 기준은 통합적 학습과 평가 과정을 수행하면서 참 과제와 관련하여 학생에게 가르쳐져야 하고 실행되어야 한다(Wiggins, 1991).

참 평가는 단지 학생이 할 수 있는 것을 밝혀내기보다는 그 기준을 학생에게 기대되는 것에 맞추기도 한다. 이는 사실에 대한 회상보다는 습관의 확립을 돕고, 내용, 과정과 개념 결과 평가의 통합을 허용한다. 이것은 이 책 제3장에서 Spivey에 의해 논의된 바와 마찬가지로, 읽기는 본문, 텍스트 간 문맥의 상태에서 특수한 기능이 아니라 상호작용이라는 생각과 일치한다.

1. 주요 특징

학생들에게 과제를 수행하고 피드백을 받을 기회를 주는 동안 언어교과의 참 평가 프로그램에 대한 여러 가지 구성요소는 다른 강조점들을 측정할 수 있다.

- 개방적인 글쓰기: 학생들은 자신이 선택한 화제에 대해 쓰거나, 자신이 선택한 장르를 사용할 수도 있으며, 자신의 창의성이나 내용의 적절성에 따라 과제의 한도

를 설정할 수 있다. 자서전적인 작품은 시나 개인 이야기, 또는 단편소설일 수도 있다.

- 글쓰기 포트폴리오: 이것은 다양하고 장기간에 걸친 수행의 기회를 제공한다. 학생들이 수행한 많은 과제들은 일정한 목적하에 수합된다. 포트폴리오는 학생에 의해 선택된 일, 특별한 일에 대한 일련의 그리기 또는 쓰기의 다른 유형의 예를 포함할 수도 있다. 포트폴리오는 피상적인 진보의 모범을 보여 준다.
- 연설 제작: 짧거나 긴, 공식적이거나 비공식적인 연설 기회는 학생이 이야기하는 기술을 개선하도록 돕고, 그들의 생각을 향상시킨다. 연설에 대한 동료와 교사로부터의 피드백은 학생의 발전을 가져온다.
- 자기 평가: 자기 자신의 작품에 대한 반성은 평가 기술만이 아니라 경험을 배우는 것이다. 궁극적으로는 학생들이 자신의 진보를 평가하도록 훈련시켜야 한다.
- 동료 평가: 동료의 작품을 봄으로써 학생들은 그들 자신의 집필과 말하기에 대한 통찰을 얻을 수도 있다. 동료 집필 집단은 협력을 촉진한다.
- 개방형 질문에 대한 논의 및 응답의 관찰 평가: 교실 응답은 폴더에 포함되기 위해 학생 명부 또는 평가 노트에 기록될 수 있다. 교사에 의해 관찰될 때, 그들은 종종 하게 되는 것보다 형식적이고 명백한 방법으로 학생의 행동과 의견을 문서화하고 있다.

고능력의 학습자를 위한 국가 언어교과 교육과정 프로젝트는 K–8 학년에서 개발된 6개의 언어교과 단원에서 다양한 목적을 위해 많은 참 평가를 사용하였다. 참 평가는 모든 학생에게 유익하지만, 이는 전통적 시험 형태에서 종종 발견되는 낮은 수준의 질문의 한계 효과를 피하므로, 특히 고능력 학습자의 작품 평가에서 더 유리할지도 모른다. 첫째, 사전·사후 평가 도구는 문학 해석, 설득력 있는 집필, 언어 연구에 대한 언어교과의 강조 영역에서 학습자가 결과물을 산출하도록 설계되었다. 이 평가 접근의 목적은 다음과 같다.

- 교실에서 의미 있는 학습자 결과를 평가한다.
- 적절한 교육을 계획하기 위해 중요한 자료를 도출한다.
- 수업 과정에서 필요한 강조점을 결정한다.

각 단원의 처음과 마지막 문학 선택은 문학의 해석과 작문 평가의 토대로 사용되었다. 학생이 질문에 서면으로 응답하고 난 후에, 학급 토론과 다른 수업 활동이 뒤이어 계속되었다. 이러한 방법으로 평가는 학습 경험에 통합되었다. 구술 평가는 학생들에게 설득력이 있는 언어 능력에 귀를 기울이고, 말하기의 주요 생각을 요약하고, 그래픽 조직자를 말하기의 생각을 조직하기 위해 이용할 것을 요구했다.

모든 사선·사후 평가 도구가 사실상 참은 아니다. 언어 연구에서 사용되는 사전·사후 평가 도구들은 더 전통적이었다. 객관적인 평가 문항과 선다형 어휘 목록을 사용했다. 설계자는 평가 접근의 조합이 하나의 접근 위에 표명된 관심의 일부를 수행할 것이라고 생각했다. 객관적인 도구 또한 시험과 시간의 기록을 줄이기 위해 사용되었다.

평가 채점표는 NAEP 포트폴리오 연구(Gentile, 1992)회와 NAEP 독서 연구회에서 만든 것을 채택하였다. 구술 평가 절차는 최근에 좀 더 비형식적인 형태를 띠게 되었다. 이 프로젝트를 위해 사용되는 샘플의 평가 원안과 기록 규정은 이 장의 말미에 포함되어 있다.

학생들이 관여하는 집필의 각 부분에 따라 그들은 자기 평가, 동료 평가를 사용했다. 그리고 교사 평가는 진보를 측정하고 피드백을 얻기 위한 형태를 이룬다. 문맥에서 언어 역학과 어휘의 평가를 위한 기회를 포함한다. 각각에서 결합한 기준 예시는 다음과 같다.

- 생각의 명료함
- 생각의 논리적인 조직
- 논증을 위한 지지
- 정확한 교정 활용
- 풍부하고 다양한 어휘의 사용
- 언어의 정확한 사용

작문 포트폴리오는 학생들이 가지고 있게 된다. 그리고 이것은 단원의 과정 위에 각 학생의 진보 평가에 도움을 주었다. 단원의 끝에 학생들은 작가로서 그들 자신에게서 나타난 변화에 대한 평가를 쓸 것을 요구받는다. 이것은 그들의 진보, 명료함,

내용과 표현의 질을 평가할 뿐만 아니라, 학생들이 작가로서 그들 자신을 성찰하는데 도움이 될 것이다. 또한 "변화"는 단원의 개념적 초점이었으므로 이 활동은 변화의 일반화에 대한 이해에 공헌했다. 이렇게 평가와 학습은 하나의 작업에서 결합되었다.

관찰 체크리스트는 교실 토론을 평가하기 위해 사용되었다. 이것은 교사가 전통적으로 문서화에 실패한 영역이다. 또한 연설 평가 양식이 학생과 교사가 학생의 연설을 평가하도록 제공되었다. 이 체크리스트에 포함된 중요한 기준은 다음과 같다.

토론의 관찰

- 집중해서 듣는다.
- 많은 기고문을 만든다.
- 근거를 보여 증명한다.
- 독창적인 생각에 기여한다.

연설 평가

- 연설의 명백한 목적
- 명백하고 논리적인 추리
- 들리는 목소리, 효과적인 시선 접촉
- 청중의 흥미 유발

또한 최종 평가가 수행된다. 학생의 설득력 있는 연설은 이 장의 끝에 포함된 양식을 사용하고 있는 동료와 교사에 의해 평가되었다. 각 단원의 특징은 학생에게 과정과 그 결과를 문서화하는 연구물을 생산할 것을 요구한다. 작품을 평가하기 위해 사용되는 양식은 이 장의 끝에서 볼 수 있을 것이다. 단원에서 강조된 변화 개념에 대한 추리 기능과 일반화 평가에 의해 그 단원의 추리 기능과 개념적 요소가 평가받는다. 변화 평가의 개념은 또한 평가 도구의 역할을 하는 풍부한 학습 활동의 좋은 예이다. 이성적인 추리력 평가 형태는 단원 전체에 대한 여러 가지 구술이나 문서화된 의사소통으로 사용될 수 있는 것 중의 하나로 볼 수 있다.

2. 수행에 대한 문제점

이론을 실천으로 옮기는 것은 항상 자연스럽게 연결되지는 않는다. 새로운 평가 기술을 이행하는 것이 바로 그러한 경우이다. 이 언어 교육 계획의 영역은 모든 규정된 언어 교육 결과를 평가하려고 하지 않았다. 마찬가지로, 의도된 모든 결과가 평가될 수 있는 것도 아니다. 대표적인 결과 추출 수행을 위해 선택된 도구는 합리적으로 짧은 기간 동안 교실에서 관리될 수 있었다.

하나의 분명한 문제는 참 평가가 시간이 걸린다는 것이다. 회상 테스트는 관리가 수월하고 채점하기가 매우 빠르다. 등급은 주어진 정답률에 따라 할당하기 쉽다. 그러나 이런 종류의 테스트는 정말로 학습을 입증할 수 있는가? 보호자는 참 평가 방법의 장점에 대하여 교육받을 필요가 있을 것이다(모든 시험의 확실한 통계치가 없기는 하지만, 이는 사실상 보호자에게 자녀의 수행에 대한 더 많은 정보를 제공한다).

교사가 어려움에 직면할지도 모르는 또 다른 영역은 학생의 여러 가지 작품과 응답을 채점 또는 등급화하는 것이다. 평가척도에서 각 점수의 기준을 알려 주는 채점 규정이 개발될 필요가 있다. 그 채점 규정은 너무 세밀하게 폐쇄적일 필요가 없다. 평가 과정에 개방성을 부여함으로써 우리는 폭넓은 범위에 미치는 응답을 얻을 가능성을 열고 있다. 탁월하게 좋은 답안과 형편없는 답안 사이에 뚜렷한 차이가 있기 때문에, 참 평가 절차는 학생의 능력을 확인하기 위해 필요하다면 교사가 학생에게 추후 질문을 할 기회를 제공해야 한다. 높은 점수는 높은 수준의 복잡성과 차별화된 능력을 입증해야 한다. 이해 수준의 단계가 높아지는 중요한 상황에서 수용 가능한 수행 수준은 자세히 기록되어야 한다. 또한 다른 상황에서, 얻어지는 정보는 교사와 학생에게 피드백의 역할을 할 수도 있고, 다음 교수 단계를 빛나게 할 수도 있다. 채점 규정은 이 프로젝트를 위해 안내된 단원에서 사용되는 사전·사후 평가 담당자에 의해 개발되었다. 채점 규정의 예는 이 장의 말미에 포함되어 있다.

토론의 관찰 평가는 신중한 주의가 필요한 영역이다. 교사는 학생이 무엇을 하는지 알고 있는 것 같다고 말한다. 그러나 실례와 빈도를 문서화하는 것은 중요하다. 만일 교실 활동이 가치 있는 학습 경험이라고 말한다면, 우리는 그 경험 동안 학생의 수행을 문서화해야 한다. 수업 참여는 작은 집단의 공헌 수준에 대하여 반응의 빈도와 학생 응답 또는 특정 표기법의 특징 없이 성적표에 체크하는 것에 의해 책임져질 수 없다. 만약 학급 명부가 평정표로 바뀌고 교사가 적어도 1주일에 한 번 각 학생에 대하여 기록을 한다면, 가장 뛰어난 학생만이 아닌 모든 학생들이 교사의 관심을 받으며 기억될 것이다. 그러나 이것은 교사에게 쉬운 작업이 아니다. 특히 체크 표시를 하기보다 의견을 적는다면 이는 많은 시간이 소요된다. 비록 그것이 주관적인 과정이라

하더라도, 몇 가지 특정 수행을 기록하는 것이 성적표나 의문을 제기하는 부모들을 마주하는 것보다 훨씬 더 쉽다.

참 평가 양식은 요구되는 과제의 개방성이 차별화된 반응을 가능케 한다는 점에서 모든 학습자에게 유익하다. 따라서 높은 능력의 학습자에게 뛰어난 통찰력, 창조적이거나 숙달된 반응과 같은 충분한 기회가 제공된다. 반면에 전통적인 시험은 수렴적 응답을 제외한 어떤 것도 금지한다.

3. 함축

교육 개혁의 현재 경향에 비추어, 학생들은 더 이상 사실과 규칙을 외우고 이를 능력의 증거로서 생각해 내도록 하는 테스트를 치르지 않을 것이다. 그들은 새로운 정보의 흐름을 다루고, 비판적으로 생각하고, 효과적으로 의사소통하고, 협력하고 연구할 것이다(Hacker & Hathaway, 1991; National Commission on Testing and Public Policy, 1990; National Council of Teachers of Mathematics, 1989; Sizer, 1992). 이러한 연구들의 결과는 적절한 방법으로 일어나야 한다. 다음은 교육 개혁 운동의 함축과 참 평가의 경향이다.

1. 평가는 교육과정과 수업을 통합하는 것이어야 한다. 참 평가나 수행 평가 체계가 이를 가능케 한다. 이러한 참 평가와 수행 평가의 기능이 적용될 때 "평가를 지향하는 수업"이 가능해진다. 하지만 이때의 "평가"는 전통적인 의미에서의 평가가 아니다. 교사와 학생 피드백을 위한 기회는 교육과정에 통합되어야 한다. 학생들은 "이러한 것을 시험 봐도 되는가?"와 같은 질문을 하지 말아야 한다. 최고점의 능력을 테스트하는 것이 아닌, 빈번하고 다양한 피드백을 통합하는 것이 중점이기 때문이다. 학생들이 무엇을 지향하여 노력하고 있는지 알기 위해 연설, 에세이 또는 프레젠테이션과 같은 최종적인 작품을 위한 수행 기준은 사전에 분명히 해야 한다.
2. 어떠한 평가 도구도 모든 결과를 검토하지는 못할 것이다. 여러 가지 도구가 단

원을 연구하는 동안 그리고 그 단원에 전반적으로 사용되어야 한다. 사전 평가는 교육의 계획에 있어서 교사를 돕는 가치 있는 정보를 제공한다. 자주 평가를 함으로써 교사는 학생의 발전을 관찰할 수 있다. 그리고 최종적인 평가는 학생들이 자신의 능력을 보여 주는 것을 가능케 한다. 다양한 자료는 학생의 장점과 약점의 완벽한 청사진을 제공한다.

3. 영재 학생들을 위한 프로그램, 특히 특별반 프로그램이 늘 학생들의 학업 수준에 적당한 수준을 제공하는 것은 아니다. 그러나 이러한 학생들을 위해 평가는 교육과정의 강력한 구성요소가 되어야 한다. 참 평가 방법이 사용되면 학생, 교사, 부모에게 있어 피드백은 중요하고 가치 있는 것이 될 수 있다.
4. 수행 기준과 이러한 기준에 맞추기 위한 준거를 수합하는 것은 모든 학생을 위한 교육과정과 수업을 개선할 것이다. 예외적인 응답을 인정하는 수행과 기준을 위해 개방성을 가진 적절한 언어교과 과제를 선택함으로써, 언어 영재 학생들에게는 자신들의 능력을 입증하기 위한, 그리고 요구되는 작업에 몰두하기 위한 적절한 기회가 주어질 것이다.

4. 고능력 학습자를 위한 국가 언어교과 교육과정 프로젝트에서의 참 평가

이 절은 고능력 학습자를 위한 국가의 언어 교육과정 계획의 일부로서 개발된 6개 언어교과 단원의 예비 검사에서 사용된 사전·사후 평가 절차와 결과를 설명한다.

1) 사전·사후 평가 계획안의 내용 타당도 검증

평가 계획안의 내용 타당도는 다음 3개의 접근을 통해 이루어졌다.

1. 각 계획안은 문헌에서 발견된 현재의 계획안에 따라 만들어졌다. 예를 들면, 문학적인 분석 평가는 NAEP에서 사용되는 기본 뼈대 모델을 토대로 항목에 따라

만들어졌다(1992). 쓰기 평가는 NAEP 포트폴리오 작문 연구회(Chaney, 1992)의 규정을 모델로 삼아 만들어진 것이다. 그리고 구술 계획안은 대학교 1학년 학생들에게 쓰인 예비 평가를 모델로 삼아 만들어진 것이다(Chaney, 1992). 문법 평가는 Thompson의 문법 교재, *The Magic Lens*(1991)로부터 채택되었고, 선다형의 질문으로 구성된다. 계획안은 모든 단원의 구조에서 유사하지만 단원 주제 각각에 맞도록 바뀌었다.

2. 선택된 계획안은 영재교육센터의 여름 심화 프로그램 동안 시험적으로 사용되었다. 이 프로그램의 교사는 높은 능력의 학생들에게 맞는 평가 도구를 신청했다. 평가 도구는 프로젝트 사용자에 의해 기록되고, 사전 검사로부터 얻어지는 피드백의 결과로서 수정되었다. 도구는 다음과 같이 검사되었다.

   - 3학년과 5, 8학년의 논문 분석과 해석 평가
   - 5학년과 8학년의 설득력이 있는 쓰기 평가

   평가 사전 검사는 특정 발달 단계에 대한 계획안의 적절성을 결정하는 데 큰 도움을 제공하였고, 보다 풍부하고 현명한 시도에 대한 필요성을 제공해 주었으며, 발달 단계에 맞는 과제 난이도를 제공해 주었다.

3. 부가적으로, 각 평가 계획안은 언어교육 지역과 영재교육을 대표하고 있는 개인을 포함하는 6명의 전문가 위원회에 의해 검토되었다. 전문가들은 또한 교수, 행정, 대학을 대표했다. 어떤 특정 학생의 평가의 적절성에 대한 평가의 종합 등급은 1.0~3.0의 척도에서 2.0(충분함)을 나타냈다. 평가 등급은 적절함과 모범 사이 중간 정도의 점수인 평균 2.5의 6개의 단원을 통해 획득되었다. 단원 평가의 수정은 전문가로부터 설명의 과정을 이끌기 위해 사용하면서 계획의 개정 단계에서 이루어졌다.

2) 득점과 평가자 동의

네 가지 언어교과 영역에서 학생의 수행 평가를 위해 계획안을 채점하는 것이 개발되었다. 실제 채점이 시작되기 전, 연구를 위해 선택된 3명의 평가자가 각 목표에서 다른 구성요소를 채점하기 위한 다양한 기준을 검토 및 논의하였다. 평가자는 샘플 학생의 응답을 채점하였고, 평가 기준에 대한 이해와 해석을 명확히 하기 위해 그 결과를 논의하였다.

목표 1, 2와 4(문학, 작문, 말하기)를 위해 학생의 작품은 평가자의 조합에 의한 특정 기준에 의해서 평가되었다. 각 평가자는 학생의 작품을 검토하고 나름대로 그것을 채점했다. 자료가 수합되고 난 후에 그들은 편차를 조사했다. 점수가 1포인트의 차이를 초과했을 때 평가자 토론을 기초로 한 특별한 항목과 득점을 재검사했다. 1개의 대답만을 받아들일 수 있었으므로(목표 3 [어휘]의 평가에 관해서 전후 테스트 항목은 단 1명의 평가자에 의해 기록되었다) 평가자 동의의 비율은 **표 13-1**에 요약되었다. 점수는 재검사를 통한 혼합된 득점의 평균치가 되었다.

목표 1에서 프로젝트 계획자는 문학에서 분석적·해석적 기능을 습득하는 학생의 능력을 평가했다. 학생은 특별한 이야기 또는 단락을 읽고 네 번째 질문에 답해야 했다. 5학년 단원을 위한 질문의 견본 세드가 여기 있다. 질문은 『가난한 사람들』이라는 Dostoevskii의 단편소설에 의거한다.

1. 이야기로부터 중요한 생각을 1~2문장으로 진술하라.

표 13-1. 평가자 동의의 비율

	같음	1 다름	2 다름	3 다름
문학 해석 (0~3등급)	66.7	33.3		
설득력이 있는 작문 (0~5등급)	75.8	23.7	0.5	
듣고 있는 주요한 생각 (0~5등급)	81.6	17.1	1.3	
개념 지도의 관계 (처음부터 끝 등급)	66.7	20.8	9.4	3.1
개념의 수준 (처음부터 끝 등급)	90.5	8.2	1.3	

0 응답 없음

1 세부 사항 없이 만들어진 이야기에 관해 간략한 진술, 중심 생각의 일부분만을 포함, 모호하거나 혼란스러운 응답, 중심 생각을 언급하기보다는 제목만을 늘어놓음, 중심 생각을 거의 이해하지 못하는 모습을 보임

2 단순한 줄거리를 인용하고, 약간의 세부 사항 및 줄거리를 묘사함, 요약

3 지문이나 이야기의 의미에 대해 포괄적으로 이해, 주제에 대해 약간의 통찰을 보여 줌

2. 다음에 나오는 문장의 의미를 자신의 문장을 사용하여 기술해 보라.

(201쪽) **"그들은 어머니의 다 닳은 솥과 그녀의 옷으로 조심스럽게 덮여 있었다."**

0 의미를 놓친다/무응답/작가의 말을 재탕한다.

1 불완전하다/모호한 표현이나 응답

2 정확하지만 문자 그대로다/의미의 파악을 보여 주지만 상세히 말하지 않는다

3 자신의 문장으로 번역/세부적으로 적절히 응답한다, 약간의 통찰을 보여 준다

3. 저자는 이 이야기에 있어서의 변화에 대해 무엇을 말하는가? 이야기의 세부 사항을 가지고 자신의 이야기를 뒷받침하라.

0 중요한 점을 놓친다/무응답

1 변화에 대한 언급을 하지만 모호하고 내용이 부족하다.

2 타당한 이해할 수 있는 진술 또는 변화에 관한 일반화(아마도 약간의 뒷받침하는 이야기를 포함)

3 효과적인 설명/일반화가 가능

4 효과적인 설명/일반화가 가능하고, 약간의 세부 사항이 묘사된다.

4. 이 이야기의 제목을 지어라. 읽은 것을 기초로 두 가지 이유를 목록화하라.

0 무응답이거나 제목이 아무런 의미가 없는 대답/기본에서 벗어나 있다.

1 실용적인 제목, 이유가 없거나 제목의 재탕

2 제목을 뒷받침하는 하나의 이유가 동반되는 통찰력 있는 제목

3 의미를 포함하고 뒷받침이 되는 통찰력 있는 제목, 또는 뒷받침하는 두 가지

이유를 동반하는 제목

목표 2에서 프로젝트 담당자는 설득력 있게 글을 쓰는 학생의 능력을 평가했다. 교사의 지시에 따라 학생은 특별한 설명 또는 결정에 대해 찬성하거나 반대하는 세 가지 이유를 적어야 했다. 이 지시는 작문 이전 연습으로서의 역할을 하도록 의도되어 있다. 그러나 C부분은 학생들로 하여금 그 이야기와 관련된 에세이를 쓸 것을 요구했다. 5학년 단원의 설득력 있는 작문에 대한 표본 평가가 여기 나와 있다. 이는 Dostoevskii의 단편소설 『가난한 사람들』에 의거한다.

당신은 『가난한 사람들』이 당신 학년의 모든 학생을 위한 필독 도서여야만 한다고 생각하는가?

지시: **질문에 대한 답을 한 단락으로 기술하라. 당신의 의견을 진술하라. 당신의 의견을 뒷받침하는 세 가지 이유를 포함하여 답안의 결론을 써라.**

의견을 진술한다.

0 진술된 의견이 없거나 단지 예/아니요 대답을 제공한다.

1 극단적으로 단순화한 설명 또는 부분적인 문장이다.

2 의견을 훌륭하게 진술한다.

의견에 대하여 이유를 제시한다.

0 이유를 제시하지 못하거나 비논리적인 설명을 한다.

2 의견과 다른 빈약한 이유를 뒷받침하는 하나의 효과적인 이유를 제공한다.

4 상세하지 못하거나 한정된 의견을 뒷받침하는 2~3개의 효과적인 이유를 제시한다.

6 이야기 또는 시로부터 상세하거나 실질적이고 통찰력이 있는 3개 이상의 증거를 제시한다.

결론

0 결론을 제시하지 못한다.

1 제한적인 결론 또는 단 문장으로 제시한다.

2 제대로 된 결론을 제시한다.

목표 3에서 프로젝트 담당자는 선다형을 사용하여 문법과 영작문에 대한 지식을 평가하였다. 평가 측정은 Thompson의 1991년 연구에서 가져왔다. 사전·사후 평가는 관리되고, 기록되고, 평가되었다.

목표 4에서 프로젝트 담당자는 의사소통 능력을 분석하고 번역할 수 있는 능력을 점검하였다. 학생은 연설자에 의해 전개된 주요 요점에 대하여 설명을 하고 개념 지도나 웹 등을 사용하여 연설한 내용을 조직할 것을 요구받았다. 관계, 위계의 수준, 수평적 연결선의 개념이 개념 지도를 채점하는 기준으로 사용된다(Novak & Gowin, 1984). 다음은 학생 시험지를 평가하기 위해 개발된 항목이다.

1. 연설자에 의해 전개된 요점을 설명하라.

5 모든 요점이 분명하고 아주 상세하게 설명된다.

4 모든 요점이 일부 세부 사항과 함께 설명된다.

3 모든 요점이 최소한으로 설명된다.

2 일부 요점은 설명하고 있지만 기술이 불완전하다

1 인용된 연설로부터 무작위적인 사실만 언급된다. 요점 정리보다는 어구의 나열이다.

0 응답이 없다.

2. 개념 지도나 웹과 같은 시각적 장치를 사용하여 정보를 조직하라.

- 관계: 각 타당한 관계에 1점을 부여하라(연결자 개수를 세라).
- 수직적 단계: 그 지도의 가장 긴 가지 안에 있는 각각의 수직적 단계별로 2점을 부여하라. 분명한 종속적 관계없이 단순하게 연결되어 있는 단어들의 개수는 세지 마라.
- 수평적 연결선: 지도의 다른 부분에 있는 두 개념 사이의 정확한 관계를 보여 주는 각각의 수평적 연결선마다 2점을 부여하라.

이 항목은 대부분의 실험 교실에서는 포함되지 않았다. 따라서 제한적인 자료만을 얻을 수 있었다.

3) 단원별 실험 결과에 대한 토론

적용 가능할 경우 사전·사후 평가 사이의 비교는 독립 t검증을 사용하여 시행되었다. 각 실험 단원의 한 영역 이상에서 발전의 유의도 수준이 기록되었다. 4개의 성과 분야에 대한 실험 자료에서 관찰된 결과의 개관을 위해 **표 13-2**를 참고하라.

문법 묶음에 대한 독립된 연구가 실험된 5개의 실험 교실 중 4개의 교실에서 학생들은 사전 평가보다 사후 평가에서 유의미한 향상을 보였다. 8학년 실험 교실은 유의미한 발전을 나타내지 않았다. 그러나 모든 실험 학급들 중에서 이 학급은 교사와의 접촉이 가장 적었다(최대 2주당 하루). 프로젝트 계획자와 교사는 비록 이 묶음이 독립적으로 수행되도록 보완되었음에도 불구하고 교사에 의한 관찰 및 지원이 학생에게 최대한의 혜택을 부여하고 이 묶음의 성공적인 완수에 아주 중요하다고 결론을 내렸다.

표 13-2. 처치 집단에서의 유의도 수준 사전·사후 평가의 성과

	문학 해석	설득력이 있는 작문	언어 연구	듣기/개념 지도
삶의 일부로서의 변화 등급 3	$p<0.001$	NA	NA	NA
문학을 통한 탐구 등급 5	문제 3 $p<0.05$	–	문법 $p<0.001$	NA
언어, 문학과 미래 등급 5	NA	NA	어휘 $p<0.001$ 문법 $p<0.001$	NA
변화하는 사고, 변화하는 관점 등급 6	–	$p<0.01$	문법 $p<0.05$	NA
1940년대: 변화의 10년 등급 7	$p<0.05$	–	문법 $p<0.01$	–
변화의 줄기 등급 8	–	–	문법 –	개념 지도의 교차 결합 $p<0.05$

표 13-3. 비교 집단에 대한 처치 집단의 사후 평가

	문학 해석	설득력이 있는 작문	언어 연구	듣기/개념 지도
삶의 일부로서의 변화 등급 3	$p<0.001$	NA	NA	NA
문학을 통한 탐구 등급 5	문제 3 $p<0.001$	NA	NA	NA
언어, 문학과 미래 등급 5	NA	NA	어휘 $p<0.001$	NA
변화하는 사고, 변화하는 관점 등급 6	–	$p<0.05$	–	NA

적용 가능할 때, 처치 집단과 통제 집단으로부터의 결과는 t검증을 사용하여 비교되었다. 자료는 선택된 학년 수준에서 선택된 결과를 나타낸 비교 집단을 위해 선택되었다. 이 자료는 사후 평가 측정에서 처치 집단이 비교 집단보다 더 높은 성취를 보여 주는 경향을 나타내었다. 4개의 결과 영역에 대한 처치 집단과 비교 집단의 자료 비교에 대한 개관을 위해 **표 13-3**을 참고하라.

5. 결론

평가의 형태는 현재의 교육 개혁 운동의 일부로서 변화하고 있다. 교수와 시험 사이의 구분을 명확하게 짓지 않는 방식으로 학습을 평가하는 진정한 평가 기술이 현재의 교육 개혁 운동의 주요 부분이 되고 있다. 진정한 평가 기법과 연관된 일부 어려움이 있다고 하더라도 그것들은 학습과정에 득이 된다. 고능력 학습자를 위한 국가 언어교과 교육과정 프로젝트는 이러한 많은 요소들을 높은 능력의 학생들을 위한 단원에 통합시켰다. 사전·사후 평가에서 얻은 실험 자료는 그 단원에 참여한 결과로서 학생의 성취도에 대한 발전의 증거를 제공해 준다. 더욱이 프로젝트 계획자는 이러한 평가 기법이 학생들로부터 개방형 응답을 이끌어 내는 데 효과적이며, 높은 능력의 학생들

이 자신들의 이해나 성취에 진정한 본질을 증명해 내는 적절한 수단을 제공하는 것을 발견했다. 그러나 이 문제에 대한 좀 더 광범위하고 체계적인 연구가 필요하다. 참 평가에 흥미를 가진 교사들은 아마도 이 단원에서 자신의 수업에 적합한 기법을 적용하는 데 도움이 되는 예를 발견할 수도 있을 것이다.

6. 핵심 요약

- 참 평가는 교사들로 하여금 학생의 평가가 그들의 교수와 직접적으로 연관되는 것임을 확인할 수 있는 기회와 반복을 제공해 준다.
- 수행 평가 활동이나 포트폴리오 등과 같은 참 평가 도구는 과정에 대한 학생들의 참여를 강화하고 책임감을 촉진시킨다.
- 참 평가는 낮은 수준의 기능보다는 고차원적 사고와 이해에 강조점을 둔다.
- 참 평가 접근법의 사용은 교수 계획에 도움을 준다.
- 고능력 학습자를 위한 국가 언어교과 교육과정 프로젝트는 교사 및 동료 관찰 평가기법과 함께 사전 사후 문학, 작문, 문법 평가를 채택한다.
- 참 평가를 채점하는 것은 그 자체로 가치 있는 학습 경험이 된다. 특정 계획안 내에서의 소집단 교사들을 위한 훈련은 이러한 평가를 사용하는 가장 적합한 접근법이 될 것이다.
- 이 프로젝트로부터 얻은 실험 자료는 그러한 계획안을 사용하여 언어의 중요 분야에서 의미 있는 성장을 보여 준다는 것을 암시하고, 교사들은 필요한 수업의 강조점을 결정하는 데 그것들을 유용하게 사용한다.

7. 부록 A: 평가지 양식

글쓰기에 대한 자기 평가지

이름 ____________________

활동 ____________________

이용 안내: 각 항목 평가 시 아래의 등급 척도를 사용한다.

3 = 아주 우수함 2 = 우수함 1 = 개선 요망

	개선 요망	우수함	아주 우수함
글쓰기 내용			
• 나의 중심 아이디어는 명확하다.	1	2	3
• 나의 세부 내용은 중심 아이디어를 지지한다.	1	2	3
• 나의 아이디어는 논리적으로 조직화되었다.	1	2	3
• 나의 주장은 강하고 근거가 충분하다.	1	2	3
• 나의 어휘는 풍부하고 다양하다.	1	2	3
글쓰기 기술			
• 나의 철자는 정확하다.	1	2	3
• 나는 대문자·소문자 사용이 정확하다.	1	2	3
• 나는 구두점을 정확하게 사용한다.	1	2	3

나의 글쓰기 강점:

____

____

나의 글쓰기 개선점:

____

____

글쓰기에 대한 교사평가

이름 ______________________ **날짜** ______________________

이용 안내: 각 항목 평가 시 아래의 등급 척도를 사용한다.

3 = 아주 우수함　　2 = 우수함　　1 = 개선 요망

	개선 요망	**우수함**	**아주 우수함**
1. 좋은 아이디어의 제시	1	2	3
2. 아이디어의 흐름이 매끄럽고 정돈됨	1	2	3
3. 세부 사항의 수준이 적절함	1	2	3
4. 구성의 적절한 요소 제시(도입, 본론, 결론)	1	2	3
5. 서술적 언어, 어휘 사용	1	2	3
6. 정확한 언어 사용	1	2	3
7. 정확한 언어 사용 세시	1	2	3

강점:

____

____

____

____

개선 사항:

____

____

____

____

____

교사 추론 평가

이름 ______________________ **날짜** ______________________

이용 안내: 각 학생의 추론 기능을 구두 및 쓰기 의사소통에 근거하여 등급을 책정한다.

3 = 우수함 2 = 보통 1 = 미흡

	미흡	보통	우수함
1. 추론의 명확한 정도는?	1	2	3
2. 적절한 예제 혹은 설명 인용과 같은 특정한 추론의 정도는?	1	2	3
3. 추론을 어느 정도 논리적으로 일관성 있게 하는가?	1	2	3
4. 추론의 정확도는?	1	2	3
5. 추론의 완성 범위는 어느 정도인가?	1	2	3

강점:

____

____

____

____

____

개선 사항:

____

____

____

____

____

연구 프로젝트 평가

이름 ______________________ **날짜** ______________________

이용 안내: 각 항목 평가 시 아래의 등급 척도를 사용한다.

3 = 아주 우수함　　　2 – 우수함　　　1 – 개선 요망

	개선 요망	**우수함**	**아주 우수함**
1. 이슈와 문제점이 명확하게 정의됨	1	2	3
2. 자료가 다양함	1	2	3
3. 문헌 자료가 요약됨	1	2	3
4. 인터뷰 및(혹은) 설문이 포함됨	1	2	3
5. 인터뷰 및(혹은) 설문이 요약됨	1	2	3
6. 결과가 적절하게 보고됨	1	2	3
7. 데이터 해석이 적절함	1	2	3
8. 결과 함의가 데이터로부터 도출됨	1	2	3
9. 데이터를 제시하였고 합리적인 결론이 제시됨	1	2	3
10. 프로젝트 보고서가 기술적으로 능숙함	1	2	3

강점:

____

____

____

____

개선 사항:

____

____

____

____

8. 참고 문헌

Chaney, A. (1992). *Issues in contemporary oral communication instruction*. Williamsburg, VA: The College of William and Mary, Center for Gifted Education.

Gentile, C. (1992). *Exploring new methods for collecting students' school-based writing: NAEP's 1990 portfolio study*. Washington, DC: U.S. Government Printing Office.

Hacker, J., & Hathaway, W. (1991, April). *Toward extended assessment: The big picture*. Paper presented at the Annual Conferences of the American Educational Research Association, Chicago, IL. (ERIC Document ED 337494).

Herman, J. L., Aschbacher, P. R., & Winters, L. (1992). *A practical guide to alternative assessment*. Alexandria, VA: Association for Supervision and Curriculum Development.

Mitchell, R. (1992). *Testing for learning*. New York: The Free Press.

National Assessment Governing Board. (1992). *Reading framework for the 1992 National Assessment of Educational Progress*. Washington, DC: U.S. Government Printing Office.

National Commission on Testing and Public Policy. (1990). *From gatekeeper to gateway: Transforming testing in America*. Chestnut Hill, MA: Boston College.

National Council of Teachers of Mathematics. (1989). *Curriculum and evaluation standards*. Reston, VA: NCTM.

Novak, J. D., & Gowin, D. B. (1984). *Learning to learn*. New York: Cambridge University Press.

Peters, C. W. (1991). You can't have authentic assessment without authentic content. *Reading Teacher*, *44*, 590–591.

Resnick, L., & Resnick, B. (1989). *Tests as standards of achievement in schools*. New York: Center for Technology in Education. (ERIC Document ED 335421).

Scott, L. (1992). *Improving evaluation of third grade literacy using authentic techniques and self assessment*. Ft. Lauderdale, FL: Nova University. (ERIC Document 347510).

Sizer, T. (1992). *Horace's school*. Boston, MA: Houghton Mifflin.

Stiggins, R. J. (1991). Facing the challenges of a new era of educational assessment. *Applied Measurement in Education*, *4*, 263–273.

Thompson, M. (1991). *The magic lens: A spiral tour through the human ideas of grammar*. Unionville, NY: Trillium.

Wiggins, G. (1990). *The case for authentic assessment*. Washington, DC: American Institutes for Research. (ERIC Document ED 328611).

Wiggins, G. (1991). *Toward one system of education: Assessing to improve, not merely audit*. Denver, CO: Education Commission of the States. (ERIC Document ED 348400).

제 14 장

언어 재능계발을 위한 단어 놀이

Linda Neal Boyce

1. 서론 : 장 :: 단어 놀이 : 언어 영재

언어 놀이를 심각하고 복잡하게, 그러나 별것 아닌 것으로 보는 Peter Farb (1973/1993)에 따르면 모든 언어는 놀이이다. "진실된 단어 놀이는 언어 규칙의 전체적인 뼈대 안에서 움직이면서 언어적 기교를 부린다."(p. 113)라고 Farb는 말한다. 또한 그는 다음과 같이 말했다.

> 성인 시인은 아이들이 무의미한 시구를 만드는 것과 같은 방법으로 언어를 가지고 논다. 그러나 자존감 있는 숙련자로서 시인은 추상적인 패턴의 언어와 그 언어들을 창의적으로 사용할 수 있는 범위의 느낌 같은 직관력 있는 지식을 지닌다. 새롭고 기발한 소리의 사용을 발견하든지 고어를 되살리든지, 다른 언어에서 차용하든지, 혹은 오래된 단어를 새로운 문법 구조에 강제로 주입하든지 간에, 그는 항상 언어학상의 자원을 활용하고 있고, 이미 그의 구어에 사용하고 있다. (p. 120)

언어적으로 재능이 있는 아동들은 언어적으로 뛰어난 기량을 발달시키는 일을 어려서부터 계속하고 있다. VanTassel-Baska(1994)는 영재들은 언어에 대해 강렬한 애착을 보이고, 일찍 책을 읽기 시작하며, 풍부한 어휘력과 높은 수준의 독서 이해력을 보이는데, 이는 영재들의 몇 가지 특성이라고 제시했다. Thttle(1991)은 언어 영재성이 좋은 학생들을 구별하는 특성은 이해하는 능력과 다양한 원인들 간의 관계를 종합하는 능력이라고 단언했다. 그러나 그는 영재가 학급이나 비공식적인 토론을 주도할 때, 비꼬거나 논쟁을 위한 논쟁을 벌일 때, 가끔은 다른 아이들이 이해하지 못하거나 받아 주지 않는 유머를 사용할 때, 언어 능력에 잠재적인 문제가 된다고 경고했다.

특히 언어 유머는 양면으로 이해될 수 있는 부분이 있다. Shade(1991)는 언어 유머에 다른 대다수의 학생들보다 영재들이 더 큰 폭으로 반응하고 이해한다고 보고했다. 그러나 그는 교사들이 종종 유머를 수업의 맥을 끊는 것으로 보고 학생들이 유머를 사용하지 못하게 했다고 기록했다. 이와 유사하게, Ziv와 Gadish(1990)가 영재 청소년들을 대상으로 한 조사에 따르면, 그들의 유머는 종종 이해되지도 않고 학급 또래들에게 인정받지도 못한 채 친한 친구들에게만 사용되는 것으로 보고되었다. 교사와 친구들이 자주 유머를 사용하는 것을 말림에도 불구하고, 이것은 영재 학생들에게 중요한 기능을 한다. 이는 창의성을 길러 주고, 대응 전략을 제공하고, 자기표현을 수용해 주며, 통찰력과 이해력의 발달을 촉진한다(Shade, 1991; Silverman, 1993; Ziv & Gadish, 1990).

이 장에서는 언어 놀이를 통한 어휘 학습으로 영재 학습자의 언어적 능력과 그들의 유머 경향을 육성하는 방법을 살펴볼 것이다. Calfee와 Drum(1986)은 따분한 어휘 학습은 모든 학생들이 좋아하지 않는 것으로, 이미 알고 있는 단어를 정의하거나 문장에 이 단어들을 사용하는 방식으로 이루어진다고 보고했다. Baumann과 Kameenui(1991)는 어휘 지도의 포괄적인 프로그램으로 학생들이 다양한 문학을 읽거나 듣고, 담화, 말이나 문장을 정기적으로 작문하거나, 사전과 특화된 단어 도구를 사용하고, 단어를 분석하고, 기억하는 전략을 학습하고, 구체적인 상황을 이해하는 데 필요한 단어를 학습하거나 언어 유희를 시작하는 것을 추천했다. Catron과 Wingenbach(1986)는 영재 독서자들의 어휘 발달이 창의적이고 비판적인 독서를 위해서 꼭 필요하다고 주장했다. 그들은 영재 학습자들이 비유어와 함축어, 어원을 학습할 것을 추천했다. 이 장에서는 언어 놀이의 광범위한 매개변수를 설명할 것인데, 학생들은 사전과 특화된 단어 도구를 사용할 수 있는 기회가 있고, 단어를 분석하는 전략을 학습하며, 비유적인 언어와 단어의 함축된 의미를 구별하는 것을 공부하고, 매우 다양한 문학을 읽고, 특별한 능력과 통찰력을 발휘하여 작문을 하게 된다.

이 장에서는 두 가지 접근을 통해 언어 재능을 계발시킬 수 있는 계획적인 전략으로서의 단어 놀이를 탐구할 것이다. 첫째로, 교수 중 한 사람이 "언어 영재의 최고"라고 표현한 영재 학습자 Nadine의 사례 연구가 제시된다. 이 사례 연구에서는 Nadine의 어휘 학습 경험이 시간에 따라 기록되었고, 그녀의 언어 탐구에 대한 열망 그리고 언어 놀이를 하는 중에 생기는 불행과 기쁨이 기록되었다. 둘째로, 논문은 "재능"을 단어 이해력을 위한 질문을 유지하고, 관계들의 통합화를 장려하는 것이라고 표현한다. 단어 놀이를 통해 학생들은 언어 놀이에 숙달하게 된다.

2. 나딘 : 단어 :: 저글러 : 공

Nadine은 스스로 말한다. "어렸을 때 나는 부모님과 다른 사람들에게 성가실 정도로 너무 말이 많았다. 아버지는 이렇게 말하곤 하셨다. '생후 6개월부터 말하기 시작하여 지금까지도 멈추지 않아!' 나는 이웃들의 마당에 들어가 그들이 집으로 도망칠 때까지 말을 걸어서 해충 같은 존재가 되어 버렸다."

Nadine은 어렸을 때, 어떤 단어가 마음속에서 호기심을 자극하는 시각적 이미지를 그려 냈었다고 기억했다. *purpose*란 단어를 예로 들면, 그녀는 마음의 눈으로 자기 집 오븐 속의 불씨 같은 파란 불꽃을 보았다. 이런 시각적인 이미지가 어렸을 적의 Nadine을 당황시키고 걱정하게 했지만, 단어에 관한 그녀의 흥미를 설명할 수 있는, 언어에 관한 최고의 감각일지도 모른다.

Nadine은 네 살이 되기 전에 스스로 글을 깨쳤다. 그녀는 *The Ear Book* (Perkins, 1968)의 소리를 가지고 놀던 것과, 능숙한 독서를 가능하게 했던 *The Fire Cat* (Averill, 1960)을 기억한다. 다섯 살 때, 그녀는 "모든 단어"를 포함하는 사전이란 것에 매료되어 사전을 조사하기 시작했다.

2학년 때, Nadine은 학급에서 배우는 단어에 대한 부분적인 정보 때문에 혼란스러워했다. *transportation*이라는 단어의 어두 *trans*에 관해서 듣고 난 뒤, Nadine은 다른 단어들에 대해서 궁금해했고 선생님에게 그것들을 가르쳐 달라고 요청했다. 그녀는 다음에 나오는 좋지 않았던 대화를 기억한다.

Nadine: "*tooth*란 단어는 어디서 왔나요?"
선생님: "무슨 얘기니, '*tooth*란 단어가 어디서 왔냐'라니?"
Nadine: "왜 우리는 *tooth*를 *tooth*라 부르죠? 왜 우리는 이 단어를 쓰죠?"
선생님: "그냥 그렇게 사용하는 거야, 별것 없단다!"

Nadine은 자신이 어근에 관한 수업에 대해 잘못 이해했으며, 사람들은 논리적인 체계를 사용하여 말을 만드는 것보다 그들이 편한 대로 말을 만든다고 결론지었다.

Nadine은 항상 큰 단어와 오래되거나 희귀한 단어를 좋아했다. 그녀가 좋아하는 단어 중에는 늑대로 변하는 능력을 뜻하는 신화 용어인 *lycanthrope*, 아침 식사 전을 이르는 *antejentacular*가 있다. 독서를 하다 보면 가끔 그녀 자신도 모르는 단어를 쓸 때도 있었다.

Nadine은 고등학교에 입학하여 라틴어 수업을 듣고서야 비로소 자기 입맛에 맞는 단어에 대한 지적인 재료를 찾게 되었다. Nadine은 "라틴어 어휘를 암기하는 게 즐거워요. 나는 즉석에서 외울 수 있어요. 내가 좋아하는 라틴어의 어근 *sequ*는—consequence, sequel, consecutive, sequence—멋진 단어예요!"라고 말한다. Nadine이 기억하고 있는 어휘들은 단지 라틴어 수업에서의 학습을 통해서 배운 것이다. 그녀의 열성적인 독서와 끊임없는 단어 목록 작성이 학교가 간과한 그녀의 능력을 키웠다.

Nadine은 단어를 즉석에서 학습할 수 있었고, 흥미 있는 문학 구절과 영화 대사를 구절 그대로의 뜻으로 외울 수 있었다. 그녀의 오랜 친구들은 그녀가 평가한 자신의 빠른 학습을 확증했다. "Nadine은 너무 빨라요. 그녀는 너무 빠르게 생각해요. 그리고 그녀의 어휘력은 아주 풍부해요. 내 아들이 물고기에 대해 공부할 때, Nadine이 *Humuhumunukunukuapuaa*로 내 아들을 놀리던 것을 기억해요. 내 아들이 한바탕 크게 웃은 뒤, Nadine을 제외한 우리 모두는 그녀가 물고기 이야기를 지어냈다는 것에 내기를 걸었어요. 하지만 Nadine이 이겼어요. *Humuhumunukunukuapuaa*는 정말 존재하는 하와이 물고기였어요. Nadine은 항상 그랬어요. 그녀는 모든 것을 기억해요."

Nadine은 즉흥적인 패러디의 대가이다. 그녀는 문학작품을 다시 쓰고, 다른 이들의 화법 양식을 흉내 내고, 유쾌한 시를 저술했다. 지난 수십 년 동안 그녀의 이러한 특성에 대한 스승들의 반응은 즐거움에서 난폭함까지 다양했다.

사실 이러한 Nadine의 수준은 대학 입학 전 교육의 핵심 쟁점에서 도외시되었다. 그녀는 미성취 학생으로 여겨졌다. Nadine은 시골 여자 학교의 교육과정에 실패를 겪다가 결국은 퇴학당했다. 그녀는 자신의 실패를 요점 없는 학습을 완성해야 하는 것에 대한 거부와 지루함 탓으로 돌렸다. 지방 공립학교에서 Nadine은 조금 나아졌으며, 반에서 꼴등보다 한 등수 앞선 성적으로 겨우 졸업했다. 그런 다음 그녀는 융통성과 사람들에게 기회를 주는 것으로 알려진 작은 사립대학에 입학했다. 지금 Nadine은 일류 대학에서 박사학위 과정을 밟고 있다.

무엇이 그녀로 하여금 끊임없는 연구와 그녀의 성인 삶을 부각시키는 언어 유희를 하게 하는지에 대한 질문에 Nadine은 다음과 같이 대답했다. "무엇보다도 의미가 나를 동기화시켜요. 나는 그것 뒤에 숨어 있는 의미를 알고 싶어요. 그것은 단어가 의미를 전달한다는 사실이에요." 그녀는 또한 그것이 오락이든 추구이든 간에 사람들의 반응을 연구하는 것과 그녀가 원하는 반응을 얻는 방법을 알아내는 것을 즐긴다고 했다. Nadine은 사람들이 웃을 만한 것들을 말하는 방법을 끊임없이 연마하고 있다고 말한다. 마지막으로 그녀는 말한다. "나는 아이디어 토론하는 것을 좋아해요. 만약에 누군가를 설득할 수 있다면, 나는 요점을 짚기 위해서 직설적·예시적으로 말하려고 할 거예요."

3. 말재주 : 언어학자 :: 근육 : 육상선수

Nadine의 프로필을 보면 언어 영재의 특성은 단어와 사랑에 빠지는 것이다. 즉, 이미지와 소리를 즐기고, 단어의 기원과 역사를 이해하기 위해서 노력하고, 단어를 수집하고, 패러디와 터무니없는 말로 사람들을 웃기고, 의미를 찾고, 절묘한 단어 선택을 할 수 있는 능력을 가다듬는 것이다. Nadine과 같은 아이들의 재능을 방해하기보다는, 교육자들은 적합하고 숙달된 소질의 접근을 제공함으로써 언어 영재들을 양육시킬 수 있다. 이 장의 다음 부분에서는 언어 놀이의 자료와 언어 영재를 발달시키는 것의 가치에 대해서 논한다.

4. 사전 : 문장가 :: 인구 총 조사 자료 : 인구통계학자

어렸을 적부터 아동들은 "사전에서 찾아봐라."라고 강요받는다. 그러나 부모와 교사들은 모든 사전들이 "똑같이 만들어지지" 않았다는 것을 깨닫지 못한다. 어떤 사전들은 어설픈 정의의 사용을 자제하는 반면에 다른 사전들은 특징과 주석을 같이 볼 것을 권한다. *The American Heritage Dictionary of the English Language*(1992)를 예로 들면, *tooth*란 단어의 유래를 주석으로 달아 2학년 시절의 Nadine을 만족시켰다. 여기서 그녀는 *eat*, *tooth*, *dentist* 등을 배웠는데, 이것은 모두 초기 인도-유럽의 *dent* 형태와 독일 단어 *tanthuz*가 결국 영어 단어 *tooth*로 음이 변화된 것과 관련되어 있다.

마찬가지로 *The Lincoln Writing Dictionary for Children*(1988)은 사전이란 단지 단어의 철자를 바로잡거나 단어를 정의하는 것이 아닌, 그 자체로 읽혀야 한다는 가정을 기본으로 했다. 많은 짤막한 글이 독자들에게 단어와 작문에 관한 정보를 제공한다. 예를 들어 *counter*라는 단어에 삽입된 설명은 다음과 같다.

> counter라는 단어는 "반대 방향의" 또는 "~에 반하여"라는 뜻의 접두사로 쓰인다. 이것을 알면 아마도 당신은 counterattack, counterclockwise, counteract, counteroffer와 같은 단어들의 뜻을 알아낼 수 있을 것이다. "counter-"와 "anti-"는 "anti-terrorist laws"에서는 뜻이 비슷하다. 그러나 이것은 의미하는 범위가 다르다. 차를 사려고 흥정할 때 "anti-offer"란 단어는 사용하지 않기를 바란다. "anti-"는 "anti-communism"에서처럼 확연히 반대되는 것을 의미한다. (p. 182)

단어에 대한 권위 있는 정보를 얻기 위해서 학생들이 Oxford English Dictionary (OED)(1992)나 이것의 에디션 중의 하나인 Shorter Oxford English Dictionary (1993), CD 버전을 찾아보도록 해야 한다. 이를 통해 학생들은 시대별로 각 표제어가 어떻게 사용되었는지, 또한 어떻게 변화되었는지 보여 주는, 연대순으로 이루어진 문예 인용구를 찾을 수 있을 것이다.

특히 흥미로운 두 사전은 이해하기 쉬운 대사전인 *Webster's Third New International Dictionary of the English Language, Unabridged*(1961)와 이것의 요약판의 한 부분인 *Merriam-Webster's Collegiate Dictionary*(1993)이다. 이 2권의 사전에는 정의가 연대순으로 기록되어 있다. 요약판은 언제 관용어가 언어에 쓰이게 되었는지에 관한 날짜도 기록되어 있다. 그것 때문에 *Merriam-Webster's Collegiate Dictionary*(1993)는 학생들이 편리하게 영어의 변화를 학습할 수 있도록 해 준다.

학생들은 단어에 대해서 읽게끔 꾀어내는 생생한 많은 정보를 담고 있는 사전을 접해야 한다. 사전은 어원, 관용어에 관한 주석, 동의어와의 관계를 보여 주는 주석, 문학이나 미디어, 그리고 의미가 언제 언어에 적용되었는지를 보여 주는 날짜에 관한 인용구를 이용하여 설명하는 정의와 같은 특성들로 평가되어야 한다. 교사들과 학생들은 *Webster*라는 이름이 공공의 소유이며 이것은 어느 출판업자들에 의해서나 사용될 수 있다는 것을 조심해야 한다. 마찬가지로 완본 사전이지만 중요한 특징이 없을 수도 있다. 그러므로 *Webster*라는 이름이나 "완본"이라는 단어가 붙은 제목이 사전의 질을 보장해 주지는 않는다.

게다가 잘 알려진 사전인 역순 사전(Bernstein, 1975; *Reader's Digest Illustrated Reverse Dictionary*, 1990)이나 시각 정보 사전(*Facts on File Visual Dictionary*, 1986; *Macmillan Visual Dictionary*, 1992)과 같은, 가지각색의 단어를 찾는 도구들은 단어를 학습하는 데에 흥미로운 방법을 제공한다. 역순 사전은 목표 단어의 반만 기억나게 하는 정의의 목록을 작성하는 것을 통하여 독자들이 단어를 "혀끝에서" 찾을 수 있게 도와주도록 시도한다. 예를 들어, 앞뒤로 읽어도 똑같은 구문에서 단어를 기억하려고 노력할 때 뒤로 검색하는 것과 회문 단어를 찾는 것이 가능하다. 시각 정보 사전에서는 분류된 설명과 도표가 돛과 몸 안의 뼈, 혹은 기사의 갑옷과 같은 부분의 단어 항목을 제공한다.

학급 혹은 학교 도서관에서의 사전 선택은 제한될 것이다. 그러나 공공 도서관과 대학교 도서관은 광범위한 사전의 컬렉션을 제공한다. 어떤 것은 도서관에서 쓰기 위하여 참고 서적으로 지정된 반면, 대출이 가능한 것도 있다. 학생들에게 집에서 사전을 가져오라고 권유함으로써, 그리고 도서관에 없는 다른 것들을 확인함으로써, 교사들은 축소된 페이지를 위하여 확대경과 같이 쓰이는 *Compact Edition of the Oxford English Dictionary*(1971), 혹은 꼭 읽어야 하는 사전의 정석인 Johnsons(1773)의 *Dictionary of the English Language*와 같은 흥미 있고 다양한 것을 모을 수 있다. 가능하다면 여기에서 언급한 사전들 중의 하나를 학급을 위해서 사야 한다. 사전으로 학생들이 쉽게 이용할 자원을 만든다.

5. 어원 : 단어 :: 고생물학 : 화석

사전이 간결한 단어의 역사를 제공해 줌에도 불구하고, Flexner의 *I Hear America Talking*(1976)과 *Listening to America*(1982) 같은 책은 미국에서 사용되는 언어의 역사뿐만 아니라 언어를 통해서 보이는 미국의 역사에 대한 시각을 제공해 준다. 사진이나 인쇄물, 만화와 같은 일차적인 자원이 되는 자료들을 다시 삽화 처리한 Flexner의 World War 1장을 예를 들면, *khaki*, *the duration*, *red tape*, *whizzbang*과 같은 언어와 용어에 대한 설명을 하며 시대별로 전쟁의 중요한 사건들을 나열했다. 역사적인 이야기에 Flexner는 시대의 비속어와 문화적·문학적·정치적인 단어를 포함했다.

101 Words and How They Began(Steckler, 1979), *Words: A Book about the Origins of Everyday Words and Phrases*(Sarnoff & Ruffins, 1981)와 같은 다른 책들은 어린아이들에게 전 세계에서 영어로 들어온 단어로 소개를 한다. Steckler는 아침식사에 먹는 시리얼에 대해 Ceres가 곡물의 여신이라는 신화를 그의 설명과 연결지었다. Sarnoff는 *corduroy*를 영국 직조공이 직물을 잘 팔려고 이름 붙인 "왕의 옷감"을 뜻하는 프랑스 단어에서 왔다고 설명했다.

단어의 역사를 연구하는 것은 하나하나의 단어뿐만 아니라 전체적인 언어 체계나 언어의 역사를 배우게 해 준다. Greenfeld(1978)의 *Sumer Is Icumen In*에서는 영어의 어원, 변화, 미래에 대해서 고려함으로써 영어의 역사에 초점을 맞췄다. 이것은 마치 Nadine이 물었던 "*tooth*란 단어는 어디서 왔나요?"라는 질문과 같다. Cooper(1992)는 최초의 구어에 대한 생각을 조사했고, *Why Do You Speak As You Do?*라는 그의 책 속에서 전 세계의 언어 발전을 추적했다.

Sperling은 오래된 단어는 사람을 즐겁게 해 주고 그 단어로 말장난하는 것이 재미있다는 것을 증명했다. *Poplollies and Bellibones*(Sperling, 1977)에서 그녀는 하나의 모르는 단어가 다른 단어로 이끄는 순환적 정의의 소리가 웃기게 들리는 폐어를 소개했다. 그녀는 또한 번역과 사람들이 읽을 수 있는 주석을 달기 위한 대화를 만들었다. 어린아이들을 위한 *Murfles and Wink-a-Peeps*라는 책에서 Sperling (1985)은 친구에게 쓰는 편지 형식으로 이야기를 시작하는데, 이는 독자들에게 단어가 어떻게 변하고 사라지는지에 대해서 말해 준다. 그녀는 순환적인 정의와 자기 자신의 옛날 단어 놀이를 통하여 독자들을 즐겁게 한다.

6. 사전 집필자 : 단어 :: 화폐 연구가 : 동전

Sperling이 자신의 책에서 보여 준 것처럼, 또한 Nadine이 자신의 리스트를 가지고 보여 준 것처럼, 단어 수집은 열정적인 취미가 될 수 있다. 집합명사를 찾아내고 그것을 설명하는 *An Exaltation of Larks*라는 고전에서, Lipton(1991)은 Tom Sawyer가 자기 울타리를 하얀색으로 칠했던 것처럼 독자들이 자기 바구니에서 붓을 꺼내 자기만의 울타리에 페인트칠을 하는 것을 도와주고자 독자들을 초대한다. 한 학교에서는 교사들과 학생들이 Lipton의 초대를 받아들여 붓을 들고 1년 내내 *gaggle of geese*, *sentence of judges*, *clutch of eggs*와 같은 그의 목록을 확장시켰다. 핵심을 사로잡는 지역 신문에서 발견된 *brace of reproters*와 같은 표현은 학생들을 자극시켜 계속해서 그런 단어를 찾게 하고, 또한 자기 스스로 만들게 하였다.

*Chin Music*에서 Schwartz(1979)는 *fumadiddle*, *snallygaster* 같은 보석을 포함하는 민요나 지역에서 수집한 단어들을 가지고 놀이를 하였다. 이런 동의어나 일화,

정의의 목록에 따라서 Schwartz는 이 단어들에 문맥을 제공하는 연구 노트를 가지고 원문을 확장시켰다. 그는 학생들에게 말놀이를 하는 것뿐만 아니라 여러 학문을 아우르고 호기심을 자극하는 연구의 방향을 살짝 보여 주었다.

Willard Espy(1972)의 *The Game of Words*는 547개의 동음이의어 짝을 *acclamation, acclimation*부터 *you'll, yule*까지 목록화하였다. Espy는 단어 수집만으로는 충분치 않고, 수집된 단어들은 보여 주고 사용해야 한다고 했다. Espy는 독자들로 하여금 다소 애매한 정의가 제시된, 대구를 이루는 짝들을 완성하는 어려운 과제를 주어 도전하게 했다.

I found a shaggy mare in ***** (an American state)

With might and **** (reinforces might)

I trimmed her **** (hippy hairdo)

(Answer: Maine, main, mane) (p. 125)

*Eye Spy: A Mysterious Alphabet*에서 Bourke(1991)는 동의어로 눈으로 추측하는 말놀이를 했다. 각각 양쪽으로 펼쳐지는 그림책의 한 페이지는 4개의 동음이의어로 이루어져 있다. *M*으로 시작하는 철자에 대한 삽화를 예로 들면, 왕비가 있고 2명의 왕이 있고 모나크 나비가 있다. 각 세트의 마지막 삽화가 다음 삽화의 실마리를 포함하고 있기 때문에 *Eye Spy*는 순서대로 "읽는"(단어는 없지만) 것도 재미있지만 거꾸로 읽는 것도 재미있다. Terban의 *Hey, Hay! A Wagonful of Funny Homonym Riddles*(1991)와 *The Dove Dove*(1988)는 "우리가 숨을 쉬는 것을 물려받은 사람은 누구일까요?"(공기의 상속) 같은 수수께끼와 "내가 제대로 된 장소를 보고 있을 때 Shakespeare로부터 한 구절을 인용할 것이다." (*sight, site, cite*) 같은 것을 가지고 독자들을 당황하게 한다.

교사들은 학생들에게 의도적이든 의도적이지 않든 동음이의어 단어 놀이를 찾아보도록 격려할 수 있다. 일간지에 나오는 "Calvin and Hobbes", "B.C.", "Shoe"와 같은 네 컷 만화는 자주 동의어나 말장난에 의존한다. 미용실은 보통 "The Mane Shop"이나 "Shear Madness"라는 별명으로 통한다. 한 지역 배관공은 "끝내주게 좋은 배관을 위해서"라는 광고를 했다. 이와 반대로 학생들은 출판물이나 업무상 서신에서 의도적이지 않은 재미있는 동음이의어를 찾아볼 수 있다. 학생들의 발견을 전시할 수 있는 게시판이나 센터 같은 곳은 모든 사람들이 이런 재미를 함께 즐길 수 있게 해 준다.

7. 비행접시 : UFO 연구학자 :: 말장난 : 현명한 위장술

교사가 언어 놀이에 대한 아이디어와 학급을 위한 단어 게임을 찾는 데 도움을 주는 많은 자료들이 있다. *The Oxford Guide to Word Games*에서, Augarde(1984)는 수수께끼, 십자말풀이, 철자 바꾸기 놀이, 두음 전환, 구체시와 같은 게임에 대해 기술했다. 언어 연구에 있어 특별히 흥미로운 것은 *The Oxford Guide*가 게임을 위한 역사적이고 문학적인 작품뿐만 아니라 그것들을 가지고 노는 정보를 제공한다는 것이다. 예를 들면, Augarde는 제스처 게임을 1711년 게임으로 쓰였던 때부터 Louis Carroll에 의해 현재의 극적인 형태로 공연되고, *Hay Fever*에서 Noel Coward에 의해 사용되었으며, Winston Churchill에 의해 경멸당할 때까지 추적했다.

언어 놀이를 통한 교육적인 목적을 구체적으로 언급한 개론서 중에는 Kohl(1981)의 *A Book of Puzzlements: Play and Invention with Language*, Geller(1985)의 *Wordplay and Language Learning for Children*, Golick(1987)의 *Playing with Words*가 있다. Khol은 철자 게임이나 품사 게임 같은 것을 분류화하면서 실제 수업에서 요하는 사항에 대하여 이야기했다. 그는 수업에 맞게 그 게임을 보다 복잡하게 만들기 위한 변형을 적극적으로 장려했다. 또한 독창적인 게임을 만드는 여러 가지 제안을 제시했다. Geller는 미취학 아동들의 운율시, 그리고 나이가 더 많은 아동들의 수수께끼 속에서의 비유와 같은, 자기가 개발한 게임들을 연령에 맞추어 배열하고서 아동들의 발달 단계에 맞춘 언어 놀이에 초점을 두었다. Golick이 수집한 언어 놀이도 아동들의 전통적인 언어 게임에 바탕을 두고 있지만, 그녀는 그것을 언어에 대한 아동들의 특별한 요구나 언어장애를 가진 아동들을 돕는 도구로 이야기했다.

*Playing the Language Game*에서 Shepherd(1993)는 독창적인 역할놀이 시뮬레

이션을 보여 주었는데, 그 시뮬레이션은 나이가 더 많은 아동들로 하여금 언어학자로서의 역할을 가능하게 해 주어 언어를 관찰하고 언어에 대해서 깊이 생각할 수 있게 한다. 그녀의 게임 중 "Knowing the Rules"라는 게임을 예로 들면, 학생들은 Lewis Carroll이 이야기한 두 줄의 "Jabberwocky"에 관해 들은 다음에 개인적으로든 집단으로든 자신들이 상상하는 것이면 무엇이든지 그리게 된다. Shepherd는 "Knowing the Rules"라는 게임을 문법 연구에 대한 불안감을 없애고 직관적으로 문법의 규칙을 이해하고 있다는 사실을 학생들에게 확신시키기 위해서 사용했다.

어떻게 게임을 하는가를 서술하는 대신에 Richard Lederer와 Willard Espy는 적극적으로 독자들이 언어 놀이에 참가하도록 만들었다. *The Play of Words*라는 책에서 Lederer(1990)는 *clichés*나 *metaphors* 같은 단어의 그룹이나 "Inky Pinkys"와 같은 게임에 관한 간단한 정보만 주고 채워야 할 리스트나 풀어야 할 퍼즐을 제공했다. Willard Espy는 언어 놀이가 자신의 책 *Almanac of Words at Play*(Espy, 1975)나 *A Children's Almanac of Words at Play*(Espy, 1982)를 이용하여 매일 하기에 적당한 것이라고 증명했다. 그의 게임은 말장난, Tom Swifties, long words, circular stories 같은 것에 설명과 그 이상의 게임을 하기 위한 아이디어를 곁들였다.

reading : *pleasure* :: *writing* : *frustration*(독서와 즐거움의 관계는 작문과 좌절의 관계와 같다)과 같은 형식적인 유추는 즐거움뿐만 아니라 사고의 도구로서 특별한 유형의 언어 유희를 나타낸다. Thompson(1990, 1991)이 주장한 바로는 유추는 학생들이 단어들 사이의 확연한 관계를 확인함으로써 분명한 이해에 도달하도록 한다. 그는 유추를 "말로 하는 오락"으로 사용하는 것은 물론, 어휘 연구의 포괄적이고 도전적인 체계의 일부로도 이용했다. *Challenge of the Unknown*(1986)에서 저자들이 강조한 것은, 문제 해결 도구로서 유추를 이해하기 위해서 학생들은 반드시 유추 관계를 만들어 내고 그 안에 내재된 서로 간의 관계를 정의 내려야 한다는 것이다. 예를 들면, *pit* : *peach* :: *sun* : *solar system*이라는 유추는 부분과 전체의 관계를 나타내 준다. *Challenge of the Unknown*의 커리큘럼에서 인용된 관계의 다른 예가 여기 있다.

■ 활동과 활동 장소의 관계 *race* : *track* :: *swim* : *pool*

- 유사 관계 *blast : gust :: blare : roar*
- 정도의 관계 *walk : run :: add : multiply*
- 부분과 부분의 관계 *hand : elbow :: foot : knee*
- 장소의 관계 *England : London :: Canada : Montreal*
- 관련 관계 *silk : rayon :: butter : margarine*
- 빈대 관계 *birth : death :: introduction : conclusion*
- 목적 관계 *surgeon : scalpel :: butcher : cleaver*
- 인과 관계 *rain : flooding :: ice : skidding*
- 특성 관계 *sinks : rock :: floats : feather*
- 순서 관계 *May : February :: November : August*
- 대상과 활동 관계 *dishes : break :: clothing : rip* (p. 116)

8. 단어 놀이 : 문학 :: 재료 수집 : 건축

문학은 단어 놀이를 위한 최고의 활동 장소이다. 젊은 독자들을 위해서 Graeme Base (1986)의 *Animalia*는 "diabolical dragons daintily devouring delicious delicacies"나 "quivering quails queuing quietly for quills"와 같은 수집할 만한 단어들의 알파벳을 제공한다. Base의 단어들을 둘러싼 실례들은 독자들이 decanter, dirigible, quiver, Don Quixote와 같이 그들 자신의 단어 항목과 특징을 가지도록 유도한다. 또 다른 형태의 언어 놀이에서는 젊은 독자들이 그들의 우월한 지식을 즐거워하며, Amelia Bedelia(Parish, 1963)가 시도한 "dust the furniture", "draw the drapes"와 같은 동음이의어와 관용어구의 오역을 비웃는다.

*Animalia*와 *Amelia Bedelia*의 책들이 널리 읽힘에도 불구하고, 다른 고전 단어 놀이 문학은 열성적인 교사와 부모들에 의해 소개될 필요가 있다. *The Phantom Tollbooth*(Juster, 1961)에서 Milo의 Dictionopolis로의 여정은 집단으로 말장난과 관용어구, 그리고 모든 문단 속에 묻혀 있는 말놀이를 찾으며 읽을 때 두 배로 재미가 있다. *The Phantom Tollbooth*을 다 읽고 난 뒤, 학생들은 예술의 거장인 Louis

Carroll의 언어 놀이를 진지하게 바라보고 싶어 할 것이다. *Alice's Adventures in Wonderland*(Carroll, 1982)의 Pennyroyal 판(에디션)과 Louis의 원문을 Barry Mooser에 의한 학문적인 주석과 목판화로 해석한 *Through the Looking-Glass and What Alice Found There*(Carroll, 1983)는 독서 애호가들에게 특별한 관심을 불러일으키는 것이다.

Louis Untermeyer(1979)는 우리에게 "시는 본래 놀이의 형태이다. 비유의 놀이이며, 심상의 놀이이고, 운율의 놀이이다."라고 상기시킨다. Untermeyer는 말장난은 언어 영재성의 형태이며, 시적 과정을 촉진하는 재치와 상상력의 똑같은 조합에서의 도약이라고 계속해서 말했다. 언어 놀이를 배웠던 학생들에게 문학과 모든 언어는 놀이터가 된다.

9. 장 : 책 :: 자료 : 지식

언어 영재 학습자들에게 말놀이는 그들의 예리한 유머 감각과 뛰어난 언어 능력을 이용하는 것이다. 그것은 어휘를 강화시키고, 언어 구조를 조정하는 기회를 제공하고, 창의성을 함양하고, 결정적인 사고를 도출하고, 유머러스한 통찰력을 존중해 준다. 다른 여느 스포츠와 같이, 말놀이는 다른 동료들과 게임의 도전을 즐기는 플레이어들의 집단을 만든다.

이 장에서는 말놀이의 힘과 즐거움에 대해서 논의했다. 말놀이는 학생들에게 독립적인 독서와 평생 학습의 기회를 제공한다. 이 장에 나온 자료들은 교사들에게 언어 영재 학습자의 특별한 능력을 만드는 방법과 그들의 특별한 요구를 존중하는 방법을 제공한다. 학급에서의 말놀이는 단어를 실험할 안전한 장소와 체계를 이해하려고 노력하는 것, 유머의 위험을 감수하는 것, 그리고 특별한 능력과 통찰력을 즐기는 것을 제공할 수 있다.

10. 핵심 요약

- 단어는 언어 영재 학생들의 도구이고, 어떤 언어교과 경험이라도 강조되어야 한다.
- 언어적 유머로의 탐험은 언어 영재 고유의 흥미를 이용하는 방법을 제공하는 것과 동시에 이러한 기회는 많은 형식의 억지로 둘러댄 의사소통의 이해를 촉진시킨다.
- 어휘 발달은 언어 영재에게 언어 예술 경험의 하이라이트가 되어야 한다.
- 양질의 사전과 유의어·반의어 사전, 그리고 다른 언급된 자료들은 잠재적 언어 발달의 강력한 기초를 제공한다.
- 단어 놀이나 단어 게임에 초점을 맞춘 책들은 학급에서 쓰거나 관심을 가지고 있는 학생에게 넘겨주기에 훌륭한 자료이다.
- 언어적으로 방향을 맞춘 놀이는 언어 발달과 언어 영재에게 높은 관심의 호소를 촉진한다.
- 유추에 대한 연구는 높은 수준의 사고 방법과 언어적 표현을 강화한다.
- 학급에서 말놀이를 격려하는 것은 언어교과의 세계를 보는 통찰력과 의사소통 기술을 길러 준다.

11. 참고 문헌

American heritage dictionary of the English language (3rd ed.) (1992). Boston: Houghton Mifflin.

Augarde, T. (1984). *The Oxford guide to word games*. Oxford: Oxford University Press.

Averill, E. (1960). *The fire cat*. New York: Harper & Row.

Base, G. (1986). *Animalia*. New York: Abrams.

Baumann, J. F., & Kameenui, E. J. (1991). Research on vocabulary instruction: Ode to Voltaire. In J. Flood, J. M. Jensen, D. Lapp, & J. R. Squire (Eds.), *Handbook of research on teaching the English language arts* (pp. 604-632). New York: Macmillan.

Bernstein, T. M. (1975). *Bernstein's reverse dictionary*. New York: Quadrangle.

Bourke, L. (1991). *Eye spy: A mysterious alphabet*. San Francisco: Chronicle Books.

Calfee, R., & Drum, P. (1986). Research on teaching reading. In M. C. Wittrock (Ed.), *Handbook of re-*

search on teaching (3rd ed., pp. 804–849). New York: Macmillan.

Carroll, L. (1982). *Alice's adventures in wonderland.* (Selwyn H. Goodacre, Ed.). Berkeley: University of California Press.

Carroll, L. (1983). *Through the looking-glass and what Alice found there.* (Selwyn H. Goodacre, Ed.). Berkeley: University of California Press.

Catron, R. M., & Wingenbach, N. (1986). Developing the potential of the gifted reader. *Theory into Practice, 25*, 134–140.

Challenge of the unknown. (1986). New York: W. W. Norton.

Compact edition of the Oxford English dictionary (Vols. 1–2) (1971). New York: Oxford University Press.

Cooper, K. (1992). *Why do you speak as you do?* A guide to world languages. New York: Walker.

Espy, W. R. (1972). *The game of words.* New York: Bramhall House.

Espy, W. (1975). *An almanac of words at play.* New York: C. N. Potter.

Espy, W. R. (1982). *A children's almanac of words at play.* New York: Clarkson N. Potter.

Facts on File visual dictionary. (1986). New York: Facts on File.

Farb, P. (1993). *Word play: What happens when people talk.* New York: Vintage. (Original work published 1973).

Flexner, S. B. (1976). *I hear America talking: An illustrated treasury of American words and phrases.* New York: Van Nostrand Reinhold.

Flexner, S. B. (1982). *Listening to America: An illustrated history of words and phrases from our lively and splendid past.* New York: Simon and Schuster.

Geller, L. G. (1985). *Wordplay and language learning for children.* Urbana, IL: National Council of Teachers of English.

Golick, M. (1987). *Playing with words.* Markham, Ontario: Pembroke.

Greenfeld, H. (1978). *Sumer is icumen in: Our ever-changing language.* New York: Crown.

Johnson, S. (1773). *A dictionary of the English language: In which the words are deduced from their originals, and illustrated in their different significations by examples from the best writers. To which are prefixed, a history of the language, and an English grammar* (Vols. 1–2) (4th Ed.). London: W. Straham.

Johnson, S. (1986). *Dictionary of the English language: Selections.* (Richard L. Harp, Ed.). Lanham, MD: University Press of America.

Juster, N. (1961). *The phantom tollboth.* New York: Epstein & Carroll; Random.

Kohl, H. (1981). *A book of puzzlements: Play and invention with language.* New York: Schocken.

Lederer, R. (1990). *The play of words: Fun & games for language lovers.* New York: Pocket.

Lincoln writing dictionary for children. (1988). San Diego: Harcourt Brace Jovanovich.

Lipton, J. (1991). *An exaltation of larks: The ultimate edition.* New York: Viking.

Macmillan visual dictionary. (1992). New York: Macmillan.

Merriam-Webster's collegiate dictionary (10th ed.) (1993). Springfield, MA: Merriam-Webster.

Oxford English dictionary (Vols. 1–20) (2nd ed.). (1992). New York: Oxford University Press.

Parish, P. (1963). *Amelia Bedelia.* New York: Harper.

Perkins, A. (1968). *The ear book.* New York: Random.

Reader's Digest illustrated reverse dictionary. (1990). Pleasantville, NY: Reader's Digest.

Sarnoff, J., & Ruffins, R. (1981). *Words: A book about the origins of everyday words and phrases.* New York: Charles Scribner.

Schwartz, A. (1979). *Chin music: Tall talk and other talk.* New York: Lippincott.

Shade, R. (1991). Verbal humor in gifted students and students in the general population: A comparison of spontaneous mirth and comprehension. *Journal for the Education of the Gifted, 14*(2), 134-150.

Shepherd, V. (1993). *Playing the language game*. Philadelphia: Open University Press.

Shorter Oxford English dictionary (Vols. 1-2) (2nd ed.). (1993). New York: Oxford University Press.

Silverman, L. K. (1993). A developmental model for counseling the gifted. In L. K. Silverman (Ed.), *Counseling the gifted and talented* (pp. 51-78). Denver: Love Publishing.

Sperling, S. K. (1977). *Poplollies and bellibones: A celebration of lost words*. New York: Clarkson N. Potter.

Sperling, S. K. (1985). *Murfles and wink-a-peeps: Funny old words for kids*. New York: Clarkson N. Potter.

Steckler, A. (1979). *101 words and how they began*. Garden City, NY: Doubleday.

Terban, M. (1988). *The dove dove*. New York: Clarion.

Terban, M. (1991). *Hey, hay! A wagonful of funny homonym riddles*. New York: Clarion.

Thompson, M. C. (1990, 1991). The word within the word (Vols. 1 & 2). Unionville, New York: Trillium.

Tuttle, F. B. (1991). Teaching the gifted. In J. Flood, J. M. Jensen, D. Lapp, & J. R. Squire (Eds.), *Handbook of research on teaching the English language arts* (pp. 372-379). New York: Macmillan.

Untermeyer, L. (1979). The pun. In A. Moger (Ed.), *The complete pun book* (pp. 75-81). Secaucus, NJ: Citadel Press.

VanTassel-Baska, J. (1994). *Comprehensive curriculum for gifted learners* (2nd ed.). Boston: Allyn and Bacon.

Webster's third new international dictionary of the English language, unabridged. (1961). Springfield, MA: G. & C. Merriam.

Ziv, A., & Gadish, O. (1990). Humor and giftedness. *Journal for Education of the Gifted, 13*(4), 332-345.

제 15 장

창문과 거울의 차이

-문학 교실에서의 성과 다양성-

Penny Kolloff

모든 학생들은 자신의 경험을 자신에게로 투영하는,
그리하여 학교라는 공공 세계에서
그것의 정당성을 입증하는 거울인 개별 교육과정을 가질 만하다.
그러나 교육과정은 또한 다른 사람들의 경험으로 들어가는
신선한 공기를 주는 창임에 틀림없다.
그들은 학교 교육과정의 공적인 타당성을
요구하고 있으며, 그럴 자격이 있다.
—Emliy Style(1988)

아주 여러 해 전 여름, 열 살짜리 소녀를 둘러싸고 Melendy 가족에게는 무슨 일이 있어났는가? 아마도 그것은 작가 Elizabeth Enright가 상상해 낸 구성과 표현력이 풍부한 언어였을 것이다. *The Saturdays*는 같은 수의 소년 소녀들이 모험을 하도록 어떤 가족에게로 독자들을 초대했다. 그들 중 하나는 George Bernard Shaw가 누구인지를 알고 오페라를 감상한다. 나는 이 책과 여러 후속편에서 Randy와 Rush 사이에 그 가족으로 자리를 잡았다.

나는 또한 *Bright April*의 주인공인 April Bright와 많은 공통점을 가지고 있었다. 우리는 긴밀한 가족 구성원이었고 모두 Brownie Scouts였다. Marguerite de Angeli's April은 내 첫 흑인 친구였다. Sydney Taylor의 *All of a Kind Family*에 등장하는 자

매들은 나의 자매들을 연상시켰고, 유대인 전통과 명절에 대해서도 알려 주었다. 창과 거울처럼 Emily Style의 교육과정에 대한 개념을 유지하면서 이 책들은 각각 나의 삶의 요소들을 비추는 거울이요, 내가 거의 모르고 있었던 사람들의 삶의 영역으로 안내하는 창이기도 했다.

나는 매력적인 삶을 영위했다. 부모님은 열렬한 독서가여서 우리 집은 책들로 가득 차 있었으며, 나는 공공 도서관에서 두 블록 정도 떨어진 곳에 살아서 여섯 살 때부터 혼자 걸어서 도서관에 갈 수 있었다. 책으로 가득 찬 벽들 속에 사서 둘이 있었는데, 그들은 독서를 좋아하는 아이들을 사랑했다. Nada 양과 Rucy 양은 어떤 책을 먼저 읽어야 할지 확신하지 못하는 독자, 또는 밤이나 주말 동안 도서관이 닫힌 후에 자신이 책읽기를 끝낼 수 있을지 걱정하는 독자에 대해서는 한 번에 대출 가능한 대출 권수에 대한 규칙을 적용하지 않았다.

학교에서 문학에 대한 내 경험들은 혼재된 것이었다. 저학년의 독서에 대해서는 명확하게 기억하지 못한다고 할지라도, 5, 6학년 때에는 *Fun with Dick and Jane*과 그룹으로 한 원닥 읽기보다는 *Black Beauty*, *Daniel Boone*, 그리고 *My Friend, Flicka*와 같은 책을 큰 소리로 읽게 해 주신 선생님들이 계셨다. 나는 왜 이 모든 책들의 주인공들(어쨌거나 인간들)이 남자인지 이상하게 생각하지 않았지만, Jemima Boone의 인디언에 의한 납치와 관련한 사건에 특별히 사로잡혔던 것을 기억하고, 여전히 그 책의 그 부분에 실렸던 시각적인 이미지를 기억할 수 있다. 되돌아보면, 나는 선생님들이 의도적으로 책을 선택하는 것인지 궁금하였다. 그분들은 그 책들이 거친 소년들의 주의를 끌 수 있을 것이라고 생각했으며, 소녀들은 어떤 것에도 귀를 기울일 것이라고 믿고 있었다.

나는 학교 밖에서(그리고 학교에서도, 왜냐하면 나는 일을 빨리 마쳤기 때문에) 책을 아주 많이 읽었기 때문에, 내가 동일시하고 싶은 인물이 있는 마음이 쏠리는 책을 찾는 것은 어려운 일이 아니었다. 나는 도서관에서 아주 멀리 떨어져 사는 친구들이나 독서가 가치 있는 것으로 여겨지지 않거나 격려받지 못하는 가정에서 사는 친구들을 생각하지 못했다. 그들의 문학에 대한 노출이 학교에 입학하면서 형성된 것이라면 그들의 경험은 매우 제한된 것일 것이다.

이런 일들은 내가 남성에 의한, 그리고 남성에 대한 불균형적인 수의 책들로 구성된 고등학교 필독 도서 목록에 대해 한 선생님에게 질문했던 여러 해 전에 이미 표면화되었다. 그분의 무표정한 얼굴에서 나온 진지한 대답은 고학년 때까지 남학생들이 쉽게 여성과 여성의 경험에 대한 것을 읽지 않을 것이라는 것이었다. 그러므로 "소녀들은 무엇이든 배정된 것을 읽을 것"이기 때문에 도서 목록이 소년들의 흥미를 유지시키도록 구성되었다는 것이다. 아마도 중등학교에서 가장 자주 읽히는 작가들 중 열에 아홉이 남성이라는 것이 그 이유 중 하나일 것이다(유일한 여성은 Harper Lee이다).

1. 독서의 최근 경향

공평한 동질 집단과 협의의 의미로 규정된 교육과정을 가진 학교생활에서의 "전성시대" 이래로 수십 년이 흘렀다. 그러한 시기에 모든 학생들에게 있어 언어적 재능의 계발을 위협했던 여러 가지 현상이 발생하였다. 그중에서 중요한 첫 번째 현상은 교육과정에 대한 체계적인 "쉽게 고쳐 쓰기(dumbing down)"이다(Hirsch, 1987; Ravitch & Finn, 1987; Singal, 1991). 자연스럽고 창조적인 1960년대와 1970년대의 결과로 엄격한 문학 교육과정의 축소를 말하고 있는 Singal은 "학생들은 너무 자주 10대로서 그들의 흥미를 반영하는 '연령에 적합한' 과제를 부여받고, 사전에 지속적으로 의지하지 않고 읽을 수 있는 그리고 무엇이든 그들이 고무되는 것을 얻을 수 있는 자료를 부여받고 있다. 학생들에게 정크푸드 같은 문학을 먹여서 활기 없는 영어 구사 능력을 얻게 될 것이다."(p. 65)고 하였다.

두 번째 현상은 독서가 가치로운 것으로 취급되지 않는 사회로 진입하고 있다는 최근의 추세에 의해 특징지어진다. 국내 도서 출판업자들이 실시한 1991년의 조사에 따르면, 1990년에 미국 가정의 60%가 책을 단 1권도 구입하지 않았다고 한다. 1992년에 국가교육출판연합이 초등학교 4학년, 중학교 2학년, 고등학교 3학년을 대상으로 실시한 조사에서는 조사에 참여한 1/3이 여가 시간에 책을 전혀 읽지 않는다고 하였으며, 중학교 2학년의 2/3와 고등학교 3학년의 40%가 하루 3시간 이상 텔레비전을 시청한다고 하였다.

아동들의 독서 습관이 위험 수준에 처해 있을 뿐만 아니라, 또 문학 사회를 향한 우리의 희망 중 많은 사람들에 기반을 둔 또 다른 그룹이 위기에 처해 있다는 증거가 있다. 독서 프로그램에 기반을 둔 문학에 대해 집필하고 있는 Jipson과 Paley (1992)는 대학과 대학원에서 교육학을 전공하는 학생들의 독서 습관을 연구하였다. 연구 결과, 학부의 교육학 전공자들이 재창조적인 독서를 거의 하지 않는다는 것을 알 수 있었나. 이 미래의 교사들이 재미로 독서를 한다고 했을 때, 그 자료들은 대개 잡지와 대중 소설이었다. 이것을 교육대학원 학생들과 비교해 보자. 학부생들의 대부분은 아마도 교양 학점 때문에 교사 훈련을 시작하기 전에 교육학 이외의 학습 기간이 있었다. 이들은 각각 독서의 즐거움에 빠졌고, 다양한 읽을거리를 읽으며, 독서가 그들에게 중요하다고 하였다. 풍부하고 자극하는 문학 프로그램을 위해서 교사들은 훌륭한 독서가여야 하고 독서에 대한 열정이 있어야 한다.

2. 교육과정에서의 성과 다양성에 대한 이슈의 발생

이러한 경향 외에도 언어와 문학에 대한 고찰은 사회, 학교에 대한 영향, 그리고 교육과정에 대한 효과에 불고 있는 광범위한 변화에 주목해야 한다. 최근 사회에 크게 영향을 미치고 있는 두 가지 이슈는 (1) 증가하고 있는 인구의 다양성과 그에 따르는 문화적·민족적 자각의 필요성에 대한 인식, (2) 여성의 관심과 역할에 대해 증가하고 있는 민감성이다. 이러한 이슈들이 사회의 전면에 나타남에 따라 학교는 교육 기구의 조직 내에서 그것을 검토하기 위한 필요성을 인식해 왔다. 사회와 학교의 첫 공감대는 기초적인 독서 자료인 교과서이다. 전국의 수많은 학생들이 교과서에 실려 있는 *Fun with Dick and Jane*이나 그 속편, 또는 이와 유사한 작품에 그려진 환경 속에서 살지 않았다는 사실에 주목하였다. 따라서 기초적인 독서 자료는 백인이 아닌 아동들, 양부모와 도시에 살고 있지 않는 아동들의 삶을 반영하기 위해 변경되었다.

아주 최근에 그 논쟁은 학교에서 점점 다양한 인구로 인한 교육과정 개정을 둘러싼 갈등으로 발전하였다. 전통적인 접근—유럽 문화를 대표하는 남성 작가에 의해 작품을 구성하는 양서로 예시되는—을 지지한 사람들은 고등학교와 대학의 교육과정을 집필한 그룹들과 논쟁을 벌였다. 여기서 주목할 점은 고등학교 학생들에 의해 매우 자주 읽히는 작가 10명 중 다른 문화 출신은 단 1명도 없다는 것이다.

두 번째 이슈는 여성의 요구와 계발에 대한 관심이다. 미국여자대학협회(AAUW, 1991, 1992)에 의해 위탁받은 연구 결과는 소녀들의 자긍심이 소년들에 비해 초등학교에서 중·고등학교로 진학하면서 현격히 줄어들고 있다는 것을 보여 주었다. 또한 AAUW 보고서의 한 부분은 소녀와 소년들이 학교에서 아주 다르게 대우받고 있다는 것을 보여 주고 있다. 본질적으로 그 차이는 교사로부터 그들이 받은 주의의 양, 교사와 상담가들의 격려, 교육과정과 학생의 요구에 대한 민감성, 그리고 소녀와 소년들이 최상의 특별한 학습 방법에 관련 있는 것과 같은 교실 학습 경험의 구조이다.

사람들이 어떻게 배우는지에 대한 지식과 함께 사회 변화의 교차점은 교육과정을 가르치는 내용과 방법에 대한 주의 깊은 평가를 요구한다. 사람들이 성과 다양성에 관련 있는 요소들과 역동적으로 상호작용하는 것은 학습하는 방법을 이해하는 데 있어 기본적인 변화이다. 현대의 사고는 학습자들이 그들의 세계를 이해하기 위해 노력할 때 학습이 어떻게 발전하는지를 설명하기 위해 구성주의자들의 철학에 바탕을 둔다. 이는 예전에 비해 학습이 숙련을 입증하기 위해 연습하는 학생들에게 내용이 제시될 때 일어난다는 보다 더 전통적인 견해이다. 구성주의는, 언어를 통한 학습은 학습자들이 자료 및 과정에 참여하는 다른 사람들과 상호작용함으로써 그들의 사고를 명확히 하고 확장하기 위한 과정에 대해 글로 표현함으로써, 그리고 문학적 만남을 경험하는 인간적이고 개인적인 경험으로써 의미를 생성하도록 요구하는 역동적이고 활발한 과정이라는 것을 강조한다. 학습과정의 개인적인 속성을 고려할 때, 모든 학생들을 참여시키기 위해서 학습은 각자에게 관련 있고 민감한 것이어야 한다는 것이 명백하다.

3. 언어적 재능의 계발을 위한 목표

복잡한 경향과 도전에 직면하여 모든 학생들의 언어적 재능의 출현에 관계되는 더 큰 목표를 세우는 것이 적절하다. 첫 번째 목표는 평생 습관이 되는 독서 행위 패턴을 형성하는 것이다. 두 번째 목표는 문학에 도전하는 상위 수준에 대한 의미를 창조할 수 있는 개인을 육성하는 것이다. 또한, 교육과정은 모든 학생들이 이들 목표에 도달할 수 있는 기회를 제공한다는 것을 확실하게 함으로써 변화하는 사회에 대응해야 한다. 그러므로 세 번째 목표는 이러한 요구에 집중할 것을 제안한다. 즉, 간과된 집단이 자신의 목소리를 낼 수 있도록 하는 내용과 방법을 제공하는 것이다. 이를 위해서는 교육과정이 모든 학생들을 위한 거울과 창이 되어야 한다.

모든 학생들이 자신의 언어 재능을 최대한 계발할 수 있도록 읽기와 듣기를 통해 인간 경험에 대한 이해를 길러 주어야 하며, 문학에 대해 말하고 쓸 수 있는 기초를 제공해야 한다. 모든 학생들에 내재된 이러한 재능을 촉진시켜 줄 문학은 단지 한 부분이 아닌 모든 전통, 전 인류의 전통 중에서 진실로 대표적인 것이어야 한다.

언어 재능을 격려하고 싶은 사람들은 인종, 성, 사회 또는 경제적인 배경에 관계없이 개개인이 문학에 대한 최고의, 그리고 가장 광범위한 선택을 하도록, 고무적인 토론회에 참여하도록, 동기를 부여하고 영감을 주어 글을 쓰도록 적절한 환경과 자료를 제공해야 한다.

여기 목록에 있는 목표들의 완수는 아동들과 문학이 맨 처음 만나는 것에서 시작된다. 목표를 달성하기 위해서는 세 번째 목표를 특별히 강조하면서 교실에서 문학과 언어를 가르치는 내용과 방법을 바꾸어야 한다. 전통적인 내용과 방법은 자신의 경험, 문화, 심리 형성이나 세계관에 관련짓도록 허락되지 않는 문학에 이미 직면했던 학생들의 요구를 반영하기 위해 수정되어야 한다.

4. 언어적 재능계발을 위한 내용 수정

내용 수정은 문학적인 경험을 자극하고 풍부하게 하도록 혼합된 것이어야 한다. 운이 좋은 아동들에게 이러한 경험은 사실상 출생 시부터 부모들이 읽어 주고, 책에 대해 말하고, 생활에서 직접 사용하고 통합하도록 할 때, 학교에 입학하기 전 몇 년 동안에 체득된다. 그들은 교실에서 독서가인 교사들과 있게 될 것이다. 그 교사들은 학생의 연령에 상관없이 교실에서 큰 소리로 책을 읽고, 학생들이 읽고 쓰도록 사고를 유발하며, 정확하고 중요한 문학작품을 선택할 것이다. 이런 교사들은 복잡한 인물들과 아이디어가 있는 문학작품, 토론을 고무시키고, 결국은 인간의 경험 스타일로 이끄는 주제를 소개할 것이다. 이러한 문학을 만난 사람들은 또한 아동들이 독서와 듣기를 통해서 자신의 삶에 관련짓도록 할 것이다.

교육과정이 모든 학생들에게 민감하도록 문학에서 충분히 묘사되지 않는 집단에 기여하도록 특별한 주의를 기울여야 한다. 특별히 이런 집단들은 여성과 소수 문화 구성원을 포함한다. 또한 명백하게 소수 집단의 여성들은 심지어 그들의 삶과 경험에서 거울로 쓰일 문학을 발견하기조차 어렵다. 자신들과 다른 삶을 창을 통해 들여다보는 기회와 필요성은 다른 학생들에게도 마찬가지로 중요하다. 그러한 교육과정은 여성과 소수민족에 대해 말하고, 적절하게 그리고 정확하게 그들의 경험을 반영하는 문학의 특성을 깨닫고 있는 교사들에 의해 개발될 수 있다.

다음은 모든 학생들에게 유익하고 그들의 학습을 더욱 풍요롭게 할 수 있는 방법에 있어 더 적절하게 여성과 소수민족을 대표하고 묘사하는 자료에 대한 연구를 안내하기 위한 예시로서 몇몇 일반적인 특성을 제안하는 것이다.

전형적인 인습에 저항하는 이야기. 자신과 다른 사람들에 대한 개념이 초기에 시작되기 때문에, 이러한 이슈들에 대한 주의는 어린아이들이 문학을 처음 접할 때 시작되어야 한다. 모든 아동들을 위한 균형 잡힌 문학에 대한 한 접근법은 대부분의 아동들이 일찍이 접한 전통적인 동화를 보완한 이야기와, 역할과 행동에 대한 수많은 견해를 형성하고 강화하는 이야기를 소개하는 것이다. Teresa Celsi의 작품인 *The Fourth Little Pig*는 전통적인 이야기인 “아기 돼지 삼형제”를 변경하여 제시한 것이다. 이 책에는 늑대를 피해 집에 숨어 있는 세 마리 어린 아기 돼지 삼형제를 집 밖으로 꾀어내는 여자 아이가 등장한다. 그녀는 남자 형제들이 집에 머무는 동안 세상을 보기 위해 떠나는 모험가이다. 활발하고 모험적인 인물들은 남성이며, 여성은 배경 속에 머물러서 구출되기를 기다리는 전형적인 동화 같지 않게 이런 이야기들은 부모, 교사, 그리고 아동들에게 그들이 아동기의 경험에 완전히 고착되기 전에 고정관념에 도전할 기회를 제공한다.

전통적인 양식과 반대되는, 아동을 위한 또 다른 이야기는 Babette Cole이 지은 *Princess Smartypants*이다. 철저히 현대적인 공주 Smartypants는 구혼자보다 애완동물을 더 좋아해서 그녀에게 구혼하는 사람들에게 불가능한 과제를 궁리한다. 많은 유머가 삽화, 등장인물의 이름에서 나타난다. 이것은 공주가 아버지의 허락을 받고 그녀의 발을 털어 내어 영원한 처녀로부터 그녀를 구출할 왕자가 도착하기를 기다리는, 아동들과 어른들이 동화의 공식처럼 인식하고 있는 것과 대조를 이룬다.

고도의 창조적 사고와 창조적 위험을 감수하는 등장인물. 여성과 소수민족 그룹의 구성원에 대한 공통적인 묘사 중에는 어려운 문제와 결정을 다른 사람들에게 미루는 인물들이 있다. 그들은 주도하기보다는 지원을 한다. 그들의 미래에 대한 포부는 제한적이고, 자신과 자신의 능력을 손상시키며, 지적이고 창조적인 위험을 감수하지 않는다. 다행스럽게도 긍정적이고 적극적인 역할로 다른 문화의 여성과 등장인물을 보여 주고 싶은 자료를 선택하고자 하는 사람들을 위해 이를 가능하게 해 주는 몇몇 오래된, 그리고 다소 최근에 출판된 책들이 있다.

지속적으로 문학 교육과정에서 균형을 찾는 초등학교 교실은 소녀들에게 그리고 다른 인종과 민족에게 적극적인 역할 모델을 소개할 것이다. 인종과 성에 대한 고정관념을 떨쳐 버리는 예가 되는 책으로는 Mary Hoffman의 『어메이징 그레이스』가 있다. 그레이스는 상상하기와 상상을 연기하는 것을 아주 좋아하는 흑인 소녀이다. 그녀는 Arc의 Joan 또는 의족 해적이 될 수도 있고, Hiawnatha나 Anansi 거미도 될 수 있다. 수업에서 『피터 팬』을 시연할 때, 그레이스는 피터 팬은 여자 아이도 아니고 흑인도 아니라는 급우들의 주장에 뜻을 굽히지 않고 그 주인공 역을 위해 오디션을 볼 결심을 한다. 초등학교 저학년기의 아동들은 그레이스를 만나서 상상력, 목표 설정, 위험 감수하기와 가능성을 제한하는 인위적인 장애물을 극복하는 것에 대해 이야기를 나누어야 한다.

비전통적인 선택을 하는 등장인물. Barbara Cooney의 『미스 럼피우스』라는 책은 한 소녀가 재미있는 곳을 방문하고, 바다에서 살면서 세상을 더 아름다운 곳으로 만들려는 자신의 목표를 이루어 가는 성장을 다룬 이야기이다. 그녀의 선택은 그녀가 창조한 삶에 대한 철학을 반영하고 있다. 이런 선택이 한 여성을 위한 전통적인 것은 아닐지라도 Miss Rumphius는 자기 앞에 어떤 사건들이 벌어지기를 기다리기보다는 사건을 만들어 가면서 혼자 살고 여행한다. 그녀는 독립적인 여성, 조카딸 Alice의 역할 모델이다. Alice는 이국적인 곳을 방문하겠노라 맹세하고 바닷가에서 살며 세상을 더 아름답게 만든다.

Suzanne Fisher Staples의 작품 『바람의 딸 샤바누』에 등장하는 주인공 Shabanu는 세상의 절반만큼 멀리 떨어져 있는 파키스탄에 살고 있다. 다른 소녀들이 그녀의 나이에 경험한 것보다 훨씬 더 많은 자유를 경험했지만, 이 젊은 이슬람교도는 중매결혼에 직면했을 때 의사결정을 내리고 위기를 감수해야만 했다. 이 책은 중동과 미국 젊은이들 사이의 매우 대조적인 생활양식을 결정하는 문화 차이를 나타낸다.

문제 해결사인 등장인물. 사실에 기반을 둔 소설인 Deborah Hopkinson의 『귀여운 클라라와 자유 퀼트』에서 이야기 속의 젊은 농부는 바느질을 배우고, Big House에서 일하기 시작한다. 지하 기찻길과 노예들이 그 길을 따라가기가 쉽지 않다는 이야기를 들었을 때, 그녀는 해방되는 길을 보여 주는 지도를 담은 퀼트를 만들기 시작한다. Clara는 문제를 푸는 젊은 여성으로 위험을 감내한다. 그녀는 지도자가 되어 자신의 길을 따르는 다른 사람들과 함께 자유에 대한 그녀의 퀼트 지도를 따라간다.

불안과 공포에 대해 긍정적인 반응을 보여 주는 등장인물. Madeleine L'Engle은 소설과 비소설을 넘나드는 작가로 모든 곳에서 언어적으로 재능 있는 개인들에 대하여 말하고 있다. 『시간의 주름』으로 시작하는 그녀의 시리즈에 대한 아동들의 장기적인 애호는 그녀가 재능 있는 소녀들에 대해 말하고 있는 훌륭한 문학과 작품에 대한 기준 간의 가장 적합한 것을 보여 주고 있음을 말한다. 그녀의 이야기들은 종종 거부, 오해, 그리고 특별한 능력, 우수한 어휘력과 특별한 관심 때문에 다른 사람들에게 관련이 있는 어려움을 경험하는 밝은 아동들과 함께한다. Madeleine L'Engle은 이런 어려움들을 쓰기에 특별한 재능을 가지고 있었던 영재로서 그녀 자신이 많은 어려움을 겪었다. 그녀의 책들은 언어와 상상력이 풍부하고, 복잡하고 예측할 수 없는 줄거리로 되어 있으며, 강조하는 메시지가 매우 도덕적이다. 창조적인 교사는 문학의 이면에 있는 총명하고 감각적인 여성의 마음으로뿐만 아니라, 특별한 문학 창조자의 마음으로 드물게 학생들에게 통찰을 주는 L'Engle의 출판된 저널(*A Circle of*

Quiet, The Summer of the Great-Gramdmother)에서 선택된 소설로 독서에 변화를 줄 수도 있다.

『시간의 주름』에서 Meg, 그녀의 오빠 Charles Wallace, 그리고 친구 Calvin은 경멸에 직면하여 종종 급우, 교사, 이웃에 의해 지적으로 조숙한 아이들에 대한 혹평을 불신하였다. Meg는 또한 외모 그리고 다른 사람들과 다르다는 것에 걱정하는 전형적인 10대 소녀들이 겪는 좌절을 똑같이 겪는다. 이러한 불안정은 결국 그녀의 능력에 대해 의심하는 원인이 되어서 부정적인 자아 개념을 낳는다. Madeleine L'Engle의 저널, *A Circle of Quiet*는 그녀 자신의 아동기로부터 자신을 반영한 인물을 포함하고 있다. 그녀는 사립학교에서 오랫동안 겪었던 경험에 대해 신랄하게 썼다. 그녀는 그곳에 맞지 않았고, 그곳에서 그녀는 똑똑하지 않은 아이였으며, 표절로 비난을 받았다.

> 한 아이가 얼마나 많은 아픔과 거부, 그리고 실패와 수치를 겪을 수 있을까? 인내하는 기간은 아이마다 다르다. 그것은 결코 끝없는 것이 아니다. 만일 우리 부모님이 선생님과 학생들이 마치 나를 다르게, 그래서 실패한 아이로 인정하는 곳인 그 특별한 학교에서 나를 전학시킬 수 없었다면 어떤 일이 벌어졌을까? 나는 여전히 그 학교에서 나를 위해 만든 거울 속에서 나에 대해 생각하고 있을 것이다. 나는 그곳에서 나 자신이 아니라, 나 자신의 이미지를 부여받았다. 차후에 아무리 많은 사랑과 인정을 받는다 할지라도, 누구에게든 젊은 시절에 부여된 자신에 대한 이미지를 완전히 없애는 것은 불가능하다. 심지어는 이 모든 시간들 이후에도 나의 본능적인 나에 대한 이미지는 어떤 면에서는 볼품없고, 서툴고, 부적합하고, 어리석고, 필요 없고, 매력 없는 사람의 것이다. (p. 145)

다른 교육과정 자료를 보충하고 보완하는 작품. 교실의 문학작품은 다른 교과 자료로 확장되어 명확한 차이를 채울 수 있다. 예를 들면, 최근에 출판된 역사와 사회 교과서들조차 국가에 대한 결정, 방위, 통솔, 그리고 나아가야 할 방향에 있어서 여성과 다른 문화 구성원들의 참여에 대하여 형식적인 주의를 기울였을 뿐이다. 초·중등 교육과정을 따라가 보면, 미합중국의 역사는 그들에 의해 보고된 대로 대개 백인 남성의 역사이다. 중·고등학생들을 위해 이러한 이야기들은 그러한 사람들의 관점이 표준 교과서에서는 다루어지지 않는 일기에 기반을 둔 일지와 가공된 이야기로 부풀려질 수 있다. 예를 들면, 서부 운동과 오리건 이동에 대한 이야기를 보완하기 위해서 여행에 참여했던 여성들의 실제 일기가 있다. Lillian Schlissel의 *Women's Diaries of the Westward Journey*는 여행을 했던 사람들의 일과를 회상하는 일기에서 발췌한 것을 포함하고 있다. 여성들은 출산과 죽음, 질병, 그리고 땅, 기후와 매일의 사투를 보여 준 사람들이다.

새로운 땅을 개척하고 정착했던 그녀의 여성 조상들에 대한 일기와 일지를 묘사한 Molly Gloss는 홀로 이주하기 위해서 오리건을 향해 출발했던 한 여성에 대한 소설인 *The jump-off Creek*를 저술하였다. 이야기는 Lydia의 1인칭 일기의 시작과 자신의 경험에 대한 3인칭 해설 사이에 블루마운틴의 다른 정착민들에 대한 이야기가 번갈아 일어난다. Lydia는 정착을 주장하고 땅을 정리해서 집을 짓고 동물들을 돌보며 다른 여성들의 따돌림을 이겨 낸다. 심지어는 외롭지 않다고 맹세를 한다. 자신의 방식대로 삶을 이루려는 한 여성의 투쟁에 대한 이 이야기는 가치, 꿈, 힘과 공포를 나눌 수 있는 사람을 찾는 소녀들의 특권에 대해서뿐만이 아니라 여성의 경험과 관점에 대한 지식을 얻는 소년들도 교실에서 여성에 대해 조망하도록 한다.

다소 어린 독자들을 위한 Esther Hautzig의 작품인 *The Endless Steppe*는 1941년 러시아인에 의해 시베리아에서 체포당한 한 폴란드인 가족의 망명에 대해 이야기하고 있다. 망명기에 Esther는 여덟 살로, 5년간 부유한 유대인 "자본주의자"의 딸로 살았던 삶과 전혀 다른 삶을 살았다. 그녀와 가족들은 그들의 삶의 부분이었던 편리한 생활도구 없이 사는 것을, 그리고 모든 기본적인 욕구를 충족시키는 것이 하나의 투쟁이었던 곳에서 삶에 적응하는 것을 배웠다.

미국 역사에 대한 대부분의 교육과정 자료에서 언급되지 않는 미대륙 원주민들의 의견은 교실 학습으로 포함하기 위해 바로 이용할 수 있다. Paula Gunn Allen의 *Spider Woman's Granddaughters*와 같은 책들은 미대륙 원주민의 전통적인 이야기와 현대의 이야기를 하나로 모은 것이다. 이와 같은 자료들은 그러한 문학에 대한 대안이 있다는 것이 시간, 장소와 행동, 영웅에 대한 개념의 일치를 구성하는 학생들의 이해에 도움을 준다.

자서전과 일기. 다른 사람들에 대한 전망을 검토하기 위한, 그리고 경험에 대해 더욱 민감해지기 위한 가장 효과적인 방법들 중의 하나는 자신의 삶에 대한 이야기를 읽는 것이다. 분명한 이유로 작가들은 다른 사람이 그들의 삶을 형성하는 경험의 창을 통해 볼 수 있도록 돕는 방법에서 자신을 나타내는 데에 특히 재능을 발휘한다. Madeleine L'Engle의 일기는 독자들이 그녀의 생활, 철학, 가치에 대해 더 많은 것을 알 수 있도록 해 준다. 여러 다른 작가들은 여성, 어떤 경우에는 흑인 여성이 성장하는 것에 대해 독자들에게 이야기하는 그들의 대단한 능력에 주목할 가치가 있다. 이런 각각의 예에서 여기에 인용된 작품들은 작가의 삶 자체에 대한 이야기일 뿐만 아니라 풍부하고 특수한 작품성 때문에 선정되었다.

Maya Angelou는 자신의 삶에 대해 다양한 기간의 여러 자전적 이야기를 집필하였다. 이 중 첫 번째 작품이면서 가장 알려진 것은 *I Know Why the Caged Bird Sings*로, 이 책은 많은 중·고등학교 교실에서 읽히고 있다. Angelou는 무엇이 가난한 사람들과 흑인을 성장하도록 했는지, 그리고 두 가지 조건이 뛰어넘을 수 없는 것처럼 보이는 이 나라에 대한 그림을 독자들을 위해 그린다. 그녀의 삶에서 젊은 Marguerite Johnson에게 책에 대한 사랑과 활자화된 말을 소리 내어 읽고 감상하게 한 Mrs. Flowers와 같은 의식 있는 멘토인 어른을 이해하는 것과 관계가 있다. 그래서 그녀는 시인, 배우, 교사, 그리고 여성과 아프리카계 미국인들을 위한, 발음이 명확한 대변인이 되기 위해 초기의 장애물들을 극복하면서 성공하고 발전하였다.

Eudora Welty의 *One Writer's Beginnings*는 그녀의 초기 어린 시절과 그녀가 여러 해에 걸쳐 독자를 확보한 인물과 환경을 창조하기 위해서 말과 이미지를 사용하는 작가가 되도록 했던 사건을 이야기하고 있다. 이 작품이 강조하는 이유들 중에는 책과 언어는 축복받아야 한다는 어린 시절에 대한 Welty의 묘사가 있다.

> 처음 스스로 읽기 시작한 이후로 내가 들어 보지 못했던 것은 한 줄도 없었다. 내 눈이 문장을 따라갈 때, 어떤 소리가 조용히 내게 말하고 있었다. 그건 엄마의 목소리도, 내가 식별할 수 있는 누구의 목소리도 아닌 분명 나 자신의 목소리였다. 그것은 인간이지만 내 안에 있었고, 나는 속으로 그것에 귀를 기울였다. 그것은 나에게 이야기 또는 시 자체의 목소리였다. 당신에게 믿도록 요청하는 무엇이든 간에, 인쇄된

> 말에 담겨 있는 느낌인 그 리듬은 독자의 음성을 통해 내게로 온다. 나는 생각은 했지만 결코 찾지는 못했다. 이것은 경청자로서 읽은 모든 독자들, 그리고 경청자로서 쓰는 모든 작가들과 함께하는 것이다. 그것은 아마도 쓰고 싶은 욕망의 일부일 수도 있다. 종이 위에 표현된 소리는 나를 위한 진실을 위해 그것을 시험하는 과정을 시작하는 것이다. 지금까지 내가 믿은 것이 옳은지 나는 모른다. 지금까지 나는 내가 다른 것 없이 읽기나 쓰기 중 어떤 것을 할 수 있었는지를 모른다. (p. 13)

Welty 작품의 특별한 힘은 그녀의 내외적인 환경에 대한 작가로서의 예리한 감각인, 그녀의 삶에 대한 생생한 추억을 회상해서 옮기는 능력이다.

다른 시간과 장소를 반영하는 또 다른 자전적 작품은 Annie Dillard의 *An American Childhood*이다. 잭슨, 미시시피, 그리고 피츠버그, 펜실베이니아 간의 시대와 거리는 Welty와 Dillard를 구별짓지만 둘은 언어, 그리고 문학 교육과정에서 한 위치를 차지하고 있는, 커 가는 기쁨과 불행을 포착해서 소통하게 하는 수단이 있다.

Dillard는 생생하게 떠오르는 이미지에서 청년기의 본질을 포착하는 능력으로 어린 시절에 대해 집필한 사람들 중 독특한 사람이다.

> 지루해지면 나는 맨 처음 배가 고프고, 그다음 몹시 불쾌해지고, 화가 나다가 약해졌다. "진정해라."라고 평상시에 사람들이 나에게 말하곤 했다. 어린 시절 이후로 나는 내 자신을 진정시키기 위해 한 가지 일을, 그리고 또 다른 일을 시도했다. 내가 정말 하고 싶었던 적은 거의 없었지만 말이다. 먹는 것, 노래하는 것이 효과가 있었다. 가끔씩 진심으로 차분해지고 싶었다. 나는 내 어깨가 귀를 감싸는 것처럼 보였기에 어깨를 더 낮출 수가 없었다. 나는 내 주위의 사람들이 주춤하는 것을 볼 수 있었지만 목소리를 더 낮출 수가 없었다. 나는 선생님이 나를 죽이고 싶어질 때까지 교실에서 팔을 흔들었다. 분노나 지루함이 다시 나타났을 때, 그 무엇도 결코 떠날 것 같지 않았다. 그것들은 내 눈 뒤의 공간에 참을 수 없을 만큼 쌓여 너무나 오랫동안 나를 채우고 있어서 나는 볼 수가 없었다. 심지어는 표면적으로도 살아갈 여지가 남아있지 않았다. 나의 흉부는 너무나 팽팽해서 숨을 쉴 수가 없었다. 내 어깨와 머리 위에 있는 분위기의 입방 센티미터마다 마지막 짚들로 쌓여 있었다. 검은 원한은 나의 피로 막혀 버렸다. 나는 들여다볼 수 없었다, 나는 꿈틀거릴 수도 깜박일 수도 없었

다. 나의 피는 너무나 화가 나서 흐를 수가 없었다. (pp. 223-224)

5. 말하기와 쓰기를 통한 언어 능력 계발 단계

언어 능력 발달에 있어서 내용은 교실 환경에서 유일한 고려 사항이 아니다. 일단 내용이 변경되면 교수 방법과 전략도 모든 학생들이 편안하게 그리고 동등하게 활동에 참여할 수 있는 기회를 갖도록 변경되어야 한다. 남녀 학생에 대한 교사 행동의 차이에 대한 연구(Sadker & Sadker, 1985)는 교수 실제가 모든 학생들을 똑같이 포함하기 위해 변경되어야 한다고 제시하였다. 남학생들에게 말하기가 허용되고 격려를 받는 교실에서 교사들은 이러한 양식을 더 의식하게 되고, 모든 학생들이 자기들을 지원하는 긍정적인 피드백을 요구받고 주어질 수 있는 토론을 주의 깊게 구성하게 될 수 있다. 남학생들이 더 많이 대답하도록 하고 여학생들은 덜 적극적이기 때문에 교사들은 학생들에게 반응하기 전에 아이디어를 받아 적도록 하는 경향이 있다. 이것은 교사들이 반응 양식에 있어서 토론의 흐름과 집단의 부족하거나 과도한 발표에 더 밀접한 주의를 기울이는 데 도움이 될 것이다. 그리고 그것은 또한 더 많이 반응하는 학생들(때로는 여학생, 때로는 소수민족 학생)에게 더 많이 참여할 수 있도록 할 것이다.

학급 수의 증가는 조직적인 형식으로서의 협력학습 전략을 포함한다. 비록 교사들이 종종 능력, 성, 그리고 다양한 특성에 대한 대표적인 균형감을 반영하는 협력학습 집단을 조직한다고 하더라도, 학생들에게 상호작용하도록 그리고 공통의 흥미, 배경, 견해를 함께 공유하는 급우의 지원을 받아 도움을 얻도록 함으로써, 어떤 집단은 특성에 기반을 두고 함께하도록 하는 것이 도움이 될 수 있다. 여학생들의 협력학습 집단은 유명한 여성에 대한 전기를 읽고 토론할 수도 있다. 또는 여성의 특성에 대한 관점에서 문학의 한 부분에 대한 특정 사건이나 요소를 말할 수도 있다. 이러한 한 예는 『오디세이』 수업에서 발생하였다. 한 집단의 여학생들이 책 속의 여성들이 갖고 있는 견해에 주의를 기울였던 것이다.

한 가지 관련 있는 방법은 지도자 역할에서 학생의 교사 활용을 이용하는 것이다. 청소년 양서 과정에 대한 공통적인 변형이 종종 학문적 재능이 있는 학생들을 위한 수업에서 활용된다. 학생들에게는 선생님이 제시해 준 공유된 조사 기술을 사용하면서, 차례로 문학작품에 대한 토론을 개발하고 진행하는 책임이 주어진다. 전적으로 준비할 기회를 갖기 때문에, 생각을 많이 하느라 집단 토론 시 반응이 느릴 수 있는 학생들은 지도자 역할을 맡으면 잘 준비하여 확실하게 일을 처리할 것이다.

언어 재능계발의 또 다른 면은 여러 가지 이유로 주목받을 만한 영역인 말하기에 대해 주의를 기울이는 것이다. 구어적 상호작용은 화자에 대해 생각하는 것을 명료하게 발음하고 구별하는 수단이다. 토론에 참여하지 않는 학생들은 이러한 구별과 표현을 할 기회가 없게 된다. 교사들이 남학생을 더 많이 호명하고, 호명 없이 말하도록 자주 요청하는 등, 교실 토론을 남학생들이 지배한다는 증거가 있기 때문에, 토론에서 덜 듣게 되는 사람들이 말하기 기술을 계발할 수 있도록 지도할 필요가 있는 것은 확실하다. 특히 토론을 격려하기 위한 한 가지 방법은 토론될 자료가 대부분, 또는 모든 학생들에게 관계 있는 것임을 확실히 하는 것이다. 그러나 말하기는 단지 문학 교육과정의 내용을 변경함으로써 보장되지는 않는다.

여러 가지 말하기 기술의 요소는 특별히 교실에서 토론과 구어 발표가 요구되는 상황에서 덜 효과적일 것으로 보이는 여학생들이나 소수민족 학생들에게 유익하다. 직접 교수는 이러한 학생들에 의해 구어적 기여가 적절한 주의를 받게 되도록 형식적·비형식적 의사소통 모두에서 주어져야 한다. 육성되어야 하는 특징은 자신 있고 확신 있게 말하기, 직접적으로 주저 없이 말로 주장하기, 이에 맞게 직접적인 눈 맞춤, 올바른 자세와 같은 적절한 비언어적 행동 하기, 그리고 구어적 메시지가 신체와 목소리에 의해 저해되지 않도록 하기 등이다. 이러한 것이 발생하도록 하는 데는 여러 가지 방법이 있다. 첫째, 학생들이 동질적 협력학습 집단같이 작은 집단일 때 교사가 직접 가르치는 것이다. 이런 집단에 속한 학생들은 말하기를 할 때 주의를 산만하게 하는 자신의 행동이나 습관을 교사가 지적해 주면 덜 예민하거나 자기 자각을 덜 하게 될 것이다.

두 번째 기법은 효과적인 의사소통을 하도록 하는 행동에 주의를 기울이는 특정 말하기 기술 모델을 제시하는 것이다. 비디오테이프는 여학생들과 소수민족 학생들에게 구어 토론 기술 모델을 제시해 줄 수 있는 유용한 도구이다. 오프라 윈프리 쇼나 "Meet the Press"와 같은 프로그램, 그리고 다른 좋은 토론의 사례들은 목표 행동에 초점을 두기에 유용했다.

비디오테이프는 또한 교실에서 학생들의 구어 기술을 주의 깊게 살펴보는 데 효과적일 수 있다. 만일 학습 규모가 허락된다면, 특히 형식적인 구어 발표가 있는 과제에서 교사들은 학생들이 좋은 말하기 기술을 깨닫고 연습할 수 있도록 후속 개별화된 회의에 비디오테이프를 사용할 수 있다. 비디오테이프의 또 다른 이점은 교실에서 성의 차이에 대해 연구자들이 인용한 것과 같이 교사 자신의 행동을 알아보기 위해 교사 스스로 녹화하는 것이다.

만일 쓰기가 모든 학생들에게 반응적이며 언어 재능의 계발에 중요한 것이라면 쓰기 역시 변화가 필요하다. 쓰기가 여러 가지 목적(다른 사람들에게 사고와 생각을 전달하는 수단이고 자신의 생각을 명료화할 수 있는 수단)으로 사용되기 때문에, 학생들이 문학과의 의미 있는 경험과 상호작용을 글로 쓸 수 있는 것은 중요하다. 문학과 학생의 쓰기 경험을 성공적으로 통합하기 위해서 학생들은 자신의 독서 수준에서 말할 수 있어야 한다. 또한 자신이 의미를 구성할 수 있도록, 그리고 청중이 교사이든 다른 독자이든 간에 자신과 청중을 위해 그 의미를 탐구하고 정교화할 수 있도록 해주는 배경을 자신의 읽기와 쓰기에 가져올 수 있어야 한다.

하나의 의미 있는 쓰기 경험은 일기를 쓰는 것이다. 자주 일기를 쓰는 것은 학생들로 하여금 자신의 생각과 인식, 그리고 문학과 토론에 대한 반응을 기록할 수 있게 한다. 종종, 아직 교실에서 말하기에 편안함을 느끼지 못하는 학생들은 자신의 생각을 글로 표현할 수 있을 것이고, 선생님 외에 누구도 읽지 않을 일기에 자신이 생각하는 과정을 표현할 수 있을 것이다. 교사는 학생들의 일기를 읽음으로써 그들의 반응과 느낌에 대한 통찰을 이해하게 될 것이다. 그리고 일기에 코멘트를 달아 줌으로써 건설적인 대화를 시자할 수도 있다.

또한 쓰기에 대한 과정 접근은 비슷한 배경의 학생들로 구성된 협력 집단을 적절히 포함시켜 읽고 쓰기에서 비슷한 견해를 이끌어 낼 수 있다. 이것은 학급이 함께 시작하는 연초에 효과적인 전략일 수 있다. 학생들이 문학 영역을 공부할 때, 다른 집단 구성원들의 쓰기 작품을 읽고 토론하는 기회는 아직도 더 크고 다양한 집단과 있는 것을 불편해하는 학생들 사이에 편안한 분위기를 만들어 준다.

6. 결론

모든 학생들의 언어 재능계발은 문학 교실의 목표이다. 과거에는 특정 학생 집단의 요구가 문학 교수 그리고 관련된 언어 기술과 과정에서 너무 자주 무시되었다. 최근에야 우리는 모든 학생들과 이야기하는 풍부하고 다양한 문학작품을 교육과정에 포함해야 하는 중요성을 인식하기에 이르렀다. 이 장은 이러한 요구를 충족하도록 문학의 몇 가지 특징을 제시하였다. 특별히 선택된 많은 작품들이 목록화되고 기술되었다. 말하기와 쓰기에 대한 관련 과정을 변경하는 방법 또한 제시되었다.

이러한 이슈에 대한 주목은 문학을 공부하고 문학에 대해 말하고 쓰는 사람들 모두가 자신이 누구인지를 아는 특징을 배우도록 할 수 있을 것이라고 확신하는 환경을 제공한다. 동시에 교육과정은 모든 학생들이 다른 사람들의 다양한 내적·외적 삶으로부터 배울 수 있도록 폭넓은 내용과 과정을 제공할 것이다.

7. 핵심 요약

- 학교에서의 읽기 자료 선정은 단순화된 것이어서 모든 학습자들을 덜 도전적이게 한다.
- 미국인의 독서 습관은 변화되었다. 여가 시간에 책을 읽는 학생과 어른의 수가 감소하고 있다.
- 문화적 다양성과 성에 대한 이슈는 교육적 목적으로 선정된 문학작품에 소수민족 집단과 여성을 그리는 작품이 있는지에 대한 관심을 촉발시켰다.
- 교재가 아닌 학습자가 의미를 구성한다는 구성주의자들의 생각이 학교에서의 문학 지도를 위한 오늘날의 학습 모델을 지배하고 있다.
- 내용에서 문화와 성의 묘사, 그리고 학습과정에서 학생들의 활발한 참여를 꾀하는 것은 풍부한 언어교과 교육과정을 개발하는 데 있어 중요한 변수들이다.
- 다음의 인물들을 포함하는 문학은 학생들이 그 인물과 자신을 동일시할 가능성

을 증진시키며 여러 이점을 가져온다.

- 특정한 공식을 거스르는 이야기들
- 생각하는 습관을 보여 주는 인물들
- 비전통적인 선택을 하는 인물들
- 문제를 해결하는 인물들
- 위험과 두려움에 적극적으로 반응하는 인물들
- 빈번히 사용되는 다른 자료를 보완하고 보충하는 다문화 작품들
- 자서전과 일기

■ 협동학습, 말하기 활동, 쓰기 과정 워크숍과 같은 전략의 사용은 전체 학생을 참여하도록 고무시키고, 특히 소수민족 학생들과 여학생들에게 호소력이 있다.

8. 인용된 아동문학

Angelou, M. (1970). *I know why the caged bird sings*. New York: Random House.
Allen, P. G. (Ed.). (1989). *Spider woman's granddaughters*. New York: Ballantine Books.
Celsi, T. (1990). *The fourth little pig*. Austin, TX: Steck-Vaughn Company.
Cole, B. (1986). *Princess smartypants*. New York: C. P. Putnam's Sons.
Cooney, B. (1982). *Miss Rumphius*. New York: Penguin Books, USA.
de Angeli, M. (1946). *Bright April*. Garden City, NY: Doubleday & Company.
Dillard, A. (1987). *An American childhood*. New York: Harper & Row.
Enright, E. (1941). *The Saturdays*. New York: Dell Publishing.
Gloss, M. (1989). *The jump-off creek*. Boston: Houghton Mifflin.
Hautzig, E. (1968). *The endless steppe*. New York: Harper & Row.
Hoffman, M. (1991). *Amazing Grace*. New York: Penguin Books, USA.
Hopkinson, D. (1993). *Sweet Clara and the freedom quilt*. New York: Alfred A. Knopf.
L'Engle, M. (1962). *A wrinkle in time*. New York: Farrar, Straus & Giroux.
L'Engle, M. (1972). *A circle of quiet*. New York: Farrar, Straus & Giroux.
L'Engle, M. (1974). *The summer of the great-grandmother*. New York: Farrar, Straus & Giroux.
Staples, S. (1989). *Shabanu, daughter of the wind*. New York: Alfred A. Knopf.
Schlissel, L. (1982). *Women's diaries of the westward journey*. New York: Schocken Books.
Taylor, S. (1972). *All of a kind family*. Chicago: Follett.
Welty, E. (1983). *One writer's beginnings*. New York: Warner Books.

9. 참고 문헌

American Association of University Women. (1991). *Shortchanging girls, shortchanging America* (Executive summary). Washington, DC: AAUW Educational Foundation.

American Association of University Women. (1992). *How schools shortchange girls* (Executive summary). Washington, DC: AAUW Educational Foundation.

Hirsch, E. D., Jr. (1987). *Cultural literacy: What every American needs to know.* Boston: Houghton Mifflin.

Jipson, J. A., & Paley, N. (1992). Is there a base to today's literature-based reading programs? *English Education, 24*(2), 77–90.

National Center for Educational Statistics. (1992). *Reading in and out of school: Factors influencing the literacy achievement of American students in grades 4, 8, and 12, in 1988 and 1990.* Washington, DC: U.S. Department of Education.

Ravitch D., & Finn, C. E., Jr. (1987). *What do our 17-year-olds know?* New York: Harper & Row.

Sadker, M., & Sadker, D. (1985). Sexism in the schoolroom of the '80s. *Psychology Today, 19*(3), 54–57.

Singal, D. (1991). The other crisis in our schools. *The Atlantic, 268*, 59–62.

Style, E. (1988). Curriculum as window and mirror. In E. Style (Ed.), *Listening for all voices: Gender balancing the school curriculum* (pp. 6–12). Summit, NJ: Oak Knoll School of the Holy Child.

제 4 부

교사 반성과 모델 교수·학습 계획

이 책의 마지막 부분인 제4부에서는 "고능력 학습자를 위한 국가 언어교과 교육과정 프로젝트"의 한 부분으로서 기술된 언어학 단원의 초기 발달에 대해 책임이 있는 교사의 관점을 공유하게 될 것이다. 그 단원의 실례가 되는 부분을 따라서 그 프로젝트의 다양한 국면에 대한 교사들의 관찰은 이 책을 위한 현실적인 테스팅의 중요한 시금석을 제공한다. 제3부에서 언어학에서의 재능 발달에 대한 실제적인 영향을 살펴보았던 것처럼 교사들은 실제 교실 실행에서 그러한 영향의 기초를 세운다. 이러한 교사-작가는 모두 초기 발달가이고 현재 국가적으로 보급되고 있는 프로젝트의 교육과정에 대한 시험 수행자(piloter)이다. 그들의 관찰은 모든 학생들, 영재들과 함께한 다년간의 교실 경험과 특별한 언어학 단원을 연결지은 시험 경험이 반영된 것으로부터 나온 것이다. 각 장에서는 각각의 장에 표현된 아이디어를 반영하는 학습 단원과 관련된 예시 수업과 함께 결론을 내린다.

Becky M. Crossett과 Connie W. Moody가 쓴 제16장에서는 단원 안에서 양 학문적 양상을 중학교의 쟁점과 연결짓는다. 언어학을 기초로 하여 다른 학문과 절충적인 교육을 촉진시키기 위한 방법을 모색하는 보급 실천가들은 이 장이 정보를 주고 유용하다는 것을 알게 될 것이다.

제17장은 의사소통의 문어적이고 구어적인 방법을 통해 중급 학생들에 대한 교수 신조에 초점을 둔다. 논쟁과 토론을 일으키기 위해 고전문학을 사용하는 Sandra Coleman과 Chwee Geok Quek의 방법은 실행가들에게 흥미로운 적용을 제공한다.

Carol Cawley와 Jan Corbett은 제18장에서 문학과 관련된 활동의 사용을 통해 기초 수준에서 어린 학습자들의 연구 방법 발달에 대해 탐구한다. 그들은 과정으로서 묻는 질문에 강조점을 두지만, 또한 질문의 구조와 고차원적(또는 "풍성한") 질문의 사용을 확실히 하는 것에 대해서도 강조점을 둔다.

제4부에서 알게 되는 마지막 구성요소는 교육과정 구조의 전달을 지지하기 위해 전 단원에 걸쳐 사용된 교수 모형이다. 이러한 모형들은 수업 발달과 교실에서 사용되는 주요 교수 전략 통합의 기초를 조직하는 것을 설명한다.

제 16 장

중학교에서 간학문적 교수법을 통해 의미 구성하기

-청사진-

Becky M. Crossett · Connie W. Moody

제시한 바와 같이 중학년 학생들에 대해 공통적으로 동의한 최선의 실천 방법은 없다. 다음 3년 이상의 시간 동안, 학교들은 초기 사춘기 학생들에게 좀 더 반응이 있는 프로그램을 만들어 내기 위해 느리지만 꾸준히 다양한 실천 방법을 적용하려고 한다(Epstein & MacIver, 1990). 그러나 기본적인 중학교의 가치를 반영하는 몇몇 "가장 뛰어난" 실천 방법들은 밝혀질 수 있고 "중학교의 특성"이라고 이름 붙여질 수 있다(Carnegie Council on Adolescent Development, 1989; Epstein & MacIver, 1990; George, Stevenson, Thomason, & Beane, 1992). 이것은 학생들을 팀으로 조직하는 것, 교사들로 하여금 두 학문 사이의 팀을 사용하게 하는 것, 연결성과 관련성에 대한 학생들의 요구에 초점을 맞춘 교육과정, 그리고 학습 상황에서 유연성을 증진시키는 것을 포함한다.

몇몇 중학교들은 이러한 추천된 교육 실천 방법들을 온전히 통합하였다. 전통적인 선구자–중·고등학교–들로부터의 전이는 느린 과정이고 수행될 것들을 많이 남겨 놓았다. 중학교에 초점을 맞춘 많은 연구들은 중학교 교육의 목표를 성취하는 것

표 16-1. 청소년의 개인적·사회적 관심사와 그에 부합하는 교육과정 주제

초기 청소년기 주제	교육과정 주제	사회적 관심사
개인적 변화 이해	과도기	변화되는 세계에 살기
개인적 자아 발달	자아	문화적 다양성
집단에서 자리 찾기	상호 의존성	세계적인 상호 의존성
개인 건강	건강	환경 보호
사회적 지위	사회 구조	교실 체계
어른과의 관계	독립	인권
동료와의 갈등과 집단	갈등 해결	세계적 갈등
권위에 대한 질문	정의	법과 사회 관습
개인적 우정	돌봄	사회 복지

출처: *A Middle School Curriculum: From Rhetoric to Reality* by J. A.Beane, 1990, Columbus OH: National Middle School Association. Copyright 1990 by National Middle School Association. 허락하에 인용함.

과는 관계없이, 프로그램에 있어 가장 많은 부분이 남아 있다는 것을 알아냈다 (George, Stevenson, Thomason, & Beane, 1992). 그러나 교육가들이 오랫동안 알고 있는 바와 같이, 표면적으로 절대적인 변화를 기다리고 이를 위해 작업을 하는 동안 많은 중요한 변화들이 내부로부터 일어날 수 있다.

성숙의 결과로서 신체적, 사회적, 감정적 그리고 지능적 또는 인지적으로 드라마틱한 변화를 경험하는 어린 청소년들은 삶이 실제로 얼마나 어리둥절하고 당황스러운 것인지를 훨씬 더 정확하게 지각하고 있다. 10~14세에는 생애 초기의 3년 동안 일어나는 변화를 제외하고는 그 어느 때보다 인간 신체에 생물학적 변화가 많이 일어난다(Wiles & Bondi, 1993). 어린 청소년들의 개인적·사회적 사건들은 **표 16-1**에 나타나 있다.

중학교 특징의 하나로서 초기 청소년들에게 그들이 직면하는 정보와 자료들로부터 그들 자신의 의미를 "구성하는" 것이 허용되는 것처럼 중학생의 실천가들의 태도도 이와 같아야 한다. 즉, 어린 청소년들과 함께 하는 교사, 행정가, 학부모 그리고 다른 성인들은 반드시 어떠한 개인적인 의미를 구성해야 하고, 그들 나름의 방법으로 효과적인 중학교 프로그램을 구성하여 이상적으로 그런 프로그램을 실시하도록 의원회를 구성하고 시작해야 한다. 사실, 실천가들에 의한 학교 내부로부터의 이러한 기

초적인 변화의 창조는 학교 관료제의 느리게 회전하는 바퀴와 같은 실제 중학교에 대한 완벽한 전이에 가장 큰 충격이 될 것이다.

중학교 프로그램의 중요한 특성은 아래와 같은 중요한 주제를 포함한다.

- 초기 청소년들의 요구에 기초한 균형 있는 교육과정 제공하기
  - 교육과정 운영을 위해 질문과 초기 청소년들의 관심사 사용하기
  - 학생들이 지식을 구성하고 그들 자신과 주변 세계에 대해 이해하도록 돕기
  - 학생들이 그들 자신의 의미를 구성하고 자신만의 눈을 통해 사물을 볼 수 있도록 허용함으로써 개성 촉진시키기
  - 개인과 사회적 문제에 대해 입장을 취하고 명백화하며 무엇보다 중요한 주제와 개념에 대해 동일시하고 자료를 찾는 것을 포함하도록 교육적 목표 확장하기
  - 상위 인지와 생각의 습관 발달시키기
- 학문 간, 그리고 개별 교과목 영역에 접근하는 학문 내 교육과정에 집중하기
- 탐구를 포함하는 다양한 교육 전략 사용하기
- 학문 수행을 증진시키기 위해 건강 기르기
- 교육과정의 인지적·정의적 측면 완전히 통합하기

팀에서 나는 교사와 가깝게 작업함으로써 교육자들은 실제 삶의 관심사, 우주적 주제와 개념 주변으로 조직된 어린 청소년들의 요구를 반영하는 간학문 연구 단위를 설계할 수 있다. 그러한 적극적인 노력을 통하여 실천가들의 소그룹은 중학교를 현실화하는 데 도움이 될 수 있다.

1. 간학문 교육과정의 원리

2개의 대표적인 간학문 단원의 예는 영재 학습자 프로젝트를 위한 국립 언어학 교육과정의 부분으로서 개발되었다. *Threads of Change in 19th Century American Literature*와 *Literature of the 1940's: A Decade of Change*는 간학문 단원 구성의 키

포인트의 실례로서 이 장에서 빈번하게 인용될 것이다. 단원의 구체적인 수업은 이 장의 마지막 부분에서 보게 될 것이다. 이 단원들은 간학문 교육과정 계획이 중학교 학습자의 요구와 특성에 중점을 두는 강력한 방법임을 증명한다. 간학문 접근이 모든 중학생들에게 적절하다고 할지라도, 이 단원들은 언어적 능력의 요구로 구성되었다. 왜 간학문 교육과정이 이렇게 중요할까?

간학문 교육과정은 학생들로 하여금 중요한 내용을 포함하여 사려 깊게 되도록 원인을 제공한다. 특정 교과는 결정적이지만, 교육자들은 내용 영역 안에서 학생들이 정보/데이터를 능숙하게 다룰 수 있도록 하고 다양한 교과를 통하여 관계와 연결을 볼 수 있도록 학습 경험을 발견하거나 만들어 내야만 한다. 만약 이것들이 일어난다면 학생들이 의미 있는 실제 세계 활동과 상호작용하게 되므로 교육과정 관련성은 집중 받게 될 것이다. 그리하여 어린 청소년 학습자의 중요한 사회적·인지적 요구가 충족될 것이다. 예를 들어 *Threads of Change in 19th Century American Literature*에서 Ralph Waldo Emerson과 Henry David Thoreau의 글은 문학에서 낭만주의 시기 동안 이러한 작가들에 의해 둘러싸인 변화의 실마리에 대한 눈으로 고찰되었다. 학생들은 19세기의 삶에 영향을 준 이러한 "사조"들을 탐구하기 위해 그 시대의 글을 통해 페미니즘, 노예 제도 폐지주의, 산업주의, 선험주의를 연구한다. 학생들은 또한 이러한 변화의 측면이 현대 사회에 영향을 주는 방법들에 대해서도 고려해 볼 수 있다. 그러한 간학문의 강조는 19세기 미국 문학의 일관성 있고 깊이 있는 연구에 공헌한다.

간학문 교육과정은 또한 학생들에게 생산자가 되도록 격려하고 단순히 지식의 소비자가 되지 않도록 대안을 제공한다. 학생들은 재생적인 사고가 아닌 생산적인 사고를 하게 된다. 실제 세계 주제와 이슈에 초점을 맞춤으로써 교사들은 부상하고 변화하며 중학교 학습자들의 요구에 계속적으로 적용할 수 있는 교육과정을 만들어 낸다. 양 단원에서의 연구 프로젝트는 학생들에게 각각 19세기 미국과 1940년대의 삶의 비교 모델을 만들어 내어 인종차별과 성차별 같은 핵심 이슈에 대한 사회의 태도에 관하여 오늘날의 삶과 어떻게 비슷하고 다른지를 조사하도록 요구한다.

간학문 교육과정의 다방면적 본성은 각 개별 학습자의 발달에 대한 사회적·감성적·인지적·신체적 특징을 명예롭게 하는 방법이다. 예를 들어 *Literature of the 1940's: A Decade of Change*는 언어학 렌즈, 예술 렌즈, 드라마 렌즈, 역사적 렌즈를 통하여 1940년대의 미국 사고와 문화의 변화를 본다. 그리하여 이러한 간학문 단원은 학생들에게 그들의 개인적 의미를 걸 수 있는 “고리”를 더 많이 제공한다.

게다가 간학문 교육과정은 독립적인 부분을 강조하는 것보다 통합된 프로그램을 충족시키는 데 훌륭한 도구이다. 자료들은 학생들이 그들이 알고 있는 것과 배워야 하는 것 사이를 연결시킬 수 있도록 돕기 위해 조직된다. 강조점은 학습과정에 있다. 학생들은 의미를 구성하고, 관계를 발견하고, 문제를 해결하며, 의미 있는 경험을 통해 기술을 계발한다. 오늘날 지식의 성장 비율은 무엇을 가르쳐야 하고 연구의 과정에서 제거될 수 있는 것이 무엇인지를 반영하도록 교육자들에게 도전한다. 교과가 통합된다면 연구는 중요한 학문 내 쟁점을 희생시키지 않고 좀 더 깊이 있게 될 수 있다. 그리하여 더 적은 것이 더 많이 될 수 있다!

결국 실제 세계는 간학문적이다. 결과적으로 학교는 학생들이 간학문 학습을 하게 함으로써 반드시 현재 사회의 실제적인 소우주가 되어야 한다.

2. 간학문 사용하기: 의미 구성 촉진의 방법

간학문은 “지식의 관점과 의식적으로 방법론에 적용하는 교육과정 접근, 중심 주제, 쟁점, 문제, 화제, 또는 경험을 조사하기 위한 한 가지 교과 이상으로부터의 언어”이다. 이는 학생들에게 이해 가능하고 통합적인 학습의 기회와 학생들이 표면적인 학습 경험보다는 실질적인 경험을 얻을 수 있을 것이라는 확신을 제공한다. 간학문 교육과정은 각 학생들이 자료와 데이터를 모으고, 결론과 대안들 사이에서 해결책을 만들어 내는 데 관련된 개념, 문제 또는 쟁점에 직면했을 때 개인적인 의미를 구성하도록 돕기 위한 교과들 사이의 연합, 연결, 관계를 강조해야 한다.

중학교에서 도움이 되는 변화의 주체가 재형성됨에 따라 교실 실천가들은 어린 청소년들을 위한 간학문 단원의 연구를 창조하고 전달해야만 한다. 이것은 불길한 작업처럼 들릴지도 모른다. 그러나 쉽지는 않지만 매우 “할 수 있는” 것이고 매우 보상적이다. 사용할 수 있는 간학문 교육과정 구성에 대한 많은 모델이 있다. 교사들이 전문적인 개발 기회를 추구하고 단원 구성의 이러한 유형에서 실제로 참여하는 교과를 제공하는 것이 추천된다. 단원 개발자들이 이 장을 통해 인용되고 우리 교사들 자신이 단원 구성의 방법에 대한 다음과 같은 개요를 바라는 것은 다른 이들에게 도움이 될 것이다.

3. 간학문 단원 개발하기

간학문 단원을 개발하기 위한 일정한 과정이 있다고 하더라도 과정 안에서의 단계는 유동적이다. 간학문 계획에 참여하는 각각의 실천가들은 성공적인 교육과정 개발을 위해 자신들의 개인적인 방법에 다음과 같은 단계를 적용하고자 하는 요구를 알게 될 것이다.

1) 중심 또는 개념 조직의 선정

"중심"을 조직하는 것은 교사와 학생이 이를 통해서 다양한 주제 또는 교과를 보게 될 "렌즈"가 됨으로써 단원을 위한 구체적인 초점에 따른 행동이 선택되는 개념이다. 그것은 학습 경험과 어떤 일반적인 목표의 방향을 지시하고, 그것에 의하여 학습 활동을 상호간 강화될 수 있도록 만드는 것을 통합함으로써 단원에 일관성을 제공한다.

어떤 교육과정 개발자들은 "렌즈"는 또한 주제나 화제가 될 수도 있다고 진술할 수도 있다. 이것은 단순히 의미론의 문제일 수 있으나 개념을 사용하는 것은 중요하다. 왜냐하면 이는 학습의 광대한 영역을 허용하고 다양한 교과가 간학문 계획과 교수 과정에 있어 지극히 중요한 역할을 하게 될 것이라는 사실 아래에서 무엇보다 중요한 구성을 제공하기 때문이다.

다음의 질문들은 교사들이 연구의 간학문 단원을 개발하기 위한 "렌즈" 또는 개념을 선택하려고 시도할 때 도움이 될 것이다.

- 그 개념이 존재하는 중심 교육과정으로부터 만들어지기 위해 의미 있는 기여를 허용하는가?

- 중학교 학습자들의 요구와 특성이 개념에 의해 제언되었는가?
- 개념이 "실제" 세계에 적용되는가?
- 미래의 학습을 촉진하거나 이해를 전달하는 개념에 대해 일반화가 가능한가?
- 자료가 개념과 관련되어 개발될 교육과정에 대해 이미 사용 가능하도록 준비되었는가?
- 개념이 교수와 학습에 있어 폭넓은 선택권을 제공하는가?

예를 들어, 거미라는 주제에 대해 사용 가능한 다양한 자료가 많이 있다고 하더라도 이 주제는 개념이 아니다. 왜냐하면 다양한 교과에 의미 있는 기여를 한다거나 교수와 학습에 있어 폭넓은 선택을 제공하지도 않기 때문이다. 반대로, 구조는 거미와 거미줄에 대한 연구를 포함할 뿐 아니라 지역사회나 정부 구조, 인간이 만들거나 자연적인 구조, 또는 언어가 의미를 위해 어떻게 구성되는가 등과 같은 다른 화제와 고려될 수 있는 주제들을 포함한다.

2) 렌즈의 은유

간학문 교육과정을 집필할 때, 중심이나 단원 개념을 조직하는 것은 내용 선정에 초점을 맞춰야 한다. 이 중심은 교육과정 집필가가 다양한 교과를 합치고 교육과정에 일관성을 제공하기 위해 다양한 과목을 보는 "렌즈"가 된다. 그 렌즈는 다양한 교과를 통합하는 "광각" 렌즈로서 폭넓게 적용되기 때문에 다양한 역할을 제공한다. 그러나 그것은 학생들이 학습 단원 안에서 사소한 것들을 조사하도록 "줌인"을 허용하기도 한다. 이 중심 또는 렌즈는 패턴, 관계, 연결, 그리고 교과 내의 대조와 교과를 넘어서는 대조를 나타낸다. 그것은 학생들로 하여금 가까운 조사를 위하여 개념을 좀 더 깊게 탐구하도록 한다.

중심 또는 렌즈의 조직을 결정하기 위해 교사들은 두 가지 기준을 고려해야 한다.

- 중심 또는 렌즈는 너무 폭넓거나 일반적이어서 타당한 탐구의 영역을 넘어서도록 해서는 안 된다.
- 너무 얕아서 다양한 교과 안에서 탐구하는 것을 제한해서는 안 된다(Jacobs,

1989).

종종 교사들은 다양한 "필터"를 사용하여 렌즈의 강조점을 약간 변경한다. 이러한 특별한 필터는 전체적인 학습 단원을 지시하는 개념 렌즈 내에서 탐구된 과목, 화제, 또는 주제를 확장하고 풍부하게 하는 기회를 제공한다.

3) 개념 적용을 창조하기 위한 시각조직자 사용하기

개념 조직을 선택한 후에 교사는 그 개념과 관련된 것을 연상하기 위해 브레인스토밍을 해야 한다. 이러한 간학문 계획 과정의 측면은 단원 개발자로 하여금 다양한 관점에서 개념을 볼 수 있도록 하는 수단을 제공한다. Javits Curriculum Development Project에서 개발된 단원은 단원의 초점 개념으로 "변화"를 사용하였다. 단원 개발자들은 이 장에서 다음의 각 질문에 대답하기 위한 시도로서 각각 만들어진 웹사이트를 언급하였다.

- 집필진은 변화의 개념을 어떻게 보는가?
- 과학자들은 변화의 개념을 어떻게 보는가?
- 역사가들은 변화의 개념을 어떻게 보는가?
- 수학자들은 변화의 개념을 어떻게 보는가?
- 인류학자들은 변화의 개념을 어떻게 보는가?

4) 일반화 결정 또는 개념에 대한 보편적인 진실

간학문 교육과정을 계획할 때, 개념에 대한 기저의 일반화를 서술하는 것이 중요하다. 이것은 시각조직자에서 나타난 강한 연결, 관계, 패턴에 의해 증거가 될 것이다. 예를 들어, 프로젝트 스태프와 단원 개발자들은 변화의 개념에 대하여 이러한 일반화를 도출하였다.

- 변화는 시간과 연결되어 있다.

- 변화는 확산된다.
- 변화는 자연적 순서에 따라 일어날 수도 있고 개별적으로 강요될 수도 있다.
- 변화는 체계적이거나 임의적일 수 있다.
- 변화는 성장과 발달 또는 퇴행과 쇠퇴를 대표할 수 있다.

그들은 그 후 변화 문학의 세심한 검토에 대응하여 타당성을 시험받았다(Boyce, 1993).

5) 학생 성과 개발

Javits 단원의 각각의 결과는 언어학의 네 가지 기준, 논리 과정, 변화의 개념에 내해 개발되었다(VanTassel-Baska, Johnson & Boyce, 1992). 결과물의 완성된 목록은 이 책 말미의 부록 B에 포함되어 있다. 변화의 개념에 대한 결과는 유도된 일반화로부터 직접적으로 진화하였다. 일단 확고해지면 학생들의 결과물은 단원에서 가르친 것에 대한 결과가 된다.

6) 단원 결과물 달성을 위한 도구 설계

결과물이 현실적이 되도록 도구를 설계하기 위해서는 방법을 분명히 그려야 한다. 교사는 일정한 성과를 수행하게 될 가치 있는 간학문 단원을 개발하기 위하여 가장 적절한 교재와 자료를 선택하고, 가장 의미 있는 활동을 계획하며, 가장 적용 가능한 전략을 통합하고, 가장 효과적인 평가를 설계해야 한다. 어떤 활동과 전략은 이러한 단원에서 어린 청소년들이 문제를 해결하고, 학문을 연구하고, 토론하고, 모의실험하고, 전문가 토론을 하는 데 있어 잘 작용하는 것이 발견되었다.

전략과 자료, 단원 교수를 위한 자원의 수집을 결정하는 것이 중요하다고 할지라도, 이러한 전략, 교재, 자원이 학습 단원과 일관성 있게 연결될 수 있는 효과적인 안내 질문을 만들고 사용해야 한다. 예를 들어, *Threads of Change in 19th Century American Literature*에서 학생 질문은 단원을 이끄는 두 가지 안내 질문에 의해 촉진되었다.

- 다양한 작가들은 각 시대의 변화 주체에 대해 어떻게 반응하였는가?
- 단원을 통해 당신이 발견한 변화의 실마리는 오늘날 미국 문화를 어떻게 형성하였는가?

4. 단원 실행

이 단계는 설명이 별로 필요 없지만, 실행하는 동안 유연해야 한다는 것을 기억하는 것이 중요하다. 행정가의 요구, 개별 학생의 요구, 매일매일 모든 교사에게 영향을 주는 스케줄 갈등과 같은 많은 다른 요인들로 인해 종종 어느 날 어떤 수업의 하나 또는 그 이상의 요소를 수정하고 적용할 필요가 있다.

5. 학생 학습 평가

간학문 교육과정 작업의 또 다른 결정적인 부분은 일정한 성과를 향해 학생들이 어떻게 진보하는가를 정기적으로 평가하는 것이다. 이 장에서 설명된 전형적인 단원에서는 문학작품의 이해와 설득력 있는 글쓰기에 대하여 자료 관찰, 학생들의 결과물, 작문 포트폴리오 샘플, 공식적인 사전·사후 평가를 포함하여 학생들의 학습을 다룰 수 있도록 도구의 결합이 사용되었다.

6. 단원의 효과 평가하기

간학문 단원의 실행을 통하여 교사들은 개별 수업의 성공을 증명해야 한다. 수업이 전체적으로 성공적이라 할지라도 수업의 어떤 요소는 조정이 필요할 수 있다. 예를 들면, 비디오가 이전에 생각했던 것처럼 유용하지 않았을 수 있다. 이 장의 두 작가는 쓰여진 모든 수업의 모든 요소에 대한 교사와 학생의 반응을 기록했다. 그러한 기록을 통해 수집된 정보는 다른 실행을 위한 다른 사람들에게 단원을 다듬고 교정하는 데 사용된다. 비디오테이프는 구체적인 수업 교수를 위해 수집되었고 단원 교수를 향상시키기 위한 방법으로 분석되었다.

7. 발달 모델에 대한 단원 설명과 적용

*Threads of Change in 19th Century American Literature*는 19세기 미국에서 Ralph Waldo Emerson과 Henry David Thoreau의 글이 영향을 끼친 변화의 주체에 대한 깊은 연구로부터 시작한다. 학생들은 낭만주의, 여권주의, 노예 제도 폐지주의, 산업주의, 선험주의 등 미국 사회에 영향을 끼친 변화의 주체를 탐구할 기회를 갖게 된다. 학생들 소집단은 각각의 "사조"에 대하여 논문, 책, 오디오테이프나 비디오테이프, 문학작품 등이 담긴 문학 상자를 골라 이러한 쟁점 중 하나를 연구하는 것을 선택한다. 학생들은 팀으로 활동하고 학급 발표를 개발한다. 각각의 발표 뒤에 학생들은 오늘날까지도 미국 사회에 효과가 계속되는 19세기의 중요한 쟁점을 토의하도록 요구된다.

단원의 두 번째 상조점은 Mark Twain의 『허클베리 핀의 모험』의 읽기와 분석에 공헌한다. 학생들은 인간 행동의 변화와 더불어 개인적인 변화를 반영하도록 고무하는 상황을 제시받는다. 그들은 소설에 제시된 정치적·사회적·환경적·내적·외적 변화를 추적하도록 요구받는다. 개별 학생의 문학 묶음은 지침과 연구에 대한 안내 질문을 제공한다. 에세이와 설득하는 말하기는 단원 전체를 통해 요구된다. 언어학, 어휘 그리고 문법 활동 또한 다루어진다.

단원의 평가는 학생 협의, 반응 기록, 비디오 녹화된 수업 시간, 그리고 개인과 집단 활동의 포트폴리오를 포함한다. 학생들은 줄거리와 쟁점, 주제에 대한 시각조직자를 제공하도록 요구된다. 그들은 다양한 글쓰기를 통해 편견을 확인하고 다른 견해에 대한 지지 증거를 제공하도록 요구된다. 그들은 글을 평가할 수 있는 이미 만들어진 기준을 사용하고 발표된 글에 있어 반대 견지를 말로 표현하도록 요구된다.

학생들은 반응 기록에 글쓰기 목록을 만들고 개념 지도, 설득적 글쓰기, 두 소설의 문학적 분석, 독립적 탐구의 구두 발표, 비디오 녹화된 수업, 그리고 사전·사후 평가를 만들어 낸다. 단원 전체를 통해 사용된 집단 활동은 학생들로 하여금 독립적으로는 물론이고 집단 활동을 할 수 있는 기회를 허용한다. 오늘날 미국 문학에 있어 단원의 강조점은 학생들과 관련된 역사 공부를 제공한다.

*Literature of the 1940's: A Decade of Change*는 언어학, 사회학 그리고 순수 공연예술을 모두 통합하는 간학문 단원이다. 홀로코스트와 히로시마를 포함하는 세계 전쟁의 사건들로 뒤흔들리고 나서 미국과 미국 사람들은 1940년대 동안 엄청난 변화를 경험했다. 우리는 어떻게 변했다는 것을 알 수 있을까? 그 시대의 문학작품을 읽음으로써 알 수 있다. 그 시대의 드라마를 통해 해석할 수 있고, 그 시대의 예술작품을 통해 볼 수 있다.

이러한 사회적 쟁점과 역사적 사건에 대한 연구는 시대문학을 읽고 시대영화를 보고 편지, 일기, 사진, 그림과 같은 것을 포함하는 근원적인 기록물을 분석함으로써 가장 잘 수행될 수 있다. 그렇게 함으로써 학생들은 그들 자신의 가설을 세우고 변화에 대한 자신만의 결론을 이끌어 내며, 그것을 1940년대 미국의 삶, 사고, 문화에 적용해 볼 수 있게 된다. 그들은 또한 오늘날 미국 문화에 계속해서 영향을 주는 1940년대 제2차 세계대전의 사건과 사람들이 무엇인지 생각하도록 격려받는다. 시민권 운동과 직장에서의 여성에 대한 생각은 그 단원에서 두 가지 사례로 다루어진다.

문학작품의 서론은 John Steinbeck의 *The Moon Is Down*에서 발췌되었다. 이 선전성 있는 작품은 학생들로 하여금 미국에서의 제2차 세계대전의 영향에 대해 연구를 시작하도록 돕는다. 계속되는 수업은 The Changing Face of War(학생들은 몇 개의 시를 읽으면서 전쟁이 어떻게 변화시키는가를 관찰한다), American Reacts to War(시나 잡지에 실린 글을 읽으면서 일본계 미국인의 수용에 관한 연구가 수행된다), The Holocaust(Art Spiegleman이 쓴 책 *Maus II*는 오늘날 우리를 놀라게 할 만한 끔찍한 사건을 조사하도록 하는 배경을 제공한다)를 포함한다. 몇 개의 수업은 오디오, 비디오, 레이저 디스크 발표를 통해 논의된다. 초대 발표자는 또한 학생들이 독립적 탐구에 종사하는 과거에 대해 중요한 근본적인 연결을 제공한다.

해석적 읽기에 초점을 맞춘 전문가 토의는 정기적으로 발생한다. 토의를 위해 작품을 읽을 때 학생들은 핵심 아이디어, 단어, 구 등을 적고 시험과 연결되는 작품과 "상호작용"하도록 요구된다. 토의를 하는 동안 학생들은 해석적 질문을 하도록 요구되고 텍스트 참고 자료를 통해 그들의 생각을 지지하도록 격려된다.

학생들은 설득적 에세이, 비판적 비평, 그림 조직자, 그리기나 색칠하기, 구두 의사소통의 기회, 적용 기술 등등 많은 다른 유형의 생산물을 만들어 낸다. 각 개인의 창조적인 표현은 칭찬을 받고 과정을 통해 공유된다. 학생들은 그들 자신의 평가에 있어 적극적인 역할을 하도록 주어진다. 그들은 각각 "점수" 매겨지는 과제에 대해 스스로 등급을 매기도록 요구된다.

단원이 끝나 가면서 연구된 각각의 가닥들은 읽고 토의된 2개의 전후 작품으로 한데 얽히게 된다. Carson McCullers의 연극 *The Member of the Wedding*과 Shirley Jackson의 단편 *The Lottery*는 모두 사건에 대한 미국의 반응과 전쟁의 시대에 대한 직설적인 태도로 보여진다. 학생들은 이러한 작품을 통해 어떻게 미국이 제2차 세계대전에 의해 재형성되었는가에 대해 확고해진다.

8. 간학문 단원의 핵심 특징

개발된 간학문 단원의 각각은 특징적이고 다른 이들에게 모델로서 쉽게 따를 수 있도록 하는 핵심 특징을 지닌다. 여기서 논의된 주요 특징은 시각조직자, 질문 전략, 다문화주의와 세계주의, 그리고 독립적 탐구이다.

1) 시각조직자

시각조직자는 문자 자료의 시각적 이미지나 분석을 목적으로 하는 발화된 어휘를 만들어 내는 데 사용될 수 있는 도구이다. 시각조직자는 발화나 텍스트에서 전달되는 생각들 사이의 관계 또는 연결의 이미지를 만들어 낸다. 그들은 또한 학습자들에 의해 쓰기나 말하기의 준비로서 개발될 수 있다.

*Literature of the 1940's: A Decade of Change*에서 시각조직자는 학생들로 하여

금 문학작품, 설득적 말하기, 기록 비디오, 예술작품을 분석하도록 돕기 위하여 풍부하게 사용되었다. 학생들은 또한 창조적이고 설득적인 에세이 쓰기 과제의 초안 쓰기를 위해서뿐만 아니라 변화의 개념을 대표하기 위한 방법으로서 시각조직자를 개발하도록 요구받는다. 학생들은 삽화와 시연을 통해서 많은 다른 유형의 시각조직자에 노출된다.

시각조직자가 사용되는 방법에 있어 교사 모델은 중요하다. 시각조직자에 대한 많은 정보를 전달할수록 그들의 힘을 설명하는 중요한 방법이 된다. 학생들은 교사가 "깊이 생각한다"는 것을 본다. 1940년대 단원에서 설득적 말하기에 대한 수업을 위하여 효과적인 설득적 말하기에 대한 교사의 강의 노트는 강의 동안 머리 위에 펼쳐지도록 시각조직자로 개발되었다. 학생들은 또한 복사본을 제공받아서 그들이 듣고 있는 것에 대해 시각적으로 볼 수 있었다.

중학교 학습자들에게 있어서 시각조직자의 사용은 어린 청소년들이 조절 감각과 자아에 대해 갈망하는 것만큼 중요하다. 그러한 기술을 개발함으로써 이 학습자들은 그들 자신의 사고 과정을 조절하고, 읽고 듣고 보는 것에 대해 좀 더 깊이 생각할 수 있게 된다.

2) 높은 수준의 사고를 위한 발판으로서의 질문

질문은 사고에 있어 핵심 요소이다. 질문은 교사들로 하여금 회상으로부터의 생산적인 사고의 수준과 평가적인 추론을 요구하는 지식의 수준을 올리도록 한다. 그러나 학생들에게 높은 수준의 반응을 요구하는 질문을 생각하도록 교사를 격려하는 것만으로는 충분하지 않다. 학생들은 또한 그들의 사고 과정과 받게 되는 질문의 다른 종류에 대한 반응 방법을 서로 관련지을 필요가 있다. 추론에 대한 The Rechard Paul 모델(1992)은 단원에서 사용되었고 개발된 질문을 반영하였다. 이 모델은 학생들에게 그들이 읽은 것에 대해 적극적으로 목적, 증거, 추론, 함축성을 토의하도록 참여시킬 것을 요구한다.

교실에서 토의 능력을 계발하는 효과적인 방법 중 하나는 표면적인 대답보다 더 많은 것을 주도록 요구하는, 조사하는 질문을 하는 것이다. 조사는 개별 학생의 반응에 의존하므로, 교사는 교실에서 학생들의 기여를 적절하게 지지하기 위하여 토의 과정을 반드시 정확히 인지하고 있어야 한다.

간학문 단원 작업에서 안내 질문은 학생들의 결과물을 다루기 위한 발판으로 제공될 수 있다. 교육자들은 그들 자신의 협의, 해석 또는 조심스럽게 단어를 선정한 질문을 통해 이끌어 낸 학생들의 기대된 반응과 학생들의 해석을 자랑스러워하는 것을 강요하지 못하도록 보호할 수 있다. 예를 들면, 질문은 그들 자신의 개인적 삶에 문학적 선택을 연결하도록 돕는 데 사용될 수 있다.

안내 질문은 단원의 수업과 활동을 연결하기 위해 교육과정 개발자에 의해 사용될 수도 있다. 예를 들면, *Threads of Change in 19th Century American Literature*에서 전체 학습 단원을 통해 연결된 질문은 다음과 같은 것을 포함한다.

- 낭만주의는 19세기 미국의 글쓰기, 미술, 음악에 어떻게 영향을 미쳤는가?
- 19세기 미국 여권주의자들의 생각을 오늘날과 비교하여 어떻게 평가하는가?
- 19세기부터 현재까지 미국 법에서 노예 제도 폐지주의의 영향은 무엇인가?

3) 다문화주의와 세계주의

"초기 청소년기 동안 이런 학생들은 그들의 직접적인 환경과 미디어를 통해 집으로 들어온 세계 모두의 사람들 사이에서 많은 문화적 차이에 대해 깨닫게 된다. 이제 막 눈을 뜬 도덕가로서 그들은 자연스럽게 왜 그렇게 되는가에 대해 비교하고 궁금하게 된다."(George, Stephenson, Thomason, & Beane, 1992, p. 75) 이 시기에 어린 청소년들이 그들 자신의 자아를 정립하고 세계에서 그들의 "지위"를 찾으려고 시도할 때, 이 행성에 존재하는 다양한 문화의 세계적인 지역사회로서 세계를 탐구하려고 하는 것은 피할 수 없는 일이다. 또한 그들이 인간의 약함보다 강함으로써 다양성을 보기 시작하는 것도 중요하다.

기관으로서, 그리고 거대한 미국 사회의 소우주로서 학교는 반드시 학생들이 탐구하도록 격려하여 국가적인 유산의 민족 특유의 다양성을 존중하도록 개발해야 한다. 막강한 인류의 허약함을 극복하기 위한 노력 안에서 우리는 반드시 개인적이고 사회적인 실패의 전형이 되는 민족과 인류의 갈등을 현실적으로 다루어야 한다 (George, Stephenson, Thomason, & Beane, 1992). 그들 자신의 문화뿐 아니라 다른 이들의 문화를 분석하고 이해하도록 돕기 위하여 학생들은 그들의 현재 동료들 사이에서 깊은 밀접한 관계와 세대 간에 강력한 우정을 계발할 것이다. 이해, 인내, 존경은 중요한 인생의 기술이고 중학교 수준에서 근본적인 목표가 되어야만 한다. 학생들에게 다양한 교과를 통하여 다문화주의를 탐구하도록 초대함으로써 우리는 그들을 인간 유산의 일부분이 될 수 있도록 초대한다. 간학문 교육과정의 풍성함에 대한 기여는 다문화적이고 세계적인 관점에 대한 고려이다.

*Literature of the 1940's: A Decade of Change*의 간학문 단원에서 미국인의 사고와 문화에 대한 제2차 세계대전의 영향을 연구할 때, 학생들은 문학을 통해 미국 유산의 일부와 사회적 역사를 발견한다. 문학작품은 학생들이 핵심 사건에 대한 반응에 있어 다양한 문화적 관점을 경험할 수 있도록 신중하게 선정된다. 예를 들어, 학생들은 Jo Sinclair라고 하는 유대인 여성 작가에 의해 쓰인 "Second Blood"—홀로코스트에 대한 공포에 유대계 미국인의 반응에 관한 짧은 이야기를 읽는다. 전쟁이 일어나는 동안 1세대 일본계 미국인인 Yukari가 쓴 4개의 탄카 시는 인종 편견의 풍기문란함을 생생하게 묘사한다. Langston Hughes, 다른 흑인 작가와 시인은 자유, 평등 그리고 민주주의를 위해 전방에서뿐만 아니라 미국 후방에서도 싸운 아프리칸 아메리칸의 분투의 삶을 가져온다. 이렇게 다양한 문화적 배경을 가진 사람들에 대해서 다양한 문화적 배경을 가진 작가들이 쓴 그러한 작품을 읽음으로써 어린 청소년들은 그들 자신의 문화를 이해하고 동화하도록 하는 직접적이고 실질적이며 구체적인 경험을 얻을 수 있다. 그리하여 교사는 학생들이 우리의 다원적 문화와 인간 유산에 대한 사회적 연구를 하도록 안내할 수 있다. 그러한 경험은 교사들이 동료 학습자가 되고 다문화적 판단과 이해에 대한 가치와 태도의 본이 되도록 한다.

다문화와 세계의 이해는 또한 중학교에서 학생들을 조직하는 방법으로 촉진되기도 한다. 교사와 학생 간의 가까운 연결의 발달은 팀을 이루어 실천하는 데 있어 격려되고 지지된다. 그리하여 학생들이 어린 청소년들에게 꼭 필요한 안도감과 소속감을 만들도록 한다. 안도감과 소속감은 학생들이 좀 더 큰 세계의 지역사회의 쟁점과 문제를 바라보고, 아이디어와 가능한 해결 방법을 생각해 내는 데 자신감을 심어 준다. "첫째 날, 우리는 우리나라를 지적했다. 셋째 또는 넷째 날, 우리는 우리의 대륙을 가리켰다. 다섯째 날, 우리는 오로지 하나의 지구를 지각했다." — *Sultan Bin Salman al-Saud, Discovery 5, June 1985* (Kelly, 1988).

4) 독립적 탐구

독립적 탐구는 학생 중심이다. 어린 청소년들은 그들이 공부하는 흥미로운 영역에 따라 독립적이고 자기중심적인 학습자가 된다. 선택하고 중요한 쟁점에 대해 결정하기 위해 학생들이 함께 공부함에 따라 동료들과의 상호작용을 할 기회 또한 존재한다. 독립적 탐구는 학생들이 연구 과정을 통합할 때 그들로 하여금 흥미를 갖는 영역에 대한 깊은 공부를 추구하도록 격려하는 탐구의 유형이다. 그러한 탐구는 공부를 위한 주제를 선정하면서 시작되며, 문제를 정의하고 대안적 해결 방법을 탐구하고 행동 계획을 세우고 계획을 실행하고 탐구의 결과를 발표하는 과정을 허용함에 따라 계속된다.

교수 단원 *Threads of Change in 19th Century American Literature*와 *Literature of the 1940's: A Decade of Change*에서 학생들은 주요 독립적 탐구에 참여하도록 요구되었다. 다른 유형의 탐구 또는 소규모 탐구는 학생들이 어떤 연구 단계와 과정을 진행해 나가도록 요구된 양 단원에서 나타났다. 예를 들어, *Threads of Change in 19th Century American Literature*에서 학생들은 미국 문학의 낭만주의 시대를 이해하기 위해 대안 목록으로부터 주제를 고르고 자료를 모으고 그것을 통합하였으며 자료를 비평했다. 탐구적 과정에 초점을 맞추는 것은 학생들에게 독립적 탐구를 좀 더 준비할 수 있도록 하는 가치 있는 방법이다.

9. 실행의 쟁점

간학문 교육과정 개발과 교육에서 교사의 역할은 관련된 교육과정 결정을 위하여 다른 교육자, 학부모, 학생들 그리고 지역사회와 협력하고 서로 연결하는 것이다. 교사는 학생들이 탐구, 연구를 자유롭게 할 수 있도록 격려하고 그들이 추구하는 연구의 과정에서 필요한 위험을 기꺼이 경험할 수 있는 "실험실" 환경을 만들어야 한다.

교사는 반드시 학생의 생각을 조사하고 질문하며, 의견을 형성할 때 대안을 생각해 낼 수 있도록 격려하고, 추측하고 증거를 바탕으로 결론을 이끌어 낼 때 연구 정신의 모델 역할을 해야 한다. 학생들이 질문하고 모든 관점을 고려할 때 불확실성을 기꺼이 받아들일 수 있도록 돕는 것은 교사의 중요한 또 다른 역할이다. 사고의 기술을 적극적으로 보여 줌으로써 상위 인지의 지도자가 되는 것은 교사가 학습 단원을 통해 지식과 사고 과정을 다루는 방법을 의식하는 학습자를 만들어 내도록 자기감시를 격려할 때 피할 수 없는 것이다.

이 장에서 살펴본 두 단원은 많은 다른 "학습" 사회에 학생들을 신중하게 달리 배치하는 그룹 전략을 사용하였다. 이러한 방법으로 학생들은 자신의 강점을 탐구하고 협동적인 노력에 대해 가치 있는 기여를 했다. 그들은 희망적으로 이 행성에서 평화롭고 생산적인 공존에 필요한 주고받기로 전이될 주고받는 학습을 경험하였다.

10. 결론

현대 사회는 정보의 폭발, 계속해서 변하는 기술의 혁신, 그리고 확대되는 보다 더 다양한 인구로 특징지어진다. 중학교는 반드시 이러한 현대 사회의 특징들을 좀 더 가깝게 전하기 위해 어린 청소년 학습자들의 요구를 항상 유념하며 전통적인 교육적 접근을 깨뜨려야 한다. 이러한 목표를 성취할 수 있는 한 가지 힘 있는 방법은 관련된 내용에 대해 결정하고 개인적 의미를 구성하도록 하는 교과 간 연결을 세우도록 허용하기 때문에 교사와 학생 모두에게 이로운 간학문 계획과 교육이다.

11. 핵심 요약

- 간학문 교육과정은 중학교 학생에게 적절하다. 왜냐하면 그것은 실제 세계의 쟁

점을 반영하고 학습의 유형과 관련 있을 뿐 아니라 학습 내용에 대한 사려 깊은 접근을 제공하기 때문이다.

- 언어학은 사회, 미술, 음악과 같은 다른 교과와 풍부한 관련이 있다.
- 교사는 이 장에서 예를 들어 보여 준 것처럼 자신만의 간학문 단원을 개발할 수 있다.
- 독립적 탐구는 학생들에게 그들이 단순한 사실의 소비자가 되지 않도록 대안을 제공한다.
- 주제보다는 개념이 단원의 중심 조직에 따라 주의 깊게 선택되어야 할 필요가 있다.
- 시각조직자는 텍스트를 분석하고 아이디어 사이의 연결을 설명하며 생각의 조직을 위한 전략으로써 사용될 수 있다.

12. 예시 수업

Literature of the 1940's: A Decade of Change에 대한 예시 수업

Lesson 22

교육과정 조정 코드					
목표 #1	목표 #2	목표 #3	목표 #4	목표 #5	목표 #6
				×	×

교수 목적

- 1940년대부터 현재에 이르기까지의 사회적·정치적·경제적 기후 변화를 추적하고 미래의 변화를 예측하기

사용된 교재

1. 변화하는 세계: 핵심 쟁점과 사건(369쪽 참조)
2. 단원 참고 자료

활동

교사 노트: 이 교실 내 활동은 완성되는 데는 90분 단위 2개가 필요할 것이다.

1. 학생들은 "변화하는 세계: 핵심 쟁점과 사건"(수업 끝에 유인물)을 사용하여 핵심적인 사회적·정치적·경제적 쟁점이 1940년대 이래로 어떻게 변화되었는가에 대한 생각을 조직하고, 2050년까지 어떻게 변화될 것인지 예상한다.
2. 학생들은 원칙적으로 탐구 연구 쟁점을 위해 사용된 같은 소집단 안에서 활동해야 한다. 그러나 이 활동을 위해서 그들은 한 가지 문제에 달려들기보다는 쟁점을 넘어서는 탐구를 해야 한다.
3. 다음의 핵심 질문에 답하기
   - 미국의 외국인 정책이 특히 그 시기에 반하는 관점에서 제2차 세계대전 이후 어떻게 변했는가?
   - 제2차 세계대전이 일어나는 동안 만들어진 세계적 동맹은 지난 10년 동안 국

제적 사건에 어떤 영향을 미쳤는가?

- 제2차 세계대전에서 돌아온 군인들은 베트남 참전 군인과 비교하여 어떻게 다루어졌는가? 1990년의 걸프전쟁까지의 이러한 변화를 추적하라.
- 아프리칸 아메리칸, 유대인, 아시안 아메리칸, 여성들과 같은 소수 집단에 대한 사회적 관점이 제2차 세계대전 이후 어떻게 변화했는가?
- 지난 10년간 경세와 관련하여 세계관에 있어 어떤 변화가 일어났는가?
- 의사소통 기술은 전쟁과 이 시대의 잔인성에 대한 우리의 관점에 어떤 영향을 미쳤는가?

4. 집단들은 수업 시간 내내 이러한 쟁점들을 탐구해야 할 것이다.

숙제

1. 다음 입장 중 한 가지에 대한 여러분의 설득적 에세이를 쓰시오.
   a. 1940년대는 20세기의 가장 중요한 10년으로 구성되었다.
   b. 1990년대는 20세기의 가장 중요한 10년으로 구성될 것이다.

변화하는 세계: 핵심 쟁점과 사건

과거 (1940년대)	사회적	정치적	경제적
현재 (1990년대)	사회적	정치적	경제적
미래 (2050년대)	사회적	정치적	경제적

Threads of Change in 19th Century American Literature의 예시 수업

Lesson 4

교육과정 조정 코드					
목표 #1	목표 #2	목표 #3	목표 #4	목표 #5	목표 #6
×				×	×

교수 목적

- 낭만주의의 특징을 복습하고 연대표에서 다양한 범주에 대해 토의하기
- 변화의 실마리가 Henry David Thoreau와 Ralph Waldo Emerson의 작품에 어떤 영향을 미쳤는가 이해하기
- 문학 상자와 관련된 과제 소개하기

사용된 교재

1. Henry David Thoreau의 일대기에 대한 간단한 자료
2. Ralph Waldo Emerson의 일대기에 대한 간단한 자료
3. 문학 상자 자료(373쪽 참조)
4. 문학 상자를 위한 지침(376쪽 참조)
5. 수집 모형(439쪽 참조)

활동

1. 칠판에 쓰기: 전화기 이전의 삶은 어땠을까? 학생들은 아이디어를 마구잡이로 떠올릴 수 있다. 그들은 토의를 통해 역사를 통한 변화와 그들의 연관성을 추적하도록 격려받는다. 그들은 의사소통이 인간의 삶과 사회, 문화를 어떻게 변화시켰는지 생각해야 한다.
   - 이러한 변화는 사람들의 일에 어떤 변화를 주었는가? 여가 생활에는? 시간과 공간 감각에는? 관계는?
   - 이러한 "변화의 주체"는 우리가 오늘날 알고 있는 미국 문화에 어떻게 영향을 미쳤는가?

2. Henry David Thoreau와 Ralph Waldo Emerson은 매사추세츠 주의 콩코드에서 살고 글을 썼던 1800년대에 새로운 세계—우리가 오늘날 살고 있는 세계의 근본을 만들어 낸 뒤집을 수 없는 변화의 과정과 교환이 시작되었다. 우리가 공부하는 단원인 변화의 실마리는 변화의 기초적 주체인 낭만주의를 통한 만남을 조사한다. 그러나 사회 변화의 다음과 같은 각각의 힘도 또한 우리 역사에 있어 이 시기에 영향을 미쳤다—여권주의, 노예 제도 폐지주의, 선험주의, 산업주의.

   이러한 5개의 실마리로부터 새로운 국가에 대한 생각이 기록된 일련의 사건이 자랐다. 19세기의 이 교환의 결과는 오늘날 우리의 삶과 사건에 계속해서 영향을 준다. 우리는 문화 안에서 연결이 변화를 통해 어떻게 종종 밝혀지는가를 조사할 것이다. 변화의 실마리에 대한 학습을 통하여 우리는 사건과 변화의 과정이 어떻게 해서 과거를 이해 가능하도록 하고 현재를 설명하도록 도우며, 미래에 대해 좀 더 현명한 계획을 세울 수 있도록 도울 것인가를 조사할 것이다. 이 단원은 문화 주제와 미국의 우월성의 결과로서 그들이 어떻게 변화했는가에 대한 것이다.

3. 5개의 변화의 실마리가 19세기 미국 사회에 영향을 미친 특정한 "변화 주체"에 대한 자료를 담은 5개의 문학 상자로 개발되었다는 것을 설명한다.

4. 낭만주의에 대한 문학 상자의 조사에서 학생들은 문학과 Thoreau, Emerson의 일대기에 대해 탐구할 것이다. 학급을 그룹 A와 B로 나눈다. 각 집단에게 다음 인용구의 의미에 대한 반응 일기를 쓰도록 요구한다.

   A집단: 만약 어떤 사람이 동료와 페이스를 맞추지 않는다면, 그것은 그가 다른 드러머의 소리를 들었기 때문이다. 그가 들은 박자가 맞는 음악에 맞추거나 멀리 가도록 해 보자. — Henry David Thoreau

   B집단: 숲에서 역시 뱀이 허물을 벗은 것처럼 한 사람이 시간을 버렸다. 그리고 삶의 어떤 기간 동안 내내 어린아이이다. 숲에서 영원히 젊은이다. — Ralph Waldo Emerson

5. 반응을 공유하고 다음과 같은 질문을 한다.
   - 인용문으로부터 이 두 작가의 철학에 대한 어떤 추론을 이끌어 낼 수 있는가?

- 그들은 어떻게 낭만주의의 중지를 설명하는가?

6. A집단에게 Henry David Thoreau의 일대기에 대한 간단한 자료를 읽게 하고, B 집단에게는 Ralph Waldo Emerson의 일대기에 대한 간단한 자료를 읽게 한다.
7. 각 집단은 19세기 미국의 사고에 있어 이 두 거인에 관하여 서로의 자료를 공유하게 될 것이다.
8. 다양한 분야에서 저명한 인물에게 끼친 Thoreau와 Emerson의 영향을 토의하기.

   예: 아래에 열거된 사람들은 시민 불복종에 대한 Thoreau의 개념에 빚을 졌다고 표현했다.

   - Leo Tolstoy: 러시아 제정에 반대
   - Gandhi: 인도를 점령한 영국에 대한 저항
   - Martin Luther King Jr.: 흑인 미국인의 시민권을 위해 노력

   자기의존과 자연에 대한 Emerson의 영향은 현재 사회에서 사회적 쟁점을 고려할 때 널리 행해지고 있다.

9. 문학 상자 자료/유인물을 학생들에게 넘겨준다. 집단 탐구에 착수하기 위하여 학생들이 학습할 2번부터 5번까지 4개의 문학 상자 중 하나를 고르게 한다. 각 상자는 우리가 오늘날 알고 있는 미국 문화를 형성하도록 도왔던 각각의 변화의 실마리에 관련된 자료를 담고 있다.

   # 2 여권주의

   # 3 산업주의

   # 4 선험주의

   # 5 노예 제도 폐지주의

   학생들이 상자를 탐구하려고 시작할 때 문학 상자를 위한 개요인 유인물 4B를 다시 보도록 한다.(이 활동을 위해 30분의 집단 시간을 허용한다.) 처음의 탐구 활동의 결과를 공유한다. 누가 무엇을 할 것인가? 중심 질문이 어떻게 체계적으로 탐구될 것인가? 수집 모형을 제출하라(439쪽 참조)

10. 문법 자기 공부 묶음의 진보를 확인하기 위해 *Walden*에 나온 다음 문장에서 밑

줄 친 단어의 형식과 기능에 대해 토의하도록 한다.

나는 숲에 갔다. <u>왜냐하면</u> <u>유유히</u> 살고, 오로지 삶의 <u>근본적인</u> 사실에 직면하고, 가르쳐야 하는 것과 그렇지 않은 것을 배울 수 없는 것인지 보고, 내가 죽게 될 때, 내가 살지 않았다는 것을 <u>발견하기</u>를 바라기 때문이다.

숙제

1. 문학 상자에서 연구를 계속하라.
   교사 노트: 이 시기로부터의 유인물을 위한 좋은 자료는 로스앤젤레스의 캘리포니아대학교에 있는 The National Center for History in the Schools Project이다. 주소는 231 Moore Hall, 405 Hillgard Avenue, Los Angeles, California 90024-1521이고 전화번호는 310-825-8388이다.

문학 상자 자료/유물

모든 상자는 Louisa May Alcott, Herman Melville, Edgar Allen Poe, Mark Twain, Walt Whitman, Nathaniel Hawthorne, Rebecca Harding Davis, Emily Dickinson, Ralph Waldo Emerson, Henry David Thoreau에 대한 짧은 일대기가 포함되어 있다. 제안된 각각의 개별적 문학 상자를 위한 자료/유물은 다음을 포함한다.

상자 #1: 낭만주의

Henry David Thoreau의 글에서 인용된 환경적 글의 목록

T. Homan의 *A Yearing Toward Wildness*

다음의 발췌문

- R. Whelan의 *Self-Reliance: The Wisdom of Ralph Waldo Emerson*
- H. D. Thoreau의 *Walden*
- H. D. Thoreau의 *Civil Disobedience*
- H. D. Thoreau의 *Where I Lived and What I Lived For*
- H. D. Thoreau의 *A Week On the Concord and Merimack Rivers*

그 시기의 전기, 편지, 신문기사, 일기

Ken Burns의 *The Civil War Video Series*

Hawthorne의 "Earth's Holocaust"

Emerson의 시

Thomas Cole의 그림

Wordsworth의 시

Chopin, Schubert, 후기 Beethoven, Tchaikovsky, Schumann, Stravinsky의 낭만주의 음악

상자 # 2: 여권주의

세네카 폭포에서의 토론

여권주의의 특징

Mary Cassatt의 작품집

Diane Ravitch가 편집한 *The American Reader* 에서 발견된 체류자 진실의 발언

Susan B. Anthony: Pioneer Suffragist

S. Applebaun의 *Selected Poem, Emily Dickinson*에서 발견된 "세계에 보내는 나의 편지"

Elizabeth Cady Stanton의 "Declaration of Sentiments"

Kate Chopin의 "A Pair of Silk Stockings"

그 시기의 전기, 편지, 신문기사, 일기

Emma Willard의 "Plans for Improving Female Education"

Margaret Fuller의 *Woman in the 19th Century*

Grimke 자매의 매사추세츠 의회 연설(1830)

T. S. Arthur의 "Sweethearts and Wives"

상자 # 3: 산업주의

(다양한 역사책에서 가져온) 산업혁명 사진

"Child Labor: Working Conditions"

"The Factory Girls of Lowell"

"United States Geography: Industrial America"

"A Woman's Place Is in the Factory"

"Big Business and Industry"

산업주의의 특징

산업혁명의 정보 묶음

그 시기의 전기, 편지, 신문기사, 일기

20th Century: Dos Passo's USA

Sturbridge Village in Massachusetts

Herman Melville의 "Paradise for Bachelors"

Lucy Larkham의 자서전(1840년대)

Louis Hines의 사진

산업혁명의 미술작품

상자 #4: 선험주의

The Dial (Emerson, Thoreau, Bronson, Alcott의 작품 모음집)

선험주의의 특징

유니테리어니즘 자료

브룩 농장과 공산주의자 실험에 대한 자료

R. W. Emerson의 "Brahma"

매사추세츠 콩코드(역사, 뛰어난 시민, 주요 활동 등)

그 시기의 전기, 편지, 신문기사, 일기

Margaret Fuller의 작품

Louisa May Alcott의 "Transcendental Wild Oats"

Hawthorne의 "Brook Farm"

Orestes Brownson의 작품

Bronson Alcott의 작품

상자 # 5: 노예 제도 폐지주의

Langston Hughes의 *Harriet Tubman: The Moses of Her People*

미국 역사 사진의 "The Underground Railroad"

역사책의 발췌문

Diane Ravitch가 편집한 *The American Reader*에서 발견된 체류자 진실의 발언

Belinda Hurmence가 편집한 *My Folks Don't Want Me to Talk about Slavery*

노예 제도 폐지주의 시

William Lloyd Garrison 연설

Harriet Beecher Stowe의 『톰 아저씨의 오두막집』

Benjamin Franklin의 "On the Slave Trade"

Lowell, Whittier, Horace Mann, Frederick Douglass의 작품

William Lloyd Garrison의 *Liberator*

David Walker의 "Appeal to Blacks"

Nat Turner의 작품

Sarah와 Angela Grimke의 작품

John Brown과 Marcus Garvey의 작품

문학 상자를 위한 지침

1. 각 상자에 있는 정보/유물을 읽고 공부하라.
2. 다양한 자료를 사용하여 주제를 깊이 연구하라. 자료를 참고하라. 이 자료에는 도서관 자료, 역사와 문학의 전문가가 포함될 수 있다.
3. 찾아낸 것을 공유하기 위해 집단 발표를 준비하라. 여러분은 연구를 요약하여 개별적인 변화의 실마리의 시대 동안 일어난 중요한 사건을 대표할 만한 상징을 만들어 낼 것이다. 예술작품을 만들어서 이 역사적 기간을 통한 변화에 대한 이야기를 하라. 지도, 차트 그리고 다른 다양한 "실마리"를 나타낼 만한 삽화를 만들어라. 문학 상자의 정보/유물을 여러분의 발표에 적절하게 통합시켜라.
4. 청자들이 사건과 변화의 과정이 과거를 어떻게 이해할 만하도록 만들고, 현재를 설명하고 미래를 위한 좀 더 현명한 계획을 세우는 것을 돕도록 하는지를 조사하도록 도와라. 안내 질문을 회상하라. 이 영역의 변화 주체는 어떻게 오늘날 우리가 알고 있는 미국 문화를 형성하도록 도왔는가?
5. 수집 모형(439쪽 참조)을 사용해서 여러분의 전반적인 프로젝트를 세워라.

Lesson 3에서 "알아야 할 것" 판(397쪽 참조)을 사용하여 연구 과정을 안내할 때 돕도록 하라.

6. Lesson 20에서 여러분의 연구에 대하여 구두 발표를 하게 될 것이다. Lesson 22에서는 쓰기 생산물이 적당하다.

교사 노트: 각 상자를 위한 필요한 자료를 모으기 위해 도서관 사서와 함께 작업할 필요가 있을 것이다. 학생들이 상자를 전시하는 데 있어 가능한 한 창조적이 되어라. 또한 각 상자에 대해 제안된 유물 목록을 더하는 것도 좋다.

13. 참고 문헌

Beane, J. A. (1990). *A middle school curriculum: From rhetoric to reality*. Columbus, OH: National Middle School Association.

Boyce, L. N. (1993). The concept of change: Interdisciplinary inquiry and meaning. *Topics papers*. Williamsburg, VA: College of William and Mary, Center for Gifted Education.

Carnegie Council on Adolescent Development. (1989). *Turning points: Preparing youth for the 21st century*. New York: Carnegie Corporation.

Epstein, J. L. & Maclver, D. J. (1990). *Education in the middle grades: National practicies and trends*. Columbus, OH: National Middle School Association.

George, P. S., Stevenson, C., Thomason, J., & Beane, J. (1992). *The middle school—and beyond*. Alexandria, VA: Association for Supervision and Curriculum Development.

Irvin, J. L. (Ed.). (1992). *Transforming middle level education: Perspectives and possibilities*. Boston: Allyn and Bacon.

Jacobs, H. (Ed.). (1989). *Interdisciplinary curriculum: Design and implementation*. Alexandria, VA: Association for Supervision and Curriculum Development.

Kelley, K. (Ed.). (1988). *The home planet*. New York: Addison-Wesley Publishing Company.

Paul, R. (1992). *Critical thinking: What every person needs to know in a rapidly changing world*. Rohnert Park, CA: Critical Thinking Foundation.

VanTassel-Baska, J., Johnson, D., & Boyce, L. N. (1992). *A curriculum framework for language arts*. Williamsburg, VA: College of William and Mary, Center for Gifted Education.

Wiles, J. & Bondi, J. (1993). *The essential middle school*. New York: Macmillan Publishing Company.

제 17 장

중급 학생에 대한 구두 의사소통 강화

Sandra Coleman · Chwee Geok Quek

이 연구는 체계적인 구두 의사소통 교육이 효과적인 의사소통 능력을 육성시키기 위해 필요하며, 특별한 교육이 학생들의 구두 의사소통 수준을 정교하게 높일 수 있다는 것을 보여 준다. 6학년 단원 *Changing Ideas and Perspectives through Persuasion*은 구두 의사소통과 설득에 대해 영재들을 가르치기 위해서 윌리엄앤드메리대학에서 영재들을 위해 개발된 National Language Arts Curriculum Project의 부분으로서 개발되었다. 말로 하는 의사소통은 왜 중요한가?

구두 의사소통은 일상생활 속에서 다른 사람들과의 정보 공유로 인해 많은 기회가 생기기 때문에 모든 학생들에게는 필수적인 능력이다(Frith & Mims, 1984). 언어는 시간이 지남에 따라 점차적으로 전문적이 되었고 *lingua franca*는 미디어를 통해 발전되었으며, 그것은 교사들이 어떤 상황 안에서 또는 그 상황을 통해서 학습자들이 그들이 사는 세계에 마음을 열고 학습자 자신과 다른 이들 사이에 그들을 열 수 있는 발화 상황을 만드는 것이 점점 더 중요해질 것이다(Greene, 1986). 오늘날의 영재들은 자신의 전문 분야에서 미래의 리더가 될 가능성이 높다. 직업 안에서 계속적으로 그들은 발견한 것과 그들의 통찰력을 다른 이들에게 빈번히 제시해야 할 필요가 있을 것이다. 그리하여 그들이 다양한 청중을 다루기 위하여 필요한 기능을 갖추도록 구두 의사소통 교육을 받는 것은 중요하다.

구두 능력은 또한 쓰기와 읽기에 관련된 언어 기술을 습득하는 데 있어 기초를 제공한다(Lundsteen, 1979). 말의 나타냄과 지식 획득 사이에는 밀접한 관계가 있다. 교실에서 학생들은 구두 상호작용을 통하여 새로운 지식을 발견하고 개발한다(Tough, 1977). 언어의 문법은 학생들이 참여하도록 하고 개념을 변환하게 해 준다. 수많은 연구는 언어 능력—구두 수행—이 개념과 그들의 관계에 대하여 학습을 강화한 것을 발견하였다(DiVesta, 1974). 구두 의사소통은 유창함, 유효성, 표현 능력의 폭을 넓히는 것을 가능하게 하기 때문에 학생들의 작문 실력을 높이는 것을 돕는다(Mallet & Newsome, 1977).

또한 구두 의사소통 활동은 긍정적인 학습 환경을 만든다. 학습은 학생을 중심으로 하며 공동 작업 환경에서 다른 이로부터 배우게 된다. 구두 의사소통 능력은 자신감과 사회적인 조정을 확장시킨다.

구두 의사소통 교육으로 학생의 비판적 사고 능력 또한 개발될 것이다. 현재 광범위하게 사용되고 있는 라디오, 녹음, 전화, 텔레비전, 영화는 청각 메시지를 이해하는 듣기 기술을 개발할 필요성을 높인다(Hade, 1982). 정보가 넘쳐나는 이 시대에 학생들은 유익하고 실득적인 메시지의 분별력 있는 수용자가 되는 것을 배워야 한다. 그들은 신화의 허구와 현실의 사실을 구별하는 방법을 알고 있어야 한다. 설득력 있는 주장을 발전시키기 위해서 학생들은 "증명"할 수 있는 능력을 계발하여 최고의 증거를 공급해야 한다.

1. 단원의 주요 특징

구두 의사소통 능력은 사고 능력, 논쟁과 토론, 설득 대중 연설 및 대인 커뮤니케이션, 설득력 있는 메시지의 전달, 그룹의 중요한 문제 해결에의 참여 등을 요구한다. 윌리엄앤드메리대학의 영재를 위한 국가 언어교과 교육과정 프로젝트의 부분으로서

6개의 단원은 K-8 학년의 영재들에게 시범적으로 행해졌다. 각각의 구두 의사소통의 결과는 통합된 언어 교육과정의 일부가 된다.

6학년 단원인 *Changing Ideas and Perspectives through Persuasion*은 구두 언어소통과 설득 능력을 강조하도록 디자인되었다. 단원은 문학 토론을 통해 비판적 사고 능력을 계발하기 위해 문학을 사용하였다. 선택된 문학작품은 Robert Frost의 시, Robert Browning의 "The Pied Piper of Hamelin", Holworthy Hall과 Robert Middlemass의 연극 *The Valiant*, Mark Twain의 『톰 소여의 모험』의 한 장, 다양한 에세이 그리고 학생들의 수업 토의를 위한 준비로 독립적으로 읽게 한 많은 소설들을 포함한다. 문학은 단원의 많은 활동을 위한 촉매제로 작용했다.

Paul(1992)의 추론 요소들은 많은 토의 질문의 기본으로 사용되었다. 질문의 예는 다음과 같다.

- 증거: Jefferson은 자신의 입장을 옹호하기 위해 어떠한 사실들을 제공하는가?
- 가정: 무슨 가정들이 Pied Piper와 시 의회에 의해서 만들어졌는가?
- 쟁점: Martin Luther King Jr.는 연설에서 어떠한 문제들에 관해 이야기하였는가?
- 목적: 작가는 어떠한 목적으로 특정된 문화 그룹을 이야기의 맥락으로 사용하였는가?
- 추론: 여러분은 이 이야기가 끝난 후 주요 인물의 삶에 대하여 어떠한 추론을 할 수 있는가?
- 관점: 미국 도서관 협회는 검열 제도에 대하여 어떤 입장인가?
- 암시: 이 문제들이 우리에게 주는 암시는 무엇인가?

Paul의 추론 토론 모델과 Wheel의 추론에 대한 논의의 토론을 위하여 이 장 끝에 있는 단원 교수 모델을 참조하라.

Changing Ideas and Perspectives through Persuasion 단원은 또한 설득력의 발전을 위하여 제공된다. 이 단원은 추론에 강한 패턴들의 발전에 초점을 맞췄고, 연역적이고 원인이 되며 유추적 추론과 같은 기본 추론 패턴들의 탐구를 포함하였다. 학생들은 자신의 의견을 방어하기 위하여 증명 방법을 발전시키고 쓰기/말하기 능력을 강화시킬 수 있는 합리적인 방법을 배운다. 그들은 또한 청중에게 적합한 그들의 메

시지를 형성하는 방법에 대하여 배운다.

설득 능력에 대한 교육은 반대편을 포함한 그들의 의견을 확대시킴으로써 학생들의 예지력을 증가시킨다(Johnson & Johnson, 1988). 학생들로 하여금 다양한 관점으로 문제를 보도록 장려하고, 새로운 방침으로 나타내도록 하는 다른 방법으로 문제를 재조성함으로써 학생들은 창조적인 통찰력과 보다 상상력이 풍부한 해결책을 제공한다.

창조하기 위해서는 말하기 수단을 능숙하게 다룰 수 있어야 한다. 말하기를 통하여 사람에게 지식과 정보의 제공, 증거에 의하여 잘 심사숙고하고 근거 있는 지금의 견해, 그리고 일정한 시청자를 위한 기사는 관심과 영향력을 획득할 수 있다(Bryant, Wallace, & McGee, 1982). 큰 기회는 단원에서 학생들에게 구두 발표와 말하기를 하도록 제공된다.

학생들에게 설득력 있는 메시지를 결정적으로 받아들이는 방법을 가르쳐 주기 위해서 듣기는 수동적인 방법보다 능동적인 방법으로 배워야 한다. 단원은 듣기 능력의 두 가지 유형에 초점을 맞춘다.

1. 차별적 듣기는 교재를 이해하고 무엇인가를 배워서 앞으로 사용할 정보를 모으기 위한 목표를 가지고 교수적인 또는 정보적인 구두 의사소통을 위해 듣는 것을 말한다.
2. 평가적 듣기는 설득력 있는 메시지의 가치를 평가하는 것을 배움으로써 책임이 있는 방법에 설득의 두 사람 사이 처리에 관계하는 것이 목표인 설득적 구두 의사소통을 위한 듣기를 말한다.

이 단원에서 예시 활동의 다음 설명은 교실 안에서 이러한 특징들이 어떻게 실제로 적용되는가를 설명한다.

활동 1

교사는 다음 리스트에서 짝지어진 말하기 하나를 고를 것이다.

Thomas Jefferson의 "첫 번째 개시 주소"와 Abraham Lincoln의 "첫 번째 개시 주소"

Helen Hunt Jackson의 "세기의 불명예"와 Rachel Carson의 "봄의 침묵"
Newton Minnow의 "방송 사업의 주소"와 Horace Mann의 "공립학교들의 실정"

학생들은 소집단으로 나뉘어 이들에 관하여 설득적 요소들을 토론할 것이다. 그들이 물어볼 문제들의 답변은 다음을 포함한다.

- 이 말하기는 왜 기억에 남는가?
- 말하기 #1과 #2에 대한 비교와 대조 / 그들은 어떻게 비슷한가? / 다른가?
- 중요한 쟁점은 무엇인가? 이것은 오늘날의 세계에서도 쟁점이 되는가? 예를 들어라.
- 작가에 의해 제기된 논쟁은 무엇인가? 그 또는 그녀는 어떤 주장을 하는가? 그 또는 그녀는 어떤 자료를 제공하는가? 어떤 결론이 도출되는가?
- 논쟁은 얼마나 믿을 만한가? 왜?

숙제로 학생들에게 수업 시간에 논의되지 않은 말하기를 읽도록 요구하고, 그들 각자의 반응을 일기에 기록하도록 한다. 또한 그들의 논증이 얼마나 신뢰할 수 있는가에 대한 논평을 포함하도록 한다.

활동 2

학생들은 선전 기법들의 예시를 유인물로 받는다. 그들은 3~4명의 집단으로 나누어진다. 숙제로 그들은 여러 다른 분야의 광고들(음식, 옷, 자동차, 잡지사, 신문, 텔레비전, 영화, 책 등)을 수집하고 그것들을 반으로 가져와야 한다. 그들은 집단 안에서 자신들이 수집한 광고 자료들을 사용하여 설득력 있는 광고 기법에 대해서 논의한다. 각 집단은 수업 안에서 그들의 연구 결과를 공유한다.

수업에서는 다음으로 설득적 글쓰기와 말하기를 위한 모형이 소개된다(396쪽 참조). 이것은 그들에게 그들이 갖고 있는 어떤 것을 우리가 원하도록 설득하기 위한 1분 말하기를 하도록 준비하기 위함이다. 학생들의 준비를 돕기 위해 교사는 Tom Sawyer가 어린이들에게 포기하라고 요구하였던 "Glorious Whitewasher"를 돌이켜 보도록 할 수 있다. 학생들로 하여금 항목의 가치를 결정할 때 사용할 기준을 마련하도록 하고, 그들에게 가치 있는 것이 무엇인지를 발견할 수 있도록 요구할 수 있는 질문의 유형을 토의하도록 한다.

다음 수업에서 각 학생들은 1분 발표를 하게 될 것이다. 학생들로 하여금 서로의 표현을 평가하도록 돕기 위하여 설득적 말하기 평가 양식(391쪽 참조)이 각 학생에게 주어질 것이다. 교사는 학생들의 발표에 앞서 사용된 기준에 대해 논의할 것이다.

절정에 달한 활동은 책 금지에 대한 그 또는 그녀의 연구 주제에 대한 학생의 발표가 될 것이다. 학생이 발표를 할 때 다른 학생들은 설득적 말하기 평가 양식을 사용하여 발표자를 평가하게 될 것이다. 또한 각각의 말하기 후 다음과 같은 질문들이 논의될 것이다.

- 발표의 논리 진술이 무엇이었는가?
- 발표자는 어떤 방법으로 당신을 설득시켰는가?
- 이 발표의 어떤 부분이 좋았는가?

활동 3

학생들은 토론에 대한 유인물을 받게 될 것이다. 다음 질문이 논의될 것이다.

- 토론과 토의의 차이는 무엇인가?
- 토론을 위한 전통적인 말하기 순서는 무엇인가?
- 토론을 위해 어떻게 준비하는가?
- 토론은 어떻게 평가되는가?

학생들은 주제 자료로 문학 독서 “Pied Piper of Hamelin”을 사용하여 토론을 실습하게 될 것이다. 그들은 이 주제－시장은 피리 부는 사람에게 돈을 지불하도록 시켜야 한다/시켜서는 안 된다에 대해 토론할 것이다.

학생들은 결론에 찬성/반대 팀으로 묶인다. 그들에게는 그들의 주장을 계획할 시간이 주어진다. 각 시간에 두 팀은 토론을 하게 되며, 또 다른 팀은 점수를 매기고 만들어진 논쟁적 점수를 표시한다. 이것은 적극적인 듣기를 격려하고 비판적 듣기 능력을 고양시킨다. 설득적 말하기 평가 양식은 토론을 평가하기 위해 학생들에 의해 사용될 것이다.

숙제로 학생들에게 쟁점에 있어 토론을 준비하도록 한 주가 주어진다. 결정: 불쾌한 가사를 담고 있는 CD와 카세트 음악에 경고 라벨을 붙여야 한다. 실습 토론을 위한 같은 형식이 사용되도록 권한다. 토론은 점수를 매기고 논의되어야 한다.

2. 쟁점 실행

이 단원의 교수는 구두 의사소통 능력 발달에 초점이 강하게 맞춰져 있다. 이 단원의 네 가지 주요 구두 의사소통 결과물은 다음과 같다.

- 정보적·설득적 메시지 사이의 구별하기
- 논쟁 패턴, 설득의 핵심 전략, 의사결정, 그리고 신뢰성 있는 화자에 따른 설득적 구두 메시지 평가하기
- 주장에 대한 공식 기술(요구, 자료, 정당화) 개발하기
- 논리적인 순서화 방법, 적당한 지원 자료, 구조화된 주장 등을 사용하여 구두 발표 조직하기

이 단원에서의 활동은 1분 설득 말하기, 전체 그리고 소집단 토의와 질문, 토론, 단원이 정점에 이르렀을 때 "책을 금지하는 것이 괜찮다/괜찮지 않다"에 대한 3~5분 설득적 말하기를 포함한다. 쓰기 능력은 발표자의 글쓰기 또는 토론 전에 글쓰기, 그들의 생각에 대한 일기 사용하기 등을 통해 개발되었다. 사용된 평가는 관찰 양식과 저널, 비디오로 구성되어 있다.

Changing Ideas and Perspectives through Persuasion 단원은 일반적으로 17명으로 이뤄진 6학년 영재의 독서 그룹을 위하여 교육되었다. 단원을 위한 문학작품 선택은 토론, 토의, 설득, 발표에 관한 능력을 증가시켰다. 학생들은 수업에 많이 참여하며 관심이 증가할 것이다. 이것은 토의에 대한 그들의 열정과 참여에 의해 나타난다. 그들은 공부 능력을 향상시키기 위하여 별도의 자료와 책을 샀다. 토론이 벌어지고 문학과 관련된 많은 주제가 토론되도록 제안되었다. 단원의 실행에 참여한 학생들은 수업이 끝나지 않았으면 하였다. 어떤 이들은 독서 수업을 하루 종일 지속하기 바랐다고 말하는 것을 들었다. 그것은 분명 그들의 마음에 든 수업이었다.

학생들은 그들의 능력에서 자신감을 얻었고, 토의하고 공유하며 그들의 생각뿐 아니라 다른 사람들의 생각을 분석하는 것을 배웠다. 시범 수업의 결과는 학생들이 설득의 능력을 배울 수 있고 구두적·문어적 형식으로 그것들을 효과적으로 사용할 수 있다는 것을 나타냈다. 전형적인 공유된 문학은 그들에게 토의와 토론에 대한 공통적인 요소를 주었다.

이 학습 단원의 실행에서 몇 가지 쟁점이 다른 교사들을 위해 강조될 것이다.

1. 문학을 공부함으로써 구두 의사소통 능력을 기르는 것은 언어 영재들을 위한 교육과정에 있어 중요한 강조점이 될 수 있고 되어야만 한다. 문학작품은 일반적으로 학생들로 하여금 상호작용하고 중요한 능력을 계발하도록 한다. 이 단원에서 사용한 학생들은 교육적으로 강조된 30시간의 결과로서 설득적 말하기에서 중요한 능력이 계발되었다.
2. 학생들이 탐구하고 대답을 구상하도록 허용하는 질문들은 구두 의사소통 능력의 교수에서 높게 추천된다. 학생들은 그들 자신의 생각을 확장하고 의사소통하며 복잡한 생각에 대한 시시를 하노록 요구된다. 이러한 질문의 유형을 가지고 학생들은 또한 다른 사람의 생각과 반대 논점에 무게를 두는 것, 그리고 요구된 증거에 따라 처음의 의견을 수정하는 것에 대해 고려하는 것을 배우게 된다. 그러한 사고에 있어 용기 있는 실습은 이 단원을 사용한 학생들에게 강한 동기를 주었다.
3. 토론을 공부하는 것은 삶의 상황에서 협동적인 전달과 지지에 대한 훈련을 제공한다. 토론을 가르치는 것은 또한 학생들이 스스로 고른 주제를 공부하고, 사고를 명확히 하며, 구어적·문어적 상황에서 생각을 조직하는 데 있어 성장을 고양한다. 시범 수업에서 학생들은 그러한 활동들이 다른 수업에서는 경험할 수 없었던 심층적인 활동을 요구했기 때문에 매우 도전적이었다는 것을 발견했다.
4. 듣기 능력은 너무나 자주 구두 의사소통 교육과정의 부분으로 포함되지 않는다. 그러나 그러한 교육과정적 강조는 학생들로 하여금 다른 의사소통 상황에서 요구되는 듣기의 유형을 다르게 하도록 돕는다. 듣기 능력을 배우는 것은 또한 학생들에게 있어 모든 교과에서의 학습력을 높일 수 있다. 이 단원을 사용한 학생

들은 다른 교실에서도 배웠던 것을 실습하여 간학문적 연결을 촉진시키기 시작했다.

3. 결론

구두 의사소통 교수는 토의를 증가시키고 학생들로 하여금 그들 자신의 생각과 그들의 생각을 조절할 수 있도록 하는 사고를 증가시킨다(Close, 1990). 학생들은 그들의 능력에서 자신감을 얻고 구조화된 상황에서 아이디어를 나누는 것을 배운다.

문학작품은 구두 의사소통 능력을 사용하여 학습에 있어 삶으로 다가온다. 문학과 관련된 많은 주제들은 토론, 토의, 연구, 발표를 이끈다. 학생들에게 있어 이 시범 수업에서 독서는 흥미로운 것이 되었고 의사소통 능력 향상은 가장 좋아하는 학급 활동이 되었다.

4. 핵심 요약

- 구두 의사소통은 듣기, 말하기 능력의 발달을 높이고, 또한 간접적으로 읽기와 쓰기 능력의 발달을 제시한다.
- 언어 영재 학습자들은 토론 활동에 참여함으로써 동기 유발되고 도전을 받는다.
- 토론 능력은 학생들에게 구체적인 주제에 대한 연구 활동에 참여하도록 요구한다.
- 토론을 가르치는 것은 간학문적 연결을 위하여 교육과정의 모든 영역을 허용한다.
- 구두 의사소통 교수의 기저는 학생들의 활동을 수행할 추론 능력의 사용을 강조하는 것이다.
- 평가적 듣기는 그들 자신의 관계에 있어 다른 이들의 생각에 대한 학생들의 지각을 예리하게 한다.

5. 예시 수업

Changing Ideas and Perspectives through Persuasion에 대한 예시 수업

Lesson 11

교육과정 조정 코드					
목표 #1	목표 #2	목표 #3	목표 #4	목표 #5	목표 #6
	×		×		×

교수 목적

- 설득적 글쓰기와 말하기를 위한 모형을 소개하기 위하여(장의 끝에)
- 학생들의 1분 설득적 말하기 준비를 위하여

사용된 교재

1. "알아야 할 것" 판(397쪽 참조)
2. 노트 카드
3. 수집 모형(439쪽 참조)
4. 설득적 글쓰기와 말하기를 위한 모형(396쪽 참조)
5. 잡지 기사
6. N. Pollette의 *The Research Book for Gifted Programs*에서 적용된 선전 활동 능력 예(O'Fallon, MO: Book Lures, Inc., 1984)

활동

1. Lesson 10에서 학생들이 개발한 연구 제안을 공유하는 것으로 수업을 시작한다. 말하기에 대한 검열을 위해 어떤 준비를 사용할 수 있는가에 대하여 수업에서 토론한다.
2. 설득적 글쓰기와 말하기를 위한 모형을 소개한다(396쪽 참조).
   a. 설득적 글쓰기와 말하기를 위한 모형을 구분하고 각 단계를 토의한다.

b. 설득적 글쓰기와 말하기를 위한 모형(396쪽 참조)을 수집 모형(439쪽 참조)과 비교한다. 그들의 글쓰기와 말하기에 상관관계를 갖는지 이해하도록 학생들을 돕는다.

3. 학생들에게 질문을 통해 검열에 대한 정보를 추구하기 위하여 "알아야 할 것" 판(397쪽 참조)에 가는 것으로 수업을 마무리한다.
   - 우리가 알고 있는 것은 무엇인가?
   - 우리가 알아야 할 것은 무엇인가?
   - 어떻게 그것을 발견할 수 있는가?

4. 학생들에게 Tom이 아이들에게 포기하도록 요구했던 "Glorious Whitewasher"(Lesson 11 읽기)에서 항목들을 회상하도록 요구한다. 학생들에게 종이에 다음을 하도록 시킨다.
   a. 1분 동안 그들에게 가치 있는 것에 대한 브레인스토밍을 한다.
   b. 항목에 대해 토의한다.
   c. 학생들이 가치를 분류하기 위해 사용된 기준이 무엇인지를 결정하도록 그들의 항목을 평가하게 한다.
   d. 그들에 의해서 값이 매겨진 것이 무엇인지 알 수 있도록 어떤 사람에게 물어볼 세 가지 질문을 쓴다.

5. 그들이 갖고 있는 것 가운데 무엇인가를 원하도록 우리를 설득하는 1분 말하기를 준비하도록 숙제를 낸다. 말하기는 다음 수업에서 전달될 것이다. 말하기 준비를 위한 안내가 되는 방향을 다음과 같이 제시한다.
   a. 주장 문장을 형식화한다.
   b. 어느 정도 각 주요 부분을 개발한다.
   c. 노트 카드에 적힌 개요부터 발표를 전달한다.

쓰기 숙제

1. 학생들에게 이 질문에 대한 답을 그들의 반응 일기에 적도록 한다.
   - Tom Sawyer 이야기에서 어떤 변화가 일어나는가?
   - 이러한 변화는 변화에 대한 일반화를 어떻게 지지하거나 논박할 것인가?

- 이 책을 지지하거나 금지하는 이유가 있을까? 설명하시오.

숙제

1. 다음 수업을 위해 숙제로 내준 말하기 준비하기

확장

1. "Glorious Whitewasher"의 마지막 문단을 읽어라. 여러분이 Tom이었다면 Polly 아주머니가 "더해진 가치와 덕 있는 노력을 통해 죄 없이 온 그 자신을 대하는 취향에 따른 개선된 강의를 따라" 여러분을 취급할 때 어떤 기분일지 써라. 다음 질문에 대한 대답을 포함하라.
   - Polly의 강의가 여러분을 변화시킬까? 왜 그런가, 왜 아닌가?
   - 그 강의가 Tom에게 어떤 영향을 미칠 것이라고 생각하는가?
   - 이 이야기에서 어떤 변화가 생겼는가?
2. 학생들을 3~4명의 집단으로 나누고 설득력 있는 광고 기술에 관하여 토론하게 한다. 각 집단에게 다른 형식의 광고(예: 잡지 광고, 옷, 음식, 술, 영화, 책에 관련된 신문 자료)를 준다. 각 집단에게 10분의 시간을 허용하고 어떠한 설득 기법이 광고에 사용되었는지 토론하게 한다. 각 집단이 작성한 설득 기법 목록을 수업 안에서 공유하게 한다(예: 우리를 매료시키기 위한 색, 단어의 사용, 로고, 유명 인사 추천, 다른 이들에게의 수용 여부).

Lesson 13

교육과정 조정 코드					
목표 #1	목표 #2	목표 #3	목표 #4	목표 #5	목표 #6
			×	×	

교수 목적

- 검열의 쟁점에 대한 연구를 제시하기 위하여

사용된 교재

1. 캠코더
2. 학생들의 발표를 위해 그들이 요구한 발표자의 기립 장치
3. 설득적 말하기 평가 양식(391쪽 참조)

활동

1. 구두 표현 능력 수업을 복습한다.
2. 발표를 평가하는 데 사용할 설득적 말하기 평가 양식(391쪽 참조)을 다시 한 번 살펴본다.
3. 학생들은 책 금지에 대해서 발표를 한다. 그들이 발표하는 동안 비디오로 녹화를 한다.
4. 각 발표가 끝나면 다음과 같은 질문을 한다.
   - 말하기의 논지 문장은 무엇이었는가?
   - 발표자는 어떤 방식으로 여러분을 설득했는가?
   - 발표의 어떤 부분이 좋았는가?

설득적 말하기 평가 양식

이름 ____________________

연습 ____________________

지시: 각 발표의 질을 평가하기 위해 다음의 평가 기준을 사용한다.

3 = 우수 2 = 만족 1 = 개선 필요

	개선 필요	만족	우수
1. 말하기의 목적은 명백하였다.	1	2	3
2. 발표자의 추론은 명백하고 논리적이었다.	1	2	3
3. 논쟁의 기본 구성은 명백하였다.	1	2	3
4. 발표자는 주제에 대한 지식을 보여 주었다.	1	2	3
5. 발표자는 반대 입장을 제시했다.	1	2	3
6. 발표자는 눈 맞춤을 유지하고 표현하면서 말했다.	1	2	3
7. 발표자는 청중의 관심을 유지했다.	1	2	3

발표의 가장 좋은 부분:

개선을 위한 제안:

Lesson 15

교육과정 조정 코드					
목표 #1	목표 #2	목표 #3	목표 #4	목표 #5	목표 #6
			×		

교수 목적

- 토론 기술을 가르치기 위하여

사용된 교재

1. *Poems of Robert Browning*에서 Robert Browning의 "The Pied Piper of Hamelin"(London: Oxford University Press, 1949)
2. 토론 형식(394쪽 참조)
3. 설득적 말하기 평가 양식(391쪽 참조)
4. "알아야 할 것" 판(397쪽 참조)

활동

1. 토론 형식(394쪽 참조)에 대한 활동지를 나누어 주고 학생들에게 토론의 기술을 가르치기 위해 사용한다. 다음 질문을 한다.
   - 토론과 토의의 차이점은 무엇인가?
   - 토론을 위한 발표 순서는 전통적으로 어떻게 설정하는가?
   - 토론을 어떻게 준비하는가?
   - 토론은 어떻게 심사하는가?
2. 학생들은 다음과 같은 쟁점에 대해 토론하게 될 것이다.

   결정: 불쾌한 가사를 담고 있는 CD와 카세트 음악에 경고 라벨을 붙여야 한다.

3. 학생들은 주제 자료를 위해 "Pied Piper of Hamelin"을 사용하여 논쟁 연습을 할 것이다. 토론 주제는 시장은 Piper에 돈을 지불할 것인가, 지불하지 않을 것인가이다.
4. 팀에게 결정에 동의하거나 반대하도록 책임을 지운다. 학생들에게 논쟁을 계획할 시간을 허락한다.

5. 유인물 15A에 설정된 과정을 사용하여 팀 토론을 하도록 한다. 한 팀은 토론을 하고 다른 팀은 논점에 표시하고 점수를 준다. 역할을 바꿔서도 한다. (교사들은 토론에 대해 더 많은 정보를 위한 다음 글을 언급하고자 할 수도 있다. Swicord, B. [1984, 여름호]. 5~6학년 영재들의 토론하기-그것은 어떠했고, 어떠하고, 어떻게 될 수도 있다고 말하기. *Gifted Child Quarterly*, *28* (3), pp. 127-129.)
6. 설득적 말하기 평기 양식(391쪽 참조)을 사용하여 토론한나.
7. 학생들이 시 "Pied Piper of Hamelin"에 대한 반응을 그들의 반응 일기에 적고 그 시를 금지하는 어떤 이유가 있는지 아닌지를 토의하는 것으로 수업을 마친다.
8. "알아야 할 것" 판(397쪽 참조)에 대해 언급하고 정보를 더 알려 준다.

숙제

1. 학생들은 다음 쟁점에 대한 토론을 위해 준비할 것이다.
   결정: 불쾌한 가사를 담고 있는 CD와 카세트 음악에 경고 라벨을 붙여야 한다.
2. 논쟁을 준비하도록 1주일을 준다.
3. Holworthy Hall과 Robert Middlemass의 *The Valiant* 읽기

토론 형식

토론이란 무엇인가?

토론이란 한정된 제안에 대해 그리고 그에 반하는 일련의 형식적인 말하기 논쟁이다. 가장 좋은 해결책은 허락받고 채택된다.

토론은 2명 또는 그 이상의 발표자들이 청중을 자신의 편이 되도록 설득하기 위해 서로 상반되는 입장을 제시하는 특별한 유형의 논쟁이다. 목적은 믿을 만한 증거를 가지고 쟁점을 솔직하게 제시함으로써 청중의 사고를 대체하도록 하려는 데 있다.

왜 토론을 하는가?

토론을 하는 목적은 다음과 같다.

1. 문제를 분석하도록 한다.
2. 증거를 통해 주장을 강화하도록 한다.
3. 여러분의 생각을 명백하게 표현하도록 한다.
4. 자신감을 얻게 한다.
5. 빨리 생각하도록 한다.

토론의 규칙에는 어떤 것들이 있는가?

토론은 문제에 대해 제안된 해결책으로 시작한다. 제안은 결정이라는 단어로 시작되어야 한다.

예시

- 미국에서 선거인단을 폐지하고 일반 투표로 대통령을 뽑아야 한다는 것에 대한 결정
- 텔레비전이 청자들에게 유익한 효과를 준다는 것에 대한 결정

1. 각 반대편에서 같은 수의 사람들이 발표한다.
2. 토론될 주제에 대해 양 팀의 조심스러운 분석으로 시작한다. 모든 구성원들은 그들 자신의 입장에 대해 아는 것만큼 반대편의 주장에 대해서도 알고 있어야 한다.

3. 주장이 밀접한 관계가 있는지, 포함될 가치가 있는지, 그리고 부적절하거나 제외되어야 하는 것을 결정한다.
4. 긍정적인 면과 부정적인 면 사이의 차이점에 대한 주요 사항이 주된 쟁점이다.
5. 각 측면에 대한 주요 쟁점을 목록화한다.
6. 쟁점이 진실이고 거짓임을 증명하는 증거를 찾는다(사실, 예시, 통계, 증거).
7. 반박이라고 불리는 다른 팀의 쟁점에 대한 주장에 대납할 수 있도록 준비한다.

토론을 위한 형식은 무엇인가?

제시된 절차는 다음과 같다.

첫 번째 긍정 — 긍정적 발표 — 5분
첫 번째 부정 — 반박 — 2분
두 번째 부정 — 부정적 발표 — 5분
두 번째 긍정 — 반박 — 2분

이와 같은 패턴으로 계속한다.

토론은 언제나 긍정 팀으로 시작하고 끝난다.

논쟁에 1점, 증거에 의한 논쟁에 2점을 주는 것으로 점수를 매긴다.

설득적 글쓰기와 말하기를 위한 모형

문단 #1

여러분의 쟁점이나 문제를 진술한다. 설명이나 그것에 대한 예를 들어라.

문단 #2

특별한 방식으로 여러분의 쟁점이나 문제를 다룰 주장을 제시하거나 개발한다. 여러분의 입장에 대한 이유를 제시한다. 여러분의 주장을 뒷받침하도록 읽었던 것이나 인터뷰한 자료를 사용한다.

문단 #3

여러분의 문제를 재진술하고 그것을 해결하는 여러분의 주장에 대한 결론을 맺는다.

참고: 여러분의 주장이 명백하고, 구체적이고, 정확하며, 논리적으로 연결되도록 조직한다.

"알아야 할 것" 판

우리가 알고 있는 것은 무엇인가?	우리가 알아야 할 것은 무엇인가?	어떻게 알아낼 수 있는가?

6. 참고 문헌

Bryant, D. C., Wallace, K. R., & McGee, M. C. (1982). *Oral communications: A short course in speaking.* Englewood Cliffs, NJ: Prentice-Hall.

Chaney, A. (1992). *Issues in contemporary oral communication instruction, Topics papers.* Williamsburg, VA: The College of William & Mary, Center for Gifted Education

Close, E. E. (1990). Seventh graders sharing literature: How did we get here? *Language Arts, 67,* 817-823.

DiVesta, F. J. (1974). *Language, learning, and cognitive processes.* Monterey, CA: Brooks/Cole.

Frith, G. H., & Mims, A. A. (1984). Teaching gifted children to make verbal presentations. *Gifted Child Quarterly, 28*(1), 35-40.

Greene, M. (1986). Philosophy and teaching. *Handbook of research on teaching* (3rd ed.). New York. Macmillan.

Hade, D. D. (1982, August). Literacy in an information society. *Educational Technology, 22*(8), 7-12.

Johnson D. W., & Johnson, R. T. (1988). Critical thinking through structured controversy. *Educational Leadership, 45*(8), 58-64.

Lundsteen, S. (1979). *Listening: Its impact on reading and the other language arts* (rev. ed.) Urbana, IL: National Council of Teachers of English.

Mallet, M., & Newsome, V. (1977). *Talking, writing and learning 8-13.* London: Evans/Methuen Educational.

Paul, R. W. (1992). *Critical thinking: What every person needs to survive in a rapidly changing world.* Rohnert Park, CA: Foundation for Critical Thinking.

Tough, J. (1977). *Talking and learning: A guide to fostering communication skills in nursery and infant schools.* London: Ward Lock Educational.

제 18 장

공유된 연구를 통해 의미 구성하기

Carol Cawley · Jan Corbett

기술 개발에 역사적인 강조점을 둔 독서 분야의 현재 연구는 미국에서 문학적 표준으로 증명되지 않았다. The State of California Framework(1987)와 National Assessment Governing Board(NAGB)(1992)는 실질적인 공유된 연구 토의 기술을 강조하는 학생 중심 읽기 교육과정의 필요성과 문학의 가치를 함께 강조하는 읽기를 보고한다(VanTassel-Baska, 1992a). 언어학의 분할된 교육은 읽기, 쓰기, 듣기, 또는 말하기의 개별적 기술의 사회를 생산해 내지 못한다. 그리하여 우리는 대안이 되는 해결 방법을 추구해야 한다.

유능한 학습자들은 교육에 적극적으로 참여하고 그들의 학습에 대해 책임과 소유권을 가질 기회가 필요하다. 이런 학생들을 위한 언어학습은 다문화적이고 전체적이며 가속된 수준에서 창조적이고 비판적인 발달을 할 수 있도록 해야 한다. 교육은 학생들과 관련되며 상호작용적인 유행에서 모든 교과를 통합하는 실제 세계의 문제를 제기해야 한다. 영재들은 전통적인 기술에 매인 언어학 프로그램보다는 양질의 문학을 통해 질문과 중요한 쟁점의 의미를 찾는 실험적인 접근으로부터 언어학을 경험할 필요가 있다.

책은 생각의 세계로 가는 주요 통로이다. 양질의 문학은 사고를 자극하고 창조적 사고와 문제 해결에 바탕이 되는 지식을 확립한다(VanTassel-Baska, 1992a). 전통적으로 영재교육에 있어 문학을 사용하는 것은 다른 학습자에게 사용된 접근과 비슷했다. 이 접근은 그런 학생들이 어떻게 학습하는가에 대한 이해에 있어 가치 있게 고려되는 몇몇 중요한 쟁점을 무시한 것이다.

언어 영재는 탐욕적으로 읽고 질문하고 문제 해결하기를 좋아하며 수렴적 사고뿐 아니라 확산적 사고 능력도 갖고 있다. 이러한 요인들을 갖고 교육자들은 그러한 학생들의 좀 더 선험적 연구의 접근을 위해 문학 연구에 다시 접근해야 한다. 이러한 방법은 학생들로 하여금 문학을 매개로 하여 그들 자신의 의미를 추구하는 것을 통해 학습 상황을 조절할 수 있도록 한다.

게다가 교육에 대한 최근 국가 보고서는 고성능의 교재와 수업에 있어 탐구 중심 접근을 사용하는 언어학 교육과정의 재구성을 요구한다(Suhor, 1984). The State of California Framework(1987)와 National Assessment Governing Board(NAGB)(1992)는 모두 실질적인 공유된 연구 토의 기술을 강조하는 학생 중심 읽기 교육과정의 필요성과 문학의 가치를 함께 강조하는 읽기의 필요성을 강조한다. Feldhusen, VanTassel-Baska, 그리고 Seeley(1989)는 영재들에게 탐구 교육을 사용할 것을 추천했다. 왜냐하면 그것은 연구, 탐구, 그리고 비판적 사고 기능을 통해 깊은 이해의 성취를 함축하기 때문이다. Kaplan(1977)은 높은 인지적 조작 수준에 있어 탐구 모델의 중요한 구성요소로서 관찰, 실험, 비판, 평가를 고려했다. 탐구가 개념의 다양성을 가져올 수 있음에도 불구하고 VanTassel-Baska(1992b)는 다음과 같이 그것을 특징지었다.

- 문제, 쟁점 또는 주의를 기울일 가치가 있는 생각에 대해 상호 탐구적인 분위기 만들기
- 높은 수준의 사고를 이끌어 낼 수 있는 방법으로 상황이나 활동 구성하기
- 학생들이 심사숙고를 통해 문제의 쟁점이나 생각을 하도록 이끄는 개방형 질문과 암시적 질문 하기

1. 탐구의 유형

탐구를 가르치기 위한 몇몇 중요한 접근은 언어학 교실에서 사용 가능하다. 이 모델들은 다음 부분에서 간단하게 설명될 것이다.

1) Junior Great Books

Junior Great Books(Great Books Foundation, 1990) 시리즈는 높은 수준의 독자를 위해 만들어졌다. 읽기의 목적에 대한 심각성을 장려하고 구조화된 토의 형식을 제공하여 학생들의 탐구 능력을 발달시키는 데 관심 있는 프로그램이 크게 성공하도록 한다. 학생들은 반성적 사고를 이끄는 짧은 고전문학 선집을 읽는다(Halsted, 1988).

Junior Great Books의 목표는 문학 학습을 통해 생각하는 습관을 기르고 자기의 존적 독자, 학습자, 사고자를 특징짓도록 한다. 공유된 연구라고 일컬어지는 교수적 접근은 학생들이 각 이야기에서 제기하는 근본적인 문제에 대한 답을 찾도록 하는 방법이다. 이러한 적극적인 탐구는 작가가 제공한 정보와 생각을 받아들이고 이야기의 전체 의미를 이해하는 것을 포함한다. 그러면 학생들은 자신의 경험을 고려하면서 텍스트를 해석하거나 이해하게 된다. 질문과 토의의 패턴은 다음과 같은 범주가 된다.

- 화제 열기 또는 초대(이 이야기는 어떤 유형인가?)
- 중심 포인트의 핵심 또는 조사(텍스트에 따르면 이 상황에서 이 행동은 괜찮은가, 아닌가?)
- 마무리 또는 세계에 대한 관계(이 이야기는 실제 세계의 쟁점과 어떤 관련이 있는가?)

Junior Great Books 탐구 접근은 해석적 질문에 좀 더 초점이 맞춰져 있고 사실적 또는 평가적 질문은 멀리한다. 이 유형은 특별한 노선을 따라 토의를 지향하는 질문 덩어리를 사용하도록 격려한다(Sanders, 1966; Barth & Shermis, 1981). 공유된 탐구에서 학생들은 다른 이들의 생각을 모두 고려하고, 반대되는 견지에 무게를 두며, 적절할 때 처음의 의견을 수정하는 것을 배운다(Great Books Foundation, 1990). 프로그램이 모든 학생들에게 이롭다고 할지라도, 탐구의 개방형 질문 사용은 언어 영재들이 확산적으로 반응하도록 한다.

Junior Great Books 교사는 학생들과 특별한 관계를 구축한다. 그녀는 학생들이 개인적인 의견을 강요하거나 정보를 전달하는 것 없이 이야기에 대한 각자의 해석에 이르도록 안내한다. 리더는 사고를 유도하는 질문을 조사하고 학생들이 말하는 것에 대해 목적적인 방법으로 사후 점검을 한다.

2) Bloom의 분류 사용

Hunkins(1976)와 Sanders(1996)는 학습 목표에 대한 Bloom의 분류—지식, 이해, 적용, 분석, 종합, 평가—를 발달시킬 수 있는 양질의 질문 기술을 강조하였다. Bloom의 목표는 Junior Great Books의 탐구의 몇몇 요소를 공유하고 두 단계에서 학생들의 탐구를 지시하는 데 필요한 근본적인 질문 기술을 포함한다. (1) 논리적 정확성, 일관성, 다른 내적 기준의 견지로부터 자료 분석, (2) 학생들이 상황, 결론, 목표를 판단하기 위해 마주친 또는 발달된 알려진 기준을 적용하도록 하는 외적 기준의 견지로부터의 자료 분석. 이것은 질문의 가장 비판적 측면이다. 왜냐하면 그것은 학생들로 하여금 그들의 인지와 결론을 비판적으로 고려하도록 하기 때문이다.

3) 소크라테스식 질문

소크라테스식 질문의 적용은 학생들에게 생점의 핵심에 대해 좀 더 깊이 생각하고 다양한 측면에서 그것을 탐구하도록 한다. Adler(1983)는 세미나에서 감독자 또는 사회자가 학생들에게 비판적/분석적 사고를 통해 문제 해결을 함에 있어 경험을 제공하는 교수의 소크라테스식 방법을 사용했다. 세미나에서 교사들은 강의를 하지 않지만 학생들이 읽고 경험한 것에 대해 이끌어 내는 질문을 했다. 세미나 경험에서 사회자의 과제는 다음과 같다.

■ 방향을 제시하고 토의를 조절하는 연속되는 질문 하기
■ 대답을 조사하고 학생들의 생각을 명백하게 하기 위해 좀 더 탐구하기
■ 참여자들을 다른 사람과 이야기하는 쌍방향 대화에 참여시키기
■ 토의의 핵심 사항 요약하기

탐구의 이러한 방법은 토의의 역동성을 조절하는 능숙한 리더에 크게 의존한다.

4) 창의적인 문제 해결

종종 영재들에게 사용되는, 성공률이 높은 또 다른 탐구의 유형은 Parnes의 창의적 문제 해결(1975)이다. 이 모델에서는 교사가 실제 상황에서 중요한 문제가 될 만한 상황을 학생들에게 제시한다(Feldhusen & Treffinger, 1979). 학생들은 문제와 질문 접근을 통해 관련된 적절한 사실과의 동일시로써 작업한다. 그리하여 그들은 가치 있는 해결 방법을 만들어 내기 위한 확산적이고 수렴적인 탐구 사이의 대안이 되는 활동의 자발적인 높은 구조적 계획을 발달시킨다.

질문/토의 기간 동안 문자 그대로의 질문은 지양하고 좀 더 추리적인 질문에 강조점을 두어야 한다. 질문은 학생들이 결과를 예상할 수 있도록 격려할 것이다. 이것은 읽기의 목표를 설정하고 학생들이 구절에 초점을 맞추는 것을 유지할 수 있도록 하며, 전체적인 이해를 돕도록 한다. 질문/토의 세션의 목표는 정확한 대답이 아니라 사려 깊은 반응을 만들어 내는 데 사용 가능한 증거로써 적극적으로 참여하도록 하는 데 있어야 한다. 교사는 학생들이 예상과 정보, 이미 알고 있는 지식, 그리고 이야기 흐름을 바탕으로 하는 해석을 제공하도록 격려해야 한다(Routman, 1988).

Kamii(1989), Maker(1982), Polette(1982), Taba(1975)는 탐구, 발견, 그리고 문제 해결적 접근이 학습자를 단순히 지식에 동화시키는 것이 아니라 새로운 지식을 만들어 내는 과정에 포함시키는 특징이 있다는 데에 동의한다. 탐구 학습에서 교사의 역할은 결정적이며 몇몇 핵심 사항에 대해 생각하도록 한다. 교사는 자극자, 질문자, 청자, 긍정적 강화 제공자로서 역할을 하지만 지식의 자원은 아니다(Cushenberry & Howell, 1974).

VanTassel-Baska(1992b)에 따르면, 교사가 학생들에게 토의를 안내할 때 고려해야 할 관련된 쟁점이 몇 가지 있다.

- 난이도 수준: 다양한 나이의 영재들에게 구절을 어떻게 적절하게 맞출 것인가?
- 구절의 선택: 뛰어난 작가, 고전 작품, 장르, 주제와 같은 핵심 요소 고려하기
- 구절의 길이: 짧은 구절은 유리하다. 왜냐하면 생각의 발전과 비교를 가능하게 하고, 학생들이 의미와 "분투"하도록 허용하고, 분석적 기술의 발전을 보여 주며, 단어 선택과 사용법 같은 구조적 쟁점의 평가를 허용한다.
- 확장된 작업을 위한 동기 유발로서의 질문: 짧은 구절에 대한 집단 토의 또는 학급 토의는 영재들에게 완전한 작품을 읽고 그 작가의 다른 책이나 같은 주제의 책, 아이디어를 생기게 하는 더 많은 책을 읽도록 고무시킬 것이다.
- 주제에 대한 질문 유형의 상호작용: 질문을 무리 짓는 것은 핵심 아이디어나 이해를 위한 움직임을 장려하고, 교육 목적을 충족시키도록 도우며, 다양한 질문 유형의 사용에 확신을 갖도록 한다.

탐구 기반 접근에 대한 검토는 교사들이 언어학 수업에서 사용할 수 있는 일련의 대안을 제공한다. 각각의 접근에서 수업자는 학생들을 질문하고, 탐구 아래에서 개념을 조사하고, 자료를 수집하고 분석하며, 그들이 찾아낸 것을 바탕으로 결론과 원리를 형식화하도록 안내할 필요가 있다. 그들은 또한 학생들이 다양한 관점에서 문제 상황을 탐구하고 질문에 대한 하나의 정확한 대답 이상의 것을 수용하도록 격려해야 한다. 궁극적으로 이 장에서 설명한 탐구 모델의 사용은 반성적이고 비판적인 사고에 대해 더 깊은 평가로 발전시켜야 한다.

2. 탐구 수업: 교실 예시

높은 수준의 3학년에게 탐구 기반 언어학 단원인 *Journeys and Destinations: The Challenge of Change*는 National Javits Language Arts Curriculum Development Project의 부분으로 개발되었다. 이 단원은 영재들에게 간학문적이고 다문화적인 교

육과정에서 양질의 문학을 탐구할 수 있는 기회를 제공한다. 이 단원의 기본적인 초점은 학생들로 하여금 토의 과정에서 열린 접근을 강조하는 깊이 있는 탐구 경험에 참여시키는 데 있다. 이 교육과정은 핵심 교과에서 다양한 능력 수준의 학생들에게 사용되도록 개발된 일반적인 탐구 모델의 핵심 요소를 통합한다. 전형적인 문학을 탐구하는 탐구적 접근을 따라 단원은 학령 아동 수의 상위 20%로 정의된 높은 수준의 학생들을 위해 특별히 고안된 교육과정에서 관련된 결정적인 요인들을 제시한다. 단원을 통해서 학생들은 확산적일 뿐 아니라 수렴적인 사고를 위한 많은 기회를 경험한다. 선정된 문학작품의 읽기 수준으로부터 토의에 적용되는 질문의 높은 수준에 이르기까지 수업은 보통의 3학년 학생들에게 소개되지 않는 개념에 학생들이 가속된 수준에서 노출되도록 제시된다. 학생들은 수업에 따라 움직이면서 문제와 질문에 대한 해결책을 찾고 새로운 지식과 이해를 생성하며 다수의 팀을 이루는 경험을 하게 된다.

교사는 교실에서 촉진자의 역할을 하면서 학생들이 활동을 하도록 돕고, 질문과 사고에 대해 자극을 제공하며, 탐구와 위험 감수의 안전한 환경을 세운다. 문학 단원은 근본적으로 학문 내적(읽기, 말하기, 쓰기, 듣기)이며 간학문적이다. 과학, 수학, 사회, 미술 경험의 포함은 언어 영재들에게 다양한 관점에서 실제 세계의 쟁점을 제시함으로써 학습 경험에 있어 대단한 의미를 붙일 수 있도록 한다.

시범적인 단계로서 단원은 연속되는 8주 동안 1주일에 한 번씩 3시간 단위 동안 가르친다. 학생들은 도시 지역사회의 초등영재센터의 한 교실에서 만났다. 두 곳의 초등학교에서 온, 신원이 확인된 영재들 12명이 이 시범 연구에 참가했다. 인종 혼합의 관점에서 그룹은 코카시안, 아프리칸 아메리칸, 아시안 아메리칸 학생들을 포함했다. 그들은 평균이거나 평균 이상의 배경을 가졌다.

3. 언어학 단원의 핵심 구성요소

3학년 학생들을 가르치기 위해 사용된 단원은 National Language Arts Curriculum Project에서 개발된 다른 단원과 나란히 하는 중요한 구성요소를 담고 있다. 이러한 구성요소는 대표적인 문학작품 모음, 교육과정의 전체주의적인 처치, 브레인스토밍,

문제 해결, 연구, 문학 토의, 반응 일기, 어휘 발달이다.

1) 대표적인 문학작품 모음

평생 학습의 목표를 수행하기에 가장 유리한 수단 중 하나는 학생들이 양질의 문학에 일찍 노출되도록 하는 것이다. 언어 영재는 전형적으로 인류의 문제를 제기하는 복잡한 문학작품에 잘 반응하는 탐욕적인 독서가이다. 이러한 어린 독자들은 텍스트의 전체적인 분석, 다양한 관점의 핵심 측면 조사 탐구하기를 좋아한다. 예를 들어, Hans Christian Anderson의 고전 동화 "미운 오리 새끼"는 작가의 삶을 비추는 소설적 텍스트라는 분석을 멋지게 하도록 한다. 이야기의 분석에 앞서, 학생들은 관련된 세부 사항을 적으면서 Hans Christian Anderson의 간단한 전기를 읽는다. 많은 학생들이 "미운 오리 새끼"에 친숙함을 느낀다고 하더라도, 교사는 마음속에 다른 목적−이야기와 작가의 삶이 어떻게 비교되고 대조되는가−을 갖고 이야기를 읽도록 안내한다. 작가의 전기와 "미유 오리 새끼"를 읽음에 따라 교사는 작가의 삶과 관련지어 텍스트의 전체 학급 분석을 촉진한다. 문학분석학에서 대표적인 문학작품의 확산적 해석을 하도록 하는 것은 중요한 질 중의 하나라는 것을 인지하는 것은 중요하다. (이 장 마지막 부분의 예시 수업 보기)

2) 전체주의적 교육과정

언어 영재들은 연결을 인지하는 뛰어난 능력 때문에 전체주의적 학습 경험에 높은 성공을 보인다. 그들을 위한 교육과정은 반드시 다른 학문적 교과와 연결되는 간학문적 경험뿐 아니라 언어학 경험을 제공하는 학문 내적(읽기, 쓰기, 듣기, 말하기) 기회를 제공해야 한다. 학습 연결의 구축을 통하여 학생들은 삶의 경험에 대한 본질적인 구성요소와의 연결을 인지한다. 시범 보인 단원에서 사고의 문학적 습관은 상호 관련이 깊은 중요한 과학적 사고의 특징이 있다−추론, 가정, 평가. 이러한 사고방식은 단원의 학습 활동에서 강조된다. 학습 센터는 다른 교과와 통합하는 경험을 제공한다. 예를 들어, 학생들은 미술작품에 대한 반응으로 이야기를 쓴다. M. C. Escher의 미술작품은 단원에서 학생들이 테설레이션을 공부하고, 이것을 책 삽화에 적용하는 것을 보고, 그들의 관찰을 바탕으로 변화에 대해 추론하는 것을 장려하는 데 사용된다. 활동은 토의 반응 일기 쓰기, 그리고 학생 자신의 테설레이션 창작품을 포함한다. (이 장 마지막 부분의 예시 수업 보기)

3) 브레인스토밍

문학에 대한 공유된 탐구적 접근을 가르치는 데 있어 중요한 초점은 구두 표현을 할 기회를 높이는 데 있다. 브레인스토밍은 학생들에게 그들의 생각을 표현하고 수렴적이고 확산적인 사고를 사용하며 문학에 대한 초점을 세우는 이상적인 기회를 제공한다(Parnes, 1975). 브레인스토밍은 구두 표현에서 판단은 보류되고 모든 대답이 수용되고 기록되는 위험이 없는 환경을 제공한다. 그것은 어떤 규모의 그룹에서든 정보를 생성해 내는 기술이다. 학생들이 해석하고 토의하며 자신들이 읽은 것에 대해 쓰는 것을 주저할 때 브레인스토밍은 종종 사고를 자극하도록 돕는다. 독창적인 아이디어를 만들어 내도록 할 때 종종 사용되는 방법은 개념 지도 또는 개념망 짓기이다. 이것은 망(종종 빛이 있는 태양이라고도 불리는)을 만들어 내고 핵심 단어 주변에 학생들의 반응을 기록하는 것으로 행해진다. 그러고 나서 학생들은 개념을 목표로 정할 수 있고, 연상을 하며 주제에 대한 그들의 생각을 확장할 수 있다. 예를 들어, 그들은 분석에 의한 단원의 문학작품 모음집에서 주제를 쉽게 탐구할 수 있다. 이야기에서 각각의 등장인물은 어떻게 변하는가? 등장인물들의 관계는 어떻게 변하는가? 그리고 무슨 사건이 이야기의 결론을 바꿨는가? 브레인스토밍은 영재들에게 창의적 사고를 하고, 생각을 수집하고 범주화하며, 문학작품에 대한 그들의 해석을 연결시켜 주는 기회를 제공한다. 문학작품 망은 학생들이 읽은 것에 대한 생각을 표현하도록 돕는 데 있어 단원 전체에 걸쳐서 사용되었다.

4) 문제 해결

질문하기, 탐구하기, 분석, 토론, 그리고 문제에 대한 해결책 찾기는 학생들의 문제를 해결하는 능력을 증가시킬 것이다. 창의적인 문제 해결은 지능적 성장을 확장시킬 뿐 아니라 토의 기술과 문제에 대한 구어적·문어적 반응을 개선시킬 것이다. 탐구 기반의 수업에서 창의적인 문제 해결은 학생들이 탐구적 접근을 사용하여 문학작품을 해석하는 데 가치 있는 전략이다. 이 방법은 또한 학생들이 다른 사람들의 생각이나 문학작품에 대한 해석을 인지하고 수용하도록 돕는다. 이 단원에서, 예를 들면 읽기 전 활동을 마친 후에(즉, 핵심 어휘와 세계지도에서 케냐, 아프리카의 위치 소개하기), 교사는 Verna Aardema가 쓴 아프리카 민화인 *Bringing the Rain to Kapiti Plain*을 크게 읽어 준다. 그러고 나서 학생들은 문제 해결자로서의 Kipat의 역할을 토의한다. (이 장 마지막 부분의 예시 수업 보기)

5) 연구

전형적인 문학작품은 목마른 어린 독자들에게 있어 상당히 종종 구체적인 주제에 대해 좀 더 배우고 싶은 욕망을 불꽃 튀게 할 것이다. 단원에서 학생들이 Kimiko Sakai가 쓴 Sachiko Means Happiness에 나온 알츠하이머병이나 Cynthia Rylant가 쓴 "The Shell"에 나온 장애인 가족과 같은 실제 세계의 쟁점에 대해 읽을 때, 세계적으로 중요한 쟁점은 연구 기회에 대한 자연스러운 발판을 제공한다. 연구를 통해 학생들은 문학작품 모음집에서 중요한 쟁점과 가치 있는 연결을 짓게 된다.

문학 탐구와 연구에 영재 학생들을 포함시키는 생산적인 방법은 탐구 팀을 조직하는 것을 통해서이다. 각 팀은 몇 부분(그룹 분석에 따라)이나 그룹 분석에 따라 한 부분을 읽도록 문학작품 모음을 할당받는다. 주제에 대해 학생들이 알고 있는 것, 그들이 주제에 대해 배우고 싶은 것, 필요한 정보를 찾는 방법에 대해 간단히 평가하는 것은 학습을 연구 모드로 확장시킨다. 학생들은 수많은 그리고 다양한 기초적이고 이차적인 자원을 건드린다. 일단 팀원이 충분한 배경 자료를 수집하고 나면, 교사는 그들의 연구를 통해 그들이 배운 것을 반영할 수 있도록 발전시키는 가능한 생산적인 수단의 전체적인 조사를 통해 그들을 안내한다. 시범 교실 연구에서의 예시 결과물은 알츠하이머병을 앓고 있는 어머니가 있는 여성과의 인터뷰와 지역사회의 보조를 받는 동물 보호소의 이점에 대한 구두 발표를 포함하였다.

6) 문학 토의

전통적으로 문학작품 모음집에 대한 읽기와 토의는 학생들의 사고가 정답을 확인하도록 초점을 맞춘 교사가 만든 질문에 의해 이끌어졌다. 좀 더 생산적인 접근은 학생들을 “돌려 읽기” 형태에 포함시키는 문학 토의 집단의 적용에 놓여 있다(Kennedy, 1992). 이 형태에서는 학생들이 문학작품 모음집에 대한 반응으로서 그들 자신의 질문을 작성하고, 소집단 토의에서 한 번에 하나씩 토의를 한다. 이러한 “돌려 읽기” 모델은 해석적 토의에 도움이 되는, 열려 있고 위험을 감수하는 환경에서 구축된다. 집단이 이야기 수다를 통해 발전하고, 질문을 생각해 내고, 가능한 대답을 토의하면서, 학생들은 이야기에서 그들이 중요하다고 느끼는 하나 또는 두 가지의 질문을 결정한다. 그러고 나서 그들은 이 질문을 학급 전체 토의에서 공유하게 된다. 학생 중심의 문학 탐구에서 초기의 경험은 전형적으로 누구, 언제, 어디서와 같은 (이 단원에서 “표면적 질문”이라고 불리는) 낮은 수준의 질문이었다. 학생들은 예/아니요, 또는 단답형 대답보다는 확산적 대답을 이끌어 내도록 방법적으로 좀 더 “풍성한 질문”으로 발전하도록 안내된다(Fogarty & Opeka, 1988). 문학 토의/이야기 수다 경험은 학생들이 탐구 과정의 중심에 있도록 하여 문학작품에 포함되고 참여할 기회를 확장한다. (이 장 마지막 부분의 예시 수업 보기)

7) 반응 일기

학생들이 공부하는 문학작품 활동에 몰입되도록 하는 것이 중요하다. 문학작품에 반응하도록 하는 다양한 기회는 학생들로 하여금 구어적·문어적 표현 모두의 기능이 발달하도록 한다. 반응 일기는 반성적 사고를 격려하고, 개인적인 문어 표현에 자신감을 심어 주며, 위협적이지 않은 분위기에서 문학작품에 대한 반응을 할 기회를 제공한다(Routman, 1988). 반응 일기를 학생들에게 소개함에 있어 기대는 처음에 비형식적이어야 한다. 교사는 이것이 개인적인 활동이며, 각 학생들은 다르게 해석하고 다르게 그 반응을 쓸 것이라는 것을 설명해야 한다. 교사가 OHP로 예를 제시한다면 도움이 될 것이다. 먼저 학생들이 간단한 구절이나 문학작품과 관련된 질문을 제시한다. 그러고 나서 교사가 비어 있는 투명 종이에 반응을 쓴다. 이것은 학생들이 과정을 관찰하는 동안 크게 생각하고 쓰는 것의 모델이 된다.

이 언어학 단원의 시범이 진행되는 동안 학생들은 탐구 질문에 대한 반응을 쓰기 위해 반응 일기를 사용하였다. 다른 때에는 학생들에게 특별한 구절에 대한 그들의 해석을 쓰라고 요구되었다. 일기 쓰기를 함에 따라 학생들은 생각한 질문이나 구절에 대한 반응을 장려하는 집단 토의에 참여했다. 교사는 각 학생의 일기를 읽고 주석을 달았다.

8) 어휘 발달

영재들의 특징은 어휘 발달이 앞선다는 것이다. 문학작품을 분석하는 데 있어 학생들은 사용된 풍부한 어휘를 공부할 필요가 있다. 교실에서 실행된 단원은 원본, 의미, 발화의 부분과 관련된 각각의 모음으로부터 온 단어에 초점을 맞추었다. 학생들은 원본 쓰기에서 새로운 단어의 사용을 설명하도록 장려되었다. 집단 활동을 할 때 각 학생들은 세 단어(돌림 편지 유형)를 고르고 정의, 발화의 부분, 그 단어들의 어휘 기원을 썼다. 다음 수업에서 학생들은 (집단 안에서) 순서를 돌아가며 팀원들에게 단어를 가르쳐 준다. 이 직소 어휘 활동은 문학작품 단원 동안 소개된 어휘의 새로운 항목에 대해서 반복되었다. 학생들은 일단 핵심 단어를 조사하고 문학작품을 더 풍부하게 평가한다. 이 방법은 단원에서 어휘망의 사용을 통해 쓰이고, 문학작품의 맥락 속에서 어휘 지식을 확장하며 문학 해석의 폭넓은 이해를 발달시킬 수 있도록 돕는다.

4. 실행의 쟁점

탐구 기반의 수업을 위한 분위기를 조성하는 데 있어 촉진자는 반드시 학생들의 학습과 반응적 상호작용에 가장 도움이 되는 형식을 고려해야 한다. Readers' Workshop과 같은 교육 형식은 교사들에게 문학을 바탕으로 하는 교육과정의 간학문 교수에 대한 계속적인 접근을 제공한다(Hagerty, 1991). 읽기연구회의 원칙은 다음과 같다—시간(책을 고르고 읽고 반성하고 다른 이들과 상호작용하기 위한), 선택(책 고르기, 열린 활동에 참여하기, 개인적 해석), 반응(반응, 기록, 공유, 협의), 지역사회(협동적으로 작업하기, 역할 맡기, 다른 이 돕기, 적극적인 청자 되기), 구조(촉진자, 경영자로서의 교사, 양질의 독서 시간). 이러한 원리들은 공유된 탐구 교수의 핵심 구성요소를 가르치는 데 도움이 되는 틀을 제공하며, 개발되고 시범 수행된 윌리엄앤드메리 단원과 잘 맞물려 돌아간다.

탐구 기반 언어학 교수는 별책 프로그램에서, 종일 프로그램에서, 또는 농축 프로그램에서 성공적으로 수행될 수 있다. 프로그램으로 만드는 것이 주 단위 또는 두 달에 한 번 체제일 경우 문학작품에 대한 전체적인 탐구에 허락된 시간과 수업 내에서의 적절한 보고 듣기 때문에 Junior Great Books에서 볼 수 있는 이성적으로 간단한 문학작품 모음이 이롭다. 시간 공유 활동은 소집단이나 학급 전체로 행해질 수 있다. 학생들은 문학작품 모음집에 대한 그들 자신의 해석을 조사하고 토의하도록 장려된다.

탐구 기반 문학 수업을 준비할 때, 교사가 열려 있고 개인적인 판단을 피하는 학습 환경을 구축하는 것이 필수적이다. 만약 우리가 긍정적인 위험 감수 행동을 하도록 길러진다면 학생들과 교사들은 그들의 생각이 환영되고 존중된다고 느껴야 한다. 좀 더 전통적인 언어학 수업 방법의 결과로서 학생들이 "하나의 정답"이 탐구 교실에서 추구되는 것이 아님을 이해하도록 하기 위해서는 어느 정도 시간이 걸릴 것임을 예상하는 것이 타당하다. 확산적 사고를 하는 이들은 아이디어를 실험하고 특정 방식으로 그들을 생각하도록 부추기는 것이 무엇인지를 반성하도록 격려된다. 개인적 경험에 의해 영향을 받은 각자 자신의 생각에 대한 탐구는 탐구 수업의 구성요소로 풍부하게 보상된다.

개별 학생의 개성을 존중하면서, 교사는 탐구 교실에서 연구의 주제, 과제/생산물, 발표 방법에 있어 개인적으로 선택할 수 있는 다양한 기회를 제공해야 한다. 교사는 개별 학습, 짝 학습, 집단 학습을 제공하도록 경험을 계획해야 한다. 학생 학습의 평가는 평가의 전통적인 형식보다는 학습자들의 생산물, 학급 수행, 그리고 개별적 학생/교사 협의와 같은 실질적인 접근을 바탕으로 한다. 학생은 탐구 기반 언어학 프로그램의 평가 구성요소에 있어 중요한 참여자이다.

탐구 수업은 학급 초점의 변화를 가져온다. 교사의 지식을 바탕으로 하기보다는 학생들의 질문과 상호작용이 학습 경험을 이끌어 낸다. 이야기 수다 형식을 사용하여 학생들은 문학과 관련된 해석적 토의를 수행한다. 전통적으로 교사들은 지식에 있어 제한이 없도록 기대되어 왔기 때문에 이러한 새로운 초점은 교사와 학생 모두에게 어떤 조정을 제시할 수도 있다. 이러한 역할에 있어서의 변화는 학생들에게 새로운 아이디어의 생성자로서, 그리고 그들 자신의 학습의 주체로서 역할을 하도록 권한을 부여한다. 이러한 새로운 학생 역할에 대한 반성은 학생들이 팀원을 돕는 데 책임을 지고 어휘의 이해와 적용을 발달시키는 어휘 직소 활동에서 분명하다.

초등학교 수준의 탐구 기반 수업의 실행에 있어 비판적인 고려는 그러한 발달이 교육과정 전달에 영향을 미치는 방법 때문에 어린 학생들의 발달 단계에 대한 의식적인 인지이다. 탐구 기반의 문학 교육과정에서 속도를 맞추는 것은 어린 학생들의 주의집중 기간과 학습 스타일을 반드시 존중해야 한다. 탐구 시간의 길이에 대한 교사의 감각과 페이스를 변화시키려는 학생들의 요구는 그 효과를 대단히 높인다.

공유된 탐구 프로그램을 실행하는 데 있어 교사는 독서와 문학을 사랑하는 모델이 되어야 하고, 교과 문제에 대해 지식적이 되어야 하며, 특히 교사에게 주어진 학생들의 개별적 요구를 알아야 한다. 교사가 위험을 감수하고 창의적인 사고를 촉진하는, 열려 있고 수용적인 교실 분위기를 만든다면 학생들은 학습에 적극적인 참여자가 될 것이다.

5. 결론

공유된 탐구 접근은 이 프로젝트에서 국가적으로 언어학 교실에 사용될 통합된 중요한 시사점을 준다. 공유된 탐구를 통해 학생들을 가르치는 것은 학생들이 연구를 계획하여 수행하고 그들의 생산물을 평가할 평가 기준을 세우도록 권한을 부여한다. 학생들은 자신들이 읽은 문학작품으로부터 핵심 질문과 개인적인 해석을 발달시킴으로써 문학 토의에 주도권을 갖는 것을 배운다. 이러한 핵심적인 문학적 습관은 재능 있는 학생들이 그들 자신의 생각을 탐구하고, 자신감을 발달시키고, 미래의 학문적 도전에 몰두할 수 있도록 하는 중요한 기술인 관점을 옹호하는 기술을 발달시킬 수 있도록 한다.

6. 핵심 요약

- 아동들에게 문학 교수에서 탐구 기반의 기술을 사용하는 것은 사고의 기술과 위험 감수, 그리고 질문하는 태도를 포함하는 긍정적인 학습 행동을 촉진한다.
- Junior Great Books의 공유된 탐구 모델과 같은 특별한 기술의 사용은 교사들이 어떤 토의를 높일 수 있도록 한다.
- Bloom의 분류, 소크라테스 유형 또는 창의적인 문제 해결을 바탕으로 한 질문하기 전략은 모두 언어학 교실에서 효과적이라고 발견된 다양한 교수적 접근을 제공한다.
- 세심하게 선택된, 풍부하고 복잡하며 짧은 읽기 구절의 사용은 교실에서 문학적 토의에 대해 탐구 기술을 가장 잘 구현한다.
- 특정한 학습 단원에서 탐구 기술의 실행은 이 장에서 설명된 바와 같이 특별한 고려를 요구한다.
- 탐구 기반의 활동을 위한 언어학에서의 적용은 문학적 토의 연구 프로젝트, 어휘 발달, 반응 일기 쓰기를 포함한다.
- 단원의 예시 수업은 탐구의 효과적인 사용에 대한 장 주석을 강화한다.

7. 예시 수업

Journeys and Destination: The Challenge of Change에 대한 예시 수업

Lesson 5

교육과정 조정 코드					
목표 #1	목표 #2	목표 #3	목표 #4	목표 #5	목표 #6
×	×	×		×	×

교수 목적

- *The Green Book*의 토의를 통한 문학에서의 추론 기술 발달시키기
- 어휘 이해 촉진시키기

사용된 교재

1. *The Green Book*의 교실 세트
2. 문학망(433쪽 참조)
3. 어휘망(432쪽 참조)
4. 돌려 읽기 활동(415쪽 참조)
5. 벤다이어그램(437쪽 참조)

활동

1. 학생들은 *The Green Book*의 1~2장을 읽고 문학망을 완성한다.
2. 돌려 읽기 활동 소개하기(415쪽 참조).
3. 다음 질문을 사용하여 책에 대한 토의 시작하기

   문학적 반응과 해석 질문

   - 왜 이 사람들은 지구를 떠나는가?
   - 왜 작가는 새 행성에 이름을 붙이지 않았는가?

- 11쪽에서 Joe가 "오, Pattie! 선택에 대해서 말하다니 너는 참 훌륭하구나!"라고 한 것은 무슨 뜻인가?
- 여행자들이 새 행성에서 발견한 것은 무엇이 놀라운가?

추론 질문

- 11쪽에서 어린이들의 새 집에 대해서 그들에 의해 어떤 쟁점이 떠올랐는가? (즉, 그 행성은 생명을 지지할 수 있는가? 각 개인이 알약을 먹는 것을 결정하도록 허용해야 하는가?)
- 우주선에 있는 사람들에 대하여 여러분은 무엇을 알고 있는가? 어떤 증거로 그렇게 말하는가?
- (15쪽에서) 앞으로 달리기 전에 잔디와 꽃에 대해서 어린이들은 어떤 가정을 했는가?

변화 질문

- 7쪽에 있는 게임에 대한 문단은 우리에게 변화에 대해 무엇을 말해 주는가?

4. 학생들이 집단 활동을 통해 *The Green Book: rations*(p. 3), *perishable*(p. 3), *wistfully*(p. 4), *treacle*(p. 4), *allocated*(p. 8), *runnel*(p. 14), *rivulet*(p. 17), *flagons*(p. 18)에서 얻을 수 있는 어휘망을 완성할 수 있도록 한다. 단어의 누적 목록은 단원 끝에 복습을 위해 갖고 있어야 한다.
5. 여러분이 새로운 행성으로 여행을 떠난다고 상상하라. 어떤 책을 가지고 갈 것인지 결정하라. 그것에 대해 반응 일기를 쓰고, 선택에 대한 이유를 제시하라.
6. 지구의 환경과 새 행성이 어떻게 같고 다른지를 보여 주는 벤다이어그램 만들기
7. 남은 시간은 학습 센터에서 활동을 위해 사용되어야 한다.

숙제

1. *The Green Book*의 3~4장 읽기

확장

1. 19쪽에서 Joe는 달력을 만들었다. 그것은 어떻게 작용했는가? 새 행성에서 하루

는 어떻게 결정되었는가? 그것이 지구의 하루와 같은 길이라고 생각하는가? 설명하라. 우리 태양계의 행성에서의 하루와 1년의 길이에 대해 더 알아보아라. 왜 각각 다른가?

2. 우주선으로 새 행성을 여행하는 데 4년이 걸렸다. 지구와 얼마나 떨어져 있는 것인가? 어떻게 알아낼 수 있었는가?
3. 이야기의 과학적 측면은 간학문 수업에 대한 훌륭한 기회를 제공한다. 다음 단원은 또한 윌리엄앤드메리대학의 Center for Gifted Education에서 사용 가능하다.

   작은 생태계: 행성 X－이 단원은 학생들에게 견습 과학자의 눈을 통해 생태계에 대한 연구의 접근을 가능하게 하는 결정을 하도록 하는 문제를 제시한다. 문제를 결정하기 위해서 학생들은 모델 생태계를 세우고, 모델의 바탕이 되는 지구 체제(기후, 행성)에 대해 이해해야 할 것이다. 설명된 문제는 학생들에게 학생 참여의 수단으로서 제공되고, 하나의 체계와 그것이 의존하는 다른 체계와의 관계의 복잡성을 볼 수 있도록 하는, 해결해야 할 중요한 실제 쟁점을 제공한다.

돌려 읽기 활동

이 활동은 학생들에게 실질적인 질문을 하고 그들의 학급 친구들에게 질문에 대한 대답을 할 수 있는 기회를 제공한다. 학급을 5개의 집단으로 나눈다. *The Green Book*에 대해 그들을 당황하게 하는 무엇인가를 생각하도록 요구하라. 예를 들어, 그들이 이해하지 못하는 무엇인가를 질문하거나 혼란스러운 것, 그들이 좀 더 알고 싶어 하는 것을 발견할 것이다. 또는 그들이 동의하지 않는 것이나 걱정되는 무엇인가에 대해 질문할 것이다. 이러한 질문들은 회상 질문이나 “전문가를 난처하게 하는” 사실적 질문으로서 의도된 것이 아니라 정직한 탐구로서 의도된 것이다.

질문을 쓰고 난 뒤에 각 학생들은 자기 것을 왼쪽으로 전달한다. 이제 각 학생들은 2~4개의 문장으로 질문 아래에 즉시 대답을 쓴다. 학생들은 답을 다 썼으면 질문을 한 번 더 왼쪽으로 전한다. 다음 학생은 질문과 대답을 읽고 나서 다른 대답을 쓰거나 왜 자신이 첫 번째 학생의 대답에 동의하는지를 설명한다. 그다음, 질문은 그들의 작가에게 돌아간다. 각 학생들은 질문과 2개의 대답을 읽는다.

학생들은 원래 질문과 그들이 받은 대답을 읽은 후에 질문과 대답을 공유한다. 이야기에 대한 학생들의 이해가 어떻게 변했는지를 토의한다.

Lesson 11

교육과정 조정 코드					
목표 #1	목표 #2	목표 #3	목표 #4	목표 #5	목표 #6
					×

교수 목적

- Escher 작품의 간학문 연구를 통해 변화에 대한 개념을 확장하기
- 변화의 이미지를 만들어 내기 위해 대칭과 테설레이션 사용하기
- Escher와 Wiesner의 작품을 통해 예술과 문학을 연결하기

사용된 교재

1. M. C. Escher의 *The Graphic Work of M. C. Escher* (New York: Ballantine, 1967)
2. David Wiesner의 *Free Fall* (New York: Lothrop, Lee & Shepard, 1988)
3. 패턴블록(Dale Seymour나 Creative Publications에서 사용할 수 있는)
4. 학생 반응 일기

교사를 위한 테설레이션 자료

Dale Seymour Publications, P. O. Box 10888, Palo Alto, CA 94303-0879 또는 (800) 872-1100 또는 FAX (415) 324-3424.

Dale Seymour와 Jill Britton의 *Introductions to Tessellation*

Jill Britton과 Walter Britton의 *Teaching Tessellating Ar*

Creative Publications, 5005 West 110th Street, Oaklawn, IL 60453 또는 (800) 624-0822 또는 Illinois (800) 435-5843.

E. R. Ranucci와 J. L. Teeters의 *Creating Escher-Type Drawings*

S. Bezuska, M. Kenney, L. Silvey의 *Tessellations: The Geometry of Patterns*

활동

1. 학생들에게 테설레이션, 대칭, 미술에 대해 다음의 활동을 하도록 시킨다.
2. 개별적으로 복사본을 나누어 주거나, M. C. Escher의 "Night and Day"의 포스터를 전시한다. (이 목판화는 들판, 마을, 강 위를 날아가는 하얀 새와 까만 새의 이미지를 나타낸다. 대칭과 테설레이션은 놀라운 효과를 만들어 내기 위한 독특한 방법으로 사용되었다.)
3. 학생들에게 다음과 같은 질문에 대답하는 반응 일기를 쓰도록 시킨다.
   - 그림에서 무엇이 보이는가?
4. 소집단에서 학생들은 그들의 반응을 공유한다.
5. 전체 학급 활동을 하면서 다음의 질문에 초점을 맞추어 그림을 토의한다.
   - 이 그림과 디아망테 시는 어떻게 비슷한가?
   - "거울 이미지"는 대칭을 대표한다. 대칭은 이 그림의 효과에 어떻게 기여하는가?
   - 새의 이미지는 그들 사이에 빈 공간 없이 빛과 어둠 사이를 대신한다. 이러한 패턴의 종류를 테설레이션이라고 한다. 테설레이션은 이 그림의 효과를 어떻게 만들었는가?
   - 예술가는 이 목판화를 "Night and Day"이라고 이름 붙였다. 이 그림에 다른 제목을 붙여 보고 그 제목을 정당화하라.
   - 이 그림은 우리에게 변화에 대해 무엇을 말해 주는가?
6. Escher의 그림 중 다른 예시, 특히 "Metamorphose"를 보여 주고 토의하라. 다음 질문에 답하라.
   - 대칭의 예에서 무엇이 보이는가? 그것이 예술작품에 기여하는 것은 무엇인가?
   - 테설레이션은 어디에 쓰였는가? 그것은 작품의 질에 어떻게 영향을 미쳤는가?
   - 이 작품들은 변화에 대해 무엇을 설명하는가?
7. David Wiesner의 *Free Fall*이라는 책을 탐구하도록 학생들을 초대하라. 글이 없는 이 그림책에서 소년의 꿈은 일상적인 물체를 모험으로 바꾸었다. Wiesner는 Escher의 작품과 비슷한 생각과 이미지를 사용했다. 다음 질문을 하라.
   - *Free Fall*에서의 이미지는 Escher의 "Night and Day"와 "Metamorphose"에 대해 어떻게 비슷한가?

- *Free Fall*에서는 변화에 대한 일반화가 어떻게 반영되었는가? (소집단에서 학생들이 변화 모형[430쪽 참조]을 사용하여 이 질문에 대한 활동을 하도록 한다.)

교사 노트: *Free Fall*의 그림은 하나의 끝에서 끝으로 계속되는 벽화처럼 만들어졌다. 책의 처음부터 끝까지 변화를 관찰하기 위해 학생들로 하여금 그림의 연속성을 적도록 하라.

8. 학생들이 패턴블록을 사용하여 그들 자신의 테설레이션을 만들고 그룹과 공유하도록 하라.

숙제

1. 흥미로운 패턴을 사용하여 테설레이션을 만들어라. 그것에 대한 디아망테 시를 써라.

확장

1. Escher의 다른 작품과 Vaserely, Mondrian과 같은 "패턴" 예술가를 조사하라. 그들의 작품은 어떻게 비슷하고 어떻게 다른가?

Lesson 13

교육과정 조정 코드					
목표 #1	목표 #2	목표 #3	목표 #4	목표 #5	목표 #6
×				×	×

교수 목적

- 작가(H. C. Anderson)의 삶과 이야기(미운 오리 새끼) 속 등장인물 삶의 변화에 대해 토의하기

사용된 교재

1. 벤다이어그램(437쪽 참조)
2. Hans Christian Anderson의 간단한 전기(유인물 13A, 420쪽 참조)

활동

1. 다음의 비교/대조 활동 소개하기
2. 작가들이 글쓰기를 위해 아이디어를 얻는 방법에 대한 브레인스토밍 시간으로 학생들을 이끈다. 이 활동을 설명하는 것은 "미운 오리 새끼"의 작가인 Hans Christian Anderson의 삶이 오리 새끼의 삶과 어떻게 나란한지에 초점을 맞추게 될 것이다.
3. 학생들은 "미운 오리 새끼"와 Hans Christian Anderson의 삶을 비교하고 대조하기 위해 벤다이어그램(437쪽 참조)을 사용할 것이다. Hans Christian Anderson의 간단한 전기(유인물 13A)를 읽을 때 그의 이야기에서 그의 삶의 방식과 비슷한 점(비교)과 다른 점(대조)을 찾아야 함을 설명한다.
4. 간단한 전기의 복사물과 벤다이어그램을 나누어 준다. 간단한 전기를 읽고 벤다이어그램 활동을 완성하는 집단 활동을 하는 데 대략 30분을 허용한다. 학생들이 활동할 때 그들을 감시하고 돕는다. 학급의 벤다이어그램을 편집하여 수업 끝에 보고를 듣는다.

숙제

1. 부모님의 삶에서 주요한 변화에 대해 인터뷰하라. 그 변화에 대한 1장짜리 글을 써라.

확장:

1. 달라지는 것에 대한 다른 이야기를 읽는다. 다음 목록에서 고른다.

   Cooney, B. (1982). *Miss Rumphius*. New York: Viking.

   Jarrell, R. (1963). *The bat-poet*. New York: Macmillan.

   Pinkwater, D. M. (1977). *The big orange splot*. New York: Hastings.

   Tolan, S. (1983). *A time to fly free*. New York: Scribner.
2. 이야기를 통해 주요 등장인물이 어떻게 변화되었는지를 보여 주는 포스터를 그려라. 미운 오리 새끼와 등장인물을 비교하라. 그들의 비슷하고 다른 점에 대한 항목을 만들어라.

Hans Christian Anderson의 간단한 전기
(유인물 13A)

Hans Christian Anderson는 "미운 오리 새끼", "벌거벗은 임금님" 등과 같은 많은 매혹적인 동화를 쓴 것으로 유명하다. 1805년 그는 덴마크 퓐 섬의 오덴세에서 가난한 집안의 외동아들로 태어났다. 구두 수선공이었던 그의 아버지는 그가 열한 살 때 돌아가셨다. 그의 어머니는 빨래해 주는 일을 했는데, Hans가 홀로 꿈꾸고 환상을 갖도록 내버려 두었다.

학교를 다니는 동안 다른 아이들은 Anderson의 서투름과 큰 손발에 대해 놀렸다. 아버지가 돌아가시고 나서 그는 학교를 그만두었다. 집에 있는 동안 그는 찾을 수 있는 한 많은 책을 읽었고 인형과 종이 조각을 만들며 시간을 보냈다. 그가 어릴 때 어머니가 들려준 환상의 가공된, 꾸며진 이야기들은 그가 어른이 되어 쓴 동화의 바탕이 되었다.

열네 살이 되었을 때 Anderson은 오페라 가수와 무용수가 되겠다는 희망을 품고 코펜하겐으로 떠났다. 그의 시원치 않은 목소리와 호리호리하고 어색한 몸 때문에 그의 음악적 꿈은 절대 충족되지 않았다. 그러나 그러는 동안 글쓰기와 교육에 대해 격려하는 몇몇 친구를 만났고, 결국 대학에 가게 되었다. 그는 6년 동안 공부했던 대학을 좋아하지 않았다. 어린 학생들보다 훨씬 뛰어났음에도 불구하고 학생들과 교사들은 그를 놀렸다.

어른이 되어 Anderson은 글을 써서 돈을 벌었다. 1829년 그는 첫 번째 성공적인 책을 썼다. 그것으로 그는 유럽을 여행하기에 충분할 만한 돈을 벌게 되었다. 그 후 그는 소설에서 자신의 여행에 관해 썼다. 1835년, 그는 동화책을 출간했다. 그는 계속해서 소설, 연극, 여행 책들을 썼으며 두 번째와 세 번째 동화책 시리즈를 쓰기 시작했다. 그의 이야기는 영어로 번역되었고 Anderson은 가는 곳 어디에서든 유명인사가 되었다. 그는 어른들이 그렇게 하지 않았을 때, 그를 받아들이고 사랑한 어린이들에 의해 더 많이 이해되었다. 그는 1875년 70세의 나이로 죽을 때까지 계속 동화를 썼다. 일생 동안 그는 186편의 동화를 썼다.

Lesson 14

교육과정 조정 코드					
목표 #1	목표 #2	목표 #3	목표 #4	목표 #5	목표 #6
×		×			×

교수 목적

- 아프리칸 민화 *Bringing the Rain to Kapiti Plain*을 사용하여 문학에 대한 추론 능력 개발하기

사용된 교재

1. 지구본과 개인적인 아프리카 지도
2. Verna Aardema의 *Bringing the Rain to Kapiti Plain*(New York: The Dial Press, 1981)
3. 어휘망(432쪽 참조)
4. 문학망(433쪽 참조)
5. D. Wisniewski의 *Rain Player*(New York: Clarion, 1991)
6. 학생 반응 일기
7. 변화 매트릭스(426쪽 참조)

활동

1. 교실 지구본을 사용해서 아프리카의 케냐를 찾는 것으로 시작한다. 읽을 이야기가 케냐의 민화라는 것을 설명한다.
2. 학생들에게 *Bringing the Rain to Kapiti Plain*에 대한 문학망을 작성하도록 한다.
3. 다음 질문을 바탕으로 한 토의를 안내한다.

문학적 반응과 해석 질문

- 무엇 때문에 풀이 갈색으로 바뀌었는가?
- 비가 오지 않은 결과로 일어난 다른 일들로는 무엇이 있는가?
- Kipat은 비가 오지 않는 문제를 해결하기 위해 무엇을 했는가?
- Kipat이 가진 중요한 자질은 무엇인가?

- Kipat은 왜 깃털을 사용할 생각을 했는가?
- 이 이야기는 자연에서 원인과 효과의 관계를 어떻게 보여 주는가?
- 왜 작가는 Kipat의 아들이 가축 무리를 돌보는 것으로 이야기를 끝냈을까?
- 만약 소들이 죽었다면 어떻게 다른 이야기가 되었을까?
- Kipat은 결혼하기 위해 기다렸던 것처럼 기다렸다고 생각하는가?
- 여러분 생각에 이야기의 가장 좋은 부분은 어디인가? 왜 그런가?

변화 질문

- 이 민화에서 나온 변화(시간과 관련된, 모든 장소, 긍정적/부정적, 순차적으로)에 대한 생각은 어떠한가?

4. 학생들에게 다음의 질문 중 한 가지에 대해 반응 일기를 쓰도록 한다.
   a. 아프리카의 가뭄은 이 이야기에서 Kipat에게 매우 끔찍한 문제였다. 그것은 또한 오늘날 기근과 함께 세계의 끔찍한 문제이다. 이러한 문제를 겪고 있는 아프리카와 다른 지역에 대한 세계적인 도움의 필요성을 지지하는 글을 쓴다. (교사에게: 여기서 UNICEF와 다른 세계 원조 기구를 소개하라.)

   또는
   b. 미국의 대통령에게 포위당한 나라에 음식과 의료 물품을 공수하도록 지지하는 편지를 쓴다.
5. 전체 학급 활동으로서 *Bringing the Rain to Kapiti Plain* 이야기에서 나오는 *migrated*라는 단어에 대해 어휘망을 완성한다.
6. 전체 학급 활동으로서 이 글에 적용할 수 있는 변화 매트릭스(426쪽 참조)의 세로줄을 완성하라. 학생들에게 매트릭스 복사본을 완성하고 두꺼운 종이나 포스터보드 복사본도 채우게 한다. 완성된 눈금은 변화에 대한 다음 수업에서 토의의 바탕으로 제공될 것이다.

숙제

1. *Rain Player* 읽기. 이 책은 *Kapiti Plain*과 어떻게 같고 어떻게 다른가? 그에 대해 반응 일기에 쓴다.

확장

1. 아프리카의 가뭄과 기근은 어떻게 퍼져 가는가? 이 문제의 원인과 효과를 조사하라. 대륙으로서 아프리카가 어떻게 영향을 받는가를 보여 주는 차트나 그래프를 준비하라.
2. 만약 여러분이 *Bringing the Rain to Kapiti Plain*을 즐겁게 읽었다면, Verna Aardema의 다음 책들도 즐겨 읽을 것이다.

   Aardema, V. (1985). *Bimiwili and the Zimwi*. New York: The Dial Press.

   Aardema, V. (1984). *Oh, Kojo! How could you!* New York: The Dial Press.

   Aardema, V. (1960). *What's so funny, Ketu? A Nuer tale*. New York: The Dial Press.

   Aardema, V. (1984). *Who's in Rabbit's House?* New York: The Dial Press.

   Aardema, V. (1984). *Why mosquitoes buzz in people's ears*. New York: The Dial Press.

   그녀 책의 몇 가지 공통적 특징은 무엇인가? 세 가지 특징을 밝혀내고 그것을 설명하라.

Lesson 21

교육과정 조정 코드					
목표 #1	목표 #2	목표 #3	목표 #4	목표 #5	목표 #6
	×				×

교수 목적

- 변화의 일반화에 대한 학생들의 이해 평가하기
- 단원 안내 질문 토의하기: 변화는 우리의 성장을 어떻게 돕는가?

사용된 교재

1. 변화 매트릭스(426쪽 참조)
2. 학생 반응 일기

활동

1. 학생들은 자기 삶에 있어서의 변화 또는 다른 사람의 삶에서의 변화를 공유할 준비를 하고 교실에 오도록 한다.
2. 소집단에서 이야기를 나눈다. (이야기는 Lesson 19에서 숙제로 부과되었다.)
3. 소집단에 있는 동안 학생들은 단원에서 사용된 문학과 자기 이야기에 대한 변화 매트릭스(426쪽 참조)를 완성한다.
4. 전체 집단 활동으로, 문학이 학생들이 성장하고 변화하는 것을 도왔던 방법을 토의한다. 반응을 요약하기 위해 벽에 두꺼운 종이나 다른 큰 종이를 붙인다. 안내 질문을 강조한다—변화는 어떻게 우리를 성장하게 했는가?
5. 변화에 대한 다섯 가지 일반화를 재고한다.
   - 변화는 시간과 연결된다. (어떻게 변화가 시간과 연결되는가?)
   - 변화는 긍정적일 수도, 부정적일 수도 있다. (변화는 항상 진보를 대표하는가?)
   - 변화는 순차적으로 또는 무작위로 인식될 수 있다. (우리는 변화를 예상할 수 있는가?)
   - 변화는 모든 곳에 있다. (변화는 우리 세계의 모든 영역에 적용되는가?)

- 변화는 자연스럽게 또는 사람들에 의해 야기될 수도 있다. (무엇이 변화를 야기하는가?)

6. 학생들을 5개의 소집단으로 나눈다. 각 집단에 변화의 일반화 중 하나씩을 부여한다. 그 일반화와 관련된 다음의 질문을 제기하는 집단 내 토의를 하도록 10~15분을 허용한다. 학생들은 토의에 대해 기록해야 한다.
   - 이 단원의 경험은 그 일반화를 어떻게 지지하는가?
7. 학생들은 전체 학급과 함께 자신들의 발견을 공유한다.
8. 학생들은 포트폴리오에 있는 모든 생산물과 반응 일기를 다시 읽고 다음 질문에 대한 반응을 쓴다.
   - 이 단원을 공부하는 동안 여러분의 쓰기 활동물은 어떻게 변화했는가?
9. 남는 시간에는 학습 센터에서 활동을 해야 한다.

변화 매트릭스

문학작품	등장인물의 변화	배경의 변화	관계의 변화	독서 결과로서 여러분의 변화
"Shells"				
The Green Book				
시				
미운 오리 새끼				
Bringing the Rain to Kapiti Plain				
Sachiko Means Happiness				
"The Green Man"				
자신의 이야기				

8. 참고 문헌

Adler, M. J. (1983). *How to speak. How to listen.* New York: Macmillan.

Barth, J. L., & Shermis, S. S. (1981). *Teaching social studies to the gifted and talented.* Indianapolis, IN: State Department of Public Instruction.

California Department of Education. (1987). *State of California language arts framework.* Sacramento, CA: Author.

Cushenberry, D. C., & Howell, H. (1974). *Reading in the gifted child: A guide for teachers.* Springfield, IL: Thomas.

Feldhusen, J., & Treffinger, D. (1979). *Creative thinking and problem solving.* Dubuque, IA: Kendall-Hunt.

Feldhusen, J., VanTassel-Baska, J., & Seeley, K. (1989). *Excellence in educating the gifted.* Denver, CO: Love.

Fogarty, R., & Opeka, K. (1988). *Start them thinking : A handbook of classroom strategies for the early years.* Palatine, IL: IRI Group.

Great Books Foundation. (1990). *Junior Great Books teachers' edition.* Chicago, IL: Author.

Hagerty, P. J. (1991). *Mini-lessons in readers' workshop: Learning about reading.* Greeley, CO: Colorado Reading Council Journal.

Halsted, J. W. (1988). *Guiding gifted readers—From preschool through high school.* Columbus, OH: Ohio Psychology Publishing.

Hunkins, F. (1976). *Involving students in questioning.* Boston, MA: Allyn and Bacon.

Kamii, C. K. (1989). *Young children continue to reinvent arithmetic—Second grade.* New York: Teachers College Press.

Kaplan, S. (1977). *Providing programs for the gifted and talented.* Reston, VA: The Council for Exceptional Children.

Kennedy, C. (1992) *Teaching with writing: The state of the art.* Williamsburg, VA: The College of William and Mary.

Maker, C. J. (1982). *Teaching models in the education of the gifted.* Rockville, MD: Aspen Systems.

National Assessment Governing Board. (1992). *Reading framework for the 1992 National Assessment of Education Progress.* Washington, DC: US Department of Education.

Parnes, S. (1975). *Aha! Insight into creative behavior.* Buffalo, NY: DOK Publishing.

Polette, N. (1982). *Three R's for the gifted.* Littleton, CO: Libraries Unlimited.

Routman, R. (1988). *Transitions from literature to literacy.* Portsmouth, NH: Heineman.

Sanders, N. M. (1966). *Classroom questions: What kinds?* New York: Harper and Row.

Suhor, C. (1984). *1984 Report on trends and issues in English: A summary of reports from the NCTE commissions.* (ERIC Document Reproduction Service ED 239290).

Taba, H. (1975). Learning by discovery: Psychological educational rationale. In W. B. Barbe & J. S. Renzulli (Eds.), *Psychology and education of the gifted* (2nd ed., pp. 346-354). New York: Irvington.

VanTassel-Baska, J. (1992a). *Creating a new language arts curriculum for high ability learners.* Williamsburg, VA: Center for Gifted Education, The College of William and Mary.

VanTassel-Baska, J. (1992b). *Planning effective curriculum for gifted learners.* Denver, CO: Love.

제4부의 교수 모형 단원

교수 모형은 이 책의 부분에 포함된 단원 전반에 걸쳐 시종일관 사용된다. 이 모델들은 토론을 위한 창의적인 학생 활동과 질문에 사용된다. 그것들은 특정 단원의 주요 조직자를 나타낸다. 채택된 모형들은 교수 개념, 어휘망, 문학망, 추론, 시각조직자, 쓰기 과정, 수집, 상위 인지를 포함한다.

1. 교수 개념*

1. 학생은 개념의 여러 가지 예시에 집중해야 한다.

---

*출처: S. Seiger-Ehrenberg, "Concept Development" from Costa, Art. *Developing Minds: A Resource Book for Teaching Thinking*. Alexandria, VA: Association for Supervision and Curriculum Development. Copyright 1991 by ASCD. 허락하에 인용함.

2. 학생은 개별의 예시, 비예시의 개념과 관련된 특징에 대해 정보를 모으고 증명해야 한다.
3. 학생들은 예시가 어떻게 다른지 그리고 어떻게 여전히 예시가 될 수 있는지 기록해야 한다.
4. 학생들은 개념의 모든 예시에 대하여 무엇이 같은지 기록해야 한다.
5. 학생들은 개념의 다른 모든 예시들에도 역시 들어맞는지 시험한 모든 예시에 대해 무엇이 같은지 일반화해야 한다.
6. 학생들은 어떻게 비예시가 예시와 닮았는지 알아야 할 뿐만 아니라 특히 어떻게 다른지도 알아야 한다.
7. 학생들은 어떤 측면에서 서로 닮았을 요소와 개념의 모든 예시의 구별되는 특징에 대해 일반화해야 한다.

2. 변화 모형

변화에 대한 아래의 각 문장(일반화)에 대해 3~5가지 정도의 예시 목록을 개발하라.

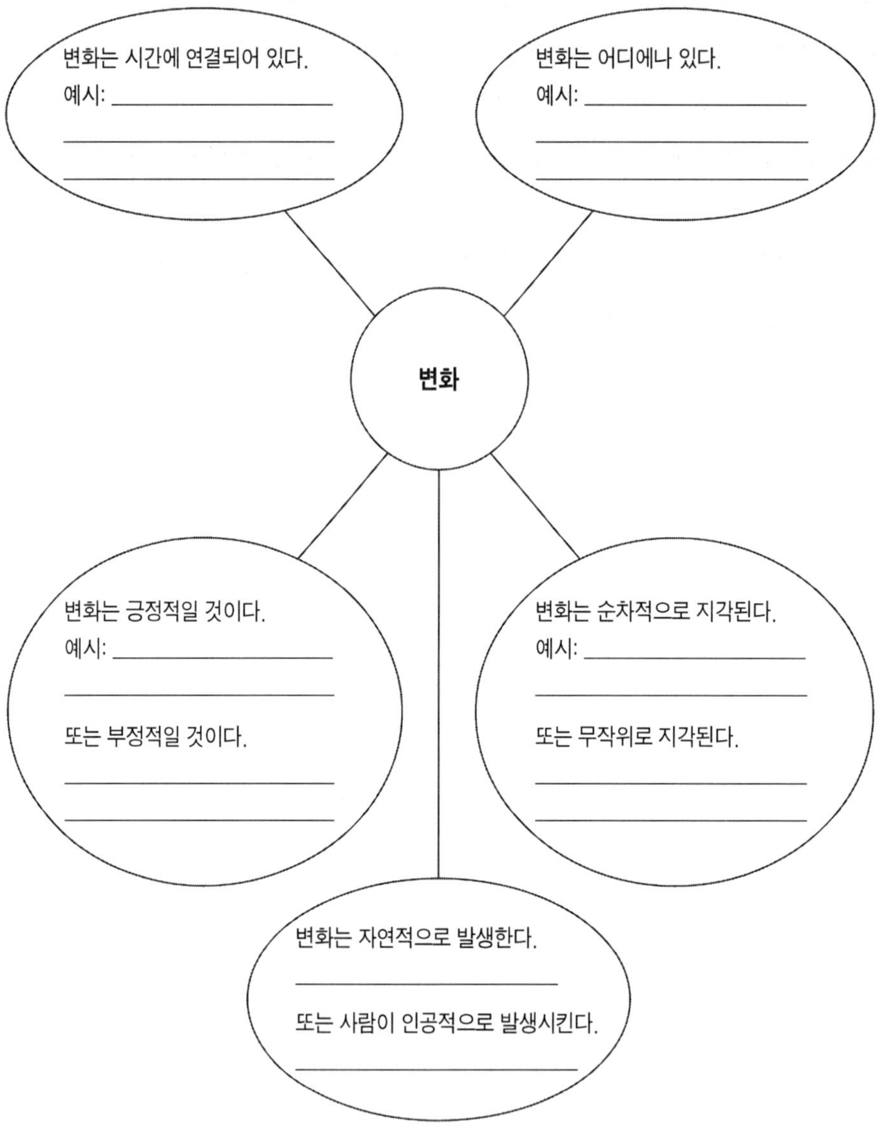

3. 어휘망 모형

어휘망의 목적은 학생들의 흥미 있는 단어의 깊이 있는 이해를 가능하게 하는 데 있다. 어휘 발달의 피상적인 향상보다 어휘망의 접근은 깊이 있는 학생의 도전 과정과 흥미 있는 단어들을 허락한다.

다음은 어휘망의 예시이다. 교사는 수업에서 첫 번째 것을 함으로써 활동을 소개한다. 그 후에 학생들은 소집단별로 문학작품집에서 다른 지정된 단어를 찾는 활동지를 완성한다. 학생들은 단어에 대한 추가적 정보를 증명할 수 있다면 얼마든지 주요원을 확장하여 추가할 수 있다.

일단 이 활동에 익숙해지면 학생들은 독립적인 읽기를 통해 알게 된 새로운 단어를 수용하기 위한 간소화된 버전을 사용해도 된다. 단어 부분은 이 목적에 따라 학생들의 공책에 분리된 공간에 정리해야 한다. 그들은 오직 단어 목록, 정의, 그리고 단어를 만난 문장이 필요하다. *The American Heritage Dictionary*(3판)를 이 활동에 추천한다.

어휘망 모형

지도: 가운데 원에 새로운 단어를 둔다. 소집단과 함께 각각의 모양에 가능한 한 많은 정보를 넣어 완성하여라. 사전을 찾아보아라.

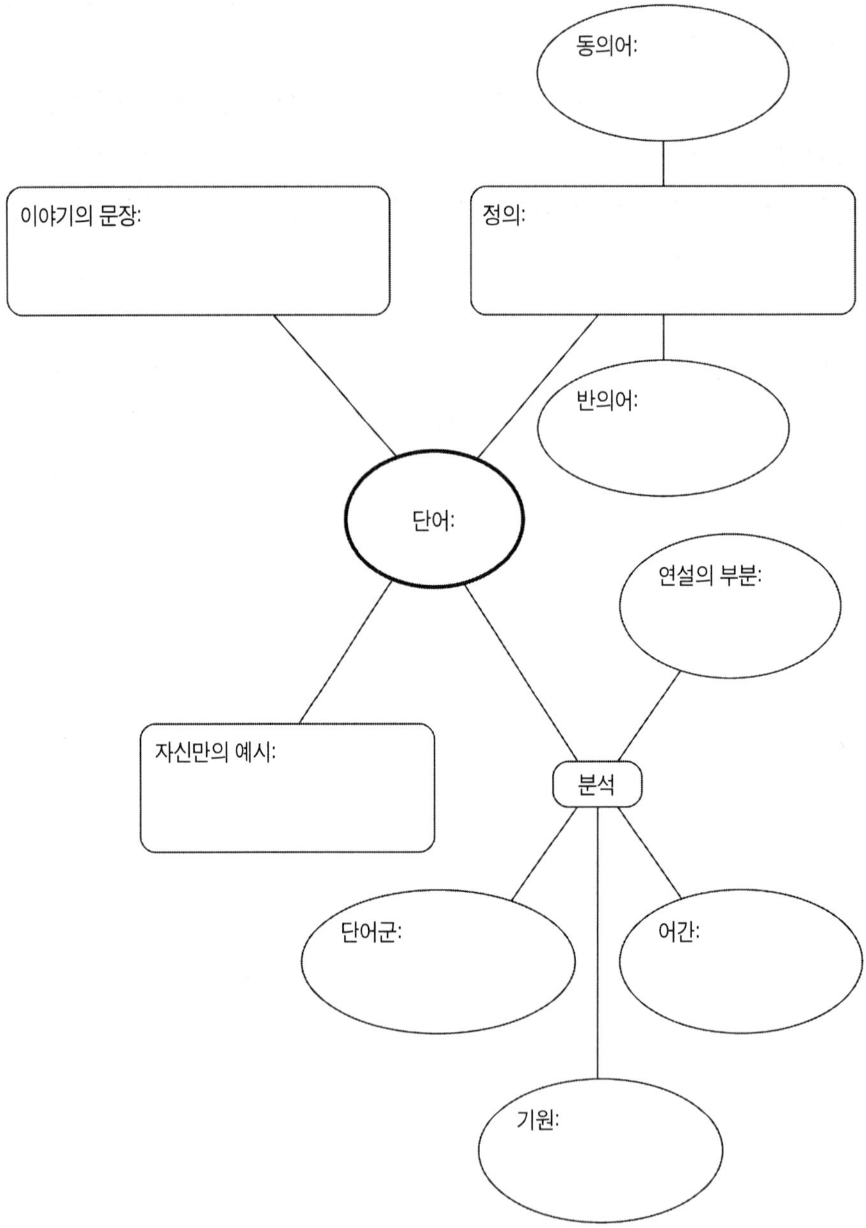

4. 문학망

문학망은 학생들이 읽은 작품의 다섯 가지 측면을 고려하도록 한다—중심 단어, 아이디어, 느낌, 쓰기의 구조, 심상(또는 상징). 문학망은 응답을 조직하고 작거나 큰 집단의 토론 부분에 있어 기초를 제공하여 학생들을 돕는다. 가능할 때면 언제라도 학생들은 읽거나 다시 읽을 때 밑줄을 긋거나 가장자리에 기록을 할 수 있다. 본문에 표시를 한 다음에는 망에서 그들의 기록을 조직한다.

학생들은 개인적으로 망을 완성하고 나서 소집단에서 망을 비교한다. 이 첫 번째 토론은 문학에 대한 그들의 개인적 해석의 차이를 이해하고 서로 다른 생각을 고려할 수 있게 해 줄 것이다. 이 소집단은 모든 구성원의 생각을 포함한 복합적 망을 종합하게 될 것이다.

다음의 소집단 활동에서 교사는 망 사용에 있어 몇 가지 선택을 한다. 예를 들어, 그들은 각 소집단에게 수업 중 과제를 요구할 수도 있고, 합성된 망을 그들에게 제공할 것을 요구할 수도 있고, 또는 소집단 활동에 기본을 둔 학급에 새로운 망을 개발하도록 할 수 있다. 그러나 모든 소집단 토론에서 교사가 독려한 다양한 쟁점 사안을 고려하여 학생들을 비교하도록 각각의 망은 제공된다.

문학망

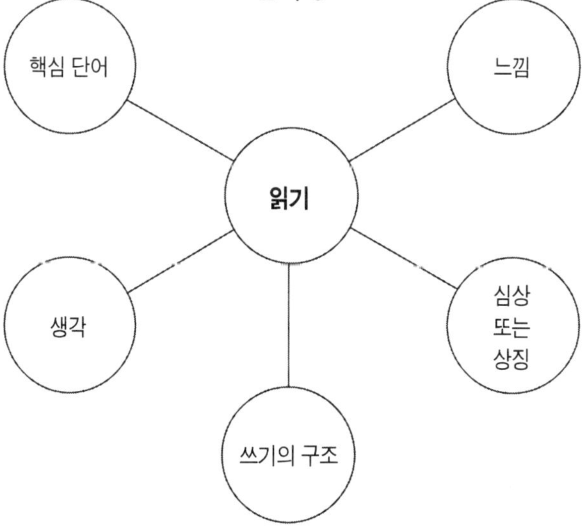

5. 추론 모형*

이 추론 모형은 여덟 가지 요소에 초점이 맞추어져 단원 전반에 사용되었다. 질문, 쓰기 숙제, 수집 활동을 통해 단원의 모든 과에 깊이 포함되어 있다.

1. 관점에 따른 목적: 추론을 할 때 우리는 약간의 목적을 성취하기 위해, 약간의 필요를 채우거나 요구를 만족시키기 위해 추론을 한다. 추론에 있어 문제점들의 한 가지 원천은 목적 수준에 있는 "결점"이라고 추정할 수 있다. 만약 우리의 목적이 실현 불가능하다면 우리가 가진 다른 모순된 목적, 또는 어떤 측면에서 혼란스러운 그런 추론을 하려고 하는 것이 문제이다. 우리 생각의 목적은 우리 마음에서 적극적으로 창조된 것이어야만 한다.
2. 쟁점 질문(또는 해결된 문제): 우리가 이론적인 무언가를 생각해 내려 할 때마다 쟁점에 관한 최소한 하나의 질문, 최소한의 해결된 하나의 문제는 있다. 그러므로 추론자와 관련된 한 부분은 매우 공식화된 대답된 질문이거나 해결된 문제여야 한다. 만약 우리가 한 질문에 관하여 분명하지 않다면 혹은 우리의 기본적인 목적이나 목표와 질문이 어떻게 관련 있는지 분명하지 않다면, 그것은 우리가 합리적인 대답을 찾거나 우리의 목적에 제공될 것과는 다르다. 우리 생각의 어떤 것에 쟁점되는 질문은 우리 마음에서 반드시 적극적으로 창조되어야 한다.
3. 관점 또는 언급의 틀: 추론을 할 때마다 우리는 어떤 관점이나 언급의 틀 안에서 해야 한다. 우리의 관점이나 언급의 틀에서의 어떤 결점은 추론 문제의 원천일 가능성이 있다. 우리의 관점은 너무 좁고 협소하거나, 거짓 또는 잘못 이끌어 낸 유추나 비유에 근거하거나, 충분히 명확하지 않거나, 모순을 포함하는 등의 가능성이 존재할 수 있다. 우리 생각에 형성되거나 조직된 관점은 반드시 적극적으로 창조되어야 한다.

---

*출처: *Critical Thinking: What Every Person Needs to Survive in a Rapidly Changing World* by R. Paul, 1992, Rohnert Park, CA: Foundation for Critical Thingking. Copyright 1992 The Foundation for Critical Thinking. 허락하에 인용함.

4. 추론의 경험적 차원: 우리가 추론을 할 때 "어떤 것", 추론에 관련된 어떤 현상이 있다. 그리고 경험, 자료, 증거, 경험 없는 재료에 근거한 결점은 문제의 원천일 가능성이 있다. 우리는 무수히 많은 가능한 경험, 자료, 증거, 그 외 우리가 사용할 것들 중에서 적극적으로 결정해야만 한다.
5. 추론의 개념적 차원: 모든 추론은 다름 아닌 어떤 생각이나 개념을 사용한다. 추론에 있어서 어떤 개념이나 생각의 결점(이론, 법칙, 원칙, 규칙을 포함한)은 문제의 원천일 가능성이 있다. 우리 생각에 형성되거나 조직된 개념이나 생각은 우리에 의해 적극적으로 창조되어야만 한다.
6. 가정(추론의 시작점): 모든 추론은 어딘가에서 시작한다. 어떤 것은 당연한 것으로 생각되이야 한다. 우리 추론의 시작점에서의 어떤 결점, 우리가 당연하다고 여기는 문제들은 문제의 원천일 가능성이 있다. 오직 우리는 우리가 할 추론에 근거한 가정을 창조할 수 있다.
7. 추측: 추론의 단계적 과정을 추측이라고 부른다. 추측을 만드는 것은 다음과 같이 생각하는 것이다. "이것이 이러하기 때문에 저것 역시 그러하다(또는 아마도 그러할 것이다)." 우리가 추론하는 동안의 추측에 있어서 결점은 추론의 문제일 가능성이 있다. 정보, 자료, 상황은 그것들로부터 연역되어 결정되는 것이 아니다. 우리는 개념과 상황에서 가져온 가정을 통해 추측을 창조해야 한다.
8. 관련성과 결과(추론이 우리를 데려가는 곳): 모든 추론은 어딘가에서 시작하고 다른 과정을 거친다. 추론은 정적인 것이 아니다. 추론은 어딘가에서 시작되고 다른 어딘가로 데려갈 추측의 연속이다. 따라서 끝을 맞이할 모든 추론은 더 멀리 데려가야 한다. 모든 추론은 추론자가 고려된 뒤의 관련성 또는 결과를 가진다. 이것과 관련된 어떤 문제(관련성이 틀렸거나, 원하지 않는 결론)는 추론에서의 문제를 의미한다. 추론의 관련성은 절대적인 추론 창조이다.

추론 활동지의 바퀴는 읽은 것에 대한 학생들의 추론의 차이점을 규명한다. 교사는 몇 가지 질문을 선택하거나 이야기에 근거한 질문을 통해 추론의 바퀴 완성을 개발할 것이다. (어떤 종류의 질문은 특정 종류의 문학보다 더 좋게 활동할 것이다.) 이 바퀴의 사용 목적은 글쓰기를 하거나 구두로 상호작용을 할 때 학생들 마음의 추론의 질을 높이는 데 있다.

추론의 바퀴

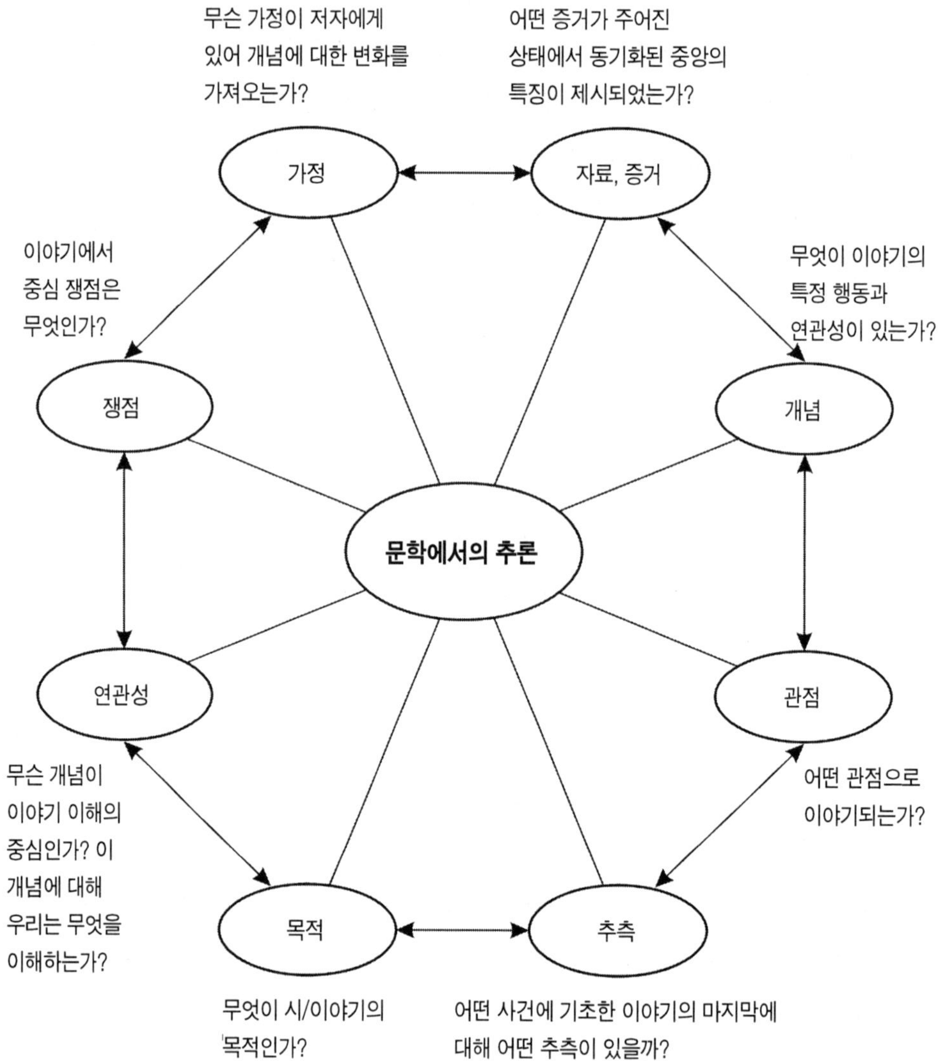

6. 시각조직자를 위한 모형

시각조직자는 학생들이 그들의 생각을 조직하고 공부와 상호작용의 전략을 개발하는 것을 돕는다. 여러 가지 종류의 조직자는 생각에 다른 양식을 제공한다. 그 양식은 이 프로젝트가 포함된 단원에서 사용된다.

관계를 보여 주는 망

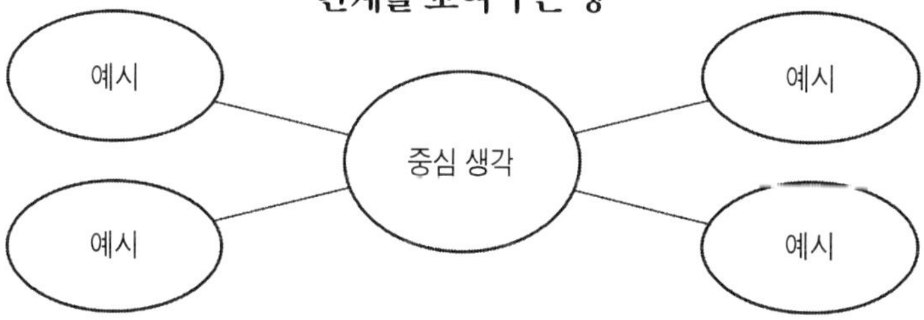

비교와 대소를 위한 벤다이어그램

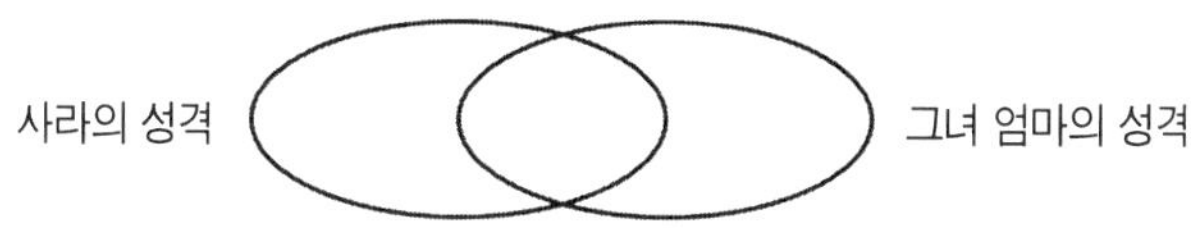

개념을 정의하고 원인과 결과의 연결을 보여 주는 개념도

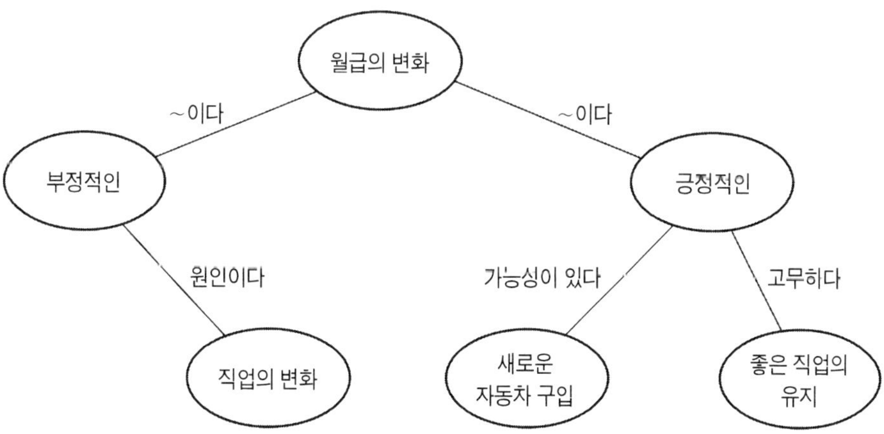

7. 쓰기 과정 모형

쓰기 과정은 조각을 연구할 때 필자가 사용하는 단계를 보여 준다. 단계는 필자가 단계 1~5를 거치는 부분과 분리된 것이 아니다. 오히려 필자는 단계를 앞뒤로 움직이면서 그것을 사용하여 그들의 쓰기를 구성하고 분명히 하며 퇴고한다. 쓰기 과정 모형은 그들 자신의 쓰기 향상을 적극적으로 약속한 학생들을 장려하는 단원 전반에 사용되곤 한다.

1. 미리 쓰기: 당신의 생각을 기록하고 조직하기 시작하라. 당신은 벤다이어그램이나 망 같은 도형 조직자를 사용하고자 할 것이다. 도형 조직자는 당신이 무엇을 쓸 것인지 "보여 주는 것"을 도울 것이다. 쓰기를 할 때, 당신은 그 도형에 첨가하거나 바꿀 수 있다.
2. 기초 잡기: 당신 생각의 거친 기초를 종이에 써라. 그리고 철자, 문법, 구두법 같은 형식적인 것에 대해서는 걱정하지 말라. 어떤 필자는 이 단계를 조립이라고 부른다. 가끔씩 첫 번째 기초는 당신이 무엇을 말하고 싶은지 "들을 수 있게" 돕는 별 필요 없는 단계이다.
3. 교정: 협의는 교정 단계에서 핵심적인 단계이다. 사람들(친구, 가족, 교사)에게 당신의 작품에 대해 듣기 위해 그리고 그들이 좋아하는 것, 이해하지 못하는 것, 좀 더 알고 싶어 하는 것에 대해 말해 달라고 요구하라. 이것은 당신의 "구성"이나 기초에 주요 변화를 가져오는 단계이다. 가끔씩 당신은 미리 쓰기 단계로 돌아가고 당신의 조직자를 고쳐 쓰고 싶을 수도 있으며, 그렇다면 당신의 글은 새로운 구조를 가진다. 이 단계를 건너뛰고 바로 4단계로 건너가는 것을 조심하라.
4. 편집: 당신의 작품을 교정하고 나서 큰 차이를 만들 작은 변화를 찾아라. 단어 선택을 확인하고 기계적인 실수를 확인하라. 변화와 교정을 한 후에 당신 작품의 최종적인 교정을 하라. 당신은 친구나 어른의 도움을 받고자 할 수도 있다.
5. 공유 또는 출판: 당신의 작품을 공유하고 출판할 다양한 방법이 있다. 그것을 책으로 엮고, 최고의 필사로 재복사하고, 게시판에 게시하고, 교실이나 가족 앞에서 크게 읽거나 특별한 누군가를 위해 선물을 할 수도 있다.

8. 수집 모형

수집 모형은 학생들에게 쟁점의 중요성에 접근하고 개인적으로나 소집단을 통해 작업하는 방법을 제공한다. 그것의 조직은 추론의 주요 요소를 따른다.

1. 당신의 쟁점이나 문제를 확인하라.
   - 쟁점이나 문제는 무엇인가?
   - 제3자는 누구이며 그들의 입장은 무엇인가?
   - 이 쟁점에서 당신의 입장은 무엇인가?

2. 당신의 쟁점을 읽고 정보 출처를 통해 관점이나 논쟁점을 확인하라.
   - 내 프린트의 출처는 무엇인가?
   - 내 미디어의 출처는 무엇인가?
   - 내 사람들의 출처는 무엇인가?
   - 존재하는 자료의 재검토에 기초한 나의 예비 발견물은 무엇인가?

3. 명확한 자료 모음에 의해 대답된 질문 모형을 구성하라. (예를 들어 (1) ___의 결과는 무엇이 될까? (2) 누가 얼마의 이익을 얻을까? (3) 누가 얼마의 손해를 볼까?)
   - 나의 질문은?

4. 설문 조사, 면담 또는 실험 같은 수집 기술을 통해 증거를 모아라.
   - 무슨 설문 조사 질문을 할까?
   - 무슨 면담 질문을 할까?
   - 무슨 실험을 할 수 있을까?

5. 자료를 능숙하게 다루고 변형시켜서 해석되게 하라.
   - 내가 찾아낸 것을 어떻게 요약할 수 있을까?
   - 내 자료를 기술하기 위해 차트, 다이어그램이나 그래프를 개발해야 할까?

6. 결론과 추론을 이끌어 내라.

- 자료는 무엇을 의미하는가? 내가 찾아낸 것을 어떻게 해석할 수 있을까?
- 나의 결과로부터 어떤 결론과 추론을 이끌어 낼 수 있을까?

7. 관련성과 결과를 결정하라.

- 첫 번째 문제로 미루어 보아 내 결과의 관련성과 결과는 무엇일까?
- 내가 충분히 알거나 지금 해결된 새로운 질문이 있는가?

8. 결과를 상호작용하라.

- 작성된 보고서를 조직할 때 위의 1~7 과정을 거쳤는가?
- 구두 프레젠테이션을 조직할 때 위의 1~7 과정을 거쳤는가?

9. 상위 인지 모형

상위 인지 단계	수집 과정	쓰기
I. 과제 분석과 계획		
■ 목표를 설정하라.	■ 문제와 쟁점을 확인하라.	■ 미리 쓰기
■ 목표 수집 단계를 결정하라.	■ 논의 관점을 확인하라.	
■ 알기 위해 무엇이 더 필요한가?		
■ 어떤 장애물이 극복되어야 하는가? 잠재적인 실수는 어떻게 정정할 수 있을까?		
■ 해결은 무엇으로 보일 것 같은가?		
II. 과정 감독		
■ 과정이 만들어졌는가?	■ 증거를 수집하라.	■ 구성
■ 다음 단계는 무엇인가?	■ 해석을 위해 자료를 능숙하게 다루고 변형시켜라.	■ 교정
■ 전략이 주효한가?		
■ 다른 전략은 무엇인가?		
■ 실수를 규명하고 그것을 정정하라.		
III. 과정 평가		
■ 목표가 수집되었는가?	■ 결론과 추론을 끌어내라.	■ 편집
■ 실수가 정정되었는가?	■ 관련성과 결과를 결정하라.	■ 출판
■ 해결이 예언에 맞는가?	■ 결과를 상호작용하라.	
■ 시간을 잘 사용했는가?		
■ 무엇이 향상될까?		

부록

<부록 A> 변화의 개념: 간학문적 탐구와 의미

Linda Neal Boyce

1) 변화란 무엇인가?

변화는 희망뿐 아니라 두려움에 대한 영감을 주는 복잡한 개념이기 때문에 변화에 대한 생각은 사상가들로 하여금 시대를 관통하고 교과를 넘나들도록 하였다. 그리하여 변화는 몇 가지 이유로 간학문적 개념으로서 가장 많이 연구된다. 첫째, 하나의 교과에서 변화에 대한 이해는 다른 교과에서의 변화 연구에 대한 정보를 주고 중요한 연결의 결과를 낳는다. 둘째, 변화에 대한 간학문적 연구는 각 교과의 구조에 대한 통찰을 제공한다. 똑같이 중요하게 사회적·정치적·환경적 격변, 정보의 폭발, 기술적 혁명의 결과를 낳은 세계적인 변화의 증가되는 비율은 변화의 역동성에 대한 필요성이 시급하다.

개념으로서 변화를 이해하기 위한 바탕을 제공하기 위해서 이 부록은 몇 개의 교과에서 변화를 탐구한다. 개념이 탐구되는 동안 그것은 변화에 초점을 맞추어 교사와 학생들에게 자료를 확인시킨다. 결국 그것은 변화의 개념이 영재들을 위한 국가 언어 교과 프로젝트에 적용된 방식을 탐구한다.

2) 종교와 철학

Encyclopedia of Philosophy(Capek, 1967)와 *Encyclopedia of Religion and Ethics*

(Hyslop, 1910)는 종교와 철학의 관점에서 온 변화에 대한 개관을 제공한다. 두 자원은 변화가 가장 기초적이며 우리의 경험에 스며드는 특징이 있다는 데에 동의한다. Hyslop은 변화는 정의하기 어렵고, 변화의 유형에 대해서 논의하는 것이 더 쉽다고까지 말한다. 그는 변화의 네 가지 유형을 설명한다—(1) 질적 변화, 화학적 반응과 같은 주체의 질적 또는 적절성에 있어서의 변화, (2) 팽창, 수축, 소멸과 증대를 포함하는 양적 변화, (3) 지역적 변화, 또는 공간에서 주체의 위치에 있어서의 변화, (4) 형식적 변화, 모양에 대한 변화. Hyslop는 모든 변화는 변화의 필수적인 조건인 시간을 포함한다고 덧붙였다.

역사적으로 철학가들과 이론가들이 늘 변화의 존재에 대해 인정하지는 않았다(Capek, 1967; Hyslop, 1910). 신, 존재, 그리고 영원한 순서와 자연의 완벽성을 기초로 하는 초자연적 존재에 대한 생각은 시간과 변화를 유한한 경험에 대한 설명으로 본다. Hyslop는 변화에 대한 인지, 변화가 원인에 대한 모든 탐구의 원천으로서 역동성을 대표한다라는 것이 탐구에 결정적이라고 지적하였다. 그는 "원인 작용과 관련된 호기심은 변화에 대한 발견에서 시작하고 설명으로 끝난다."(p. 357)라고 말한다. Capek과 Hyslop의 글은 현재의 논쟁, 격렬한 감정, 변화의 개념을 둘러싼 가치들에 대한 우리의 이해에 중요한 배경을 제공한다.

3) 사회

Kniep(1991/1989)는 "Social Studies within a Global Education"의 개요에서 변화를 사회과의 개념적 주제 중 한 가지로 보고, "존재의 한 가지 상태에서 다른 상태로 이동하는 과정은 행성의 일반적인 측면이고 삶과 생활의 필수 불가결한 부분이다."(p. 121)라고 강조하였다. 그는 관련된 개념으로 적용, 원인과 결과, 발달, 진화, 성장, 혁명, 시간을 말한다. Kniep의 사회과의 포괄적인 범위와 순서는 (1) 근본적 요소(체계, 인간 가치, 끊임없는 쟁점과 문제, 세계 역사), (2) 개념적 주제(독립, 변화, 문화, 희생, 갈등), (3) 현상적 주제(사람, 공간, 사건), (4) 끊임없는 문제 주제(평화와 안전, 국내/국제 발전, 환경 문제, 인간 권리) 등을 포함한다. 변화는 이해해야 할 개념이기도 하고 동시에 모든 사회과의 아이디어나 주제에서 고려되어야 할 주체이기도 하다.

사회적 변화를 논의하는 데 있어 Daniel Chirot(1985)은 사회적 변화를 스며드는 것으로 본다. 그는 그러나 대부분의 사회는 안정성이 우세하고 변화되지 않는 규범이 현실이 될 수 있다는 믿음으로 그들 자신을 현혹시킨다고 말한다.

Chirot은 인구학적 변화, 기술적 변화, 정치적 변화를 일반적 사회 변화의 가장 중요한 원인으로 설명한다. 어떻게 그리고 왜 중요한 변화가 발생하는가에 대한 논의에서 Chirot은 가장 중요한 것 가운데 사회적 구조에서 세 가지 변형을 고려한다.

- 정착형 농업의 적용으로 인해 생겨난 기술적 혁명
- 주(州)의 발생으로 동반된 조직적 혁명
- 사고, 기술, 정치에서의 주요 변화를 둘러싼 현재의 "현대화"(p. 761)

Chirot(1985)은 주의 증가하는 권력이나 노동의 프롤레타리아화와 같은 현재의 주요 변화에 대한 연구는 가족 구조, 지역 정치 조직, 저항의 유형, 작업 습관과 같은 작은 변화를 이해하도록 돕는다고 지적한다. 변화는 우리 생활에서 크고 작은 방법으로 영향을 미치기 때문에 우리는 반드시 그것을 이해하고 직면해야 한다.

Chirot의 사회 변화에 대한 논의에 반하는 Vogt(1968)의 문화적 변화에 대한 분석은 다음과 같다. "문화는 통계적이라기보다는 그것의 가장 근본적인 특질이 변화라는 것은 이제 우리의 축적된 고고학적이고 역사적인 자료를 바탕으로 설명될 수 있다."(p. 556) Vogt는 주어진 문화에서 변화에 영향을 주는 세 가지 요인을 말한다.

- 생태학적 지위에 있어 자연스러운 환경의 결과로서, 또는 아나사지 인디언이 새로운 집을 찾기 위해 메사베르데를 떠났고 그 과정에서 그들의 문화적 정체성을 잃은 것과 같이 사회 이주의 결과로 나타난 모든 변화
- 히스패닉과 미국 토박이들 문화가 뉴멕시코에 모였을 때와 같이 두 사회와 다른 문화 패턴 사이의 모든 접촉
- 채집 생활 사회에서 식물이나 동물을 기르게 되거나 생활양식의 변화에 영향을 주는 기술을 통합할 때와 같이 사회 내에서 발생하는 모든 진화적 변화

Carneiro(1968)는 문화 적응에 대한 자신의 논의에서 문화 적응(사회를 그 외적·내적 조건에 맞추어 조정하는 것)과 문화 진화(사회가 복잡하게 성장하고 좀 더 통합

되는 변화)를 구분하였다. 적응은 단순화와 환경 악화의 결과로 얻어진 상실을 포함할 것이다. 그리하여 적응은 문화 그룹에 있어 긍정적인 변화뿐 아니라 부정적인 변화의 신호가 될 것이다.

역사—시간적인 변화에 대한 사회교과—는 관점의 범위로부터 특정한 변화에 대한 통찰을 제공한다. 예를 들어, *The Timetables of History*(Grun, 1991)와 *Smithsonian Timelines of the Ancient World*(Scarre, 1993)와 같은 자료에서 변화는 역사와 정치, 문학과 연극, 종교·철학·학습, 시각예술, 음악, 과학과 기술, 그리고 매일의 생활 분야에서 중요한 연중 행사로서 기록된다. 이러한 도구는 독자들이 한눈에 동시적 사건과 세계를 통해 또는 특정 지역에서 발생하는 변화에 포함된 중요한 인물을 보도록 허락한다.

다양한 학자들이 변화에 대한 생각을 간학문적 바탕에 연대기 순으로 기록한다. Boorstin(1983)은 역사에서 인간의 알고자 하는 요구와 다양한 시대에 교리에 도전하는 용기에 초점을 맞춘다. 그는 "왜 중국인들은 유럽과 미국을 '발견'하지 않았는가?" 그리고 "왜 이집트인들은 그리스인이 발명하지 않은 달력을 발명했는가?"와 같은 질문들을 고려하면서 변화의 원인에 대한 심층적인 주목을 제공한다. Tamplin(1991)은 개인적·문화적·사회적 변화와 문학, 시각예술, 건축, 음악, 공연예술에 대한 논의와 설명 사이의 내적 관계를 설명한다. Petroski(1992)는 변화를 시대 순으로 기록하고 기술을 통한 그것의 기원을 탐구한다. 그는 결점이 변화를 주도하는 힘이라고 주장하고, 발명가들을 물건을 수선하고 개선하려는 강제적인 욕구를 가진 비평가로 본다.

4) 과학

Rutherfold와 Ahlgren(1989)은 *Science for All American*에서 폭넓은 개념의 심층적 연구에 중심을 둔 교육과정 개정에 대한 요구에 부응하는 것에 대해 "어떤 중요한 주제는 우리가 고대 사회, 인간의 몸, 또는 혜성을 보고 있을 때 과학, 수학, 기술에 스며들고, 계속해서 나타난다. 그것들은 교과 경계를 초월하고 설명, 이론, 관찰, 설계에서 유익함을 증명해 주는 생각이다."라고 진술하였다. Rutherfold와 Ahlgren은 체계, 유형, 연속성, 변화의 패턴, 진화, 척도 등의 여섯 가지 주제를 계속 추천했다. 여섯 가지 주제 가운데 세 가지—연속성, 변화의 패턴, 진화—를 변화나 그것의 역에 초점을 맞춘다. 변화의 패턴에 대해서 이야기할 때 Rutherfold와 Ahlgren은 다른 교과에 모두 적용될 가능성이 있는 세 가지 일반화된 범주를 설명한다. (1) 변화는 꾸준한 경향이다. (2) 변화는 순환적으로 발생한다. (3) 변화는 불규칙하다.

Sher(1993)는 네 가지의 일반적인 변화의 패턴을 확인하고 논의한다—(1) 특징적인 비율로 발생하는 꾸준한 변화, (2) 순환적으로 반복되는 순환적 변화, (3) 불규칙하고 예상치 못하며 수학적으로 무작위적인 방식으로 발생하는 무작위적 변화, (4) 표면적으로는 무작위적이고 불규칙하지만 실은 또는 원리적으로 예상 가능한 카오스적 변화. Sher는 카오스적인 변화에 대한 이해를 최근의 과학에서 가장 흥미로운 발전 중 하나로 본다.

다른 교과에서와 마찬가지로 과학에서 변화는 개념으로서, 구체적인 적용으로서, 또는 변화의 유형으로서 연구될 수 있다. 예를 들어, 지난 40년 동안 지구에 대한 우리의 관점은 통계적인 세계적 모델에서 역동적인 층 구조 모델로 변화했고 이것은 지진, 화산, 그리고 다른 지진 사건들에 대한 이해에 영향을 미친다.

5) 창의적이고 변화하는 언어

Language in Thought and Action 에서 Hayakawa와 Hayakawa(1990)는 범주적으로 "언어는 진보 가능성을 만든다."(p. 7)라고 진술하였다. 그들은 읽기와 쓰기는 경험을 공유하는 것을 가능하게 하고, "문화적이고 지적인 협동은 인간 삶의 대단한 원리이며 원리여야 한다."(p. 8)라고 주장한다. 그리고 그들은 언어, 사고, 행동 사이의 관계와 언어가 어떻게 사고와 행동을 바꾸는가에 대해 조사한다. 예를 들어, 그들은 판단이 어떻게 사고를 정지시켜서 근거 없고 위험한 일반화로 이끄는지를 논의하는 것이다. 그들은 단어의 변화하는 의미를 탐구하여 "어떤 단어도 지금껏 두 번 정확하게 똑같은 의미를 갖지 않는다."(p. 39)라고 지적한다. Hayakawa 등에게 사전은 단어에 대한 권위 있는 진술이 아니라 오히려 단어 의미의 역사적인 기록이다. 결국 Hayakawa 등은 변화에 대한 두려움과 그것에 동반하는 분노의 마비된 효과를 논의한다. 그들은 사회와 직면한 쟁점에 대한 토론은 "옳고 그름"에 대한 질문보다는 "결과가 무엇

이 될까? 누가 이익을 얻고, 얼마나 얻게 되는가? 누가 손해를 보고 어느 정도인가?" 와 같은 구체적인 질문에 중심을 두어야 한다고 제안한다. 그들은 과학적 태도를 반영하고, 정확하게 사회와 개인적인 문제를 "측량"하여 변화를 가능하게 하는 언어에 마구를 채우는 사고방식을 주장한다.

*Language in Thought and Action*이 언어의 가능성에 대한 웅장한 발표인 반면, 명시 선집인 *Language Awareness*(Eschholz, Rosa, & Clark, 1982)는 특정 주제에 대한 자료를 제공한다. 에세이들은 언어의 역사, 정치와 선전의 언어, 광고 언어, 미디어와 언어, 용어, 이름들, 편견과 언어, 금기와 완곡어, 언어 유희, 언어의 책임 있는 사용 등의 분야를 다룬다. 각각의 에세이는 언어에 있어서의 변화나 언어가 어떻게 사고와 행동을 변화시키는가를 조사한다. 예를 들어, Cross(1982)는 언어의 이름 부르기, 일반론들, "일반 서민"에의 호소, 타격, 개인적 공격, 연합에 대한 죄책감 또는 영광, 시류에의 호소, 결점의 원인과 효과, 틀린 유추, 추천장을 포함하는 자신의 개요에서 선전의 장치에 대한 교묘한 힘을 탐구하였다.

언어의 힘은 귀에 거슬리는 교묘한 처리에서부터 조용한 자각의 높임까지를 범위로 한다. 언어에 대한 반응은 변화－관점, 새로운 이해, 의미 연구에서의 통찰에 대한 변화－를 포함한다. Coles(1989)는 문학의 힘이란 삶에 대한 방향을 제시하고 도덕 감각을 일깨우는 데 있다고 말한다. 그는 "소설과 이야기는 삶의 표현이다. 그들은 우리를 동행하도록 할 뿐만 아니라 꾸짖고 새로운 방향을 가리키거나 주어진 과정에 머무르도록 용기를 줄 수도 있다."(p. 159)

Coles가 개인적인 삶에서 문학의 영향을 말한다면, Downs(1978)는 자신의 저서 *That Changed the World*에서 역사를 통한 혁신적인 책을 말한다. 『성경』, Machiavelli의 『군주론』, Beecher의 『톰 아저씨의 오두막집』, Darwin의 『종의 기원』, Freud의 『꿈의 해석』 같은 책을 탐구하면서 Downs는 쓰기의 두 범주를 발견하고 분석하고자 한다. 사건의 과정을 결정하는 데 있어 직접적이고 즉각적인 수단이 되는 활동과, 세기를 넘어서는 생각을 형성하는 작업이 그것이다. 그는 "1500년 이후로 인쇄된 [세상을 바꾼] 책들은 그룹 안에서 이러한 언급과 관련이 적은 과학자들을 빼고, 불순응주의자, 급진주의자, 광신자, 혁명가, 선동가들에 의해 쓰여졌다."(p. 25)

독자로 하여금 정보와 의미를 찾는 것을 가능하게 하는 읽기 과정은 책을 선택하고, 읽고, 독자의 관점에서 논의하고, 다른 사람들의 견해를 들으며 반성하고 반응하며, 다시 읽거나 새로운 선택을 하는 것을 포함하는 적극적이고 순환적인 과정이다(Bailey, Boyce, & VanTassel-Baska, 1990). 효과적인 독서는 설명을 개작하거나 생각과 쓰기 과정, 말하기, 듣기에서 비추게 되는 단계를 바꾸는 것을 포함한다. Kennedy(1993)는 읽기, 쓰기, 말하기, 듣기, 그리고 사고하는 모든 언어의 과정을 역동적이고 변하는 담화의 결과인 복잡하고 상호 관련 있는 활동으로 본다.

검열은 대중의 인정과 사고, 행동, 그리고 크게는 사회를 변화시키는 언어의 힘에 대한 두려움을 반영한다. 검열과 표현의 자유에 대한 논쟁은 수 세기 동안 걷잡을 수 없었고, 문학에서 인종차별주의자와 성차별주의자의 사용에서부터 텔레비전에서 폭력의 효과까지를 범위로 둔다. Plato은 자신의 이상 사회에서 어린이들이 상상을 자극하는 이야기를 듣는 것을 허락하지 않았고 시를 금지했다는 것을 기억할 것이다. 미국 국기를 태우는 것과 관련된 계속되는 논쟁은 상징, 언어, 표현의 자유와의 연결을 설명하는 우리 사회에서 넓게 토의되는 몇 가지 검열에 관한 논쟁 중 하나이다(Bradbury & Quinn, 1991).

6) 변화하는 세계에서의 원거리통신

원거리통신은 정보에 접근하는 우리의 능력을 드라마틱하게 바꾸었다. 이메일로 알려진 전자우편은 전화선과 위성을 통해 세계 주변과 컴퓨터를 연결한 원거리통신 체계이다. 그것은 시간대를 넘나드는 다양한 지역에서 팀 구성원의 일을 하는 데 있어 유연성이 늘어나고, 공동의 위계를 제거함으로써 조직을 재구성하는 것 등과 같이 과학과 사업 지역사회에서 중요한 변화를 창조해 냈다(Perry, 1992a). Perry는 또한 Boris Yeltsin의 러시안 쿠데타에서 이메일의 역할과 천안문 봉기에서 팩스의 사용을 인용하였다. 이메일과 팩스 기기는 조절하기 어려운 정보의 자원을 제공하고 반대자가 바깥세상의 다른 사람들과 의사소통할 수 있도록 한다(Perry, 1992b).

비디오, 텔레비전 케이블, CD, 컴퓨터, 인터넷은 정보에의 접근뿐 아니라 정보의 내용 또한 바꾸었다. 최근 John Leo(1993년 3월 8일)의 *U. S. New and World Report* 기사는 정보와 오락을 혼합한 텔레비전 뉴스의 새로운 표준을 논의하였다. 그는 영상, 줄거리, 감정적 효과는 증거, 도덕, 진실에 대한 약속을 대신하고 있다고 주장한다. 다른 발전으로, CD와 컴퓨터는 표준화된 여러 권으로 된 백과사전을 대체하는 사운드 트랙, 사진, 출력 정보로 결합되어 사용자들이 새로운 방법으로 정보를 조합할 수 있도록 한다. 예를 들어 시디롬에 있는 The Grolier Multimedia Encyclopedia(1994)는 미국의 성장과 발전을 보여 주는 애니메이션으로 만들어진 멀티미디어 지도, 철도, 여성 참정권 운동 그리고 다른 주제에 대하여 자료를 제공한다. 이러한 변화되는 정보 기술은 정보의 평가에 대한 새로운 기준과 어떻게 기술이 제한되는가에 대한 새로운 고려 또는 확장된 사고를 요구한다.

7) 변화의 개념과 언어학 단원 개발

영재들을 위한 National Javits Language Arts Project의 변화 개념을 가르치기 위한 목적을 위해 변화에 대한 다섯 가지 일반화는 다양한 교과의 문학에서 도출되었다. **표 A-1**은 그러한 일반화와 그에 수반되는 결과물을 설명한다. 이 단원에서 일반화의 방법에 대한 예시는 언어 연구, 언어 과정, 그리고 표에 따른 문학을 통해서 다루어진다.

표 A-1. 변화에 대한 일반화와 결과물

일반화	결과물
1. 변화는 널리 스며든다.	변화가 우리의 삶과 우주에 스며드는 것을 이해한다.
2. 변화는 시대와 연결된다.	시대를 바탕으로 한 변화의 다양성을 설명한다.
3. 변화는 체계적으로 또는 무작위적으로 지각될 수 있다.	주어진 몇 개의 예시에서 변화의 유형을 범주화한다. 문학작품에서의 활동에서 변화 과정을 설명한다.
4. 변화는 성장과 발전 또는 퇴행과 쇠퇴를 대표할 수 있다.	선정된 활동에서 진보와 퇴보로서의 변화를 설명한다.
5. 변화는 자연적인 순서에 따라 또는 개인이나 집단에 의해 강요되어 발생할 수 있다.	주어진 문학작품에서 사회적이고 개인적인 변화를 분석한다.

8) 언어 연구

단원을 통해서 단원과 단어 공부와 어휘는 변화를 연구하기 위한 기초 자료로 제공되었다. 학생들은 (1) 정의, (2) 연구될 문학에서의 단어를 사용한 문장, (3) 단어의 예, (4) 어간(어근, 접두사, 접미사), 어군, 단어 역사가 확인된 단어의 분석에 의해 만들어진 어휘망을 구성한다. 영재들의 언어 능력을 확립하기 위해서 Greenfeld(1978)의 *Summer Is Icumen In: Our Ever-Changing Language*와 Augarde(1984)의 *Oxford Guide to Word Games* 같은 자료는 이 단원에서 학생들로 하여금 언어 변화에 대해 탐구하고 그들 스스로 그것을 창작하는 가능성을 갖고 놀 수 있도록 격려하는 것을 포함한다.

각 단원은 Michael Thompson에 의해 개발되고 그의 작품 *The Magic Lens: A Spiral Tour through the Human Ideas of Grammar*(1991)를 바탕으로 한 문법 묶음을 포함하였다. Thompson의 묶음은 학생들이 왜 어떤 아이디어는 명백하고 다른 것들은 혼란스러운지를 배우고 깊은 사고와 깊은 의미를 밝혀내는 문법의 힘을 이해하게끔 돕도록 설계되었다. 이 연구에 내재된 것은 그것의 변화를 의미하는 문장이나 구의 문법의 변화에 대한 아이디어이다. 단원의 구성과 학생들 자신의 글쓰기에 대한 문학 선택은 문법 연구를 위한 상황을 제공한다.

9) 언어 과정

읽기, 쓰기, 듣기, 말하기의 과정은 변화 과정으로서 연구된다. 문학 토의는 의미에 대한 각 개인의 해석과 이해는 다른 사람의 설명과 다를 것이라는 기본 전제를 바탕으로 하였다. 다른 사람의 말을 들음으로써 학생들은 다른 의미를 찾고 토의를 하는 동안 그들의 설명이 어떻게 변하는가를 탐구하도록 격려된다. 같은 방식으로 학생들은 글쓰기 과정을 아이디어를 탐구하고 그들 자신의 사고와 학습을 생성하는 방법으로써 공부하였다. 쓰기의 개작 단계는 피드백을 추구하고 교사나 다른 동료로부터의 반응을 듣는 것을 강조하였다.

이 단원들에서 구어적 의사소통은 설득적 말하기와 비판적 듣기에 중심을 두었다. 학생들은 논쟁 공식과 설득의 전략을 통해 청자의 의견과 행동을 어떻게 변화시킬 것인가를 연구한다. 설득적 말하기를 들으면서 학생들은 논점을 분석하고 자신들의 효율성을 평가하였다. 말하기와 듣기를 위한 자료는 학생들에게 사회적이고 역사적인 맥락에서 설득의 역할을 생각해 볼 수 있는 기회를 제공하는 Franklin D. Roosevelt, Martin Luther King Jr., Adloph Hitler와 같은 설득의 대가들의 비디오테이프를 포함하였다. *The America Reader: Words That Moved a Nation*(Ravitch, 1990)과 같은 다른 자료들은 변화 과정에서의 연설, 입법부의 듣기, 노래 등과 같은 구어적 의사소통의 설득적 역할을 담고 있다.

10) 문학

각각의 단원은 선택에서 나타나는 어휘 그리고 언어학과 관련된 문학작품의 선택에 중심을 두었다. 변화의 개념에 대한 발달은 또한 문학 토의와 활동으로부터 나왔다. 전형적으로 각 문학작품은 사회적·정치적·경제적 변화뿐만 아니라 물리적이고 정신적인 것 모두를 포함한 특징 변화의 증거로서 탐구되었다. 예를 들어 I. B. Singer (1962)의 "The Power of Light"에서 학생들은 등장인물들이 스스로 변했는지 아니면 그들이 조절하는 사건의 외적인 것에 의해 변화된 것인지에 대한 쟁점을 토의하였다.

모든 그룹에서 토의된 문학작품 선집에 더하여, 각 단원에 포함된 추가적인 자료는 변화에 대한 일반화를 설명하고 변화에 대한 사회적·문화적·환경적 함의를 설명한다. 예를 들어, *Commodore Perry in the Land of the Shogun*(Blumberg, 1985)은 1853년과 1854년에 일본을 방문한 Perry에 의해 생긴 드라마틱한 사회적·문화적 변화를 보여 준다. 기본 자료, 오해의 중요한 제시, 적개심, 유머 있는 일화의 재생산으로 설명된 것은 다양한 관점으로부터 조우했다. 변화는 책을 읽는 동안 매우 뚜렷하다. 매우 다른 책, Yolen(1992)의 *Letting Swift River Go*는 보스턴과 지금의 황무지 지역에 물 공급을 위한 쿼빈 저수지의 건설을 위해 스위프트 마을이 물에 잠기는 것을 말한다. 열린 이야기는 변화의 긍정적이고 부정적인 측면뿐만 아니라 필요한 균형을 언급하고, 시간과 연결된 변화를 토의하기 위한 기회를 제공한다.

11) 결론

변화에 대한 생각은 모든 교과를 넘나들고 학습자들에게 유의미한 방법으로 그들의 삶을 안내할 개념을 구성할 수 있는 기회를 제공한다. 우리 세계에서 변화의 가속화된 비율 때문에 학생들은 개념을 이해하고 그것의 도전을 충족시킬 효과적인 도구를 획득할 필요가 있다. 탐구, 설득, 비평의 힘을 가진 언어는 변화의 도전을 충족시킬 힘 있는 도구를 제공한다.

특히 문학은 학생들과 교사들에게 변화를 분석하고 그것을 둘러싼 쟁점에 대한 고려를 위해 풍부한 내용의 장을 제공한다. 문학은 시대와 서로 가로지른 문화를 통해 사상가들의 목소리, 감정, 관심을 손에 넣는다. 그것은 변화의 효과뿐 아니라 변화의 유형, 변화에 대한 반응, 변화의 원인과 주체를 설명한다. 어지러운 변화의 시대에 문학은 또한 계속성과 반성에 대한 환영받는 기회를 제공한다.

12) 참고 문헌

Augarde, T. (1984). *The Oxford guide to word games.* Oxford: Oxford University Press.

Bailey, J. M., Boyce, L. N., & VanTassel-Baska, J. (1990). The writing, reading, and counseling connection: A framework for serving the gifted. In J. VanTassel-Baska (Ed.), *A practical guide to counseling the gifted in a school setting* (2nd ed., pp. 72-89). Reston, VA: The Council for Exceptional Children.

Blumberg, R. (1985). *Commodore Perry in the land of the Shogun.* New York: Lothrop.

Boorstin, D. J. (1983). *The Discoverers: A history of man's search to know his world and himself.* New York: Random.

Bradbury, N. M., & Quinn, A. (1991). *Audiences and intentions: A book of arguments.* New York: Macmillan.

Capek, M. (1967). Change. In P. Edwards (Ed.), *The encyclopedia of philosophy* (Vol. 1, pp. 75-79). New York: Macmillan.

Carneiro, R. L. (1968). Cultural adaptation. In D. L. Sills (Ed.), *International encyclopedia of the social sciences* (Vol. 3, pp. 551-554). New York: Macmillan & The Free Press.

Chirot, D. (1985). Social change. In A. Kuper & J. Kuper (Eds.), *The social science encyclopedia* (pp. 760-763). Boston: Routledge & Kegan Paul.

Coles, R. (1989). *The call of stories: Teaching and the moral imagination.* Boston: Houghton Mifflin.

Cross, D. W. (1982). Propaganda: How not to be bamboozled. In P. Eschholz, A. Rosa, & V. Clark (Eds.), *Language awareness* (pp. 70-81). New York: St. Martin's.

Downs, R. B. (1978). *Books that changed the world* (2nd ed). Chicago: American Library Association.

Eschholz, P., Rosa, A., & Clark, V. (1982). *Language awareness* (3rd ed.). New York: St. Martin's.
Greenfeld, H. (1978). *Sumer is icumen in: Our ever-changing language*. New York: Crown.
Grolier multimedia encyclopedia. (1994). Danbury, CT: Grolier.
Grun, B. (1991). *The timetables of history: A horizontal linkage of people and events*. New York: Simon & Schuster.
Hayakawa, S. I., & Hayakawa, A. R. (1990). *Language in thought and action* (5th ed.). Fort Worth, TX: Harcourt Brace Jovanovich.
Hyslop, J. H. (1910). Change. In J. Hastings (Ed.), *Encyclopaedia of religion and ethics* (Vol. 3, pp. 357-358). New York: Charles Scribner.
Kennedy, C. (1993). Teaching with writing: The state of the art. In *Language arts topics papers*. Williamsburg, VA: College of William and Mary, Center for Gifted Education.
Kniep, W. M. (1991). Appendix 3: Social studies within a global education. In W. C. Parker (Ed.), *Renewing the social studies curriculum* (pp. 119-123). Alexandria, VA: Association for Supervision and Curriculum Development. (Reprinted from *Social Education*, 1989, pp. 399-403.)
Leo, J. (1993, March 8). Spicing up the (ho-hum) truth. *U. S. News & World Report*, *14*(9), 24.
National Aeronautics and Space Administration. (1988). *Earth system science: A program for global change*. Washington, D. C: NASA.
National Aeronautics and Space Administration. (1990). *The earth observing system: A mission to planet earth*. Washington, DC: NASA.
Newmann, F. M., & Wehlage, G. G. (1993). Five standards of authentic instruction. *Educational Leadership*, *50*(7), 8-12.
Perry, T. S. (1992a, October). E-mail at work. *IEEE Spectrum*, *29*(10), 24-28.
Perry, T. S. (1992b, October). Forces for social change. *IEEE Spectrum*, *29*(10), 30-32.
Petroski, H. (1992). *The evolution of useful things*. New York: Knopf.
Ravitch, D. (1990). *The American reader: Words that moved a nation*. New York: HarperCollins.
Rutherford, F. J., & Ahlgren, A. (1989). *Science for all Americans: Scientific literacy*. New York: American Association for the Advancement of Science.
Scarre, C. (Ed.). (1993). *Smithsonian timelines of the ancient world: A visual chronology from the origins of life to AD1500*. New York: Dorling.
Seiger-Ehrenberg, S. (1991). Concept development. In A. L. Costa (Ed.), *Developing minds* (Rev. ed., Vol. 1, pp. 290-294). Alexandria, VA: Association for Supervision and Curriculum Development.
Sher, B. T. (1993). *Guide to science concepts: Developing science curriculum for high ability learners K-8*. Williamsburg, VA: College of William and Mary, School of Education, Center for Gifted Education.
Singer, I. B. (1962). *Stories for children*. New York: Farrar, Straus, and Giroux.
Tamplin, R. (Ed.). (1991). *The arts: A history of expression in the 20th century*. New York: Free Press.
Thompson, M. C. (1991). *The magic lens: A spiral tour through the human ideas of grammar*. Unionville, NY: Trillium.
Vogt, E. Z. (1968). Culture change. In D. L. Sills (Ed.), *International encyclopedia of the social sciences*, (Vol. 3, pp. 554-558). New York: Macmillan & The Free Press.
Yolen, J. (1992). *Letting Swift River go*. Boston: Little, Brown.

<부록 B> 교육과정 체제의 목적 및 목표

다음의 목표와 목적은 영재들을 위한 국가 언어교과 교육과정 프로젝트 아래서 언어학 단원 개발을 안내한다.

목적 #1: **문학에서 분석적이고 해석적인 기술 개발을 위하여 학생들은**

a. 선택된 문학적 구절이 무엇을 의미하는지 설명할 수 있다.
b. 문학의 선택된 작업에서 의미상 비슷한 점과 다른 점을 인용할 수 있다.
c. 주어진 구절에서 정보를 바탕으로 하여 추론할 수 있다.
d. 읽기 선택을 위한 제목을 만들어 내고 그것을 정당화하기 위해 창작물에 대한 이론적 해석을 제공할 수 있다.

목적 #2: **설득적인 글쓰기 기술을 개발하기 위하여 학생들은**

a. 주어진 주제에 대하여 문어적으로 설득적인 에세이(가설 진술, 지지하는 이유, 결론 등)를 개발할 수 있다.
b. 동료 검토, 교사 피드백, 자기 평가 등을 기반으로 한 세 구절 개작 과정을 사용하여 쓴 다양한 작품을 완성할 수 있다.

목표 #3: **언어 능력 계발을 위하여 학생들은**

a. 주어진 상황에서 언어의 형식과 기능을 분석할 수 있다.
b. 읽기에 상응하는 어휘 능력을 계발할 수 있다.
c. 문어적·구어적 맥락에서 표준 언어 사용법을 적용할 수 있다.
d. 맥락에서 어휘, 문장, 구의 효과적인 사용을 평가할 수 있다.

목표 #4: **듣기/말하기 의사소통 능력을 계발하기 위하여 학생들은**

a. 정보적인 메시지와 설득적 메시지를 구별할 수 있다.
b. 주제와 그것을 지지하기 위해 인용된 논의에 따른 구어적·설득적 메시지를 평가할 수 있다.
c. 논쟁 공식화의 기술을 개발할 수 있다.

d. 기초적인 추론의 요소를 사용하여 구어적 발표를 조직할 수 있다.

목표 #5: 언어학에서 추론 능력을 계발하기 위하여 학생들은

a. 그들 자신뿐 아니라 다른 사람들의 모든 의사소통 양식에 대한 목적을 진술할 수 있다.
b. 잘못 구조화되고 복잡한 주어진 문제 또는 기술적 정보를 정의할 수 있다.
c. 주어진 쟁점에 대해 다양한 관점(적어도 두 가지)을 정형화할 수 있다.
d. 구어적·문어적 형식에서 추론의 숨겨진 가정을 진술할 수 있다.
e. 언어적이고 문학적인 개념을 적절히 적용할 수 있다.
f. 주장, 쟁점, 또는 이론적 진술을 지지하기 위한 증거와 자료를 제공할 수 있다.
g. 증거를 바탕으로 추론할 수 있다.
h. 사용 가능한 자료를 바탕으로 하여 정책 발전을 위한 함축 또는 제정을 끌어낼 수 있다.

목표 # 6: 언어학에서 변화의 개념을 이해하기 위하여 학생들은

a. 변화가 퍼지는 것이라는 것을 이해할 수 있다.
b. 시간을 바탕으로 변화의 다양성을 설명할 수 있다.
c. 주어진 몇 개의 예시를 통해 변화의 유형을 범주화할 수 있다.
d. 선택된 작품들에서 변화를 진보 혹은 퇴보하는 것으로 해석할 수 있다.
e. 문학작품의 활동에서 변화의 과정을 설명할 수 있다.
f. 주어진 문학작품에서 사회적이고 개인적인 변화를 분석할 수 있다.

<부록 C> 교육과정의 기술
교재: 영재들을 위한 국가 언어교과 교육과정 프로젝트

1) 영재를 위한 언어학의 교육과정 체제(K-8)

이 교육과정 체제의 목적은 K-8 수준에서 영재들을 위해 적절하고 유의미한 언어학 교육과정 개발을 위한 모델을 제공하기 위함이다. 그것은 다문화주의 그리고 기술과 같은 전통적으로 강조하지 않았던 것뿐 아니라 읽기, 쓰기, 말하기, 듣기와 같이 언어학에서 전통적으로 강조했던 교육과정에 대한 의사결정을 안내하기 위해 의도되었다. 안내의 목표 청중은 교사, 행정가, 그리고 언어학에서 이러한 학생들을 위해 적절한 교육과정 경험을 형성하는 데 책임이 있는 교육과정 전문가들이다.

2) 여행과 목적지: 변화의 도전(2~3학년)

이 단원은 간학문적이고 다문화적인 교육과정에서 문학을 탐구하기 위해 탐구 기반 접근을 사용한다. 단원의 안내된 주제는 사람들과 그들 주변 세계와의 관계에 영향을 미치는 개념으로서 변화를 인지하는 것이다. 토의 과정에 대한 열린 접근은 *The Green Book*, *Brining the Rain to Kapiti Plain*, 그리고 "미운 오리 새끼" 같은 문학 선집에서 의미의 추구에 있어 강조된다.

3) 자서전: 변화의 개인적 서사시(4~6학년)

이 단원에서 학생들은 작가의 자서전을 읽고 선택된 삶에서의 변화를 봄으로써 변화의 개념에 대해 공부한다. 그들은 문학과 다양한 문화에서부터의 예술작품을 통해 삶의 이야기와 자화상을 탐구한다. 그들은 정체성의 쟁점을 조사하기 위해 Junior Great Books에서 선택된 이야기들을 읽는다. 토의, 반성적 글쓰기, 연구 프로젝트의 개발, 그리고 발표는 능력 계발에 대한 통찰력을 제공하고 영재들에게 있어 그들의 정체성을 탐구하도록 격려한다.

4) 개인과 사회 변화에 대한 문학적 반영(4~6학년)

문학, 쓰기, 언어학, 구어적 의사소통의 네 가지의 모든 언어학적 지류들이 이 단원에 통합된다고 하더라도 단원의 핵심은 읽기 이해와 본문 분석 기술을 고양시키는 문학과 상호작용하는 것을 포함한다. 문학을 읽고 공유된 탐구에 참여함으로써 학생들은 변화의 본성과 중요성, 특히 다양한 상황, 시대, 문화에 있어 사람들에게 영향을 미치는 것에 대한 인지를 계발해야 한다. 『비밀의 화원』과 Tolstoy, Singer와 같은 작가들의 세계적인 단편을 포함한 문학 선집은 토의의 기본으로서 도움이 된다. 학생들은 문학에 반응함으로써뿐만 아니라 문학작품에서 야기된 중요한 쟁점에 대한 의견을 표현하기 위한 설득적 글쓰기를 사용함으로써 글쓰기 활동에 참여한다.

5) 설득을 통한 생각과 관점 변화하기(5~6학년)

이 단원은 설득, 특히 구어적 의사소통과 관련함으로써 그것을 강조한다. 의견에 대한 증거를 제공하는 데에 강조점이 놓인다. 학생들은 글로 쓴 논쟁뿐만 아니라 토의에서 자신들의 관점을 방어하기 위해 문학작품에서 구절을 인용해야 한다. *The Valiant*, Junior Great Books 이야기들과 같은 문학은 분석과 해석을 통한 추론 과정의 탐구로써 기초를 세운다. 기회는 즉흥적인 말하기, 정보적 말하기, 설득적 말하기, 논쟁, 소집단·대집단 토의, 비판적 듣기 능력으로 나타난다. 단원을 통해 학생들은 단원의 끝에서 검열의 쟁점에 대해 독립적으로 활동하고 자신들의 의견과 지지하는 증거에 대해 말하기 발표를 한다.

6) Literature of the 1940s: A Decade of Change(7~9학년)

이 단원은 소설, 단편, 시, 에세이, 편지, 신문 등을 포함하여 10년의 문학을 통해

1940년대의 역사적 사건과 사회적 쟁점을 본다. 읽기, 쓰기, 듣기, 말하기의 수많은 기회가 단원을 통해 통합된다. 각 학생들은 가설을 생각하고 공부하는 문학작품을 통해 야기된 중요한 어떤 쟁점과 관련된 연구를 수행하도록 요구된다. 학생들은 자신들의 연구에 대해 문어적·구어적 발표를 모두 한다. 이 단원은 Hersey의 *Hiroshima*, Frank의 *The Diary of Anne Frank*, McCuller의 *Member of Wedding*과 같은 작품을 포함하여 변화의 개념을 강조하는 교재를 풍부하게 포함한다.

7) Threads of Changing in 19th-Century American Literature(7~9학년)

이 단원은 그 시대의 문학을 통해 19세기 미국 역사에 있어 다섯 가지 주제－낭만주의, 선험주의, 노예 제도 폐지주의, 산업주의, 여권주의－를 탐구한다. 다섯 가지의 "주의"는 학생들의 작은 탐구 팀을 위한 자료를 제공하는 적절한 자료를 담은 자신만의 문학 상자를 가진다. "주의"는 Hawthorne, Melville, Thoreau, Emerson을 포함하여 그 시대 주요 작품의 연구를 통해 미국인의 삶에서 변화 주체로서 탐구된다. 학생들은 자신들의 발견과 생각에 대해 문어적·구어적 발표를 모두 만들어 낸다. 단원에서 논의된 문학적 활동은 『허클베리 핀의 모험』, *Billy Budd*, *Sailor*, Hawthorne, Poe의 단편들을 포함한다.

찾아보기

<ㄱ>

<ㄴ>

<ㄷ>

<ㅁ>

<ㅂ>

<ㅅ>

<ㅇ>

<ㅈ>

〈ㅊ〉

<ㅋ>

<ㅌ>

<ㅍ>

<ㅎ>

<기타>

◈ 역자 소개

▣ 이신동

고려대학교 사범대학 교육학과를 졸업하고 동 대학교 대학원에서 교육심리학으로 석사와 박사 학위를 취득하였다. 미국 스탠퍼드대학교에서 post-doc 과정을 마쳤으며, 퍼듀대학교 영재교육연구소(GERI)에서 연구교수를 역임하였다. 현재 순천향대학교 영재교육원 원장, 한국영재교육학회 회장으로 활동 중이다. 저서 및 논문으로 '최신영재교육학개론', '창의성의 이해', '다중지능과 교수-학습', '유아 영재교육의 이해' 등 17권이 있으며, 48편의 학술논문이 있다.

▣ 김정렬

경상대학교 영어교육과와 서울대학교 대학원 언어학과를 졸업하고 하와이대학교 언어학과에서 응용언어학으로 박사학위를 받았다. 저서로는 '영어교육론', '영어과 교수학습 방법론', '웹기반 영어교육', '초등영어 통합교육론', '초등영어교육과정의 이해와 적용' 등 다수가 있고 번역서로는 '아동중심 영어교육'이 있다. 한국교원대학교 초등교육과에 재직 중이며, 대한영어교육학회(Korea TESOL) 회장을 지내고 현재 한국 초등영어교육학회 회장으로 활동 중이다.

▣ 박진규

고려대학교 문과대학 영어영문학과를 졸업하고 인디애나대학교에서 TESOL 석사학위와 언어교육 박사학위를 받았다. 서울 세화고등학교에서 9년간 영어를 가르쳤고 블루밍턴한글학교 교장과 학술진흥재단 연구교수를 거쳐, 현재 경희대학교 학부대학 객원교수로 재직 중이다. 연구 분야는 조기영어교육, 영재영어교육, 멀티미디어언어교육 등으로 이 분야의 논문을 다수 썼다.

언어영재교육론

발 행 일	2010년 11월 1일 초판 1쇄 발행
저　　자	Joyce VanTassel-Baska · Dana T. Johnson · Linda Neal Boyce 편저
역　　자	이신동 · 김정렬 · 박진규 공역
발 행 인	구본하
발 행 처	도서출판 박학사
주　　소	서울시 마포구 서교동 460-26 동아빌딩 2층
전　　화	(02)3142-3764~5
팩　　스	(02)3142-3766
웹사이트	www.pakhaksa.co.kr
등록번호	제10-2230호

정가 25,000원 ISBN 978-89-91633-79-7